Florian Peters

Von Solidarność zur Schocktherapie

Studien zur Geschichte der Treuhandanstalt

Herausgegeben von Dierk Hoffmann,
Hermann Wentker und Andreas Wirsching
im Auftrag des Instituts für Zeitgeschichte München – Berlin

Leibniz Institute
for Contemporary History

Institut für Zeitgeschichte
München – Berlin

Florian Peters

# Von Solidarność zur Schocktherapie

## Wie der Kapitalismus nach Polen kam

Ch.Links VERLAG

Gefördert durch die Deutsche Forschungsgemeinschaft (DFG) –
Projektnummer 317799707

Auch als ebook erhältlich

Die Deutsche Nationalbibliothek verzeichnet diese Publikation
in der Deutschen Nationalbibliografie; detaillierte bibliografische Daten
sind im Internet über www.dnb.de abrufbar.

Ch. Links Verlag ist eine Marke der
Aufbau Verlage GmbH & Co. KG


Prinzenstraße 85, 10969 Berlin
www.christoph-links-verlag.de
Lektorat: Dr. Daniel Bussenius, Berlin
Umschlaggestaltung: zero-media.net, München, unter Verwendung
eines Fotos von Witold Szulecki, Marktbuden vor dem Kultur- und
Wissenschaftspalast in Warschau, 1990, im Hintergrund das im Vorjahr
eröffnete Marriott-Hotel, EAST NEWS Sp. z o. o., Warszawa
Satz: Britta Dieterle, Berlin
Druck und Bindung: Druckerei F. Pustet, Regensburg
Gedruckt auf säurefreiem, alterungsbeständigem Papier

ISBN 978-3-96289-190-9

# Inhalt

# Vorwort der Herausgeber

Noch in der Spätphase der DDR gegründet, entwickelte sich die Treuhandanstalt zur zentralen Behörde der ökonomischen Transformation in Ostdeutschland. Ihre ursprüngliche Aufgabe war die rasche Privatisierung der ostdeutschen volkseigenen Betriebe (VEB). Sehr bald aber wies ihr die Politik zahlreiche weitere Aufgaben zu. Sukzessive sah sich die Treuhandanstalt mit der Lösung der Altschuldenproblematik, der Sanierung der ökologischen Altlasten, der Mitwirkung an der Arbeitsmarktpolitik und schließlich ganz allgemein mit der Durchführung eines Strukturwandels konfrontiert. In ihrer Tätigkeit allein ein behördliches Versagen zu erkennen wäre daher ahistorisch und einseitig, auch wenn die Bilanz der Treuhandanstalt niederschmetternd zu sein scheint. Denn von den etwa vier Millionen Industriearbeitsplätzen blieb nur ein Drittel übrig. Das öffentliche Urteil ist daher ganz überwiegend negativ. Die Kritik setzte schon ein, als die Behörde mit der Privatisierung der ersten VEBs der DDR begann. Bis heute verbinden sich mit der Treuhandanstalt enttäuschte Hoffnungen, überzogene Erwartungen, aber auch Selbsttäuschungen und Mythen. Außerdem ist sie eine Projektionsfläche für politische Interessen und Konflikte, wie die Landtagswahlkämpfe 2019 in Ostdeutschland deutlich gemacht haben. Umso dringender ist es erforderlich, die Tätigkeit der Treuhandanstalt und mit ihr die gesamte (ost-)deutsche Transformationsgeschichte der frühen 1990er-Jahre wissenschaftlich zu betrachten. Dies ist das Ziel der Studien zur Geschichte der Treuhandanstalt, deren Bände die Umbrüche der 1990er-Jahre erstmals auf breiter archivalischer Quellengrundlage beleuchten und analysieren.

Die Privatisierung der ostdeutschen Betriebe brachte für viele Menschen nicht nur Erwerbslosigkeit, sondern auch den Verlust einer sicher geglaubten, betriebszentrierten Arbeits- und Lebenswelt. Insofern ist die Erfahrungsperspektive der Betroffenen weiterhin ernst zu nehmen und in die wissenschaftliche Untersuchung ebenso zu integrieren wie in die gesellschaftspolitischen Konzepte. Der mit der Transformation einhergehende Strukturwandel hatte Folgen für Mentalitäten und politische Einstellungen, die bis in die Gegenwart hineinreichen. Dabei wurden die individuellen und gemeinschaftlichen Erfahrungen und Erinnerungen stets von medial geführten Debatten über die Transformationszeit sowie von politischen Interpretationsversuchen geprägt und überlagert. Diese teilweise miteinander verwobenen Ebenen gilt es bei der wissenschaftlichen Analyse zu berücksichtigen und analytisch zu trennen. Der erfahrungsgeschichtliche Zugang allein kann die Entstehung und Arbeitsweise der Treuhandanstalt sowie die Privatisierung der ostdeutschen Wirtschaft nicht hinreichend erklären. Vielmehr kommt es darauf an, die unterschiedlichen Perspektiven miteinander in Relation zu setzen und analytisch zu verknüpfen, um so ein differenziertes und vielschichtiges Bild der Umbrüche der 1990er-Jahre zu erhalten.

Diese große Aufgabe stellt sich der Zeitgeschichte erst seit Kurzem, denn mit dem Ablauf der 30-Jahre-Sperrfrist, die für staatliches Archivgut in Deutschland grundsätzlich gilt, ergibt sich für die Forschung eine ganz neue Arbeitsgrundlage. Das öffentliche Interesse konzentriert sich auf die sogenannten Treuhandakten, die im Bundesarchiv Berlin allgemein zugänglich sind (Bestand B 412). Sie werden mittlerweile auch von Publizistinnen und Publizisten sowie Journalistinnen und Journalisten intensiv genutzt. An dieser Stelle sei aber daran erinnert, dass schon sehr viel früher Akten anderer Provenienz allgemein und öffentlich zugänglich waren – die schriftliche Überlieferung der ostdeutschen Landesregierungen oder der Gewerkschaften, um nur einige Akteure zu nennen. Darüber hinaus können seit einiger Zeit auch die Akten der Bundesregierung und der westdeutschen Landesverwaltungen eingesehen werden. Die Liste ließe sich fortsetzen.

Bei aller Euphorie über die quantitativ wie qualitativ immer breiter werdende Quellengrundlage (allein zwölf laufende Aktenkilometer Treuhandüberlieferung im Bundesarchiv Berlin) sollte allerdings nicht aus dem Blick geraten, dass Historikerinnen und Historiker die Archivalien einer Quellenkritik unterziehen müssen. Dies gehört grundsätzlich zu ihrem Arbeitsauftrag. Da die Erwartungen der Öffentlichkeit an die Aussagekraft vor allem der Treuhandakten hoch sind, sei dieser Einwand an dieser Stelle ausdrücklich gemacht. So gilt es, einzelne Privatisierungsentscheidungen der Treuhandspitze zu kontextualisieren und mit anderen Überlieferungen abzugleichen. Zur Illustration der Problematik mag ein Beispiel dienen: Treuhandakten der sogenannten Vertrauensbevollmächtigten und der Stabsstelle Recht enthalten Vorwürfe über »SED-Seilschaften« und »Korruption«, die sich auch in der Retrospektive nicht mehr vollständig klären lassen. Die in Teilen der Öffentlichkeit verbreitete Annahme, die Wahrheit komme nun endlich ans Licht, führt daher in die Irre und würde ansonsten nur weitere Enttäuschungen produzieren. Es gibt eben nicht *die* historische Wahrheit. Stattdessen ist es notwendig, Strukturzusammenhänge zu analysieren, unterschiedliche Perspektiven einzunehmen, Widersprüche zu benennen und auch auszuhalten. Dazu kann die Zeitgeschichtsforschung einen wichtigen Beitrag leisten, indem sie mit quellengesättigten und methodisch innovativen Studien den historischen Ort der Treuhandanstalt in der Geschichte des vereinigten Deutschlands bestimmt, gängige Geschichtsbilder hinterfragt und Legenden dekonstruiert.

Im Rahmen seines Forschungsschwerpunktes »Transformationen in der neuesten Zeitgeschichte« zu den rasanten Wandlungsprozessen und soziokulturellen Brüchen der Industriegesellschaften seit den 1970er-Jahren hat das Institut für Zeitgeschichte München–Berlin (IfZ) im Frühjahr 2013 damit begonnen, ein großes, mehrteiliges Projekt zur Geschichte der Treuhandanstalt inhaltlich zu konzipieren und vorzubereiten. Auf der Grundlage der neu zugänglichen Quellen, die erstmals systematisch ausgewertet werden konnten, ging das Projektteam insbesondere folgenden Leitfragen nach: Welche politischen Ziele sollten mit der Treuhandanstalt erreicht werden? Welche Konzepte wurden in einzelnen Branchen und Regionen verfolgt, und was waren die Ergebnisse? Welche gesellschaftlichen Auswirkungen haben sich ergeben? Wie ist die Treuhandanstalt in internationaler Hinsicht zu sehen?

Bei der Projektvorbereitung und -durchführung waren Prof. Dr. Richard Schröder und Prof. Dr. Karl-Heinz Paqué unterstützend tätig, denen unser ausdrücklicher Dank gilt. Über Eigenmittel hinaus ist das IfZ-Projekt, das ein international besetzter wissenschaftlicher Beirat kritisch begleitet hat, vom Bundesministerium der Finanzen von 2017 bis 2021 großzügig gefördert worden. Auch dafür möchten wir unseren Dank aussprechen. In enger Verbindung hierzu standen zwei von der Deutschen Forschungsgemeinschaft (DFG) geförderte Einzelprojekte von Andreas Malycha und Florian Peters.

*Dierk Hoffmann, Hermann Wentker, Andreas Wirsching*

# Einleitung

## Markt-Wirtschaft ohne Grenzen

Die Berliner Mauer stand noch, als die Transformation schon in den Westen kam: Seit Januar 1989 überwanden erst Tausende, bald Zehntausende polnischer Gelegenheitshändler die Grenze zwischen dem Osten und Westen Europas und schufen auf der amorphen Brachfläche, die einst der Potsdamer Platz gewesen war, einen riesigen irregulären Markt. Mitten in Berlin, nur einen Steinwurf von Beton und Stacheldraht entfernt, der die Welt für Jahrzehnte in zwei Hälften geteilt hatte, boten sie zunächst an den Wochenenden, bald auch wochentags ihre mitgebrachten Waren feil. Zu haben war dort alles von Lebensmitteln bis zu Haushaltswaren, von billiger Unterwäsche bis zu billigen Zigaretten – unangemeldet, ungeordnet, steuerfrei.

Der abschätzig so benannte »Polenmarkt«, der rasch zum Anlaufpunkt für findige Schnäppchenjäger und zum bevorzugten Ärgernis für die West-Berliner Boulevardpresse wurde, erschien in der wohlgeordneten westlichen Konsum- und Warenwelt wie ein archaischer Anachronismus. Da die polnischen Händler morgens früher vor Ort waren als die meisten Nutzer der benachbarten Staatsbibliothek, belegten sie dort sämtliche Schließfächer mit ihren Waren, und an den Wochenenden brachte der Ansturm von Kauf- und Schaulustigen den Verkehr in den umliegenden Straßen zum Erliegen.[1] In der »mit allen Mitteln, vor allem mit Bundesmitteln«, gegen ihre Insellage immunisierten Mauer-

1 Vgl. Weber: Der Polenmarkt in Berlin, S. 72.

stadt reagierten viele mit Abwehr und Ressentiments auf die ungebetene Konkurrenz und die chaotischen Verhältnisse auf dem improvisierten Markt.[2] Der West-Berliner Senat ließ die von den Polen als Marktplatz genutzte Brache absperren und versuchte ansonsten, das Problem mit ausländerpolizeilichen Maßnahmen in den Griff zu bekommen. Man errichtete also vor dem »antifaschistischen Schutzwall einen antipolnischen Gitterzaun«, wie die linksalternative *taz* frotzelte. Deren Berichterstatter stellte denn auch die Frage in den Raum, warum der Senat nicht gleich mit der DDR über eine »Übernahme der Mauer« verhandele, »um die Stadt vor kommenden polnischen Invasionen hundertprozentig sichern zu können«.[3] Nur wenige Zeitgenossen sahen hingegen, was der Osteuropa-Historiker Karl Schlögel damals notierte: »Die primitive Form ist entwicklungsfähig, aus der einfachen wird sich die komplizierte Wertform ergeben, aus den Transaktionen mit Babysachen werden solche mit Maschinen und Computern.«[4] Tatsächlich war der Polenmarkt in der damals noch leeren Mitte Berlins ein untrügliches Zeichen dafür, dass auch hier bald eine neue Zeit anbrechen sollte. Kaum hundert Kilometer weiter östlich war sie längst in vollem Gange.

»Nehmt euer Schicksal selbst in die Hand«, hatte Mieczysław Wilczek, der Industrieminister der letzten kommunistischen Regierung Polens, seinen Landsleuten schon Ende 1988 öffentlich zugerufen.[5] Mit Beginn des Jahres 1989 erlaubten die polnischen Kommunisten in einer handstreichartigen Geste der Liberalisierung nicht nur jegliche wirtschaftliche Betätigung, sondern gaben auch die zuvor auf dem Amt verwahrten Pässe frei. Damit war West-Berlin quasi über Nacht visafrei

2 Schlögel: Das Wunder von Nishnij, S. 276, 263.

3 C[laus] C[hristian] Malzahn: »Berlin, freie Stadt – Ha Ha!«, in: die tageszeitung vom 6.3.1989, S. 18. – Vgl. auch Weber: Der Polenmarkt in Berlin, S. 158–163.

4 Schlögel: Das Wunder von Nishnij, S. 263.

5 Bierzcie swój los w swoje ręce. Z Mieczysławem Wilczkiem, ministrem przemysłu, rozmawia Andrzej Mozołowski, in: Polityka, Nr. 48 vom 26.11.1988, S. 4. – Soweit nicht anders vermerkt, wurden alle polnischen Zitate vom Autor aus dem Original übersetzt. Bei polnischen Ortsnamen wurde, soweit deutsche Varianten geläufig sind, der Lesbarkeit der Vorzug gegeben.

erreichbar – und Wilczeks Ruf blieb nicht ungehört. Vor den Grenzübergängen bildeten sich lange Schlangen schwer beladener polnischer Fiats, und die Nachtzüge zwischen Gdynia, Warschau und Ost-Berlin, die in Polen schon seit Jahren den Spitznamen »Schmugglerzug« *(przemytnik)* trugen, waren fortan hoffnungslos überfüllt. Kaum jemand war unterwegs, um einer plötzlich ausgebrochenen Reisefreude zu frönen; fast alle hofften, an dem informellen Handel partizipieren zu können, der zuvor ein Privileg gewiefter Profischmuggler, findiger Dienstreisender und in der DDR tätiger polnischer Vertragsarbeiter gewesen war. Nun mussten sich die Reisenden zwischen Unmengen von Warenpaketen einrichten, die Händlergruppen durch die Fenster in die Abteile luden, um sie überall und nirgends zu verstauen.[6] Für die Strapazen der Reise entlohnte der Schwarzmarktkurs der D-Mark, noch mehr aber der Preis, den fortgeschrittene Schleichhändler auf den Basaren jenseits der Oder für westliche Elektronik erzielen konnten, die sie mit den erzielten Einnahmen in den Läden der Charlottenburger Kantstraße erwarben. In einem Land, in dem man nach zehn Jahren wirtschaftlichen Niedergangs für viele Waren des täglichen Bedarfs Schlange stehen musste und Fleischwaren noch immer rationiert waren, wurde der grenzüberschreitende Kleinhandel für viele zur Verheißung – mochte das Startkapital auch nur aus getrockneten Pilzen und einer Bahnfahrkarte bestehen.

Der Berliner Polenmarkt am Potsdamer Platz blieb zwar Episode, weil die Wiedervereinigung der beiden deutschen Staaten für die polnischen Kleinhändler neue Zollvorschriften und das vorläufige Ende der Visumfreiheit mit sich brachte. Dennoch wurden Märkte zu einem charakteristischen Erfahrungsraum der Transformationszeit im östlichen Europa. Zum Inbegriff dieser neuen, grenzüberschreitenden Markt-Wirtschaft entwickelte sich der gigantische »Jarmark Europa« auf dem östlichen Ufer der Weichsel in Warschau: Auf den Ruinen eines Stadions aus staats-

6 Siehe Irek: Schmugglerzug, S. 14, 30; Klaus Bachmann: Ein Zug verschwindet hinter einer Nebelwand, in: die tageszeitung vom 3.11.1989, S. 10f. – Vgl. zum deutsch-polnischen Schleichhandel vor 1989 die akribische Lokalstudie von Logemann: Das polnische Fenster, S. 265–334.

sozialistischer Zeit entstand hier ein regelrechtes Labyrinth aus Buden und Marktständen, in dem nunmehr polnische Kunden auf Händler aus allen Ländern des zusammengebrochenen sowjetischen Imperiums trafen, um sich mit »original italienischer« Kleidung, raubkopierten Tonträgern und allen möglichen und unmöglichen Waren und Dienstleistungen zu versorgen.[7]

Doch nicht nur das alltägliche Handeln der Menschen in Polen und Ostmitteleuropa war während der Transformationszeit von Märkten geprägt, sondern auch die Welt der Ideen und der sozialen Sinnstiftung. Von einem profanen, nicht selten als chaotisch und vulgär empfundenen Ort des Warenaustauschs stieg der Markt zum idealisierten Ordnungsmodell des wirtschaftlichen, gesellschaftlichen und politischen Wandels auf. Hatte der untergegangene Staatssozialismus seine wirtschaftliche Leistungsfähigkeit noch auf die rauchenden Schlote immer größerer Fabriken und Kombinate zurückgeführt, wurden die Ikonen des sozialistischen Fortschritts nun im öffentlichen Bewusstsein vom selbstbestimmten Treiben der Vielen verdrängt, die sich auf dem Markt zum scheinbar zwanglosen Geben und Nehmen trafen. Lange bevor großmaßstäbliche Einkaufszentren und Shoppingmalls amerikanischen Zuschnitts den westlichen Massenkonsum im Original ins östliche Europa brachten, prägten Markthändler und Basarfrauen das Gesicht des jungen osteuropäischen Kapitalismus. Mit ihren improvisierten Buden und Boutiquen gaben sie den um die industriellen Kerne gruppierten Hochhaussiedlungen der postsozialistischen Städte neue Mittelpunkte und Handlungsräume. Sie füllten damit weit mehr als nur die städtebauliche Leere, die der Niedergang der industriellen Moderne staatssozialistischer Prägung hinterlassen hatte.

Die Arbeiter und die vielgerühmten »Massen« mussten ihre privilegierten Plätze in der sozialen Sinnwelt räumen. An ihre Stelle trat das unternehmerische Individuum, das sich anschickte, auf eigene Faust zu

7 Vgl. Kurczewski/Cichomski/Wiliński: Wielkie bazary warszawskie, S. 24 f., 212; Grala: Rozwój turystyki handlowej, S. 111–113.

schaffen, woran der osteuropäische Staatssozialismus so grandios gescheitert war. Nicht mehr kollektive Mobilisierung und gemeinsame Anstrengung erschienen jetzt als Schlüssel zu Wohlstand und Prosperität, sondern Eigeninitiative und privates Gewinnstreben. Dies war »der Geist der kommenden Zeit«, den polnische Marktradikale in der oppositionellen Untergrundpresse schon 1984 gewittert und mit heraufbeschworen hatten.[8] Die private Betreiberfirma des »Jarmark Europa« bewies also nicht nur geschäftlich, sondern auch semantisch ein gutes Gespür, indem sie im Namen ihres Großbasars das Bild des mittelalterlichen Jahrmarktes mit der Idee eines neuen Europas zusammenführte, das sich im Handeln auf dem Markt materialisierte.[9]

## Abschied von der sozialistischen Moderne

Dieses Buch geht der Frage nach, wie es zu diesem tiefgreifenden Wandel der wirtschaftspolitischen und gesellschaftlichen Leitbilder kommen konnte. Es begreift die Transformation vom Staatssozialismus zum Kapitalismus nicht allein als Projekt von Ökonomen und Wirtschaftspolitikern, sondern richtet den Blick über deren Schreibtische und Rednerpulte hinaus auf die sozialen Praktiken und sinnstiftenden Horizonte, die sich mit dem Übergang zu einer neuen Wirtschafts- und Gesellschaftsordnung konstitutiv verbanden. Dabei schaut es nach Polen, in das Vorreiterland des Wandels im östlichen Europa, um die Wurzeln des Protokapitalismus von unten aufzuspüren, der dort schon lange vor dem Zusammenbruch der kommunistischen Herrschaft aufblühte. Es geht aber auch den Brü-

8 Mirosław Dzielski: Duch nadchodzącego czasu, in: »13«, 1984, Nr. 7/34, S. 1–9, Nachdruck in: ders.: Odrodzenie ducha, S. 249–264.

9 Der im August 1989 eröffnete Basar hieß zunächst »Jarmark Saski«, also Sächsischer Jahrmarkt, und ließ damit an die Wendung »na saksy« denken, die im Polnischen pars pro toto für Saisonarbeit in Deutschland und überhaupt im Ausland verwendet wird. Die Umbenennung in »Jarmark Europa« erfolgte 1996. – Vgl. Kurczewski/Cichomski/Wiliński: Wielkie bazary warszawskie, S. 210f.

chen und Ambivalenzen auf den Grund, die gerade für den polnischen Weg in den Kapitalismus charakteristisch waren. Schließlich hatte es noch wenige Jahre vor 1989 nicht danach ausgesehen, als ob ausgerechnet Polen die Blaupause einer radikalen marktwirtschaftlichen Transformation für die anderen Länder des europäischen Ostens liefern würde. Obwohl der Niedergang der sozialistischen Planwirtschaft hier weitaus sichtbarer und schmerzhafter vonstattenging als anderswo, war er doch keineswegs gleichbedeutend mit einem reibungslosen Abschied von den egalitaristischen und kollektivistischen Ordnungsvorstellungen, die das kommunistische Modernisierungsprojekt für sich in Anspruch genommen hatte.

Zwar steht außer Frage, dass das kommunistische Regime in Polen von Anfang an nur auf eine vergleichsweise schmale Legitimationsbasis bauen konnte, zumal die polnische Gesellschaft von einer langen Tradition der Staatsskepsis und des Durchlavierens am Rande (und bei Bedarf auch jenseits) rechtlicher Rahmenbedingungen geprägt war.[10] Diese Tradition fand gerade in der polnischen Landwirtschaft, die nach der gescheiterten Kollektivierung überwiegend kleinbäuerlich geprägt blieb, ein im osteuropäischen Vergleich ungewöhnlich großes Residuum. Auf der anderen Seite sollte man nicht unterschätzen, wie weitreichend die von oben oktroyierte Sinnwelt der staatssozialistischen Industriemoderne auch in Polen von unten angeeignet wurde, sei es über individuellen sozialen Aufstieg, als Folge der gesellschaftlichen Homogenisierung oder vermittelt durch attraktive lebensweltliche Integrationsangebote. Die grundlegende Akzeptanz der an die sozialistische Modernisierung geknüpften Wertvorstellungen und sozialen Integrationsmuster erwies sich nicht zuletzt in den wiederkehrenden Krisenmomenten der kommunistischen Herrschaft. Ob 1956, 1968, 1970 oder 1980 – immer wieder mussten sich die polnischen Kommunisten, gerade angesichts des heftigen Widerstands gegen die Methoden und mageren Ergebnisse ihrer Politik, an den von ihnen selbst formulierten sozialen und wirtschaftlichen Ansprüchen messen lassen.

10 Vgl. etwa Kochanowski: Jenseits der Planwirtschaft.

Auch die beispiellose oppositionelle Massenbewegung, die sich 1980–1981 um die unabhängige Gewerkschaft Solidarność formierte, war weit davon entfernt, sich westlichen Individualismus oder gar Kapitalismus zum Vorbild zu nehmen. Die große Mehrheit ihrer sieben bis acht Millionen Mitglieder[11] empörte sich vielmehr darüber, dass die proklamierte »führende Rolle« der Arbeiterklasse durch die Ausweitung der Privilegien für die Partei- und Wirtschaftsbürokratie sukzessive infrage gestellt worden war. Die dramatische Wirtschaftskrise, die das polnische Nationaleinkommen zwischen 1978 und 1982 erdrutschartig um 23,5 Prozent einbrechen ließ,[12] führten die meisten Sympathisantinnen und Sympathisanten der Opposition nicht auf systemische Widersprüche der Planwirtschaft zurück, sondern auf das verbreitete Missmanagement und die unterstellte Kleptokratie der Parteieliten. Sie hofften darauf, die offensichtliche Diskrepanz zwischen dem egalitaristischen Anspruch und der deprimierenden Wirklichkeit des »real existierenden Sozialismus« endlich zugunsten wirklicher »Vergesellschaftung« aller Lebensbereiche überwinden zu können.

Das mag auf den ersten Blick überraschen, wurde die polnische Oppositionsbewegung im In- und Ausland doch vorrangig durch das Prisma der intellektuellen Dissidenten wahrgenommen, die ihre Forderungen in der Sprache des transnationalen Menschenrechtsdiskurses formulierten

11 Die Solidarność gab ihre Mitgliederzahl zeitgenössisch mit zehn Millionen an, was in der Historiografie oft unkritisch übernommen wird. Tatsächlich dürften es etwas weniger gewesen sein. Zum Zeitpunkt des Gewerkschaftstags im September 1981 zählten die Regionalverbände zusammen knapp 9,5 Millionen Mitglieder. Die Größenordnung sieben bis acht Millionen geht auf den Soziologen Jacek Kurczewski zurück, der 1981 für die Mitgliederzählung der Gewerkschaft zuständig war, und wird von den Ergebnissen retrospektiver sozialwissenschaftlicher Befragungen von 1984 bestätigt. – Siehe Członkowie »Solidarności« /w tys. osób/, in: AS. Agencja Prasowa Solidarności. Biuletyn Pism Związkowych i Zakładowych [künftig: AS], Nr. 38 vom 14.–20.9.1981, S. 1; Kurczewski: Ścieżki emancypacji, S. 251; Wenzel: Estimating Trade Union Membership, S. 187.

12 In staatssozialistischen Ökonomien wurde die Wirtschaftsleistung anders berechnet als im Westen. Der Einbruch von 23,5 Prozent bezieht sich auf das produzierte Nationaleinkommen *(dochód narodowy wytworzony)*, wohingegen das verteilte Nationaleinkommen *(dochód narodowy podzielony)* im selben Zeitraum sogar um 27,5 Prozent zurückging. – Siehe Grala: Reformy gospodarcze, S. 39.

und sich nur zu gern in die Tradition des polnischen Freiheitskampfs einreihten. Doch war die gewerkschaftliche Solidarność-Bewegung, die die kommunistische Parteiherrschaft in ihren Grundfesten erschütterte, jedenfalls in wirtschafts- und sozialpolitischer Hinsicht noch fest in der staatssozialistischen Sinnwelt verankert, die Wolfgang Engler mit Blick auf die DDR auf den Begriff der »arbeiterlichen Gesellschaft« gebracht hat.[13] Diese Bewegung war nicht etwa angetreten, das sozialistische Versprechen von industrieller Modernität, Gleichheit und sozialer Gerechtigkeit auf den Müllhaufen der Geschichte zu befördern, sondern ganz im Gegenteil: um es zu verwirklichen. Insofern kann die Solidarność der Jahre 1980–1981 auch im europäischen Maßstab als eine der letzten politisch bedeutsamen Manifestationen der sozialen Ordnungsmuster der Industriemoderne gelten.[14]

Die daraus erwachsenden kollektivistischen Ansprüche machten aus der wirtschaftlichen Misere freilich erst recht eine existenzielle politische Krise, die mit der Zerschlagung der legalen Solidarność-Bewegung während des Kriegsrechts (1981–1983) keineswegs gelöst war. Alle Bemühungen um grundlegende Reformen der dahinsiechenden Planwirtschaft standen in Polen unweigerlich im Kontext dieses gesellschaftlichen Aufbegehrens. Überdies mussten sie noch die drückende Schuldenlast gegenüber dem westlichen Ausland ins Kalkül einbeziehen, die das Exportpotenzial des Landes weit überstieg und Polen an den Rand des Staatsbankrotts brachte.[15] Für die polnischen Kommunisten stand folglich nicht weniger auf dem Spiel als die Überlebensfähigkeit des staatssozialistischen Systems. Den Ernst der Lage brachte wohl niemand besser zum Ausdruck als Staats- und Parteichef Wojciech Jaruzelski, der im September 1987 bei SED-Chef Erich Honecker um Verständnis für die polnischen Reformansätze warb. Während Honecker stolz von einem Treffen mit

13 Siehe Engler: Die Ostdeutschen, S. 173–208.

14 Mit dem Begriff der »Industriemoderne« folge ich Dipper: Moderne. – Christof Dippers Begriff nimmt wiederum Lutz Raphaels kulturgeschichtliche Anreicherung des von Ulrich Herbert vorgeschlagenen Konzepts der »Hochmoderne« auf. Vgl. Raphael: Ordnungsmuster der »Hochmoderne«?; Herbert: Europe in High Modernity.

15 Vgl. Bartel: Triumph of Broken Promises, S. 201–232.

den »Bosse[n] der bundesdeutschen Industrie« im Rahmen seines ersten Staatsbesuchs in Westdeutschland berichtete und damit prahlte, »daß wir in der Leitung der Wirtschaft den großen [westlichen] Konzernen und Betrieben nicht nachstehen«, machte Jaruzelski kein Hehl aus der widrigen wirtschaftlichen und politischen Situation in Polen: Die »Spezifik der Lage«, so der General, erfordere dort ein Handeln nach dem Motto »Rette sich, wer kann«.[16]

In der Tat rangen sich Jaruzelski und seine Genossen nach langem Zaudern zu unkonventionellen Mitteln durch: Sie versuchten, um gesellschaftliche Unterstützung für ihre wirtschaftliche Reformpolitik zu werben. So war Polen das einzige staatssozialistische Land, dessen Regierung ihr marktorientiertes Reformprogramm und die damit verbundenen sozialen Einschnitte in einem freien und fairen Referendum zur Abstimmung stellte. Erst recht war das polnische Regime das einzige, das es schulterzuckend hinnehmen musste, ein solches Votum sang- und klanglos zu verlieren: Die Volksabstimmung im November 1987 scheiterte daran, dass das ungewöhnlich hoch angesetzte Zustimmungsquorum von 50 Prozent aller Wahlberechtigten verfehlt wurde. In der Geschichte des sowjetisch dominierten Ostblocks war eine solche offene Abstimmungsniederlage ohne Beispiel.

Da die Machtbasis der kommunistischen Regierung bereits zu fragil war, um Austerität und marktwirtschaftliche Reformen gegen gesellschaftlichen Widerstand durchzusetzen, sahen sich die polnischen Kommunisten schließlich zu Verhandlungen mit Vertretern der Opposition und zu deren Einbindung in das politische System gezwungen. Am Runden Tisch war es folgerichtig die Regierungsseite, die auf beschleunigte Marktreformen drängte, während die Oppositionsvertreter auf deren

16 Stenografische Niederschrift des Gesprächs zwischen dem Generalsekretär des Zentralkomitees der Sozialistischen Einheitspartei Deutschlands und Vorsitzenden des Staatsrates der Deutschen Demokratischen Republik, Erich Honecker, und dem Ersten Sekretär des Zentralkomitees der Polnischen Vereinigten Arbeiterpartei und Vorsitzenden des Staatsrates der Volksrepublik Polen, Wojciech Jaruzelski, am 16. September 1987 im Jagdschloß Hubertusstock, BArch-SAPMO, DY 30/2479, Bl. 195–257, hier Bl. 237 f., 215 f.

sozialpolitischer Flankierung bestanden. Dass sich nach dem erdrutschartigen Wahlsieg des Oppositionslagers in den teilfreien Wahlen vom 4. Juni 1989 ausgerechnet der bedächtige christdemokratische Intellektuelle Tadeusz Mazowiecki und der sozial bewegte Linke Jacek Kuroń für einen radikalen »Sprung in den Markt« starkmachen würden, lag wenige Monate zuvor noch jenseits jeder Vorstellungskraft. Zwar hatten wirtschaftsliberale Positionen in den vorangegangenen Jahren innerhalb des oppositionellen Spektrums deutlich an Boden gewonnen. Nichtsdestoweniger bedeutete die marktradikale Schocktherapie, die in Polen in erster Linie mit dem Namen von Mazowieckis Finanzminister und Vizepremier Leszek Balcerowicz verbunden ist, für das Oppositionslager eine dramatische politische Kehrtwende.

Angesichts dessen drängt sich die Frage auf, wie die makroökonomische Rosskur des »Balcerowicz-Plans« trotz ihrer niederschmetternden sozialen Folgen in einer so streikerprobten Gesellschaft wie der polnischen mehrheitsfähig werden und weitgehend unangefochten bleiben konnte. Bereiteten etwa die widersprüchlichen Wirtschaftsreformen der letzten kommunistischen Regierungen dem ungebremsten Übergang zum Kapitalismus den Boden? Welche Rolle spielten endogene ökonomische Expertise und nationale Traditionen der Selbstorganisation jenseits des Staates? Wie weit reichte dagegen der Einfluss westlicher Einflüsterer wie Jeffrey Sachs, die im Sommer 1989 nach Warschau kamen, um der wirtschaftspolitisch unerfahrenen polnischen Opposition auf die Sprünge zu helfen? Lässt sich die polnische Transformation also als bloße Etappe des transnationalen Siegeszugs des Neoliberalismus verstehen, dessen Agenten die Welt im Geiste des »Washington Consensus« umzugestalten trachteten? Und warum folgte auf den makroökonomischen *big bang* von 1990 eine im Vergleich zu Polens Nachbarländern ausgesprochen zögerliche Privatisierung der volkseigenen Wirtschaft?

Um diese Fragen zu beantworten, reicht es nicht aus, wirtschaftswissenschaftliche Expertendebatten, den Einfluss der internationalen Finanzinstitutionen und die politische Dynamik der polnischen Wirtschaftsreformen isoliert voneinander zu betrachten. Vielmehr kommt es darauf an, den wechselseitigen Beziehungen zwischen ökonomischen

Leitbildern, wirtschaftspolitischem Handeln und der alltäglichen wirtschaftlichen Praxis einfacher Polinnen und Polen nachzugehen – also danach zu fragen, wie der Kapitalismus in die Köpfe und das Leben dieser Menschen kam.[17] Denn erst im Zusammenspiel dieser Ebenen etablierten sich jene Deutungsmuster des Sozialen, die letzten Endes den Ausschlag für die gesellschaftliche Akzeptanz und die politische Durchsetzbarkeit dieses oder jenes wirtschaftspolitischen Leitbildes gaben. Ein solcher Zugang, der sich in Anlehnung an Anselm Doering-Manteuffel als *Gesellschaftsgeschichte handlungsleitender Ideen* bezeichnen lässt,[18] setzt jedoch eine fundierte Historisierung der Transformationszeit voraus.

## Historisierung der Transformationszeit

Wenn es um den rapiden Zusammenbruch des osteuropäischen Staatssozialismus und um die postsozialistischen Transformationen geht, meinen wir im Rückblick sehr genau zu wissen, in welche Richtung die Entwicklung gehen musste. Das hat nicht nur damit zu tun, dass man es hinterher sowieso immer besser weiß – sondern auch mit dem Erbe der zeitgenössischen Sozialwissenschaften, die den politischen, ökonomischen und gesellschaftlichen Wandel im östlichen Europa seit den 1990er-Jahren intensiv erforscht und unser Verständnis dieser Transformationen entscheidend geprägt haben. Diese Prägung spiegelt sich auch im Begriff der Transformation selbst wider, der ja zunächst einmal nicht viel mehr meint als Umwandlung, Verwandlung oder Veränderung. Im Kontext der damals florierenden sozialwissenschaftlichen Transformationsforschung war er jedoch eng mit der Vorstellung verbunden, der komplexe Wandel in den Ländern Ostmittel- und Osteuropas ließe sich als beinahe technischer Prozess betrachten, dessen Ingenieure nur die richtigen Schalthebel

17 Vgl. auch die grundsätzlichen Überlegungen zur prekären Abgrenzung zwischen Wirtschaft und Gesellschaft bei Dejung: Einbettung.

18 Vgl. Doering-Manteuffel: Deutsche Geschichte in den Zeitbögen des 20. Jahrhunderts, S. 324.

umlegen müssten, um vom vorgefundenen Ausgangszustand zu einem vorgegebenen Ziel zu gelangen – etwa so, wie ein Transformator Gleichstrom zu Wechselstrom umwandelt.[19]

Die meisten Soziologinnen, Ökonomen und Politikwissenschaftler, die sich der wissenschaftlichen Analyse (und nicht selten auch der politikberatenden Mitgestaltung) des damaligen Wandels verschrieben hatten, interessierten sich also nicht so sehr für die spezifischen Eigenlogiken, für die Unfertigkeiten und Fragilitäten der Transformationsgesellschaften, sondern vor allem dafür, wie diese möglichst schnell vom Start zum Ziel gelangen könnten. Dabei orientierten sie sich im Hinblick auf den erwünschten Endpunkt der von ihnen konstruierten »Entwicklungspfade« meist wie selbstverständlich an vermeintlich erprobten westlichen Vorbildern. Die Kleinhändlerinnen, die mit ihren bunt zusammengewürfelten Waren und ihren unverwechselbaren sperrigen Plastiktaschen die improvisierten Märkte bevölkerten, kamen in diesen Modellen nur in den seltensten Fällen vor, ebenso wie die filigranen Risse und fundamentalen Erschütterungen, die der Verlust von industrieller Arbeit und sozialer Sicherheit in den Lebensentwürfen und Selbstbildern vieler Menschen in der Region hinterließ. Die hegemoniale Spielart der Transformationsforschung hatte nicht die Offenheiten, Halbheiten und Haltlosigkeiten der postsozialistischen Gegenwart im Blick, sondern zielte von vornherein auf die gläsernen Bürohochhäuser und Einkaufspaläste, die die provisorischen Verkaufsstände der Basarhändler sowohl am Potsdamer Platz in Berlin als auch in den Stadtzentren Warschaus und anderer osteuropäischer Metropolen längst zu Erinnerungen aus einer fernen Vergangenheit haben werden lassen.[20]

Zwar kam auch innerhalb der sozialwissenschaftlichen Transformationsforschung recht bald Kritik an allzu teleologischen und deterministischen Ansätzen auf. So mündete die Einsicht, dass »der Westen«

19 Vgl. einführend Merkel: Systemtransformation; Segert: Transformationen in Osteuropa; stellvertretend für die angelsächsische Forschung Åslund: Building Capitalism.

20 Für eine wortmächtige Kritik der Transformationsforschung aus alltags- und kulturgeschichtlicher Perspektive siehe Schlögel: Bilder einer Ausstellung.

durchaus nicht überall gleich aussieht, in die Anerkennung distinkter *Varieties of Capitalism*, auf deren unterschiedliche Spielarten die Transformationsprozesse in den einzelnen Ländern zusteuern konnten.[21] Diese Debatten innerhalb und außerhalb der Transformationsforschung sind inzwischen aber selbst Geschichte. Deshalb wäre es müßig, sich heute nochmals an den Modellen von damals abzuarbeiten. Stattdessen kommt es für eine Historisierung der Transformationszeit darauf an, diese nicht von ihrem Ende her zu betrachten, sondern als Epoche eigenen Rechts ernst zu nehmen. Es geht in diesem Buch also nicht darum, wohin das alles am Ende geführt hat – oder hätte führen sollen. Vielmehr setzt es sich zum Ziel, die sozialen, politischen und ökonomischen Erfahrungsräume und Erwartungshorizonte freizulegen, vor die sich die Menschen seinerzeit gestellt sahen.

Das ist alles andere als trivial – schließlich ahnte selbst im Frühjahr 1989, als Tausende von Polinnen und Polen mit dem Verkauf von Butter, Wodka oder Bügeleisen am Rande des Berliner Tiergartens ihr Schicksal selbst in die Hand zu nehmen versuchten, noch kaum jemand, welch epochale Umwälzungen in den folgenden Monaten und Jahren auf Mittel- und Osteuropa zukommen würden. Da der politische und gesellschaftliche Wandel in Polen dem Rest des östlichen Europas meist mindestens einen Schritt voraus war, betraten sowohl die Akteure der »großen Politik« als auch die Jan Kowalskis von der Straße immer wieder historisches Neuland. Wie schwierig es ist, sich im Nachhinein auf diese zeitgenössischen Perspektiven einzulassen, war sich schon Timothy Garton Ash bewusst, der damals immer zur rechten Zeit am richtigen Ort war, wenn die scheinbar so stabilen Mauern der staatssozialistischen Systeme in Ostmitteleuropa ins Wanken gerieten. Gerade weil er den rasanten, alle Erwartungen übersteigenden Wandel so hautnah miterlebt hatte, meinte er: »Für den Historiker ist es vielleicht am schwierigsten, zu rekonstruieren,

21 Vgl. etwa Dobry: Paths, Choices, Outcomes, and Uncertainty; für die Forschungsrichtung der Varieties of Capitalism grundlegend Hall/Soskice (Hg.): Varieties of Capitalism; mit Blick auf Osteuropa Bohle/Greskovits: Capitalist Diversity on Europe's Periphery.

was die Menschen in einem historischen Moment tatsächlich *nicht* über die Zukunft wußten.«[22]

Dennoch ist der polnische Fall für eine historische Würdigung der Transformationszeit und der mit ihr verbundenen, bis heute nachhallenden Hoffnungen und Enttäuschungen besonders aufschlussreich, vielleicht sogar paradigmatisch. Denn wegen der lang andauernden Krisenphase und des offenen politischen Konflikts zwischen kommunistischem Regime und Opposition im letzten Jahrzehnt des Spätsozialismus traten die Erfahrungsräume und Erwartungshorizonte der Zeitgenossen hier deutlicher als anderswo auseinander. Während etwa der von Honecker beschworene »Sozialismus in den Farben der DDR« unversehens implodierte und die spontan aufkeimende politische und gesellschaftliche Selbstorganisation im Osten Deutschlands alsbald in die etablierten Bahnen der bundesdeutschen Ordnung überführt wurde, erlebte Polen eine gedehnte Transformationszeit, die durch eine beinahe zehnjährige Inkubationsperiode und ein Nebeneinander konkurrierender Ordnungsmuster schon vor 1989, aber auch durch vergleichsweise harte Brüche und langwierige innergesellschaftliche Konflikte nach dem politischen Systemwechsel gekennzeichnet war. All dies ließ die Spezifika des Übergangs von der alten in die neue Ordnung vergleichsweise scharf hervortreten.

Wer vor dem Hintergrund profunder sozialwissenschaftlicher Begriffsbildung und Forschung eine genuin zeithistorische Perspektive auf die Transformationszeit für sich in Anspruch nimmt und diese als eigenständige historische Epoche verstanden wissen will, steht freilich in der Pflicht zu benennen, was diese denn als solche auszeichne. Was ist also gemeint, wenn Zeithistoriker den Übergang vom Spät- zum Postsozialismus als »Transformation« bezeichnen? Philipp Ther, der mit seiner Geschichte der »neuen Ordnung auf dem alten Kontinent« eine erste historische Bilanz des »neoliberalen Europa« vorgelegt hat, schlägt vor, Transformation

22 Garton Ash: Ein Jahrhundert wird abgewählt, S. 348.

als »einen besonders tiefgreifenden, umfassenden und beschleunigten Wandel des politischen Systems, der Wirtschaft und der Gesellschaft« zu verstehen.[23] Dies wirft allerdings die Frage auf, ob diese Definition hinreichend spezifisch ist, um die darunter subsumierten Veränderungsprozesse etwa von historischem Wandel im Zuge von Krieg und Revolutionen abzugrenzen. Bei Ther bleibt insbesondere vage, in welchem Verhältnis Transformation und Revolution zueinander standen: Für die politischen Umstürze der Jahre 1989–1991 im östlichen Europa übernimmt er weitgehend unhinterfragt den Revolutionsbegriff, wenngleich er explizit einräumt, dass es sich dabei um eine »eigentlich ahistorisch[e]« und erst *ex post* etablierte Sinnstiftung handelt.[24] Daran anknüpfend bezeichnet Ther Transformation einerseits als im chronologischen Sinne »postrevolutionären Wandel«, andererseits verortet er den Beginn der transformatorischen Umbrüche aber (mit guten Gründen) bereits vor dem politischen Systemwechsel 1989.[25]

Dieser Studie liegt die Annahme zugrunde, dass sich die Einstufung historischen Wandels als »Transformation« nicht allein an seiner Tiefe, seinem zeitlichen Ablauf und seiner sektoralen Reichweite festmachen lässt. Diese Kriterien mögen Transformationen von systemimmanenten, zeitlich und sektoral begrenzten Reformen auf der einen Seite sowie von langfristigem und nur eingeschränkt steuerbarem evolutionärem Wandel auf der anderen Seite unterscheiden.[26] Der Begriff der Transformation trifft jedoch nicht nur Aussagen über den substanziellen Gehalt gesellschaftlicher Veränderungsprozesse. Er impliziert zugleich und vor allem eine bestimmte Vorstellung davon, *wie diese verlaufen.* Während Revolutionen immer »ein gewisses Maß an Unberechenbarkeit, geringer Steuerbarkeit und Kontingenz« innewohnt, suggeriert der Transformationsbegriff, dass das Ziel des Wandels von vornherein bestimmbar und der Weg

23 Ther: Die neue Ordnung, S. 28.
24 Vgl. ebd., S. 80.
25 Ebd., S. 26–29.
26 Vgl. den systematisierenden Überblick bei Wagener: Transformation als historisches Phänomen.

dorthin steuerbar – nicht jedoch planbar ist.[27] Seine unübersehbare Konjunktur in den letzten Jahrzehnten ist nicht denkbar ohne die Fragmentierung und »Disaggregation« der Reflexion über das Soziale im letzten Viertel des 20. Jahrhunderts, die Daniel T. Rodgers unter das Rubrum des »Age of Fracture« gefasst hat.[28] Die seither gehäufte Verwendung des Transformationsbegriffs steht in direktem Zusammenhang mit der von Rodgers herausgearbeiteten Verlagerung des Angelpunkts sozialer Ordnungsentwürfe von der gesellschaftlichen Makro- auf die Mikroebene, die sich in sozialwissenschaftlichen Rational-Choice-Ansätzen ebenso widerspiegelt wie in der Partikularisierung der Gesellschaftstheorie und im Siegeszug des neoliberalen Marktradikalismus.

Tiefgreifenden sozialen, politischen und ökonomischen Wandel als »Transformation« zu bezeichnen, bedeutet demnach, dessen rationale Steuerbarkeit durch das Setzen von Anreizen *(incentives)* zu suggerieren, die auf der Ebene individueller Akteure wirksam sind. Darin unterscheiden sich Transformationen von älteren, mit der sozialen Sinnwelt der Industriemoderne verbundenen Konzeptionen vergleichbaren Wandels, namentlich von Revolution und *social engineering*, aber auch von interventionsfreudigem Planungsdenken. An die Stelle des kollektivistischen Voluntarismus revolutionärer Bewegungen und des auf gesamtgesellschaftlicher und makroökonomischer Ebene ansetzenden Machbarkeitsdenkens, wie es für das *social engineering* und die keynesianische »Globalsteuerung« charakteristisch war, tritt bei transformatorisch gedachtem Wandel das Vertrauen in die segensreiche Wirkung individueller, partikularer Entscheidungen, die zu ihrer systemischen Entfaltung nur des richtigen Handlungsrahmens bedürfe. In diesem Sinne lässt sich Transformation in der Tat treffend als »postrevolutionärer Wandel« bezeichnen – nämlich als Resultat der Verdrängung revolutionärer Konzepte fundamentalen Wandels aus der sozialen und politischen Vorstellungswelt.

27 Vgl. Pollack: Das unzufriedene Volk, S. 13; zur ideengeschichtlichen Genealogie des eng verwandten Konzepts der »transition« Guilhot: »The Transition to the Human World of Democracy«.

28 Rodgers: Age of Fracture.

Wie Wandel als gesellschaftlicher Prozess gedacht wird, hat indes erhebliche Konsequenzen für seine mögliche Reichweite, für die als handelnde Subjekte daran beteiligten Akteursgruppen und für die Beschaffenheit des benötigten Steuerungswissens. So konnte die Vorstellung, die historische Zeit ließe sich in einem voluntaristischen Akt von oben gleichsam suspendieren, um mittels eines *big bang* das unüberschaubare Dickicht gewachsener struktureller Verwicklungen in den spätsozialistischen Gesellschaften schlagartig zu überwinden, nur in Abgrenzung von der immanenten Geschichtsmächtigkeit revolutionären Wandels plausibel erscheinen.[29] Wenn sozialer Wandel aber in erster Linie in der Schaffung des passenden Handlungsrahmens bestand, der eine Vielzahl partikularer Einzelentscheider quasi hinter deren Rücken in Agenten der erwünschten systemischen Veränderung transformieren sollte, kam wiederum technokratischem Expertenwissen eine erstrangige Bedeutung für die Steuerung dieses Prozesses zu.[30] Diese Transformationsexperten konnten sich zu ihrer Legitimation eben nicht auf kollektive Willensbekundung oder demokratische Aushandlung berufen, sondern stützten sich auf sozial- und wirtschaftswissenschaftlich abgesicherte Rationalität. Insofern verweist der Transformationsbegriff auf einen Modus tiefgreifenden gesellschaftlichen Wandels, der sich seiner eigenen Historizität kaum bewusst ist oder diese sogar rundheraus negiert.

Anhand der Entwicklung in Polen lässt sich dieser Umbruch vom revolutionären zum transformatorischen Paradigma gesellschaftlichen Wandels beispielhaft nachvollziehen. Während sich in der jüngeren historischen Forschung immer mehr die Auffassung durchsetzt, dass der Durchbruch der Solidarność-Bewegung in den Jahren 1980–1981 mit guten sozial- und kulturgeschichtlichen Argumenten als revolutionäre Situation zu deuten ist,[31] fehlten dem am Runden Tisch ausgehandelten

29 Vgl. ebd., S. 247–255.
30 Vgl. für Ostdeutschland Böick: Berater in »blühenden Landschaften«.
31 So eher deklamatorisch bei Friszke: Rewolucja Solidarności; konzeptionell fundiert bei Kozłowski: Anatomia rewolucji, insbes. S. 8–35; mit Blick auf die geschichtskulturelle Dimension Peters: Revolution der Erinnerung, S. 443–466.

Systemübergang von 1989 jegliche Kennzeichen massenhafter gesellschaftlicher Partizipation oder gar revolutionärer Aufbruchstimmung. Anders als in der Tschechoslowakei, der DDR oder in den baltischen Staaten, wo sich für den plötzlichen Zusammenbruch der staatssozialistischen Herrschaft zumindest im Nachhinein Bezeichnungen wie »samtene«, »friedliche« oder »singende« Revolution eingebürgert haben, ist dies für Polen mit Blick auf 1989 eher unüblich. Die Niederschlagung der Solidarność während des Kriegsrechts und der jahrelange politische und wirtschaftliche Stillstand hinterließen hier eine so tiefgehende, mit dem Gefühl abhandengekommener kollektiver Handlungsmacht verbundene Desillusionierung, dass eine revolutionäre Deutung des rasanten Umbruchs von 1989 schlicht fehl am Platze schien.[32]

Der auf kollektiven Fortschritt orientierte Ordnungsrahmen der staatssozialistischen Moderne hatte sich im Laufe der 1980er-Jahre endgültig erschöpft, doch es sollte noch eine Weile dauern, bis sich aus der Vieldeutigkeit der Übergangsperiode ein neuer hegemonialer Ordnungsentwurf herausschälte. Symptomatisch für die Wahrnehmung der in dieser Situation auf den Plan tretenden Transformationsexperten war die zwischen Spott und Bewunderung changierende Bezeichnung *Brygada Marriotta*, die sich im polnischen Volksmund für die seit dem Sommer 1989 aus dem Westen eingeflogenen Wirtschaftsberater einbürgerte. Dieser Spitzname spielte zum einen auf das bevorzugte Quartier der westlichen Experten in dem luxuriösen *Marriott*-Hotel im Zentrum Warschaus an. Zum anderen sprach aus ihm aber auch eine gewisse Irritation über den missionarischen Eifer der westlichen Gäste, der in der desillusionierten und ermüdeten polnischen Gesellschaft sichtlich aus der Zeit gefallen schien. Der selbstgewisse Enthusiasmus dieser marktradikalen Brigadisten, die sich anstelle des einst beschworenen »Aufbaus des Sozialismus« nicht weniger nassforsch dem »Aufbau des Kapitalismus« verschrieben, stieß bei vielen Polinnen und Polen auf gemischte Gefühle.[33]

32 Vgl. Przeperski: Sytuacja nierewolucyjna.

33 Vgl. die explorative Annäherung bei Wedel: Collision and Collusion, S. 45–82.

Noch machte der eben erst mithilfe westlicher Investoren im Rahmen eines Joint Ventures fertiggestellte Rohbau des *Marriott*-Hotels dem stalinistischen Kulturpalast die Lufthoheit über die Warschauer Innenstadt nicht streitig. Noch ging das Gros der Beschäftigten seiner täglichen Arbeit in den maroden Betrieben der staatseigenen Industrie nach, obwohl die allgegenwärtigen privaten Kleinhändler die Spielregeln des staatlich geplanten Wirtschaftens längst schon links liegen ließen. Noch führten linientreue Parteiblätter den obligaten Aufruf »Proletarier aller Länder, vereinigt euch!« im Kopf, obwohl sie direkt darunter titelten: »Let's talk about business«.[34] Ebendieser eigentümliche, vielfach konfuse Schwebezustand macht den Kern dessen aus, was hier als Transformationszeit betrachtet wird.

## Dominierende Deutungen, alternative Zäsuren

Die tiefen lebensweltlichen Einschnitte, mit denen vor allem die wirtschaftliche Dimension der Transformation für fast jeden und jede östlich der Elbe verbunden war, spiegeln sich bis heute in emotional höchst aufgeladenen individuellen und kollektiven Erinnerungen wider. Wer durch die von Swetlana Alexijewitsch literarisierten Erfahrungsberichte aus der postsowjetischen »Secondhand-Zeit« blättert, bekommt eine Ahnung von der biografischen Fallhöhe, die der Umbruch für das Leben von Millionen von Menschen im östlichen Europa bedeutete.[35] Die Ambivalenz dieser individuellen Erfahrungen bildet einen, wie es scheint, unerschöpflichen Nährboden für polarisierende kollektive Deutungen. Auch die polnische Öffentlichkeit ist in der Bewertung der Transformationszeit noch immer tief gespalten, obwohl mittlerweile ein Vierteljahrhundert wirtschaftlicher Prosperität und wachsenden Wohlstands ins Land gegangen ist, von dem Polens östliche Nachbarn mehrheitlich nur träumen können.

34 So in der als dogmatisch-nationalkommunistisch verschrienen Wochenzeitung Rzeczywistość, Nr. 24 vom 14.6.1987, S. 1.

35 Alexijewitsch: Secondhand-Zeit.

Während sich der Widerspruch gegen die neoliberalen Prämissen der Transformation und ihre sozialen Kosten in Westeuropa meist aus linker Kapitalismuskritik speist, wird das liberale Erfolgsnarrativ in Polen, ebenso wie andernorts im östlichen Europa, in erster Linie von der politischen Rechten herausgefordert. Dort stehen sich im Wesentlichen zwei konkurrierende Erzählungen gegenüber: Die Liberalen verklären die polnische Transformation zu einem heroischen Sieg der Freiheit über das sowjetische Joch und führen den unbestreitbaren wirtschaftlichen Erfolg der letzten Jahrzehnte, der Polen zu »Europas Wachstums-Champion«[36] gemacht und das Wohlstandsgefälle gegenüber Deutschland und Westeuropa spürbar reduziert hat, auf die kompromisslose Schocktherapie und die gelungene Selbstaneignung des Kapitalismus von unten zurück. Dagegen macht die Rechte den am Runden Tisch ausgehandelten Systemwechsel für das Ausbleiben einer wirklichen antikommunistischen Revolution verantwortlich und beklagt den vermeintlichen Ausverkauf der Wirtschaft an westliche Konzerne als Verlust nationaler Souveränität.[37]

Beide Deutungen verkennen jedoch auf je eigene Weise den Bruch zwischen dem revolutionären und dem transformatorischen Paradigma grundlegenden Wandels, der sich im Laufe der 1980er-Jahre vollzog. Das affirmativ-triumphalistische Narrativ der Liberalen setzt in der Regel mit der Entstehung der gewerkschaftlichen Solidarność-Bewegung von 1980–1981 ein und zieht von dort eine gerade Linie zum Systemwechsel im Sommer 1989. Dem Kriegsrecht und der zweiten Hälfte der 1980er-Jahre kommt in dieser Erzählung allenfalls die Funktion eines dramatischen Suspense zu, sodass der Übergang zu Demokratie und Marktwirtschaft 1989–1990 als Erfüllung des revolutionären Vermächtnisses von 1980 erscheint. Der entscheidende blinde Fleck dieses Narrativs liegt darin, dass die Regierung Mazowiecki sich bei der Umsetzung des marktradikalen Balcerowicz-Plans weder auf das ideelle Erbe der Solidarność

36 Piątkowski: Europe's Growth Champion.

37 Siehe zum Folgenden ausführlicher Peters: »Nach 1989 wurde nur die Dekoration geändert«; vgl. auch Bernhard/Kubik: Roundtable Discord; Janiszewski: Historiograficzne interpretacje przemian ustrojowych.

von 1980–1981 noch auf die demokratische Legitimation des Runden Tischs oder des Wahlsiegs vom Juni 1989 berufen konnte, denn eine radikale Schocktherapie stand weder am Runden Tisch noch in den teilfreien Wahlen zur Diskussion oder gar zur Abstimmung.

In diese Lücke stößt die politische Rechte, indem sie eine simple Erklärung für die Widersprüche der liberalen Meistererzählung anbietet: Der Elitenkompromiss am Runden Tisch, der der marktradikalen Schocktherapie vorausging, war aus ihrer Sicht nichts anderes als ein Verrat der liberalen Oppositionseliten an den Idealen und Interessen der »Nation«. Die überwiegend aus revisionistischen und linksliberalen Milieus stammenden Dissidenten hätten demnach gemeinsame Sache mit den Kommunisten gemacht und in Hinterzimmergesprächen grünes Licht für die Selbstbereicherung der Nomenklatura gegeben. Von hier aus ist es nicht mehr weit bis zu der Vorstellung, der Runde Tisch sei von vornherein eine von der kommunistischen Geheimpolizei inszenierte (wahlweise auch direkt aus Moskau gesteuerte) Verschwörung gewesen, die dem Zweck gedient habe, die dräuende antikommunistische Revolution zu verhindern und die Machtpositionen der alten Eliten in neuem Gewand zu konservieren.

Dass das Ausbleiben revolutionären Wandels keineswegs gleichbedeutend mit Kontinuität sein muss, will den Verfechtern dieses Narrativs dagegen nicht in den Kopf. Zwar liegen sie völlig richtig mit ihrer Diagnose, dass der Umbruch in Polen 1989 wenig Revolutionäres an sich hatte und keinen über jeden Zweifel erhabenen demokratischen Gründungsakt hervorbrachte. Der jeglicher rechtskonservativer Neigungen unverdächtige Warschauer Soziologe Ireneusz Krzemiński beklagte schon in einem viel beachteten zeitgenössischen Artikel, dass die Oppositionseliten über die Köpfe der Menschen hinweg agierten und wenig Interesse an demokratischer Partizipation und Empowerment zeigten.[38] Die von rechts lancierte Verratserzählung übersieht jedoch, dass fundamentaler

38 Ireneusz Krzemiński: Dlaczego jest tak źle, skoro jest tak dobrze? Kilka uwag o opozycji w bieżącej sytuacji, in: Tygodnik Solidarność, Nr. 1 vom 2.6.1989, S. 11.

Wandel sehr wohl auch in dezidiert nichtrevolutionärem Gewand vonstattengehen kann. Deshalb vermögen sich ihre Anhänger den Kompromiss zwischen den Regierenden und der oppositionellen Gegenelite nur in Form eines abgekarteten Spiels zulasten Dritter vorzustellen.

Ungeachtet ihrer unversöhnlichen Frontstellung in der öffentlichen Geschichtskultur ist beiden konkurrierenden Meistererzählungen gemeinsam, dass sie sich fast ausschließlich auf die politikgeschichtliche Dimension der Transformation beziehen. Deren ökonomische und gesellschaftliche Dimensionen bleiben hingegen sowohl im liberalen Triumph- als auch im rechten Verratsnarrativ weitgehend außen vor. Außerdem konzentrieren sie sich chronologisch auf das vermeintliche *annus mirabilis* 1989, das entweder als alles entscheidende Zäsur zwischen Kommunismus und Freiheit mythologisiert oder als Ursünde der vermeintlich unvollendeten Gründung der neuen demokratischen Ordnung dämonisiert wird. Eine ähnliche Perspektivverengung prägt auch große Teile der bisherigen Forschung. Für eine kritische zeithistorische Annäherung an die Transformation liegt es deshalb nahe, das Blickfeld in thematischer und chronologischer Hinsicht zu weiten und die Aufmerksamkeit gerade für die bislang vernachlässigten wirtschaftlichen und gesellschaftlichen Aspekte zu schärfen.[39]

Wenn man sich vom Primat der eng verstandenen Politikgeschichte freimacht, stellt sich auch die Frage ganz neu, wann die Transformation eigentlich begann – und wann sie ihrerseits zu Geschichte wurde. Bisherige Antworten auf diese klassische geschichtswissenschaftliche Frage fallen durchaus interessant aus. So schlug der Soziologe Jacek Kurczewski vor, die polnische Transformation mit der Wahl Karol Wojtyłas zum Papst Johannes Paul II. im Jahr 1978 beginnen und mit dessen Tod 2005 enden zu lassen.[40] Das von diesen Eckdaten umschlossene Vierteljahrhundert

39 Vgl. das gleichlautende Plädoyer von Przeperski/Wicenty: Nie tylko historia polityczna.

40 Siehe Kurczewski: Ścieżki emancypacji, S. 248 f. – Anders als national-katholische Stimmen, die Johannes Paul II. zum globalen Bezwinger des Kommunismus verklären, führt Kurczewski die politisch-gesellschaftlichen Entwicklungen in dieser Zeit allerdings nicht ursächlich auf das Pontifikat Wojtyłas zurück.

lässt sich mit gutem Grund als Transformationsperiode im weiteren Sinne begreifen, entspricht es doch recht genau der Zeitspanne vom Beginn der finalen politisch-wirtschaftlichen Krise des polnischen Staatssozialismus bis zur institutionellen Absicherung der neuen wirtschaftlich-politischen Ordnung durch den Beitritt Polens zur Europäischen Union im Jahr 2004. Ähnlich argumentieren auch Wirtschaftswissenschaftler wie Kazimierz Z. Poznański und Politologen wie Besnik Pula, die die erhebliche Bedeutung der »sozialistischen Protoglobalisierung«, also der in Polen besonders ausgeprägten wirtschaftlichen Öffnung zum Westen seit den 1970er-Jahren, für den späteren Verlauf der Transformation betonen.[41]

Einen engeren Begriff der Transformation hat die Kulturanthropologin Olga Drenda vor Augen, die sich mit der materiellen Kultur dieser Zeit befasst hat und sich somit primär auf die Mikro- und Alltagsebene bezieht. Sie datiert den Beginn der Transformationszeit auf die Jahre 1986 und 1987, als westliche Konsumgüter und Wertehierarchien immer ungehinderter ihren Weg in die polnische Alltagskultur fanden. Auch für deren Ende macht sie einen bedenkenswerten Datierungsvorschlag: Als Schlusszäsur gilt ihr die sogenannte *ustawa antypiracka* vom Februar 1994, also die Einführung eines Urheberrechts nach westlichem Muster, die der Kultur des billigen Nachahmens und den allgegenwärtigen Märkten, Basaren und Kioskbuden auf mittlere Sicht den Boden entzog.[42] In der Tat war damit der Übergang von der oftmals chaotischen, ungeordneten Aneignung des Kapitalismus von unten zu einer Phase der Konsolidierung der neuen Wirtschaftsordnung eingeleitet, von der in erster Linie jene internationalen Konzerne profitierten, die Polens Hauptstadt Warschau mit zahllosen Wolkenkratzern und Shoppingmalls in eine glitzernde Boomtown verwandelten.[43] Es entbehrt nicht einer gewissen Ironie, dass diese ökonomische Konsolidierung in Polen mit der politischen Macht-

41 Vgl. Poznański: Poland's Protracted Transition; Pula: Globalization under and after Socialism.

42 Vgl. Drenda: Duchologia polska, S. 13 f.

43 Vgl. Grala: Rozwój turystyki handlowej, S. 109; Makowski: Świątynia konsumpcji; Ther: Die neue Ordnung, S. 205–214.

übernahme durch die marktwirtschaftlich geläuterten Postkommunisten einherging. Diese fand ihren symbolischen Abschluss Ende 1995 mit dem spektakulären Wahlsieg Aleksander Kwaśniewskis, der den letzten kommunistischen Regierungen als Jugendminister angehört hatte und nun Lech Wałęsa, die Ikone der Solidarność-Bewegung, aus dem Präsidentenamt drängte.

Diese Studie greift die Anfangszäsur am Ende der 1970er-Jahre auf, um zunächst die historischen Voraussetzungen der Transformation in den Blick zu nehmen. 1979 war nicht zuletzt das Jahr, in dem die polnische Steinkohlenförderung mit 201 Millionen Tonnen ihr historisches Allzeithoch erreichte – weit mehr als eine symbolische Wegmarke, wenn man die immense wirtschaftliche und politische Bedeutung der Kohle als zentraler Energieträger der industriellen Moderne bedenkt.[44] Im Rückblick zeigt sich, dass dieser industriepolitische Erfolg auch für Polen den Anfang vom Ende des schwerindustriellen Entwicklungsmodells einläutete. Nur wenige Jahre später als in Westeuropa setzte auch hier eine langwierige und schmerzhafte Erosion industriegesellschaftlicher Vergemeinschaftungs- und Deutungsmuster ein, die durch den politischen Niedergang des Staatssozialismus noch zusätzlich beschleunigt und verschärft wurde. Damit begann zwar noch nicht »die Welt von heute«, wie Frank Bösch nahegelegt hat,[45] wohl aber ihre unmittelbare Vorgeschichte.

Um die Spezifik dieser Übergangsperiode analytisch zu fassen und diese wiederum von den gesellschaftsgeschichtlichen Dynamiken der Gegenwart zu unterscheiden,[46] bietet sich Drendas Schlusszäsur Mitte der 1990er-Jahre an, mit der die Transformation im engeren Sinne tatsächlich einen vorläufigen Abschluss fand. Das galt zwar nicht für die Privatisierung der größeren Staatsbetriebe – der Startschuss für das über 500 Betriebe umfassende »Allgemeine Privatisierungsprogramm« *(Program Powszechnej Prywatyzacji, PPP)* fiel sogar erst Ende 1994. Allerdings waren die politischen Grundsatzdebatten um die Privatisierung zu die-

44 Vgl. Brüggemeier: Grubengold, Tabelle 4, S. 453.
45 Bösch: Zeitenwende 1979.
46 Vgl. (mit Blick auf Westeuropa) Raphael: Jenseits von Kohle und Stahl, S. 475–477.

sem Zeitpunkt entschieden. Auch makroökonomisch war 1995 die tiefe Talsohle durchschritten, in die der Balcerowicz-Plan die polnische Wirtschaft gestürzt hatte, und die Wirtschaftskraft vor Beginn der Schocktherapie wurde annähernd wieder erreicht. Erst danach begann jene Phase kräftigen wirtschaftlichen Wachstums, die viele bewundernd vom »polnischen Wirtschaftswunder« sprechen ließ und die den Grundstein für die beispiellose Annäherung Polens an das westeuropäische Wohlstandsniveau legte. Der Genealogie dieser neuen Ordnung nach dem Ende der sozialistischen Industriemoderne, die noch auf den historischen Begriff zu bringen ist, widmet sich dieses Buch.

## Forschungskontext und Quellenbasis

Sowenig es an Debatten um die Interpretation und Bewertung der ostmitteleuropäischen Umbrüche von 1989 mangelt, so sehr fehlt es bislang an fundierten quellenbasierten Analysen zu Genealogie und Gesellschaftsgeschichte der Transformationszeit. Erst in jüngster Zeit hat sich die zeithistorische Forschung verstärkt den spät- und postsozialistischen Transformationen in Ostmittel- und Osteuropa zugewandt. Als wegweisend für den Trend zur kritischen Historisierung dieser Epoche hat sich die Überblicksdarstellung der »Geschichte des neoliberalen Europa« von Philipp Ther erwiesen, die zugleich das gestiegene Interesse an einer Einordnung der osteuropäischen Transformationserfahrungen in gesamteuropäische Entwicklungs- und Interpretationszusammenhänge belegt.[47] In eine ähnliche Richtung weist die neue Studie eines Autorenkollektivs um James Mark, die den Wandel von 1989 in seinen globalen Dimensionen zu erfassen sucht.[48] Diese übergreifenden Arbeiten werfen wichtige Schlaglichter auf die Entwicklung in Polen und untermauern dessen Rolle als Vorreiter und Schlüsselland der osteuropäischen Transformationen. Damit lenken

47 Ther: Die neue Ordnung; zuvor bereits Wirsching: Der Preis der Freiheit, S. 27–152.
48 Mark u. a.: 1989. A Global History.

sie das Augenmerk aufs Neue auf das Desiderat einer gesellschaftsgeschichtlich vertieften Auseinandersetzung mit dem Umbruch vom Spät- zum Postsozialismus in Polen.

Zwar haben sich Sozialwissenschaftler und Zeithistoriker des turbulenten polnischen Weges aus dem Staatssozialismus in die marktwirtschaftlich-demokratische Ordnung bereits intensiv angenommen. Sie taten dies jedoch von so unterschiedlichen »Sehepunkten« aus, dass die diskursiven Vorbedingungen und gesellschaftsgeschichtlichen Dimensionen des Wandels jeweils am Rande ihres Blickfelds blieben. Während geschichtswissenschaftliche Arbeiten die Umbrüche des Jahres 1989 typischerweise als Flucht- und Endpunkt der Geschichte des osteuropäischen Staatssozialismus begreifen, ist die Zeit nach 1989 bislang weitgehend Domäne von Wirtschafts- und Sozialwissenschaftlern geblieben, deren Interesse für politisch-gesellschaftliche Dynamiken über den Epochenbruch hinweg meist begrenzt blieb.

Das Hauptaugenmerk der zeithistorischen Forschung zur letzten Dekade des polnischen Staatssozialismus liegt bislang auf Fragestellungen zur Geschichte der Oppositionsbewegung[49] und zur politischen Überwindung der kommunistischen Diktatur.[50] Auffällig ist dabei, dass dem gesellschaftlichen Wandel zwischen dem Kriegsrecht und dem politischen Durchbruch von 1989 vergleichsweise wenig Aufmerksamkeit entgegengebracht wurde, geschweige denn den wirtschaftlich und sozial krisenhaften ersten Jahren nach 1989. Entsprechend rudimentär erforscht sind die schrittweise Öffnung von Teilen der Opposition und der Parteieliten für wirtschaftsliberales Gedankengut in der zweiten Hälfte der 1980er-Jahre sowie die hitzigen Auseinandersetzungen um die Privatisierungspolitik nach der Implementierung der makroökonomischen Schocktherapie.[51]

49 Den Maßstab setzen hier die monumentalen und quellengesättigten Werke von Andrzej Friszke, siehe u. a. Friszke, Andrzej: Czas KOR-u; ders.: Rewolucja Solidarności.

50 Siehe u. a. Kenney: Carnival of Revolution; Dudek: Reglamentowana rewolucja; Skórzyński: Rewolucja Okrągłego Stołu; Kowal: Koniec systemu władzy.

51 Siehe aber Knoch: Pisma liberalne; Dudek: Od Mazowieckiego do Suchockiej.

Auch die wirtschafts- und gesellschaftsgeschichtlichen Entwicklungen dieser Zeit haben bisher wenig Beachtung gefunden. Eine wichtige Ausnahme stellt die Pionierstudie von Dariusz Grala zu den ökonomischen Reformanläufen der polnischen Regierungen zwischen 1982 und 1989 dar.[52] Zu den wirtschaftspolitischen Debatten innerhalb der Solidarność und der Opposition der 1980er-Jahre liegen zudem einige Beiträge des Wirtschaftshistorikers Jacek Luszniewicz vor.[53] Gesellschaftsgeschichtliche Arbeiten von Jerzy Kochanowski, Małgorzata Mazurek und Andrzej Zawistowski liefern substanzielle Einblicke in verschiedene, für die zeitgenössische Alltagserfahrung prägende Aspekte des spätsozialistischen Wirtschaftslebens, namentlich den Schwarzmarkt, den permanenten Mangel an Konsumgütern und die Rationierung von Grundnahrungsmitteln.[54] Der dominanten Erfahrung politisch-gesellschaftlicher Brüche im spätsozialistischen Polen mag es geschuldet sein, dass explizit auf Kontinuitäten über die Zäsur von 1989 hinweg ausgerichtete zeithistorische Studien, wie sie für die Tschechoslowakei neuerdings mit einem Schwerpunkt auf ökonomisch-juristischen Expertenkulturen vorliegen,[55] für Polen bisher nicht in Angriff genommen wurden.

Dem vergleichsweise dramatischen polnischen Ringen um Sozialismus und Demokratie sowie der relativen Regimeferne großer Teile der polnischen Soziologie ist es dagegen zu verdanken, dass die dortige Systemtransformation schon zeitgenössisch zu einem bevorzugten Studienobjekt der sozialwissenschaftlichen Forschung wurde. Sowohl polnische Soziologen als auch westliche Bewegungsforscher wie Alain Touraine widmeten sich seit Beginn der 1980er-Jahre der Solidarność- und Oppositionsbewegung, und sie taten dies mit ebenso großem Engagement wie politischer Sympathie.[56] Diese zeitgenössischen Studien können inzwi-

52 Grala: Reformy gospodarcze.

53 Siehe etwa Luszniewicz: Koncepcje ekonomiczne »Solidarności«.

54 Kochanowski: Jenseits der Planwirtschaft; Mazurek: Społeczeństwo kolejki; Zawistowski: Bilety do sklepu.

55 Kopeček (Hg.): Architekti dlouhé změny.

56 Siehe exemplarisch Touraine u.a.: Solidarity; Nowak (Hg.): Społeczeństwo polskie czasu kryzysu; Adamski (Hg.): Fenomen »Solidarności«.

schen zu Recht Klassikerstatus beanspruchen und stellen im Vergleich zu den im marxistisch-leninistischen Korsett gefangenen Gesellschaftswissenschaften anderer staatssozialistischer Länder ein polnisches Alleinstellungsmerkmal dar. Dem Historiker bieten sie mit ihrem Fokus auf gesellschaftliche Mobilisierungsprozesse und den Wandel ökonomischer und politischer Einstellungen wertvolles Quellenmaterial.

Zugleich markieren sie den Auftakt für eine Tradition politisch engagierter Sozialwissenschaft, die sich während der Wendejahre vor und nach 1989 keineswegs auf die Rolle des passiven Beobachters beschränkte, sondern den Wandel mit ihren Analysen und Deutungen aktiv mitzugestalten trachtete. Die in diesem Kontext entstandenen Ergebnisse der polnischen Soziologie[57] und Politikwissenschaft[58] sind insofern als Ausdruck zeitbedingter Wahrnehmungsmuster und Erkenntnisziele zu historisieren.[59] Gleiches gilt für die größere Zahl zeitnah oder retrospektiv verfasster Berichte zentraler Akteure, von denen insbesondere die Tagebücher von Mazowieckis Wirtschaftsberater Waldemar Kuczyński und die umfangreichen publizierten Materialien des Ökonomen Stanisław Gomułka von großem Erkenntniswert sind.[60] Ebenfalls in diesen Zusammenhang gehören der kenntnisreiche kritische Rückblick auf die Wirtschaftspolitik der Transformationszeit aus der Feder des Wirtschaftswissenschaftlers Tadeusz Kowalik[61] sowie die Standardwerke seines Fachkollegen Maciej Bałtowski zur Privatisierung und Transformation der Eigentumsstrukturen.[62]

57 Als Überblick siehe die Anthologie von Krzemiński (Hg.): Wielka transformacja; darüber hinaus die Studien der Forschergruppe um Maria Jarosz sowie von Jacek Tittenbrun zur Praxis der Privatisierung: Jarosz (Hg.): Pułapki prywatyzacji; Tittenbrun: Upadek socjalizmu realnego; ders.: Z deszczu pod rynnę. 4 Bde.

58 Siehe insbesondere Staniszkis: The Dynamics of the Breakthrough.

59 Vgl. Graf/Priemel: Zeitgeschichte in der Welt der Sozialwissenschaften.

60 Kuczyński: Zwierzenia zausznika; ders.: Solidarność u władzy; Kowalik (Hg.): Stanisław Gomułka i transformacja polska; Gomułka/Kowalik (Hg.): Transformacja polska. Dokumenty i analizy 1990; Gomułka (Hg.): Transformacja polska. Dokumenty i analizy 1991–1993.

61 Kowalik: www.polskatransformacja.pl.

62 Bałtowski/Miszewski: Transformacja gospodarcza w Polsce; Bałtowski/Kozarzewski: Zmiana własnościowa polskiej gospodarki.

Um die zumeist auf die Makroebene bezogene, normativ grundierte Perspektive der politik- und wirtschaftswissenschaftlichen Transformationsforschung mit Wahrnehmungen »von unten« zu kontrastieren, bietet die anthropologische und alltagssoziologische Postsozialismus-Forschung wertvolle Anknüpfungspunkte.[63] Wichtige Einsichten in die Erfahrungswelt und die betriebliche Praxis der Transformationszeit sind den Feldstudien von Elizabeth Dunn und David Ost zur polnischen Privatisierungs- und Gewerkschaftspolitik aus den 1990er-Jahren zu verdanken, aber auch einer Reihe neuerer polnischer Studien von Arbeitsgruppen um Joanna Wawrzyniak, Agata Zysiak und Kaja Kaźmierska zur Erinnerung (ehemaliger) Beschäftigter an den Wandel der betrieblichen Arbeitswelt.[64] An diesen Forschungsstrang knüpft auch die jüngst erschienene vergleichende Mikrostudie eines Autorenkollektivs um Ulf Brunnbauer zur Transformation einer polnischen und einer kroatischen Werft an.[65]

Dagegen erweitern wissenssoziologische und ideengeschichtliche Studien zu den Hintergründen der wirtschaftlichen und sozialen Leitbilder der Transformationszeit die Perspektive in diachroner und räumlicher Hinsicht. Hier ist neben substanziellen Beiträgen zum Siegeszug des Wirtschaftsliberalismus in Polen seit den 1980er-Jahren[66] und zur Geschichte wirtschaftswissenschaftlichen Denkens in der Region[67] die thesenstarke Studie von Johanna Bockman zu ostmitteleuropäischen Entstehungs- und Aneignungskontexten der neoklassischen Wirtschaftstheorie zu nennen.[68] Während manche kritische sozialwissenschaftliche Studie zur polnischen Transformation ihrerseits nicht frei von reduktionistischen Prämissen

63 Vgl. Hann: Abschied vom sozialistischen »Anderen«; Stykow: Postsozialismus.

64 Dunn: Privatizing Poland; Ost: The Defeat of Solidarity; Leyk/Wawrzyniak: Cięcia; Zysiak u. a.: Wielki przemysł; Kaźmierska/Waniek (Hg.): Telling the Great Change.

65 Brunnbauer u. a.: In den Stürmen der Transformation.

66 Szacki: Der Liberalismus nach dem Ende; Załęski: Neoliberalizm i społeczeństwo obywatelskie.

67 Wagener (Hg.): Economic Thought; Aligică/Evans: The Neoliberal Revolution; Kovács (Hg.): Populating No Man's Land.

68 Bockman: Markets in the Name of Socialism.

ist,[69] liegt mit der Dissertation von Dorothee Bohle eine umsichtige politikwissenschaftliche Analyse des Ineinandergreifens von internen und externen Faktoren im polnischen Transformationsprozess vor.[70]

Eine wesentliche Herausforderung für die noch junge Zeitgeschichte der Transformationszeit besteht darin, zwischen übergreifenden Epochendeutungen und lokalen Mikrostudien anthropologischen Zuschnitts einen neuen Blick auf die Transformationen im östlichen Europa zu entwickeln, der auf der Ebene des Nationalstaats als zentraler Ebene politischer und wirtschaftlicher Regelsetzung ansetzt und eine fruchtbare Verflechtung der national spezifischen gesellschafts- und kulturgeschichtlichen Befunde mit transnationalen Kontexten ermöglicht. Nur ein solcher Balanceakt zwischen Vogelperspektive und empirischer Tiefenschärfe macht es möglich, die endogenen Wurzeln und Voraussetzungen des Wandels herauszuarbeiten, ohne zugleich exogene Einflussfaktoren und Rahmungen aus dem Blick zu verlieren.

Dieses Buch unternimmt den Versuch, sich der Transformation in Polen mit einem Fokus auf ihre in der Breite der Gesellschaft dominierenden ökonomischen Leitbilder zu nähern und den tiefgreifenden Wandel jener Übergangsepoche als ergebnisoffenen, vielfach widersprüchlichen und hochgradig situativ beeinflussten Prozess zu rekonstruieren. Es zieht die Befunde der sozialwissenschaftlichen Forschung als Quellen heran, stützt sich aber im Wesentlichen auf archivalische Quellen sowie auf eine umfangreiche Auswertung der zeitgenössischen Presse. Die Recherchen im Warschauer Archiv Neuer Akten (Archiwum Akt Nowych) konzentrierten sich vornehmlich auf die Hinterlassenschaften der wirtschaftspolitischen Abteilungen des Zentralkomitees der Polnischen Vereinigten Arbeiterpartei (Polska Zjednoczona Partia Robotnicza, PZPR) und auf die Unterlagen des Ministerrats (Urząd Rady Ministrów, URM), die dort für die Zeit bis 1990 vorliegen. Für die Jahre 1990–1993 konnten weitere Materialien im Archiv des Ministerrats (ARM) eingesehen werden. In ge-

69 Dies gilt etwa für neogramscianische Beiträge wie Rae: Poland's Return to Capitalism; Shields: International Political Economy of Transition.

70 Bohle: Europas neue Peripherie.

ringerem Umfang wurden Dokumente des staatssozialistischen Sicherheitsapparats herangezogen, die im Archiv des Instituts für Nationales Gedenken (Instytut Pamięci Narodowej, IPN) zugänglich sind. Ergänzt wurde die Quellenbasis durch punktuelle Recherchen in online zugänglichen Archivbeständen des Internationalen Währungsfonds (IWF) sowie der polnischen Meinungsforschungsinstitute Ośrodek Badania Opinii Publicznej (OBOP) und Centrum Badania Opinii Społecznej (CBOS).

Der auf der Reflexion wirtschaftlicher Alltagserfahrungen beruhende Wandel ökonomischer Deutungen und Leitbilder spiegelt sich in besonderer Breite in der zeitgenössischen Presse wider. Für die Zeit bis 1989 gilt dies sowohl für die offiziell erscheinende Presse, die wirtschaftspolitische Debatten und Probleme trotz der Zensur in erstaunlicher Vielfalt abbildete, als auch für die im Untergrund publizierte oppositionelle Presse des sogenannten Zweiten Umlaufs *(drugi obieg)*. Bei der Recherche war das Pressearchiv des Herder-Instituts in Marburg mit seiner systematisch sortierten Presseausschnittsammlung außerordentlich hilfreich; darüber hinaus wurden Bestände der Staatsbibliothek zu Berlin, der Biblioteka Narodowa in Warschau und des zivilgesellschaftlichen »Karta«-Zentrums in Warschau konsultiert.

Die folgende Darstellung orientiert sich an der Chronologie der Ereignisse; zugleich lenkt jedes Kapitel den Blick auf eine bestimmte Problemkonstellation. So beginnt das erste Hauptkapitel mit einer knappen Darstellung der wirtschaftlichen und gesellschaftlichen Ausgangssituation Polens am Ende der 1970er-Jahre, bevor es sich den ökonomischen Wertvorstellungen innerhalb der Solidarność-Bewegung von 1980–1981 und den damaligen, auf das Leitbild des Marktsozialismus gerichteten wirtschaftspolitischen Reformdebatten zuwendet. Anschließend verfolgt das zweite Kapitel, wie unter den Bedingungen des Kriegsrechts und in den Folgejahren marktliberale Stimmen innerhalb der Untergrundopposition an Resonanz gewannen. Dabei werden nicht zuletzt die Professionalisierung der alternativen Verlagsszene sowie der Boom privater »Polonia-Unternehmen« als erfahrungsbezogene Einflussfaktoren für die Wahrnehmung kleinkapitalistischen Wirtschaftens unter die Lupe genommen.

Im dritten Kapitel wird die Reichweite des schleichenden Paradigmenwechsels zugunsten des Marktes auf drei Ebenen ausgelotet. Neben den von Soziologinnen und Soziologen untersuchten Gerechtigkeitsvorstellungen in der polnischen Gesellschaft stehen hier die einschlägigen Debatten in parteinahen Kreisen sowie der zunehmende Einfluss wirtschaftsliberaler Stichwortgeber auf den Mainstream der Oppositionsbewegung im Mittelpunkt. Das darauffolgende vierte Kapitel wendet sich stärker der politischen Entscheidungsebene zu. Am Vorabend des Systemwechsels zeichneten sich mit der von der kommunistischen Regierung in Angriff genommenen »zweiten Etappe der Wirtschaftsreform« und dem gescheiterten Referendum von 1987 immer deutlicher die Bruchlinien zwischen Demokratisierung und ökonomischer Liberalisierung ab. Vor dem Hintergrund einer partiellen Konvergenz der wirtschaftspolitischen Positionen von Oppositions- und Parteieliten geht das Kapitel der Frage nach, inwieweit die polnischen Kommunisten am Ende der 1980er-Jahre einen »sozialistischen Thatcherismus« anstrebten.

Wie es im Zuge des ausgehandelten Systemübergangs zur Durchsetzung einer marktradikalen Schocktherapie kam, ist Gegenstand des fünften Kapitels. Dieses arbeitet deren Genese vor dem Hintergrund der gesellschaftlichen und politischen Dynamik des Jahres 1989 heraus und fragt nach dem Einfluss westlicher Berater und Finanzinstitutionen auf die Formulierung der polnischen Transformationsstrategie. Im abschließenden sechsten Kapitel richtet sich der Blick auf den Umgang mit dem bisherigen »Volkseigentum«, das erst im Laufe des Jahres 1989 in den Fokus der öffentlichen Aufmerksamkeit rückte. Hier steht die Frage im Mittelpunkt, warum sich die Konflikte und Aushandlungsprozesse um die Privatisierung der staatseigenen Betriebe in Polen trotz der frühen Durchsetzung des Marktparadigmas bis in die Mitte der 1990er-Jahre hinzogen, während andere Transformationsstaaten des östlichen Europas vergleichsweise zügige Privatisierungsstrategien wählten. Das Buch endet mit einem resümierenden Ausblick auf die längerfristig wirksamen sozialen und kulturellen Frakturen, die auf die Schocktherapie zurückgingen und die seither von illiberalen Populisten als politische Ressource genutzt wurden – und werden.

# I. »Niemand hat die Absicht, die Fabriken in kapitalistische Unternehmen zu verwandeln«: Solidarność 1980–1981

## 1. Hinter dem Grauschleier des Spätsozialismus

Endlose Warteschlangen, Desorganisation, materieller Verfall – diese Assoziationen kommen den allermeisten Polinnen und Polen in den Sinn, wenn sie an die Wirtschaft in der Zeit der Volksrepublik denken. Die allgegenwärtige *kolejka* wartender Käufer vor leeren Ladengeschäften ist im kollektiven Gedächtnis zur stereotypen Ikone des polnischen Staatssozialismus geronnen. Sie wurde nicht nur in Dokumentarfilmen verewigt[1] und als Schlüssel zur sozialgeschichtlichen Analyse der volkspolnischen Mangelgesellschaft herangezogen,[2] sondern lässt sich inzwischen sogar bei einer Partie des gleichnamigen populären Brettspiels nachempfinden.[3]

In der Retrospektive gerät die Warteschlange zum Symbol einer absurden Wirtschaftsordnung, in der selbst Toilettenpapier als kostbare Mangelware galt. Selbst die während des Kriegsrechts offiziell erscheinende Verbraucherzeitung *Veto* nahm mit Blick auf die desaströse Versorgungslage kein Blatt vor den Mund: »Unser Alltag ist seit drei Jahren beinahe ein Albtraum.«[4] Im Juni 1982 druckte das Blatt Fotos von prall gefüllten Lebensmittel- und Fleischerläden voller Konserven und Würste als »Foto-Rätsel« ab und wies augenzwinkernd darauf hin, dass es sich »selbstverständlich«

1 Każdy wie kto za kim stoi. Dokumentarfilm. Maria Zmarz-Koczanowicz (Regie), Polen 1983, in: Tadeusz Sobolewski (Hg.): Polska Szkoła Dokumentu. Maria Zmarz-Koczanowicz [DVD-Box], Warszawa 2009.

2 Mazurek: Społeczeństwo kolejki.

3 Das Brettspiel »Kolejka« (»Warteschlange«) wurde 2011 vom Institut für Nationales Gedenken (IPN) herausgegeben. Vgl. Sidorski: »Kolejka« (gra planszowa).

4 Abc, in: Veto. Tygodnik Każdego Konsumenta, Nr. 1 vom 6.6.1982, S. 1.

um Archivbilder handle. Die Leserinnen und Leser waren aufgerufen zu erraten, aus welchem Jahr diese stammten.[5] Der Unfähigkeit der staatlich gelenkten Wirtschaft, eine auskömmliche Versorgung der Bevölkerung mit Lebensmitteln und Konsumgütern sicherzustellen, war selbst in den zensierten offiziellen Medien nur noch mit Galgenhumor beizukommen.

Während der 1980er-Jahre ließen der chronische Mangel und die Absurditäten des wirtschaftlichen Alltags unweigerlich den Eindruck entstehen, dass auf den Staat und seine Regeln kein Verlass war und man sich jenseits dieser Regeln selbst helfen musste. Die Grauzone des findigen »Kombinierens« und Tauschens, der florierende Schwarzmarkt und die wachsende Enklave kleiner und mittlerer Privatunternehmen schienen die einzigen Bereiche zu sein, in denen wenn auch ungeschriebene, so doch verlässliche ökonomische Gesetze galten.[6] Diese Parallelökonomien unterminierten die ohnehin dysfunktionalen Steuerungsmechanismen des »vergesellschafteten« Sektors freilich nur noch weiter, ebenso wie die oftmals widersinnigen Ad-hoc-Regelungen, mit denen die Wirtschaftsplaner der Krise beizukommen versuchten. Die endemische Ressourcenverschwendung und die ungehemmte Umweltverschmutzung durch die überalterte Schwerindustrie trugen ihren Teil dazu bei, dass das letzte Jahrzehnt des polnischen Staatssozialismus sich vielerorts in trostlosem Grau präsentierte – und dies nicht nur im übertragenen Sinne. Bezeichnenderweise gestand man den Bewohnern des besonders belasteten Oberschlesischen Industriegebiets sowie der Städte Wałbrzych (Waldenburg) und Krakau bei der Einführung von Karten für Waschpulver im Sommer 1981 deutlich erhöhte Rationen zu, da die »besonders hohe Umweltverschmutzung in diesen Regionen [...] die Notwendigkeit eines erhöhten Waschmittelverbrauchs« nach sich ziehe.[7] Der Grauschleier, der über dem spätsozialistischen Polen lag, gab eine denkbar triste Kontrast-

5 Foto-Zagadka, in: Veto, Nr. 1 vom 6.6.1982 und Nr. 3 vom 20.6.1982, jeweils S. 10.

6 Vgl. Wedel: The Private Poland; dies. (Hg.): The Unplanned Society; Kochanowski: Jenseits der Planwirtschaft.

7 Życie Warszawy vom 21.8.1981, zit. nach Muszyńska/Osiak/Wojtera: Obraz codzienności w prasie stanu wojennego, S. 122. – Vgl. zur Waschmittelrationierung Zawistowski: Bilety do sklepu, S. 252; zur Umweltbelastung in Oberschlesien Tracz: Polska

folie für die knalligen Farben ab, die die neue kapitalistische Ordnung alsbald mit sich bringen sollte.[8]

Ohne Zweifel war die polnische Volkswirtschaft nach vier Jahrzehnten Staatssozialismus heruntergewirtschaftet, und zwar in weitaus stärkerem Maße, als dies etwa in der benachbarten Tschechoslowakei oder in der DDR der Fall war. Die desolate wirtschaftliche Realität des polnischen Spätsozialismus korrespondierte mit der politischen und gesellschaftlichen Reformblockade, die seit der gewaltsamen Niederschlagung der Solidarność-Bewegung im Dezember 1981 wie Blei über Polen lag. Allerdings überdeckt die Tristesse der 1980er-Jahre andere, zuweilen farbigere Erfahrungen, die sich eben auch mit diesem System verbanden. Betrachtet man die Wirtschaftsgeschichte Nachkriegspolens allein in der Rückschau, läuft man folglich Gefahr, über grundlegende gesellschaftliche Entwicklungen und Wahrnehmungsmuster jener vier Jahrzehnte hinwegzusehen.

Schließlich konnte der Staatssozialismus auch und gerade in Polen auf eine wirtschaftliche und gesellschaftliche Modernisierungsleistung zurückblicken, die zwar in vieler Hinsicht ambivalent und unbefriedigend blieb, insgesamt aber doch beachtlich war. Für das bis Mitte des 20. Jahrhunderts in großen Teilen noch ländlich-feudal strukturierte und während des Zweiten Weltkriegs materiell wie gesellschaftlich geschundene Polen bedeutete das kommunistische System einen rapiden Sprung in die Moderne. Die von Moskau installierte neue Regierung setzte die überfällige Landreform um und verfolgte eine rigorose Industrialisierungspolitik, die Millionen von Menschen, vor allem solchen vom Lande, ungekannte soziale Aufstiegsperspektiven eröffnete.[9] Wie Ivan T. Berend gezeigt hat, waren Systeme sowjetischen Typs durchaus erfolgreich darin, agrarisch geprägte Gesellschaften zu industrialisieren und (unter Inkauf-

Katanga czy socjalistyczne eldorado?, S. 420–423; sowie in der zeitgenössischen oppositionellen Presse Olgierd Gedymin/Wojciech Trzmiel: Czy wiesz czym oddychasz na Śląsku?, in: Pełnym Głosem, Nr. 6 vom 2.3.1981, S. 4–6.

8 Vgl. Drenda: Duchologia polska, S. 23f.

9 Vgl. Koryś: Poland from Partitions to EU Accession, S. 287–299; sowie die statistischen Angaben zur volkspolnischen Industrialisierungspolitik bei Karpiński u. a.: Od uprzemysłowienia w PRL, S. 39–88.

nahme erheblicher menschlicher Kosten) in leidlich moderne, egalitäre Industriegesellschaften zu transformieren.[10] Das übergroße Vertrauen der Kommunisten in die Regelungs- und Planungskompetenz einer modernen staatlichen Bürokratie erwies sich auf längere Sicht als Achillesferse; es war jedoch seinerzeit geläufiger Bestandteil von Modernisierungskonzepten für periphere und unterentwickelte Länder.[11]

Gleichwohl steht außer Frage, dass die Modernisierungs- und Wohlfahrtserfolge der kommunistischen Staaten des östlichen Europas hinter vergleichbaren Peripherien des kapitalistischen Westens (wie etwa Spanien, Griechenland und Portugal) zurückblieben. Die zentral gesteuerte Planwirtschaft begünstigte Verschwendung und Ineffizienz und scheiterte letzten Endes am Übergang von extensivem zu intensivem, durch technologischen Fortschritt getriebenem Wachstum.[12] Dass die ökonomische Bilanz Volkspolens auch im systeminternen Vergleich mit seinen osteuropäischen Nachbarstaaten wenig imposant ausfiel, war im Kern darauf zurückzuführen, dass die Kommunisten hier nach der Entstalinisierung 1956 vor allzu harten Repressionen zurückschreckten, die Kollektivierung der Landwirtschaft aufgaben und auf Konsumwünsche der Bevölkerung nachgiebiger reagierten. Sie wandten das staatssozialistische Entwicklungsmodell also am wenigsten konsequent an, womit sie freilich vergleichsweise weitreichende Freiräume für kulturelle und gesellschaftliche Modernisierungsprozesse eröffneten.[13] Dennoch ist fraglich, ob und wie ein demokratisch regiertes Polen nach dem Zweiten Weltkrieg einen grundsätzlich anderen wirtschaftspolitischen Entwicklungspfad mit vergleichbaren oder höheren Akkumulationsraten und Produktivitätsfortschritten hätte erzielen können.[14]

10 Vgl. Berend: Central and Eastern Europe 1944–1993, S. 182–192.

11 Vgl. Leszczyński: Leap into Modernity.

12 Vgl. die Beiträge von Jędrzej Chumiński in ders. (Hg.): Modernizacja czy pozorna modernizacja; Tymiński: Centralnie planowana »ucieczka z peryferii«.

13 Vgl. dazu etwa Kochanowski: Rewolucja międzypaździernikowa.

14 Unter den führenden Parteien des nichtkommunistischen Untergrunds während des Zweiten Weltkriegs herrschte ohnehin weitgehende Einigkeit über die Notwendigkeit von radikalen Enteignungen und weitreichender staatlicher Wirtschaftssteue-

Als die unter Zwang mobilisierten inneren Reserven an Investitionskapital und ländlicher Arbeitskraft bis zum Ende der 1960er-Jahre ausgeschöpft waren, suchte die 1970 angetretene neue Parteiführung um Edward Gierek ihr Heil in westlichen Krediten, mit denen sie eine zweite große Industrialisierungswelle und die Hebung des Konsumniveaus in Angriff nahm. Diese auf kreditfinanziertem Import westlicher Technologie basierende und auf die schrittweise Integration in transnationale Produktionsketten abzielende Wachstumsstrategie entsprach dem technokratischen Planungsoptimismus ihrer Zeit und wurde damals selbst von vielen ihrer Kritiker als grundsätzlich sinnvoll bewertet.[15] Als hochproblematisch sollte sich hingegen die zu diesem Zeitpunkt bereits anachronistische Konzentration der Investitionen auf die Schwerindustrie erweisen, die nicht zuletzt dem großen Einfluss partikularer Regional- und Bracheninteressen geschuldet war.[16] Die daraus resultierenden strukturellen Disparitäten trugen ebenso wie die unzureichende Effizienzorientierung der polnischen Wirtschaftsbürokratie und die rapide Verschlechterung des weltwirtschaftlichen Umfelds infolge der Ölkrisen dazu bei, dass es der Volksrepublik nicht annähernd gelang, die wachsenden Zinslasten mit entsprechend gesteigerten Exporterlösen zu bedienen. Folglich wuchs die polnische Auslandsverschuldung rasant an, was ab Ende der 1970er-Jahre die wirtschaftspolitischen Handlungsspielräume stark einengte. Die Unfähigkeit des Regimes, auf frühzeitige Warnsignale adäquat zu reagieren und unpopuläre Einschnitte im Massenkonsum durchzusetzen oder auch

rung. Zudem hätte auch ein nichtkommunistisches Polen nicht auf einen Zustrom ausländischen Kapitals in die Tourismusindustrie rechnen können, die einen erheblichen Anteil am ökonomischen Aufstieg Südeuropas hatte. Vgl. Leszczyński: Leap into Modernity, S. 195–203; Piątkowski: Europe's Growth Champion, S. 107–112.

15 Siehe etwa die im Mai 1981 entstandene Analyse einer Gruppe namhafter Solidarność-naher Wirtschaftswissenschaftler: Włodzimierz Bojarski u. a.: Kryzys gospodarki polskiej. Przyczynek do analizy, in: Luszniewicz/Zawistowski (Hg.): Sprawy gospodarcze w dokumentach, Dok. 111, S. 368–396, hier S. 375. – Vgl. aus der Forschungsliteratur Poznański: Poland's Protracted Transition, S. 32–57; Pula: Globalization under and after Socialism, S. 79–87.

16 Vgl. Karpiński u. a.: Jak powstawały i jak upadały, S. 30–46; dies.: Od uprzemysłowienia w PRL, S. 63–73.

nur das Wachstum der Nominallöhne zu begrenzen, führte geradewegs in die Wirtschaftskrise der 1980er-Jahre.[17]

Aus gesellschaftsgeschichtlicher Perspektive ist jedoch wesentlich, dass die alles in allem eher bescheidenen wirtschaftlichen Modernisierungseffekte des polnischen Staatssozialismus von vielen Zeitgenossen sehr wohl als positive Errungenschaften wahrgenommen wurden. In ihrer subjektiven Wahrnehmung verbuchten sie den großflächigen Durchbruch zur industriellen Moderne und die merkliche Verbesserung ihrer individuellen Lebensverhältnisse auf der Habenseite des neuen Systems.[18] Auch in Polen stützte sich das kommunistische Regime nicht ausschließlich auf Repression, ideologischen Fanatismus und zynischen Konformismus, wie es der in Geschichtskultur und Historiografie vorherrschende Blick suggeriert, der sich entweder auf die stalinistische Frühphase oder die spätsozialistische Niedergangsdekade des Staatssozialismus fokussiert.[19] Zwar fiel dessen gesellschaftliche Akzeptanz hier im ersten Jahrzehnt nach dem Zweiten Weltkrieg und dann wieder am Ende der 1980er-Jahre besonders niedrig aus, als das Regime mit guten Gründen als von außen aufgezwungene Fremdherrschaft bzw. als kaum verhüllte Militärdiktatur wahrgenommen wurde. In der mittleren Phase der Volksrepublik *(środkowy PRL)* gelang es den polnischen Kommunisten aber durchaus, breite Zustimmung zu generieren. Sie arrangierten sich mit der Existenz der katholischen Kirche und der privaten Landwirtschaft, öffneten sich für nationale Traditionen und vertrauten im Übrigen als Marxisten darauf, dass das Sein früher oder später auch das Bewusstsein transformieren werde.[20] Die notorischen Warteschlangen verschwanden weitgehend aus dem Alltag, und gerade jene Generationen, die von der kollektiven sozialen Aufstiegsmobilität der Nachkriegsjahrzehnte profitiert hatten, fühlten sich der politischen und sozialen Werteordnung des Staatssozialismus in hohem Maße verbunden.

17 Vgl. Kuczyński: Po wielkim skoku; Koryś/Tymiński: Zmarnowana dekada?
18 Diese Dimension betont u. a. Jarosz: Problemy z peerelowską modernizacją, S. 373 f.
19 Vgl. kritisch Kolář: Der Poststalinismus, S. 16 f.
20 Vgl. Wołowiec: Barwy walki i polska droga do socjalizmu, S. 53–57.

Anders als der auf die Härten der ersten Nachkriegsjahre oder auf die spätsozialistische Mangelgesellschaft bezogene retrospektive Grauschleier nahelegt, konnte das System sein Versprechen materiellen und gesellschaftlichen Fortschritts trotz aller offenkundigen Schwächen zumindest zeitweilig einlösen.[21] Dazu trugen nicht nur Flaggschiff-Investitionen der Schwerindustrie wie etwa das Stahlwerk in Nowa Huta bei Krakau bei, sondern auch die Ansiedlung von Industriebetrieben in der Provinz, die die regionale Sozialstruktur und den Alltag vieler Tausender Menschen trotz mancher Widrigkeiten radikal veränderten.[22] Die kreditfinanzierte Prosperität der Gierek-Ära erneuerte mit ihrer Wende zum Konsumsozialismus die Attraktivität der staatssozialistischen Vergesellschaftung, indem sie materiellen Wohlstand nicht mehr nur für eine leuchtende Zukunft verhieß, sondern bereits in der Gegenwart zu realisieren versprach. Da Gierek mit diesem Programm unmittelbar auf die Arbeiterproteste in den Küstenstädten Danzig und Stettin Ende 1970 sowie auf den Streik der Textilarbeiterinnen in Łódź im Februar 1971 reagierte, nahm das konsumsozialistische Arrangement in Polen mehr noch als in seinen Nachbarländern den Charakter eines Gesellschaftsvertrags an: Im Gegenzug für die grundsätzliche Loyalität der Werktätigen übernahm der kommunistische Staat die Rolle des Garanten von materiellem Wohlergehen und sozialer Fürsorge.

So nimmt es nicht wunder, dass selbst solche Polinnen und Polen, die dem System aus politischen oder konfessionellen Gründen distanziert gegenüberstanden, sich mit den von den Kommunisten propagierten egalitaristischen Werten und der auf industrielle Modernisierung orientierten staatssozialistischen Sinnwelt nicht nur abfanden, sondern sich diese oftmals in erheblichem Maße zu eigen machten. Wie zeitgenössische soziologische Studien belegen, waren es neben den Aufstiegsgenerationen der Nachkriegszeit vor allem die nach dem Krieg geborenen und bereits im Staatssozialismus sozialisierten polnischen Babyboomer,

21 Vgl. Landau: Główne tendencje rozwoju gospodarczego Polski Ludowej, S. 87 f.

22 Vgl. die Fallstudie zu einem Textilkombinat in der nordostpolnischen Provinz von Zawistowski: Kombinat.

die Werte wie Chancengleichheit und Verteilungsgerechtigkeit internalisiert hatten. Freilich maßen sie das Regime auch daran, wie es diese Ansprüche konkret einlöste. Als in der zweiten Hälfte der 1970er-Jahre die ökonomischen Grenzen des staatssozialistischen Entwicklungsmodells erreicht waren, bekamen insbesondere jüngere Arbeiter die Verengung sozialer Aufstiegskanäle und die relative Verschlechterung ihrer Chancen auf einen besseren Lebensstandard zu spüren.[23] Anfangs waren sie zwar noch nicht mit materiellem Rückschritt konfrontiert, wohl aber wurde die von der Erfolgspropaganda des Regimes geschürte Erwartung enttäuscht, dass es sowohl im kollektiven als auch im individuellem Maßstab immer weiter aufwärtsgehen würde.

Zur weithin akzeptierten *Raison d'Être* des kommunistischen Systems gehörte auch der Abbau sozialer Ungleichheit. Auch in dieser Hinsicht kippte aber gegen Mitte der 1970er-Jahre die gesellschaftliche Wahrnehmung: Während zuvor noch die Überzeugung vorgeherrscht hatte, dass sich soziale Statusunterschiede tendenziell einebnen würden, kritisierte die Mehrheit der Befragten in einschlägigen Umfragen nun die zunehmende Ungleichheit. Gleichzeitig stieg die Bedeutung, die die Polinnen und Polen dem Ideal der sozialen Gleichheit in der Wertehierarchie zumaßen, sogar noch weiter an.[24] Entsprechend beklagte der Autor eines Briefes an das Zentralkomitee (ZK) der PZPR im März 1978 die wachsende Kluft zwischen Anspruch und Wirklichkeit:

> »In allen Verlautbarungen der Staats- und Parteiführung sowie in den Massenmedien wird ohne Unterlass betont, dass unsere Gesellschaft wohlhabend und reich ist, dass hohe Einkommen und ein guter Lebensstandard garantiert sind. [...] Dagegen wird verschwiegen, dass unsere

23 Vgl. Adamski/Staszyńska: Tożsamość wartości a konflikt interesów; Słabek: Obraz robotników polskich, S. 300–319.

24 Siehe Koralewicz-Zębik: Potoczna percepcja nierówności w Polsce, S. 147–150; vgl. auch Miernik: Potoczne postrzeganie problemów gospodarczych, S. 391–394; Szumski: Rozliczenia z ekipą Gierka, S. 40f.

> Gesellschaft in Arme und Reiche geteilt wurde, dass die Preise von Lebensmitteln und Industrieprodukten überproportional gestiegen sind und weiter steigen.«[25]

Ähnliches hatte offenkundig ein Warschauer im Sinn, der sich im Sommer 1978 beschwerte: »Auf normalem Wege kann man sich überhaupt nichts organisieren und nichts bekommen [...]. Aber diejenigen, die Beziehungen haben, die können sich alles organisieren – Wohnung, besseres Essen, Auslandsreisen, Autos. Ein normal arbeitender Mensch hat das nicht, die Läden sind leer.«[26]

Besonders stieß man sich daran, dass Gierek und die Parteiführung ihren Leitungskadern in Partei, Staat und Wirtschaft einen Managementhabitus vorlebten, der persönlichem materiellem Wohlergehen durchaus zugeneigt und von dem asketischen Stil seines Vorgängers Władysław Gomułka weit entfernt war. Die als Sprachrohr der Krakauer Parteiintelligenz fungierende Zeitschrift *Zdanie* (»Meinung«) beklagte 1979 offen die Etablierung eines allein auf seinen individuellen Vorteil bedachten »rosa Bürgertums« *(różowe mieszczaństwo)* – eine wenig schmeichelhafte Umschreibung für die von linken Kritikern des Sowjetsystems vielfach attackierte »rote Bourgeoisie«. Der *Zdanie*-Artikel gipfelte in einer hellsichtigen Warnung vor einer möglichen »Protestreaktion gegen den roten Bourgeois, der für nichts und wieder nichts, allein aufgrund seines formalen Ranges in der Hierarchie über jedes anständige Maß hinaus Profite auf Kosten der Allgemeinheit einstreicht«.[27] In der heraufziehenden Krise fiel der vom kommunistischen Staat propagierte und in weiten Teilen der Gesellschaft geteilte Egalitarismus auf das System und seine Repräsentanten zurück.

25 Biuro Listów i Inspekcji KC PZPR: Wybór listów nr 22, März 1978, AAN, KC PZPR, XI/1064, Bl. 20, zit. nach Zaremba: Zimno, ciepło, gorąco, S. 31.

26 Gadomska: Polaków świadomość struktury klasowej, S. 21.

27 Józef Lipiec: Różowe mieszczaństwo, in: Zdanie, 1979, Nr. 1(5), S. 7–18, hier S. 14. – Vgl. auch Maciej Zakrzewski: Czerwona »Opozycja Jej Królewskiej Mości«, S. 422 f.

## 2. »Damit alle in denselben Schlangen stehen«: Verschuldungskrise und Revolte 1980

Die landesweite Streikwelle im Sommer 1980, die schließlich in die Entstehung der präzedenzlosen Massenbewegung um die Gewerkschaft Solidarność mündete, war eine direkte Folge der angespannten Wirtschaftslage und des zerrütteten Vertrauens in die wirtschaftspolitische Kompetenz des kommunistischen Regimes. Nachdem die Parteiführung die wirtschaftlichen Probleme jahrelang ignoriert und heruntergespielt hatte, sah sie sich im Frühsommer 1980 gezwungen, die Notbremse zu ziehen und das aus dem Ruder gelaufene Budget mit einer verdeckten Preiserhöhung auf Fleisch- und Wurstwaren zu stabilisieren. Diese Preiserhöhung, die zum 1. Juli 1980 in Kraft trat, wurde zum unmittelbaren Auslöser der Massenproteste, deren Bilder bald um die Welt gehen sollten.

Vorausgegangen war dem ein wenig beachteter Besuch einer stattlichen Delegation westlicher Banker im Warschauer Nobelhotel Victoria im April 1980. Diese hatten die Volksrepublik Polen während der 1970er-Jahre großzügig mit Krediten bedacht, begannen nun aber, sich akute Sorgen um die Rückzahlung ihres Geldes zu machen. Darum stand es in der Tat nicht zum Besten, denn in den Jahren 1980 und 1981 kumulierten sich die polnischen Zahlungsverpflichtungen aus mittel- und langfristigen Kreditlinien, ohne dass dem entsprechende Devisenerlöse gegenüberstanden. Schon bei der Aufstellung des Jahresplans für 1980 waren sämtliche Exporterlöse für die Bedienung laufender Zahlungsverpflichtungen verplant worden, sodass der laufende Import aus dem kapitalistischen Ausland vollständig aus neuen Krediten bestritten werden musste. Wegen der getrübten weltwirtschaftlichen Lage und der wachsenden Zweifel an der polnischen Bonität waren solche Kredite aber schlicht und einfach nicht mehr zu bekommen – und wenn, dann nur noch zu horrenden Zinssätzen von über 20 Prozent.[28]

28 Die akute Finanzierungslücke betrug zum 31. Mai 1980 nach Angaben der Plankommission 1,6 Mrd. US-Dollar, was einem Fünftel der gesamten geplanten Kreditaufnahme entsprach. Siehe Prezydium Komisji Planowania przy Radzie Mini-

Wie bedrohlich die Lage war, wird klar, wenn man sich vor Augen führt, dass Polen keineswegs nur Investitionsgüter und Know-how aus dem Westen importierte, sondern für die effektive Nutzung lizenzierter westlicher Technologie dringend auf die Einfuhr von Rohstoffen und Ersatzteilen angewiesen war. Zudem wandte die polnische Regierung seit Mitte der 1970er-Jahre einen beträchtlichen Teil der Kredite für Futtermittelimporte auf, die in großem Stil zur Ausweitung der industrialisierten Massentierhaltung genutzt wurden und mit immerhin 16,5 Prozent der gesamten Kreditaufnahme dieser Jahre zu Buche schlugen.[29] Oppositionsnahe Wirtschaftsexperten schätzten, dass rund 30 Prozent der polnischen Fleischproduktion von importierten Futtermitteln abhingen.[30] Als der Import von Getreide und Futtermitteln während des Kriegsrechts eingestellt werden musste, kam die industrielle Geflügelmast und Broilerproduktion tatsächlich binnen weniger Monate zum Erliegen.[31] Edward Gierek und seine Berater betrachteten die Sicherstellung des großzügig subventionierten Fleischkonsums, der sich bis 1979/80 gegenüber dem Pro-Kopf-Verbrauch der frühen 1950er-Jahre verdoppelt hatte,[32] als nicht verhandelbaren Kernbestandteil des konsumsozialistischen Gesellschaftsvertrags, zumal sie durch günstige Exportkredite der US-Regierung zur Abnahme der Überschussproduktion der amerikanischen Farmer geradezu ermuntert wurden. Deshalb stellten sie die Futtermittelimporte

strów: Notatka w sprawie aktualnej oceny warunków realizacji Narodowego Planu Społeczno-Gospodarczego na rok 1980 i wniosków wynikających z tej oceny, in: PZPR a Solidarność 1980–1981, Dok. 1, S. 55–62, hier S. 55–57.

29 Siehe Wiesław Rydygier: Pułapka zadłużenia, S. 267–273; vgl. auch den regierungsamtlichen Report Zadłużenie zagraniczne Polski i drogi jego przezwyciężania /Geneza, charakter i skutki zadłużenia/. Skrót raportu [1986], AAN, KC PZPR, LXIX/272, S. 9, 26.

30 Siehe Bojarski u. a.: Kryzys gospodarki polskiej, in: Luszniewicz/Zawistowski (Hg.): Sprawy gospodarcze w dokumentach, S. 387.

31 Siehe Ewa Fiala: Realia rynku 82: Kurczak po polsku, in: Trybuna Ludu, Nr. 48 vom 19.2.1982, S. 7.

32 Der Pro-Kopf-Konsum von Fleisch war von ca. 36 kg zu Beginn der 1950er-Jahre auf 73 kg im Jahre 1979 angestiegen, bevor er in der ersten Hälfte der 1980er-Jahre auf knapp 60 kg zurückging. Vgl. Pasztor/Jarosz: Increase Supply, Reduce Demand, S. 204–206; Kochanowski: Jenseits der Planwirtschaft, S. 201–210.

selbst Anfang 1980 nicht zur Disposition, als sich bereits ein Schuldenberg von rund 24 Milliarden US-Dollar aufgetürmt hatte.[33]

Die westlichen Geschäftsbanken hingegen, die das staatssozialistische Polen im zurückliegenden Jahrzehnt trotz spärlicher Informationslage noch als »dream investment« betrachtet hatten,[34] bekamen angesichts der immer offensichtlicher von Wunschdenken geprägten polnischen Planzahlen kalte Füße. Bei einem Briefing im Hotel Victoria am 24. April 1980 bestanden 50 Vertreter eines von der Bank of America angeführten Konsortiums angelsächsischer und japanischer Banken auf der Senkung der Subventionen für Grundnahrungsmittel und der Erhöhung der Verbraucherpreise als Voraussetzung für die Bewilligung neuer Überbrückungskredite.[35] Zwar versuchte die polnische Seite, mit ihren westlichen Kreditgebern individuell zu verhandeln, und hoffte dabei insbesondere auf das Entgegenkommen der westdeutschen Bundesregierung sowie Frankreichs.[36] Es führte jedoch kein Weg mehr an einer Reihe von Austeritätsmaßnahmen, Preiserhöhungen und zusätzlichen Exportsteigerungen auf Kosten der Versorgung der Bevölkerung vorbei.[37] Während die westlichen Bankiers, die am 11. Juni von der staatlichen Außenhan-

33 Siehe Prezydium Komisji Planowania przy Radzie Ministrów: Notatka w sprawie aktualnej oceny warunków realizacji Narodowego Planu Społeczno-Gospodarczego na rok 1980, in: PZPR a Solidarność 1980–1981, S. 59. – Die Exportkredite der staatlichen Commodity Credit Corporation, die Absatzförderung für die US-Landwirtschaft betrieb, machten mit 1,6 Mrd. US-Dollar über die Hälfte der polnischen Verschuldung in den USA aus. Siehe Domber: Empowering Revolution, S. 54.

34 Juan Cameron: What the Bankers Did to Poland, in: Fortune 102 (1980), Nr. 6 vom 22.9.1980, S. 125–128, hier S. 128; vgl. auch Sulimirski: Sytuacja PRL na międzynarodowym rynku finansowym; Bartel: Fugitive Leverage, S. 76–80.

35 Siehe Cameron: What the Bankers Did to Poland.

36 Siehe Protokół nr 39 z posiedzenia Biura Politycznego KC PZPR, 21.10.1980, in: PZPR a Solidarność, Dok. 34, S. 217–228, hier S. 225. – Auf die Bundesrepublik Deutschland entfiel mit 20 Prozent der größte Anteil der polnischen Auslandsverschuldung, auf Frankreich der drittgrößte (11 Prozent). Weitere wichtige westliche Gläubiger waren die USA (13 Prozent), Großbritannien (9 Prozent) und Österreich (7 Prozent). Vgl. Kaliński: Gospodarka w PRL, S. 102.

37 Die geplante Reduzierung der Versorgung des Binnenmarkts zugunsten des Exports wurde auf 4–5 Prozent des Nationaleinkommens beziffert; zudem war die Entlassung von 338 000 Arbeitnehmern in der verstaatlichten Wirtschaft vorgesehen. Siehe

delsbank Bank Handlowy über die eingeleiteten Maßnahmen unterrichtet wurden, fürs Erste zufriedengestellt waren und neue Überbrückungskredite bewilligten (wenn auch nicht in dem von der polnischen Regierung erhofften Umfang),[38] löste die als »Modernisierung der Funktionsweise des Binnenhandels« getarnte Anhebung der Preise für einige Fleisch- und Wurstsorten überall im Land Empörung und spontane Streiks aus.

Die Wut der Streikenden richtete sich insbesondere gegen die wahrgenommene soziale Schieflage der Preiserhöhung. Denn mit der Verlagerung des Verkaufs weiterer Fleischsorten in die 1976 eingeführten »kommerziellen« Läden, die höherwertige Produkte zu höheren Preisen anboten, und der Einführung von »kommerziellen« Preisen in Betriebskantinen wurden sozial Schwächere offen aus dem Gleichheitsversprechen des Systems ausgegrenzt.[39] »Die einen gehen zum kommerziellen [Laden], und die anderen stehen Schlange« – solche Erfahrungen einer Zweiklassengesellschaft, wie sie schon vor 1980 immer öfter artikuliert wurden, waren Gift für die Akzeptanz der staatssozialistischen Ordnung.[40] Anfangs beschränkten sich die Streikenden noch auf wirtschaftliche Forderungen, was der Regierung ermöglichte, die Streikherde nach und nach mit finanziellen Zugeständnissen zu befrieden. Erst als Mitte August die Werftarbeiter der Danziger Leninwerft in den Ausstand traten und sich ein »Überbetriebliches Streikkomitee« gründete, das neben ökonomischen Verbesserungen auch ein würdiges Gedenken an die Opfer der Arbeiterproteste vom Dezember 1970, Meinungsfreiheit und die Zulassung freier Gewerkschaften forderte, nahm die Streikbewegung einen eindeutig politischen Charakter an. Da Gierek trotz der schwierigen Lage nicht von seinem Bekenntnis zur Gewaltfreiheit abrückte, gelang es den Streikkomitees in Danzig, Stettin und im oberschlesischen Jastrzębie-

Prezydium Komisji Planowania przy Radzie Ministrów: Notatka w sprawie aktualnej oceny warunków realizacji Narodowego Planu Społeczno-Gospodarczego na rok 1980, in: PZPR a Solidarność 1980–1981, S. 60f.

38 Vgl. Portes: The Polish Crisis, S. 11; Cameron: What the Bankers Did to Poland, S. 126.

39 Vgl. Zaremba: Zimno, ciepło, gorąco, S. 34.

40 Gadomska: Polaków świadomość struktury klasowej, S. 21.

Zdrój, Abkommen mit Regierungsvertretern zu schließen, in denen diese den Arbeitern das Recht auf freie gewerkschaftliche Organisation zugestanden.

Die streikenden Arbeiter und die im September 1980 gegründete »unabhängige und selbstverwaltete« Gewerkschaft (Niezależny Samorządny Związek Zawodowy, NSZZ), die sich den Namen »Solidarność« gab, stellten zwar eine Reihe elementarer politischer Grundsätze des staatssozialistischen Systems infrage, nicht aber dessen Wirtschaftsordnung. Obwohl die ökonomische Misere erheblichen Anteil an der Entstehung der oppositionellen Massenbewegung hatte, wurde sie weder von den Streikenden noch von der Mehrheit der polnischen Bevölkerung als Symptom des Scheiterns der planwirtschaftlichen Wirtschaftslenkung und ihrer egalitaristischen Prinzipien gedeutet. Im Gegenteil: Die Empörung richtete sich gerade gegen offensichtliche Abweichungen von diesen Prinzipien. »Alle speziellen Läden sofort liquidieren«, forderten streikende Arbeiter in einem der vielen spontan entstandenen Forderungskataloge während des Besetzungsstreiks auf der Danziger Leninwerft im August 1980, »damit alle Bürger in denselben Schlangen stehen!«.[41] Neben den »kommerziellen« Geschäften für höherwertige Fleischprodukte waren den rebellierenden Arbeitern auch die staatseigenen »Pewex«-Läden ein Dorn im Auge, in denen anderweitig schwer oder gar nicht verfügbare Waren gegen westliche Devisen zu haben waren (wie in den »Intershops« der DDR).

Die Ursachen der Krise sahen die Streikenden nicht in systemischem Versagen, sondern in der am eigenen Arbeitsplatz erlebten mangelhaften Koordination von Arbeitsabläufen und Wirtschaftskreisläufen, die sie im Wesentlichen auf den Voluntarismus und die Unfähigkeit der von der Partei bestellten Direktoren zurückführten.[42] Auch Ressentiments gegen die regimenahen Profiteure des bisherigen Systems, die sich auf Kosten

41 Chmiel/Kaczyńska (Hg.): Postulaty 1970–71 i 1980, S. 214.

42 Dementsprechend enthielt die umfangreiche Sammlung von Postulaten, die das Betriebskomitee der im Entstehen begriffenen unabhängigen Gewerkschaft im August 1980 in der Danziger Leninwerft erstellte, auch detaillierte Vorschläge zur Verbes-

der Arbeiter und einfachen Leute bereichert hätten und nun für die Kosten der Wirtschaftskrise bezahlen sollten, waren an der Basis der sich formierenden Gewerkschaftsbewegung weit verbreitet. Anna Walentynowicz, eine der Symbolfiguren des Danziger Auguststreiks, brachte diese Haltung während einer hitzigen Sitzung der Führungsgremien der Solidarność im Oktober 1980 auf den Punkt, als sie unter Berufung auf die vor dem Fenster versammelten Werftarbeiter forderte, man müsse »die Eigentümer Volkspolens zur Rechenschaft ziehen – dann finden wir auch das nötige Geld, um für diese Krise zu bezahlen, und Polen wird die Wirtschaftskrise überwinden«.[43]

Dass die allermeisten Polinnen und Polen trotz der Krise an egalitaristischen Einstellungsmustern festhielten, kam auch in einer repräsentativen Umfrage zum Ausdruck, die das unter dem Dach des staatlichen Rundfunks agierende Meinungsforschungsinstitut OBOP (Ośrodek Badania Opinii Publicznej) im September und Oktober 1980 durchführte. Darin gaben insgesamt 85 Prozent der Befragten an, die polnische Gesellschaft sei durch »sehr große« (55 Prozent) oder »eher große« (30 Prozent) soziale Ungleichheiten gekennzeichnet. Zugleich waren zwei Drittel (67 Prozent) der Ansicht, dass diese Ungleichheit in den letzten Jahren gestiegen sei, während satte 90 Prozent »Gleichheit und Gerechtigkeit« als wichtigsten Grundwert einer guten Ordnung nannten. 82 Prozent sprachen sich für »Recht und Ordnung« aus, und immerhin noch 71 bzw. 62 Prozent befürworteten die Ausweitung von Meinungsfreiheit und politischer Partizipation. Dagegen plädierten nur 26 Prozent dafür, »tüchtigen und energischen Menschen« »hohe Einkünfte« zu ermöglichen. Die Autoren der Erhebung hatten also guten Grund zu resümieren, dass typische Werte »liberal-kapitalistischer Ideologien« nur vergleichsweise geringe Zustimmung fanden. Die Quellen der »Vertrauenskrise« seien vielmehr

serung der Koordination von Import, Produktion und Exportverpflichtungen der Werft, um künftig einen »ökonomisch optimalen Arbeitsablauf« zu gewährleisten. Siehe ebd., S. 225–228.

43 Nach dem vom Staatssicherheitsdienst angefertigten Abhörprotokoll der Sitzung der Landesverständigungskommission der NSZZ Solidarność in der Danziger Leninwerft am 28. Oktober 1980 zitiert bei Friszke: Rewolucja Solidarności, S. 141.

»in den stark empfundenen Ungleichheiten und dem erheblichen Gefühl der sozialen Ungerechtigkeit« zu suchen.[44]

Zu den ersten Zielscheiben des Volkszorns wurden erwartungsgemäß die materiellen Privilegien der »roten Bourgeoisie« und die Ungeniertheit, mit der mancher führende Parteifunktionär Wasser predigte, selbst aber Wein trank. Zur Inkarnation des korrupten Apparatschiks avancierte der im August 1980 zurückgetretene Chef des Staatsfernsehens Maciej Szczepański, der wegen seines despotischen Führungsstils und der von ihm verantworteten plumpen Erfolgspropaganda ohnehin ausgesprochen unbeliebt war. Über Szczepańskis privates Luxusleben waren die abenteuerlichsten Gerüchte im Umlauf; schließlich wurde er wegen Korruption zu acht Jahren Haft verurteilt, von denen er vier Jahre absaß.[45]

Doch ging es bei der Suche nach Sündenböcken nicht allein um das Bedürfnis, führende Vertreter des kompromittierten Regimes für die schwierige Lage zur Rechenschaft zu ziehen, auch wenn dies durchaus im Sinne der neuen Parteiführung um Giereks Nachfolger Stanisław Kania und General Wojciech Jaruzelski liegen mochte. Vielmehr sprach daraus das weitverbreitete Gefühl, dass sich im Laufe der vergangenen Dekade Ansätze einer Zweiklassengesellschaft herausgebildet hatten, die man als Verrat an den egalitaristischen Werten des sozialistischen Systems empfand. Je schwieriger der Zugang zu Lebensmitteln, Konsumgütern und sonstigen Produkten für einfache Polinnen und Polen wurde, desto mehr neideten diese den Parteibonzen und Betriebsdirektoren ihre Datschen, Autos und Sommerhäuschen – gerade weil diese nicht durch erkennbare Leistung gerechtfertigt schienen. Als Ungleichheit wurde nicht so sehr wahrgenommen, »dass die einen mehr Geld haben und die anderen weniger, sondern dass der Besitz von Geld nicht durch den geleisteten Beitrag gerechtfertigt ist und dass damit verschiedenste Erleichterungen, ›Möglichkeiten‹, ›Beziehungen‹, Einkaufen ohne Warteschlangen verbun-

44 OBOP: Nierówności i niesprawiedliwości społeczne w świadomości społeczeństwa polskiego. Komunikat z badań, Dezember 1980, S. 3–7, http://public.kantarpolska.com/archiv_files/27_189_80.pdf (Zugriff am 13.10.2021).

45 Vgl. Szumski: Rozliczenia z ekipą Gierka, S. 43 f.

den sind, während diejenigen, die kein Geld haben, ihre grundlegenden Bedürfnisse nur mit Mühe befriedigen können«.[46]

Es war ausgerechnet die Solidarność-Betriebszeitung in der Huta Katowice (Stahlwerk Kattowitz), dem wichtigsten Vorzeigeprojekt der Investitionskampagne des aus Oberschlesien stammenden Edward Gierek, die die Enttäuschung über diese Zustände Anfang 1981 auf den Begriff des »*Ersatz*-Sozialismus«[47] brachte:

> »Während wir vom Sozialismus träumten, haben wir einen Ersatz-Sozialismus aufgebaut, ein Paradies für die Eigentümer Volkspolens ... [...] Wir fühlen uns betrogen, denn so viele Jahre lang haben wir aufopferungsvoll gearbeitet, die Pläne erfüllt und übererfüllt, uns für die Erbauer des Sozialismus gehalten – und dann stellte sich heraus, dass wir nur durch die Propaganda verblödete Knechte auf dem Gutshof der PRL-Saboteure waren. [...] Wir müssen also zum vierten Male[48] die Begeisterung und Kraft in uns entfachen, oder eher das, was von ihnen noch übrig geblieben ist, um aufs Neue mit dem Aufbau des Sozialismus zu beginnen.«[49]

Da die kommunistische Partei sich als »führende Kraft« beim »Aufbau des Sozialismus« endgültig diskreditiert hatte, lag es für viele Arbeiter nahe, diese Sache nun endlich selbst in die Hand zu nehmen. Wie der Soziologe Władysław Adamski im April 1981 analysierte, war ihre »Revolte nicht aus Opposition gegenüber dem System geboren, sondern ganz im Gegenteil [...] durch die herrschende Ideologie inspiriert und zugleich gegen deren Degeneration gerichtet«. Sie gründete insbesondere auf der Generationserfahrung der polnischen Babyboomer, die im staatssozialistischen Bildungswesen eine vergleichsweise gute Ausbildung genossen

46 Gadomska: Polaków świadomość struktury klasowej, S. 22.

47 Das aus dem Deutschen entlehnte Wort »Ersatz« (zuweilen auch in polonisierter Orthografie: »ersac«) geht auf die Ersatzprodukte zurück, die in Polen während der deutschen Besatzungsherrschaft im Zweiten Weltkrieg verbreitet waren.

48 Der Autor spielt auf die (seiner Ansicht nach) gescheiterten Neuanfänge nach 1945, 1956 und 1970 an.

49 Jacek Cieślicki: Ja w sprawach ersatz-socjalizmu, in: Wolny Związkowiec, Nr. 12(45) vom 26.2.1981, S. 1.

hatten und nun, im Alter zwischen 30 und 35 Jahren, ihre Ansprüche an das System selbstbewusst geltend machten. Die Anführer dieser Massenmobilisierung waren, so Adamski, »keine elitären Studentengruppen, sondern überwiegend junge Arbeiter, die an den offiziellen Slogan glaubten, dass die führende Rolle in der Gesellschaft ihnen gehöre«.[50]

Am Anfang der Solidarność-Bewegung standen also nicht die kritischen Akademiker und Unangepassten, die sich seit 1976 in dissidentischen Gruppierungen wie dem »Komitee zur Verteidigung der Arbeiter« (Komitet Obrony Robotników, KOR) zusammengefunden hatten.[51] Sie sprangen den revoltierenden Arbeitern jedoch ohne Zögern als Berater und Experten bei. Denn auch die humanistische Intelligenz haderte mit dem unter Gierek geförderten Aufstieg systemnaher Technokraten und Apparatschiks. Deren anspruchsloser Vulgärmaterialismus beraubte die Intellektuellen sowohl ihrer gesellschaftlichen Funktion als auch ihrer vergleichsweise privilegierten sozialen Position. Ihre Kritik an der Klasse der staatssozialistischen Neureichen mochte anders begründet sein als die Empörung der jungen Arbeiter, die sich um ihren fairen Anteil am gesellschaftlichen Wohlstand betrogen sahen. Gleichwohl bot die gemeinsame Ablehnung der herrschaftsnahen Elite eine ausreichende Basis für den Schulterschluss zwischen kritischer Intelligenz und jungen Facharbeitern. Die Solidarność-Bewegung entstand somit als Bündnis zweier sozialer Gruppen, die in der staatssozialistischen Sinnwelt herausgehobenes symbolisches Kapital für sich beanspruchen konnten, die im Zuge des Gierek'schen Konsumsozialismus aber (zumindest relativ gesehen) ins Hintertreffen geraten waren.[52]

Dass den jungen Arbeitern in diesem Bündnis die Schlüsselrolle zukam, zeigte sich nicht nur an der Basis der Streikbewegung des Som-

50 Adamski: Strukturalno-pokoleniowe aspekty konfliktu, S. 29.

51 Vgl. dazu grundlegend Friszke: Czas KOR-u.

52 Vgl. Gdula: Odważyć się być średnim, S. 49. – Vor diesem Hintergrund führt es nicht weiter, Arbeiter und dissidentisch geprägte Intelligenz als Subjekte der Protestbewegung gegeneinander auszuspielen, wie es in der langjährigen publizistischen und wissenschaftlichen Debatte um die Deutung der Solidarność immer wieder geschehen ist. Vgl. dazu Adamski: Wprowadzenie. »Solidarność« jako kłopotliwy problem badawczy.

mers 1980, sondern spiegelte sich auch auf der Ebene der Funktionsträger der daraus entstehenden Gewerkschaft wider. Ein Blick auf das Sozialprofil der 896 Delegierten, die im Herbst 1981 in Danzig zur ersten landesweiten Delegiertenversammlung der Solidarność zusammenkamen, illustriert die Dominanz der jungen Arbeiter und Angestellten aus den Großbetrieben der staatssozialistischen Industrie: Die Hälfte der Delegierten war jünger als 35 Jahre (!), weitere 31 Prozent gehörten der Kohorte der 35- bis 45-Jährigen an. Rund drei Viertel von ihnen arbeiteten in mittleren und Großbetrieben mit über 500 bzw. über 3000 Mitarbeitern (jeweils 38 Prozent).[53] Sogar das Altersprofil der Mitglieder des obersten Führungsgremiums der Gewerkschaft auf nationaler Ebene, der auf der Delegiertenversammlung gewählten Komisja Krajowa (Landeskommission), wich hiervon nur unwesentlich ab. Der Führungselite der Solidarność gehörten erwartungsgemäß etwas mehr Vertreter der Intelligenz an; es handelte sich aber überwiegend um Ingenieure. Auch auf dieser Ebene schlug also die starke Verankerung der Gewerkschaft in den Belegschaften der industriellen Großbetriebe durch.[54] Nichtsdestoweniger profitierte die Solidarność-Bewegung in erheblichem Maße von der Zusammenarbeit mit ihren intellektuellen Beratern, von denen viele auf Erfahrungen im dissidentischen Milieu der späten 1970er-Jahre zurückblicken konnten.

Obwohl sich überproportional viele gut ausgebildete und innerhalb des staatssozialistischen Systems vergleichsweise privilegierte Facharbeiter und Akademiker in der Solidarność engagierten, erscheint die These Jacek Kurczewskis als recht kühn, der bereits im Dezember 1980 eine neue, vom Staatssozialismus hervorgebrachte Mittelklasse als soziale Trägerschicht der oppositionellen Gewerkschaft auszumachen glaubte.[55] Jedenfalls trat die Solidarność nicht als Vertreterin von Werthaltungen und Interessen auf, die Soziologen üblicherweise mit der Mittelschicht

53 Siehe Kaliski: »Antysocjalistyczne zbiorowisko«?, S. 33f.

54 Vgl. Osęka: Elita »Solidarności«, S. 189f.

55 Kurczewski: The Old System and the Revolution (poln. Original u. d. T. Dawny ustrój i rewolucja, in: Res Publica, 1980, Nr. 7).

in Verbindung bringen. Vielmehr wandte sie sich vehement gegen die zunehmende Ausdifferenzierung von Löhnen und Gehältern sowie die aus ihrer Sicht unberechtigte materielle Prämierung von Leitungspositionen. Auf den Werften in Danzig und Stettin kamen während der Auguststreiks sogar Forderungen auf, zur Finanzierung der Staatsverschuldung jegliches Privatvermögen, das eine noch zu bestimmende Obergrenze überschritt, zu konfiszieren oder im Verhältnis 1:5 abzuwerten.[56] Als die kommunistische Regierung bei der Umsetzung des Teuerungsausgleichs, den sie in der Übereinkunft mit dem Danziger Streikkomitee zugesagt hatte, auf der Motivationswirkung gestaffelter Löhne und Gehälter bestand, sah die Gewerkschaftsseite darin eine eklatante Verletzung der »grundlegenden Intentionen des Danziger Abkommens« und bestand darauf, dass die Lohnanpassung »zu einer erheblichen Verringerung der krassen Gehaltsunterschiede und zur Realisierung des Prinzips der sozialen Gerechtigkeit« beitragen müsse.[57] Die an der Basis der Solidarność dominierenden (meist männlichen) Facharbeiter bewiesen in diesem Zusammenhang auch praktische Solidarität mit schlechtergestellten Berufsgruppen wie etwa Krankenschwestern und Putzfrauen. Anstatt ihren individuellen oder partikularen Vorteil zu verfolgen, waren die Solidarność-Anhänger also bereit, in der Krise zusammenzurücken, und trotzten der kommunistischen Regierung nicht etwa weniger, sondern sogar mehr Egalitarismus ab.[58]

So wichtig es für das Verständnis der wirtschaftspolitischen Leitbilder der Solidarność ist, deren genuin gewerkschaftlichen Charakter nicht aus dem Auge zu verlieren, so verfehlt wäre es freilich, die schillernde Vielgestaltigkeit und politisch-ideelle Uneindeutigkeit dieser Bewegung

56 Siehe Chmiel/Kaczyńska (Hg.): Postulaty 1970–71 i 1980, S. 187, 216.

57 Oświadczenie Krajowej Komisji Porozumiewawczej NSZZ »Solidarność« w sprawie aktualnych postulatów pracowniczych, 19.11.1980, in: Luszniewicz/Zawistowski (Hg.): Sprawy gospodarcze w dokumentach, Dok. 34, S. 148–150. – Zu den Konflikten zwischen Regierung und Solidarność um diese Frage siehe auch ebd., S. 80f., 94f., 115–141.

58 Siehe Modzelewski: Zajeździmy kobyłę historii, S. 273f.

zu übersehen.[59] Symptomatisch war, dass die Solidarność sich auch nach einem Jahr, während der Programmdebatte im Rahmen ihres Landesdelegiertenkongresses im Herbst 1981, nicht auf ein kohärentes wirtschaftspolitisches Programm festlegen mochte. Die Delegierten beschlossen zwar ein ausführliches Programm unter dem Titel *Samorządna Rzeczpospolita* (»Die selbstverwaltete Republik«) und bekannten sich damit zum Prinzip der Selbstverwaltung auch im Wirtschaftsleben. Die drei konkurrierenden Entwürfe zur Konkretisierung der wirtschaftspolitischen Positionen der Gewerkschaft verfrachteten sie jedoch kurzerhand als gleichberechtigte »Diskussionsmaterialien« in den Anhang des Programms.[60]

Es liegt auf der Hand, dass die Solidarność unter den Bedingungen des wirtschaftlichen und politischen Machtmonopols der kommunistischen Staatspartei sehr viel mehr war als eine klassische Gewerkschaft. Ungeachtet ihrer arbeiterlichen Prägung zielte sie weniger auf partikulare Interessenvertretung als vielmehr auf demokratische Partizipation, nationale Selbstbestimmung und eine kollektivistische Vergemeinschaftung, in der religiös gefärbten Begriffen wie »Würde« zentrale Bedeutung zukam. Man wird dieser bemerkenswerten sozialen Bewegung deshalb nicht gerecht, wenn man sie leichter Hand als nationale Befreiungsbewegung, als Vorfeldorganisation der katholischen Kirche oder aber als im Kern »sozialistische Massenbewegung«[61] etikettiert. Viele Anhänger der Gewerkschaft mochten etwa vom polnischen Papst Johannes Paul II. fasziniert sein und ihre Anliegen in katholisch vorgeprägten Ritualen und Formeln ausdrücken. Dies war aber nicht gleichbedeutend mit einer fundamentalen Ablehnung der staatssozialistischen Werteordnung, insbesondere deren ökonomischer Aspekte. Vielmehr integrierte die Solidarność Ver-

59 Vgl. etwa die von einem polnischen Mitarbeiter des von Touraine geleiteten Forschungsprojekts formulierte Kritik an dessen einseitiger Deutung: Kuczyński: Badanie »Solidarności«.

60 Siehe dazu Abschnitt I.7 dieses Kapitels.

61 So zeitgenössisch Andrzej Walicki: Myśli o sytuacji politycznej i moralno-psychologicznej w Polsce, in: Aneks, 1984, Nr. 35, S. 82–104, hier S. 102 f. (Dieser Abschnitt des Essays entstand nach Walickis Bekunden Anfang Dezember 1981.). – Vgl. Sowa: Inna Rzeczpospolita jest możliwa, S. 137–150.

satzstücke konkurrierender ideologischer Systeme zu einem spezifischen Synkretismus. Mit Michał Łuczewski könnte man sagen: Es ging ihr um einen »Sozialismus mit göttlichem Antlitz«.[62]

Umso deutlicher springt ins Auge, dass in dieser schillernden Melange ein Element weitgehend fehlte – nämlich ein auf individualistischen Prämissen basierender Liberalismus. Dieser Befund überrascht insbesondere in der Rückschau. Denn die späteren, *post factum* aus dem Westen importierten Deutungen der oppositionellen Massenbewegung als Emanation einer liberalen »Zivilgesellschaft« tendieren dazu, die Rolle der dissidentisch geprägten Oppositionsgruppen und deren kulturell grundierten Nonkonformismus zu überschätzen, die für die Gewerkschaftsbewegung grundlegende kollektivistisch-egalitaristische Orientierung aber auszublenden.[63] Tatsächlich orientierte die Solidarność sich mehrheitlich auf ein ausgesprochen egalitaristisches, fest in der Sinnwelt der industriellen Moderne verankertes Gesellschaftsmodell.[64] Spuren liberalen Denkens hingegen musste man innerhalb der Gewerkschaft und ihres Umfelds trotz der von Jerzy Szacki konstatierten »protoliberalen« Tendenzen in den dissidentischen Milieus der späten 1970er-Jahre mit der Lupe suchen.[65]

Die Marginalität liberaler Positionen in der Solidarność zeigte sich besonders deutlich mit Blick auf ihre wirtschaftspolitische Programmatik. Zeitzeugen unterschiedlichster politischer Couleur stimmen darin überein, dass deren Zielhorizont sich eindeutig im Rahmen der sozialistischen Wirtschaftsordnung verortete. So frohlockte Ryszard Bugaj, einer der wichtigsten Exponenten einer arbeitnehmerfreundlichen Reformpolitik innerhalb der Solidarność, auf einem Symposium des gewerkschaftseigenen Thinktanks OPSZ (Ośrodek Prac Społeczno-Zawodowych, Zentrum für Gesellschaftlich-Berufliche Studien) im Herbst 1980, mit der Institu-

62 Vgl. Łuczewski: Solidarność: socjalizm z boską twarzą.

63 Vgl. zur retrospektiven Übertragung des Zivilgesellschafts-Diskurses aus den westlichen Sozialwissenschaften auf die Solidarność-Bewegung im Verlauf der 1980er-Jahre Załęski: Neoliberalizm i społeczeństwo obywatelskie, S. 106–122.

64 So auch Koryś: »... to jest Polska i chcemy mieć rozwiązania polskie«.

65 Vgl. Szacki: Der Liberalismus nach dem Ende, S. 178–186.

tionalisierung der neuen Gewerkschaft ergebe sich »die vielleicht einmalige Chance zur Durchführung einer Reform des sog[enannten] realen Sozialismus, zu seiner Umgestaltung in ein System, das den sozialistischen Idealen näherkommt«.[66] Dieselbe Einschätzung vertrat rückblickend Janusz Beksiak, der die Gewerkschaft ebenfalls in Wirtschaftsfragen beriet, bevor er sich gegen Ende der 1980er-Jahre als glühender Verfechter radikaler marktwirtschaftlicher Reformen profilierte: »Die Solidarność zielte nicht auf einen Systemwechsel zum Kapitalismus, sondern forderte die Einlösung dessen, was die Kommunisten auf verlogene Weise versprachen und als bereits erreicht behaupteten.«[67] Selbst Stefan Kurowski, der wohl streitbarste Wirtschaftsberater der Solidarność und Autor des radikalsten Entwurfs für ihr Wirtschaftsprogramm, beeilte sich im November 1981 zu versichern, dass es ihm – entgegen den Unterstellungen der parteistaatlichen Propaganda – keineswegs um eine Rückkehr zum Kapitalismus gehe: »Niemand hat die Absicht, die Fabriken, die derzeit regierungseigen und staatlich sind, aber selbstverwaltet und vergesellschaftet sein sollten, in kapitalistische Unternehmen umzuwandeln.« Freilich fügte Kurowski vielsagend hinzu: »Allerdings sollten diese selbstverwalteten Fabriken so effektiv arbeiten, wie es bei den Kapitalisten üblich ist.«[68]

66 Ryszard Bugaj: Obrona interesów ludzi pracy, in: Tygodnik Powszechny, Nr. 48 vom 30.11.1980, dt. Übers. u. d. T. Ein Symposium in Danzig, in: Dokumentation Ostmitteleuropa 8 (1982) 1–2, S. 21–29, hier S. 27.

67 Zit. nach Luszniewicz: Koncepcje ekonomiczne »Solidarności«, S. 294.

68 Die Zitate stammen aus dem Vortrag »›Solidarność‹ wobec aktualnej sytuacji gospodarczej« vom 5. November 1981, Erstveröffentlichung in: Głos Ursusa, Nr. 47 vom 27.11.1981, Nr. 48 vom 29.11.1981, Nr. 49 vom 6.12.1981, Nachdruck in: Kurowski: Od sierpnia do grudnia, S. 107–117, hier S. 113. – Die Formulierung Kurowskis lässt ein taktisches Motiv vermuten. Denn ein Jahr zuvor hatte er in einer konservativen Untergrundzeitschrift unter Pseudonym noch ungefähr das gefordert, was er nun in seiner Rolle als Solidarność-Berater von sich wies: »Die bei uns als Realsozialismus bezeichnete Wirtschaftsordnung [...] sollte durch eine privat-selbstverwaltete Marktwirtschaft ersetzt werden. Große und mittlere staatliche Industrie- und Bergwerksbetriebe sollten in Arbeiter-Aktiengesellschaften umgewandelt, zunächst verpachtet und dann ins Eigentum [...] der Belegschaften überführt werden. Das Kleingewerbe sollte man verpachten und dann sukzessive an private Unternehmer verkaufen. Dienstleistungen und Einzelhandel sollte man gegen Bezahlung privaten Unternehmern übergeben sowie die Entstehung von privaten Großhandelsfirmen

Diesen Positionierungen stehen spätere öffentliche Aussagen führender Protagonisten der Solidarność, etwa ihres Vorsitzenden Lech Wałęsa, entgegen, die im Nachhinein behaupteten, sie hätten schon damals für die Einführung des Kapitalismus gekämpft und nur aus taktischen Gründen nicht offen darüber gesprochen.[69] Wenn dem so gewesen wäre, hätte Wałęsa seine Landsleute in einem Interview mit der Wochenzeitung *Polityka* vom 1. November 1980 allerdings grob in die Irre geführt, in dem er explizit betonte: »Ganz sicher werden wir nicht zum Kapitalismus zurückkehren, noch werden wir irgendein westliches Modell kopieren, denn hier ist Polen, und wir wollen polnische Lösungen haben. Der Sozialismus ist kein übles System, und er soll bleiben, aber kontrolliert.«[70] Auch Leszek Balcerowicz, der der Gewerkschaft nicht angehörte, wohl aber mit eigenen Reformkonzepten an die Öffentlichkeit trat und später auch mit verschiedenen Solidarność-Instanzen zusammenarbeitete, ist heute der Ansicht, er habe »schon Ende der 1970er-Jahre in groben Zügen *(z grubsza)* dasselbe gesagt wie später, nur mithilfe einer anderen Sprache«.[71] Gleichzeitig räumt er ein, er habe damals mit den wirtschaftspolitischen Ansichten von Ryszard Bugaj sympathisiert[72] – desselben Bugaj, der den radikalen Reformvorschlägen Stefan Kurowskis auf dem Gewerkschaftskongress eine Absage erteilte und in seinem Programmentwurf »mit Nachdruck« unterstrich, »dass wir nicht gegen die sozialis-

zulassen. [...] Es ist ein Kapitalmarkt einzurichten [...]. Das staatliche Außenhandelsmonopol ist abzuschaffen. [...] Das gegenwärtige System der zentralen Planung ist vollständig abzuschaffen, denn es ist usurpatorisch und mit der freien Entwicklung einer demokratischen Gesellschaft unvereinbar.« – Jan Marzecki [Stefan Kurowski]: Gospodarka Polska 1980 – wyjście ze ślepiej uliczki (diagnoza i propozycja terapii), in: Głos, Nr. 7–8(31) vom September 1980, S. 48–56, Nachdruck in: Błażejowska (Hg.): Głos niepodległości, S. 324–335, hier S. 332 f.

69 Vgl. Modzelewski: Zajeździmy kobyłę historii, S. 394.

70 Plan rozmowy układamy wspólnie. Rozmowa z działaczami Międzyzakładowego Komitetu Założycielskiego NSZZ »Solidarność« w Gdańsku, in: Polityka, Nr. 44 vom 1.11.1980, S. 1, 6 f., hier S. 7; vgl. auch Holzer: Solidarität, S. 158.

71 Balcerowicz: Trzeba się bić, S. 59.

72 Siehe ebd., S. 63.

tischen Systemprinzipien auftreten, sondern gegen diejenigen Elemente des Systems, die dazu in Widerspruch stehen«.[73]

Das Argument, man habe 1980–1981 lediglich aus taktischer Rücksichtnahme, strategischer Selbstbeschränkung oder Sorge vor der staatlichen Zensur nicht von »Kapitalismus« und »Privateigentum« gesprochen, während man insgeheim genau auf diese Ziele hinarbeitete, erscheint für die Solidarność als Ganze wenig stichhaltig. Schließlich hatte die Gewerkschaftsbewegung wenig Hemmungen, sogar in politisch neuralgischen Fragen die offene Konfrontation mit dem Regime zu wagen – etwa als das Warschauer Wojewodschaftsgericht für die Registrierung des Gewerkschaftsstatuts ein eindeutiges Bekenntnis zur »führenden Rolle der Partei« und zum bestehenden Bündnissystem verlangte. In dieser Situation ließ die Solidarność mit der Ankündigung eines landesweiten Generalstreiks die Muskeln spielen und focht die Entscheidung der unteren Instanz beim Obersten Gericht an.[74] Es spricht wenig dafür, dass sie ausgerechnet in Fragen der Wirtschaftspolitik, bei denen sich das kommunistische Regime ohnehin weitestgehend desavouiert hatte und händeringend nach Reformansätzen suchte, vor klaren Positionierungen hätte zurückschrecken sollen, wenn sie denn gewollt hätte.[75] Die stark ausgeprägte staatskritische Grundhaltung unter den Anhängern und Sympathisanten der

73 Materiały dyskusyjne do części III programu »Związek wobec kryzysu i reformy gospodarczej«, in: I Krajowy Zjazd Delegatów NSZZ »Solidarność«: Statut. Uchwała programowa z aneksem. Dokumenty Zjazdu, Gdańsk [1981], S. 63–78, hier S. 64. – Auf Nachfrage verteidigte Bugaj während des Kongresses auch seinen zuvor geäußerten Standpunkt: »Die sozialistische Planwirtschaft kann effektiv und dynamisch sein und die Voraussetzungen zur Realisierung sozialer Gerechtigkeit schaffen.« I Krajowy Zjazd Delegatów, II tura. Obrady plenarne. 4.10., 9 dzień, in: AS, Nr. 42 vom 2.–4.10.1981, S. 301–313, hier S. 305.

74 Das Regime reagierte auf die Entschlossenheit der Solidarność in der Registrierungskrise im Oktober–November 1980 mit den ersten Überlegungen zur Verhängung des Kriegsrechts. Schließlich fanden Unterhändler beider Seiten einen Formelkompromiss, der durch das »Urteil« des Obersten Gerichts bestätigt wurde. – Vgl. Friszke: Rewolucja Solidarności, S. 125–156.

75 So auch Sowa: Inna Rzeczpospolita jest możliwa, S. 172. – Genauso argumentiert mit Blick auf die Opposition der späten 1970er-Jahre Dudek: Krajowa myśl antykomunistyczna, S. 132.

Gewerkschaft schlug sich jedenfalls nicht in nachweislicher Unterstützung für die Privatisierung von Großbetrieben, freie Märkte oder gar eine kapitalistische Wirtschaftsordnung nieder.[76]

## 3. Lebensmittelkarten als Gesellschaftsvertrag

Ohnehin standen Reflexionen über strukturelle Ursachen der Wirtschaftskrise oder gar eigene Vorschläge zu grundlegenden Wirtschaftsreformen in den ersten Monaten nicht auf der Agenda der sich formierenden Gewerkschaftsbewegung. Die Aufgabe, der Krise Herr zu werden, wies die Solidarność vielmehr dem kommunistischen Regime zu, das diese nach allgemeiner Ansicht schließlich auch ausgelöst hatte. Schon aus den historisch gewordenen 21 Forderungen des Danziger Streikkomitees wurde ersichtlich, dass es den aufbegehrenden Arbeitern zunächst nicht um grundlegende Reformpläne, sondern um konkrete soziale Verbesserungen ging. Um diese zu erreichen, waren ihnen auch alles andere als marktwirtschaftliche Mittel recht. So fand sich in ihrem sorgfältig zusammengestellten Forderungskatalog auch die explizite Forderung nach der Einführung von Lebensmittelkarten für Fleisch und Fleischprodukte – jedenfalls »bis zum Zeitpunkt der Beherrschung der Marktsituation«.[77] In der angespannten Versorgungslage ging es den Streikenden also vorrangig darum, zumindest eine gerechte Verteilung des Mangels sicherzustellen.

76 Wohl sprachen sich in einer Umfrage unter Breslauer Gewerkschaftsmitgliedern im Mai 1981 über 90 Prozent der Befragten für die Förderung der (bereits bestehenden) privaten Landwirtschafts- und Handwerksbetriebe aus. Eine »Ausweitung privater Initiative« in industriellen Großbetrieben konnten sich dagegen nur 15 Prozent vorstellen. Weniger eindeutig wurde die Frage für kleine und mittlere Betriebe im verarbeitenden Gewerbe beantwortet. Hier standen 42–64 Prozent einer Ausweitung des Privatsektors offen gegenüber. Siehe Maciej Dymkowski/Tadeusz Stalewski: Opinie i oceny, in: Tygodnik Solidarność, Nr. 18 vom 31.7.1981, S. 14.

77 Siehe den Forderungskatalog des Überbetrieblichen Streikkomitees in Danzig vom 16./17.8.1980, in: Luszniewicz/Zawistowski (Hg.): Sprawy gospodarcze w dokumentach, Dok. 1, S. 67–70.

Das kommunistische Regime hatte zwar 1976 Karten für Zucker eingeführt, nachdem es eine allgemeine Erhöhung der regulierten Lebensmittelpreise unter dem Eindruck heftiger Arbeiterproteste in Radom und im Warschauer Traktorenwerk »Ursus« rasch zurückgenommen hatte.[78] Einer Rationierung weiterer Grundnahrungsmittel standen die Regierenden ansonsten aber ausgesprochen skeptisch gegenüber, und dies nicht nur, weil solche Regelungen als kompromittierendes Eingeständnis wirtschaftlicher Schwäche interpretiert werden konnten, sondern auch, weil sie die staatliche Bürokratie unmittelbar in die Pflicht nahmen, die defizitären Produkte zumindest im Rahmen der offiziell festgesetzten Rationen bereitzustellen. Im Danziger Übereinkommen mit dem Streikkomitee sagte die Regierungsseite deshalb nur vage zu, die Versorgung der Bevölkerung mit Fleisch bis zum Jahresende 1980 verbessern zu wollen und dabei die »eventuelle Möglichkeit der Einführung eines Kartensystems« in Betracht zu ziehen.[79]

Da sich die Versorgungslage jedoch in der zweiten Jahreshälfte weiter verschlechterte, stieg der Druck auf die Regierung, die Verfügbarkeit preisgünstigen Fleisches und seine gerechte Verteilung unter den Konsumenten notfalls auch mit der Einführung von Karten sicherzustellen. Wie eine Kontrolle der Staatlichen Handelsinspektion ergab, war vor Weihnachten 1980 in 43 Prozent der kontrollierten staatlichen Läden überhaupt kein Fleisch erhältlich; in fast allen anderen reichte die Ware nur für wenige Stunden.[80] Im Verlauf des Jahres 1981 brach das staatliche Monopol auf den Ankauf von Schlachtvieh weitgehend zusammen, denn für die überwiegend privat wirtschaftenden Bauern wurde der Verkauf ihres Fleisches über den in engen Grenzen erlaubten Markthandel, vor allem aber auf dem Schwarzmarkt umso attraktiver, je höhere Preise dort

78 Neben der Beruhigung der Versorgungslage zielte die Rationierung von Zucker nicht zuletzt darauf, dem verbreiteten Schwarzbrennen von Alkohol die Grundlage zu entziehen. – Vgl. Zawistowski: Bilety do sklepu, S. 166–189.

79 Siehe das Protokoll des Danziger Abkommens zwischen Regierungskommission und Überbetrieblichem Streikkomitee vom 31.8.1980, in: Luszniewicz/Zawistowski (Hg.): Sprawy gospodarcze w dokumentach, Dok. 4, S. 78–87, hier S. 81.

80 Vgl. Zawistowski: Bilety do sklepu, S. 204.

zu erzielen waren. Für »Fleischweiber« und nebenberufliche Händler, die selbstgeschlachtetes Fleisch vom Lande an ein informelles Netzwerk von Kunden in den Städten vertrieben, brach ein »Goldenes Zeitalter« an.[81] Entsprechend sprach sich in Meinungsumfragen in den letzten Monaten des Jahres 1980 mit 71 bis 88 Prozent die überwältigende Mehrheit der Befragten für die Rationierung von Fleisch und Wurstwaren aus.[82] Die Verbraucherinnen und Verbraucher verbanden dies mit der Hoffnung, weniger Zeit in Warteschlangen zu verbringen und nicht auf das Angebot des Schwarzmarkts mit seinen weitaus höheren Preisen zurückgreifen zu müssen.[83]

Diese hohen Zustimmungsraten sanken freilich rasch ab, nachdem die Regierung der Öffentlichkeit ein erstes Konzept für die Einführung von Fleischkarten vorgestellt hatte und sich abzeichnete, dass die Rationen niedriger ausfallen würden als erhofft. Zudem wurde deutlich, dass einzelne Gruppen der Bevölkerung von der Rationierung stärker profitieren würden (etwa die für die Förderung des wichtigsten Devisenbringers Steinkohle unverzichtbaren Bergleute), andere hingegen mit Nachteilen zu rechnen hatten (darunter insbesondere Einwohner der zuvor überdurchschnittlich versorgten urbanen Ballungsräume).[84] Angesichts dieser heiklen Verteilungsfragen reagierte auch die Solidarność zurückhaltend – eine Expertise des Wirtschaftsprofessors Jerzy Dietl empfahl

81 So Kochanowski: Jenseits der Planwirtschaft, S. 239–255, Zitat S. 241; siehe auch den Zeitzeugenbericht von Maciej Czech, der seine akademische Karriere an der Universität Poznań aufgab, um seine vormaligen Kollegen ab 1979 mit selbstgeschlachtetem Fleisch und Wurst zu versorgen: Przedwojenny smak, in: Knyt/Wancerz-Gluza (Hg.): Prywaciarze 1945–89, S. 97 f.

82 Siehe Sobiech: Reglamentacja w świetle badań. – Ähnliche Forderungen waren bereits in den späten 1970er-Jahren verstärkt aufgekommen. Vgl. Zawistowski: Bilety do sklepu, S. 189–201.

83 Mitte 1981 wurde für Fleisch auf dem freien Markt das Drei- bis Vierfache der amtlich regulierten Preise verlangt. Vgl. Bałtowski: Gospodarka socjalistyczna w Polsce, S. 244.

84 Siehe OBOP: Społeczna ocena proponowanych norm przydziału mięsa i tłuszczów w kartkowym systemie sprzedaży, Dezember 1980, http://public.kantarpolska.com/archiv_files/29_191_80.pdf (Zugriff am 13.10.2021); vgl. auch Zawistowski: Bilety do sklepu, S. 209–213.

der Gewerkschaft sogar ausdrücklich, kein eigenes Gegenkonzept in die Diskussion einzubringen. Ebenso wie andere Experten stand Dietl der Einführung eines Rationierungssystems skeptisch gegenüber. Deshalb sei es klüger, keine Verantwortung für die erwartbare Enttäuschung über die damit verbundenen Probleme zu übernehmen.[85]

Nichtsdestoweniger bekräftigte die eigens einberufene »Landeskonferenz der NSZZ Solidarność für Lebensmittelfragen« im Januar 1981 den Standpunkt der Gewerkschaft, wonach die Einführung von Karten für Fleisch und weitere Grundnahrungsmittel mit Blick auf die »großen gesellschaftlichen Erwartungen an einen humanitären Ausgleich des Konsumniveaus von Lebensmitteln in unterschiedlichen Bevölkerungsgruppen und Regionen des Landes [...] als unerlässlich und dringend« anzusehen sei.[86] Auch auf lokaler und regionaler Ebene drängten Solidarność-Instanzen die staatliche Verwaltung, möglichst rasch mit der Rationierung von Mangelwaren zu beginnen; dabei kam es mancherorts sogar zu Streiks und zu Besetzungen von Ladengeschäften.[87]

Im Zuge der mehrmonatigen öffentlichen Debatte modifizierte das Ministerium für Binnenhandel und Dienstleistungen seine ursprüngliche Konzeption für die Fleischrationierung erheblich. Zum einen wurden die Normen leicht erhöht, zum anderen die Gruppen der Anspruchsberechtigten stärker ausdifferenziert, etwa nach der Schwere der körperlichen Arbeit. Das Bemühen, den Ansprüchen verschiedenster Konsumentengruppen zielgenauer gerecht zu werden, führte allerdings

85 Siehe Ekspertyza Jerzego Dietla dotycząca reglamentowanej sprzedaży mięsa, wędlin i tłuszczów oraz zmiany cen żywności [Januar–Februar 1981], in: Luszniewicz/Zawistowski (Hg.): Sprawy gospodarcze w dokumentach, Dok. 62, S. 195–211, hier S. 196. – Stefan Kurowski fasste seine generelle Ablehnung der Reglementierung in die Worte: »Diese Arznei kann sich als noch schlimmer als die Krankheit erweisen.« Marzecki [Kurowski]: Gospodarka Polska 1980, in: Błażejowska (Hg.): Głos niepodległości, hier S. 331.

86 Opinia Krajowej Konferencji ds. Żywności NSZZ »Solidarność« na temat rządowego projektu reglamentacji mięsa i jego przetworów, drobiu, masła i cukru, 27.1.1981, in: Luszniewicz/Zawistowski (Hg.): Sprawy gospodarcze w dokumentach, Dok. 57, S. 184–186.

87 Vgl. Zawistowski: Bilety do sklepu, S. 311.

dazu, dass das Reglementierungssystem am Ende deutlich komplizierter und unübersichtlicher wurde. Nachdem der Bromberger Solidarność-Regionalvorsitzende Jan Rulewski am 17. Februar 1981 im Auftrag der Gewerkschaft einen Kompromiss über die Karten für Fleisch und Wurstwaren (sowie eine modifizierte Regelung für die Zuckerrationierung) mit dem Binnenhandelsminister Adam Kowalik ausgehandelt hatte, wurden diese schließlich (mit weiteren geringfügigen Korrekturen) zum April 1981 eingeführt.[88]

Die Einführung der Fleischkarten war von beträchtlichen organisatorischen Schwierigkeiten begleitet und führte entgegen verbreiteter Hoffnungen nicht dazu, dass die Warteschlangen vor den Geschäften kürzer wurden.[89] Das Gegenteil war der Fall, denn zum einen brachte das Kartensystem einen erheblichen Mehraufwand bei der Bedienung der Kundinnen und Kunden mit sich, zum anderen stieg wegen der von der Solidarność erkämpften höheren Löhne und Gehälter die Nachfrage nach anderen Produkten, die nicht der Rationierung unterlagen. Trotz der offensichtlichen Schwächen des Rationierungssystems und der Einsicht, dass dieses nicht geeignet war, ein verbessertes Angebot stark nachgefragter Fleischprodukte zu gewährleisten, wurde es aber überwiegend positiv aufgenommen. So lobte das zentrale Gewerkschaftsorgan *Tygodnik Solidarność* die Lebensmittelkarten zwei Monate nach ihrer Einführung dafür, dass sie »zwei grundsätzliche Anliegen erfüllen: das Gefühl der gerechten Verteilung dessen, worüber unsere Wirtschaft verfügt, sowie [...] das Gefühl der Sicherheit, dass jedem von uns die Basis seiner Ernährung garantiert ist«.[90] Unmut weckte nicht so sehr die Rationierung als solche,

88 Vgl. die detaillierte Darstellung der vorgeschlagenen Rationierungskonzepte und der damit verbundenen Debatten ebd., S. 213–226.

89 Vgl. ausführlich ebd., S. 226–243.

90 Teresa Kuczyńska: Kartki – po dwóch miesiącach, in: Tygodnik Solidarność, Nr. 12 vom 19.6.1981, S. 4f. – Diese Einschätzung wurde von den Soziologen des parteioffiziellen Instituts für Grundlagenfragen des Marxismus-Leninismus (IPPM-L) geteilt, die die gesellschaftliche Akzeptanz des Kartensystems ganz ähnlich beurteilten. Siehe die 1983 vorgelegte Analyse von Zbigniew Sufin, zitiert bei Sobiech: Reglamentacja w świetle badań, S. 88f.

als vielmehr die in vielen Fällen als ungerecht empfundene Differenzierung der Fleischrationen für verschiedene Gruppen von Beschäftigten, insbesondere wenn diese innerhalb der Belegschaft ein und desselben Betriebs auftrat.[91] Ungeachtet dessen beobachtete eine Journalistin der Gewerkschaftspresse in den Warteschlangen im Frühsommer 1981 überwiegend »würdige«, verständnisvolle und sogar scherzhafte Reaktionen auf die andauernden Widrigkeiten des Alltags. Sie führte dies darauf zurück, »dass wir alle uns darüber im Klaren sind, dass bei alledem nicht das Kotelett auf dem Spiel steht, sondern sehr gewichtige Angelegenheiten unseres Landes«.[92]

Der Zugewinn an wahrgenommener Verteilungsgerechtigkeit überwog also in der öffentlichen Wahrnehmung die ökonomisch ambivalenten Konsequenzen der Rationierung. Folglich wurden die Fleischkarten in Umfragen des offiziellen Meinungsforschungsinstituts OBOP konstant von über 80 Prozent der Befragten positiv bewertet;[93] in internen Umfragen unter Solidarność-Mitgliedern ergab sich zwei Monate nach deren Einführung ebenfalls eine klare Zustimmung mit Werten zwischen 52 und 65 Prozent.[94] Zudem kamen verstärkt Rufe auf, auch den Verkauf von Produkten wie Zigaretten und Alkohol zumindest auf regionaler Ebene mit Karten zu reglementieren.[95] Angesichts der breiten Zustimmung zur Ausweitung der Rationierung wurden im Laufe des Jahres 1981 sukzessive Karten für weitere Grundnahrungsmittel sowie für Alkohol und Zigaretten eingeführt, wobei dies teilweise zunächst auf regionaler Ebene

91 Vgl. Zawistowski: Bilety do sklepu, S. 242–244.

92 Kuczyńska: Kartki – po dwóch miesiącach, S. 5.

93 Siehe Sobiech: Reglamentacja w świetle badań, S. 88; OBOP: Opinie o systemie reglamentacji produktów spożywczych, Juni 1981, http://public.kantarpolska.com/archiv_files/25_216_81.pdf (Zugriff am 13.10.2021); OBOP: Zaopatrzenie w żywność w systemie reglamentacji, November 1981, http://public.kantarpolska.com/archiv_files/34_225_81.pdf (Zugriff am 13.10.2021).

94 Unter den Solidarność-Mitgliedern war der Anteil der Unentschiedenen deutlich höher; ablehnend standen der Reglementierung auch hier nur 15–22 Prozent der Befragten gegenüber. Vgl. Zawistowski: Bilety do sklepu, S. 264.

95 Vgl. ebd., S. 313, 319 f. – Dies spiegelte sich ebenfalls in Umfragedaten wider, siehe Fuszara/Jakubowska/Kurczewski: Sprawiedliwość czasów reglamentacji, S. 17 f.

geschah.[96] Schließlich sorgte ein Beschluss des Ministerrats vom 12. Dezember 1981 für eine landesweite Vereinheitlichung des Rationierungssystems – gerade rechtzeitig vor dem am Folgetag verhängten Kriegsrecht.[97]

Dass fortan ein Großteil der Waren des täglichen Bedarfs (nicht jedoch Brot und Backwaren) nur auf Karten erhältlich war, ging trotz dieser zeitlichen Koinzidenz nicht in erster Linie auf den planwirtschaftlichen Dirigismus der kommunistischen Wirtschaftsbürokratie zurück, sondern lässt sich als Reaktion auf die von der Solidarność-Bewegung artikulierten egalitaristischen Grundhaltungen der Bevölkerungsmehrheit verstehen. In ihrem im Oktober 1981 beschlossenen Programm betonte die Solidarność zwar die grundsätzlichen Nachteile der Rationierung: »Ein allgemeines Kartensystem stellt das Marktgleichgewicht nicht wieder her, führt zu Verschwendung, schafft künstlichen Mangel, löst ein Wachstum der Bürokratie und des Schwarzmarkts aus, beseitigt Anreize zu guter Arbeit und bietet keine Absicherung des Realeinkommens der Bevölkerung.« Ungeachtet dieser theoretischen Einwände, die sicherlich auf den Einfluss der gewerkschaftsnahen Wirtschaftsberater zurückgingen, sah sich die Gewerkschaft jedoch erklärtermaßen »gezwungen, für die Reglementierung [von Grundnahrungsmitteln und Industriegütern] einzutreten, um jedem Bürger das unabdingbare Verbrauchsminimum zuzusichern«. Bei steigender Produktion defizitärer Waren sollten diese nicht etwa zum freien Verkauf angeboten, sondern zur Anhebung der Rationierungsnormen verwendet werden.[98] Der in der Solidarność engagierte Soziologe Jacek Kurczewski bezeichnete die Einführung des Kartensystems deshalb aus gutem Grund als »Gesellschaftsvertrag«.[99]

Das Vertrauen in diese Übereinkunft zwischen Gesellschaft und Regierung wurde jedoch tief erschüttert, als das Binnenhandelsministerium für die Sommermonate August und September 1981 einseitig eine

96 Vgl. Zawistowski: Bilety do sklepu, S. 243–259.

97 Vgl. ebd., S. 301–308.

98 Siehe Uchwała Programowa I Krajowego Zjazdu Delegatów NSZZ »Solidarność«, in: I Krajowy Zjazd Delegatów NSZZ »Solidarność«: Statut. Uchwała programowa z aneksem. Dokumenty Zjazdu, Gdańsk [1981], S. 23–61, hier S. 31 f.

99 Siehe Kurczewski: Umowa o kartki, S. 214 f.

20-prozentige Kürzung aller Fleischrationen ankündigen musste. Da die Bauern dem Staat angesichts der besseren Verdienstmöglichkeiten im informellen »Direktvertrieb« immer weniger Schlachtvieh zum Ankauf bereitstellten und das Ministerium wegen des öffentlichen Drucks bei der Einführung der Karten zähneknirschend auf größere Reserven verzichtet hatte, spitzten sich die Versorgungsengpässe so weit zu, dass aus Sicht der Regierung kein anderer Ausweg mehr blieb.[100] Die Solidarność-Forderung, zur Abmilderung des zu erwartenden Fleischmangels die Importe aus dem westlichen Ausland zu steigern, erwies sich angesichts der Überschuldung der Volksrepublik, die zu diesem Zeitpunkt nur knapp am Staatsbankrott vorbeischrammte, als wenig realistisch.[101]

Die Solidarność-Führung und ihre Berater waren sich mehrheitlich bewusst, dass in einer Auseinandersetzung um die Fleischrationen nicht viel zu gewinnen war. Jacek Kuroń, seit den 1970er-Jahren der wichtigste Kopf der polnischen Oppositionsbewegung, griff auf einer Sitzung des höchsten Leitungsgremiums der Gewerkschaft ein Bild des Warschauer Solidarność-Vorsitzenden Zbigniew Bujak auf: Die Solidarność sei wie eine »Gewerkschaft von Seeleuten auf einem sinkenden Schiff« mit entsprechend begrenzten Handlungsoptionen. »Denn für die Erhöhung der Lebensmittelrationen kann sie nicht kämpfen, weil man an Rationen nur

100 Von der Kürzung ausgenommen waren unter anderen Bergleute, Kranke, Kinder und Schwangere – also Gruppen, an deren Unterstützung dem kommunistischen Staat aus ökonomischen und symbolischen Gründen besonders gelegen war. Vgl. Zawistowski: Bilety do sklepu, S. 268–274.

101 Bemerkenswerterweise signalisierte die Gewerkschaftsspitze angesichts der akuten Engpässe sogar Bereitschaft, ihre grundsätzliche Ablehnung des »Binnenexports« von hochwertigen Gütern über die verpönten Pewex-Läden zeitweise zu relativieren, um zusätzliche Devisenmittel für Fleischimporte zu mobilisieren. Siehe Oświadczenie Grupy Roboczej Krajowej Komisji Porozumiewawczej NSZZ »Solidarność« ds. Żywności w sprawie reglamentowanej sprzedaży mięsa i jego przetworów sporządzone po rozmowach z przedstawicielami Ministerstwa Handlu Wewnętrznego i Usług oraz Ministerstwa Przemysłu Spożywczego i Skupu, 4.6.1981, in: Luszniewicz/Zawistowski (Hg.): Sprawy gospodarcze w dokumentach, Dok. 121, S. 425 f.; Krzysztof Hagemejer: Kartki – bez pokrycia, in: Tygodnik Solidarność, Nr. 12 vom 19.6.1981, S. 4; Komunikat Prezydium Krajowej Komisji Porozumiewawczej NSZZ »Solidarność«, 23.7.1981, zit. in: Polska, 18–27 lipca 1981 r. Żywność, in: Tygodnik Solidarność, Nr. 18 vom 31.7.1981, S. 2, 15, hier S. 2.

so viel verteilen kann, wie es gibt. Man kann nur aufpassen, dass [die verfügbaren Güter] gleich verteilt werden. Allerdings ist die Aufsicht über die gerechte Verteilung von Rationen auf einem sinkenden Schiff zugegebenermaßen eine blöde Beschäftigung [...].«[102] Trotzdem setzte sich die Solidarność an die Spitze der kollektiven Empörungswelle über die einseitige Normkürzung und machte die Regierung für die Misswirtschaft und das Fehlen eines glaubwürdigen Programms zur Überwindung der Krise verantwortlich.[103]

Der Druck von der Basis ließ der Gewerkschaft auch kaum eine andere Wahl. Auf der Stettiner Warski-Werft verabschiedeten die versammelten Werftarbeiter am 24. Juli einen »Aufruf an die polnische Gesellschaft«, in dem sie ein düsteres Bild der Lage zeichneten und die Regierung ultimativ zum Handeln aufforderten:

> »Seit der Beendigung unseres Streiks sind elf Monate vergangen. Aus den Geschäften sind die Lebensmittel verschwunden, es fehlt an Zigaretten, es gibt weder Waschpulver noch Seife. Wir sind unterernährt – oftmals hungrig. Das Alltagsleben ist zur Qual geworden, endlose Schlangen zum Kauf der allernotwendigsten Artikel des täglichen Bedarfs rauben uns die Freizeit und ruinieren unsere Gesundheit. [...] Die Geduld der Gesellschaft ist erschöpft.«[104]

Insbesondere in Łódź, wo die Versorgungslage wegen der Dominanz der Textilindustrie mit ihren überwiegend weiblichen Beschäftigten ohnehin stets schlechter war als in den Zentren der Schwerindustrie,[105] lagen die Nerven blank. Wie ein Parteisekretär beklagte, war dort schon im Mai nur

102 O sytuacji w kraju i Związku [Stenogramm der Sitzung der Krajowa Komisja Porozumiewawcza am 25.7.1981]. Als Beilage in: Tygodnik Solidarność, Nr. 19 vom 7.8.1981, hier S. 2; Nachdruck in: Jacek Kuroń: Polityka i odpowiedzialność. London: Aneks 1984, S. 188–192, hier S. 189.

103 Siehe Komunikat o posiedzeniu Krajowej Komisji Porozumiewawczej w dniach 24–26 lipca 1981 r., in: Owsiński/Kozłowski (Hg.): Dokumenty Krajowej Komisji Porozumiewawczej, Dok. 123, S. 234.

104 »Cierpliwość społeczeństwa jest na wyczerpaniu ...«. Odezwa do społeczeństwa polskiego, in: BIPS. Serwis Informacyjny KKP NSZZ Solidarność, Nr. 134 vom 29.7.1981, S. 2f.

105 Vgl. Mazurek: Społeczeństwo kolejki, S. 147–160.

noch jedes dritte Parteimitglied zu den Versammlungen der Parteigrundorganisationen erschienen – »der Rest steht entweder in den Schlangen oder wartet auf die Abgabe seines Parteibuchs«. Seine lapidare Schlussfolgerung: »Bei dieser Versorgungslage brauchen wir über Ideologie nicht zu reden.«[106]

Wie zutreffend diese Einschätzung war, mussten auch die Solidarność-Kommissionen in der damals noch zweitgrößten Stadt Polens erleben. Da die Textilarbeiterinnen aufgrund ihrer relativ niedrigen Löhne, der Schichtarbeit und der Doppelbelastung durch Familien- und Erwerbsarbeit besonders hart von den Versorgungsengpässen betroffen waren und kaum über Ausweichstrategien verfügten, geriet die Solidarność immer stärker unter Druck, in die Fußstapfen der regimetreuen Gewerkschaften zu treten und innerhalb der betrieblichen Sphäre soziale Unterstützung für die Arbeiterinnen und Arbeiter zu organisieren. Dazu gehörte es in der akuten Versorgungskrise auch, den Zugang zu defizitären Waren, allen voran Fleisch, zu ermöglichen. So kaufte die Solidarność-Betriebskommission in der größten Textilfabrik der Stadt, den Marchlewski-Baumwollwerken (Zakłady Przemysłu Bawełnianego im. Juliana Marchlewskiego), in Eigenregie Mastschweine, um das Fleisch und die daraus hergestellten Wurstwaren unter den Arbeiterinnen und Arbeitern zu vertreiben. Damit war indes das Grundprinzip der Solidarność infrage gestellt, die angetreten war, den Wettlauf um partikulare Privilegien, wie er für den polnischen Konsumsozialismus der 1970er-Jahre typisch gewesen war, durch gesamtgesellschaftliche Solidarität zu ersetzen.[107] Wenn hier die egalitaristische Grundausrichtung der Gewerkschaftsbewegung ins Wanken geriet, so geschah dies jedoch gerade nicht zugunsten eines größeren Vertrauens in die Kräfte des freien Marktes, sondern ganz im

106 Informacja z przebiegu zajęć seminaryjnych dla sekretarzy KZ i dużych POP łódzkiej organizacji partyjnej we wrześniu 1981 r., zit. ebd., S. 170.

107 Entsprechend kontrovers wurden derartige Aktionen innergewerkschaftlich diskutiert. Siehe Czy Związek ma żywić załogi, in: Robotnik, Nr. 77 vom 5.7.1981, S. 1; zur Situation in Łódź vgl. nochmals Mazurek: Społeczeństwo kolejki, S. 172 f.; Lesiakowski: Puste półki sklepów wielkiego miasta, S. 151.

Gegenteil: in Form einer Rückkehr zu außermarktlichen, auf arbeitsweltlicher Zugehörigkeit basierenden Verteilungsmechanismen.

Trotz der Bemühungen der regionalen Gewerkschaftsleitung, in den immer wieder aufflammenden Konflikten zwischen verärgerten Konsumenten und dem Verkaufspersonal des Einzelhandels zu vermitteln und dem Ausbruch spontaner Streiks entgegenzuwirken,[108] ließ sich eine Eskalation der Proteste in Łódź nicht vermeiden. In den letzten Julitagen kam es hier, wie auch im nahegelegenen Kutno und einer Vielzahl anderer polnischer Städte, zu sogenannten Hungermärschen, den ersten massenhaften Straßendemonstrationen seit Entstehung der Solidarność. Mit dieser Protestform versuchte die Gewerkschaft, die aufgestaute Wut ihrer Basis zu artikulieren und diese zugleich zu kanalisieren, ohne die gärenden Verteilungskonflikte noch weiter in die Belegschaften der Betriebe hineinzutragen.[109] Die Aktionen begannen meist mit Fahrzeugkolonnen, die in der Regel von Busfahrern der kommunalen Verkehrsbetriebe angeführt wurden, bevor sie in den Folgetagen in großen Protestmärschen kulminierten. An der Großdemonstration in Łódź nahmen fast ausschließlich Frauen und Kinder teil, während die männlichen Gewerkschafter sie als schützende Ordner begleiteten.[110] Den dramatischsten Verlauf nahmen die Proteste in Warschau, wo bereits die Omnibuskolonne vor Erreichen des Sitzes des PZPR-Zentralkomitees von Sicherheitskräften gestoppt wurde und in eine mehrtägige Blockade der wichtigsten innerstädtischen Verkehrsadern mündete.[111]

Die »Hungermärsche« speisten sich aus der Frustration über die Unfähigkeit der staatlichen Bürokratie und das Chaos in den Läden, die

108 Vgl. Zawistowski: »Powstańcie, których dręczy głód!«, S. 271.

109 Jerzy Kropiwnicki, der Vizechef der Łódźer Solidarność, bezeichnete die Protestaktionen explizit als »Sicherheitsventil« für die angestauten Frustrationen. Siehe O sytuacji w kraju i Związku, S. 9. – Vgl. zur Abgrenzung von inner- und außerbetrieblichen Konsumsphären Mazurek: Społeczeństwo kolejki, S. 175.

110 Vgl. zum Verlauf der »Hungermärsche« Zawistowski: »Powstańcie, których dręczy głód!«, S. 273–278; für eine geschlechtergeschichtliche Perspektive Mazurek: Społeczeństwo kolejki, S. 143–146, 176 f.

111 Vgl. Friszke: Region Mazowsze NSZZ »Solidarność«, S. 112–116.

von wilden Mutmaßungen über versteckte Lebensmittelreserven begleitet wurde. Dies äußerte sich in einer scharfen, hoch emotionalisierten Rhetorik, die den Herrschenden ein mutwilliges Aushungern der Bevölkerung vorwarf. Wie der Solidarność-Wirtschaftsberater Waldemar Kuczyński feststellte, befand sich die polnische Gesellschaft »am Rande der Belastungsgrenze«.[112] Allerdings richteten sich die Demonstrationen keineswegs gegen die Lebensmittelkarten als solche, sondern vielmehr dagegen, dass das Versprechen einer gerechten und verlässlichen Grundversorgung, das sich in den Augen der großen Mehrheit der Bevölkerung mit der Rationierung verband, unerfüllt blieb. Wie schon ein Jahr zuvor war es erneut die Kluft zwischen Anspruch und Wirklichkeit, die die Polinnen und Polen auf die Barrikaden trieb. Besonders deutlich spiegelte sich dies in einem Beschluss des Łódźer Regionalverbands der Solidarność, der den Anstoß für die landesweiten Proteste gegeben hatte. Darin wurden die Verantwortlichen aufgefordert, »entschlossene Maßnahmen zur Verbesserung der Versorgung zu ergreifen sowie darauf hinzuwirken, dass die Rationierungskarten tatsächlich ihre Rolle erfüllen, d. h. ein Recht zum Kauf von Waren ohne ›Jagd‹ und stundenlanges Anstehen in Warteschlangen geben«.[113]

Ähnlich argumentierte Kuczyński, der die Demonstrierenden gegen Diffamierungen in der offiziellen Presse in Schutz nahm: »Die gegenwärtige Welle gesellschaftlicher Empörung ist keine Revolte gegen die Fakten und Gesetze der Ökonomie. [...] Wir fordern also kein Manna vom Himmel. [...] Wir wollen energisches Handeln der Regierung sehen [...] und auch eine energische Zusammenarbeit mit unserer Gewerkschaft bei der Bewältigung der Krise.«[114] Tatsächlich stellte das Ministerium für Binnenhandel als Reaktion auf den Druck der Straße übergangsweise zusätzliche Fleischlieferungen bereit, um zur Entspannung der besonders

112 Waldemar Kuczyński: U progu wytrzymałości!, in: Tygodnik Solidarność, Nr. 17 vom 24.7.1981, S. 1, 3.

113 Beschluss der Delegiertenversammlung der Region Łódź der NSZZ »Solidarność« vom 15.7.1981, zit. nach Zawistowski: »Powstańcie, których dręczy głód!«, S. 272.

114 Waldemar Kuczyński: O co chodzi, in: Tygodnik Solidarność, Nr. 19 vom 7.8.1981, S. 1.

schwierigen Lage in Łódź beizutragen. Dort wurden sogar spezielle Geschäfte eingerichtet, in denen überfällige Fleischkarten aus den Vormonaten eingelöst werden konnten.[115] Solche Verbesserungen waren allerdings nur von kurzer Dauer, verfügten doch weder Regime noch Solidarność über ein Patentrezept für die nachhaltige Lösung der Versorgungskrise. Symptomatisch waren Überlegungen der Łódźer Stadtverwaltung vom September 1981, die Haltung von Schweinen, Hühnern, Kaninchen und sogar Zuchtfischen in der Großstadt zu fördern, um dem notorischen Fleischmangel zu begegnen.[116] Zwar kamen Gewerkschaftsspitze und Regierung unter dem Eindruck der Blockade im Warschauer Stadtzentrum zu Verhandlungen zusammen, in denen die Solidarność neben der Rücknahme der einseitigen Normkürzung vor allem auf eine unabhängige Kontrolle über Produktion und Vertrieb von Lebensmitteln drängte. Diese Forderung wurde seitens der Regierung jedoch als inakzeptable Anmaßung abgelehnt. Da beide Seiten die Situation als Machtprobe betrachteten, endeten die Verhandlungen mit verhärteten Fronten. Statt auf weitere Kompromisse setzte das Regime fortan auf autoritäre Gesten.[117]

## 4. Der Auftakt zum »Kampf gegen die Spekulation«

Von entscheidender Bedeutung für die konfrontative Reaktion auf die »Hungermärsche« im Sommer 1981 war, dass es der Regierung des inzwischen zum Ministerpräsidenten aufgestiegenen Generals Wojciech Jaruzelski gelang, einen Sündenbock für die katastrophale Wirtschaftslage zu präsentieren, der den Volkszorn von der staatlichen Wirtschaftsbürokratie ablenkte. Diesen fand sie in der Figur des »Spekulanten«, den sie in den nächsten Wochen und Monaten mit einer aggressiven Propagandakampagne zum Staatsfeind Nummer eins stilisieren ließ. Nicht die wirt-

115 Vgl. Zawistowski: »Powstańcie, których dręczy głód!«, S. 281.
116 Vgl. Lesiakowski: Puste półki sklepów wielkiego miasta, S. 144f.
117 Vgl. Holzer: Solidarität, S. 303–309; Friszke: Rewolucja Solidarności, S. 492–520.

schaftspolitische Konzeptionslosigkeit der Regierung und die Unfähigkeit ihres nachgeordneten Apparats sollten also für die allgegenwärtigen wirtschaftlichen Probleme verantwortlich sein, wie die Solidarność meinte, sondern die Gier rücksichtsloser Schwarzmarkt-Händler und Geschäftemacher, die sich die bitter benötigten Waren angeblich mit dubiosen Methoden aneigneten, um sie zu Wucherpreisen weiterzuverkaufen.[118]

Mit ihrem lauthals ausgerufenen »Kampf gegen die Spekulation« holten die polnischen Kommunisten erprobte stalinistische Methoden wieder aus der Mottenkiste. Der sowjetische Parteichef Leonid Breschnew hatte Stanisław Kania schon bei dessen Antrittsbesuch in Moskau Ende Oktober 1980 den Ratschlag mitgegeben, man möge den Unmut der Bevölkerung doch auf die »NEP-Männer« *(Nepmany)* lenken. Damit berief sich Breschnew auf Stalins Propagandakampagne gegen die privaten Händler, die während der Neuen Ökonomischen Politik in der Sowjetunion (1921–1928) toleriert, unter Stalin aber als »Volksfeinde« bekämpft worden waren.[119] Nachdem Kania monatelang gezögert hatte, zeigte sich der neue starke Mann Jaruzelski im August 1981 als gelehriger Schüler: Innerhalb weniger Wochen ließ er sowohl auf zentralstaatlicher als auch auf regionaler Ebene »Außerordentliche Kommissionen zur Spekulationsbekämpfung« einrichten, wie sie in ähnlicher Form bereits im stalinistischen Nachkriegspolen existiert hatten.[120] Jaruzelskis neuer

118 Auf diese Weise strafte die Propagandamaschinerie eine Karikatur von Andrzej Mleczko Lügen, die das Tygodnik Solidarność im August 1981 abdruckte. Darin sagt ein Angler zum anderen: »Sie haben die Juden vertrieben, und nun haben sie niemanden mehr, auf den sie die Schuld abwälzen können.« Die Karikatur spielt auf die antisemitische Kampagne der polnischen Kommunisten im März 1968 an. Siehe Tygodnik Solidarność, Nr. 20 vom 14.8.1981, S. 2.

119 Nach seiner Rückkehr aus Moskau gab Kania diesen Rat Breschnews im PZPR-Politbüro mit den Worten wieder: »Krytykę kierować na nepmanów, których niemało.« Siehe Protokół nr 42 z posiedzenia Biura Politycznego KC PZPR, 31.10.1980, in: PZPR a Solidarność, Dok. 37, S. 238–241, hier S. 238.

120 Der Name der Kommissionen wurde allerdings schon im September 1981 in »Zentrale Kommission« bzw. »Wojewodschaftskommission für Spekulationsbekämpfung« (Centralna/Wojewódzka Komisja do Walki ze Spekulacją) geändert, wohl um allzu direkte Assoziationen an die berüchtigte Tscheka Feliks Dzierżyńskis zu vermeiden. Vgl. Kochanowski: Jenseits der Planwirtschaft, S. 128.

Innenminister Czesław Kiszczak, ein Vertrauter des Generals aus dem Militärgeheimdienst, bot in einer großangelegten Kampagne 24 000 Polizisten, 6500 Soldaten, 4700 hauptamtliche Kontrolleure und 7500 »gesellschaftliche« Aktivisten auf, die Groß- und Einzelhandelsfilialen, Basare und Märkte in Form medienwirksamer Razzien nach illegalen Gütern und Händlern durchkämmten. Und noch im selben Monat brachte die Regierung ein neues Antispekulationsgesetz in das Parlament ein, das höhere Strafen und Schnellverfahren für die Delinquenten vorsah – wenn auch keine »Arbeitslager«, wie sie von Hardlinern wie Albin Siwak, dem Vorzeigemalocher des PZPR-Betonflügels, sogleich gefordert wurden.[121] »Wir haben der Spekulation einen rücksichtslosen Kampf erklärt«, brüstete sich Jaruzelskis Stellvertreter Janusz Obodowski vor dem Plenum des Zentralkomitees am 11. August. »Jeder Versuch, dem Netz des Handels Artikel des täglichen Bedarfs zu entziehen, ist ein Verbrechen gegen die Gesellschaft. Ganze Gangs von Spekulanten tun sich an der gegenwärtigen, unnormalen Marktsituation gütlich.«[122]

Zweifelsohne war das durch den akuten Mangel an Lebensmitteln und Konsumgütern begünstigte Aufblühen des illegalen Handels für große Teile der polnischen Gesellschaft ein Ärgernis ersten Ranges. Auch in der Solidarność-Presse mangelte es nicht an Stimmen, die die Entstehung eines offenen Schwarzmarkts scharf kritisierten und das Regime zum Handeln aufforderten. »Auf den Märkten der Dreistadt [Gdańsk–Sopot–Gdynia] kann man alles kaufen«, beklagte Ende Juli 1981 die Danziger Gewerkschaftszeitung *Solidarność*.

> »Ein Teil der Waren gelangt direkt von der Lieferung in die Hand der Spekulanten. Leider konnten wir bislang noch keine Aktivitäten der zuständigen Behörden feststellen, die auf die Liquidierung des illegalen Handels zielen. [...] Alles [wird] beinahe offiziell zum Verkauf ausgelegt.

121 Vgl. ebd., S. 122–130; Protokół nr 2 z posiedzenia Biura Politycznego KC PZPR, 1.8.1981, in: PZPR a Solidarność, Dok. 100, S. 634–643, hier S. 640.

122 Informacja o aktualnej sytuacji w kraju przedstawiona przez wicepremiera Janusza Obodowskiego, in: II Plenum KC PZPR. 11 sierpnia 1981 r. Podstawowe dokumenty i materiały. Warszawa 1981, S. 10–24, hier S. 19.

> Keine Kontrolle, keine Kommissionen. [...] So kann es nicht weitergehen. Wir erwarten von der Regierung unverzüglich konkrete Maßnahmen anstelle wohltönender Deklarationen.«[123]

In dasselbe Horn stieß auch das Mitteilungsblatt des Breslauer Solidarność-Vorstands *Z dnia na dzień* (»Von Tag zu Tag«): »Die Unverschämtheit der Händler wächst proportional mit der Trägheit der Behörden und dem Sinken der Lieferungen. Sie beginnen, sich in Gruppen zu organisieren, die den Markt für bestimmte Waren kontrollieren. [...] Es ist Zeit, dass die Regierung Antworten gibt, wie die Waren in die Hände der Spekulanten geraten.«[124]

Angesichts solcher Rufe nach hartem Durchgreifen konnte sich die Regierung mit ihrer Kampagne gegen die »Spekulanten« durchaus im Einklang mit Volkes Wille fühlen. Wenn man dem Tenor der Briefe und Eingaben an das PZPR-Zentralkomitee im August 1981 glauben mag, fanden die Aktionen zur Spekulationsbekämpfung überwiegend Zustimmung. Demnach setzten sich die Absender der Briefe dafür ein, dass die Maßnahmen »systematisch durchgeführt werden sollten und die Strafen für Personen, die sich die schwierige Lage zunutze machen, sehr hoch ausfallen sollten, sodass sie der Spekulation einen wirksamen Riegel vorschieben«.[125] Auch für die meisten Aktivisten und Sympathisantinnen der oppositionellen Gewerkschaftsbewegung war »Spekulation« eine Pathologie, die es zu bekämpfen galt. In einigen Regionen beteiligten sich Solidarność-Vertreter an Razzien auf Märkten oder meldeten Missstände

123 Krystyna Wiśniewska: I co dalej, głodny człowieku?, in: Solidarność [Gdańsk], Nr. 25(55) vom 30.7.1981, S. 2.

124 Czarny rynek, in: Z dnia na dzień, Nr. 73 vom 23.7.1981, S. 2. – Das zentrale Tygodnik Solidarność ärgerte sich derweil ganz besonders über den organisierten Bücherschwarzmarkt, siehe Mirosław Kowalski: Czarny rynek książki, in: Tygodnik Solidarność, Nr. 10 vom 5.6.1981, S. 13.

125 Informacja o treści listów do Komitetu Centralnego PZPR w sierpniu 1981 roku, AAN, KC PZPR, XI/1065, Bl. 583, zit. nach Wilk: »Nie ma, nie wiem, nie będzie«, S. 159.

aktiv bei den zuständigen Behörden.[126] Ein Leser des *Tygodnik Solidarność* sprach sich in einem Leserbrief zwar gegen die Einführung von Haftstrafen für Spekulanten aus, bekräftigte aber: »Ich will hier nicht die Spekulanten in Schutz nehmen, nicht ein Jota. Auch meine Frau steht stundenlang in den Schlangen und kommt mit geschwollenen Beinen zurück. Man muss die Ware bei den Spekulanten konfiszieren, man muss bestrafen und nochmals bestrafen. Und sei es auch mit 100 000 Złoty Geldstrafe, doch niemals mit Gefängnis.«[127]

Die zentrale Gewerkschaftszeitung berichtete ansonsten eher distanziert über den Aktionismus der Regierung: »Glücklich ist, wer daran glaubt [...], dass eine Situation, in der hinter jedem, der mit Waren arbeitet, zwei Kontrolleure stehen (ein professioneller und ein ›gesellschaftlicher‹ [...]), das Los der Gesellschaft lindert, die nach Brot, Farbfernsehern oder Waschmaschinen lechzt.«[128] Allerdings kam darin keine Kritik an den Zielen der Spekulationsbekämpfung oder gar ein grundsätzlich positives Verhältnis zu den Selbstheilungskräften des Marktes zum Ausdruck, sondern in erster Linie die Ablehnung der von der Regierung gewählten Mittel. Vor allem deren unübersehbar repressivem Charakter stand das Solidarność-Organ argwöhnisch gegenüber: »Bevor man also anfängt, die Köpfe der Spekulanten rollen zu lassen, wie die Befürworter von verschärfter Gangart und Schauprozessen sich das vorstellen, wäre es sinnvoll, erst einmal zu probieren, normale dienstliche Konsequenzen gegenüber Mitarbeitern zu ergreifen, die ihre Dienstpflichten verletzt haben.«[129] Ebenso skeptisch kommentierten die Solidarność-nahen Juristen Krzysztof Kauba und Jacek Ambroziak das geplante Antispekulationsgesetz: »Die Symptome anstelle der Ursachen zu bekämpfen, verspricht keine allzu großen Effekte.« Gleichwohl bescheinigten sie den Aktionen

126 So etwa in Łódź und Warschau, siehe Przeciwko spekulacji, in: AS, Nr. 21 vom 16.–21.6.1981, S. 206 f.; Przeciwko spekulacji, in: AS, Nr. 29 vom 10.–12.8.1981, S. 204.

127 Leon Szkłarski: Szaraki i rekini [Leserbrief], in: Tygodnik Solidarność, Nr. 37 vom 11.12.1981, S. 16.

128 Teresa Kuczyńska: Walka ze spekulacją, in: Tygodnik Solidarność, Nr. 27 vom 2.10.1981, S. 10.

129 Ebd.

der Regierung, sie seien »propagandistisch eingängig«.[130] Auch Jarosław Kaczyński, der die Solidarność als leitender Jurist des Zentrums für Sozialforschung (OBS) ihres Warschauer Regionalverbands bei der Anhörung zu dem Gesetzentwurf am 21. August im Sejm vertrat, kritisierte die darin vorgesehene Verschärfung der Strafmaße sowie die Einführung neuer Straftatbestände und eines Eilverfahrens für Spekulationsdelikte als überzogen.[131]

Trotz dieser juristischen Vorbehalte bestätigte die Arbeitsgruppe, die den offiziellen Standpunkt der Solidarność zu Versorgungsfragen für das Gewerkschaftsprogramm vorbereitete, auf einer Sitzung in Bydgoszcz (Bromberg) am 14./15. September die grundsätzliche Position der Gewerkschaft, wonach der »Kampf gegen die Spekulation« von »einem Organ der Exekutive« zu führen sei, das mit den »nötigen Möglichkeiten und Befugnissen« ausgestattet sein müsse. Aufgabe der Solidarność sei es hingegen, deren »Ursachen zu bekämpfen und zu verhindern, dass das Regime Entscheidungen trifft, die zu Spekulation führen«.[132] So blieb es Außenseitern wie dem radikalen Liberalen Janusz Korwin-Mikke vorbehalten, sich klar gegen die von der Regierung inszenierte Jagd auf »Spekulanten« zu positionieren und auch die bestenfalls unentschiedene Haltung der Solidarność in dieser Frage zu kritisieren. Als Symptom des dysfunktionalen Wirtschaftssystems sei die Spekulation mit den Symptomen einer Krankheit wie Fieber zu vergleichen – und Fieber würde man schließlich auch nicht kurieren, indem man den Kranken in eine Wanne mit Eis lege, um seine Temperatur zu senken.[133]

130 Krzysztof Kauba/Jacek Ambroziak: Ustawa o zwalczaniu spekulacji, in: Tygodnik Solidarność, Nr. 22 vom 28.8.1981, S. 12.

131 Siehe Ws. projektu ustawy o walce ze spekulacją, in: AS, Nr. 35 vom 31.8.–3.9.1981, S. 204.

132 Zegarski, Z. (Bearb.): Zespoły Programowe, Zespół VI: Rynek, ceny, koszty utrzymania, in: AS, Nr. 38 vom 14.–20.9.1981, S. 15.

133 Korwin-Mikke verwies u.a. auf Umfragedaten des gewerkschaftlichen Sozialforschungszentrums OBS Mazowsze, nach denen fast 40 Prozent der Solidarność-Mitglieder polizeiliche Antispekulationsmaßnahmen guthießen. Siehe Janusz Korwin-Mikke: List otwarty do członków »Solidarności«, [September 1981], Ośrodek Karta, A/07.06, Nachdruck in: Kaliski: »Antysocjalistyczne zbiorowisko«?, S. 106–109.

Da Regierung und Solidarność in ihrer grundsätzlichen Bewertung des Schwarzmarkthandels nicht allzu weit auseinanderlagen, waren auch ihre Lösungsansätze ähnlicher, als es die scharfe politische Konfrontation glauben machen mochte. Letzten Endes setzten beide Seiten auf eine verschärfte Aufsicht über Produktion und Handel. Sie stritten im Wesentlichen darüber, in wessen Kompetenz die zusätzlichen Kontrollen liegen sollten. Die Gewerkschaft wollte unabhängige »gesellschaftliche« Instanzen mit diesen Aufgaben betraut wissen und entschied sich schließlich für die Schaffung von »Gewerkschaftlichen Kommissionen für Gesellschaftliche Kontrolle«, die die ordnungsgemäße Versorgung der Bevölkerung überwachen sollten.[134] Solche eigenmächtigen Kontrollen wurden in Ansätzen auch umgesetzt, etwa in Gestalt wiederholter Blockaden von Lebensmittelexporten in den Westen durch gewerkschaftlich organisierte Hafenarbeiter im Spätsommer 1981.[135] Das kommunistische Regime reagierte mit seinen Antispekulationsmaßnahmen also auf eine gesellschaftliche Erwartungshaltung, die auch von der Solidarność artikuliert wurde – mit dem entscheidenden Unterschied, dass es die Forderungen nach mehr Kontrolle mit den repressiven Mitteln des staatlichen Sicherheitsapparats umsetzte. Auf diese Weise sollte zugleich der rasante Autoritätsverfall der staatlichen Institutionen gestoppt und das Bild eines harten, aber handlungsfähigen Staats evoziert werden. Insofern lieferte die Auseinandersetzung um die Kontrolle von Lebensmittelproduktion und -handel im Sommer 1981 bereits einen Vorgeschmack auf das wenige Monate später verhängte Kriegsrecht.

In den Debatten zur Einführung von Lebensmittelkarten und über den richtigen Umgang mit dem aufblühenden Schwarzmarkt zeigte sich, dass sowohl die Solidarność als auch die kommunistische Partei noch

134 Krajowa Komisja Porozumiewawcza NSZZ »Solidarność«: Uchwała o powołaniu Związkowej Komisji Kontroli Społecznej, in: Tygodnik Solidarność, Nr. 21 vom 21.8.1981, S. 1, 4.

135 Siehe Zarząd Regionu Gdańsk NSZZ Solidarność: Uchwała 4/81, in: BIPS. Serwis Informacyjny KKP NSZZ Solidarność, Nr. 140 vom 6.8.1981, S. 7; O kontrolę nad handlem zagranicznym, in: AS, Nr. 37 vom 4.–16.9.1981, S. 206; Bień: Jak doszło do zadłużenia Polski, S. 45 f.; vgl. auch Zawistowski: Bilety na sklepy, S. 244, Fn. 183.

weitgehend in planwirtschaftlichen Kategorien dachten und wenig Wert auf die Förderung individueller ökonomischer Eigeninitiative legten. Angesichts der akuten Versorgungskrise sah man in marktwirtschaftlichen Mechanismen keinen potenziellen Ansatzpunkt für eine Verbesserung der Lage, sondern eher ein zusätzliches Problem, das der angestrebten egalitären Verteilung der vorhandenen knappen Güter zuwiderlaufen und somit soziale Ungerechtigkeiten verschärfen würde. Im Ergebnis waren die alltäglichen wirtschaftlichen Erfahrungsräume der Polinnen und Polen und der damit verbundene mediale Diskurs am Ende des Jahres 1981 eher von mehr staatlicher Regulierung und Kontrolle durchdrungen als zuvor.

Seine große Zeit sollte der »Kampf gegen die Spekulation« während des Kriegsrechts erleben, als die regelmäßigen Razzien in den regimetreuen Medien ausgiebig gefeiert wurden und tatsächliche oder vermeintliche Unregelmäßigkeiten sogar an eigens eingerichteten Telefonhotlines gemeldet werden konnten.[136] In einer Telefonkonferenz mit den PZPR-Wojewodschaftssekretären am 16. Dezember 1981 raunte General Jaruzelski von »einer Art zweiter Revolution«, die der Partei nunmehr im »Kampf gegen Missbrauch, [gegen] Bereicherung mit illegalen Methoden und im Kampf gegen die Spekulation« bevorstehe, und schärfte seinen Genossen ein: »Geht das immer schärfer an!«[137] Diese Aufforderung nahmen sich auf den unteren Ebenen des Apparats offenbar viele zu Herzen. Mancherorts »kam eine Kontrolle nach der anderen in die Geschäfte und hinderte diese Einrichtungen an der normalen Arbeit, weil die Leiter dauernd damit beschäftigt sind, den nächsten Kontrolleuren Auskünfte zu erteilen, und manchmal sogar vier Kontrollen am Tag abfertigen müssen«.[138] In den folgenden Jahren verlor die Kampagne allerdings langsam an Schwung,

136 Vgl. Muszyńska u. a.: Obraz codzienności w prasie stanu wojennego, S. 277–282.

137 Zapis telekonferencji I sekretarza KC PZPR gen. Wojciecha Jaruzelskiego i członka Biura Politycznego KC PZPR Kazimierza Barcikowskiego z I sekretarzami KW PZPR, 16.12.1981, in: Kopka/Majchrzak (Hg.): Stan wojenny w dokumentach, Dok. 13, S. 88–98, hier S. 96.

138 Protokół posiedzenia egzekutywy Komitetu Miasta i Gminy PZPR w Błoniu, 4.3.1982, Archiwum Państwowe m.st. Warszawy, Oddział w Otwocku, KMiG PZPR Błonie 130/IV-9, Bl. 80, zit. nach Ruzikowski: Stan wojenny w Warszawie, S. 455.

und die einschlägigen Sonderkommissionen verschwanden schließlich fast unbemerkt von der Bildfläche.[139] Dagegen erwiesen sich die Fleischkarten, deren Einführung ursprünglich als provisorische Maßnahme für einen Zeitraum von drei Monaten vorgesehen war, als unerwartet langlebig: Sie blieben den polnischen Verbraucherinnen und Verbrauchern bis zum Ende des Staatssozialismus im Juli 1989 erhalten.

## 5. Marktsozialismus von oben: Die Regierungskommission für die Wirtschaftsreform

Die Eskalation der »Hungermärsche« im Sommer 1981 hatte noch einmal in aller Deutlichkeit vor Augen geführt, dass Polen um eine grundlegende Wirtschaftsreform nicht herumkam. Solange die strukturell bedingte Lücke zwischen Angebot und Nachfrage nicht beseitigt oder zumindest spürbar verkleinert wurde, trugen die von der Solidarność durchgesetzten höheren Löhne nur dazu bei, die verdeckte Inflation zusätzlich anzuheizen. Auch die Rationen auf den Lebensmittelkarten waren vielfach das Papier nicht wert, auf dem sie gedruckt waren. Die medial orchestrierte Kampagne zur Spekulationsbekämpfung mochte kurzfristig die Handlungsfähigkeit der staatlichen Sicherheitsorgane demonstrieren; ein tragfähiges wirtschaftspolitisches Programm konnte sie aber nicht ersetzen. Die Verantwortung für die Misere auf die individuellen Fehlleistungen Edward Giereks und seines engsten Führungszirkels abzuwälzen und ansonsten alles beim Alten zu lassen, erwies sich als offensichtlich unzureichend.

Schon im Danziger Abkommen hatten Regierungsvertreter und das Streikkomitee eine breite öffentliche Debatte über eine Wirtschaftsreform vereinbart und der Regierung die Federführung für deren Ausarbeitung zugewiesen. Diese hatte zunächst jedoch keine übermäßige Eile an den Tag gelegt, um dieser Zusage nachzukommen. Schließlich war allen

139 Vgl. Kochanowski: Jenseits der Planwirtschaft, S. 150–153.

halbwegs informierten Beteiligten bewusst, dass die Volksrepublik in den 1970er-Jahren über ihre Verhältnisse gelebt hatte und die nötige Reform zu einem erheblichen Teil aus unpopulären Maßnahmen bestehen musste.[140] Wojciech Jaruzelski ließ im Politbüro keinen Zweifel daran, »dass in Sachen Kredite und Verschuldung für viele Jahre kein Ausweg in Sicht ist, dass wir das kleine Einmaleins der Ökonomie brutal verletzt haben und darüber Rechenschaft ablegen müssen«.[141] Im Februar 1981 musste Polen gegenüber seinen westlichen Kreditgebern eingestehen, dass es seinen kumulierten Zahlungsverpflichtungen in Höhe von knapp elf Milliarden US-Dollar nicht mehr nachkommen konnte, und trat in Verhandlungen mit den staatlichen und privaten Gläubigern um ein Moratorium und eine Konsolidierung der polnischen Auslandsschuld ein, um den drohenden Staatsbankrott abzuwenden.[142] »Das hält uns in Schach, an der Gurgel«, wie Jaruzelski einräumte.[143]

Dabei lag das Hauptproblem noch nicht einmal darin, dass die polnische Regierung sowohl den Forderungen der westlichen Kreditgeber nach rascher Steigerung von Arbeitsproduktivität und Exporterlösen als auch dem Interesse des Kreml an alsbaldiger Wiederherstellung straffer politischer Kontrolle nachkommen musste. Diese externen Erwartungen mochten durchaus unter einen Hut zu bringen zu sein; schließlich waren auch die westlichen Banker daran interessiert, dass in Polen wieder Ruhe und Ordnung einkehrte. So zeigten sich Vertreter von US-Banken in einer Diskussionsrunde im Washingtoner Wilson Center, an der unter anderen der Wirtschaftsprofessor Witold Trzeciakowski als Repräsentant der Solidarność und des polnischen Episkopats teilnahm, besorgt über »the total absence of any centralized political authority and control in

140 Siehe etwa Kuczyński: Po wielkim skoku, S. 150–162.

141 Protokół nr 33a z posiedzenia Biura Politycznego KC PZPR, 23.9.1980, in: PZPR a Solidarność, Dok. 28, S. 180–190, hier S. 183.

142 Vgl. Grala: Reformy gospodarcze, S. 80–86; Bartel: Fugitive Leverage, S. 86–91.

143 Protokół nr 97 z posiedzenia Biura Politycznego KC PZPR, 6.6.1981, in: PZPR a Solidarność, Dok. 92, S. 590–599, hier S. 597.

Poland«. Bevor man über weitere westliche Hilfe nachdenken könne, sei es notwendig, »that the Poles go back to work«.[144]

Die unumgängliche Reduzierung der Auslandsverschuldung, eine radikale Erhöhung der Verbraucherpreise und ein effizienteres Management der Staatsbetriebe aber mit den von der Solidarność so machtvoll manifestierten Ansprüchen der polnischen Gesellschaft auf soziale Gerechtigkeit und demokratische Partizipation in Einklang zu bringen, kam einer Quadratur des Kreises schon recht nahe. Der damalige Solidarność-Aktivist und spätere enge Mitarbeiter von Leszek Balcerowicz im Finanzministerium Stefan Kawalec beschrieb das Dilemma so:

> »Die überwältigende Mehrheit der Gesellschaft versteht unter ›Wirtschaftsreform‹ schlicht eine Verbesserung der wirtschaftlichen Lage und die Abschaffung von Mangel, Ungleichheiten, Privilegien und Chaos in der Wirtschaft. In Wirklichkeit wird eine konsequent durchgeführte Reform in der ersten Phase genau das Gegenteil dessen bewirken, was die Menschen erwarten. Die Etablierung selbstständiger Unternehmen und einer gesunden Währung erfordert die Liquidierung des sogenannten inflationären Überhangs, also der ungedeckten Złotys, die derzeit ungefähr 20–30 Prozent der Einkünfte der Bevölkerung ausmachen. Das bedeutet eine Preiserhöhung, die trotz Kompensationszahlungen für die Ärmsten in den Portemonnaies der gesamten Gesellschaft spürbar sein muss. Die [angestrebte] Abhängigkeit der Verdienste der Mitarbeiter von den finanziellen Ergebnissen der Unternehmen bringt Ungleichheit in den Gehältern von Mitarbeitern mit sich, die dieselbe Arbeit in verschiedenen Betrieben ausführen. Schließlich wird die Reform eine Verschiebung von Arbeitskräften zwischen verschiedenen Wirtschaftszweigen mit sich bringen, und viele Arbeitnehmer werden zeitweiliger Arbeitslosigkeit […] ausgesetzt sein.«[145]

144 Summary: Discussion of Polish Economic Situation and Prospects for Economic Reform, Woodrow Wilson International Center for Scholars, 15.9.1981, IMF Archives, European Department Records, Poland-913-Economic Reform since 1980–1984, Bl. 34–40, hier Bl. 38, https://archivescatalog.imf.org/Details/ArchiveDescriptions/110083440 (Zugriff am 13.10.2021).

145 Stefan Kawalec: Kto przygotowuje reformę? – MY, in: Tygodnik Solidarność, Nr. 6 vom 8.5.1981, S. 4. – Kawalec hatte bereits vor 1980 in einer von Leszek Balcerowicz geleiteten Gruppe junger Ökonomen an einem Reformkonzept gearbeitet; siehe dazu den Abschnitt I.6 dieses Kapitels.

Angesichts dieser Aussichten nimmt es nicht wunder, dass die Solidarność wenig Ehrgeiz entwickelte, auf diesem Feld mit eigenen Vorschlägen hervorzutreten. Um die Verantwortung für mögliche Grausamkeiten breit zu verteilen, war auch der Parteiführung daran gelegen, ihre Reformpolitik als alternativloses Ergebnis einer scheinbar unpolitischen Debatte unter fachlichen Autoritäten zu inszenieren. Deshalb riefen Politbüro und Ministerrat wenige Tage nach den Übereinkommen mit den Streikkomitees zunächst einmal eine »Kommission für Fragen der Wirtschaftsreform« (Komisja do spraw Reformy Gospodarczej) ins Leben, der rund 500 Experten aus Wissenschaft, Wirtschaft und Politik angehörten. Als die Namen sämtlicher Kommissionsmitglieder im November 1980 in der Wirtschaftszeitung *Życie Gospodarcze* (»Wirtschaftsleben«) publiziert wurden, spottete der bekannte Kolumnist des reformorientierten Parteiblatts *Polityka* Daniel Passent: »*Życie Gospodarcze* hat vor Kurzem einen ausführlichen Auszug aus dem Telefonbuch [...] veröffentlicht.« Auch wenn viele der Namen niemandem etwas sagen würden, sei die Liste »so umfangreich, dass Sie ruhig schlafen können – dort hat wirklich jeder seinen Vertreter«.[146] Den Vorsitz führte formal der damalige Ministerpräsident Józef Pińkowski; die Schlüsselposition des Kommissionssekretärs hatte der stellvertretende Leiter der Wirtschaftsabteilung des PZPR-Zentralkomitees Władysław Baka inne.[147] Die Solidarność entsandte die Ökonomen Waldemar Kuczyński und Ryszard Bugaj in das Gremium, die beide bereits in der dissidentischen Oppositionsbewegung aktiv gewesen waren. Ihr Status beschränkte sich aber ausdrücklich auf die Rolle von Beobachtern. Darüber hinaus waren in der Reformkommission noch eine Reihe weiterer Wirtschaftsexperten vertreten, die den Beratungsgremien der Gewerkschaft angehörten oder mit dieser sympathisierten.[148]

146 Daniel Passent: Arka Noego, in: Polityka, Nr. 48 vom 29.11.1980, S. 16; vgl. auch Chodorowski: »Sieć« – rok 1981, S. 49. – Die Liste mit den Mitgliedern der Kommission und ihrer Arbeitsgruppen erschien in: Życie Gospodarcze, Nr. 46 vom 16.11.1980, S. 9f.

147 Vgl. Grala: Reformy gospodarcze, S. 92f.

148 Vgl. Luszniewicz/Zawistowski: Wstęp, in: dies. (Hg.): Sprawy gospodarcze w dokumentach, S. 42f., Fn. 54.

Da Kompetenzen und Arbeitsweise der Kommission nicht klar festgelegt waren, verliefen ihre ersten Sitzungen im Herbst 1980 improvisiert und wenig zielorientiert.[149] Ihre Glaubwürdigkeit litt zudem erheblich, als ihr erstes richtungsweisendes Programmdokument »Grundlegende Voraussetzungen der Wirtschaftsreform« *(Podstawowe założenia reformy gospodarczej)*[150] im Anschluss an die Beschlussfassung in der Kommission von der Parteiführung überarbeitet und inhaltlich entschärft wurde. Dabei wurde etwa ein Passus über die anvisierte Gleichbehandlung aller Wirtschaftssektoren (einschließlich des Privatsektors) durch einen Absatz ersetzt, der die »dominierende Rolle des staatlichen und genossenschaftlichen Eigentums« bekräftigte.[151] Die intransparente Entstehung des Papiers und dessen mangelnde inhaltliche Kohärenz wurden unter anderem von Ryszard Bugaj als offiziellem Beobachter der Solidarność heftig kritisiert.[152] Da sich an der Arbeitsweise der Reformkommission auch in den folgenden Monaten wenig änderte, warf Bugaj in der Gewerkschaftspresse die Frage auf, ob das Gremium wirklich ein »Fürsprecher gesellschaftlicher Interessen« sei oder nur ein »Feigenblatt, das der Wirtschaftsverwaltung ein Alibi [...] verschafft«.[153]

Tatsächlich spiegelte das erste offizielle Kommissionspapier nicht den Stand der wirtschaftswissenschaftlichen Fachdebatte wider, sondern entsprang eher dem Versuch, alle Seiten zufriedenzustellen, ohne irgendjemandem wirkliche Einschnitte zuzumuten.[154] So orientierte man sich

149 Vgl. Grala: Reformy gospodarcze, S. 123.

150 Veröffentlicht in Trybuna Ludu vom 10.1.1981 sowie u.a. in Krawczyk (Hg.): Reforma gospodarcza, S. 11–76.

151 Siehe Baka: Zmagania o reformę, S. 16f. (Eintrag vom 30.12.1980); sowie die Protokolle der Politbüro-Sitzungen vom 23.12.1980 und 6.1.1981, in: PZPR a Solidarność, Dok. 52 und 53, S. 347–350, 358.

152 Vgl. Grala: Reformy gospodarcze, S. 99.

153 Ryszard Bugaj: Komisja czy parawan, in: Tygodnik Solidarność, Nr. 6 vom 8.5.1981, S. 4.

154 Paweł Bożyk, einer der Wirtschaftsberater Edward Giereks, spottete später, das Konzept der Reformkommission erinnere an ein »Auto, das als Ergebnis einer öffentlichen Diskussion konstruiert wurde, wobei man versucht hat, alle Vorlieben der Anhänger von Rennwagen, Omnibussen, Lkws und Kleinwagen, Luxuslimousinen und Geländewagen gleichermaßen zu berücksichtigen«. – Paweł Bożyk: Marze-

grundsätzlich an dem in Ungarn bereits seit 1968 praktizierten Modell einer größeren Autonomie der Betriebsleitungen, rückte im Detail jedoch nur sehr vorsichtig von der Dominanz der zentralen Direktivplanung ab. Solidarność-nahe Wirtschaftsexperten lehnten das Papier rundweg als unzureichend ab, da dieses »insbesondere in den grundlegenden Fragen der faktischen Vergesellschaftung der Produktionsmittel, der Dezentralisierung des Managements, der Selbstverwaltung und Selbstständigkeit der Betriebe [...] zahlreiche Feststellungen enthält, die der erwünschten Richtung des Wandels widersprechen oder seine Realisierung einschränken«.[155] Aber auch auf dem offiziellen Ökonomen-Kongress, der Anfang März 1981 tagte, sowie im Hauptvorstand des wirtschaftswissenschaftlichen Fachverbands Polskie Towarzystwo Ekonomiczne (PTE) wurde substanzielle Kritik laut. Während der Debatte auf dem Kongress wurden die Gegner einer grundlegenden Reform im Parteiapparat verortet, der seine »prestigeträchtigen und materiellen Interessen« durch die Reform bedroht sehe. »Diese Ausrichtung auf das Torpedieren der Reform« spiegele sich, so der emeritierte Wirtschaftsprofessor Bronisław Miszewski, auch in der Arbeitsweise und Zusammensetzung der Regierungskommission wider.[156] In ihrer abschließenden Resolution störten sich die Kongressteilnehmer vor allem daran, dass die postulierte Abkehr von der direktiven Wirtschaftslenkung in dem offiziellen Konzept nebulös bleibe und keinerlei konkrete Ziele für die Reduktion der zentralen Wirtschaftsbürokratie formuliert würden.[157]

nia i rzeczywistość. Czy gospodarkę polską można zreformować. Warszawa 1989, S. 122–126, zit. nach Bałtowski/Miszewski: Transformacja gospodarcza w Polsce, S. 130.

155 Siehe die Expertise einer losen Gruppe von Solidarność-nahen Wirtschaftsexperten unter Leitung von Janusz Beksiak: Opinia Janusza Beksiaka na temat reformy gospodarczej w Polsce, [Januar–Februar 1981], in: Luszniewicz/Zawistowski (Hg.): Sprawy gospodarcze w dokumentach, Dok. 63, S. 212–218, hier S. 213.

156 Krajowy Zjazd Ekonomistów (Warszawa, 6–8 marca 1981 r.). Dyskusja, in: Ekonomista, 1981, Nr. 6, S. 1235–1269, hier S. 1240.

157 Siehe Uchwała Krajowego Zjazdu Ekonomistów w sprawie reformy gospodarczej i dróg wyjścia z kryzysu społeczno-gospodarczego, in: Ekonomista, 1981, Nr. 6, S. 1273–1276; vgl. Grala: Reformy gospodarcze, S. 99 f.

Während der erste Reformanlauf der Regierungskommission von polnischen Wirtschaftsfachleuten also beinahe einhellig als unausgegoren und zu vorsichtig beurteilt wurde, zeigt ein Seitenblick auf die ablehnenden Reaktionen der kommunistischen »Bruderparteien« (mit Ausnahme der ungarischen), dass dort bereits die grundsätzliche Richtung der polnischen Reformdiskussion die Alarmglocken läuten ließ. Allen voran die Sozialistische Einheitspartei Deutschlands (SED) fuhr schweres ideologisches Geschütz gegen das Konzept auf, das aus ihrer Sicht »eine revisionistische Haltung, eine völlige Negierung aller bisherigen sozialistischen Errungenschaften und [...] ein Abgehen von den allgemeingültigen Prinzipien und Gesetzmäßigkeiten der sozialistischen Planwirtschaft« erkennen ließ. In einer im Ost-Berliner ZK-Sekretariat von Günter Mittag entstandenen »Einschätzung«, die Honecker persönlich Kania überreichte, hieß es weiter: »Durchgängig zeigt sich die Anlehnung an Konzeptionen der bürgerlichen Ökonomie, insbesondere der Auffassung von Keynes, von Konzeptionen des Marktsozialismus und der Selbstverwaltung.« All dies laufe zwangsläufig auf einen »kleinbürgerlich-kapitalistischen Weg« hinaus.[158] Ähnliche Vorwürfe bekamen die zur Erläuterung ihres Reformentwurfs angereisten polnischen Funktionäre in Moskau bei der sowjetischen Plankommission Gosplan zu hören – nur dass die scharfen Warnungen vor einer »Abkehr vom Sozialismus« dort mit jenem nachsichtigen Unterton vorgetragen wurden, mit dem man Unwissende zu belehren pflegt.[159]

Mit den von ihr gebrandmarkten Schlagworten lag die SED zugestandenermaßen nicht ganz falsch: Die polnische Diskussion knüpfte unverkennbar an die in der marxistisch-leninistischen Orthodoxie als »revisionistisch« denunzierte Reformtradition an, in deren Zentrum die von Oskar Lange geprägte und später von Włodzimierz Brus verfochtene Idee

158 ZK-Sekretariat Günter Mittag: Einschätzung zum Dokument »Grundlegende Voraussetzungen der Wirtschaftsreform«, in: Kubina/Wilke (Hg.): »Hart und kompromißlos durchgreifen«, S. 211–216. – Vgl. hierzu sowie zur polnischen Antwort an die SED Olschowsky: Einvernehmen und Konflikt, S. 78–81.

159 So berichtet es jedenfalls Baka: Zmagania o reformę, S. 23f. (Eintrag vom 25.2.1981).

des Marktsozialismus stand. Dieses Modell, das die makroökonomische Rationalität der zentralen Planung mit der mikroökonomischen Rationalität des freien Marktes zu verbinden suchte, bildete in Polen bereits seit der Entstalinisierung einen wesentlichen Kristallisationspunkt der wirtschaftswissenschaftlichen Reformdebatte.[160] Seine Verfechter konnten sich nicht zuletzt auf die intellektuelle und politische Autorität Langes berufen, der in seiner bekannten Auseinandersetzung mit den Positionen Ludwig von Mises' und Friedrich August Hayeks in den 1930er-Jahren die theoretischen Grundlagen marktsozialistischen Denkens entwickelt hatte.[161] Zwar war den polnischen Wirtschaftsreformern die Umsetzung ihrer Vorstellungen weitgehend verwehrt geblieben, nachdem Gomułka die 1957 vom »Ökonomischen Rat« unter dem Vorsitz Langes ausgearbeiteten Reformvorschläge aus politischen Gründen zu den Akten gelegt hatte. Während Ungarn mit dem 1968 eingeführten Neuen Ökonomischen Mechanismus eine in dieselbe Richtung weisende Reform realisierte, ging das polnische Investitionsprogramm unter Gierek mit einer weiteren Zentralisierung und Konzentration der Wirtschaft einher. Erst nach dem tiefen Einbruch am Ende der 1970er-Jahre war das Vertrauen in die Rationalität zentraler Direktivplanung so tiefgreifend ramponiert, dass auch parteinahe Experten erneut an die Reformansätze von 1957 anknüpften.[162]

160 Vgl. einführend Porter-Szűcs: From Homo Sovieticus to Homo Economicus; Porwit: Looking back at Economic Science in Poland; Kochanowicz: Economic Reforms under State Socialism in Poland.

161 Vgl. Kowalik (Hg.): Economic Theory and Market Socialism; Bałtowski: Gospodarka socjalistyczna w Polsce, S. 330–337. – Die Wirtschaftszeitung Życie Gospodarcze druckte zum Auftakt der Reformdebatte im Herbst 1980 zwei programmatische Artikel Oskar Langes von 1956 nach und betonte dabei ausdrücklich deren Aktualität. Siehe Życie Gospodarcze, Nr. 40 vom 5.10.1980, S. 5 sowie Nr. 50 vom 14.12.1980, S. 3f.

162 Vgl. zu den Kontinuitäten zwischen den Reformdiskussionen von 1956–1957 und 1980–1981 Koryś/Tymiński: Od socjalizmu do socjalizmu. – Einen guten Einblick in den Stand der Diskussion in der polnischen Wirtschaftswissenschaft bietet die Niederschrift der Generaldebatte des Ökonomen-Kongresses im März 1981: Krajowy Zjazd Ekonomistów (Warszawa, 6–8 marca 1981 r.). Dyskusja, in: Ekonomista, 1981, Nr. 6, S. 1235–1269.

Nun kam noch der Druck der westlichen Gläubiger hinzu, die von der polnischen Regierung glaubwürdige Zusagen für eine reale Wirtschaftsreform erwarteten, während sich die Sowjetunion außerstande sah, ihrerseits substanzielle wirtschaftliche Unterstützung zu leisten.[163] Der polnischen Parteiführung blieb deshalb nicht viel anderes übrig, als ungeachtet der unerbetenen Kommentare aus dem benachbarten Ausland grünes Licht für einschneidende Reformschritte zu geben. Folglich legte die Reformkommission Anfang Juli 1981 mit dem Papier »Richtungen der Wirtschaftsreform« *(Kierunki reformy gospodarczej)* ein weitaus mutigeres und in sich stimmigeres Reformkonzept vor.[164] Dessen Leitlinien wurden in der Öffentlichkeit mit dem Schlagwort der sogenannten »drei S« zusammengefasst, die dem Handeln der Staatsbetriebe künftig zugrunde liegen sollten: Selbstständigkeit, Selbstverwaltung und Selbstfinanzierung. Die Durchgriffsmöglichkeiten der zentralen Wirtschaftsverwaltung auf die Unternehmen sollten deutlich beschränkt werden. Mit Blick auf die Eigentumsformen wurde der Status quo festgeschrieben, was in der Industrie eine Dominanz des »vergesellschafteten« Sektors, in Landwirtschaft und Handwerk das Nebeneinander von genossenschaftlichem und »individuellem« Eigentum bedeutete. Dieses Reformkonzept machte sich die PZPR auf ihrem turbulenten IX. Außerordentlichen Parteitag im Juli 1981 offiziell zu eigen, sodass alle Parteiinstanzen fortan zur »konsequenten und schöpferischen Verwirklichung der Reformgrundsätze« verpflichtet waren. Als erste Schritte zur Umsetzung der Reform wurde die Zahl der für die staatseigene Industrie zuständigen Branchenministerien von neun auf vier reduziert sowie das neue Amt eines Regierungsbevollmächtigten für die Wirtschaftsreform geschaffen, das der bisherige Sekretär der Reformkommission Władysław Baka übernahm.[165] Zudem legte die Regierung im Frühsommer 1981 ein Stabilisierungsprogramm

163 Vgl. Bartel: Triumph of Broken Promises, S. 137–145.

164 Abgedruckt u. a. in: Baka (Hg.): Polska reforma gospodarcza, S. 109–198.

165 Vgl. Władysław Baka: Od projektu do realizacji reformy, in: ebd., S. 5–108, hier S. 13–15.

mit Sofortmaßnahmen zur Überwindung der Krise[166] sowie erste Gesetzentwürfe zur Reorganisation der Staatsbetriebe vor.

Von großen Teilen der polnischen Öffentlichkeit wurden diese Maßnahmen allerdings als völlig unzureichende Trippelschritte wahrgenommen, die nicht so sehr den Reformwillen der Regierung demonstrierten, als vielmehr den Eindruck bestätigten, dass die Parteibürokratie mit der Vorbereitung einer grundlegenden Wirtschaftsreform entweder überfordert war oder von vornherein kein echtes Interesse daran hatte.[167] Charakteristisch für die vorherrschende Stimmungslage war das Urteil Jacek Kurońs, der das Stabilisierungsprogramm der Regierung auf einer Sitzung der Solidarność-Führung Ende Juli 1981 als folgenlos bewertete: »Ich habe es mir gekauft und möchte Ihnen sagen, dass man darüber diskutieren kann, dass das ein bedeutendes Dokument ist. Die Regierung hat es veröffentlicht und es wird an den Kiosken für ein paar Złoty verkauft. Und was folgt daraus? Nichts. [...] Dem Regime fehlt es an einer Methode, um gemeinsam mit der Gesellschaft ein Programm zu erarbeiten.«[168]

## 6. Das Ringen um die Arbeiterselbstverwaltung

Tatsächlich war die Debatte über die Wirtschaftsreform in der interessierten Öffentlichkeit schon seit Herbst 1980 in vollem Gange. Während die kommunistische Regierung (ebenso wie die Solidarność-Führung) lange zögerte, sich mit einem konkreten Reformprogramm zu positionieren, stellten Wirtschaftswissenschaftler aus verschiedenen Hochschulen und Fachverbänden eine ganze Reihe von Reformkonzepten zur Diskussion.[169] Vor diesem Hintergrund erschienen die ersten vorsichtigen Vorschläge

166 Vgl. dazu Grala: Reformy gospodarcze, S. 70–74.

167 Siehe beispielsweise Kawalec: Kto przygotowuje reformę?

168 O sytuacji w kraju i Związku, S. 2, Nachdruck in: Kuroń: Polityka i odpowiedzialność, S. 188.

169 Siehe die vergleichende Übersicht über die wichtigsten Konzepte bei Grala: Reformy gospodarcze, S. 95 f., 113–124, 331–366; sowie die zeitgenössische Veröffentlichung der gesammelten Reformvorschläge in Krawczyk (Hg.): Reforma gospodarcza.

der Regierungskommission blass und die monatelange Vorbereitung des offiziellen Reformprogramms als verlorene Zeit.

Zu den ambitioniertesten Diskussionsbeiträgen gehörte das rund 100-seitige Konzept einer Gruppe junger, theorieorientierter Ökonomen unter Leitung von Leszek Balcerowicz, die bereits seit 1978 im Rahmen eines informellen Arbeitskreises an der renommierten Warschauer Hochschule für Planung und Statistik (Szkoła Główna Planowania i Statystyki, SGPiS)[170] über eine grundlegende Reform der Planwirtschaft nachgedacht hatten. Der damals 33-jährige Balcerowicz, der zu dieser Zeit noch der kommunistischen Partei angehörte und am Institut für Grundlagenprobleme des Marxismus-Leninismus beim ZK der PZPR beschäftigt war, bevor er im Frühjahr 1980 an seinen früheren Arbeitsplatz an der SGPiS zurückkehrte, hatte dafür elf jüngere Wirtschaftswissenschaftler um sich geschart.[171] Ihr Reformkonzept, das sie im November 1980 erstmals öffentlich präsentierten, zeichnete sich vor allem dadurch aus, dass es nicht nur Lippenbekenntnisse zur Erweiterung des ökonomischen Handlungsspielraums der staatseigenen Unternehmen enthielt, sondern konkrete Vorschläge machte, um deren Unabhängigkeit vor Interventionen der zentralen Wirtschaftslenkung institutionell abzusichern. Darüber hinaus sprachen Balcerowicz und seine Mitstreiter sich im Gegensatz zu anderen Vorschlägen klar gegen ein graduelles Vorgehen bei der Einführung der Reform aus. Aus ihrer Sicht habe »nur eine umfassende und zeitlich stark konzentrierte Reform« Aussicht auf Erfolg.[172] Ebenso wie alle anderen Teilnehmer der Debatte rüttelten sie freilich nicht an der dominierenden

170 Seit 1991 trägt die Hochschule wieder ihren früheren Namen Szkoła Główna Handlowa (SGH, Haupthandelshochschule).

171 Zu Balcerowiczs knapp zweijähriger Tätigkeit am IPPM-L siehe Balcerowicz: Trzeba się bić, S. 54 f.; zu dem von ihm geleiteten Arbeitskreis ebd., S. 57–61; Balcerowicz: 800 dni, S. 11–14; Luszniewicz: Solidarność – samorząd pracowniczy – transformacja systemu, S. 54–59.

172 Siehe Instytut Rozwoju Gospodarczego SGPiS: Reforma gospodarcza: główne kierunki i sposób realizacji, November 1980, in: Krawczyk (Hg.): Reforma gospodarcza, S. 279–373, hier S. 360; vgl. auch Rafał Krawczyk: Posłowie. Reforma gospodarcza – skala wyboru, in: ebd., S. 599–619, hier S. 602–606, 613.

Rolle des »vergesellschafteten« Eigentums an den Produktionsmitteln, wenn sie auch die Durchgriffsmöglichkeiten der zentralen Planung drastisch reduzieren wollten.[173]

Das Konzept der Balcerowicz-Gruppe wurde zunächst vom offiziellen Ökonomenverband PTE sowie auszugsweise in der Wirtschaftszeitung *Życie Gospodarcze* publiziert.[174] Der PTE-Generalsekretär Rafał Krawczyk trat in den kommenden Monaten als entschiedener Fürsprecher des Konzepts auf und initiierte im Juni 1981 die Gründung eines »Gesellschaftlichen Komitees für die Wirtschaftsreform« (Społeczny Komitet Reformy Gospodarczej), das sich für eine schnelle und radikale Wirtschaftsreform auf Grundlage des Balcerowicz-Konzepts starkmachte und binnen Monatsfrist auf die Unterstützung von 600 Mitgliedern verweisen konnte.[175] Die Regierungskommission für die Wirtschaftsreform lud Balcerowicz im Mai 1981 zu einer Anhörung ein,[176] und auch viele Wirtschaftsberater der Solidarność nahmen seinen Reformentwurf wohlwollend zur Kenntnis.[177]

173 Vgl. Grala: Reformy gospodarcze, S. 115.

174 Leszek Balcerowicz u. a.: Raport o reformie. Główne kierunki i sposób realizacji, in: Życie Gospodarcze, Nr. 51/52 vom 21.–28.12.1980, S. 7–9.

175 Siehe Rafał Krawczyk: Przedmowa, in: ders. (Hg.): Reforma gospodarcza, S. 7–9; Kawalec: Kto przygotowuje reformę?; Społeczne prace nad reformą, in: AS, Nr. 21 vom 16.–21.6.1981, S. 206; vgl. Luszniewicz: Solidarność – samorząd pracowniczy – transformacja systemu, S. 78–82. – Siehe auch Komunikat Prezydium Krajowej Komisji Porozumiewawczej NSZZ »Solidarność« o poparciu inicjatywy Polskiego Towarzystwa Ekonomicznego powołania Społecznego Komitetu Reformy Gospodarczej, 3.6.1981, in: Luszniewicz/Zawistowski (Hg.): Sprawy gospodarcze w dokumentach, Dok. 113, S. 398.

176 Balcerowicz unterstützte in der Kommissionssitzung am 20. Mai 1981 die vom Sekretariat der Kommission vorgeschlagene Radikalisierung des ursprünglichen Reformkonzepts, mahnte aber zugleich die Schaffung wirksamer Barrieren gegen ein Wiederaufleben des alten Systems an. Siehe Baka: Zmagania o reformę, S. 31 (Eintrag vom 20.5.1981).

177 So auf einer von der Gewerkschaft organisierten Fachkonferenz zur Wirtschaftsreform an der Universität Łódź am 20. Dezember 1980. Siehe Informacja o ogólnokrajowej konferencji ekonomicznej NSZZ »Solidarność« pt. »Reforma gospodarcza a warunki realizacji porozumień społecznych«, in: Zeszyty OBS, 1981, Nr. 3, S. 45–52, dt. Übers. u. d. T. Eine Tagung in Lodz, in: Dokumentation Ostmitteleuropa 8 (1982) 1–2, S. 30–39.

In Bezug auf die Gretchenfrage, ob die Solidarność ein eigenes Reformkonzept in die Diskussion einbringen sollte, waren die Meinungen unter den Gewerkschaftsaktivisten und sympathisierenden Ökonomen allerdings geteilt. Schließlich implizierte ein solcher Schritt, einen Teil der Verantwortung für den Weg aus der Krise zu übernehmen. Ein vom gewerkschaftseigenen Zentrum für Gesellschaftlich-Berufliche Studien OPSZ im Februar und März 1981 erarbeitetes Papier zur Vorbereitung der innergewerkschaftlichen Programmdebatte bekundete zwar grundsätzlich Unterstützung für »tiefgehende systemische Reformen«, die »mit den Grundsätzen einer gerechten Sozialpolitik überstimmen und zugleich die größten Chancen einer dauerhaften und nicht nur vorübergehenden Verbesserung der Wirtschaftslage bieten«. Doch zugleich bekräftigten die Experten: »Die Solidarność wird jedoch kein eigenes Reformprojekt vorstellen, sondern ist der Auffassung, dass die abschließende Gestalt der Reform durch Diskussion der bereits bestehenden Projekte zu ermitteln ist.«[178]

Anders als man vermuten könnte, war auch die Idee der Arbeiterselbstverwaltung anfangs kein Herzensanliegen der unabhängigen Gewerkschaftsbewegung. Zwar war schon im Danziger Augustabkommen das Ziel einer »erheblich vergrößerten Selbstständigkeit der Betriebe und einer tatsächlichen Teilhabe der Arbeiterselbstverwaltung an der Betriebsleitung«[179] vereinbart worden; allerdings ging diese Formulierung keineswegs auf Forderungen des Streikkomitees zurück. Der linke

178 Die Uneinigkeit der Experten über das richtige Vorgehen sprach aus dem folgenden Satz: »Man kann jedoch die Frage aufwerfen, ob die Solidarność sich nicht aktiver in die Vorbereitung und Realisierung der Reform einschalten sollte, z. B. durch Erarbeitung eigener Vorschläge zur Lösung von Schlüsselfragen.« – OPSZ: Kierunki działania Związku w obecnej sytuacji kraju (tezy do dyskusji), Februar–März 1981, publiziert als Beilage zu Tygodnik Solidarność, Nr. 3 vom 17.4.1981, auszugsweiser Nachdruck in: Luszniewicz/Zawistowski (Hg.): Sprawy gospodarcze w dokumentach, Dok. 70, S. 232–249, hier S. 237 f. – Zu den Meinungsverschiedenheiten unter den Solidarność-Experten über ein eigenes Reformprogramm vgl. konzise Luszniewicz: Solidarność – samorząd pracowniczy – transformacja systemu, S. 102–109.

179 Siehe das Protokoll des Abkommens zwischen der Regierungskommission und dem Überbetrieblichen Streikkomitee in Danzig vom 31.8.1980, in: Luszniewicz/Zawistowski (Hg.): Sprawy gospodarcze w dokumentach, Dok. 4, S. 78–87, hier S. 79.

Ökonom Tadeusz Kowalik, der als Berater der Streikenden an den Verhandlungen teilnahm, führt diesen Passus vielmehr auf den Einfluss der Wirtschaftsexperten beider Seiten zurück, die in dieser Frage weitgehend übereinstimmten. Von den Werftarbeitern sei das Bekenntnis zur Arbeiterselbstverwaltung demnach eher als Zugeständnis an die Regierungsseite wahrgenommen worden.[180] Tatsächlich machte sich der stellvertretende Ministerpräsident Kazimierz Barcikowski, der als Verhandlungsführer der Regierung das parallel ausgehandelte Abkommen mit den streikenden Werftarbeitern in Stettin unterzeichnet hatte, kurz darauf im Politbüro für die Ausweitung der Arbeiterselbstverwaltung stark. Bezeichnenderweise erhoffte er sich davon in erster Linie disziplinierende Effekte: »Die Selbstverwaltung spielt eine wichtige Rolle. Wenn unser Staat sich nicht auf die Selbstverwaltung stützt, dann nützt keine Erziehung, um [den Leuten] beizubringen, was Wirtschaften [und] Resultate bedeuten: dass wir uns etwas leisten können oder eben nicht. Demokratie ist keine Gefälligkeit der Regierung.«[181]

In der Tat bedeutete Demokratie im Zweifel auch Mitverantwortung, und zwar Mitverantwortung für die schmerzhaften Konsequenzen einer durch die verfehlte Politik des kommunistischen Regimes herbeigeführten Krise. Dass die Solidarność es scheute, sich leichtfertig in diese Mitverantwortung manövrieren zu lassen, war nur zu verständlich.[182] Je länger die

180 Seitens des Streikkomitees verantwortete Waldemar Kuczyński diesen Teil der Vereinbarung, für die Regierungsseite verhandelten die Wirtschaftsprofessoren Józef Pajestka und Antoni Rajkiewicz. – Siehe Tadeusz Kowalik: Wspomnienia ze Stoczni Gdańskiej, in: Wolność i Solidarność, Nr. 1, 2010, S. 96–115, hier S. 109 (Erstveröffentlichung u. d. T. Próba kompromisu [o Komisji Ekspertów MKS w Gdańsku], in: Zeszyty Literackie [Paris], Nr. 2, 1983).

181 Aus Barcikowskis weiteren Ausführungen geht hervor, dass er sich sowohl auf die territoriale (kommunale) Selbstverwaltung als auch auf die Arbeiterselbstverwaltung in der Wirtschaft bezog. – Protokół nr 33a z posiedzenia Biura Politycznego KC PZPR, 23.9.1980, in: PZPR a Solidarność, Dok. 28, S. 180–190, hier S. 183.

182 Entsprechend skeptisch kommentierte die Redaktion des vom KOR herausgegebenen Robotnik einen dort publizierten Beitrag des Wirtschaftswissenschaftlers Tomasz Stankiewicz, der sich mit folgender Argumentation für die Arbeiterselbstverwaltung starkmachte: »Vor uns liegen Verzicht und Entbehrungen. Und das in großem Maßstab. […] Die einzige effektive Methode, um den Umbau der Wirtschaft

Gewerkschaft aber auf ihrer abwartenden Haltung beharrte, desto mehr Mitglieder fanden sich an ihrer Basis, die die unübersehbaren Missstände in ihren Betrieben, insbesondere die vielerorts katastrophale Arbeitsorganisation, nicht länger tatenlos hinnehmen wollten. Der Warschauer Solidarność-Chef Zbigniew Bujak berichtete im Januar 1981:

> »In den Betrieben gibt es Leute, die [...] geborene soziale Aktivisten sind, geboren zur Verteidigung der Mitarbeiterinteressen. Aber es gibt auch andere – von denen tauchen derzeit viele auf –, die sich mit den Angelegenheiten ihres Betriebs befassen wollen. Sie interessieren sich für die Produktion, für die Nutzung der Maschinen und der Arbeitszeit, für Technologien, Wirtschaftlichkeit usw.«[183]

Dieses Segment der Solidarność-Anhänger, zu dem überwiegend höher qualifizierte Ingenieure und Facharbeiter gehörten, zeigte vergleichsweise wenig Interesse an der sozialen Programmatik der Gewerkschaft.[184] Anstatt um die gerechte Verteilung des immer kleiner werdenden Kuchens zu feilschen, wollten sie selbst Mitverantwortung für die Produktion und das Schicksal ihrer Arbeitsplätze übernehmen. Da die bestehenden betrieblichen Hierarchien, insbesondere die von der Partei bestellten Nomenklatura-Direktoren, diskreditiert waren, lag der Rückgriff auf das Konzept der Arbeiterselbstverwaltung nahe, um das akute innerbetriebliche Steuerungsvakuum zu füllen.

Dabei brauchte man gar nicht im zeitgenössischen Jugoslawien nach Inspirationen zu suchen, sondern konnte sich auf die polnischen Erfah-

zu kontrollieren, ist es, diese in die eigene Hand zu nehmen [...]. Dies sollten jene Reform-Institutionen tun: Selbstverwaltung, Vereinigungen und Genossenschaften. Nur sie werden wissen, wie viele Arbeiter entlassen, welche Preise wie stark erhöht, welche Betriebe geschlossen, welche Produkte produziert werden müssen usw. usw.« – Tomasz Stankiewicz: Sami zróbmy reformę, in: Robotnik, Nr. 76 vom 12.6.1981, S. 4.

183 Perspektywa: Samorząd robotniczy. [Dyskusja redakcyjna z udziałem Zbigniewa Bujaka], in: NTO. Informator wewnętrzny dla kół nauki-techniki-oświaty, Nr. 2(14) vom 25.1.1981, S. 1–10, hier S. 3 f.; zit. nach Jakubowicz: Bitwa o samorząd, S. 50.

184 Siehe Jakubowicz: Bitwa o samorząd, S. 47; Lewandowski: Samorząd w dobie »Solidarności«, S. 57–61.

rungen mit diesem Modell in den späten 1940er-Jahren und vor allem im Zuge der stürmischen Entstalinisierung von 1956–1957 berufen.[185] Die damaligen, nach dem Oktober 1956 vielfach spontan entstandenen »Arbeiterräte« *(rady robotnicze)* verkörperten zum einen den Anspruch der Belegschaften auf selbstbestimmte Umgestaltung der Produktionsverhältnisse, zum anderen verbanden aber auch führende Reformökonomen wie Oskar Lange und Michał Kalecki mit ihnen große Hoffnungen auf eine Entbürokratisierung der stalinistischen Kommandowirtschaft.[186] Nachdem es Gomułka gelungen war, die Arbeiterräte in das bürokratisierte System der zentralistischen Parteikontrolle einzugliedern, waren sie allerdings rasch zu Staffage verkümmert, auch wenn sie formal bis Anfang der 1980er-Jahre existierten. In den Augen der meisten Arbeiter beschränkten sich ihre Kompetenzen im Wesentlichen auf das Recht, »die Blumen im Büro des Direktors zu gießen«.[187] Diese ernüchternden Erfahrungen trugen sicherlich ihren Teil dazu bei, dass sich die Hoffnungen auf eine institutionelle Absicherung arbeiterlicher Selbstorganisation während der Auguststreiks 1980 zunächst nicht auf die Erneuerung der innerbetrieblichen Selbstverwaltung, sondern auf die Etablierung einer unabhängigen Gewerkschaft konzentrierten.

Erst als sich in der ersten Jahreshälfte 1981 abzeichnete, dass die Solidarność an enge Grenzen stoßen musste, wenn sie sich auf die klassische Rolle einer Gewerkschaft beschränkte, gewann die Selbstverwaltungsidee sichtlich an Zuspruch. Unter den Bedingungen der voranschreitenden wirtschaftlichen Desintegration war schlicht kein

185 Veteranen der Selbstverwaltungsbewegung von 1956/57 beteiligten sich aktiv an der Debatte innerhalb der Solidarność, so etwa der als Experte im Gewerkschafts-Thinktank OPSZ tätige Szymon Jakubowicz.

186 Allerdings waren die ökonomischen Vorstellungen der Wirtschaftsreformer und der Arbeiterräte keineswegs deckungsgleich, was es der Partei erleichterte, beide ins Leere laufen zu lassen. Vgl. Kloc: Rady robotnicze kontra socjalizm rynkowy; zur Praxis der Arbeiterräte außerdem Kochanowski: Rewolucja międzypaździernikowa, S. 106–115.

187 So Kuczyński unter Berufung auf ein Treffen von Selbstverwaltungsaktivisten in der Danziger Leninwerft am 8. Juli 1981, siehe Waldemar Kuczyński: Ataki na Sieć, in: Tygodnik Solidarność, Nr. 16 vom 17.7.1981, S. 1, 3.

Blumentopf damit zu gewinnen, die ökonomischen Interessen der Gewerkschaftsmitglieder zu vertreten, indem man lohn- und sozialpolitische Forderungen an die Regierung als staatssozialistischen Gesamtarbeitgeber richtete. Bloße Appelle an die Regierung, endlich eine grundlegende Wirtschaftsreform in Angriff zu nehmen, blieben ebenfalls wohlfeil, solange die Solidarność allenfalls vage Vorstellungen vorweisen konnte, wohin die Reise gehen sollte. Im August 1981 sah sich die Gewerkschaftsführung sogar gezwungen, ihre Mitglieder zu freiwilliger Mehrarbeit an acht arbeitsfreien Sonnabenden aufzurufen und damit eine erst kurz zuvor hart erkämpfte Errungenschaft zur Disposition stellen.[188] Da der ungebremste Zusammenbruch der Wirtschaft eine Eskalation unerfüllbarer Forderungen beförderte und die Gewerkschaft einen tiefgreifenden Vertrauensverlust riskierte, wenn sie nicht ihrerseits mögliche Auswege aus der Krise aufzeigte, blieb der Solidarność letzten Endes keine andere Wahl, als aus der Deckung kommen und selbst konstruktive Lösungsvorschläge zu machen.

Das Selbstverwaltungsmodell bot sich in dieser Situation sowohl als Plattform zur Lösung konkreter Probleme auf betrieblicher Ebene als auch als strategischer Beitrag der Gewerkschaft zur Debatte um die Wirtschaftsreform an. Anstatt von »Räten« sprach man nun allerdings lieber von »Selbstverwaltung« *(samorząd)*, und das marxistisch konnotierte Attribut »Arbeiter-« *(robotniczy)* wurde meist durch »Mitarbeiter-« *(pracowniczy)* ersetzt.[189] Zur Abgrenzung von den kompromittier-

188 Dieser Aufruf zielte vor allem auf eine Steigerung der Kohleproduktion in den Bergwerken ab. Siehe Apel Krajowej Komisji Porozumiewawczej do członków NSZZ »Solidarność« i całego społeczeństwa, 12.8.1981, in: Owsiński/Kozłowski (Hg.): Dokumenty Krajowej Komisji Porozumiewawczej, Dok. 129, S. 246–249.

189 Dieser sprachliche Wandel wurde folgendermaßen begründet: »Seit dem August 1980 werden in unserem Lande viele Dinge vollkommen neu bewertet. [...] Eine solche neue Qualität ist die Verwendung der Bezeichnung samorząd pracowniczy statt robotniczy, da diese den Grundsatz zum Ausdruck bringt, soziale Gruppen nicht zu antagonisieren, sondern zu integrieren.« Odpowiedzi na najczęściej powtarzające się zarzuty wobec projektu ustawy o przedsiębiorstwie społecznym, 30.7.1981, in: AS, Nr. 27 vom 28.7.–4.8.1981, S. 306. Vgl. auch Jakubowicz: Bitwa o samorząd, S. 168 f. – Ungeachtet dessen verwende ich zur Abgrenzung von der kommunalen Selbstverwaltung den im Deutschen eingeführten Begriff »Arbeiterselbstverwaltung«.

ten offiziellen Selbstverwaltungsgremien betonten die Fürsprecher dieses Modells, dass es ihnen um eine »authentische« Selbstorganisation der Belegschaften ging. Diesem basisdemokratischen Ansatz entsprechend gründeten Solidarność-Aktivisten, aber auch gewerkschaftlich nicht Organisierte, in immer mehr Betrieben auf eigene Faust Selbstverwaltungskomitees, ohne auf einen offiziellen Beschluss der Gewerkschaftsspitze zu warten. Manche Regionalverbände der Gewerkschaft unterstützten solche Basisinitiativen; andere hielten eher skeptische Distanz.[190] Denn auch innergewerkschaftlichen Befürwortern der Arbeiterselbstverwaltung wie Zbigniew Bujak war klar: »Die sich bildende Selbstverwaltung [...] wird natürlich unser Gegner sein. [...] Sie wird auf der anderen Seite des Tisches sitzen« – nämlich als »Seite, die das Interesse des Unternehmens repräsentiert, also das bisherige Interesse der Direktion«.[191]

Als wichtigstes Sprachrohr derjenigen, die innerhalb der Solidarność für eine Wirtschaftsreform auf Grundlage der Arbeiterselbstverwaltung eintraten, etablierte sich im Frühjahr 1981 das »Netzwerk der Betriebsorganisationen der Solidarność in den führenden Industriebetrieben« (Sieć Organizacji Zakładowych NSZZ »Solidarność« wiodących zakładów pracy, kurz: Sieć). In diesem Netzwerk schlossen sich auf Initiative der Solidarność-Kommission in der Danziger Leninwerft Vertreter der Gewerkschaftsorganisationen 17 symbolisch bedeutsamer Großbetriebe aus verschiedenen Regionen des Landes zusammen, darunter der Stettiner Warski-Werft, der Leninhütte in Krakau/Nowa Huta, der Marchlewski-Baumwollwerke in Łódź und der Cegielski-Werke in Poznań. Zu den wichtigsten Akteuren innerhalb des Netzwerks gehörten der Schiffbauingenieur Jacek Merkel und der Physiker Jerzy Milewski aus Danzig.[192]

190 Siehe Jakubowicz: Bitwa o samorząd, S. 48–58; Luszniewicz: Solidarność – samorząd pracowniczy – transformacja systemu, S. 37–40, 46–54.

191 So Bujak während der Debatte der Landesverständigungskommission der Solidarność über die Arbeiterselbstverwaltung am 24.–27. Juli 1981. Siehe O sytuacji w kraju i Związku, S. 12.

192 Merkel war Stellvertreter Lech Wałęsas in dessen Amt als Vorsitzender der Solidarność-Betriebskommission in der Leninwerft, Milewski stand der Gewerkschaftsorganisation in der Danziger Niederlassung der Polnischen Akademie der Wissen-

Anders als die auf politische Außenwirkung berechnete Selbstbezeichnung des Sieć-Netzwerks suggerierte, die sich symbolträchtig auf die großindustrielle Basis der Solidarność berief, handelte es sich um ein satzungsmäßig nicht vorgesehenes, innerhalb der gewerkschaftlichen Hierarchien zweitrangiges Gremium, dessen Verankerung in den Belegschaften der von ihm repräsentierten Betriebe eher oberflächlich war.[193] Vielmehr trat das Sieć als elitäre Lobbygruppe auf, die in anderen Teilen der Solidarność-Bewegung mit Distanz und Skepsis betrachtet wurde, nicht zuletzt weil sie sich stark auf die Expertise jüngerer Berater stützte, die von manchen Etablierten als Konkurrenz wahrgenommen wurden.[194] Folglich lösten die konzeptionellen Initiativen des Sieć in den satzungsmäßigen Gewerkschaftsgremien eher reservierte Reaktionen und zuweilen kontroverse Diskussionen aus. Sie erlangten jedoch erhebliche Bedeutung, als das Netzwerk im Frühsommer 1981 als erste Gewerkschaftsgliederung die Ausarbeitung einer eigenen Konzeption für die Wirtschaftsreform in Angriff nahm. »Wir wussten, dass sie [die Kommunisten] das nicht machen werden, weil sie es nicht wollen«, erinnerte sich Jacek Merkel im Rückblick, »also mussten wir selbst ein Reformprogramm ausarbeiten. [Uns war klar:] Wenn wir das nicht machen, dann wird es erst in hundert Jahren eine Reform geben.«[195]

Getreu dieser Maxime präsentierte das Sieć-Netzwerk Anfang Juni 1981 ein ausgearbeitetes Konzept zur Einführung der Arbeiterselbstverwaltung in den Betrieben, das neben einer Mustersatzung vor allem den Entwurf eines »Gesetzes über das gesellschaftliche Unternehmen« (Ustawa o przedsiębiorstwie społecznym) umfasste.[196] Dieser bildete ei-

schaften vor. Vgl. Luszniewicz: Koncepcje ekonomiczne »Solidarności«, S. 299–309; ders.: Solidarność – samorząd pracowniczy – transformacja systemu, S. 59–78.

193 Vgl. Luszniewicz: Koncepcje ekonomiczne »Solidarności«, S. 298, 300f.; ders.: Solidarność – samorząd pracowniczy – transformacja systemu, S. 274.

194 So Friszke: Rewolucja Solidarności, S. 414f.

195 Mündlicher Bericht Jacek Merkels vom 3.4.1991, zit. nach Chodorowski: »Sieć« – rok 1981, S. 54.

196 Der Gesetzentwurf und weitere Dokumente sind abgedruckt in Luszniewicz/Zawistowski (Hg.): Sprawy gospodarcze w dokumentach, Dok. 115–118, S. 401–420; dt. Übers. in: Dokumentation Ostmitteleuropa 8 (1982) 1–2, S. 63–76. – Siehe auch die

nen Gegenentwurf zu den zeitgleich von der Regierung in das Parlament eingebrachten Gesetzentwürfen zur Reorganisation der Staatsunternehmen und zur Selbstverwaltung ihrer Belegschaften, die maßgeblich auf der Vorarbeit der offiziellen Reformkommission basierten.[197] Während die beiden Gesetzentwürfe der Regierung primär auf die Stärkung des betrieblichen Managements setzten und der Arbeiterselbstverwaltung allenfalls eine »Beteiligung an der Leitung der staatlichen Unternehmen« zugestehen wollte,[198] betonte der Sieć-Entwurf schon mit dem titelgebenden Begriff des »gesellschaftlichen Unternehmens«, dass den Gremien der Arbeiterselbstverwaltung reale Entscheidungskompetenzen zukommen mussten. Im Kern ging es um die praktische Verfügungsgewalt über das (von keiner Seite infrage gestellte) »vergesellschaftete« Eigentum an den Produktionsmitteln.[199]

Dass das Sieć-Netzwerk sich die Arbeiterselbstverwaltung als Kernelement seiner Reforminitiativen auf die Fahnen schrieb, war aus strategischen Gründen wenig überraschend. Es lag in der Natur der Sache, dass das Interesse an der Ablösung der Nomenklatura-Direktoren und der Übernahme ihrer bisherigen Machtposition unter den Belegschaften der größten und bedeutsamsten Betriebe besonders ausgeprägt war – schließlich hatten diese bei einer Ausweitung des Belegschaftseinflusses auf das Management des Staatseigentums potenziell am meisten zu gewinnen.[200] Innerhalb der Belegschaften waren es wiederum vor allem innerbetriebliche Eliten wie Ingenieure und Betriebswirte, also Angehörige der technischen Intelligenz, sowie qualifizierte Facharbeiter, die sich zum

Dokumente zur juristischen Diskussion über diese Gesetzesinitiative in Barczyk/ Grodziski/Grzybowski (Hg.): Obywatelskie inicjatywy ustawodawcze Solidarności 1980–1990, S. 398–413.

197 Zu Genese und turbulentem Verlauf des Gesetzgebungsverfahrens vgl. detailliert Kuisz: Charakter prawny porozumień sierpniowych, S. 394–462.

198 Siehe ebd., S. 412.

199 Vgl. zum Vergleich der konkurrierenden Gesetzentwürfe Jakubowicz: Bitwa o samorząd, S. 64–75; Chodorowski: »Sieć« – rok 1981, S. 30–37.

200 Vgl. Michał Zieliński: Co nam zostało z tych lat …? O ekonomicznej ideologii »Solidarności«, in: Res Publica Nowa 7 (1993) 7/8, S. 23–28, hier S. 24.

Ziel setzten, das Ruder in ihren Betrieben selbst in die Hand zu nehmen.[201] Deren Interessen entsprach es zudem, dass sich das Sieć zum Prinzip der von der offiziellen Reformkommission propagierten »drei S« bekannte, also zu Selbstständigkeit, Selbstverwaltung und Selbstfinanzierung auf Unternehmensebene.

An diesem Punkte trafen sich die Interessen der Sieć-Gruppe auch mit den Vorstellungen reformorientierter Ökonomen wie Leszek Balcerowicz. Diese pflegten ein eher instrumentelles Verhältnis zur Selbstverwaltungsidee: In ihrem ursprünglichen Reformkonzept hatte die Gruppe um Balcerowicz die Aufwertung der Selbstverwaltung nur als mögliche Alternative zur Einführung von Aufsichtsräten in Betracht gezogen, wohingegen ihr Hauptaugenmerk (wie in den meisten Reformansätzen regierungsnaher Ökonomen) der operativen Stärkung des Managements galt.[202] Gleichwohl gelangten auch sie im Laufe der folgenden Monate zu der Einsicht, dass die Arbeiterselbstverwaltung unter den herrschenden Bedingungen die realistischste Möglichkeit bot, die Staatsbetriebe aus der Weisungsgebundenheit gegenüber der zentralen Wirtschaftsverwaltung zu lösen und damit echte wirtschaftliche Selbstständigkeit auf Unternehmensebene zu gewährleisten. Die einzige theoretisch denkbare Alternative, nämlich kapitalistisches Privateigentum, war schließlich aus politischen Gründen ausgeschlossen.[203]

Angesichts dessen nahm eine Abordnung des Gesellschaftlichen Komitees für die Wirtschaftsreform, darunter Leszek Balcerowicz, an der Sitzung des Netzwerks am 23.–25. Juni 1981 im Kattowitzer Steinkohlenbergwerk »Wujek« teil, um dort ihre Unterstützung für den vom Sieć

201 Vgl. Robert Biezenski: Workers' Self-Management and the Technical Intelligentsia in People's Poland, in: Politics & Society 22 (1994) 1, S. 59–88, hier S. 72–77.

202 Vgl. Luszniewicz: Solidarność – samorząd pracowniczy – transformacja systemu, S. 58 f. – Einen ähnlichen Sinneswandel macht Luszniewicz bei Rafał Krawczyk, dem Initiator des Gesellschaftlichen Komitees für die Wirtschaftsreform, aus. Vgl. ebd., S. 80 f.

203 Auf diesen Umstand wies der Sieć-Berater Jerzy Strzelecki in einem Interview mit einer Gewerkschaftszeitung ohne Umschweife hin: Samorządy reformują gospodarkę. Wywiad z Jerzym Strzeleckim – współpracownikiem OBS, in: Wiadomości Dnia, Nr. 146 vom 15.7.1981, S. 1 f.

vorgelegten Gesetzentwurf zum »Gesellschaftlichen Unternehmen« zu bekunden und zugleich für eine Wirtschaftsreform nach ihren Vorstellungen zu werben.[204] Dieses Werben fiel auf fruchtbaren Boden: Der Vorschlag der Emissäre, noch vor dem Außerordentlichen PZPR-Parteitag im Juli eine landesweite Konferenz zur Propagierung der Arbeiterselbstverwaltung zu organisieren, wurde von den Gewerkschaftern umgehend aufgegriffen. In ihrem Kommuniqué konstatierten die versammelten Vertreter der Belegschaften der »führenden Betriebe« nicht nur den »dringenden Bedarf zur Erarbeitung eines einheitlichen Standpunkts der NSZZ Solidarność zur Wirtschaftsreform«, der einen konstruktiven »Gegenvorschlag zu den demobilisierenden Regierungsmaßnahmen« liefern müsse. Sie beschlossen sogleich, dass ein solches Reformkonzept sich auf die Projekte der Balcerowicz-Gruppe sowie der Breslauer Wirtschaftsakademie (Akademia Ekonomiczna we Wrocławiu) stützen sollte, und beriefen Balcerowicz als Experten in eine entsprechende Arbeitsgruppe des Sieć.[205] In den folgenden Monaten entwickelte sich zwischen den marktorientierten Ökonomen und dem Sieć-Netzwerk eine enge konzeptionelle Zusammenarbeit, die auf die Etablierung eines vorrangig durch Marktgesetze regulierten Sektors »gesellschaftlicher Unternehmen« zielte und in einem detaillierten Vorschlag für ein marktorientiertes Wirtschaftsprogramm der Solidarność mündete.[206]

204 Siehe Wystąpienie przedstawicieli Społecznego Komitetu Reformy Gospodarczej, in: AS, Nr. 22 vom 22.–28.6.1981, S. 305; vgl. Luszniewicz: Solidarność – samorząd pracowniczy – transformacja systemu, S. 80.

205 Siehe Komunikat nr 7 Sieci Organizacji Zakładowych NSZZ »Solidarność« wiodących zakładów pracy, 25.6.1981, in: AS, Nr. 22 vom 22.–28.6.1981, S. 301–303, Abdruck in: Luszniewicz/Zawistowski (Hg.): Sprawy gospodarcze w dokumentach, Dok. 132, S. 443–452, hier S. 443, 445 f.

206 Dieser Entwurf stützte sich ausdrücklich auf das Konzept der Gruppe um Balcerowicz, aus dem einzelne Passagen wortgleich übernommen wurden. Siehe Sieć Organizacji Zakładowych NSZZ »Solidarność« wiodących zakładów pracy: Propozycja stanowiska NSZZ »Solidarność« w sprawie reformy społeczno-gospodarczej, 26.8.1981, in: AS, Nr. 34 vom 28.–30.8.1981, S. 301–306 sowie Nr. 35 vom 31.8.–3.9.1981, S. 309–315. – Vgl. Luszniewicz: Solidarność – samorząd pracowniczy – transformacja systemu, S. 190, Fn. 176.

Allerdings herrschte über die von dieser Strömung vertretenen Positionen innerhalb der Solidarność-Bewegung keineswegs Konsens: Schon früh formierte sich mit der sogenannten Lubliner Gruppe (Grupa Lubelska) eine innergewerkschaftliche Konkurrenzgruppierung, die ebenfalls entschieden für die Arbeiterselbstverwaltung eintrat, sich jedoch in Abgrenzung zu dem Avantgarde-Anspruch des Sieć basisdemokratisch gab und für Interessierte aus kleinen und mittleren Betrieben offen war. Die führenden Stichwortgeber der Lubliner Gruppe, Zbigniew M. Kowalewski aus Łódź und Henryk Szlajfer aus Warschau, vertraten zudem ein weitaus radikaleres Verständnis von Arbeiterselbstverwaltung.[207] So setzten sie nicht auf gesetzliche Regelungen, sondern favorisierten Besetzungsstreiks mit Weiterführung der Produktion als Mittel, um die Kontrolle über die Betriebe zu übernehmen. Auch sprachen sie sich dezidiert gegen die sowohl von der Regierungskommission als auch vom Sieć propagierten Prinzipien von Konkurrenz, Markt und Unternehmensgewinn als wesentliche Koordinationsmechanismen aus. Solange Gewinnorientierung und Konkurrenz zwischen den Betrieben herrschten und unausweichlich Interessengegensätze zwischen deren Selbstverwaltungsgremien heraufbeschworen, war aus ihrer Sicht keine authentische Arbeiterselbstverwaltung möglich.[208] Trotz der inhaltlichen und taktischen Differenzen zwischen dem marktsozialistisch-legalistischen Sieć und der linkssozialistisch-aktionistisch ausgerichteten Grupa Lubelska gab es zwischen beiden Gruppen aber auch personelle und programma-

207 Im Falle Kowalewskis spiegelte sich dies auch in seinem weiteren politischen Weg wider: Nachdem ihn die Einführung des Kriegsrechts in Frankreich überrascht hatte, engagierte er sich dort in trotzkistischen Gruppen und wurde zu einem scharfen Kritiker der liberal-kapitalistischen Strömungen innerhalb der polnischen Opposition. Vgl. Luszniewicz: Koncepcje ekonomiczne »Solidarności«, S. 297.

208 »Von daher begegnet die Arbeitswelt (świat pracy) der Konzeption von selbstständigen, selbstverwalteten und sich selbst finanzierenden Unternehmen mit Misstrauen, denn die Gründung ökonomischer Beziehungen auf diesem Prinzip führt unmittelbar zu Arbeitslosigkeit, Zerschlagung der Arbeitswelt und noch größerer Ausbeutung.« Ogólnopolska Konferencja Związkowa »Praca ludzka«, Lublin, 13.–15.9.1981, Tezy zespołu d/s społecznych uwarunkowań pracy i kontaktów międzyludzkich, in: AS, Nr. 37 vom 4.–16.9.1981, S. 403f.

tische Überschneidungen, sodass sie sich im Juli 1981 auf eine formelle Kooperation einigten.[209]

Wie eine Umfrage des gewerkschaftseigenen Sozialforschungszentrums OBS in der Region Mazowsze (Masowien) zeigte, waren die Meinungen über den Stellenwert der Arbeiterselbstverwaltung an der Basis der Solidarność-Bewegung im Sommer 1981 durchaus geteilt. Darin sprachen sich 39 Prozent der befragten Gewerkschaftsmitglieder dafür aus, die Solidarność solle sich vor allem für einen möglichst unumschränkten Einfluss der Selbstverwaltung auf die Betriebe einsetzen, wohingegen 50 Prozent meinten, ihre Gewerkschaft solle in erster Linie dafür kämpfen, dass die Selbstständigkeit der Betriebe nicht mit der Entstehung von Arbeitslosigkeit einhergehe. Ähnliche Diskrepanzen zwischen Effizienzdenken und egalitaristischen Orientierungen zeigten sich bei den Haltungen zur Wirtschaftsreform: Hier äußerten 44 Prozent der befragten Solidarność-Anhänger eine Präferenz für dauerhafte Verbesserungen der wirtschaftlichen Mechanismen, selbst wenn diese Erhöhungen der Verbraucherpreise mit sich brächten. Eine Mehrheit von 55 Prozent vertrat hingegen den Standpunkt, die Solidarność solle primär gewährleisten, die Preiserhöhungen bei Einführung der Wirtschaftsreform möglichst gering zu halten.[210]

In den Führungsgremien der Solidarność war es namentlich Jan Rulewski, der wirtschaftspolitisch einflussreiche Vorsitzende des Bromberger Regionalverbands, der sich vehement gegen die vom Sieć verfochtene Arbeiterselbstverwaltung aussprach. Rulewski verwies dabei auf die seiner Ansicht nach alles andere als imponierenden jugoslawischen Erfahrungen mit diesem Modell. Zwar bezeichnete auch er das Konzept »von Doktor Balcerowicz« als »spannendsten« Vorschlag für eine Wirtschaftsreform. Er erinnerte aber daran, dass der Selbstverwaltung darin ursprünglich

209 Dies wurde nicht zuletzt dadurch erleichtert, dass dezidiert marktskeptische Positionen in offiziellen Dokumenten der Grupa Lubelska, wohl aus taktischen Gründen, nicht akzentuiert wurden. Vgl. Luszniewicz: Solidarność – samorząd pracowniczy – transformacja systemu, S. 85 f.

210 Siehe Ludwik Dorn: Kierunki działania NSZZ »Solidarność« w ciągu najbliższego roku, in: Niepodległość pracy. Warszawa: Ośrodek Badań Społecznych NSZZ Solidarność Region Mazowsze 1981, S. 121–126, hier S. 123.

nur eine nachrangige Bedeutung zukam. Nicht ohne eine gewisse Dosis chauvinistischer Polemik ergänzte Rulewski: »Wenn wir das Sieć-Modell übernehmen, das unter anderem Plebiszite über den Direktor vorschlägt [...], wird sich herausstellen, dass in einer Bekleidungsfabrik, in der viele Frauen arbeiten, niemals ein dynamischer Direktor Akzeptanz finden wird. Wahrscheinlich wird ein gutaussehender [Kandidat] gewählt, der die Hände küsst.«[211]

Trotz dieser prononcierten Gegenposition setzten sich in der entscheidenden Sitzung der Landesverständigungskommission am 25. Juli 1981 die Befürworter der Arbeiterselbstverwaltung durch. Den Ausschlag für diesen Kurswechsel gaben allerdings weniger ökonomische, als vielmehr politisch-strategische Argumente, die insbesondere von Jacek Kuroń, Karol Modzelewski und Bronisław Geremek vorgebracht wurden. Diese sahen in der Selbstverwaltung auf betrieblicher Ebene ein geeignetes Mittel, die Demokratisierung der Gesellschaft einen Schritt voranzubringen, ohne offen als politische Oppositionspartei aufzutreten und damit eine Intervention der Sowjetunion zu provozieren. Anstatt die Parteiherrschaft frontal anzugreifen oder sich in Konflikten um Verteilungsfragen aufzureiben, solle die Gewerkschaft durch die Forderung nach einer authentischen betrieblichen Selbstverwaltung Druck auf die Regierung zugunsten weitergehender Reformen aufbauen.[212] Unter dem Eindruck dieser Argumentation sprach die Solidarność-Führung dem vom Sieć-Netzwerk vorgelegten Gesetzentwurf offiziell ihre Unterstützung aus und machte sich diesen als Kern ihres wirtschaftspolitischen Reformprogramms zu eigen.[213]

211 O sytuacji w kraju i Związku, S. 8.

212 Obwohl Modzelewski eine weitreichende Arbeiterselbstverwaltung aus politischen Gründen befürwortete, hob er auch die Risiken hervor, die aus seiner Sicht damit einhergingen. Er sah es als Aufgabe der Solidarność an, einer möglichen ökonomischen Benachteiligung der Mitarbeiter kleinerer und schwächerer Betriebe entgegenzuwirken. – Siehe die Wortmeldungen von Kuroń, Modzelewski und Geremek in O sytuacji w kraju i Związku, S. 2f., 9–11, 14f.; vgl. Friszke: Rewolucja Solidarności, S. 485–491.

213 Siehe Uchwała Krajowej Komisji Porozumiewawczej w sprawie samorządów pracowniczych, 26.7.1981, in: Owsiński/Kozłowski (Hg.): Dokumenty Krajowej Komisji Porozumiewawczej, Dok. 121, S. 232.

Die Rückendeckung der Gewerkschaftsspitze für die Arbeiterselbstverwaltung erhob diese in den Rang einer erstrangigen politischen Streitfrage, die im Spätsommer 1981 alle anderen Aspekte der Wirtschaftsreform in den Hintergrund drängte. Entsprechend zäh verliefen die Verhandlungen zwischen Regierungsvertretern, Sejm-Abgeordneten und Solidarność über die konkurrierenden Gesetzentwürfe.[214] Denn auch die Parteiführung sah das Problem der Kontrolle über die »vergesellschaftete« Wirtschaft primär als Machtfrage. Der Konflikt entzündete sich im Wesentlichen daran, wer das letzte Wort bei der Berufung und Abberufung der Direktoren haben sollte: die Selbstverwaltungsgremien oder die übergeordnete Ministerialverwaltung. Obwohl auch im Politbüro und auf dem September-Plenum des Zentralkomitees kontroverse Positionen dazu zur Sprache kamen,[215] versteifte sich Parteichef Kania auf die simple Formel: »Die Solidarność-Konzeption der Selbstverwaltung hat mit der Macht zu tun und nur mit der Macht. [...] Es ist ein Kampf um die Macht im Gange – von unserer Seite um ihren Erhalt, von ihrer Seite um ihre Erlangung.«[216] Mit dem rigiden Beschluss des ZK-Plenums war auch ein zuvor unterbreiteter Kompromissvorschlag des Regierungsbevollmächtigten Baka wieder vom Tisch.[217]

Aus Sicht der Solidarność war die unnachgiebige Haltung der Parteispitze ein durchsichtiger Versuch, die Machtposition der kompromittierten Nomenklatura um jeden Preis zu verteidigen und die Arbeiter-

214 Vgl. Jakubowicz: Bitwa o samorząd, S. 131–142.

215 Siehe etwa die Kontroverse zwischen Tadeusz Porębski, Zbigniew Messner, Kazimierz Barcikowski und Władysław Baka während der Politbüro-Sitzung am 27. August, Protokół nr 4 z posiedzenia Biura Politycznego KC PZPR, 27.8.1981, in: PZPR a Solidarność, Dok. 102, S. 656–663, hier S. 657–660; zu den divergierenden Positionen während des III. ZK-Plenums Jakubowicz: Bitwa o samorząd, S. 105–107, sowie Baka: U źródeł wielkiej transformacji, S. 54. – Jakubowicz und Baka betonen übereinstimmend die Aufgeschlossenheit von Funktionären »mit direktem Kontakt zur Praxis« für die Selbstverwaltung, während die Vertreter des zentralen Parteiapparats diese kategorisch ablehnten.

216 Protokół nr 4 z posiedzenia Biura Politycznego KC PZPR, 27.8.1981, in: PZPR a Solidarność, Dok. 102, S. 656–663, hier S. 661 f.

217 Vgl. Luszniewicz: Solidarność – samorząd pracowniczy – transformacja systemu, S. 199–201.

selbstverwaltung wie schon nach 1958 als Papiertiger enden zu lassen. Bronisław Geremek zufolge waren die Vorschläge der Regierung »kein Programm zur Überwindung der Krise, sondern zur Verteidigung der Direktorenposten«.[218] Erst nachdem die erste Landesdelegiertenkonferenz der Gewerkschaft den Sejm am 8. September ultimativ zur Durchführung eines Referendums über die Ausgestaltung der Arbeiterselbstverwaltung aufgefordert und damit gedroht hatte, anderenfalls selbst ein solches Referendum zu organisieren, kam noch einmal Bewegung in die Verhandlungen.[219] Da sich kurz vor der endgültigen Abstimmung im Parlament abzeichnete, dass sich am Ende nicht nur die Abgeordneten der Blockparteien, sondern auch ein Teil der PZPR-Abgeordneten der Beschlusslage des Zentralkomitees widersetzen würde, ließen sich die Unterhändler von Partei und Solidarność auf einen ebenso aufsehenerregenden wie umstrittenen Kompromiss ein, der die Kompetenz zur Berufung und Abberufung des Direktors in vielen, allerdings nicht in allen Staatsbetrieben den Selbstverwaltungsgremien übertrug. Damit setzten sie sich über die expliziten Beschlüsse sowohl der Parteiführung als auch des Solidarność-Kongresses hinweg.[220] Dennoch wurde dieser Kompromiss am 25. September 1981 vom Sejm einstimmig angenommen und war fortan Gesetz. Obwohl er zeitgenössisch von vielen Gewerkschaftsaktivisten als Niederlage betrachtet wurde, bewertet Andrzej Friszke ihn als einen der historischen Höhepunkte der Solidarność-Bewegung.[221] Die trotz erheblicher politischer Widerstände auf beiden Seiten erzielte Einigung demonstrierte ein letztes Mal die Kompromissfähigkeit der reformorientierten

218 Wortmeldung Geremeks auf der Sitzung der Krajowa Komisja Porozumiewawcza am 11.8.1981, siehe Olaszek (Hg.): Krajowa Komisja Porozumiewawcza, S. 129; vgl. Friszke: Rewolucja Solidarności, S. 528–537.

219 Wie emotional um jedes Detail des Gesetzes gerungen wurde, ließ sich auch in offiziellen Medien nachverfolgen, etwa in einem Streitgespräch zwischen beteiligten Wirtschaftswissenschaftlern in der Wochenzeitung Kultura: Spór o reformę. Stół »Kultury«, in: Kultura [Warszawa] 19, Nr. 37 vom 13.9.1981, S. 1, 8–9.

220 Vgl. Luszniewicz: Solidarność – samorząd pracowniczy – transformacja systemu, S. 215–223; Jakubowicz: Bitwa o samorząd, S. 143–153; Friszke: Rewolucja Solidarności, S. 640–648.

221 Vgl. Friszke: Rewolucja Solidarności, S. 647 f., S. 661–670.

Flügel von Partei und Solidarność. Das zunehmend konfrontative Agieren des Regimes, aber auch der wachsende Verbalradikalismus innerhalb der Solidarność deuteten jedoch bereits darauf hin, dass die Einführung des Kriegsrechts weitere Kompromisse dieser Art bald vereiteln sollte.[222]

## 7. Jenseits von Kapitalismus und Staatsdirigismus: Das Programm der Solidarność

Die Einführung der Arbeiterselbstverwaltung, die zumindest bis zu einem gewissen Grade die Weichen für die von der Solidarność eingeforderte Demokratisierung des Wirtschaftssystems stellte, lässt sich als Schritt in Richtung eines »dritten Weges« jenseits von Kapitalismus und staatlicher Kommandowirtschaft deuten. Sie entsprach dem innerhalb der Gewerkschaftsbewegung weithin geteilten Konsens, den herrschenden Etatismus nicht etwa zugunsten eines auf Privateigentum basierenden kapitalistischen Wirtschaftssystems hinter sich zu lassen, sondern mehr innerbetriebliche Demokratie zu wagen und den Belegschaften reale Verfügungsmacht über die vergesellschafteten Produktionsmittel einzuräumen.[223]

Denselben Geist atmete auch das Programm der Solidarność, das am 7. Oktober 1981 von den Delegierten des Gewerkschaftskongresses mit großer Mehrheit verabschiedet wurde. Darin bekannte sich die Solidarność zur Schaffung einer »neuen gesellschaftlich-wirtschaftlichen Ordnung, die Plan, Selbstverwaltung und Markt miteinander verbindet«. Das bisherige »Kommando- und Dispositions-System der Leitung des Wirtschaftslebens« *(nakazowo-rozdzielczy system kierowania życiem*

222 Im September 1981 waren die Vorbereitungen zur Einführung des Kriegsrechts bereits weit vorangeschritten; Parteichef Kania lehnte ihre Umsetzung jedoch ab. Vgl. Friszke: Rewolucja Solidarności, S. 618–637.

223 Diese Deutung wurde bereits zeitgenössisch formuliert, etwa von Jan Grosfeld, der die »friedliche Revolution«, die seit August 1980 in Polen stattfinde, im katholisch-intellektuellen Tygodnik Powszechny als historisch neuartige Chance zur praktischen Erprobung eines »dritten Weges« interpretierte. Siehe Jan Grosfeld: Czy istnieje trzecia droga?, in: Tygodnik Powszechny, Nr. 48 vom 29.11.1981, S. 2f.

*gospodarczym)* müsse beseitigt werden, da es »rationales Wirtschaften« unmöglich mache. »Zur grundlegenden Organisationseinheit der Wirtschaft soll das gesellschaftliche Unternehmen *(przedsiębiorstwo społeczne)* werden, das durch die Belegschaft, repräsentiert durch den Mitarbeiterrat, geleitet und durch den im Wege eines Wettbewerbs vom Rat berufenen und von ihm auch abberufenen Direktor operativ geführt wird. Das gesellschaftliche Unternehmen verfügt über das ihm anvertraute gesamtnationale Gut im Interesse der Gesellschaft und der Belegschaft.« Direktiven der Wirtschaftsbürokratie sollten nach dem Willen der Gewerkschaft ebenso abgeschafft werden wie das staatliche Außenhandelsmonopol, nicht aber die zentrale Wirtschaftsplanung. Diese sollte vielmehr »vergesellschaftet« werden, was »öffentliche Debatten über den zentralen Plan« voraussetze. Die Einleitung des Programms fasste dessen wirtschaftspolitische Zielsetzung in dem Satz zusammen: »Wir wollen eine tatsächliche Vergesellschaftung des Systems der Leitung und des Wirtschaftens.«[224]

Der so abgesteckte programmatische Horizont ließ die von den regimetreuen Medien verbreiteten Unterstellungen, die Solidarność träume von der »Wiedergeburt des Kapitalismus in unserem Lande« und wolle »das sozialistische Eigentum in der gesamten Wirtschaft in Aktiengesellschaften mit bedeutendem Anteil fremden Kapitals« umwandeln, als ziemlich weit hergeholt erscheinen.[225] Mochte das Solidarność-Programm auch in politischer Hinsicht einen klaren Gegenentwurf zur staatssozialistischen Ordnung beschreiben, so galt dies für seine wirtschaftspolitischen Passagen in deutlich geringerem Maße.[226] Die angestrebte harmonische Einheit von Markt, Selbstverwaltung und Plan ging mit einer geradezu emphatischen Zustimmung zum vergesellschafteten Eigentum am wesentlichen Teil der Produktionsmittel und einem dezidiert wirtschafts-

224 Uchwała Programowa I Krajowego Zjazdu Delegatów NSZZ »Solidarność«, in: I Krajowy Zjazd Delegatów NSZZ »Solidarność«: Statut. Uchwała programowa z aneksem. Dokumenty Zjazdu, Gdańsk [1981], S. 23–61, hier S. 25, 27 f.

225 Diese Vorwürfe äußerte der als Hardliner bekannte ZK-Sekretär Stefan Olszowski auf dem Höhepunkt des Konflikts um die Arbeiterselbstverwaltung am 22. September 1981 im Staatsfernsehen. Siehe Friszke: Rewolucja Solidarności, S. 645.

226 Vgl. Chwedoruk: Program Samorządnej Rzeczypospolitej, S. 332.

demokratischen Impetus einher. Auch die von der Solidarność erhobene Forderung, einen raschen Beitritt Polens zum Internationalen Währungsfonds (IWF) zu prüfen, war kaum als Einverständnis mit der neoliberalen Austeritätspolitik zu deuten, für die der IWF seit dem sogenannten Washington Consensus bekannt wurde. Schließlich sollte sich dieser erst im Laufe der 1980er-Jahre herauskristallisieren.[227] Im Übrigen erwog die kommunistische Regierung denselben Schritt bereits seit März 1981, als die Grenzen der polnischen Zahlungsfähigkeit gegenüber den westlichen Kreditgebern endgültig erreicht waren. Im November 1981 rang sie sich schließlich dazu durch, einen Beitrittsantrag zu stellen.[228]

Das prominente Bekenntnis des Solidarność-Programms zur Arbeiterselbstverwaltung, das sich auch in seinem Titel »Die selbstverwaltete Republik« *(Samorządna Rzeczpospolita)* spiegelte, dokumentierte nachdrücklich, dass das wenige Monate zuvor noch kontrovers diskutierte, namentlich vom Sieć-Netzwerk verfochtene Modell der Arbeiterselbstverwaltung inzwischen zum programmatischen Leitbild der Gewerkschaftsbewegung aufgestiegen war. Zudem hob der Programmtext explizit die Vorreiterrolle des Sieć für die Initiierung einer »breiten Selbstverwaltungsbewegung« hervor und griff manche Schlagworte und Versatzstücke der konzeptionellen Vorarbeiten des Netzwerks auf. Über mögliche Zielkonflikte zwischen partikularen Belegschaftsinteressen und gesamtgesellschaftlichen Prioritäten, die bei der selbstverwalteten Nutzung des Volkseigentums auftreten könnten, schwieg er sich hingegen aus.[229] Augenfällig war zudem, dass der im August ausgearbeitete detaillierte Sieć-Entwurf für ein Wirtschaftsprogramm, der das Selbstverwaltungskonzept mit dem

227 Siehe Uchwała Programowa I Krajowego Zjazdu Delegatów NSZZ »Solidarność«, S. 29; vgl. Koryś/Tymiński: Od socjalizmu do socjalizmu, S. 135.

228 Siehe Protokół nr 81 z posiedzenia Biura Politycznego KC PZPR, 24.3.1981, in: PZPR a Solidarność, Dok. 76, S. 476–484, hier S. 482; Protokół nr 14 z posiedzenia Biura Politycznego KC PZPR, 10.11.1981, in: ebd., Dok. 112, S. 750–761, hier S. 759.

229 Uchwała Programowa I Krajowego Zjazdu Delegatów NSZZ »Solidarność«, S. 27. – Koryś und Tymiński erkennen darin die »utopische Überzeugung von der Übereinstimmung der Interessen der Gesellschaft und der Belegschaft jedes Unternehmens«: Koryś/Tymiński: Od socjalizmu do socjalizmu, S. 133.

marktorientierten Reformansatz der Balcerowicz-Gruppe verband, weder bei den führenden Wirtschaftsexperten noch bei den Delegierten des Gewerkschaftskongresses Beachtung fand – und dies, obwohl die Arbeiterselbstverwaltung wegen der Auseinandersetzungen um die konkurrierenden Gesetzentwürfe im Zenit ihrer Popularität stand und führende Sieć-Vertreter wie Jerzy Milewski und Jacek Merkel Schlüsselpositionen in der Programmkommission besetzten.[230]

Nun spricht manches dafür, nicht jedes Wort des Solidarność-Programms auf die Goldwaage zu legen oder gar die wirtschaftspolitische Ausrichtung der Gewerkschaft allein an diesem Dokument zu messen. Schon seine Vorbereitung verlief chaotisch, sein Titel »Selbstverwaltete Republik« entsprang einer situativen Eingebung Bronisław Geremeks, und die Programmdebatte während des zweiten Tagungszyklus des Gewerkschaftskongresses war – gemessen an den Emotionen, die andere Tagesordnungspunkte auslösten – von Desinteresse und Lustlosigkeit gekennzeichnet.[231] Dennoch führt es etwas zu weit, die Relevanz des Programms für die Mehrheit der Gewerkschaftsmitglieder rundheraus zu negieren, das Konzept der »Selbstverwalteten Republik« als rein taktisch motivierte rhetorische Floskel zu desavouieren und sogar das Interesse der Solidarność-Basis am »zweifelhaften und nebulösen« Modell der Arbeiterselbstverwaltung generell in Zweifel zu ziehen, wie dies Ludwik Dorn später getan hat.[232]

230 Milewski amtierte als Sekretär der Programmkommission, Merkel war neben Ryszard Bugaj Co-Koordinator der einschlägigen Arbeitsgruppe V zur Wirtschaftsreform. – Vgl. Luszniewicz: Solidarność – samorząd pracowniczy – transformacja systemu, S. 209–213.

231 An der entscheidenden Sitzung der Arbeitsgruppe zur Vorbereitung des Wirtschaftsprogramms am 20. September nahmen nur 16 von 70 angemeldeten Delegierten sowie zehn Experten teil. Siehe Wojciech Kamiński: [Relacja z obrad zespołu] V. Stabilizacja gospodarcza, reforma gospodarki, samorząd pracowniczy, in: Tygodnik Solidarność, Nr. 26 vom 25.9.1981, S. 4; vgl. Chwedoruk: Program Samorządnej Rzeczypospolitej, S. 326–328; Friszke: Rewolucja Solidarności, S. 683.

232 Siehe Ludwik Dorn: Czas »Solidarności«. Ludzie – idee – programy, in: Znaki czasu 1986, H. 1, S. 44–75. – Dem widersprechen übrigens auch die Ergebnisse der von ihm selbst geleiteten Meinungsforschungsabteilung des Sozialforschungszentrums (OBS) der Warschauer Solidarność-Region. Vgl. Abschnitt I.6 dieses Kapitels.

Es ist unübersehbar, dass die Prominenz des Selbstverwaltungsgedankens im Solidarność-Programm in erster Linie auf dessen politische Attraktivität zurückzuführen war und nicht auf eine fundierte Auseinandersetzung mit den damit verbundenen wirtschaftspolitischen Überlegungen. Zwar waren überzeugte Verfechter der Selbstverwaltung wie der im Sieć engagierte Edward Nowak aus der Leninhütte in Nowa Huta gegenüber erklärten Skeptikern wie dem konservativen Rechtsanwalt Jan Olszewski in der Überzahl. Ausschlaggebend war aber die Haltung von Pragmatikern wie Witold Trzeciakowski, einem der etabliertesten Ökonomen unter den Solidarność-Beratern, der kein Hehl daraus machte, dass er eigentlich die Stärkung des Managements in den Betrieben favorisierte (wie es die Pläne der offiziellen Reformkommission vorsahen). Unter den gegebenen politischen Rahmenbedingungen habe man aber nur die »Wahl zwischen Scharlach und Grippe«, sodass er sich für das Selbstverwaltungsmodell einsetzte, obwohl sich dieses »noch nirgends auf der Welt« als effektiv erwiesen habe.[233]

In der innergewerkschaftlichen Programmdebatte diente die Idee der Selbstverwaltung im Grunde als Platzhalter, der dazu herhalten musste, das Fehlen eines kohärenten wirtschaftlichen Reformprogramms zu kaschieren. Denn das Solidarność-Programm bekräftigte in seinem Hauptteil zwar das »allgemeine Recht auf Arbeit« und lehnte Arbeitslosigkeit ab, sprach sich für einheitliche, staatlich garantierte Löhne »unabhängig von den wirtschaftlichen Ergebnissen der Unternehmen« aus und forderte die Bekämpfung der »wachsenden sozialen Unterschiede zwischen Betrieben und Regionen« sowie eine »grundsätzliche Erhöhung der Mittel für Sozialleistungen«.[234] Konkrete Vorschläge, wie all diese auf der Maxime sozialer Sicherheit und größtmöglicher Egalität basierenden Wohltaten erwirtschaftet werden sollten, verbannten die Delegierten jedoch mangels Einigkeit in den Anhang des Programmdokuments.

233 Siehe die Statements von Nowak, Olszewski und Trzeciakowski in Jolanta Strzelecka (Bearb.): Samorządna Rzeczpospolita, in: Tygodnik Solidarność, Nr. 31 vom 30.10.1981, S. 6–8.

234 Uchwała Programowa I Krajowego Zjazdu Delegatów NSZZ »Solidarność«, S. 31–34.

In der Arbeitsgruppe zur Vorbereitung des Wirtschaftsprogramms und auf dem Gewerkschaftskongress drehte sich die Diskussion weniger um systemische Reformkonzepte als um Ansätze zur Bekämpfung der akuten Krise und die damit verbundene Frage, welche Wohlstandseinbußen die Gewerkschaft ihrer Basis in nächster Zukunft zuzumuten bereit war. Dabei standen sich vor allem Ryszard Bugaj und Stefan Kurowski gegenüber, deren Positionen jeweils von einflussreichen Experten und Delegierten unterstützt wurden. Bugaj vertrat gemeinsam mit Waldemar Kuczyński, Zbigniew Janas und anderen eine sogenannte »realistische Variante«, die nur vorsichtige Einschnitte für die Beschäftigten vorsah und die Kosten der Krise vorrangig über progressive Steuern auf hohe Einkommen und Luxusgüter finanzieren wollte. Für Bugaj und seine Mitstreiter hatte der Schutz sozial Schwächerer Vorrang vor einer schnellen wirtschaftlichen Erholung. Dementsprechend gingen sie (in Übereinstimmung mit den Regierungsplänen) davon aus, dass die Überwindung der Wirtschaftskrise mehrere Jahre in Anspruch nehmen würde. Ein »Gesellschaftlicher Volkswirtschaftlicher Rat« (Społeczna Rada Gospodarki Narodowej) unter Beteiligung der Gewerkschaften und des Episkopats sollte die Regierung künftig in wirtschaftspolitischen Fragen beraten.[235] Konkrete Vorschläge für einen Umbau der Wirtschaftssystems blieb ihr Konzept allerdings schuldig, sodass Grzegorz Palka nicht ganz zu Unrecht kritisierte, Bugaj wolle »der Gesellschaft nur das sagen, was diese Gesellschaft möglichst schmerzlos zu akzeptieren in der Lage ist«.[236]

Dagegen legte Palka gemeinsam mit Kurowski und weiteren Unterstützern ein »Alternativprogramm« vor, das einen schnellen Ausweg aus

235 Siehe Materiały dyskusyjne do części III programu »Związek wobec kryzysu i reformy gospodarczej«, in: I Krajowy Zjazd Delegatów NSZZ »Solidarność«: Statut. Uchwała programowa z aneksem. Dokumenty Zjazdu, Gdańsk [1981], S. 63–78, hier S. 63–69. – Vgl. zu den konkurrierenden Reformszenarien Koryś/Tymiński: Od socjalizmu do socjalizmu, S. 133–138; Kaliski: »Antysocjalistyczne zbiorowisko«?, S. 79–88; Holzer: Solidarität, S. 338–342; Friszke: Rewolucja Solidarności, S. 686–692.

236 I Krajowy Zjazd Delegatów, II tura. Obrady plenarne. 1.10., 6 dzień, in: AS, Nr. 41 vom 29.9.–1.10.1981, S. 301–320, hier S. 302.

der Krise versprach, dabei aber eine einschneidende Erhöhung der Verbraucherpreise bei auf mehrere Jahre eingefrorenen Löhnen und Gehältern vorsah. Zu den schmerzhaften sozialen Folgen einer solchen Operation äußerten Kurowski und Palka sich nur vage. Gleichwohl zeigten sie sich optimistisch, dass die polnische Gesellschaft eine solche Schocktherapie[237] akzeptieren würde – vorausgesetzt, die Solidarność würde diese selbst steuern und politisch verantworten, indem sie mittels eines »Wirtschaftsrats« (Rada Gospodarcza) die Wirtschaftspolitik der Regierung beaufsichtigte. Dass Kurowski und Palka der kommunistischen Regierung also kaum verklausuliert nahelegten, auf wirtschaftspolitischem Feld freiwillig und unverzüglich abzudanken, trug nicht eben dazu bei, die Realisierungschancen ihres Konzepts zu erhöhen.[238]

Interessanter waren ihre Vorschläge zur Steigerung der volkswirtschaftlichen Produktivität. Hierzu schwebte Kurowski und Palka eine radikale »Konversion« der Wirtschaft vor, die eine Umschichtung von Investitions- und Produktionsmitteln zugunsten des Privatsektors in Landwirtschaft und Gewerbe umfassen sollte. Sie dachten dabei unter anderem an den Verkauf von einer Million Hektar staatseigenen Landes an private Bauern und versprachen sich von der Förderung der Privatbetriebe im Gewerbe, Bauwesen und Dienstleistungsbereich die Schaffung von einer Million zusätzlicher Arbeitsplätze. Obwohl sie keine Scheu hatten, eine sofortige Entmachtung der Regierung in Wirtschaftsfragen zu fordern, kam es ihnen nicht in den Sinn, die volkswirtschaftliche Dominanz des vergesellschafteten Sektors infrage zu stellen: Eine Million Beschäftigte entsprachen gerade einmal einem Zwölftel der Arbeitnehmer im vergesellschafteten Sektor.[239] Statt einer umfassenden Privatisierung

237 Kurowski und Palka selbst verwendeten diesen Begriff nicht; allerdings wurde ihr Konzept in der Debatte zustimmend als »terapia wstrząsowa« bezeichnet. Siehe die Wortmeldung von Antoni Borowski (Elbląg), ebd.

238 Siehe Materiały dyskusyjne do części III programu »Związek wobec kryzysu i reformy gospodarczej«, S. 72–78, insbes. S. 74. – Vgl. auch Friszke: Rewolucja Solidarności, S. 688; Zieliński: Co nam zostało z tych lat, S. 26, Fn. 16.

239 Vgl. Luszniewicz: Koncepcje ekonomiczne »Solidarności«, S. 311.

regten sie eine Umschichtung »eines bedeutenden Teils der ineffizienten Produktion von großen zu kleinen Betrieben« innerhalb der staatlichen Industrie an.[240] Innerhalb der Programmkommission konnten sich Kurowski und Palka mit ihren radikalen Vorschlägen zunächst nicht durchsetzen, da die Fraktion um Bugaj diese für illusorisch hielt. Kurowski gelang es aber mit einer brillanten Rede vor dem Plenum des Landesdelegiertenkongresses, sein »Alternativprogramm« als gleichberechtigten Diskussionsvorschlag in den Anhang des Programms aufnehmen zu lassen.[241]

Weniger Aufmerksamkeit fand ein dritter Programmentwurf, die von den Delegierten der Region Niederschlesien kurzfristig in die Debatte eingebrachte »Motivations-Variante«.[242] Anstatt sich wie die beiden anderen Entwürfe auf Sofortmaßnahmen zu konzentrieren, bemühten sich deren Autoren darum, Rahmenbedingungen und Ziele der angestrebten Wirtschaftsreform zu skizzieren. Den Schlüssel zur Gesundung der polnischen Wirtschaft sahen sie in der »Belebung des Unternehmergeistes der Menschen und Gruppen« sowie in der »sofortigen Lockerung aller Bremsen, die diesen Unternehmergeist *(przedsiębiorczość)* einschränken«. Für die »Wiederherstellung normaler Funktionsgrundlagen der Wirtschaft« kam es aus Sicht der Breslauer Experten darauf an, dass die Bürger »Fleiß,

240 Siehe Materiały dyskusyjne do części III programu »Związek wobec kryzysu i reformy gospodarczej«, S. 73f. – Wie weit die Akzeptanz für die Vergesellschaftung der Produktionsmittel reichte, zeigte auch das Wirtschaftsprogramm der rechtsgerichteten Oppositionsgruppe Konfederacja Polski Niepodległej (KPN), das auf dem Solidarność-Kongress von Jacek Jerz vorgestellt wurde. Ungeachtet ihrer sonstigen radikalen politischen Ziele sprach sich auch die KPN nicht für Privatisierungen, sondern für eine »reale Nationalisierung« aus, wobei sie statt »gesellschaftlicher Unternehmen« die Bezeichnung »selbstverwaltete nationale Unternehmen« präferierte. Siehe I Krajowy Zjazd Delegatów, II tura. Obrady plenarne. 2.10., 7 dzień, in: AS, Nr. 42 vom 2.–4.10.1981, S. 101–110, hier S. 102.

241 Vgl. Luszniewicz: Solidarność – samorząd pracowniczy – transformacja systemu, S. 212.

242 Die Autoren dieses Vorschlags waren Stanisław Kielczewski, Antoni Gorazd, Leon Kieres und Michał Lewiński aus dem Zentrum für Gesellschaftlich-Berufliche Studien (OPSZ) des Solidarność-Regionalverbands Dolny Śląsk. Siehe, auch für die folgenden Zitate, Materiały dyskusyjne do części III programu »Związek wobec kryzysu i reformy gospodarczej«, S. 69–72.

Initiativkraft und Unternehmergeist [...] im Rahmen ihrer normalen Berufstätigkeit« realisieren könnten und nicht auf einen »zweiten, unabhängigen und oftmals illegalen Wirtschaftskreislauf« ausweichen müssten. Damit »es sich lohnt, gut zu arbeiten, Initiative und Unternehmergeist zu zeigen«, bedürfe es einer grundlegenden Demokratisierung des Systems der Wirtschaftslenkung und einer konsequenten Anwendung ökonomischer Regeln. Dabei sei Kategorien wie Kosten und Gewinn »ihr ökonomischer Gehalt zurückzugeben«. Zudem müsse man »egalitaristischen Tendenzen im Bereich der Lohnpolitik entschieden entgegenwirken« und »die gesellschaftlich akzeptable Spreizung der Einkünfte im Wege eines Gesetzes bestimmen, wobei das Augenmerk darauf liegen muss, deren motivierende Wirkung nicht zu schwächen und zugleich die niedrigsten Löhne zu schützen«.

Der Vorschlag aus Wrocław fiel schon sprachlich aus dem Rahmen der innergewerkschaftlichen Debatte. Als einziger der konkurrierenden Entwürfe zielte er vorrangig auf mikroökonomische Faktoren für den Erfolg der Wirtschaftsreform, während die beiden viel diskutierten Konzepte von Bugaj und Kurowski makroökonomisch argumentierten und dabei der Produktionslogik der staatssozialistischen ökonomischen Denkens verhaftet blieben.[243] Anders als Bugaj und Kurowski, die die Wirtschaftskrise im Wesentlichen mit einem raschen Wachstum der materiellen Produktion, vor allem einer Steigerung der Kohleförderung, bekämpfen wollten, setzte das Breslauer Konzept ganz auf die »Befreiung gesellschaftlicher Energie«.[244] Diese war jedoch gerade nicht kollektivistisch gedacht, sondern sollte durch die Schaffung von mikroökonomischen Anreizen für individuelle Akteure stimuliert werden. Folgerichtig sprach sich der Vorschlag ausdrücklich für die Abkehr von dem für die Solidarność sonst so typischen egalitaristischen Verteilungsdenken aus, auch wenn die Festlegung von Lohnobergrenzen per Gesetz noch eine taktische Konzession an

243 Vgl. Koryś/Tymiński: Od socjalizmu do socjalizmu, S. 136.
244 Materiały dyskusyjne do części III programu »Związek wobec kryzysu i reformy gospodarczej«, S. 69.

solche Einstellungen darstellte.[245] Zwar forderten die Autoren der »Motivations-Variante« weder eine Veränderung der Eigentumsverhältnisse in der Wirtschaft, noch machten sie explizite Vorschläge zur Förderung von Privatbetrieben.[246] Sie verschoben den Fokus aber fundamental von der Makroebene auf individuelle Tugenden wie Leistung und Eigeninitiative, ohne ein Wort über die sozialen Konsequenzen einer rein effizienzorientierten Wirtschaftsreform zu verlieren. Insofern lässt sich ihr Entwurf als Ausdruck der Wertehierarchie der von Jacek Kurczewski identifizierten neuen Mittelschicht, aber auch als frühes Symptom der von Daniel T. Rodgers konstatierten Verlagerung gesellschaftlicher Ordnungsentwürfe auf die Mikroebene lesen.[247]

Bei den Delegierten des Gewerkschaftskongresses fand dieser neue Ton jedoch keinen nennenswerten Anklang. Der Beitrag aus Breslau wurde zwar als dritter Diskussionsvorschlag in den Anhang des Solidarność-Programms aufgenommen, die ausbleibende Resonanz in der Programmdebatte (und übrigens auch in der historischen Forschung)

245 Allerdings war dieses Zugeständnis recht vage formuliert, wenn man bedenkt, dass die Experten des Warschauer Zentrums für Gesellschaftlich-Berufliche Studien OPSZ in ihren programmatischen Thesen vom Februar–März 1981 »die Bestimmung des Einkommensniveaus, dessen Überschreitung nicht toleriert wird,« noch als »unerlässlich« bezeichnet hatten (OPSZ: Kierunki działania Związku w obecnej sytuacji kraju, in: Luszniewicz/Zawistowski (Hg.): Sprawy gospodarcze w dokumentach, S. 244). Andrzej Walicki attackierte diese Haltung polemisch als »Kasernenhofideal« (Andrzej Walicki: W stronę przeciętności, in: Polityka, Nr. 27 vom 4.7.1981, S. 1, 8). Im Hauptteil des schließlich verabschiedeten Gewerkschaftsprogramms fand sich die Forderung nach »Besteuerung überhöhter Gehälter« nur noch als »Vorschlagsvariante« wieder. Siehe Uchwała Programowa I Krajowego Zjazdu Delegatów NSZZ »Solidarność«, S. 34.

246 In der Programmdebatte setzte sich neben Stefan Kurowski als einziger Delegierter Stanisław Osiniak ausdrücklich für die Förderung von Privatunternehmen ein. Siehe I Krajowy Zjazd Delegatów, II tura. Obrady plenarne. 1.10., 6 dzień, in: AS, Nr. 41 vom 29.9.–1.10.1981, S. 301–320, hier S. 302; vgl. Chwedoruk: Program Samorządnej Rzeczypospolitej, S. 340.

247 Bartosz Kaliski verortet die Autoren des Konzepts zwar fälschlicherweise in Oberschlesien, liest diese semantische Differenz aber treffend heraus. Vgl. Kaliski: »Antysocjalistyczne zbiorowisko«?, S. 82 f.; vgl. nochmals Kurczewski: The Old System and the Revolution; Rodgers: Age of Fracture. – Für den kurzen, aber anregenden Austausch über diesen Aspekt danke ich Piotr Perkowski.

deutet aber darauf hin, dass die von der großindustriellen Arbeiterschaft und der kritischen *inteligencja* dominierte Solidarność-Bewegung mit dieser neuen Semantik noch nicht allzu viel anzufangen wusste. Nichtsdestoweniger belegt der Vorschlag aus Niederschlesien, dass die Hegemonie der industriemodernen Sinnwelt innerhalb der Solidarność erste Risse zeigte. Folglich präsentierte sich das wirtschaftspolitische Programm der Gewerkschaft am Ende als »Flickwerk dreier inkohärenter Konzeptionen«,[248] die sich zwar noch weitgehend im Horizont eines besseren, weil demokratischeren und effizienteren Sozialismus bewegten, punktuell aber Tendenzen zu dessen Überschreitung erkennen ließen.

Zu ähnlichen Befunden kommt mit Blick auf den Mainstream der Gewerkschaft auch der Warschauer Wirtschaftshistoriker Jacek Luszniewicz, einer der besten Kenner der wirtschaftspolitischen Konzepte in der Solidarność-Bewegung. So schließt er sich ausdrücklich dem wissenschaftlichen Konsens an, der die wirtschaftspolitischen Vorstellungen der Solidarność im systemischen Rahmen eines demokratisierten und mit Marktelementen kombinierten Sozialismus verortet.[249] Zugleich bemüht er sich jedoch, vor allem diejenigen Ansätze herauszuarbeiten, die über diesen Rahmen tendenziell hinauswiesen. Insbesondere in den Reformüberlegungen des Sieć-Netzwerks sieht er eine systemtransformatorische Stoßrichtung am Werk und leitet daraus die These ab, es habe sich um eine »objektiv prokapitalistische Strömung« innerhalb der Solidarność gehandelt, deren Reformkonzepte »proliberalen« bzw. »restaurativen« Charakter angenommen hätten.[250]

So wichtig es auch ist, die Pluralität und Vieldeutigkeit der wirtschaftspolitischen Vorstellungen innerhalb der Solidarność-Bewegung anschaulich zu machen, so neigt Luszniewicz doch unübersehbar dazu, Inkonsistenzen und Ambivalenzen seines empirischen Materials im Sinne seiner

248 Grala: Reformy gospodarcze, S. 109.

249 Vgl. Luszniewicz: Koncepcje ekonomiczne »Solidarności«, S. 298.

250 Siehe Luszniewicz: Postulaty gospodarcze Sieci, insbes. S. 325; ders.: Solidarność – samorząd pracowniczy – transformacja systemu, insbes. S. 20f., 268–275; ähnlich auch ders.: Wizje reformy gospodarczej.

vorgefassten These zu interpretieren und damit über Gebühr zu vereindeutigen.[251] Es steht außer Frage, dass die Akteure des Sieć marktorientierte Reformkonzepte aufgriffen und hierbei vergleichsweise tiefgehende systemische Veränderungen der Funktions- und Regulationsmechanismen der bestehenden Planwirtschaft anstrebten. Wie die zeitgenössischen Verlautbarungen des Netzwerks belegen, zielten diese Vorschläge jedoch nicht darauf ab, die staatssozialistische Kommandowirtschaft durch einen privatwirtschaftlichen Kapitalismus ersetzen, sondern durch einen auf Gemeineigentum basierenden Marktsozialismus: »Es geht also darum, das Staatseigentum durch authentisches gesellschaftliches Eigentum zu ersetzen«, hieß es in der Erläuterung zum Sieć-Gesetzentwurf für das »gesellschaftliche Unternehmen«.[252] Und als Erwiderung auf die propagandistischen Attacken der Staatsmedien bekräftigte das Netzwerk Ende Juli 1981 nochmals: »Das gesellschaftliche Eigentum der Produktionsmittel ist das grundlegende Systemprinzip unseres Landes [...]. Das Sieć-Projekt ist die praktische Realisierung der sozialistischen Formel vom schrittweisen Übergang von der Nationalisierung zur vollen Vergesellschaftung der Leitung.«[253]

Über den von Luszniewicz a priori unterstellten »utopischen« Charakter oder die von ihm angenommene mangelnde Stabilität eines solchen institutionellen Arrangements[254] mag man geteilter Meinung sein. Da in

251 Während Luszniewicz seine These in früheren Publikationen noch recht forsch vertreten hatte, räumt er in einem resümierenden Aufsatz von 2013 ein, dass ein »Überschreiten des systemischen Horizonts des Sozialismus« nicht gleichbedeutend mit einer »prokapitalistischen« Zielrichtung sei und die Sieć-Konzepte keine »restaurativen Intentionen« enthielten. Siehe Luszniewicz: Koncepcje ekonomiczne »Solidarności«, S. 304, 314.

252 Sieć Organizacji Zakładowych NSZZ »Solidarność« wiodących zakładów pracy: Przedsiębiorstwo społeczne w reformie gospodarczej, 25.6.1981, in: AS, Nr. 22 vom 22.–28.6.1981, S. 303 f., Nachdruck in: Luszniewicz/Zawistowski (Hg.): Sprawy gospodarcze w dokumentach, Dok. 134, S. 456.

253 Sieć Organizacji Zakładowych NSZZ »Solidarność« wiodących zakładów pracy: Odpowiedzi na najczęściej powtarzające się zarzuty wobec projektu ustawy o przedsiębiorstwie społecznym, 30.7.1981, in: AS, Nr. 27 vom 28.7.–4.8.1981, S. 304–306.

254 Vgl. Luszniewicz: Koncepcje ekonomiczne »Solidarności«, S. 309; ders.: Solidarność – samorząd pracowniczy – transformacja systemu, S. 19 f.

keinem der Sieć-Konzepte eine weitreichende Privatisierung der Produktionsmittel auch nur angedacht war, handelte es sich offenkundig um den Versuch, in den gegebenen Verhältnissen einen »dritten Weg« zwischen Kapitalismus und Staatssozialismus zu beschreiten.[255] Vielsagend ist in diesem Zusammenhang auch das im Vergleich zu Stefan Kurowski und anderen Solidarność-Vertretern eher gering ausgeprägte Interesse der Sieć-Experten am Ausbau von Anreizsystemen für individuelle unternehmerische Initiativen, an der Stärkung kleiner und mittlerer Betriebe oder der Förderung des Privatsektors in Handel und Gewerbe.[256] Die beträchtliche Skepsis des Netzwerks gegenüber privaten Einzelunternehmern schlug sich etwa in dem Vorschlag nieder, privaten Firmen bei Erreichen einer gewissen Größe die Umwandlung in teilstaatliche Unternehmen zu ermöglichen, um ihre weitere Investitionsbereitschaft zu fördern und »die Anreize zum Luxuskonsum seitens ihrer Eigentümer« zu minimieren.[257] Der im November 1981 von einigen Wortführern des Sieć erarbeitete Programmentwurf für eine »Polnische Arbeitspartei« (Polska Partia Pracy) sprach sich außerdem explizit für die »effektive Begrenzung« von »Reprivatisierungen« aus.[258] Hier machte sich die Präferenz des Netzwerks für jene groß- und schwerindustriellen Strukturen bemerkbar, aus denen

255 So auch Chodorowski: »Sieć« – rok 1981, S. 69 f.

256 Dass das Sieć in dieser Hinsicht wenig ambitioniert auftrat, räumt auch Luszniewicz ein (siehe Luszniewicz: Solidarność – samorząd pracowniczy – transformacja systemu, S. 19, 263). Selbst Jacek Kuroń forderte in einer Rede vor Solidarność-Mitgliedern in der Huta Katowice am 10. Juli 1981 u. a. die Abschaffung bestehender Hürden für Privatbetriebe, Garantien für »Polonia-Kapital« und die Schaffung eines »normalen Markts«, in dem selbstverwaltete Unternehmen auf Basis von »Einkünften oder Gewinn« arbeiten. Vgl. Friszke: Rewolucja Solidarności, S. 463 f.

257 Siehe Sieć Organizacji Zakładowych NSZZ »Solidarność« wiodących zakładów pracy: Propozycja stanowiska NSZZ »Solidarność« w sprawie reformy społeczno-gospodarczej, 26.8.1981, in: AS, Nr. 34 vom 28.–30.8.1981, S. 301–306, hier S. 305; vgl. Luszniewicz: Solidarność – samorząd pracowniczy – transformacja systemu, S. 179.

258 Darin hieß es: »Das neue System soll eine Marktregulierung der Wirtschaft bei Beibehaltung des Grundsatzes des gesellschaftlichen Eigentums an den grundlegenden Produktionsmitteln sowie effektive Begrenzungen von Monopolen und Reprivatisierungen gewährleisten.« Die »Gesetzmäßigkeiten des wilden, unkontrollierten Marktes« wurden keineswegs begrüßt, sondern mit der Gefahr von »Massenarbeitslosigkeit und einer verrückten Inflationsspirale« in Verbindung gebracht. –

sich seine Mitglieder rekrutierten. Dem hohen Ingenieursanteil im Kreise seiner Aktiven entsprechend neigte das Sieć nicht zu radikal marktliberalen Positionen, sondern vielmehr zu rationalistisch-technokratischen Lösungsansätzen.

Für sein hilfsweise vorgebrachtes Argument, die zeitgenössischen Aussagen aus dem Sieć-Umfeld seien generell als »äußerliche Staffage«, taktisch bedingte »Camouflage« oder Ausdruck von situativer *political correctness* zu bewerten,[259] bleibt Luszniewicz stichhaltige empirische Belege schuldig. Dass sich in den Reihen des Sieć und seiner Berater mit Jacek Merkel, Leszek Balcerowicz, Tomasz Gruszecki und anderen eine ganze Reihe von Protagonisten fand, die eine knappe Dekade später als entschiedene Befürworter einer liberal-kapitalistischen Ordnung von sich hören ließen, war sicherlich kein Zufall (und lässt sich nicht zuletzt auf die gemeinsame generationelle und akademische Prägung dieser Personengruppe zurückführen). Daraus ist allerdings nicht ohne Weiteres abzuleiten, dass es sich auch schon bei den Reformansätzen, für die sich diese Akteure 1980–1981 mit viel Energie und Enthusiasmus eingesetzt hatten, um ein »mindestens quasi-kapitalistisches« Projekt gehandelt habe.[260]

Aufschlussreich ist hier ein 1984 entstandener und ein Jahr später in einem Londoner Exilverlag publizierter Erfahrungsbericht von Janusz Lewandowski und Jan Szomburg, zwei jungen Wirtschaftswissenschaftlern, die sich im Laufe der 1980er-Jahre zu führenden Köpfen der sogenannten Danziger Liberalen entwickeln sollten und die seit 1989 als dezidierte Fürsprecher und prominente Akteure einer schnellen und umfassenden Privatisierungspolitik hervortraten. Beide hatten sich seit dem Frühsommer 1981 als Berater für die Etablierung der Arbeiterselbstverwaltung in Betrieben in und um Danzig engagiert und legten nun ein Resümee ihrer

Sieć Organizacji Zakładowych NSZZ »Solidarność« wiodących zakładów pracy: Elementy programu Polskiej Partii Pracy – propozycja, 22.11.1981, in: AS, Nr. 54 vom 19.–22.11.1981, S. 304–306.

259 Vgl. Luszniewicz: Solidarność – samorząd pracowniczy – transformacja systemu, S. 17–19, 256.

260 So ebd., S. 17.

Erfahrungen vor.[261] Ihrer Einschätzung nach waren ca. 20 Prozent der Engagierten, mit denen sie zu tun hatten, authentische Anhänger der Selbstverwaltungsidee. Eine ebenso große Gruppe, überwiegend akademisch Gebildete, sei hingegen im Grunde ihres Herzens von der Überlegenheit privatwirtschaftlicher Unternehmensführung überzeugt gewesen, engagierte sich jedoch angesichts der »Unmöglichkeit der Reprivatisierung der polnischen Wirtschaft« für das Selbstverwaltungsmodell. Die Mehrheit der Aktiven (60 Prozent) zeigte in dieser Grundsatzfrage keine klare Präferenz.[262] Lewandowski und Szomburg selbst bekannten sich freimütig dazu, dass sie die Arbeiterselbstverwaltung damals keineswegs als kleineres Übel betrachteten. Vielmehr verstanden sie diese als entscheidenden Schritt zur tatsächlichen Verwirklichung der Vergesellschaftung der Produktionsmittel und waren auch aus ökonomischer Sicht von ihrer Überlegenheit gegenüber stärker managementorientierten Modellen überzeugt.[263] Angesichts dessen überrascht es wenig, dass auch Leszek Balcerowicz das kollektivistische Solidarność-Modell der Arbeiterselbstverwaltung noch lange gegen weitergehende Privatisierungskonzepte ungarischer Ökonomen verteidigen sollte. Wie János Mátyás Kovács kolportiert, betrachtete Balcerowicz die Ansätze seiner ungarischen Kollegen noch im Sommer 1988 in informeller Runde als eine Art Marotte, die symptomatisch für deren »typisch kapitalistische Neigungen« sei. »Die Polen«, gab sich Balcerowicz überzeugt, »bevorzugen kollektive Lösungen.«[264]

261 Siehe Lewandowski: Samorząd w dobie »Solidarności«, S. 16.
262 Siehe ebd., S. 60.
263 Siehe ebd., S. 48, 50f. – In einem zur parteipolitischen Selbstdarstellung produzierten Interviewband von 1993 relativierte Lewandowski diese Aussage (siehe Paradowska/Baczyński (Hg.): Teczki liberałów, S. 121–123); später unterstrich er wieder stärker seine damalige Überzeugung von der Effektivität des Selbstverwaltungsmodells, siehe Lewandowski: Sprinter długodystansowy, S. 45.
264 So Kovács' Darstellung eines informellen Pausengesprächs mit Balcerowicz und seinem ungarischen Kollegen Márton Tardos während einer Konferenz über »Economics of market socialism« im Wiener Institut für die Wissenschaft vom Menschen: János Mátyás Kovács: Conclusion: Expeditions to No Man's Land. Comparing Economic Concepts of Ownership under Communism: An Evolutionary View, in: ders. (Hg.): Populating No Man's Land, S. 287.

Luszniewiczs These, die Akteure des Sieć hätten ihre wahren Absichten zunächst verschleiert und später nur ihre »Tarnfarben« abgelegt, ohne ihre wirtschaftspolitischen Ansichten dabei grundsätzlich zu verändern,[265] verkennt also den Wandel nicht nur der politischen Rahmenbedingungen, sondern auch diskursiv vermittelter Weltdeutung. Im Übrigen verweist Luszniewicz selbst auf die Bedeutung »*innerer* und äußerer politisch-ideologischer Barrieren«[266] für die Formulierung wirtschaftlicher Leitbilder und räumt ein, das Sieć-Programm habe zwar eine »Alternative zu der damaligen Wirtschaftsordnung« skizziert, sei dabei aber »ein Kind seiner Zeit« geblieben.[267]

Am Ende war es ohnehin kein Vertreter des Sieć-Netzwerks und erst recht nicht der rhetorisch versierte Stefan Kurowski, der auf dem Landesdelegiertenkongress der Solidarność Ende September 1981 den wirtschaftspolitischen Common Sense der Bewegung formulierte. Diese Rolle kam vielmehr dem 93-jährigen Ökonomen und Nestor der demokratischen Oppositionsbewegung Edward Lipiński zu, dessen ideologisches Bekenntnis zum Sozialismus manchem Mittdreißiger unter den Solidarność-Aktivisten wie ein Relikt aus einer fernen Vergangenheit erscheinen mochte. Dennoch wurde Lipińskis Rede von den Delegierten immer wieder durch Applaus unterbrochen und mit stehenden Ovationen gefeiert, als er bekannte:

> »Ich selbst verstehe mich seit 1906 als Sozialist (Applaus), aber für mich heißt Sozialismus eben Kampf für eine bessere Wirtschaft, für eine demokratische Wirtschaft, nicht für staatliches Eigentum an den Produktionsmitteln, wo eine Gruppe neuer privater Eigentümer zum Eigentümer der Produktionsmittel wird, sondern für gesellschaftliches Eigentum an den Produktionsmitteln (Applaus), für eine demokratische Leitung der Fabriken, für politische Freiheit, die das Ziel jedes Sozialismus ist, für die Abschaffung der Zensur (Applaus), für die Möglichkeit der vollen Entfaltung der polnischen Nation.

265 Vgl. Luszniewicz: Solidarność – samorząd pracowniczy – transformacja systemu, S. 21; ders.: Koncepcje ekonomiczne »Solidarności«, S. 317.
266 Luszniewicz: Koncepcje ekonomiczne »Solidarności«, S. 315 (meine Hervorhebung).
267 Luszniewicz: Solidarność – samorząd pracowniczy – transformacja systemu, S. 110.

> […] Wir sind nicht alle Sozialisten, so wie ich es bin, aber alle, die wir hier sind, kämpfen wir um dieselben Ziele. Es gibt in Polen keinerlei Kräfte, die sich nach der Reprivatisierung der Produktionsmittel sehnen würden (Applaus), nach der Reprivatisierung der Huta Katowice oder der Leninhütte. Es gibt solche Kräfte nicht. Wohl aber verstehen wir alle, dass dort, wo es um Kleingewerbe, um den kleinen Handel, um Restaurants und Handwerk geht, private Initiative ihren Platz haben sollte, weil nur private Initiative diese Unternehmungen effektiv steuern kann (Applaus) […]. In diesem Fall ist Privateigentum besser. Dagegen gibt es keine antirevolutionären Kräfte […], die die Reprivatisierung der Schwerindustrie fordern würden.«[268]

Mit Blick auf das vom Gewerkschaftskongress beschlossene Programm der Solidarność fasst Rafał Chwedoruk deren wirtschaftspolitisches Leitbild ganz ähnlich zusammen: »Unter Vergesellschaftung verstand man etwas anderes als bloße Verstaatlichung. Man setzte auf gesellschaftliche Selbstorganisation, und weder auf staatlichen Paternalismus noch auf die rein individuelle Tüchtigkeit einzelner Bürger.«[269] Die Mehrheit der Solidarność-Anhänger wünschte sich keine kategoriale Trennung von Wirtschaft und Politik, sondern eine neue, demokratischere Form des Primats der Politik über die Wirtschaft. Da der gemeinsame Horizont der Reformansätze von Regierung und Solidarność durch die Idee des Marktsozialismus abgesteckt war, stritten regime- und oppositionsnahe Wirtschaftsexperten nicht über die Förderung der Privatwirtschaft, sondern in erster Linie um verbesserte Steuerungsmechanismen für die volkseigene Industrie und den Einfluss der Belegschaften in den Betrieben. Insofern markierten die 16 Monate der legalen Solidarność 1980–1981 einen Höhepunkt egalitaristischer und kollektivistischer wirtschaftlicher Leitbilder, wie sie für den ideengeschichtlichen Horizont der industriellen Moderne typisch waren – auch wenn punktuell bereits Ansätze neuen Denkens aufschienen.

268 Wystąpienie prof. Lipińskiego, in: AS, Nr. 40 vom 26.–28.9.1981, S. 302 f.; vgl. Friszke: Rewolucja Solidarności, S. 674 f.

269 Vgl. Chwedoruk: Program Samorządnej Rzeczypospolitej, S. 342.

# II. »Der Geist der kommenden Zeit«: Neoliberale Vordenker und unternehmerische Praktiker

> *»Podobno w Biurze Politycznym*
> *rządzą teraz sami liberałowie.*
> *Brakuje im tylko silnej ręki,*
> *żeby swój liberalizm wprowadzić w życie.«*
>
> »Angeblich regieren jetzt im Politbüro
> lauter Liberale.
> Es fehlt ihnen bloß an der harten Hand,
> um ihren Liberalismus in die Tat umzusetzen.«[1]

Aus heutiger Sicht lesen sich diese Verse von Ryszard Krynicki, die im Juli 1981 in dem Danziger Gewerkschaftsblatt *Solidarność* abgedruckt wurden, in erster Linie als Ausdruck der prophetischen Vorahnung, dass die reformorientierte Rhetorik der polnischen Parteiführung jederzeit wieder in ein repressives Regime kippen könnte – wie es mit der Verhängung des Kriegsrechts durch General Jaruzelski am 13. Dezember 1981 und der Zerschlagung der unabhängigen Gewerkschaftsbewegung dann ja auch geschah. Der bekannte Vertreter der Neuen Welle in der polnischen Poesie, der seit den 1970er-Jahren eng mit der Oppositionsbewegung verbunden war,[2] artikulierte somit verbreitete Vorbehalte gegenüber Vertretern des Reformflügels innerhalb des kommunistischen Establish-

1 Ryszard Krynicki: Podobno, in: Solidarność [Gdańsk], Nr. 25(55) vom 30.7.1981, S. 15, Nachdruck in: ders.: Wiersze wybrane, S. 208.

2 Vgl. Eugenia Dabertowa: »Ryszard Krynicki«, in: Skórzyński/Sowiński/Strasz (Hg.): Opozycja w PRL, Bd. 2, S. 182f.

ments, die sich zwar nach außen hin als Liberale inszenierten, zu ernsthaften Gesprächen auf Augenhöhe mit der Solidarność-Bewegung aber nicht bereit waren.

Darüber hinaus schwang in Krynickis kurzem Gedicht jedoch eine weitaus grundsätzlichere Frage mit, die in den kommenden Jahren nicht so bald an Aktualität verlieren sollte: Wie konsistent und glaubwürdig konnte ein Liberalismus sein, der sich politisch nur mit »harter Hand« gegen den Willen der Bevölkerungsmehrheit durchsetzen lassen würde? Aus seinen Versen sprach ein feines Gespür dafür, dass technokratische Spielarten des Liberalismus, die primär auf ein effizientes Funktionieren von Wirtschaft und Gesellschaft abzielten, für die demokratischen Aspirationen vieler Polinnen und Polen keineswegs einen natürlichen Bündnispartner darstellen mussten. Dass sie zu diesen sogar unversehens in Widerspruch geraten konnten, störte freilich nicht jeden. Wer die konkrete Aussicht auf Erweiterung individueller wirtschaftlicher Freiheiten der abstrakten Hoffnung auf kollektive politische Teilhabe vorzog, mochte gerade in solchen Spielarten des Liberalismus Auswege aus dem repressiven Klima des Kriegsrechts suchen.

## 1. »Wie die Macht in Polen behalten?« Ein unmoralisches Angebot

Krynickis Skepsis gegenüber den selbsterklärten Partei-Liberalen entsprach zweifellos der Stimmungslage der großen Mehrheit der Solidarność-Sympathisanten. Allerdings gab es unter oppositionsnahen Intellektuellen auch vereinzelte Stimmen, die den Reformern innerhalb der kommunistischen Machtelite ihre geringe Sensibilität für basisdemokratische Willensbildung nicht etwa zum Vorwurf machten – sondern sich genau das von ihnen erhofften, was Krynicki ihnen mit kritischem Argwohn unterstellte: die Einführung einer effizienten Wirtschaftsordnung mit harter Hand. Das galt jedenfalls für den Krakauer Philosophen Mirosław Dzielski, der schon Anfang 1980 als Vordenker eines katholisch fundierten Wirtschaftsliberalismus hervorgetreten war und in einer Krakauer Untergrundzeitschrift das Programm einer autoritären Einführung des Kapitalismus von oben skizziert hatte.[3]

Dzielski wählte für seine Überlegungen, die zu diesem Zeitpunkt kaum mehr als den Status eines extravaganten Gedankenexperiments beanspruchen konnten, ein ungewöhnliches Format: Sein unter dem Pseudonym Adolf Romański veröffentlichter Artikel war in der Konvention eines fiktiven Briefes an einen ebenso fiktiven Fernsehkommissar gehalten. Der Adressat dieses Briefes, Oberleutnant Borewicz, war der Titelheld der populären polnischen Krimiserie »07 melde Dich« *(07 zgłoś się)*, der nicht nur den auffallend ähnlichen Codenamen mit seinem britischen Gegenstück gemeinsam hatte. Auch mit seinem modischen Auftreten, seinen Fahrkünsten bei rasanten Verfolgungsjagden und seiner Schwäche für schöne Frauen, die in den Episoden der Serie ausführlich thematisiert wurde, stach Borewicz aus dem gewohnten Kanon staatssozialistischer Heldenfiguren heraus. Dem oppositionellen Intellektuellen Dzielski galt der hedonistische Supermiliziant Borewicz jedenfalls als Prototyp der neuen Elite der konsumsozialistischen 1970er-Jahre, die sich – ganz im Sinne ihres obersten Repräsentanten Edward Gierek – weniger für ideologische Fragen interessierte als dafür, ihre Posten zu sichern und es sich dabei materiell gut gehen zu lassen. Dzielski nannte diese Haltung »zynisch«, verband damit aber keine moralische Verurteilung, sondern ganz im Gegenteil die Hoffnung, dass sich mit diesen Leuten (anders als mit ideologisch verbohrten Kommunisten) vernünftig reden lasse. Und er machte Borewicz, stellvertretend für alle Profiteure des bisherigen Systems, einen kühnen Vorschlag: wie sie die Macht in Polen behalten könnten.[4]

Zwar hätte es im April 1980, als der Artikel erschien, trotz der wirtschaftlichen Krise wohl kaum jemand für möglich gehalten, dass die pol-

3 Zum intellektuellen Netzwerk Dzielskis im oppositionellen Milieu Krakaus vgl. Knoch: Pisma liberalne, S. 39–47.

4 Adolf Romański [Mirosław Dzielski]: Jak zachować władzę w PRL, in: Merkuryusz Krakowski i Światowy, 1980, Nr. 6, S. 28–43, Nachdruck in: Dzielski: Odrodzenie ducha, S. 171–180.

nischen Kommunisten sich ernsthaft Gedanken über ihren Machterhalt zu machen brauchten. Ein paar Monate später, nachdem die große Streikwelle im August desselben Jahres den Startschuss für die Entstehung der Solidarność gegeben hatte, sah dies aber schon ganz anders aus. Von den Forderungen der oppositionellen Gewerkschaftsbewegung nach politischer Mitsprache und sozialer Gerechtigkeit hätte der Vorschlag, den Dzielski dem smarten Fernsehkommissar unterbreitete, jedoch nicht weiter entfernt sein können. Statt Demokratisierung und Vergesellschaftung aller Lebensbereiche schlug er »eine vollständige Privatisierung unserer Wirtschaft« vor[5] – und zwar unter großzügiger Beteiligung der bisherigen Nomenklatura. Ein »realistisches Reformprogramm« musste nämlich nach Dzielskis Ansicht »in erster Linie die Interessen der Zyniker berücksichtigen und ihnen den Tausch der Privilegien, die sie im Sozialismus besitzen, in ökonomische Werte garantieren, die den Verlust ihrer Privilegien im Übermaß ausgleichen«.[6] Eine »Demokratisierung und ein Einfluss der Gesellschaft auf die [politische] Herrschaft« komme dagegen nicht infrage.[7] Nötig sei vielmehr ein »Übergang von der kollektivistischen zur individualistischen Gesellschaft«, und diesen könne unter den gegenwärtigen Bedingungen nur eine »rechte, autoritäre Regierung« garantieren.[8] Demokratie hingegen sei für die gegenwärtige polnische Gesellschaft »völlig unverständlich und unnötig«. Diese sehne sich schließlich nur danach, »mit dem sozialistischen Absurdistan und der sozialistischen Lüge zu brechen«.[9]

So fiktiv die Form und der Adressat dieses Artikels auch waren, und so befremdlich seine Vorschläge auf den ersten Blick erscheinen mochten – es handelte sich dabei keineswegs um einen schlechten Scherz, sondern sein Autor meinte es vollkommen ernst. Die Ideen Dzielskis kamen nicht aus heiterem Himmel, sondern fügten sich in den größeren Zusam-

5 Ebd., S. 172.
6 Ebd., S. 177.
7 Ebd., S. 173.
8 Ebd., S. 178.
9 Ebd., S. 179.

menhang neoliberalen und neokonservativen Gedankenguts ein, das sich damals international im Aufwind befand. Dzielski bezog sich ausdrücklich auf neoliberale Leitfiguren wie Friedrich August Hayek und Milton Friedman, die er als »wohl herausragendste lebende Ökonomen« und »lebende Klassiker des liberalen Denkens« pries.[10] Als Vorbilder für »unsere Ersten Sekretäre« präsentierte er die südamerikanischen Militärdiktatoren Augusto Pinochet und Jorge Videla, deren Herrschaft ihren »für die Demokratie noch nicht reifen Ländern eine lebensspendende Verbindung von rationaler Wirtschaft und gesellschaftlicher Ordnung« biete.[11]

Was Dzielski zunächst als unmoralisches Angebot an das staatssozialistische Establishment formuliert hatte, arbeitete er in weiteren Artikeln und Traktaten zum Programm eines »historischen Kompromisses« aus, mit dem er sich von den »revolutionären Illusionen« des Mainstreams der polnischen Oppositionsbewegung abgrenzte.[12] Mit seiner Unterscheidung zwischen dem ideologischen Anspruch des kommunistischen Regimes und der auf bloßen Machterhalt orientierten Praxis seiner spätsozialistischen Repräsentanten machte er auf einen wesentlichen Schwachpunkt des von den linksliberalen Dissidenten vertretenen Totalitarismus-Paradigmas aufmerksam, das den Staatssozialismus in erster Linie als System politischer Unterdrückung begriff.[13] An politischer

10 In einem Artikel von 1983 brachte Dzielski seine Genugtuung darüber zum Ausdruck, dass Hayek und Friedman, die »lange von Demagogen im Stile Kenneth Galbraiths übertönt« worden seien, nunmehr »erheblichen Einfluss auf die gebildeten Eliten und damit auf die gesamten Gesellschaften des Westens ausüben und diesen klare Begriffe an die Hand geben, um zu verstehen, was Freiheit und Marktwirtschaft bedeuten«. Mirosław Dzielski: Okrakiem na barykadzie i co dalej?, in: 13 Grudnia, 1983, Nr. 3(18), S. 2–5, Nachdruck in: ders.: Odrodzenie ducha, S. 725–729, hier S. 725 f. – Schon 1980 hatte Dzielski ein fiktives Interview mit Hayek kompiliert: Rozmowa z prof. Friedrichem Hayekem. Rozmawia Barbara Jacobs, in: Merkuryusz Krakowski i Światowy, 1980, Nr. 7, S. 25–29, Nachdruck in: Dzielski: Odrodzenie ducha, S. 712–714.

11 Romański [Dzielski]: Jak zachować władzę w PRL, S. 173 f. – Vgl. zum transnationalen Kontext auch Mark u. a.: 1989. A Global History, S. 25–29.

12 Adolf Romański [Mirosław Dzielski]: Budowa historycznego kompromisu, in: Merkuryusz Krakowski i Światowy, 1980, Nr. 8–9, S. 41–52, Nachdruck in: Dzielski: Odrodzenie ducha, S. 227–233.

13 Vgl. Szacki: Der Liberalismus nach dem Ende, S. 200–204.

Unfreiheit störte sich Dzielski aber weniger als an dem wirtschaftlichen Machtmonopol des kommunistisch beherrschten Staates. Anstatt sich also »mit Lärm und Getöse« auf die ohnehin unrealistische Ausweitung demokratischer Teilhabe zu kaprizieren[14], sah er die Aufgabe einer künftigen liberalen Opposition darin, »immer breitere Eliten der Freiheit systematisch für eine zukünftige verantwortungsvolle Gesellschaft« vorzubereiten.[15] Dabei solle man sich vor einem rechten autoritären Regime nicht fürchten, denn »alle wirklichen Anhänger der Freiheit werden die Freiheit zu produzieren und zu reisen, die regionale Selbstverwaltung und den rechtlichen Schutz, den solche Regierungen gewährleisten, zu schätzen wissen. Mit der Demokratisierung kann man nun wirklich auf bessere Zeiten warten.«[16]

1980 war Dzielski mit diesen Ansichten, die ihn zum profiliertesten Vordenker des polnischen Neoliberalismus *avant la lettre* machten, freilich noch ziemlich allein. Wie sich nach der Entstehung der Solidarność zeigte, hatte die Mehrheit der Polinnen und Polen die sozialistischen Versprechen von Gleichheit und sozialer Sicherheit keineswegs satt, sondern unterstützte begeistert eine kollektivistische Massenbewegung, die sich ebenderen Verwirklichung auf die Fahnen geschrieben hatte. Der heilige Ernst, mit dem sich die Solidarność-Aktivisten innergewerkschaftlichen demokratischen Verfahren widmeten, strafte auch Dzielskis Diagnose Lügen, seine Landsleute hätten im Grunde wenig Interesse an Demokratie. Wie wir heute wissen, erwies sich der von Dzielski als Zielhorizont ins Auge gefasste autoritäre Kapitalismus ohne demokratische Freiheiten zumindest in diesem Teil der Welt als (vorerst) nicht mehrheitsfähig. Erst im Laufe der 1980er-Jahre sollte sich nach und nach herausstellen, dass Dzielski mit seiner grundsätzlichen Prognose trotzdem richtig lag: Mit

14 Romański [Dzielski]: Budowa historycznego kompromisu, S. 229.

15 Adolf Romański [Mirosław Dzielski]: Kim są liberałowie, in: Merkuryusz Krakowski i Światowy, 1979, Nr. 4, S. 31–39, Nachdruck in: Dzielski: Odrodzenie ducha, S. 42–46, hier S. 46.

16 Romański [Dzielski]: Budowa historycznego kompromisu, S. 229; für eine (affirmative) ideengeschichtliche Rekonstruktion des Denkens Dzielskis vgl. Plichta: Wolność i polityka.

der staatssozialistischen Industriemoderne neigte sich auch deren egalitaristisch-kollektivistische Sinnwelt ihrem Ende zu, um sukzessive jenen individualistischen Leitbildern zu weichen, denen Dzielski so eloquent das Wort redete.

Die Explosion kollektiven Hochgefühls nach der erfolgreichen Etablierung der Solidarność ging dagegen auch an einem neoliberalen Überzeugungstäter wie Mirosław Dzielski nicht spurlos vorüber. In einem Interview mit der an der Krakauer Jagiellonen-Universität erscheinenden Gewerkschaftszeitung *Universitas* räumte er im Frühsommer 1981 ein: »Der ›Ausbruch‹ der Solidarność hat mich ein bisschen aus dem Konzept gebracht und mir womöglich allzu große Hoffnung, allzu großen Optimismus eingehaucht, sodass ich meine Ansichten für eine gewisse Zeit revidiert habe. Aber nun beginne ich, wieder zu ihnen zurückzukehren.«[17] Seit Ende 1980 engagierte sich Dzielski in der unabhängigen Gewerkschaftsbewegung, wenn auch anfangs noch zögerlich. Zunächst wurde er Berater des Stahlarbeiterkomitees in der Leninhütte im Krakauer Stadtteil Nowa Huta und arbeitete in der Redaktion eines Gewerkschaftsblattes mit. Ab Sommer 1981 fungierte er sogar für ein halbes Jahr als Pressesprecher des Krakauer Bezirksvorstands der Solidarność und zeichnete als solcher unter anderem für kämpferische Verlautbarungen zu den »Hungermärschen« in der Region und gegen die Erhöhung der Lebensmittelpreise verantwortlich.[18]

Gleichzeitig bemühte er sich allerdings, diese neuen Tätigkeitsfelder zu nutzen, um die wirtschaftliche Selbstorganisation der Arbeiter zu stär-

17 Robota w »bazie«. Wywiad z Mirosławiem Dzielskim, ekspertem Komitetu Robotniczego Hutników przy Hucie im. Lenina, in: Universitas, Nr. 6 vom 7.6.1981, S. 6–12, hier S. 7, Nachdruck in: Dzielski: Odrodzenie ducha, S. 193–197. – Für die Überlassung dieser Zeitschrift danke ich Christoph Kleßmann.

18 Vgl. Waldemar Żyszkiewicz: »Mirosław Dzielski«, in: Skórzyński/Sowiński/Strasz (Hg.): Opozycja w PRL, Bd. 2, S. 89f. – Siehe Sprawozdanie z przebiegu protestów dotyczących zaopatrzenia w żywność w miastach wojewódzkich Regionu Małopolska, 7.8.1981, in: Orski/Roliński/Zając (Hg.): »Solidarność« Małopolska 1980–1981, Dok. 315, S. 374f.; Oświadczenie Mirosława Dzielskiego, rzecznika prasowego Zarządu Regionu Małopolska NSZZ »Solidarność«, w sprawie podwyżek cen, 4.9.1981, ebd., Dok. 329, S. 384f.

ken und »eine Graswurzelbewegung von Menschen, die an positiven wirtschaftlichen Aktivitäten interessiert sind«, anzustoßen.[19] Da eine solche unter den gegebenen Bedingungen nur in einem genossenschaftlichen Rahmen vorstellbar war, erarbeitete er für das Solidarność-Komitee in Nowa Huta ein Aktionsprogramm, das unter anderem die Gründung von Arbeitergenossenschaften vorsah, die Wohnungsbau und Milchwirtschaft zur Versorgung der Belegschaft des Hüttenwerks in Eigenregie betreiben sollten. Darüber hinaus schlug er vor, im Umfeld des Stahlwerks einen »Kranz« von kleinen und mittleren Zulieferbetrieben unter Kapitalbeteiligung von polnischen Emigranten aus dem westlichen Ausland zu etablieren. Mit Blick auf den absehbaren Arbeitsplatzabbau in der polnischen Industrie regte er eine »Arbeiter-Export-Gesellschaft« (Robotnicza Spółka Eksportowa) an, die Arbeitskräfte temporär ins kapitalistische Ausland vermitteln sollte, um Devisen für Investitionen in Polen zu erwirtschaften.[20] Der anvisierten »Genossenschaftsbewegung« unter dem Protektorat der Solidarność war dabei die Rolle zugedacht, der politischen Konfrontation zwischen Gewerkschaftsanhängern und Regime entgegenzuwirken und die »positiven Energien« auf beiden Seiten in das »gesunde Bett« des »Geschäftemachens« umzulenken, wie es »in allen zivilisierten Ländern« üblich sei.

Dzielski fand also innerhalb der gewerkschaftlichen Strukturen durchaus Nischen, um seine Ideen für eine ökonomische Liberalisierung von unten zu artikulieren, indem er diese im Gewand des Genossenschaftsgedankens präsentierte.[21] Dagegen wurden die wenigen anderen

19 Alle Zitate in diesem Absatz sind dem von Dzielski gemeinsam mit Stefan Jurczak, Marian Kania und Zdzisław Wagner erarbeiteten »Program działania Komisji Robotniczej Hutników w dziedzinie społeczno-ekonomicznej – ruch spółdzielczy« entnommen. Nachdruck in: Dzielski: Odrodzenie ducha, S. 799–808.

20 Solche Arbeitsvermittlung ins Ausland wurde auch von staatlichen Außenhandelsfirmen betrieben, vor allem von der darauf spezialisierten Agentur »Polservice«. Vgl. Stola: Kraj bez wyjścia, S. 276–279, 363f.

21 Dies bedeutete freilich nicht, dass Dzielskis Vorstellungen dort auf ungeteilte Zustimmung gestoßen wären. So erinnert sich Edward Nowak, der im Sieć-Netzwerk für die Arbeiterselbstverwaltung eintrat und in Nowa Huta mit Dzielski zusammenarbeitete, an »nicht enden wollende Diskussionen« über dessen Ansichten. Schließ-

polnischen Wirtschaftsliberalen zu diesem Zeitpunkt noch als exzentrische Außenseiter wahrgenommen. Manche von ihnen gefielen sich auch selbst in dieser Rolle, so etwa der zu provokanter Polemik neigende und an einem orthodoxen Paläoliberalismus im Stil des 19. Jahrhunderts orientierte Janusz Korwin-Mikke. Nicht von ungefähr wurde der 1978–79 von Korwin-Mikke in Warschau gegründete und im Wesentlichen von ihm selbst geführte Untergrundverlag Officyna Liberałów, der neben seiner eigenen Publizistik unter anderem Taschenbuchausgaben neoliberaler Klassiker wie Hayek und Friedman verlegte, scherzhaft als »Jola« bezeichnet – eine Kurzform für »liberale Ein-Personen-Verlagsoffizin« *(Jednoosobowa Officyna Liberałów).*[22] Als Korwin-Mikke während der Streikwelle im August 1980 nach Stettin fuhr, um sich den streikenden Arbeitern der dortigen Warski-Werft als Berater zur Verfügung zu stellen, wurde er nach kurzer Zeit wegen seines provokativen Auftretens des Werftgeländes verwiesen.[23]

Auch der Publizist und langjährige Redakteur der katholisch-intellektuellen Wochenzeitung *Tygodnik Powszechny* Stefan Kisielewski inszenierte sich bewusst als einsamer »Rufer in der Wüste« – so lautete jedenfalls der Titel seiner regelmäßig von der Zensur blockierten Kolumne. In einem ersatzweise in der Pariser Exilzeitschrift *Kultura* publizierten Artikel klagte »Kisiel« nicht ohne Koketterie: »Meine Interessen sind untypisch, meine Ansichten unpopulär, meine Lösungsvorschläge un-

lich sei damals, so Nowak rückblickend, nur den wenigsten klar gewesen, »dass die angestrebte ›Normalität‹ auch Kapital, Arbeitslosigkeit, notwendige Umgestaltungen in Organisation und Management usw. bedeuten würde«. Siehe Nowak: Moja Solidarność, S. 74, 111.

22 Vgl. Knoch: Pisma liberalne, S. 29f.; Kuta: Niezależny ruch wydawniczy, S. 269. – Mirosław Dzielski lobte die eigenwilligen verlegerischen und publizistischen Aktivitäten Korwin-Mikkes dagegen in den höchsten Tönen. Siehe Dzielski: Okrakiem na barykadzie.

23 Vgl. Krzysztof Zalewski: »Janusz Korwin-Mikke«, in: Skórzyński/Sowiński/Strasz (Hg.): Opozycja w PRL, Bd. 3, S. 145–147. – Im Sommer 1981 trat Korwin-Mikke mit wiederum mäßigem Erfolg als Berater der Handwerker-Solidarność auf. Diese Schwesterorganisation der Solidarność wurde im Juni 1981 offiziell registriert, befasste sich in den wenigen Monaten ihrer Existenz aber fast ausschließlich mit internen Querelen. Vgl. Rotarski: NSZZ Indywidualnego Rzemiosła »Solidarność«.

realistisch [...], sie überhaupt vorzuschlagen wird (übrigens von beiden Seiten) als Provokation wahrgenommen, oder im besten Falle: als schlechter Scherz.«[24] Die Solidarność-Bewegung betrachtete Kisielewski recht distanziert als »Produkt dieses Systems und seines Industrialisierungs-Typus«;[25] zudem zeige sie ein weitaus größeres Interesse am »Bau dieser oder jener Denkmäler« und an »allerlei nationalen Jubiläumsfeierlichkeiten« als an drängenden Wirtschaftsfragen.[26] Ihn selbst treibe stattdessen die Frage um: »Lassen sich in Polen der Markt und das Wertgesetz wiederherstellen, ohne den Kapitalismus einzuführen – oder zumindest ohne es so zu nennen?«[27] Seine Antwort konnte eine gewisse Skepsis nicht verbergen, sei es doch ausgerechnet die durch die staatssozialistische Industrialisierung geschaffene »neue Arbeiterklasse«, die nunmehr die Revolte gegen das System anführe. »Da man ohne Kapital keinen Kapitalismus aufbauen kann, da kein bei klarem Verstand befindlicher *prywaciarz* die Kattowitzer Stahlwerke oder die Danziger Raffinerie übernehmen würde, da die Annäherung an die Länder des freien Marktes dennoch eine von niemandem bezweifelte Notwendigkeit ist, bleibt nur der Weg der [systemimmanenten] Reformen«,[28] resümierte Kisielewski bedauernd.

Angesichts dieser ostentativen Distanz gegenüber der Gewerkschaftsbewegung war es wenig verwunderlich, dass das erste gemein-

24 Stefan Kisielewski: O nadwiślańskim poplątaniu, in: Kultura [Paris], 1983, Nr. 5(428), S. 87–95, hier S. 87. (»Artykuł skonfiskowany w Tygodniku Powszechnym.«)

25 Stefan Kisielewski: O nieznanej istocie rzeczy, in: Kultura [Paris], 1981, Nr. 5(404), S. 77–81, hier S. 80.

26 »Zugleich bin ich von morgens bis abends beschäftigt, weil mich andauernd jemand in Komitees zum Bau dieser oder jener Denkmäler, zu Vorträgen bei allerlei nationalen Jubiläumsfeierlichkeiten, zur Teilnahme an verschiedenartigsten kulturellen Bekundungen einlädt. Das ist schön, berauschend, erhebend – doch in der Tiefe meines Herzens nagt noch immer der Gedanke an mir, dass ich nichts über die Zukunft der Kattowitzer Hütte oder des [Danziger] Nordhafens weiß. Aber irgendwie stört sich niemand in meinem Umfeld an diesen meinen Sorgen.« – Stefan Kisielewski: Czego oczekuję od »Solidarności«? Artykuł dyskusyjny, in: Tygodnik Solidarność, Nr. 13 vom 26.6.1981, S. 5.

27 Kisielewski: O nieznanej istocie rzeczy, S. 80.

28 Stefan Kisielewski: Pan chce naprawić błędy systemu?!, in: Kultura [Paris], 1980, Nr. 11(398), S. 113–118, hier S. 118.

same Lebenszeichen erklärter Wirtschaftsliberaler nach der Gründung der Solidarność deren Außenseiterstatus eher bestätigte als infrage stellte. Die am Rande des Gewerkschaftskongresses im September 1981 lancierte »Erklärung für eine freie Wirtschaft«, zu deren 19 Unterzeichnern Stefan Kisielewski und Janusz Korwin-Mikke ebenso gehörten wie der umtriebige Wirtschaftswissenschaftler Stefan Kurowski, forderte zwar nicht ausdrücklich die Einführung des Kapitalismus in Polen, wohl aber eine radikale Abkehr vom »Denken in den Kategorien der Staatswirtschaft«. Man wolle sich für »Initiativen zur Selbstverwaltung in Verbindung mit individueller Verantwortung« einsetzen und alle »selbstverwalteten Produzenten« unterstützen, »die bereits jetzt das Korsett der Bürokratie lockern und ihre wirtschaftliche Tätigkeit auf der Basis gesunden Menschenverstands betreiben«.[29] Obwohl es sogar gelang, den in der Oppositionsbewegung hoch angesehenen Ökonomen und erklärten Sozialisten Edward Lipiński zur Unterschrift zu bewegen, fand die Resolution kaum nennenswerten Widerhall. »Unter den neun Millionen Mitgliedern der Solidarność sind mindestens drei Millionen fanatische Anhänger sozialer Gerechtigkeit, mit denen ein rational denkender Mensch keine gemeinsame Sprache findet«, kommentierte Janusz Korwin-Mikke unbeirrt.[30]

Erst als das kommunistische Regime, wie von Ryszard Krynicki befürchtet, mit der Einführung des Kriegsrechts sein illiberales Gesicht zeigte und die unabhängige Gewerkschaftsbewegung mit harter Hand zerschlug, begann sich der Wind zu drehen. Da an einen besseren, selbstverwalteten Sozialismus unter den Bedingungen der Militärdiktatur nicht mehr zu denken war, machten sich nicht nur unter Solidarność-Anhängern Resignation und Desillusionierung breit. Diese leisteten schließlich der Hinwendung zu neoliberalen und marktradikalen Denkmustern Vorschub. Manch einer, der später als in der Wolle gefärbter Für-

29 Deklaracja na rzecz wolnej gospodarki, in: Wiadomości Dnia, Nr. 201 vom 30.9.1981, S. 4. – Vgl. Luszniewicz: Koncepcje ekonomiczne »Solidarności«, S. 313f.

30 Janusz Korwin-Mikke: Minęło pięć kwartałów…, in: Adolf Romański [Mirosław Dzielski]: Jak zachować władzę w PRL? & Polemiki. Warszawa: Officyna Liberałów 1981, S. 44–53, hier S. 50.

sprecher des freien Marktes auftrat, verortete den Ausgangspunkt seiner »persönlichen ideellen Umorientierungen und Suchbewegungen« rückblickend in der Zeit des Kriegsrechts.[31]

Für das Milieu der sogenannten Danziger Liberalen, das sich um die von den beiden studierten Historikern Wojciech Duda und Donald Tusk gegründete Untergrundzeitschrift *Przegląd Polityczny* (»Politische Umschau«) formierte und im Laufe der 1980er-Jahre zu einem der wichtigsten Kristallisationspunkte des polnischen Wirtschaftsliberalismus heranreifte, reflektierte Donald Tusk diese geistige und politische Umorientierung in einem programmatischen Artikel von 1987. Darin blickte er auf das geistige »Gepäck« seines Danziger Umfelds zu Beginn des Jahrzehnts zurück, das er durch einen »linksgerichteten *(lewicujący)* Egalitarismus und Radikalismus« gekennzeichnet sah. Man habe damals noch »weitreichende Aspirationen und Hoffnungen sowohl bezüglich des zivilisatorischen als auch des eigenen Vorankommens« gehegt, »die durch die Gierek-Propaganda und die immer häufigeren Kontakte der Polen mit dem Westen geweckt« worden seien. Zwar habe man die »wirtschaftliche Realität als unerträglich und unnatürlich« empfunden; diese Wahrnehmung sei aber mit einem »Mangel an ökonomischen Orientierungen« einhergegangen. Erst die intensive kritische Selbstbefragung während des Kriegsrechts sei der »entscheidende Moment« für eine »Wende nach rechts« gewesen, in deren Folge seine Gruppe sich von »alten linken Neigungen« und insbesondere von der wirtschaftspolitischen Programmatik der Solidarność gelöst habe:

> »Der Egalitarismus, die demokratische Obsession, der undurchdachte Radikalismus und manchmal geradezu die Dummheit vieler Aktivisten, der Glaube an die erlösende Kraft der Arbeiterselbstverwaltung, die Idealisierung der Arbeiterklasse, die extreme Ausrichtung vieler Forderungen auf sozialen Lastenausgleich *(skrajnie rewindykacyjny charakter*

31 So Janusz Lewandowski: Gdańskie aktywa /liberałowie i przedsiębiorcy/, in: Przegląd Polityczny, 1988, Nr. 10, S. 3–8, hier S. 4. – Vgl. Knoch: Pisma liberalne, S. 70–80; Luszniewicz: Ewolucja koncepcji ekonomicznych liberałów gdańskich.

*wielu postulatów)*, die fehlende Übernahme von Verantwortung für die Wirtschaft – all dies war für uns nicht mehr akzeptabel.«[32]

Diese klare Abgrenzung vom Kollektivismus der Solidarność führte den Kreis um Donald Tusk allerdings noch nicht auf direktem Wege zum Neoliberalismus. Als Tusk im November 1983 erstmals skizzierte, was er unter der von ihm angestrebten »liberalen Revolution« verstand, distanzierte er sich vom »grausamen Liberalismus« Hayeks noch ebenso entschieden wie von Kommunismus und »extremem Konservativismus«. Tusks »Reflexionen über den Liberalismus« liefen zu diesem Zeitpunkt noch auf eine sozialliberale Synthese hinaus, die »den Rationalismus des Liberalen« mit dem »Traum des Sozialisten« in Einklang bringen wollte. »Die Sorge um die Maximierung der Produktion und den technologischen Fortschritt«, so Tusk, »muss nicht die Sensibilität für die Unterdrückung, für die Armut der Benachteiligten und die Not der Schwächeren eliminieren.« Im Interesse des gesellschaftlichen »Fortschritts« hielt er damals sogar noch »eine Vergrößerung der gesellschaftlichen Aufsicht über die Wirtschaft und eine schmerzhafte, aber notwendige Begrenzung der Freiheit des Individuums« für geboten.[33] Dazu passte auch das Bekenntnis, das Jacek Merkel, als führende Figur des Sieć-Netzwerks innerhalb der Solidarność einer der profiliertesten Vertreter des Selbstverwaltungsmodells, in einem Interview mit dem *Przegląd Polityczny* im April 1983 ablegte: »Ich glaube daran, dass die Idee der Arbeiterselbstverwaltung in Polen realisiert werden wird.« Mögliche Vorzüge der konkurrierenden, managementorientierten Reformansätze spielte Merkel dagegen herunter.[34]

32 Alle Zitate: Tadeusz Donecki [Donald Tusk]: Droga i wybór, in: Przegląd Polityczny, 1987, Nr. 9, S. 11–21, hier S. 15–17.

33 Alle Zitate: Anna Barycz [Donald Tusk]: Refleksje nad liberalizmem, in: Przegląd Polityczny, 1983, Nr. 3, S. 19–23, hier S. 22f. – Als intellektuellen Stichwortgeber bezog sich Tusk in diesem Text u. a. auf den linken New Yorker Literaturkritiker Irving Howe.

34 Siehe Pytania z przeszłości. O samorządzie pracowniczym z członkiem Prezydium KK NSZZ »Solidarność« Jackiem Merkelem rozmawia Marek Zieliński, in: Przegląd Polityczny, 1983, Nr. 2, S. 17–24, Zitat S. 24; vgl. Luszniewicz: Ewolucja koncepcji ekonomicznych liberałów gdańskich, S. 198.

Von entscheidender Bedeutung für die weitere Annäherung des *Przegląd Polityczny* an einen dezidiert wirtschaftlich verstandenen Liberalismus war das Zusammentreffen der Gruppe um Donald Tusk, die überwiegend aus geisteswissenschaftlich geprägten ehemaligen Aktivisten des oppositionellen Unabhängigen Studentenverbands (NZS) bestand, mit Janusz Lewandowski und anderen jungen Danziger Wirtschaftswissenschaftlern wie Jan Krzysztof Bielecki und Jan Szomburg. Diese hatten sich 1981 noch aus Überzeugung für die Arbeiterselbstverwaltung engagiert, waren seit dem Kriegsrecht aber auf der Suche nach anderen ökonomischen Leitbildern. Insbesondere Lewandowski, der den Leserinnen und Lesern des *Przegląd Polityczny* ab 1985 in regelmäßiger Folge westliche wirtschaftsliberale Denker vorstellte, übte großen Einfluss auf die wirtschaftspolitische Profilierung der Danziger Liberalen aus.[35] Dabei fällt auf, dass Lewandowski sich anders als Janusz Korwin-Mikke oder Mirosław Dzielski nicht vorzugsweise an den politisch radikaleren Positionen Friedrich August Hayeks, Ludwig von Mises' oder Milton Friedmans orientierte, sondern eher Walter Lippmann und den westdeutschen Ordoliberalen der Freiburger Schule zuneigte und deren Offenheit für einen gemäßigten staatlichen Interventionismus und eine soziale Spielart des Liberalismus zustimmend rezipierte.[36] Im Vergleich zu den wirtschaftsliberalen Zirkeln, die sich zeitgleich unter Warschauer und Krakauer Intellektuellen bildeten, zeigten sich die Danziger Liberalen auch in weitaus geringerem Maße bereit, Abstriche an ihrem Bekenntnis zu politischen Freiheitsrechten und am übergeordneten Ziel der gesell-

35 Vgl. Knoch: Pisma liberalne, S. 74f., 180.

36 Der von Dzielski und Korwin-Mikke so geschätzte Milton Friedman fand in Lewandowskis Artikelreihe keine Beachtung. Siehe Jędrzej Branecki [Janusz Lewandowski]: Hayek – dogmatyk wolnego społeczeństwa, in: Przegląd Polityczny, 1985, Nr. 5, S. 31–55; ders.: Ludwig von Mises – triumf po latach?, in: Przegląd Polityczny, 1985, Nr. 6, S. 48–64; ders.: Polski liberał – Ferdynand Zweig, in: Przegląd Polityczny, 1986, Nr. 7, S. 114–119; ders.: Ordoliberałowie i niemiecki cud gospodarczy, in: Przegląd Polityczny, 1986, Nr. 8, S. 73–107; ders.: Filozofia publiczna Waltera Lippmanna, in: Przegląd Polityczny, 1987, Nr. 9, S. 62–89. – Vgl. dazu auch Luszniewicz: Ewolucja koncepcji ekonomicznych liberałów gdańskich, S. 199f.; Knoch: Pisma liberalne, S. 183–186.

schaftlichen Demokratisierung zu machen. So standen sie etwa der Militärdiktatur Pinochets in Chile, die Dzielski als gelungene Symbiose von autoritärer Herrschaft und neoliberaler Wirtschaftspolitik pries, kritisch gegenüber. Stattdessen setzten sie darauf, dass eine baldige Demokratisierung die dortigen Widersprüche zwischen wirtschaftlicher Liberalisierung und Diktatur auflösen möge.[37]

Mirosław Dzielski hingegen kehrte nach seinem Intermezzo in den Reihen der Solidarność wieder zu seiner ursprünglichen Überzeugung zurück, wirtschaftliche Liberalisierung nicht etwa als ersten Schritt zur Demokratisierung des staatssozialistischen Systems, sondern als Alternative zu dieser anzustreben. Für dieses Programm fand er nun das wohlklingende Etikett des »schöpferischen Antikommunismus«, das er dem »revolutionären Antikommunismus« des Mainstreams der Oppositionsbewegung gegenüberstellte.[38] Seine Erfahrungen in der Gewerkschaftsbewegung bewogen ihn zum einen dazu, die »geistigen« Dimensionen und das christliche, genauer: katholische Fundament seiner wirtschaftsliberalen Gesinnung stärker zu akzentuieren.[39] Zum anderen sah er sich durch das Scheitern der Solidarność in der strategischen Auffassung bestätigt, »dass ein sofortiger Übergang zur freiheitlichen Demokratie ohne eine Übergangsphase verschiedener Arten halbtotalitärer Systemchen *(systemików)* nicht möglich sein wird«.[40]

Anders als die Danziger Liberalen störte sich Dzielski nicht so sehr an der arbeiterlich-kollektivistischen Grundausrichtung der Solidarność – vielmehr habe diese bei ihren Forderungen zur Verbesserung der materiellen Lebensbedingungen »hinlängliche Geduld« sowie eine beachtliche

37 Siehe Marek Sołtyński [Jan Krzysztof Bielecki/Jan Majewski]: Chile: Gospodarka i polityka, in: Przegląd Polityczny, 1986, Nr. 8, S. 108–113.

38 Siehe Mirosław Dzielski: Potrzeba twórczego antykomunizmu, in: 13 Grudnia, 1983, Nr. 11(26), S. 3–9, Nachdruck in: ders.: Odrodzenie ducha, S. 202–212, hier insbes. S. 210f.

39 Siehe Mirosław Dzielski: Odrodzenie ducha – budowa wolności. Warszawa: Consensus 1982, Nachdruck in: ders.: Odrodzenie ducha, S. 77–117, hier S. 82–87, 104–112.

40 Ebd., S. 93.

Bereitschaft zum Verzicht auf partikulare Privilegien bewiesen.[41] Seine Abneigung galt dem »naiven« Glauben »unserer revolutionären Demokraten« an die »Möglichkeit der Demokratie unter den Bedingungen einer postkommunistischen Gesellschaft«.[42] Die Fokussierung der Opposition auf das Ziel der politischen Demokratisierung beargwöhnte Dzielski als Ausdruck der problematischen Tendenz, Lösungen für gesellschaftliche Probleme stets auf zentraler Ebene zu suchen und anschließend mittels bürokratischer Apparate durchsetzen zu wollen. Diese Haltung, die er in Anlehnung an Hayek als »Konstruktivismus« bezeichnete,[43] war seiner Meinung nach nicht nur aufseiten des kommunistischen Regimes weit verbreitet, sondern ebenso in der Solidarność-Bewegung: »Etwas zu tun bedeutete für die Mehrheit der Solidarność-Aktivisten – und allgemeiner gesehen: für die Mehrheit der durch das System erzogenen Polen – : ein Amt ausüben, diskutieren, vereinbaren und schließlich etwas verteilen, was andere produziert haben (am besten die Heinzelmännchen).«[44]

Ein Kardinalfehler der Gewerkschaftsbewegung sei es deshalb gewesen, dass diese mithilfe der Arbeiterselbstverwaltung versucht habe, »den Kommunisten die bestehenden Fabriken abzunehmen«. Damit habe man auf politischer und wirtschaftlicher Ebene zugleich die Machtfrage gestellt. Ratsamer sei es hingegen, »kleine Firmen, Gesellschaften und Genossenschaften mit auslandspolnischem und inländischem Kapital zu gründen, die allmählich heranwachsen [...] und die unfähigen und ineffektiven staatlichen Kolosse jenseits des gegenwärtig sichtbaren politischen Horizonts langsam vom Markt verdrängen würden«.[45] Künftig müsse die Opposition dem »irren Kampf für Demokratie«[46] abschwören und es sich

41 Ebd.

42 Ebd.

43 Als studierter Physiker und Wissenschaftstheoretiker griff Dzielski hier Hayeks Kritik am Szientismus der Naturwissenschaften auf, siehe Hayek: Missbrauch und Fall der Vernunft, insbes. S. 110–142; vgl. Plichta: Wolność i polityka, S. 67; Gray: Freiheit im Denken Hayeks, S. 27–31.

44 Dzielski: Odrodzenie ducha – budowa wolności, S. 100.

45 Ebd., S. 99.

46 »obłąkana walka o demokrację«, ebd., S. 96.

zur Aufgabe machen, gesellschaftliche Selbstorganisation und privatwirtschaftliche Initiativen zu propagieren. Es gehe nun darum, »der Gesellschaft zu erklären, dass eine positive Haltung nicht darin besteht, das von anderen hergestellte Produkt zu verteilen, sondern sich selbstständig in die Produktion einzubringen und mehr darüber nachzudenken, wie man es selbst zu etwas bringt, als den Verdienst des Nachbarn sozial aufzuteilen«. An dieser Art von wirtschaftlicher Aufklärung müssten, so die vertraut anmutende Pointe von Dzielskis Argumentation, auch diejenigen Angehörigen der staatssozialistischen Eliten ein vitales Interesse haben, denen die Überwindung der Wirtschaftskrise und die Arbeit an einem »gemeinsamen Programm zur Entwicklung der *rzeczpospolita*« wichtiger seien als die ohnehin abgewirtschaftete kommunistische Ideologie.[47]

Dass Dzielski ungeachtet der Repressionen und Erniedrigungen des Kriegsrechts aufs Neue dafür plädierte, das Ziel der Demokratisierung auf unbestimmte Zeit aufzugeben und eine gemeinsame Plattform mit den pragmatisch orientierten Unterstützern des Regimes zu suchen, hätte von der Stimmungslage der überwiegenden Mehrheit der Oppositionsanhänger kaum weiter entfernt sein können. Diese deuteten das Militärregime General Jaruzelskis nur zu gern mithilfe historischer Analogien aus der Zeit des Zweiten Weltkriegs und fühlten sich dem gerechten Widerstand gegen eine als fremde Besatzung empfundene Herrschaft verpflichtet.[48] Im Lichte dieser antagonistischen Wahrnehmung des Konflikts zwischen Gesellschaft und Jaruzelski-»Junta« erschien es bestenfalls als »moralisch zweideutig«,[49] dass Dzielski den ideologiefreien Machtzynismus der intellektuellen Repräsentanten des Kriegsrechtsregimes ausdrücklich begrüßte.[50] Entsprechend distanziert begegneten weite Teile des opposi-

47 Ebd., S. 116f.

48 Vgl. Peters: Revolution der Erinnerung, S. 304–310.

49 So Szacki: Der Liberalismus nach dem Ende, S. 195.

50 Dzielski bekundete etwa Sympathie für den »intellektuellen Mut« prominenter Unterstützer des Kriegsrechts wie Jaruzelskis Berater und Redenschreiber Wiesław Górnicki oder seines Krakauer Fakultätskollegen Bronisław Łagowski. Siehe Dzielski: Odrodzenie ducha – budowa wolności, S. 112f. – Er ging sogar so weit, den wegen seines offenen Zynismus weithin verhassten Regierungssprecher Jerzy Ur-

tionellen Milieus Dzielskis publizistischen Aktivitäten, die sich seit 1983 auf die Krakauer Untergrundzeitschrift *13 Grudnia* (»13. Dezember«, später *13. Pismo chrześcijańsko-liberalne* – »13. Christlich-liberale Zeitschrift«) konzentrierten.[51] Dass das maßgeblich von Dzielski redigierte Blatt wirtschaftspolitische Fragen »in völliger Übereinstimmung mit den Regime-Medien« darstelle, erschien mancher Untergrundaktivistin als »kontrovers, eigenartig und ein bisschen (?) verdächtig«.[52] Ähnlich empört reagierten prominente oppositionsnahe Intellektuelle auf einen Artikel des seit Ende 1981 im westlichen Ausland lebenden Warschauer Philosophen Andrzej Walicki, der 1984 in der Exilzeitschrift *Aneks* mit dem demokratischen Kollektivismus der Solidarność abrechnete. Walickis Vorwurf, die Oppositionsbewegung sei dem sozialistischen »Glauben an die magische Kraft politischer Entscheidungen« erlegen, anstatt dafür zu kämpfen, die Wirtschaft dem politischen Einfluss zu entziehen, löste eine Lawine polemischer Repliken aus.[53]

Solcher Gegenwind hielt Dzielski und Gleichgesinnte aber nicht davon ab, ihre Position mit beträchtlichem missionarischen Eifer zu vertreten. Sie priesen den »ununterbrochenen Plebiszit, die tägliche Abstimmung auf dem Markt« als bessere Form der Demokratie und riefen als

ban für seine ideologiefreie, schnörkellose Sprache zu rühmen. Siehe ders.: Duch nadchodzącego czasu, in: 13 Grudnia, 1984, Nr. 7(34), S. 1–9, Nachdruck in: ders.: Odrodzenie ducha, S. 249–264, hier S. 256f.

51 Vgl. Knoch: Pisma liberalne, S. 42–44, 97–100; zur Wahrnehmung innerhalb der Opposition ebd., S. 343f.

52 Katarzyna: Nadawania słowom i wydarzeniom dowolnego sensu nie tylko w »Prawdzie«, in: Promieniści, Nr. 21 vom 24.6.1983, S. 6f.; ähnlich kritisch auch Jerzy Surdykowski über Dzielskis programmatischen Essay Odrodzenie ducha – budowa wolności: »ein großartiges und nützliches Programm, nur dass es leider ein Programm der Normalisierung in der Version Rakowski/Jaruzelski ist«, Krzysztof Jerzewski [Jerzy Surdykowski]: Jak z tego wyjść, in: Kontakt [Paris], 1983, Nr. 6(14), S. 8–13, hier S. 13; spöttisch über den getragen-moralisierenden Stil Dzielskis Konrad Struga [Maria de Hernandez-Paluch]: Dzielszczyzna, in: Bez dekretu, 1985, Nr. 3, S. 70–72.

53 Andrzej Walicki: Myśli o sytuacji politycznej i moralno-psychologicznej w Polsce, in: Aneks, 1984, Nr. 35, S. 82–104, hier S. 100. – Siehe die Repliken von Waldemar Kuczyński, Jan Józef Lipski, Krzysztof Pomian, Jakub Karpiński, Stefan Kisielewski, Marcin Król, Jerzy Holzer und Leszek Kołakowski in den Aneks-Ausgaben 35–37. Zustimmung erhielt Walicki einzig von Stefan Kisielewski.

Ziel ihres Kampfes »die wichtigste aller Freiheiten« aus – »die Freiheit, Geld dafür auszugeben, worauf man Lust hat«.[54] Dzielski selbst wurde nicht müde, die »zivilisatorische« Mission von katholischer Religion und Privateigentum zu betonen, wobei er an das historiosophische Denken des konservativen Historikers Feliks Koneczny und dessen Vorstellung von der Überlegenheit der »lateinischen Zivilisation« anknüpfte.[55] Dagegen sah er sowohl in dem verblassenden Arbeiterkult des Staatssozialismus als auch in der durch die Solidarność aufs Neue entfachten revolutionären Euphorie der linken *inteligencja* den verderblichen Einfluss des kollektivistischen »Herdentriebs« am Werk. Auch wenn die antitotalitäre Linke sich in der Konfrontation zwischen Opposition und Regime noch »ruhmreiche Verdienste« erwerben werde, so Dzielski ironisch, werde sie künftig die größten Opfer zu bringen haben. Während nämlich die verbliebenen Unterstützer des Regimes sich jedweder ideologischen Illusionen in Bezug auf die Arbeiterklasse längst entledigt hätten, stehe dies den linken Oppositionellen noch bevor.[56] Bezeichnend für das Sendungsbewusstsein der verstreuten polnischen Neoliberalen war eine 1985 in einem liberalen Breslauer Untergrundverlag erschienene Anthologie, die Artikel und Traktate Dzielskis unter dem vielsagenden Titel »Der Geist der kommenden Zeit« versammelte.[57]

Dzielskis ursprünglicher Vorschlag, der kommunistischen Herrschaftselite ihren Abschied von den wirtschaftlichen und politischen Kommandohöhen durch eine großzügige materielle Kompensation schmackhaft zu machen, wurde indes erst 1988 von dem marktliberalen Wirtschaftswissenschaftler Jan Winiecki erneut aufgegriffen. Ange-

54 Maurycy Rojski [Tomasz Gabiś]: Kilka uwag o demokracji, in: Replika, 1986, Nr. 45, S. 17–21, hier S. 20f.

55 Vgl. Plichta: Wolność i polityka, S. 336–346.

56 Alle Zitate aus Dzielski: Duch nadchodzącego czasu, S. 258–263.

57 Mirosław Dzielski: Duch nadchodzącego czasu. Część 1. [Wrocław:] Wektory [1985]. – Nach Auskunft des Untergrundverlegers Józef Białek handelte es sich um eines der am schnellsten gedruckten Bücher des Zweiten Umlaufs: Er erhielt das 300-seitige Manuskript eine Woche bevor Dzielski selbst nach Wrocław kam und organisierte im Eiltempo dessen Druck, sodass er dem Autor bei dessen Besuch bereits die ersten druckfrischen Exemplare überreichen konnte. Vgl. Knoch: Pisma liberalne, S. 161.

regt durch die amerikanische *property-rights*-Schule rechnete Winiecki in der renommierten Untergrundzeitschrift *Krytyka* detailliert vor, wie viel die polnische Gesellschaft auf den Tisch legen müsste, um die bisherigen »Eigentümer von allem« *(właścicieli całokształtu)* für den Verlust ihrer Privilegien zu entschädigen. Dabei ging er von einem Personenkreis von 56–60 000 Begünstigten aus und legte deren bis zum Eintritt in den Ruhestand durchschnittlich noch erzielte Gehälter, geschätzte Profite aus autorisierter bzw. nichtautorisierter Korruption sowie materielle Vorteile aus sonstigen Privilegien zugrunde. Im Ergebnis kam er auf einen Betrag von 325–348 Milliarden Złoty, der nötig wäre, um der bisherigen Machtelite die Eigentumsrechte an der polnischen Volkswirtschaft »abzukaufen«. Dies entsprach ca. einem Fünftel der damaligen Spareinlagen aller polnischen Haushalte bei den Staatsbanken. Ebenso wie Dzielski vor ihm wollte auch Winiecki diese Überlegungen ausdrücklich nicht als Scherz verstanden wissen, sondern betonte die proportional zur Desillusionierung der Herrschenden steigende Wahrscheinlichkeit des von ihm skizzierten Szenarios.[58]

In der ersten Hälfte der 1980er-Jahre schien es allerdings noch ein weiter Weg, bis wirtschaftsliberale Einstellungen in Polen eines Tages aufhören sollten, die »Domäne von Don Quichottes wie Kisielewski und extravaganten Intellektuellen wie Korwin-Mikke« zu sein.[59] Neoliberale Visionäre wie Mirosław Dzielski mochten sich zwar durch die voranschreitende Entideologisierung der staatssozialistischen Herrschaft während des Kriegsrechts ermutigt fühlen. Doch erschien Dzielskis mythologische Überhöhung des westlichen Kapitalismus damals selbst solchen Beobachtern noch völlig losgelöst von der polnischen Realität, die seine Überzeugung von der Überlegenheit der kapitalistischen Wirtschaftsordnung grundsätzlich teilten. So hatten die Autoren eines Beitrags für den Danziger *Przegląd Polityczny* 1984 für Gedankenspiele über eine »even-

58 Jan Winiecki: Koncepcja uwłaszczenia społeczeństwa: Wykupienie praw własności od warstwy rządzącej, in: Krytyka, 1988, Nr. 28–29, S. 130–145.

59 Donecki [Tusk]: Droga i wybór, S. 21.

tuelle Rückkehr zur Marktwirtschaft« nur einen Stoßseufzer übrig: Das sei »ein Prozess, der viele Jahre dauern würde und in dieser Zeit keine größeren ökonomischen Effekte brächte. Es ergibt keinen Sinn, der Öffentlichkeit solche unrealistischen Visionen zu präsentieren.«[60]

## 2. Die Militarisierung der Wirtschaft während des Kriegsrechts

Mit marktwirtschaftlichen Visionen hatte auch der »Militärrat zur Nationalen Rettung« (Wojskowa Rada Ocalenia Narodowego), der am 13. Dezember 1981 unter Führung von General Jaruzelski die Macht in Polen übernommen hatte, wenig am Hut. Es deutet jedenfalls nichts darauf hin, dass Jaruzelski gewillt war, ungebetenen Einflüsterungen von Mirosław Dzielski oder anderen Freunden südamerikanischer Militärdiktaturen Folge zu leisten und im Windschatten des Ausnahmezustands einen marktradikalen Umbau der darniederliegenden polnischen Wirtschaft einzuleiten. Zwar nutzte das Kriegsrechtsregime die Gunst der Stunde, um im Februar 1982 eine massive Preiserhöhung durchzusetzen, mit der ein erheblicher Teil des durch die lohnpolitischen Erfolge der Solidarność entstandenen Geldüberhangs auf Konsumentenseite abgeschöpft wurde. Entsprechend gingen die Reallöhne gegenüber 1981 empfindlich um 27,5 Prozent zurück.[61] Ansonsten erschöpfte sich das wirtschafts- und

60 Andrzej Smoczyński [Tomasz Stankiewicz/Andrzej Topiński]: Gospodarka: realizm i umiarkowanie, in: Przegląd Polityczny, 1984, Nr. 4, S. 35–38, hier S. 38; vgl. Luszniewicz: Ewolucja koncepcji ekonomicznych liberałów gdańskich, S. 197.

61 Dieser Wert basiert auf einer Vergleichsstudie des Wiener Instituts für Internationale Wirtschaftsvergleiche; vgl. Steiner: Einkommen in den Ostblockländern, S. 233. – Die polnische Wirtschaftsbürokratie bezifferte die Reallohneinbußen intern auf immerhin 24 Prozent, siehe Baka: Zmagania o reformę, S. 73 (Eintrag vom 24.1.1983). Dabei ist jedoch zu berücksichtigen, dass die weitreichende Regulierung des Einzelhandels durch Kartensysteme die tatsächliche Kaufkraft der Löhne ohnehin reduzierte und damit die Aussagekraft der statistischen Reallöhne für den Lebensstandard begrenzt ist. Vgl. hierzu kritisch Waldemar Kuczyński: Pułapki czarnej nuty. Niezależna publicystyka ekonomiczna 1982–1985, in: Aneks, 1985, Nr. 39, S. 48–70, hier S. 47 f.

gesellschaftspolitische Programm der Junta darin, »die Gesellschaft zu disziplinieren [und] Faulenzer, Säufer, Spekulation, Schmarotzertum und andere nachteilige Erscheinungen zu eliminieren«. So fasste es jedenfalls der als Wojewode für Oberschlesien eingesetzte Luftwaffengeneral Roman Paszkowski schmissig zusammen.[62] Im Kern ging es darum, die im Zuge des tiefgreifenden Autoritätsverlusts der parteistaatlichen Institutionen desorganisierte planwirtschaftliche Ordnung mit repressiven Mitteln wiederherzustellen.

Grundlage für das autoritäre Ordnungsversprechen des Kriegsrechtsregimes war die brutale Niederschlagung der Besetzungsstreiks von Solidarność-Anhängern in Fabriken, Bergwerken und Institutionen durch Einheiten der Armee und der Miliz in den Tagen nach dem 13. Dezember.[63] Strategisch wichtige Großbetriebe sowie Schlüsselbranchen wie Bergbau und Energiewirtschaft wurden »militarisiert«, das heißt, ihre Beschäftigten wurden militärischer Disziplin unterworfen und ihre Arbeit rechtlich dem Militärdienst gleichgestellt. Schon geringste Vergehen wurden als »Befehlsverweigerung« betrachtet und mit drakonischen Strafen ab zwei Jahren aufwärts bedroht – von Streiks gar nicht zu reden. Die Befehlsgewalt in den Fabrikhallen übernahmen Militärkommissare, meist Berufsoffiziere, die man den Betriebsleitungen zur Seite stellte.[64] Deren Hauptaufgabe war es vor allem in Großbetrieben mit kämpferisch eingestellten Solidarność-Betriebsorganisationen, das erneute Aufflammen von Protesten und Streiks zu verhindern. Im Übrigen konzentrierten sich die Kommissare, wie Tadeusz Ruzikowski festgestellt hat, in vielen Fällen »darauf, worauf sich das Militär, außer aufs Kämpfen, wohl am besten versteht«: auf Sauberkeit, Ordnung und deren pedantische Inspektion.

62 Najważniejsze na dziś. Wywiad wojewody katowickiego, generała dywizji, pilota Romana Paszkowskiego dla »Trybuny Robotniczej«, in: Trybuna Robotnicza, Nr. 6 vom 8.–10.1.1982, S. 1, 3. – Vgl. auch Neja: Górny Śląsk, Podbeskidzie, ziemia częstochowska, S. 99.

63 Vgl. die Beiträge zu den einzelnen Regionen in Dudek (Hg.): Stan wojenny w Polsce.

64 Vgl. Grala: Reformy gospodarcze, S. 191 f.; zu den arbeitsrechtlichen Konsequenzen der Militarisierung siehe płk mgr Czesław Zbroja: Prawo pracy w jednostkach zmilitaryzowanych, in: Żołnierz Wolności vom 11.6.1982, S. 5.

So kam es vor, dass auf Befehl des Militärkommissars zunächst einmal die verstaubten Fenster der Werkshallen geputzt oder die Duschen repariert wurden.[65] Wegen akuter Nachschubprobleme hatten die Belegschaften vieler Betriebe in den ersten Wochen nach Verhängung des Kriegsrechts aber ohnehin nicht viel anderes zu tun.[66] Um wirksame Maßnahmen zur Verbesserung der Arbeitsorganisation und zur Steigerung der vielerorts bedenklich niedrigen Arbeitsproduktivität umzusetzen, fehlte den Offizieren in der Regel die fachliche Kompetenz.[67]

Anstatt den Belegschaften im Rahmen der Arbeiterselbstverwaltung Mitverantwortung für die Produktion zu übertragen und die Betriebsleitungen mit ökonomischen Anreizen zu mehr Selbstständigkeit zu motivieren, herrschte nun also Kommandowirtschaft im wahrsten Sinne des Wortes. Die *Trybuna Ludu* bemühte eigens die Kulisse der westpommerschen Provinz, um ihren Leserinnen und Lesern die segensreichen Wirkungen der Militarisierung der Wirtschaft vor Augen zu führen: Unter der einfühlsamen Überschrift »Schwierige Gespräche für Hauptmann Janyszek« berichtete der lokale Korrespondent des PZPR-Zentralorgans aus dem Alltag eines Militärkommissars, der in die Schiffsausrüstungsfabrik Bomet in der beschaulichen Kleinstadt Barlinek (bis 1945: Berlinchen in der Neumark) abkommandiert worden war. Er porträtierte den Offizier als allseits respektierten und allein an der Sache orientierten Betriebsleiter, der für alle Sorgen ein offenes Ohr hat und dessen schlichtendes Eingreifen »sogar in so delikaten Angelegenheiten wie Missverständnissen in der Ehe« gefragt sei. Im Grunde müsse er nur mit ein paar aus den Internierungslagern zurückkehrenden Solidarność-Querköpfen ein ernstes Wörtchen reden. Idyllischer ließ sich die vom Kriegsrechtsregime verordnete Militarisierung der meisten größeren Industriebetriebe wohl kaum in Szene setzen.[68]

65 Ruzikowski: Stan wojenny w Warszawie, S. 42, 46.
66 Vgl. ebd., S. 458.
67 Vgl. ebd., S. 37 f.; Próchniak: Ziemie łódzka i sieradzka, S. 703 f.
68 Jerzy Nogiec: Trudne rozmowy kapitana Janyszka. Komisarz wojskowy w fabryce, in: Trybuna Ludu, Nr. 215 vom 10.9.1982, S. 3.

Nichtsdestoweniger bekannte sich die von General Jaruzelski geführte Regierung zumindest verbal weiterhin zu dem wirtschaftlichen Reformprogramm, das auf dem IX. Parteitag im Juli 1981 beschlossen worden war. Dessen erste Teile traten wie geplant zum 1. Januar 1982 in Kraft, freilich ohne die im September im Rahmen des Kompromisses mit der Solidarność beschlossenen Befugnisse für die Arbeiterselbstverwaltung und Gewerkschaften.[69] Ein weiteres Gesetzespaket, über das die Regierung Ende November 1981 mit Solidarność-Vertretern ohne Ergebnis verhandelt hatte, wurde vom Sejm am 26. Februar 1982 in unveränderter Form in Kraft gesetzt. Die Propagandisten des Regimes behaupteten sogar, das Kriegsrecht habe eine effektive Implementierung der ambitionierten Wirtschaftsreform überhaupt erst ermöglicht. Denn erst die Militarisierung habe der »Anarchisierung« und »Demontage« des Wirtschaftslebens durch »Streiks aus nichtigem Grund oder gleich ganz ohne Grund, [durch] Erzwingen von Arbeitszeitverkürzungen ohne Rücksicht auf die ökonomischen Folgen [und] Exportblockaden« ein Ende gemacht und die Obstruktion aller Reformanläufe durch die »extremen Führungsgremien der Solidarność« überwunden.[70] Auch gegenüber kritischen Fragen aus dem Westen stellte das Regime das Kriegsrecht als unverzichtbaren »Schutzschirm für die Durchführung von Reformen« dar, die in Polen schließlich »immer einen Anlass für Tumulte geboten« hätten.[71] Bei den Bankern in Frankfurt am Main, London und New York, die es unbedingt vermeiden wollten, ihre großzügig nach Polen vergebenen

69 Vgl. Grala: Reformy gospodarcze, S. 130. – Zwar wurden die Selbstverwaltungsorgane ab dem Frühjahr 1982 schrittweise reaktiviert oder neu gebildet; allerdings war ihre Verankerung in den Belegschaften vieler Betriebe prekär und ihr Einfluss auf die Neubesetzung von Direktorenposten minimal. An die Stelle der unabhängigen Gewerkschaft Solidarność traten nach Verabschiedung eines neuen Gewerkschaftsgesetzes im Oktober 1982 neu gegründete regimetreue Gewerkschaften, die sich 1984 im Gesamtpolnischen Gewerkschaftsverband (Ogólnopolskie Porozumienie Związków Zawodowych, OPZZ) zusammenschlossen. Vgl. ebd., S. 198–204.

70 Alle Zitate aus Krzysztof Krauss: IX Zjazd i dzień dzisiejszy: Odblokowane szanse reformy, in: Trybuna Ludu vom 18.6.1982; vgl. auch Zawistowski: Kapitalizm albo śmierć?, S. 23 f.

71 So der polnische Außenminister Józef Czyrek in einem Gespräch mit dem US-Botschafter am 24. Mai 1982, zit. nach Domber: Empowering Revolution, S. 79.

Kredite endgültig abzuschreiben, stieß diese Argumentation zumindest hinter vorgehaltener Hand auf Verständnis: »Most bankers think authoritarian governments are good because they impose discipline«, ließ sich ein Finanz-Insider anonym im *Wall Street Journal* zitieren.[72]

Dagegen stellte Władysław Baka, der Regierungsbevollmächtigte für die Wirtschaftsreform, im Rückblick fest, dass ihm mit der Solidarność »der wichtigste Verbündete« zum »Aufbrechen des Betons« innerhalb des Machtapparats abhandengekommen war.[73] Kaum war der gesellschaftliche Druck von unten geknebelt, drängte die Wirtschaftsbürokratie darauf, der tatsächlichen Krise und der vermeintlichen »Anarchie« mithilfe von zentral gesteuerten Ad-hoc-Maßnahmen Herr zu werden, die dem Geist der Reform diametral zuwiderliefen. Dazu gehörten etwa von der Plankommission erarbeitete »Operativprogramme« zur Sicherung der Materialversorgung für die Produktion der wichtigsten Güter, die eine zentrale Zuteilung von Energie, Rohstoffen und Transportmitteln vorsahen. In den ersten Monaten des Jahres 1982 waren nur sechs Prozent aller Betriebe nicht in diese Programme einbezogen.[74] Ab 1983 wurde die operative Selbstständigkeit der Betriebsleitungen durch die Einführung prioritärer »Regierungsaufträge« für immer mehr Rohstoffe und Produkte eingeschränkt, und in den sogenannten *zrzeszenia*, Zusammenschlüssen von Staatsbetrieben auf Branchenebene, reproduzierte sich die bestehende monopolistische, auf informelle Aushandlung statt auf Konkurrenz ausgerichtete Wirtschaftsstruktur.[75] Da mit der Arbeiterselbstverwaltung und den weitgehend eigenverantwortlich handelnden Direktoren die wichtigsten potenziellen Aktivposten der Reform auf betrieblicher Ebene fortfielen, verpufften die reformerischen Absichtserklärungen weitgehend wirkungslos. Zwar gelang es der Regierung Jaruzelski mit ihrer autoritären Wirtschaftspolitik, den weiteren Einbruch der Wirtschaftsleistung bis Ende des Jahres 1982 zu stoppen; es handelte sich jedoch bestenfalls um

72 Zit. nach Bartel: Fugitive Leverage, S. 93.
73 Baka: U źródeł wielkiej transformacji, S. 59.
74 Siehe ders.: Zmagania o reformę, S. 63 (Eintrag vom 11.3.1982).
75 Vgl. Grala: Reformy gospodarcze, S. 134f., 192–196.

eine Stabilisierung auf niedrigem Niveau. Noch 1987 erreichte das polnische Nationaleinkommen nicht einmal den Stand von 1978, des letzten Jahres vor der Krise.[76]

Eine entsprechend düstere Bilanz zog die »Provisorische Koordinierungskommission« (Tymczasowa Komisja Koordynacyjna), das wichtigste Führungsgremium der Untergrund-Solidarność, ein Jahr nach Einführung des Kriegsrechts:

> »Die Diktatur des Kriegsrechts hat nichts als ein Programm gigantischer Preiserhöhungen realisiert, ohne im Gegenzug irgendwelche Perspektiven zur Verbesserung der Wirtschaftslage zu eröffnen. [...] Die auf den Prinzipien der Selbstständigkeit und Selbstfinanzierung basierende Reform wurde auf einen Austausch der Fassade des bisherigen, kompromittierten Kommando-Dispositions-Systems und die Militarisierung der wichtigsten Wirtschaftszweige reduziert. Die drastisch eingeschränkten Rechte der Beschäftigten haben Bedingungen halb unfreier Arbeit geschaffen, mit Arbeitszwang, administrativer Bindung an den Arbeitsplatz und der Drohung des Verlusts der Arbeit aus politischen Gründen. Unter diesen Bedingungen wird die Selbstverwaltungsreform in der Wirtschaft zur Fiktion.«[77]

General Jaruzelski selbst war weit davon entfernt, sich an marktsozialistischen Konzeptionen oder an Pinochet zu orientieren. Obwohl er aus taktischen Gründen entschieden am rhetorischen Bekenntnis zu den 1981 beschlossenen Wirtschaftsreformen festhielt und deshalb reformorientierte Politiker wie Władysław Baka zunächst unterstützte, ging sein wirtschaftspolitisches Credo nicht wesentlich über eine autoritäre Ordnungsvision hinaus, die sich weitgehend in den Kategorien Disziplin, Ordnung

76 Nach offiziellen Zahlen belief sich das erwirtschaftete Nationaleinkommen 1987 auf 94,4 Prozent des Niveaus von 1978; pro Kopf der Bevölkerung entsprach dies sogar nur 87,7 Prozent des damaligen Wertes. Vgl. ebd., S. 211 f. – Vgl. zu den strukturellen Gründen für das Steckenbleiben der Wirtschaftsreform auch Pysz: Konzeption, Bilanz und Perspektiven, S. 17–28; ders./Scharff: Polnische Volkswirtschaft, S. 93–99.

77 Oświadczenie programowe Tymczasowej Komisji Koordynacyjnej NSZZ »Solidarność« pod tytułem »Solidarność dziś«, 22.1.1983, in: Tygodnik Mazowsze, Nr. 41 vom 27.1.1983, Nachdruck in: Olaszek (Hg.): Dokumenty władz NSZZ »Solidarność«, Dok. 35, S. 103–110, hier S. 107.

und Kontrolle erschöpfte. »Es sieht so aus, als ob die Krähe[78] wirklich auf ›Ruhe und Ordnung‹ als rettenden Faktor für die Wirtschaft gesetzt hat«, seufzte die Untergrundzeitung *Tygodnik Wojenny* (»Kriegswochenblatt«) über die sehr bescheidenen Erfolge dieser Strategie.[79]

Zugleich war Jaruzelski sich durchaus bewusst, dass die »Arbeiterklasse« sowohl materiell als auch politisch-symbolisch am stärksten unter dem Kriegsrecht litt. Wie der General in einem seiner räsonierenden Monologe im Politbüro ausführlich beklagte, wälzte die Preisreform den Löwenanteil der Kosten der Krise auf die Arbeiter ab, und auch die ihnen »von Natur aus zustehende« Selbstorganisation in Form von Gewerkschaften sei ihnen momentan verwehrt. Folglich sah er seine Regierung in der Pflicht, einer weiteren Verschlechterung des Lebensstandards entgegenzuwirken, und zwar insbesondere für diejenigen, die anders als Vertreter der »privaten Initiative« oder von »Intelligenzberufen« nicht imstande seien, »sich noch irgendwo etwas dazuzuverdienen«.[80] Diese Prioritätensetzung, die sicherlich nicht zuletzt dem Bewusstsein der eigenen politischen Schwäche und der Sorge vor einem möglichen Wiederaufleben der Arbeiterproteste entsprang, stand etwaigen radikalen Reformschritten auf Kosten der Bevölkerungsmehrheit grundsätzlich im Wege.

An überfällige Strukturreformen war ohnedies kaum zu denken, solange die kommunistische Regierung unter dem Druck der hohen Auslandsverschuldung alles daransetzte, die wenigen verfügbaren Ressourcen auf den Steinkohlenbergbau zu konzentrieren, um zumindest die Förde-

78 Wrona (Krähe) – in der Opposition gebräuchliche Verballhornung des Akronyms WRON (Wojskowa Rada Ocalenia Narodowego – Militärrat zur Nationalen Rettung).

79 /id/: reorientacja?, in: Tygodnik Wojenny, Nr. 14/15 vom 9.4.1982, S. 4. – Einen recht ähnlichen Eindruck vermittelte die Vision von Ordnung, die Jaruzelski in einer internen Telefonkonferenz unmittelbar nach Einführung des Kriegsrechts formulierte: Zapis telekonferencji I sekretarza KC PZPR gen. Wojciecha Jaruzelskiego i członka Biura Politycznego KC PZPR Kazimierza Barcikowskiego z I sekretarzami KW PZPR, 16.12.1981, in: Kopka/Majchrzak (Hg.): Stan wojenny w dokumentach, Dok. 13, S. 88–98, hier insbes. S. 97.

80 Zapis dyskusji na posiedzeniu Biura Politycznego KC PZPR w dniu 11 czerwca 1982 r., in: ebd., Dok. 33, S. 190–270, hier S. 254.

rung des wichtigsten polnischen Exportguts zu sichern.[81] Dabei griff das Regime zu Zuckerbrot und Peitsche, um die Bergleute zu effektiver Arbeit zu motivieren: Einerseits wurden Streiks gegen die Einführung des Kriegsrechts in den Bergwerken brutal niedergeschlagen, was in der Kattowitzer Grube Wujek neun Todesopfer forderte. Andererseits baute man die materielle Privilegierung der Kumpel durch die Etablierung eines exklusiven Einzelhandelsnetzes, das nur für Bergleute und deren Angehörige zugänglich war, noch weiter aus.[82] Zwar wurde unter dem Strich sogar in diesem privilegierten Sektor trotz deutlich erhöhten Ressourcenaufwands (vor allem durch Steigerung der Beschäftigung) nicht mehr als Stagnation erreicht. Der Aufstieg des Kattowitzer Wirtschaftsprofessors Zbigniew Messner zunächst zum Vizepremier, ab 1985 zum Ministerpräsidenten war jedoch ein klares Signal, dass die Befürworter einer technokratischen Wirtschaftspolitik, die sich in erster Linie an den Interessen von Kohlelobby und Schwerindustrie ausrichtete, innerhalb der Parteiführung die Oberhand behielten.[83] Ernsthafte Reformanstrengungen im Kernbereich der staatlichen Planwirtschaft waren von diesem Personal nicht zu erwarten. Wirtschaftspolitische Experimente konzentrierten sich deshalb in erster Linie auf den vergleichsweise unbedeutenden Privatsektor.

## 3. Der Boom der privaten »Polonia-Firmen«

Während das Kriegsrechtsregime der überwiegenden Mehrheit der Bevölkerung kaum mehr zu bieten hatte als schmerzhafte Reallohneinbußen, Kasernenhofdisziplin und patriotisch gefärbte Appelle an die Arbeitsmoral, bemühte es sich Besitzern westlichen Devisenkapitals gegenüber um weitaus einladendere Gesten. Schon in den ersten Monaten

81 Vgl. Grala: Reformy gospodarcze, S. 215.
82 Vgl. Jurkiewicz: »Dawać węgiel i zarabiać«, S. 215f.
83 Siehe Baka: U źródeł wielkiej transformacji, S. 60–63; vgl. Poznański: Poland's Protracted Transition, S. 99f.

nach Verhängung des Kriegsrechts ergriff die Regierung Jaruzelski die Initiative, um erstmals die Gründung kleiner und mittelständischer Privatunternehmen mit ausländischem Kapital gesetzlich abzusichern und mit vorteilhaften Konditionen zu belohnen. Ähnliche Regelungen hatte es auf Verordnungsebene bereits seit 1976 gegeben; diese waren aber selbst nach Einschätzung des zuständigen Ministeriums so lückenhaft und inkonsistent gewesen, dass ihre Effekte mikroskopisch geblieben waren.[84] Dagegen lockte das am 6. Juli 1982 vom Sejm verabschiedete Gesetz nicht nur mit erhöhter Rechtssicherheit, sondern auch mit drei Jahren Steuerbefreiung und der Möglichkeit des vollständigen Transfers der erwirtschafteten Devisengewinne ins Ausland. Der Grund für dieses Entgegenkommen lag auf der Hand: »Wir haben schließlich 25 Milliarden Dollar zurückzuzahlen«, erinnerte der Vizedirektor der Außenhandelsabteilung der Plankommission im Interview mit der *Trybuna Ludu*. Neben Investitionskapital erhoffte man sich von den Unternehmern aus dem Westen auch Know-how, um den darniederliegenden Export ins kapitalistische Ausland anzukurbeln. »Außerdem würden uns solche Firmen nützen, damit wir – was soll man da verbergen? – von den ausländischen Partnern endlich lernen, wie man ein Unternehmen effektiv managt.«[85]

Die gesetzliche Neuregelung zielte insbesondere auf im Westen lebende Auslandspolen, die Angehörigen der sogenannten Polonia, die auf diese Weise zu Investitionen in der Volksrepublik ermuntert werden sollten. Und tatsächlich löste sie einen wahren Boom der auf Basis ausländischen Kapitals operierenden Privatunternehmen aus, die unter der

84 Siehe Ministerstwo Handlu Wewnętrznego i Usług (Zespół pod kierownictwem mgr Władysława Pilarskiego, Wicedyrektora Dep. Usług i Rzemiosła): Informacja o przepisach dot. funkcjonowania przedsiębiorstw i spółek polonijnych oraz o polityce w tym zakresie, April 1979, IPN, BU 1585/18087, Bl. 1–8. – Vgl. aus der Forschungsliteratur Sikora: Koncesjonowany kapitalizm, S. 127 f.; Nitschke: Firmy polonijno-zagraniczne, S. 96 f.

85 Andrzej Konieczny: Nad projektem nowej ustawy: Spółki z udziałem zagranicznym. [Interview mit Janusz Czamarski, wicedyrektor Zespołu Handlu i Współpracy Gospodarczej z Zagranicą w Komisji Planowania przy Radzie Ministrów], in: Trybuna Ludu vom 19.5.1982, S. 11 f.

Bezeichnung »Polonia-Firmen« Einzug in den polnischen Alltag hielten.[86] Was 1977 einer gern kolportierten Legende nach mit einer automatischen Autowaschanlage des westdeutschen Geschäftsmanns Lothar Grabowski am *Dworzec Gdański* (Danziger Bahnhof) in Warschau begonnen hatte, entwickelte sich nun zu einem volkswirtschaftlich gesehen zwar weiterhin marginalen, dafür aber umso rasanter wachsenden Segment des polnischen Wirtschaftslebens.[87] Die meisten dieser jungen Unternehmen wurden im Konsumgüterbereich aktiv. Sie produzierten und vertrieben etwa Kosmetika oder modische Kleidung, nach der auf dem polnischen Markt der 1980er-Jahre eine riesige ungedeckte Nachfrage bestand, später zunehmend auch Computer und Mikroelektronik.[88] Für viele Polonia-Firmen erwies sich die krisenbedingte Mangelwirtschaft als wahres Eldorado, zumal das Kriegsrechtsregime ihnen zunächst kaum Steine in den Weg legte, um aus den notorischen Dysfunktionalitäten der staatlichen Planwirtschaft Profit zu schlagen – oder, in den durchaus klarsichtigen Worten des PZPR-Zentralorgans: um »den bei uns immer noch anzutreffenden gehäuften wirtschaftlichen Nonsens [...] zur Realisierung der nächstliegenden und mit dem geringsten Risiko behafteten Gewinne« zu nutzen.[89]

Nun waren »Privatiers« *(prywaciarze)* und »private Initiative« *(inicjatywa prywatna)*, wie Selbstständige und privatwirtschaftliche Unter-

86 Umgangssprachlich war meist von »Polonia-Firmen« (firmy polonijne) die Rede, und zwar unabhängig davon, ob diese tatsächlich in Verbindung mit Auslandspolinnen oder -polen standen. Die offizielle Bezeichnung lautete przedsiębiorstwa polonijno-zagraniczne (»Polonia- und ausländische Unternehmen«), oft abgekürzt als »PPZ«.

87 Siehe Andrzej Konieczny: Oczami polonijnych przedsiębiorstw: Nadzieje i realia, in: Trybuna Ludu, Nr. 93 vom 21.4.1982, S. 4; Barbara Seidler: Firmy polonijne: Same pożytki? Tylko pretensje?, in: Życie Literackie vom 2.10.1983; Lisaweta von Zitzewitz: Mein Platz ist in Polen, in: Die Zeit, Nr. 49 vom 29.11.1985, S. 78. – Grabowskis Firma Konsuprod, die u. a. einen Versandhandel mit aus dem Westen importierten Konsumgütern betrieb, entwickelte sich während des Kriegsrechts zu einem der bedeutendsten Polonia-Unternehmen. Siehe Główny Inspektorat Kontroli Finansowej: Informacja z kontroli działalności niektórych przedsiębiorstw polonijnych, Oktober 1982, AAN, URM, 1.4/4, Bl. 31–48, hier Bl. 36 f., 41 f.

88 Vgl. Grala: Przedsiębiorstwa z kapitałem zagranicznym, S. 93 f.

89 Vgl. Grala: Reformy gospodarcze, S. 260 f.; das Trybuna Ludu-Zitat stammt aus Konieczny: Oczami polonijnych przedsiębiorstw.

nehmen im volkspolnischen Diskurs abschätzig und bagatellisierend genannt wurden, im kommunistischen Polen keineswegs neue Phänomene.[90] Zumindest in der Landwirtschaft war beides seit Langem gang und gäbe, wurden doch drei Viertel der landwirtschaftlichen Nutzfläche von privaten Einzelbauern bewirtschaftet. Bezeichnenderweise beeilte sich das Regime bald nach Verhängung des Kriegsrechts, deren Existenzberechtigung mit einem Gesetz vom März 1982 als »dauerhaftes und gleichberechtigtes Element der Wirtschafts- und Gesellschaftsordnung« anzuerkennen.[91] Auf die private Landwirtschaft entfiel auch der Löwenanteil jener insgesamt 26,6 Prozent der polnischen Beschäftigten, die 1980 im Privatsektor tätig waren.[92] Nur 3,5 Prozent aller Arbeitskräfte arbeiteten zu diesem Zeitpunkt in der Privatwirtschaft außerhalb der Landwirtschaft.[93] Gleichwohl spielten Privatbetriebe auch im Handwerk, im Kleingewerbe und bei personenbezogenen Dienstleistungen eine bedeutende Rolle. Zwar waren diese Betriebe meist sehr klein und beschäftigten im Durchschnitt kaum mehr als eine Person neben dem Eigentümer. Allerdings stieg ihre Zahl im Laufe der 1980er-Jahre deutlich von 373 900 zu Beginn der Dekade auf 619 700 im Jahr 1988 an.[94] Ihr Anteil an den erbrachten Dienstleistungen für die Bevölkerung wuchs derweil von einem Viertel auf ein Drittel, ihr Anteil an den Beschäftigten verdoppelte sich auf 7 Prozent.[95] Dabei ist davon auszugehen, dass ein beträchtlicher Teil der in diesem Sektor erwirtschafteten Güter und Dienstleistungen in der offiziellen Statistik nicht erfasst wurde, da die hohen Steuersätze und mannigfaltigen bürokratischen Hürden, etwa bei der Beschaffung von Rohstoffen, starke Anreize setzten, informell zu wirtschaften.[96] Die kaum

90 Siehe etwa die retrospektiven Erfahrungsberichte von Zeitzeugen in Knyt/Wancerz-Gluza (Hg.): Prywaciarze 1945–89.

91 Vgl. Grala: Reformy gospodarcze, S. 257.

92 Wegen des Beschäftigungsrückgangs in der privaten Landwirtschaft war der Anteil der Arbeitskräfte im Privatsektor im Verlauf der 1970er-Jahre von einem Drittel (32 Prozent) auf ein gutes Viertel gesunken. Vgl. Graban: »Inicjatywa prywatna«, S. 487.

93 Vgl. Grala: Reformy gospodarcze, S. 265, Schaubild 5.

94 Siehe Kaliński: Nierolniczy sektor prywatny gospodarki, S. 45.

95 Siehe ebd., S. 47.

96 Vgl. Graban: »Inicjatywa prywatna«, S. 493–498.

vermeidbare Nähe des privaten Kleingewerbes zu rechtlichen und wirtschaftlichen Grauzonen trug wiederum dazu bei, deren in den offiziellen Medien gern hervorgekehrtes Schmuddelimage zu verstetigen.

Die wenigen Hundert Polonia-Firmen, die seit Anfang der 1980er-Jahre den polnischen Privatsektor ergänzten, bildeten angesichts der um ein Vielfaches höheren Zahlen von privaten Bauernhöfen und Handwerksbetrieben eine quantitativ marginale Randerscheinung. Ihre Bedeutung wird jedoch klarer, wenn man sich ihr dynamisches Wachstum vor Augen führt. So explodierte die Zahl der Unternehmen mit ausländischem Kapital von 33 zum Jahresende 1980 auf 500 im Jahr 1983, um dann bis 1987 etwas langsamer bis auf 695 zu steigen.[97] Ihr Anteil am Gesamtumsatz der Privatwirtschaft (ohne Agrarsektor) erhöhte sich trotz eines ebenfalls deutlichen Wachstums im Handwerk von 1,87 Prozent (1981) auf immerhin 12,6 Prozent (1987).[98] Anders als erhofft, betätigten sich die Polonia-Unternehmen jedoch überwiegend auf dem polnischen Binnenmarkt und trugen kaum zur Belebung des darniederliegenden polnischen Exports ins westliche Ausland bei, auch wenn einige von ihnen etwa als Subunternehmer für die westeuropäische Textil- und Bekleidungsindustrie auftraten. Tadeusz Kamiński, der Vorsitzende der Handelskammer »Inter-Polcom«, in der die Polonia-Unternehmen organisiert waren, zog 1987 eine eher ernüchternde Bilanz ihrer Exportleistung und Innovationskraft:

> »Nur jedes siebte Mitgliedsunternehmen von ›Inter-Polcom‹ [ca. 100 von 700] betreibt vielversprechende Exportgeschäfte und eine wirklich moderne Produktion, die des Endes des 20. Jahrhunderts würdig ist. 500 Firmen sind eher größere oder kleinere Handwerksbetriebe, die ganz sicher nicht durch fremdes Kapital finanziert werden müssten. Demgegenüber verderben ungefähr 100 Unternehmen den Ruf aller anderen und müssten schlicht und einfach liquidiert werden.«[99]

97 Siehe Główny Inspektorat Kontroli Finansowej: Informacja z kontroli działalności niektórych przedsiębiorstw polonijnych, Oktober 1982, AAN, URM, 1.4/4, Bl. 31–48, hier Bl. 31; vgl. Grala: Reformy gospodarcze, S. 267.

98 Vgl. Grala: Reformy gospodarcze, S. 267.

99 Pt: Deklaracje nie wystarczą. Firmy polonijne w sztywnym gorsecie przepisów, in: Życie Warszawy, Nr. 52 vom 3.3.1987.

Dennoch stellten zumindest die erfolgreicheren unter den Polonia-Firmen den Staatssektor mit ihrer höheren Produktivität, ihren moderneren (oder jedenfalls ansprechender vermarkteten) Produkten und den von ihnen gezahlten weitaus höheren Löhnen in den Schatten. Während das technologische Niveau und die erzielten Einkünfte vieler handwerklicher Kleinstbetriebe gutbezahlten Facharbeitern in der staatseigenen Schwerindustrie nicht unbedingt imponierten, entwickelten diese neuen Privatunternehmen sich zu einer zuvor ungekannten potenziellen Herausforderung für die bisher dominierende Wirtschaftsordnung. Dementsprechend zogen sie überproportional viel öffentliche Aufmerksamkeit auf sich – im Guten wie im Schlechten.[100]

Vor dem Hintergrund des eklatanten Warenmangels im staatlichen Einzelhandel erschien allein schon das Angebot nachgefragter Konsumgüter anfangs wie eine Verheißung. So blickte ein Journalist mit verklärtem Blick auf erste Erfahrungen mit dem Vertriebsnetz der Parfüm-Firma Inter-Fragrances zurück, die der aus Posen stammende, jahrzehntelang in Marokko lebende Parfümeur Ignacy Soszyński 1979 in seiner Heimatstadt gegründet hatte:

> »Jeder Warschauer hat von dem firmeneigenen Laden von Inter-Fragrances in [dem Warschauer Stadtteil] Ursynów gehört, wo man ohne größere Probleme Shampoo mit Orangenduft kaufen konnte, während man das normale Kalmus-Hopfen-Shampoo schon seit Monaten nicht mehr zu Gesicht bekam. Ja, es gab [auch dort] Warteschlangen – aber in diesem kleinen Laden versorgten sich die Einwohner aus der ganzen Hauptstadt und ihrem Umland, in der Schlange ging es schnell voran, niemand brach dort einen Streit vom Zaun, und die sympathischen jungen Verkäuferinnen *(sympatyczne dziewczyny)* hatten für jeden Kunden ein Lächeln und einen Moment Zeit, um bei der Auswahl zu beraten.«[101]

100 Siehe Mirosław Ziach: »Kto pozwala firmom polonijnym ...« Ceny i oceny, in: Głos Wybrzeża vom 7.11.1983.

101 A.P.: Bronimy firm polonijnych, in: Tygodnik Polski, Nr. 5 v. 29.1.1984, S. 8.

Nicht zuletzt aufgrund ihrer damals in Polen noch weitgehend unbekannten Marketing- und Vertriebsstandards entwickelte sich Soszyńskis Firma in rasantem Tempo zum größten und bekanntesten Polonia-Unternehmen des Landes. 1985 beschäftigte Soszyński bereits rund 1000 Mitarbeiterinnen und Mitarbeiter, die nicht nur Kosmetika und Aromastoffe, sondern auch Tomatenketchup und Möbel produzierten. Er selbst wurde innerhalb weniger Jahre zum Multimillionär und zum reichsten Mann nicht nur Polens, sondern wohl ganz Osteuropas.[102] Die Finanzkontrolleure hingegen, die Soszyńskis Firma schon in einem Bericht vom Oktober 1982 als »einzigartige Sensation in der kurzen Aktivität der Polonia-Firmen« würdigten, hatten an dessen unternehmerischem Erfolg erwartungsgemäß einiges auszusetzen:

> »Diese dynamische Entwicklung der Unternehmungen des Herrn Soszyński beruhte einerseits auf der Ausnutzung von Lücken in der Versorgung des Marktes, da seine Firma zum beinahe einzigen Lieferanten von Lebensmittelessenzen, Konzentraten sowie einigen Kosmetika (Shampoos) wurde, andererseits aber auf der Nichtbeachtung der in Polen gültigen fiskalischen Vorschriften durch den Eigentümer sowie auf Aktivitäten, die nicht immer in Einklang mit den erteilten Genehmigungen standen.«[103]

Doch nicht nur die Steuerbehörden arbeiteten sich an Soszyński und den anderen neuen Unternehmern ab. Da sich in den Praktiken der boomenden Privatunternehmen wie in einem Brennglas die Vorzüge und Nachteile kapitalistischen Handelns bündelten, boten sie auch den staatlich gesteuerten Medien eine dankbare Zielscheibe für ressentimentgeladene Polemiken und Neiddebatten. Für die Verbraucherinnen und Verbraucher, die an eine weitreichende staatliche Preisregulierung und die damit einhergehende Nivellierung individueller Konsummöglichkeiten gewöhnt

102 Siehe Piotr Gabryel: Imperium Soszyńskiego, in: Wprost, Nr. 40 vom 6.10.1985, S. 8–12, und Nr. 42 vom 20.10.1985, S. 9–12, hier insbes. S. 10f.; vgl. Grala: Przedsiębiorstwa z kapitałem zagranicznym, S. 95f.

103 Główny Inspektorat Kontroli Finansowej: Informacja z kontroli działalności niektórych przedsiębiorstw polonijnych, Oktober 1982, AAN, URM, 1.4/4, Bl. 31–48, hier Bl. 43.

waren, konnten die von den Polonia-Firmen aufgerufenen, nicht selten um ein Vielfaches höheren Preise durchaus schockierende Wirkung haben. Freilich wurde die Preisgestaltung der Privatunternehmen »oft mit den Preisen von Artikeln verglichen, die man in den Läden zum letzten Mal vor zehn Jahren gesehen hat«, nicht aber mit denjenigen in den staatseigenen Pewex-Devisengeschäften, wie das regimetreue katholische Blatt *Słowo Powszechne* (»Allgemeines Wort«) anmerkte.[104] Sobald die teuer erstandenen Produkte dann einmal nicht hielten, was sie versprachen, druckte die Presse nur zu gern die Beschwerden »empörter Leserinnen« ab, die sich über »lehmige Seife« von Inter-Fragrances oder qualitativ minderwertige Cordhosen beklagten.[105]

In einem diskursiven Umfeld, in dem private Gewinnabsichten bestenfalls als moralisch zweideutig galten, ließ sich auch der Umstand leicht skandalisieren, dass Inter-Fragrances und andere Privatfirmen viele ihrer Produkte mangels ausreichender eigener Produktionskapazitäten in Auftragsfertigung in staatlichen Fabriken herstellen ließen und allein für die attraktive Verpackung und den Vertrieb beträchtliche Gewinnmargen einstrichen.[106] Wegen solcher Geschäfte mit volkseigenen Betrieben und vermeintlicher Devisenvergehen strengte die Staatsanwaltschaft in Poznań einen von der Lokalpresse eifrig mit öffentlichen Vorverurteilungen angeheizten Prozess gegen den Inter-Fragrances-Eigner Ignacy Soszyński an. Obwohl die Vorwürfe von renommierten Juristen und Wirtschaftsexperten als haltlos eingestuft wurden, trieben die Posener Behörden das Ver-

104 Siehe Maria Bobińska: Mieć i nie mieć. Firmy polonijne, czyli co się komu opłaca, in: Słowo Powszechne vom 29./30.6.–1.7.1984.

105 Siehe exemplarisch (c): Spodnie za 4.700 zł, kurtki po 5.500 zł: Producent robi co chce jeśli na rynku brakuje konkurencji, in: Słowo Polskie Nr. 191 v. 18.11.1982; Ewa Gajewska: Czy rynek na tym skorzysta, czyli nowa ustawa o firmach polonijnych, in: Tygodnik Polski, Nr. 47 vom 20.11.1983, S. 1, 7.

106 Siehe etwa NIK, Zespół Obrotu Towarowego i Usług: Informacja o wynikach kontroli działalności gospodarczej niektórych przedsiębiorstw polonijno-zagranicznych, September 1983, Anlage zum Protokoll der Politbüro-Sitzung vom 19.1.1984, AAN, KC PZPR, V/216, Bl. 28–60, hier Bl. 38f.; Piotr Borzych: Między zyskiem a społeczną potrzebą, in: Głos Wybrzeża, Nr. 21 vom 25.1.1985; vgl. Tittenbrun: Upadek socjalizmu realnego, S. 137f.

fahren immer weiter voran. 1985 sah sich der Firmenchef, der zwischenzeitlich sogar in Untersuchungshaft genommen worden war, gezwungen, eine eventuelle Verstaatlichung seines Unternehmens in Aussicht zu stellen. Dazu sollte es bis zum Tod Soszyńskis im Oktober 1987 zwar nicht kommen; die behördlichen Schikanen kulminierten aber im Entzug der Lizenz für mehrere Geschäftsfelder und Produktionsstätten der Firma.[107]

Der sichtbare Wohlstand der aus dem Westen stammenden Unternehmer und ihrer polnischen Bevollmächtigten rief Bewunderung und Neid gleichermaßen hervor. »Ausländische Firmen in Polen umgibt eine Aura der großen weiten Welt, der Dollars, hoher Gehälter und des leichten Reichwerdens *(łatwego dorobienia się)*.«[108] Dieser Nimbus, der zu einem erheblichen Teil auf dem offiziell schon sehr hohen, auf dem Devisenschwarzmarkt aber extrem überhöhten Kurs des US-Dollars gründete,[109] zog eine risikobereite und teilweise sicherlich etwas halbseidene Klientel magisch an. Solche Geschäftemacher in spe umlagerten etwa das jährliche Polonia-Wirtschaftsforum (Polonijne Forum Gospodarcze) auf der Internationalen Messe Poznań, um eifrig ihre Dienste anzubieten.[110] Aber auch führende Staatsbedienstete wechselten bei der Aussicht auf satte Gehälter und Privilegien gern die Seiten. Diese Tendenz war insbesondere dem Staatssicherheitsdienst und dessen Chef, Innenminister Kiszczak, ein Dorn im Auge. Dort witterte man noch stets die Gefahr der Unterwanderung durch den kapitalistischen Klassenfeind.[111]

Mancher erfahrene Fachmann sah im Schritt in die Privatwirtschaft die Chance, seine Kompetenzen und Talente gewinnbringender einzu-

107 Siehe Andrzej Mozołowski: Jak to właściwie jest?, in: Polityka, Nr. 48 vom 1.12.1984, S. 5; Jerzy Sławomir Mac: »Sprawa Gorgonowej« w branży kosmetyków, in: Prawo i Życie, Nr. 23 vom 8.6.1985; Nie chcę być właścicielem. [Interview mit Ignacy Z. Soszyński, Inhaber von »Inter-Fragrances«], in: Polityka, Nr. 47 vom 23.11.1985, S. 16; Bogdan Możdżyński: Komu przeszkadza »Inter-Fragrances«?, in: Kierunki vom 12.10.1986; Jerzy Sławomir Mac: Na przykładzie »Inter-Fragrances«. Forum Prawa i Życia, in: Prawo i Życie, Nr. 13 vom 28.3.1987, S. 4f.

108 Romuald Wiśniewski: Polonijny Biznes, in: Prawo i Życie, Nr. 25 vom 18.6.1983.

109 Vgl. dazu Kochanowski: Jenseits der Planwirtschaft, S. 349–354.

110 Siehe Wiśniewski: Polonijny Biznes.

111 Vgl. Sikora: Koncesjonowany kapitalizm, S. 134–136.

setzen als in der staatlichen Bürokratie. So gründete etwa Mariusz Walter, der bis 1982 in leitender Funktion beim staatlichen Rundfunk tätig gewesen war und von Jaruzelskis Regierungssprecher Jerzy Urban als »begabtester Fernsehredakteur, Organisator und Konzeptentwickler in Polen überhaupt« empfohlen wurde,[112] 1983 gemeinsam mit Jan Wejcherts Offshore-Firma ITI (International Trading and Investments Company) eine der ersten polnischen Videothekenketten, aus der wiederum 1997 der private Fernsehsender TVN hervorgehen sollte.[113] Andere einstige Staatsbedienstete, die in den Sold der Polonia-Unternehmer wechselten, ließen sich von diesen wohl in erster Linie ihre Kontakte zu den Steuerbehörden oder innerhalb des Sicherheitsapparats fürstlich entlohnen. Es lässt jedenfalls tief blicken, dass »hohe Mitarbeiter des Finanzministeriums« einer Meldung der Danziger Staatssicherheit von 1986 zufolge »Schulungen zur Lösung von ökonomisch-finanziellen Problemen sowohl privater als auch vergesellschafteter Wirtschaftssubjekte hauptsächlich mit Blick auf die Umgehung gültiger Finanzvorschriften« durchführten.[114]

Während solcherart Steuerberatung aus erster Hand vorzugsweise diskret abgewickelt wurde, störte die veröffentlichte Meinung sich vor allem an dem ostentativ zur Schau gestellten Reichtum und der Überheblichkeit jener »kleinen Gruppe von Managern, die ihre Schlitzohrig-

112 Schreiben des Regierungssprechers Jerzy Urban an Innenminister Czesław Kiszczak vom 22.2.1983, IPN, BU MSW, II 1013, Bl. 36–41, zit. nach Majchrzak: Towarzysz Urban proponuje, S. 107.

113 Siehe NIK, Zespół Obrotu Towarowego i Usług: Informacja o wynikach kontroli działalności gospodarczej niektórych przedsiębiorstw polonijno-zagranicznych, September 1983, Anlage zum Protokoll der Politbüro-Sitzung vom 19.1.1984, AAN, KC PZPR, V/216, Bl. 28–60, hier Bl. 38; Sikora: Koncesjonowany kapitalizm, S. 133. – Interessanterweise beurteilte Urban, der nach 1989 ebenfalls im Mediengeschäft zu Geld kommen sollte, Walters Tätigkeit in der Privatwirtschaft 1983 noch skeptisch. Walter habe den staatlichen Rundfunk aufgrund von Querelen mit dem PZPR-Betriebskomitee verlassen und arbeite »bis auf Weiteres in einer Polonia-Firma, wo sie Videokassetten machen. Das ist keine befriedigende Arbeit. Auch materiell betrachtet er sie nicht als gut.« Zit. nach Majchrzak: Towarzysz Urban proponuje, S. 108.

114 WUSW Gdańsk: Ocena sytuacji operacyjno-politycznej i efektów w obiektach wchodzących w skład WKFGN za 1986 r., IPN, Gd 003/203, Bl. 76 f., zit. nach Sikora: Koncesjonowany kapitalizm, S. 144.

keit *(cwaniactwo)* und ihr Organisationstalent den weit entfernt sitzenden Eigentümern der Unternehmen aufdrängen«.[115] Die bekannte Parlaments- und Gerichtsreporterin Barbara Seidler bezeichnete diese Gruppe nach den Kennzeichen der von ihnen benutzten Autos als »IWA-Kaste«:[116]

> »Diese IWA-Kaste macht sich arrogant in Hotelrestaurants, an Tankstellen[117] und in den Pewex-Läden breit. Sie tauschen Dollars zu Schwarzmarktkursen und blicken [...] mit Verachtung auf das Grau, den Mangel und das gewöhnliche Leben herab, obwohl die Gesellschaft das doch nicht zu verschulden hat.«

Die vorbildliche Organisation dieser Firmen sei zwar anerkennenswert. Das Gesamtbild falle jedoch ambivalent aus, denn »einige Eigentümer investieren wenig und wollen den Boom nutzen, um sich allzu schnell zu bereichern, während ihre Vertreter manchmal arrogant ihre Zugehörigkeit zu einer anderen, angeblich besseren Kaste demonstrieren«.[118]

Nicht von ungefähr listete ein Bericht der Obersten Kontrollkammer (Najwyższa Izba Kontroli, NIK) aus dem Herbst 1983, der auch dem Politbüro der Partei als Diskussionsgrundlage diente, mit Blick auf die »Kosten der Polonia- und ausländischen Unternehmen« an erster Stelle die aus Sicht der Kontrolleure weit überhöhten Ausgaben für Dienstwagen auf.[119] Dabei handelte es sich oft um westliche Kraftfahrzeuge hoch-

115 Seidler: Firmy polonijne: Same pożytki? Tylko pretensje?

116 Mit einem vorangestellten I begannen die Kennzeichen von Kraftfahrzeugen, die auf ausländische natürliche oder juristische Personen (außer Diplomaten) zugelassen waren; WA stand für Warschau. Siehe Zarządzenie Ministra Komunikacji z dnia 15 marca 1976 r. w sprawie oznaczania pojazdów samochodowych i przyczep, in: Monitor Polski, 1976, Nr. 14, Pos. 67, S. 168–172.

117 Tankstellen waren seinerzeit wegen des chronischen Benzinmangels neuralgische Orte für die öffentliche Sichtbarkeit sozialer Ungleichheit. Vgl. Zawistowski: Bilety do sklepu, S. 402–439; Kochanowski: Jenseits der Planwirtschaft, S. 311–321.

118 Seidler: Firmy polonyjne: Same pożytki? Tylko pretensje?

119 Siehe NIK, Zespół Obrotu Towarowego i Usług: Informacja o wynikach kontroli działalności gospodarczej niektórych przedsiębiorstw polonijno-zagranicznych, September 1983, Anlage zum Protokoll der Politbüro-Sitzung vom 19.1.1984, AAN, KC PZPR, V/216, Bl. 28–60, hier Bl. 45. – Aufgrund einer Regulierungslücke konn-

klassiger Marken wie Mercedes oder Audi. In einem Land, in dem selbst jahrelange Anzahlungen nur mit zusätzlichem Losglück zum Erwerb eines Polski Fiat verhalfen,[120] stachen solche Karossen natürlich ins Auge. Darüber hinaus bewerteten die Inspektoren die Repräsentationsausgaben der Firmen und deren Aufwendungen für Dienstreisen im In- und Ausland als exorbitant.[121]

Das Gehaltsniveau in den Polonia-Firmen lag dem Report der Kontrollkammer zufolge um 100 Prozent über dem üblichen Verdienst in der »vergesellschafteten Wirtschaft«. Selbst ein Portier oder eine Putzfrau konnten mit 15 000 Złoty monatlich mehr verdienen, als die Staatsbetriebe ihren Mitarbeitern über alle Berufsgruppen hinweg durchschnittlich zahlten. Die materiellen Privilegien des Führungspersonals fielen noch weitaus imposanter aus.[122] Angesichts von Umsatzrenditen, die zuweilen 50 Prozent und mehr erreichten (in Extremfällen bis zu 300 Prozent),[123] konnten sich die Privatfirmen solche Gehälter freilich problemlos leisten. Rafał Krawczyk, jener Wirtschaftswissenschaftler, der sich ein Jahr zuvor als Generalsekretär des Ökonomenverbands für eine radikale Wirtschaftsreform im Sinne des Konzepts von Leszek Balcerowicz engagiert hatte, konstatierte in einer im Untergrund publizierten Denkschrift:

ten die Polonia-Firmen ihre Fahrzeuge bis Juni 1983 unbegrenzt mit Benzin betanken und mit inländischer Währung dafür zahlen, während dies für Normalbürger streng reguliert war (siehe ebd., Bl. 46).

120 Vgl. Wilk: »Ciągle ścigam cenę samochodu«.

121 Siehe NIK, Zespół Obrotu Towarowego i Usług: Informacja o wynikach kontroli działalności gospodarczej niektórych przedsiębiorstw polonijno-zagranicznych, September 1983, Anlage zum Protokoll der Politbüro-Sitzung vom 19.1.1984, AAN, KC PZPR, V/216, Bl. 28–60, Bl. 46.

122 Siehe ebd., Bl. 47.

123 Siehe ebd., Bl. 48 f.; Główny Inspektorat Kontroli Finansowej: Informacja z kontroli działalności niektórych przedsiębiorstw polonijnych, Oktober 1982, AAN, URM, 1.4/4, Bl. 31–48, hier Bl. 32 f. – Im Oktober 1983 schätzte das Finanzministerium die durchschnittliche Umsatzrendite aller Polonia-Unternehmen auf 26 Prozent. Siehe Ministerstwo Finansów, Dep. Finansów Handlu Zagranicznego i Obrotu Dewizowego: Notatka w sprawie wyników działalności przedsiębiorstw zagranicznych /polonijnych/ za okres 8 miesięcy 1983 r., 31.10.1983, AAN, URM, 1.4/4, Bl. 106 f.; vgl. die ähnlichen Angaben bei Tittenbrun: Upadek socjalizmu realnego, S. 134.

> »Der Direktor einer mittelgroßen Polonia-Firma (also eines gegenüber dem Durchschnitt der polnischen Wirtschaft vergleichsweise kleinen Unternehmens) verdient zwei- bis dreimal mehr als der Direktor eines großen Staatsbetriebs; er verfügt zudem über für ihn nicht weniger bedeutsame *trench benefits,* unsichtbare Einkünfte, von denen man in staatlichen Unternehmen nicht einmal träumen kann.«[124]

Krawczyks Schlussfolgerung war klar: »Das Kriegsrecht hat den Begriff des Unternehmergeistes *(pojęcie przedsiębiorczości)* aus dem vergesellschafteten Sektor der Wirtschaft eliminiert«, und zwar nicht nur durch die rigide Militarisierung aller relevanten Betriebe, sondern auch weil die Arbeit dort für ambitionierte Führungskräfte finanziell völlig unattraktiv geworden sei.[125]

Die Reaktion der selbsterklärten Verteidiger des sozialistischen Egalitarismus auf diese Zustände ließ nicht lange auf sich warten. Im Gegensatz zu Krawczyk bedauerten diese nicht den Verfall des »Unternehmergeistes« im Staatssektor, sondern dessen vermeintliches Übermaß in den Polonia-Firmen. Deren exzessive Gewinne wurden nur zu gern als Zerrbild herangezogen, um die ohnehin zögerliche Umsetzung der Wirtschaftsreform insgesamt infrage zu stellen. So attackierte Ryszard Bryk, als Unterstaatssekretär im Ministerium für Hüttenwesen und Maschinenbau ein Interessenvertreter der staatseigenen Schwerindustrie, in einer scharf geführten Sejm-Debatte am 20. Oktober 1982 die Reformbemühungen der Regierung, der er selbst angehörte, mit schwerem rhetorischen Geschütz: »Was die Regierung macht, erinnert an die Rückkehr des Kapitalismus in der Version aus dem ersten Viertel des 19. Jahrhunderts.« Um der »Eigenmächtigkeit der Unternehmen« so schnell wie möglich einen Riegel vorzuschieben, müsse man zu »Direktivinstrumenten und planmäßigen Methoden« zurückkehren.[126]

124 Rafał Krawczyk: Ocena sytuacji politycznej po 9 miesiącach stanu wojennego, Warszawa: Wola 1982, S. 9.

125 Ebd.

126 Zit. nach Baka: Zmagania o reformę, S. 72 (Eintrag vom 20.10.1982).

Auch das im Kampf um die ideologische Diskurshoheit bereits erprobte Feindbild des »Spekulanten« bekam in diesem Zusammenhang neuerlichen Auftrieb. Im Herbst 1982 beklagten Vertreter der Polonia-Unternehmen in einer von der reformorientierten *Polityka* organisierten Diskussionsrunde die Spekulationsvorwürfe an ihre Adresse, die in den letzten Monaten gehäuft aufgetreten seien und sich zu einem wahren »Fieber« gesteigert hätten. Dabei verkaufe man die eigenen Produkte doch nur zu Preisen, die dem »Marktgleichgewicht« entsprächen. Überdies liege das Geld keineswegs auf der Straße: Zwar könne man derzeit in Polen beinahe alles verkaufen – die Kunst sei aber, überhaupt etwas zu produzieren.[127] Der Wirtschaftswissenschaftler Krawczyk kommentierte in seiner Untergrundschrift kopfschüttelnd: »Diese arg bescheidene ›Reform‹ beginnt sogar, ihren eigenen Schwanz zu fressen, indem sie die Spekulanten angreift (dabei spekulieren doch fast alle): die Handwerker wegen überhöhter Preise, die Polonia- und ausländischen Firmen wegen ihres Egoismus und die Staatsbetriebe wegen ihrer Flucht in den leichten Gewinn.«[128] Seiner Ansicht nach lag das Problem darin, dass der polnischen Gesellschaft noch nicht hinreichend bewusst sei, dass sie angesichts der Wirtschaftskrise notwendigerweise zu einer »Spekulationsgesellschaft« geworden sei. Die aktionistischen Propagandakampagnen des Regimes gegen die allgegenwärtige »Spekulation« boten in dieser Situation keinerlei tragfähige Lösungen, sondern trugen nur dazu bei, den Zorn der Mittellosen zu vertiefen.[129]

In der Tat machte sich General Jaruzelski den populären Unmut über die »Spekulanten« ostentativ zu eigen – offenkundig in der Absicht, von seiner eigenen Verantwortung für die miserable Wirtschaftslage abzulenken. In einer Rede vor dem ZK-Plenum im Januar 1983 erklärte er die unübersehbare soziale Polarisierung gleichsam zu einem Naturgesetz: »Jede Krise hat es an sich, dass sie […] die Extreme fördert und verschärft: auf der einen Seite illegitime, räuberische Bereicherung, auf

127 Siehe Firmy Polonijne. Ferment na razie, in: Polityka, Nr. 40 vom 20.11.1982, S. 17 f.
128 Krawczyk: Ocena sytuacji politycznej po 9 miesiącach stanu wojennego, S. 7 f.
129 Siehe ebd., S. 8.

der anderen unverschuldete menschliche Armut.« Allerdings räumte er im selben Atemzug unumwunden ein, dass damit die Axt an die Legitimationsgrundlage der staatssozialistischen Ordnung gelegt war – und mehr noch: dass wirksame Lösungsansätze bislang nicht in Sicht waren: »Das widerspricht dem Gefühl der sozialen Gerechtigkeit, dem systemischen Wesen des Sozialismus. Wir sehen diese Gefahr und ergreifen verschiedenartigste Gegenmittel. Bisher ist ihre Wirksamkeit noch begrenzt«.[130]

Sicherlich auch unter dem Eindruck der alarmistischen Berichte über Verfehlungen der Polonia-Firmen, die Jaruzelski wiederholt von den Finanz- und Sicherheitsbehörden vorgelegt bekam (einen dieser Reporte quittierte er mit der lakonischen Paraphe »Jest zle« – »Das ist schlecht«),[131] verkündete der General Anfang 1983: »Die Ära des einfachen Geschäftemachens *(era łatwego biznesu)* muss ein Ende haben.«[132] Die von ihm geführte Regierung beschloss deshalb im Juli 1983 eine restriktivere Regulierung der Polonia-Firmen und eine deutliche Reduzierung der großzügigen steuerlichen Vergünstigungen, die diesen im Vorjahr gewährt worden waren.[133] Im Übrigen sollte das inzwischen wohlbekannte Mittel verschärfter Kontrollen gegen die »besonders gefährlichen [...] Aktivitäten von Diebescliquen und Gangs, Devisenvergehen, illegale Transaktionen der privaten Initiative mit vergesellschafteten Wirtschaftseinheiten und auch die verschiedensten Formen von Spekulation« zum Einsatz kommen.[134]

130 Wojciech Jaruzelski: Przemówienie na zakończenie obrad XI Plenum KC PZPR, 21.1.1983, in: ders.: Przemówienia 1983, S. 5–10, hier S. 7.

131 Główny Inspektorat Kontroli Finansowej: Informacja z kontroli działalności niektórych przedsiębiorstw polonijnych, Oktober 1982, AAN, URM, 1.4/4, Bl. 31–48, hier Bl. 31.

132 Wojciech Jaruzelski: Przemówienie na wojewódzkiej konferencji sprawozdawczo-programowej PZPR w Katowicach, 21.2.1983, in: ders.: Przemówienia 1983, S. 26–47, hier S. 40.

133 Siehe Gajewska: Czy rynek na tym skorzysta.

134 Jaruzelski: Przemówienie ... w Katowicach, 21.2.1983, S. 42. – Zu den Ergebnissen dieser Kontrollen vgl. Lesiakowski: Kierunki działalności kontrolnej NIK.

Die Resultate dieser Strategie dürften eher bescheiden gewesen sein, denn trotz des novellierten Regelwerks und der wiederkehrenden Kontrollen und Razzien wiederholte Jaruzelski seine Polemik gegen die Privatunternehmen auch in den Folgejahren. Im Frühjahr 1984 warnte er im Referat des Politbüros vor der nationalen Delegiertenkonferenz der Partei:

> »Die Ausbeutung verschärft sich. [Und zwar] sowohl diejenige, die aus der Wirtschaftstheorie als Aneignung des Mehrwerts bekannt ist und die auch bei uns im kleinkapitalistischen Sektor *(w sektorze drobnokapitalistycznym)* stattfindet, als auch diejenige, die in Gestalt von Spekulation, Korruption, Steuerbetrug und Wirtschaftsaffären den Ausgangspunkt für die Entstehung einer eigenen Unterart des Kapitals bildet, die man Spekulationskapital nennen kann.«[135]

Angesichts der »Bombengeschäfte« *(kokosowe interesy)* der »privaten Initiative«, so Jaruzelski weiter, sei die »Unzufriedenheit der Werktätigen« nur zu verständlich. Besonders fragwürdig sei es, wenn »auf Kosten der Gesellschaft ausgebildete Spezialisten Arbeit im Privatsektor, in Polonia-Firmen, aufnehmen, und dies in vielen Fällen noch nicht einmal entsprechend ihrer erworbenen Qualifikation«.[136]

An der Parteibasis kam die Agitation gegen privates Profitstreben gut an. Bei einem sogenannten »Arbeiterplenum« des Zentralkomitees in Łódź im Juni 1984 kochte die Stimmung hoch, als die Sprache auf die Polonia-Unternehmen kam. Die 800 eingeladenen Arbeiterinnen und Arbeiter, die im Rahmen dieser inszenierten Form der »Konsultation« nach ihrer Meinung zur Wirtschaftsreform gefragt wurden, hielten mit ihrer Abneigung gegen »private Initiative« im Allgemeinen und die Polonia-Firmen im Besonderen nicht hinter dem Berg:

135 Referat Biura Politycznego na Krajowej Konferencji Delegatów PZPR, 16.3.1984, in: Jaruzelski: Przemówienia 1984, S. 66–110, hier S. 85.
136 Ebd.

»›In Polen haben wir keine Krise, das ist einfach Chaos. Es braucht eine starke Hand und nicht irgendwelche ökonomischen Mechanismen, um Ordnung zu machen.‹ [...] ›Die Reform führt zu einer ungleichmäßigen Verteilung der Lasten der Überwindung der Krise, zur Tolerierung von Vermögen und Gaunerei *(fortun i cwaniactwa)*.‹ [...] ›Die Polonia-Firmen sind ein einziger großer Skandal [von] Plunder und Bestechlichkeit – damit sollte man schnell aufräumen.‹«[137]

Wie Władysław Baka notierte, sah sich am Ende sogar Innenminister Czesław Kiszczak bemüßigt, die im Zusammenhang mit den Polonia-Unternehmen aufwallenden Emotionen etwas zu dämpfen. Mieczysław Rakowski mutmaßte allerdings, dass »diese dröhnenden Reden in den Wojewodschaftskomitees geschrieben worden« seien. Nach Meinung des reformorientierten Vizepremiers, mit dessen politischer Karriere es zu dieser Zeit eher bergab ging, hatten hier Kiszczaks eigene Untergebene ihre Finger im Spiel – schließlich entsprachen die Rufe nach hartem Durchgreifen allzu offensichtlich der Position von »Teilen des Parteiapparats und anderer Apparate«.[138]

Auch Jaruzelski äußerte sich später in interner Runde kritisch über diese Form von »Populismus«. Anstatt die Selbstbereicherung unternehmerisch denkender Menschen zu verurteilen, müsse die Partei die Position vertreten, »dass die Bereicherung des Individuums, wenn sie denn zum Wachstum des gesellschaftlichen Wohlstands beiträgt, nicht nur nicht verwerflich, sondern lobens- und nachahmenswert ist«.[139] Offenbar dämmerte Jaruzelski und seinen Beratern, dass es auf Dauer nicht ausreichte, sich rhetorisch zum Anwalt von Volkes Stimme zu machen, ohne auf diesem Feld irgendwelche sichtbaren Erfolge vorweisen zu können. Während Jaruzelski also mit markigen Worten gegen die »ungerechtfertigten« Gewinne der Privatunternehmer zu Felde zog, erteilte das Politbüro zugleich einem »primitiven« Verständnis von Gleichheit eine klare

137 Alle Zitate nach Baka: Zmagania o reformę, S. 91 f. (Eintrag vom 3.6.1984).
138 Rakowski: Dzienniki polityczne 1984–1986, S. 90 (Eintrag vom 2.–3.6.1984).
139 So das Schlusswort Jaruzelskis auf einer Sitzung des Präsidiums der Regierung am 23.4.1985 in Natolin, zit. ebd., S. 109.

Absage. Wer sich durch »effektive und harte Arbeit, organisatorische Fähigkeiten, Einsatz eigener Mittel« auszeichne, solle künftig »mehr verdienen, sogar viel mehr als der Durchschnitt, und das wird gerecht sein«.[140]

Trotzdem hielten die Generäle am Ziel der »Verdrängung des Spekulationskapitals aus unserem Leben« fest und definierten dieses als »Feld scharfen Klassenkampfs«, das einer »geradezu revolutionären Herangehensweise« bedürfe.[141] Jaruzelski konnte deshalb zufrieden sein, dass sich das Łódźer Plenum mit großer Mehrheit dafür aussprach, mit der »Arbeiter-und-Bauern-Inspektion« *(Inspekcja Robotniczo-Chłopska)* ein weiteres »gesellschaftliches« Kontrollgremium ins Leben zu rufen, das Kiszczaks Polizei bei der Jagd auf »Spekulanten«, »Cliquenwirtschaft« und »unanständige Selbstbereicherung« unter die Arme greifen sollte.[142] Die stalinistisch anmutenden Kampagnen zur Spekulationsbekämpfung wurden also ungeachtet ihrer begrenzten Wirksamkeit fortgesetzt,[143] und treue Parteigänger aus dem Sicherheitsapparat wie Kiszczaks Stellvertreter Lucjan Czubiński tönten weiterhin, im »nichtsozialistischen« Sektor der Wirtschaft habe man es nicht mit pathologischen Einzelfällen zu tun, »sondern schlicht und einfach mit dem überaus konsequent angewandten

140 Referat Biura Politycznego na Krajowej Konferencji Delegatów PZPR, 16.3.1984, S. 86f.

141 Wojciech Jaruzelski: Przemówienie na zakończenie obradującego w Łodzi XVI Plenum KC PZPR, 3.6.1984, in: ders.: Przemówienia 1984, S. 216–233, hier S. 230.

142 Uchwała Biura Politycznego KC PZPR w sprawie działań partyjnych na rzecz zwiększenia skuteczności kontroli, 16.10.1984, in: Wydział Społeczno-Prawny KC PZPR/Najwyższa Izba Kontroli: Inspekcja Robotniczo-Chłopska. Podstawowe dokumenty i materiały, Warszawa 1985, S. 6–9. – Mieczysław Rakowski bezeichnete die Einrichtung der Arbeiter-und-Bauern-Inspektion in seinen Tagebüchern als »absolut verfehlte Konzeption« und fixe Idee Jaruzelskis. »Nach allem, was ich weiß, machen sich alle Mitglieder des Politbüros im Geiste über diese Idee lustig, aber niemand spricht das offen aus.« Rakowski: Dzienniki polityczne 1984–1986, S. 69f. (Eintrag vom 25.4.1984). Vgl. zum politischen Kontext Gasztold: Towarzysze z betonu, S. 667f.

143 Ein großer Teil der auf diesem Wege aufgedeckten Delikte entfiel erwartungsgemäß auf Einzeltäter, die illegalen Handel »bloß als Ergänzung ihrer Hungerlöhne, Renten oder Pensionen« betrieben. Rund 60 Prozent der Fälle betrafen Handel mit Alkohol. Vgl. Kochanowski: Jenseits der Planwirtschaft, S. 136–149, Zitat S. 137.

Prinzip, die Menschen zu berauben, soviel es nur geht«.[144] Auch in den folgenden Jahren versuchte die kommunistische Regierung noch mehrfach, die Polonia-Unternehmen mit fiskalischen Mitteln und verschärfter Regulierung auszubremsen. Deren Wachstum setzte sich dennoch weiter fort, wenn auch in etwas geringerer Geschwindigkeit als zuvor.[145]

Unterdessen wirkte die Existenz der Polonia-Firmen als Katalysator für grundlegende Reflexionen über die bislang stillschweigend vorausgesetzten ökonomischen Leitbilder und Gerechtigkeitsvorstellungen. Über die in einem Leserbrief in der Zeitung *Prawo i Życie* aufgeworfene Frage, was eigentlich vom Sozialismus noch übrig bliebe, wenn in diesem System die »kapitalistische Methode der Ausbeutung des Menschen durch den Menschen« fröhliche Urständ feiere, ließ sich in der Tat trefflich streiten.[146] Wenn es für den Sozialismus kein Problem sei, dass Inter-Fragrances-Eigner Ignacy Soszyński im Jahr 1983 nach Steuern ganz legal knapp eine Milliarde Złoty verdiene (und damit über 3000-mal mehr als ein ordentlicher Professor und 14707-mal mehr als durchschnittliche Polinnen und Polen), dann seien der »über hundertjährige Kampf des Weltproletariats gegen den Kapitalismus und die ganze Geschichte Volkspolens« wohl ein einziges »großes Missverständnis« gewesen. Dass »ein cleverer Herr, der ein bisschen Kleingeld besitzt, die Arbeit von 669 Lohnarbeitern ausnutzt [...][und] sich die polnische Krise zunutze macht, um zumeist minderwertige Waren zu überhöhten Preisen zu verkaufen [...]«, war aus Sicht dieses Lesers nichts anderes als »legaler Raub«.

144 Centralna Komisja do Walki ze Spekulacją: Biuletyn z VI Krajowej Narady Antyspekulacyjnej odbytej w dniu 20 lutego 1986 r. w Urzędzie Rady Ministrów, März 1986, AAN, URM, 1.5/43, Bl. 281–320, hier Bl. 313.

145 Siehe den Bericht der für die Polonia-Firmen zuständigen Handelskammer »Inter-Polcom« (Polsko-Polonijna Izba Przemysłowo-Handlowa): Informacja o postępie w eliminowaniu spekulacji oraz innych nieprawidłowości występujących w działalności zagranicznych przedsiębiorstw drobnej wytwórczości, szczególnie na styku z jednostkami gospodarki uspołecznionej, 4.7.1986, AAN, URM, 32/93, Bl. 70–82; vgl. auch Grala: Reformy gospodarcze, S. 258f.

146 Dieses und die folgenden Zitate aus Edward Krawiec: Boso i równo? [Leserbrief], in: Prawo i Życie, Nr. 3 vom 19.1.1985, S. 4.

In seiner Antwort gab der Redakteur Jerzy Chłopecki zu bedenken, dass eine Liquidierung der Polonia-Unternehmen den Gegnern der beklagten Einkommensspreizung womöglich ideelle Genugtuung verschaffen würde – allerdings um den Preis einer weiteren Ausdünnung des ohnehin bescheidenen Konsumgüterangebots. Im Übrigen stelle sich doch die Frage, wie es eigentlich möglich sei, »dass unsere staatlichen Industrie-Mammute mit ihrer fetten Verwaltung Alarm schlagen, weil ihnen die Polonia-Firmen die Mitarbeiter abwerben.« Schließlich würde niemand »zur Zwangsarbeit in den Polonia-Firmen« verpflichtet; vielmehr böten diese schlicht bessere Gehälter. Um Korruption und illegale Praktiken an der Schnittstelle zwischen staatlicher Bürokratie und Privatwirtschaft zu bekämpfen, brauche es nicht noch mehr Restriktionen, sondern mehr Spielraum für privatwirtschaftliche Initiative. Denn »die scharfe Selektion des Marktes präferiert dynamische Unternehmer, die scharfe Selektion der Bürokraten aber die Gauner«. Chłopeckis Argumentation kulminierte darin, dass sich Sozialismus nicht, dem alten Vorwurf Churchills entsprechend, in der »gerechten Verteilung der Armut« oder auch nur in formaler Chancengleichheit erschöpfen dürfe. Echte Chancengleichheit sei schließlich nur in einer »Welt der Angebotsvielfalt« denkbar, in der Menschen aus »vielfältigen Chancen und Möglichkeiten [...] wählen könnten«. Die sozialstaatliche Absicherung könne sich dann auf das Existenzminimum beschränken. »Vielleicht ist das eine bessere Welt als diejenige, die gleiche Zugangsrechte zu einem ärmlichen Angebot bereithält, in der es [also] nicht viel zum Auswählen gibt?«[147]

In dasselbe Horn stieß auch Andrzej Mozołowski, der der propagandistischen Hexenjagd auf die Polonia-Unternehmen in der reformorientierten *Polityka* entgegenhielt:

> »Es gibt Leute, die sich nicht damit abfinden können, dass die Eigentümer der Polonia-Firmen große Gewinne erzielen [...]. Sie sind außerstande zu verstehen, dass der Staat in der Absicht, für unsere Wirtschaft

147 Alle Zitate aus Jerzy Chłopecki: Między niebem a ziemią, in: Prawo i Życie, Nr. 3 vom 19.1.1985, S. 4f.

> Devisen, Maschinen, Rohstoffe, moderne Technologien und Waren für den Markt zu gewinnen, keine karitativen Institutionen aus dem Ausland eingeladen hat, sondern Kapitalisten. […] Man braucht jedoch keine vertieften Marx-Kenntnisse, um zu wissen, dass ein Kapitalist für die Vergrößerung seines Kapitals arbeitet. Er lebt vom Mehrwert. Zudem muss er hier Chancen auf größeren Gewinn als bei sich zu Hause haben – sonst wird er keine Aktivitäten im ›sozialistischen Polen‹[148] riskieren.«[149]

Während sich die meisten Wirtschaftsexperten einig waren, dass die Ursachen für die Expansion des Privatsektors, und hier besonders der Polonia-Firmen, im »mangelhaften Funktionieren des sozialistischen Sektors und dem damit verbundenen Mangel an Gütern und Dienstleistungen« lagen,[150] gingen die Meinungen über angemessene Schlussfolgerungen aus dieser Diagnose auseinander. Die ökonomisch rationalen Argumente Mozołowskis mochten ohne »vertiefte Marx-Kenntnisse« verständlich sein. Es bleiben jedoch Zweifel, ob sie zufriedenstellende Antworten auf das Gefühl der Erniedrigung angesichts der neuen wirtschaftlichen Realitäten boten, das ein Arbeiter aus dem niederschlesischen Strzelin 1985 zu Protokoll gab:

> »Die Boutiquen und Pewex-Läden empören die Arbeiter […], [ebenso] die Dominanz des Dollars und anderer kapitalistischer Währungen über den heimischen Złoty […] und der nicht ausreichend wirksame […] Kampf gegen alle möglichen Arten von Trickserei *(kombinatorstwo)* und Spekulation. Wie sollen sich Arbeiter fühlen, denen irgendein Spekulant mit ironischer Geste Hände voller 1000-, 2000- und 5000-Złoty-Scheine als Gewinn eines einzigen Tages unter die Augen hält und frech ins Gesicht ruft: ›Baut ihr mal den Sozialismus auf‹?«[151]

148 Anführungszeichen im Original.

149 Mozołowski: Jak to właściwie jest?

150 So Przemysław Wójcik in: Jaki socjalizm. W pogoni za przyzwoitym życiem. [Diskussion mit Leszek Gilejko, Mieczysław Krajewski, Stanisław Kwiatkowski, Przemysław Wójcik], in: Prawo i Życie, Nr. 4 vom 26.1.1985, S. 3–5, hier S. 4.

151 Gołębiowski/Jakubowska: Robotnicy o sobie, S. 331, auch zit. in Słabek: Obraz robotników polskich, S. 365 f.

So gesehen, behielt General Jaruzelski zumindest in einem Punkt recht – nämlich darin, dass er die erste Hälfte der 1980er-Jahre als »präzedenzlose Schule der Ökonomie« bezeichnete, auf deren »Schulbänken« die Regierung ebenso wie die Gesellschaft Platz nehmen müsse. Jaruzelski ließ allerdings offen, ob er auch seine eigene Lernfähigkeit meinte, wenn er hinzufügte: »Viele Dinge lernen wir von Grund auf neu kennen.«[152]

## 4. Bewegungs-Entrepreneure: Schwarze und graue Märkte im Untergrund

Auf den ersten Blick ließ sich kaum ein größerer Gegensatz zum Milieu der wohlsituierten Polonia-Unternehmer und ihres Führungspersonals denken als die konspirativ agierende Oppositionsszene, die sich nach der Zerschlagung der legalen Solidarność-Bewegung im Untergrund neu konstituiert hatte. Während die einen mit teuren Westautos aus der Tristesse des spätsozialistischen Alltags herausstachen, sich auf exklusiven Bällen vergnügten und oftmals bestens mit lokalen Machteliten und Sicherheitsbehörden vernetzt waren,[153] nahmen die anderen erhebliche Unannehmlichkeiten und persönliche Risiken auf sich, um ihre Treue zu den Idealen der verbotenen Solidarność zu bekennen, in klandestin gedruckten Zeitschriften und Broschüren einen Resonanzraum für unzensiertes Denken aufrechtzuerhalten und ihren Überzeugungen zum politischen Durchbruch zu verhelfen.[154] Den Aktivistinnen und Aktivisten der Untergrundopposition, die seit den ersten Tagen und Wochen des Kriegsrechts alles daransetzten, gegen die Übermacht des Regimes und seiner Propaganda jene eigene, unverfälschte Stimme zu behaupten,

152 Referat Biura Politycznego na Krajowej Konferencji Delegatów PZPR, 16.3.1984, S. 87.

153 Siehe das (allerdings sicher nicht ganz repräsentative) Beispiel des westdeutschen Geschäftsmanns Norbert Peters, der in Polen als Miteigentümer zweier Polonia-Unternehmen auf großem Fuße lebte, bei Wicenty: Brudne wspólnoty wśród milicjantów, S. 159–163.

154 Vgl. zum oppositionellen Lebensstil Olaszek: Podziemne dziennikarstwo, S. 663–685.

die weite Teile der polnischen Gesellschaft sich in den vorangegangenen 16 Monaten erkämpft hatten, ging es zweifellos nicht um Profit, sondern um Wahrhaftigkeit und Selbstbehauptung. Ihre wichtigste Ressource war nicht Devisenkapital, sondern – wie Jan Olaszek herausgearbeitet hat – Vertrauen.[155]

Zugleich unterschied sich der praktische Handlungsraum der meisten polnischen Oppositionsaktivisten recht deutlich von jenen transnational vermittelten Sphären politischen und intellektuellen Nonkonformismus, in denen sich die prominenten Dissidenten des östlichen Europas bewegten.[156] Insbesondere war er in weitaus stärkerem Maße von handfesten Praktiken der Zirkulation unabhängigen Gedankenguts und der klandestinen Organisation oppositionellen Zusammenhalts geprägt. Dies blieb nicht ohne Einfluss auf das Profil und Selbstverständnis der Bewegung. Bereits vor der Entstehung der Solidarność hatte die demokratische Opposition in Polen ein beachtliches Spektrum verschiedener Untergrundzeitungen und unabhängiger Verlage hervorgebracht, das weit über das vergleichbare Phänomen des sowjetischen und tschechoslowakischen Samisdat hinausging.[157] Die für die dortigen Dissidenten charakteristische Praxis des »Sich-selbst-Herausgebens« (russisch: *sam sebja izdat'*), also des Abtippens eigener literarischer und publizistischer Texte auf Schreibmaschinen, die dann unter befreundeten Intellektuellen zirkulierten, war in Polen schon gegen Ende der 1970er-Jahre durch die Vervielfältigung mit eingeschmuggelten oder selbstgebauten Matrizendruckern abgelöst worden. Selbst improvisierte Drucktechniken ermöglichten Auflagen von mehreren Hundert Exemplaren. Anstelle der Aufforderung »Lies, schreibe ab und gib weiter!«, die anfangs auch auf Flugschriften der polnischen Oppositionsbewegung zu lesen war, etablierte sich ein Modell der arbeitsteiligen Produktion und des Verkaufs oppositioneller Bücher und

155 Vgl. Olaszek: Trust in the Underground; ders.: Podziemna sieć społeczna, S. 167–190.

156 Für eine instruktive Analyse dieser transnationalen Dimensionen siehe Szulecki: Dissidents in Communist Central Europe.

157 Vgl. einführend Eichwede: Archipel Samizdat; Feindt: Opposition und Samizdat in Ostmitteleuropa.

Druckschriften, das von zunehmend professionalisierten Untergrundverlagen organisiert wurde. Diese Untergrundverlage konkurrierten zunächst vor allem hinsichtlich ihrer politischen Ausrichtung miteinander. Recht bald zog dies aber einen Wettbewerb um Ressourcen wie Papier, Vervielfältigungsgeräte und Vertriebsnetzwerke nach sich, und es bildete sich ein informeller Markt für Dienstleistungen wie klandestines Drucken und Binden heraus.[158]

Um diese Dimension oppositioneller Praxis in Polen angemessen zu erfassen, ist es sinnvoll, diese mit dem polnischen Begriff des *drugi obieg* (Zweiter Umlauf) als alternativen Kommunikations- und Interaktionskreislauf zu begreifen.[159] Wenn ein englischsprachiger Sammelband sogar von einer »independent publishing industry« spricht, mag man dies für etwas übertrieben halten.[160] Tatsächlich verweist diese Bezeichnung aber spätestens für die Zeit nach 1980, als die Reichweite der unabhängigen Presse mit der Entstehung der Solidarność als landesweiter oppositioneller Massenbewegung geradezu explodierte, auf ein wesentliches Charakteristikum der polnischen Entwicklung: Nirgendwo sonst im östlichen Europa entwickelte sich ein klandestines Verlagswesen von vergleichbarer Größe, Pluralität und Professionalität, und nirgendwo sonst waren Produktion und Vertrieb von unzensierten Zeitschriften und Büchern, später sogar von Musik- und Videokassetten, ein so bedeutsames und organisatorisch eigenständiges Handlungsfeld innerhalb der demokratischen Oppositionsbewegung.[161] Infolge der Repression gegen die offenen gewerkschaftlichen Strukturen während des Kriegsrechts verschob sich

158 Vgl. Fałkowski: A Social Movement and an Underground Market, S. 277–280.

159 Vgl. Sowiński: Zakazana książka, S. 13–17; Olaszek: Drugi obieg wydawniczy w PRL, S. 15, 27–31.

160 In ihrer Einleitung relativieren die Herausgeber dieses Attribut denn auch selbst, indem sie die Produktion von Untergrundschriften in Polen allenfalls als »semi-industrial« bezeichnen. Vgl. Gwido Zlatkes/Paweł Sowiński/Ann Frenkel: Introduction, in: dies. (Hg.): Duplicator Underground, S. 1–20, hier S. 8, 17 f.

161 Jan Olaszek weist darauf hin, dass in Polen selbst 1982, als die Repression wegen des Kriegsrechts ihren Höhepunkt erreichte, mehr unzensierte Bücher und Zeitschriften publiziert wurden als in allen anderen Ostblockländern zusammen während des gesamten Jahrzehnts. Eine einzige Ausgabe des vom Komitee zur Verteidigung der

der Schwerpunkt oppositioneller Aktivitäten noch weiter auf das – nun wieder unter den Bedingungen der Konspiration agierende – Presse- und Verlagswesen.[162] Zwar diente dieses unbestritten dem übergeordneten Ziel, einen Kommunikations- und Handlungsraum für die oppositionelle soziale Bewegung bereitzustellen, als deren Teil es sich verstand. Auf längere Sicht gingen seine Eigenlogiken aber am Selbstverständnis der auf diesem Feld aktiven Oppositionellen nicht spurlos vorüber.

Obwohl sich innerhalb des unabhängigen Verlagswesens schon früh erste Anzeichen von Konkurrenz und Marktlogik bemerkbar machten, verstanden bis 1980 nur sehr wenige Aktive ihr Engagement in diesen Kategorien.[163] Im Mittelpunkt standen für die allermeisten von ihnen ihre politische Mission und der Wunsch, der als verlogen empfundenen Realität des realsozialistischen Systems eine authentische Alternative entgegenzusetzen. Auch später betonten die meisten Oppositionellen die Uneigennützigkeit ihrer Tätigkeit.[164] Sie sahen ihre Zeitschriften und Verlage zwar als »unabhängige Initiativen« und neigten zu eigensinnigen und nonkonformistischen Handlungsmustern; trotzdem begriffen sie diese als integralen Teil einer gemeinsamen sozialen Bewegung.[165] Dies galt gerade unter den Bedingungen des Kriegsrechts, als die Linie zwischen Freund und Feind an Klarheit nichts zu wünschen übrig ließ und patriotische Traditionen des Unabhängigkeitskampfes sowie das damit verbundene Ethos der polnischen *inteligencja* Hochkonjunktur hatten. In dieser Situation gewannen auch im Grunde profane Praktiken wie der Vertrieb von Un-

Arbeiter KOR herausgegebenen Robotnik dürfte mehr Menschen erreicht haben als der gesamte tschechoslowakische Samisdat. Vgl. Olaszek: Drugi obieg wydawniczy w PRL, S. 30.

162 Maciej Radziwiłł bekräftigte im Rückblick auf seine eigene Aktivität im Zweiten Umlauf der 1980er-Jahre, es habe sich damals um eine »echte Industrie« gehandelt, um den quantitativen und qualitativen Unterschied zur »romantischen Periode« in den späten 1970er-Jahren zu unterstreichen. Siehe Grochoła: Words like Dynamite, S. 435.

163 Vgl. Fałkowski: Social Movement and Underground Market, S. 279.

164 Vgl. Olaszek: Podziemne dziennikarstwo, S. 652–661; Mielczarek: Śpiący rycerze, S. 56–62.

165 Vgl. Sowiński: Zakazana książka, S. 43–52.

tergrundschriften eine ausgesprochen symbolisch-normative Dimension, die Paweł Sowiński poetisch zum Ausdruck brachte: »Die Kolportage von Untergrunddrucken *(kolportaż bibuły)* war der Vertrieb von Hoffnung auf den Sieg, und der Kauf [war] Ausdruck des Glaubens der Leser an die gemeinsame Sache.«[166]

Dass diesen Praktiken immer auch wirtschaftliche Aspekte innewohnten, betrachteten viele im *drugi obieg* engagierte Anhängerinnen und Anhänger der Opposition dagegen als unvermeidbares Übel. Obwohl keine konspirative Druckerei ohne Papier und Druckerfarbe auskam, die auf mehr oder minder legalen Wegen beschafft werden mussten, schauten viele Aktivisten der Szene mit großer Skepsis auf die Auswüchse der allgegenwärtigen Schattenwirtschaft. Entsprechend wurde im Zweiten Umlauf, ganz ähnlich wie in den offiziellen Medien, immer wieder scharfe Kritik an »Spekulanten« und »Geschäftemachern« *(geszefciarze)* laut. Besonderen Unmut erregte es, dass nicht nur Lebensmittel und Waren des täglichen Bedarfs zu »Wucherpreisen« gehandelt wurden, sondern auch oppositionelle Drucke und Devotionalien mit Solidarność-Logo wie Briefmarken und Postkarten.[167] Dies machte sich vor allem während des legalen Bestehens der Solidarność bemerkbar, als das Repressionsrisiko relativ niedrig und der Zugang zu den nötigen Ressourcen vergleichsweise einfach war. Damals begann mancher in staatlichen Druckereien beschäftigte Drucker, sich auf eigene Faust etwas dazuzuverdienen. Auch Mitarbeiter der gewerkschaftseigenen Polygrafie und andere klandestine Drucker ließen sich von den beträchtlichen Gewinnmargen locken.[168] Angesichts der riesigen ungedeckten Nachfrage nach unzensierter Literatur brachten 500 Exemplare eines illegal nachgedruckten Buches geschäfts-

166 Ebd., S. 244. – Der für Untergrunddrucke gebräuchliche Begriff bibuła knüpfte an eine gleichnamige Broschüre von Józef Piłsudski über die illegale Publikationstätigkeit seiner Partei in den 1890er-Jahren an.

167 Siehe etwa A[ureliusz] M. Pędziwol: Związkowa spekulacja, in: Solidarność Dolnośląska, Nr. 39(53) vom 22.9.1981, S. 12.

168 Siehe die Erinnerungen von Konrad Bieliński und Witold Łuczywo, zweier Pioniere des klandestinen Drucks im polnischen Untergrund, in Grochoła: Words like Dynamite, S. 432f.

tüchtigen Raubdruckern einen Gewinn in Höhe von fünf regulären Monatslöhnen ein.[169] Wer einmal auf den Geschmack gekommen war, blieb diesem einträglichen Geschäftsmodell womöglich länger treu.

Politisch motivierte Oppositionelle und an ernsthaften Beiträgen zur polnischen Buchkultur interessierte Untergrundaktivisten bemühten sich meist um größtmögliche Distanz zu denjenigen, die nicht aus hehren ideellen Gründen auf dem alternativen Buchmarkt aktiv waren, sondern um des schnöden Mammons willen. So klagten Vertreter des bekannten Warschauer Untergrundverlags Krąg (»Kreis«) über die unliebsame Konkurrenz:

> »Zur Zeit der Solidarność sind zig Firmen aufgetaucht, die nach Gangsterprinzipien tätig waren und Nachdrucke zu Wucherpreisen gedruckt haben. Alleine von Orwell sind 15 Ausgaben erschienen, ebenso von Miłosz. Orwell kostete in einer normalen Ausgabe, sagen wir, 300 Złoty, in einer Wucherausgabe hingegen 800.«[170]

Die Bücher seriöser Untergrundverlage waren auf dem Schwarzmarkt nicht weniger heiß begehrt. So soll die 1983 bei Krąg erschienene Geschichte der Solidarność des Historikers Jerzy Holzer, die der Verlag für 420 Zloty verkaufte, unter der Hand (auf dem »persischen« Markt) für 10 000 Złoty gehandelt worden sein, in Krakau sogar für 12 000.[171] Dieses Schicksal teilten die oppositionellen Buchproduzenten übrigens mit den staatlichen Verlagshäusern, deren Produkte – soweit sie denn beim lesenden Publikum auf Interesse stießen – ebenfalls gefragte Spekulationsobjekte waren. Angesichts dessen machte sich ein Vertreter der Konsumgenossenschaften im November 1983 dafür stark, Bücher nicht länger ausschließlich als Kulturgut zu betrachten, sondern vielmehr als »Gelegenheit zum *business*« zu nutzen. Dies böte auch die Chance, stär-

169 So Konrad Bieliński ebd., S. 432; vgl. auch Sowiński: Zakazana książka, S. 53f.

170 Trwałe wartości kultury. Rozmowa z przedstawicielami Wydawnictwa »Krąg«, in: Nawrocki: Struktury nadziei, S. 20–28, hier S. 21. – Die Rede ist von George Orwells »Farm der Tiere« sowie von Czesław Miłoszs »Verführtes Denken«, die zu den erfolgreichsten Bestsellern des Zweiten Umlaufs gehörten.

171 Siehe ebd., S. 24.

ker auf die bibliophilen Qualitäten der produzierten Bücher zu achten – und diese als alternatives Anlageobjekt gegenüber westlichen Devisen attraktiver zu machen.[172]

Die meisten Untergrundverleger zeigten sich für derartigen Geschäftssinn zunächst weniger aufgeschlossen. In einer von der unabhängigen Kulturzeitschrift *Wezwanie* (»Aufruf«) organisierten Diskussion verschiedener Akteure des *drugi obieg* bezeichnete einer von ihnen die kommerziell orientierten Wettbewerber sogar als ernst zu nehmende Gegner, die der alternativen Verlagsbewegung nicht minder gefährlich werden könnten als die Geheimpolizei:

> »Unser Gegner ist nicht nur der Sicherheitsdienst *(ubecja)*, [sondern] auch der wirtschaftliche Untergrund *(podziemie gospodarcze)*. Dieser produziert ebenfalls Bücher: Horoskope, Traumdeutungsbücher, Sexualratgeber, Karate-Handbücher usw. Manchmal drucken sie auch politische Bücher und treiben uns die Preise schrecklich in die Höhe. Sie kaufen polygrafische Materialien auf, korrumpieren und überbezahlen die Drucker. Wer weiß, ob sie nicht gefährlicher sind als die Polizei?«[173]

Auch die »Flut von Briefmarken, Postkarten, Plaketten, Kalendern und Medaillen«, die unter den Sympathisantinnen und Sympathisanten der Opposition an den Mann oder die Frau gebracht wurden, wurde kontrovers diskutiert. Während ein Diskussionsteilnehmer meinte, das sei »einfach eine großartige Idee, um Geld zu verdienen und die ernsthafte Verlagsproduktion querzufinanzieren«, äußerte sich ein anderer besorgt angesichts des »Übermaßes an solchen Initiativen«. Auf diese Weise würden sich »allzu oft nicht Untergrundstrukturen die Taschen füllen,

172 Nach Angaben der Zentralen Kommission für Spekulationsbekämpfung waren 1983 ca. 300–400 Titel der in offiziellen Verlagen erscheinenden Jahresproduktion von 6500 Titeln von Spekulation betroffen. Für eine kommerziellere Ausrichtung des Buchmarkts plädierte der stellvertretende Vorstandsvorsitzende des konsumgenossenschaftlichen Zentralverbands CZSS Społem Stanisław Sosnowski. Siehe Centralna Komisja do Walki ze Spekulacją: Posiedzenie z dnia 10.11.1983r. dotyczące spekulacji w obrocie książkami i artykułami przemysłu muzycznego [Stenogramm], AAN, URM, 32/50, Bl. 1–53, hier Bl. 33f.

173 Wolne słowo. Dyskusja, in: Wezwanie, 1984, Nr. 7, S. 98–104, hier S. 103.

sondern Schlauköpfe *(spryciarze)*«. Deshalb forderte er, alle Briefmarken-»Emissionen« unter Angabe des Verkaufspreises und der begünstigten oppositionellen Gruppierung in etablierten Untergrundzeitschriften anzukündigen.[174] Auch Konrad Bieliński, der in der Führung der Warschauer Untergrund-Solidarność für die unabhängige Presse zuständig war, setzte sich dafür ein, von der Untergrundgewerkschaft approbierte Briefmarken-Emissionen im führenden Oppositionsblatt *Tygodnik Mazowsze* zu annoncieren, um den »Schlauköpfen«, die auf eigene Rechnung »Tausende« solcher Briefmarken auf den Markt warfen, das Geschäft zumindest etwas zu erschweren.[175]

Um die Spekulation mit unzensierten Büchern zu unterbinden, gab es sogar wiederholte Bestrebungen, im Untergrund eine Art Buchpreisbindung durchzusetzen. Ein erster Anlauf dazu wurde schon 1981 unternommen;[176] ein weiterer Regulierungsversuch im Jahr 1985 stand im Zusammenhang mit der Verteilung finanzieller Unterstützung aus dem Westen. Alle Untergrundverlage, die von den Hilfsgeldern und der Zuteilung eingeschmuggelter Offsetdruckgeräte durch den sogenannten Fonds der Unabhängigen Verlage (Fundusz Wydawnictw Niezależnych) profitieren wollten, mussten sich verpflichten, die Verkaufspreise ihrer Bücher auf dem Umschlag anzugeben (um Zwischenhändlern das Handwerk zu legen) und festgelegte Höchstpreise pro Druckseite nicht zu überschreiten.[177] Um auch den Markt für Druck- und Vertriebsdienstleistungen verlässlicher zu gestalten und das wirtschaftliche Risiko zu mi-

174 Alle Zitate ebd. – Vgl. zum Phänomen der polnischen Untergrundbriefmarken Plate: Widerstand mit Briefmarken, hier zu wirtschaftlichen und finanziellen Aspekten S. 211–255.

175 Siehe Konrad Bieliński in Grochoła: Words like Dynamite, S. 440.

176 Siehe Niezależne wydawnictwa. Komunikat [ze spotkania wydawców niezależnych. Oświadczenie dotyczące ceny książek], 21.6.1981, in: Niezależność, Nr. 68 vom 22.6.1981, S. 2; Nachdruck mit Kommentar von Janusz Korwin-Mikke in: Stanisław Swianiewicz: W cieniu Katynia, Warszawa: Officyna Liberałów 1981, S. I-VIII.

177 Gründungsmitglieder des Fundusz waren die fünf wichtigsten Warschauer Untergrundverlage NOW-a, CDN, Krąg, Przedświt und Wydawnictwo Społeczne KOS sowie die Krakauer Oficyna Literacka. Vgl. Sowiński: Siła wolnego słowa, S. 662–664; Kuta: Niezależny ruch wydawniczy, S. 298–301.

nimieren, das mit der Konfiszierung von Druckmaschinen, Teilauflagen oder Kraftfahrzeugen durch die Sicherheitsbehörden verbunden war, bot der Fonds zudem eine spezielle Versicherung für Untergrundverlage an.[178] Vieles deutet allerdings darauf hin, dass der Fonds bei der Verteilung von Subventionen, deren Löwenanteil vom National Endowment for Democracy und damit aus dem US-amerikanischen Staatshaushalt stammte, erfolgreicher war als bei der Eindämmung des spekulativen Handels mit oppositionellen Druckerzeugnissen.[179]

Alles in allem änderten solche Initiativen wenig daran, dass sich jeder, der im Zweiten Umlauf aktiv war, schon aus purer Notwendigkeit in der Illegalität bewegte und dabei auf vielfache Weise mit informellen Ökonomien in Kontakt kam. Der »zweite Verlagsumlauf« *(drugi obieg wydawniczy)* war in der Praxis nicht allzu weit vom »zweiten Wirtschaftsumlauf« *(drugi obieg gospodarczy)* entfernt, wie Wirtschaftswissenschaftler und offizielle Presse die Schattenwirtschaft in der zweiten Hälfte der 1980er-Jahre nannten.[180] Sicher fand sich nicht jeder Oppositionelle so gut zwischen Schwarzmarkt und Halbwelt zurecht wie der Untergrundprofi Andrzej Górski – ein gelernter Dreher und Gelegenheitsarbeiter aus dem Warschauer Stadtteil Żoliborz, der seit 1981 zum wichtigsten Drucker des führenden Untergrundverlags NOW-a aufstieg und sich »auf erprobten Pfaden durch das Labyrinth des Warschauer Handels, der Spekulation

178 Siehe Wydawco, ubezpiecz swoje mienie!, in: Tygodnik Mazowsze, Nr. 196 vom 28.1.1987, S. 1, 4.

179 Vgl. zur US-amerikanischen Unterstützung für die polnische Opposition Domber: Empowering Revolution, S. 188–193. – Aus der Aufstellung im Anhang (ebd., S. 283–288) geht hervor, dass das von Irena Lasota geleitete Institute for Democracy in Eastern Europe zwischen 1985 und 1989 über 500 000 US-Dollar aus Mitteln des National Endowment for Democracy zur Förderung der Untergrundpresse erhielt. Davon flossen 295 006 Dollar an den Fonds der Unabhängigen Verlage. Vgl. Kuta: Niezależny ruch wydawniczy, S. 300.

180 Siehe etwa Bednarski: Drugi obieg gospodarczy; Zofia Krzyżanowska: Między »pierwszym« a »drugim obiegem«, in: Trybuna Ludu, Nr. 279 vom 1.12.1988, S. 3. – Sowiński weist darauf hin, dass diese im Vergleich zu zuvor üblichen Kampfbegriffen wie »Spekulation« vergleichsweise neutrale Benennung des Phänomens bereits ein Symptom der ideologischen Abrüstung war. Vgl. Sowiński: Zakazana książka, S. 17.

und der dunklen Geschäfte bewegte«.[181] Doch wäre das unabhängige Verlagswesen der 1980er-Jahre kaum denkbar gewesen ohne Menschen wie Górski, die genau wussten, wo sie sich schwarz mit großen Mengen Druckpapier versorgen konnten, wer ihnen für den Fall der Fälle »ein paar Dutzend« Ausweisdokumente besorgte und wie viel sie zahlen mussten, um von korrupten Mitarbeitern staatlicher Druckereien Matrizen für oppositionelles Schriftgut anfertigen zu lassen.[182] Maciej Frankiewicz, der ab 1983 die Untergrundpresse der radikalen Solidarność Walcząca (»Kämpfende Solidarność«) in Poznań organisierte, griff für seine oppositionellen Aktivitäten auf die Erfahrungen mit illegalem Kleinhandel zurück, die er als Student während einer Urlaubsreise nach Bulgarien im Sommer 1980 gesammelt hatte: Neben dem Verkauf von Kalendern finanzierte seine Gruppe sich aus dem Schmuggel von Festplatten und Textilien, die Frankiewicz aus West-Berlin einführte und in Polen mit großem Gewinn verkaufte.[183]

Vor allem in der Frühphase des Zweiten Umlaufs kam es zu grundsätzlichen Auseinandersetzungen darüber, ob Tätigkeiten für die Opposition bezahlt werden sollten. Geld sorgte für Konflikte, und manche Oppositionelle sahen dessen zunehmende Bedeutung im Zuge der Professionalisierung der Untergrundverlage sehr kritisch. Seweryn Blumsztajn bedauerte, dass dadurch das idealistische Ethos der Opposition infrage gestellt war, räumte aber ein: »Dieses Geld hatte auch seine Vorteile: Es professionalisierte das Publikationswesen, und es brachte zusätzliche Energie und Dynamik.«[184] Dennoch empfanden viele Aktive, die den Untergrund tatkräftig unterstützten, es auch in den 1980er-Jahren noch als unangemes-

181 Sowiński: Między policją a opozycją, S. 198. – Das Akronym NOW-a, zuweilen auch: Nowa, stand für die bereits 1977 im Umfeld des Komitees zur Verteidung der Arbeiter (KOR) gegründete Niezależna Oficyna Wydawnicza (»Unabhängige Verlagsoffizin«).

182 Vgl. ebd., S. 198–201.

183 Siehe die Erinnerungen Frankiewiczs in Grupińska/Wawrzyniak (Hg.): Buntownicy, S. 264f., 380.

184 Seweryn Blumsztajn in Grochoła: Words like Dynamite, S. 422f.; vgl. auch Sowiński: Zakazana książka, S. 198f.

sen, sich dafür bezahlen zu lassen. Sie lehnten es entschieden ab, für ihr freiwilliges Engagement Geld anzunehmen – schließlich erfüllten sie ihrer Meinung nach nur ihre moralische oder patriotische Pflicht.[185]

Auf längere Sicht setzte sich jedoch die pragmatische Gegenposition durch, die Adam Rysiewicz, damals Redaktionsleiter des Warschauer Untergrundverlags CDN, so formulierte: »Wenn wir schon Diebe für Papier, Offsetplatten und Farbe bezahlen […] – warum sollen wir dann ehrliche Menschen, die mit uns zusammenarbeiten, nicht bezahlen?«[186] Am wenigsten umstritten war die Entlohnung im Falle der Untergrunddrucker, die in konspirativen Wohnungen, Kellern oder Stallgebäuden anstrengende körperliche Arbeit leisteten und dabei vor allem während des Kriegsrechts empfindliche Haftstrafen riskierten. Zudem ließen sich die Ergebnisse ihrer Arbeit problemlos quantifizieren.[187] Auch in der alternativen Untergrundszene schlug somit das staatssozialistische, am Normgefüge der klassischen Industriemoderne orientierte Produktivitätsideal durch, das maskulin konnotierte körperliche Arbeit gegenüber vermeintlich leichteren, oftmals von Frauen ausgeübten Tätigkeiten privilegierte.[188] Andrzej Górskis außergewöhnliches Händchen für das klandestine Drucken, dem neben der meistgelesenen Untergrundzeitung *Tygodnik Mazowsze* auch Bücher von Adam Michnik, Czesław Miłosz oder Karl Popper ihr Erscheinen verdankten, brachte ihm deshalb nicht nur Anerkennung in der oppositionellen Szene ein, sondern wurde auch materiell gut entlohnt. Sein Bruder Janusz neidete ihm Geld und Erfolg jedenfalls so sehr, dass er sich der Staatssicherheit als Informant andiente und seinen eigenen Bruder bespitzelte.[189]

185 Vgl. Fałkowski: Biznes patriotyczny, S. 131 f.
186 Zit. ebd., S. 131.
187 Vgl. ebd., S. 132.
188 Vgl. dazu Gieseke: Soziale Ungleichheit im Staatssozialismus, S. 177.
189 Vgl. Sowiński: Między policją a opozycją, S. 196; eine Auflistung der unter Górskis Beteiligung im Untergrund gedruckten Bücher und Periodika findet sich ebd., S. 211 f.

»In der Wahrheit zu leben«, wie seit Václav Havel das viel zitierte Credo der osteuropäischen Dissidenten lautete,[190] konnte in der Praxis also auch bedeuten, krumme Geschäfte mit korrupten Angestellten der »Gesellschaft für Polnisch-Sowjetische Freundschaft« zu machen,[191] in großem Stil Vervielfältigungsgeräte über die Ostsee zu schmuggeln[192] oder diese schlicht und einfach aus staatlichen Einrichtungen zu klauen.[193] Anfangs wurden solche Praktiken eher stillschweigend hingenommen, doch im Laufe der Zeit mehrten sich die Stimmen, die sie tatsächlich als aufrichtiger oder authentischer empfanden als die Schizophrenie des spätsozialistischen Alltags, dessen normatives Fundament unübersehbar erodierte. Was war schon von einer Gesellschaftsordnung zu halten, die soziale Gerechtigkeit verkündete, de facto aber zuließ, dass der Besitz westlicher Devisen den Ausschlag für den individuellen Lebensstandard gab? Wie glaubwürdig war ein System, dessen Herrschende sich rituell auf die Interessen der Arbeiterklasse beriefen, zugleich aber panische Angst vor deren gewerkschaftlicher Selbstorganisation hatten? Und warum eigentlich sollte man die unerfüllten Ansprüche dieses Systems zur Grundlage des eigenen Handelns machen, indem man mühevoll und nicht ohne Risiko produzierte Untergrundzeitschriften als kostenloses Gemeingut an ein indifferentes Publikum verteilte, anstatt von den Lesern, die sich wirklich dafür interessierten, einen angemessenen Kostenbeitrag zu verlangen?[194]

190 Vgl. David Osts instruktive Kritik an Havels elitärem Verständnis von Dissidenz Ost: The Sham, and the Damage, of »Living in Truth«. – Allerdings irrt Ost mit seiner Annahme, polnische Oppositionelle hätten diese Formel »nie« verwendet (ebd., S. 307), siehe dagegen z. B. [Wiktor Kulerski]: Nasze zasady? Solidarność dla dobra człowieka i Polski, in: Kos, Nr. 40 vom 9.10.1983, S. 5 f., Nachdruck in: Olaszek (Hg.): Archiwum Wiktora Kulerskiego, Dok. 71, S. 71–73.

191 Vgl. Sowiński: Zakazana książka, S. 180.

192 Vgl. Friszke: Regionalny Komitet Wykonawczy Mazowsze, S. 455 f.; siehe auch die Erinnerungen von Marian Kaleta: Emigrancka spółka »Szmugiel«.

193 Maciej Frankiewicz berichtet von einem nächtlichen Einbruch in eine Reparaturstelle für Vervielfältiger und Büromaschinen in Leszno, aus der seine Untergrundgruppe im August 1983 fünf Vervielfältigungsgeräte und mehrere Schreibmaschinen entwendete. Siehe Grupińska/Wawrzyniak (Hg.): Buntownicy, S. 382.

194 Siehe Dawid Warszawski [Konstanty Gebert]: Tyle hałasu o 10 zł, in: Kos, Nr. 5(113) vom 9.3.1987, S. 4.

Vieles spricht dafür, dass die praktischen Erfahrungen vieler Oppositioneller als informelle Kleinunternehmer in den Kontaktzonen grauer und schwarzer Märkte ihren Teil dazu beitrugen, deren Sicht auf das Verhältnis von Wirtschaft und Gesellschaft zu verändern. Wie Mateusz Fałkowski herausgearbeitet hat, kristallisierte sich unter den Protagonisten der alternativen Verlagsbewegung eine Gruppe unternehmerisch denkender Führungspersönlichkeiten heraus, die er unter Rückgriff auf ein Konzept der sozialwissenschaftlichen Bewegungsforschung treffend als »Bewegungs-Entrepreneure« bezeichnet hat.[195] Ihnen kam eine Schlüsselrolle in dem Prozess der schrittweisen Neukonzeptionierung oppositioneller Selbstbilder und Aktionsformen zu, der durch den abrupten Wegfall gewerkschaftlicher und öffentlicher Handlungsräume während des Kriegsrechts erzwungen worden war. Indem sie die ökonomischen Logiken aufgriffen, in welche die Untergrundverlage verstrickt waren, verorteten sie oppositionelle Aktivitäten zusehends in einem marktförmig gedachten Koordinations- und Handlungsraum. Ihre normativen Bezugspunkte waren nicht mehr eine solidarisch handelnde »Arbeitswelt« *(świat pracy)* oder gar die »Gesellschaft« *(społeczeństwo)* als monolithisches Kollektiv, auf die sich die legale Solidarność noch berufen hatte – sondern untereinander im Wettbewerb stehende »Firmen« und unternehmerische Individuen.[196]

Ein herausragendes Beispiel für diese aktive Umdeutung war der »Kleine Konspirateur« *(Mały konspirator)*, eine Art Ratgeber, der Tipps und Tricks für die konspirative Tätigkeit im Untergrund bereithielt.[197] Das

195 Fałkowski nennt Grzegorz Boguta (NOW-a), Czesław Bielecki (CDN), Konrad Bieliński und Wiktor Kulerski aus der Regionalen Solidarność-Exekutivkommission (RKW) Mazowsze sowie Teresa Bogucka aus dem Komitee der Unabhängigen Kultur als paradigmatische Vertreter dieser Gruppe. Vgl. Fałkowski: Social Movement and Underground Market, S. 285. – Das Konzept geht auf den Ressourcenmobilisierungsansatz der sozialwissenschaftlichen Bewegungsforschung zurück. Vgl. einführend Beyer/Schnabel: Theorien sozialer Bewegungen, S. 66–74.

196 Vgl. Fałkowski: Social Movement and Underground Market, S. 284–296.

197 [Czesław Bielecki/Jan Krzysztof Kelus/Urszula Sikorska]: Mały konspirator, Warszawa: CDN 1983. – Ein Nachdruck erschien u. a. in der Londoner Exilzeitschrift Puls (1983, Nr. 18), eine englische Übersetzung in Conflict Quarterly. The Journal of Conflict Studies 6 (1986) 4, S. 27–64.

1983 anonym veröffentlichte schmale Heftchen ging auf das Konto von Czesław Bielecki, der als Gründer und Chef des Warschauer Untergrundverlags CDN (poln. *ciąg dalszy nastąpi* – »Fortsetzung folgt«) zu den agilsten Bewegungs-Entrepreneuren des Zweiten Umlaufs zählte. Mit dem »Kleinen Konspirateur« landete er einen veritablen Untergrund-Bestseller: Die Gesamtauflage der Broschüre dürfte im fünfstelligen Bereich gelegen und womöglich die Marke von 25 000 Exemplaren überschritten haben.[198] Da CDN zusätzlich zum regulären Preis von 60 Złoty noch einen Zuschlag von 40 Złoty zugunsten eines fiktiven »Fonds zur Entwicklung des Untergrunds« *(Fundusz Rozwoju Podziemia)* verlangte, erwies sich der »Kleine Konspirateur« für den Verlag als echte Cashcow.[199] Unverhoffte Reklame machte sogar das PZPR-Zentralorgan *Trybuna Ludu*, das dem Ratgeber einen in Millionenauflage verbreiteten Verriss widmete.[200]

Der Publikumserfolg des »Kleinen Konspirateurs« beruhte zu einem erheblichen Teil darauf, dass der Text sich entschieden von dem moralisierenden Pathos absetzte, das große Teile der damaligen Untergrundopposition für sich in Anspruch nahmen. Bielecki und seine beiden Co-Autoren (der Liedermacher und CDN-Mitgründer Jan Krzysztof Kelus und dessen Frau Urszula Sikorska) beriefen sich nicht salbungsvoll auf die Tradition der polnischen Unabhängigkeitsbewegung des späten 19. Jahrhunderts, sondern schrieben sich Subversivität und Eigeninitiative auf die Fahnen. Der erste Teil der Broschüre, der aus der Feder Bieleckis stammte,[201] interpretierte das konspirative Untergrundengagement in flottem, teilweise schnoddrigem Tonfall zu kapitalistischem Unterneh-

198 Vgl. Fałkowski: Biznes patriotyczny, S. 123.

199 Vgl. ebd., S. 125.

200 »Einen normal denkenden Leser muss der anormale, krankhaft obsessive Stil, in dem [die Autoren] über die Notwendigkeit des ›Aushecken‹ gegen die ebenso obsessiv dargestellte Wirklichkeit schreiben, abstoßen«, meinte der Rezensent des Parteiblattes. Er räumte jedoch ein, dass Teile der Jugend bekanntlich für derartige »Manipulationen« empfänglich seien. Siehe MAR: Wychowanie po wolno-europejsku. Mały konspirator czyli jak knuć, in: Trybuna Ludu, Nr. 99 vom 28.4.1983, S. 5.

201 Dieser Teil trug den saloppen Titel Jak knuć (»Wie man etwas ausheckt«). – Zur Autorschaft Bieleckis vgl. Gajewski: Knucie jako biznes, S. 471.

mertum um. Damit »das Geschäft in Schwung kommt« *(interes zacznie się kręcić)*, gab er die Devise aus: »Kleine Gruppe – großes *business*.«[202]

Der »Kleine Konspirateur« knüpfte an vertraute Begriffe des oppositionellen Diskurses wie Untergrundgesellschaft *(społeczeństwo podziemne)*, Selbstverwaltung oder Solidarität an, deutete sie jedoch grundlegend um. Seine programmatische Kernbotschaft lautete: »Die Untergrundgesellschaft kann solidarisch und effektiv funktionieren, wenn sie sich von unten, durch individuellen Unternehmergeist *(indywidualną przedsiębiorczością)* in unabhängigen, selbstverwalteten gesellschaftlichen Institutionen organisiert – in Firmen.« Obwohl Bielecki sich rhetorisch auf das Erbe der Solidarność bezog, grenzte er sich energisch von deren sozialer Programmatik ab: »Denk daran: Einen Wohlfahrtsstaat im Untergrund können wir uns nicht leisten.« Und auch bei der heiklen Frage nach dem lieben Geld vertrat er eine klare Meinung:

> »Aufopferung und soziale Arbeit, das sind Gespenster des Kommunismus. [...] Die Kommunisten haben die Arbeitskultur durch Unterbezahlung und das Erzwingen von halb umsonst geleisteter Maloche zerstört. Unsere unabhängigen und selbstverwalteten Firmen können sich das nicht leisten. [...] Ein verschämter Umgang mit Geld [nach dem Motto:] ›schließlich konspirieren wir nicht des Geldes wegen‹ ist überflüssige Prüderie. Die Roten glauben so oder so, dass uns die CIA bezahlt.«

Insgesamt zeichnete der »Kleine Konspirateur« das Bild eines paradigmatischen Bewegungs-Entrepreneurs, der sich von romantisch verklärten Vorstellungen oppositionellen (oder gar revolutionären) Engagements bewusst verabschiedet und sein Untergrund-»Business« nüchtern, professionell und effektiv führt. Seine Gegnerschaft gegenüber dem System äußert sich nicht in hochtönenden politischen Deklarationen, sondern in der Orientierung an wirtschaftlicher Rationalität: »Im Untergrund realisieren wir diejenigen Prinzipien rationeller Arbeit, die der Kommunismus *(komuna)* grundlegend auszurotten versucht hat.« Der Erfolg seiner oppositionellen Tätigkeit misst sich vornehmlich an der Identifikation sei-

202 Dieses und die folgenden Zitate aus Mały konspirator, S. 3–5.

ner Mitkonspirateure »mit benennbaren intellektuellen Leistungen ihres Umfelds und den politischen Richtungsentscheidungen der Firma« – man könnte auch sagen: mit deren *corporate identity*.[203]

Was Bielecki im »Kleinen Konspirateur« als allgemeingültige Richtschnur für den oppositionellen Untergrund propagierte, war mehr als graue Theorie. Er hatte in den 1970er-Jahren als junger Architekt eine Zeit lang in Frankreich, Israel und Westdeutschland gearbeitet und verfolgte seit seiner Rückkehr nach Polen das Ziel, dort ein privates Architekturbüro zu eröffnen (was ihm 1984 auch gelang).[204] Schon in seinem ersten publizistischen Artikel, den er 1979 in der Pariser Exilzeitschrift *Kultura* unter dem Pseudonym Maciej Poleski veröffentlichte, hatte er der Opposition empfohlen, ihre moralisierend-distanzierte Haltung gegenüber dem Schwarzmarkt und den *prywaciarze* aufzugeben und sich stattdessen zur Anwältin der auf dem »grauen Markt« aktiven »freien Konsumenten und freien Produzenten« zu machen.[205] Ganz in diesem Sinne verstand er seinen Ende 1981 gegründeten Untergrundverlag CDN konsequent als »Firma«, in der er seine Idee eines »patriotischen Business« zu verwirklichen suchte. Nicht zuletzt aufgrund seines unternehmerischen Geschicks und seiner Kontakte, aber auch dank finanzieller Unterstützung aus dem Westen entwickelte sich CDN in der ersten Hälfte der 1980er-Jahre zu einem der drei größten und profiliertesten Warschauer Untergrundverlage (neben NOW-a und Krąg).[206]

Wie Bielecki das »Management« (*krąg menedżerski*) seines Verlags und dessen Mitarbeiterinnen und Mitarbeiter auf seine Prinzipien ein-

203 Ebd., S. 5; vgl. auch die literaturwissenschaftliche Interpretation von Gajewski: Knucie jako biznes, insbes. S. 471, 480, 483 f.

204 Bemerkenswerterweise standen die intensiven Bemühungen des Sicherheitsdienstes, den seit Ende 1981 untergetauchten Bielecki aufzuspüren und hinter Gitter zu bringen, der offiziellen Registrierung seiner Architekturfirma nicht entgegen. Allerdings konnte er seine Berufstätigkeit während seiner Inhaftierung von April 1985 bis September 1986 nicht ausüben. Vgl. Fałkowski: Biznes patriotyczny, S. 14 f.

205 Maciej Poleski [Czesław Bielecki]: Wolność w obozie, in: Kultura [Paris], 1979, Nr. 4(379), S. 85–99, hier S. 97.

206 Vgl. die sorgfältige Studie zur Geschichte des Verlags von Fałkowski: Biznes patriotyczny.

schwor, lässt sich einer »Firmeninstruktion« *(instrukcja firmy)* entnehmen, in der er die humorig formulierten Ratschläge des »Kleinen Konspirateurs« in konkrete Handlungsanweisungen übertrug. Um seine Kollegen trotz der wenig verbindlichen Bedingungen des Untergrunds zu sorgfältiger Arbeit und Qualitätsbewusstsein anzuhalten, warnte der CDN-Chef darin vor einer eventuellen »Pleite« der »Firma«, die nicht als einträgliche »Melkkuh« betrachtet werden sollte. Als Legitimation für seine hohen Ansprüche an Einsatzbereitschaft und Verfügbarkeit aller Beteiligten führte er nicht etwa die politische Mission des Verlags ins Feld, sondern die Erwartungen der Kundschaft:

> »Dies ist eine große Firma. Zu groß, um sich ausschließlich auf ehrenamtliche Arbeit stützen zu können. Ehrenamtlich kann man vielleicht ein paar Stunden an einem oder zwei Tagen im Monat drucken; auf diese Weise publizieren wir aber nicht das, was unser Vertrieb und die hinter ihm stehenden Leser erwarten. Das heißt also, dass wir es nicht tolerieren können, wenn die Arbeit in der Firma als lockerer Nebenjob *(chałtury życia)* betrachtet wird.«[207]

Dass Bielecki seine Sicht der Dinge so deutlich formulierte und dabei explizit auf Streitigkeiten über »Management-Probleme« Bezug nahm, lässt darauf schließen, dass selbst in seiner eigenen »Firma« nicht alle seine Meinung teilten.[208] Magdalena Leja, die erste Redaktionsleiterin des Verlags, mochte sich mit der bei CDN verbreiteten Maxime »Der Untergrund braucht Profis, und für Profis braucht es Devisen« nicht abfinden.[209] In vielen anderen Untergrundverlagen nahm man es mit unternehmerischen Ambitionen und dem Führungsanspruch des »Managements« ohnehin

207 [Czesław Bielecki]: Instrukcja firmy, zit. ebd., S. 71.
208 Vgl. Fałkowski: Biznes patriotyczny, S. 131 f.
209 Leja, die sich mit dem »selbstherrlichen« Führungsstil und dem an »frühkapitalistische Unternehmen« erinnernden Finanzgebaren Bieleckis nicht abfinden mochte, verließ den Verlag im Streit mit diesem. Die zitierte Devise bezeichnete sie als »vulgarisierte Version« der Auffassungen Bieleckis, die unter dessen Mitarbeitern kursiere. Siehe List Magdaleny Lei do Wiktora Kulerskiego na temat konfliktu w podziemnym wydawnictwie CDN, in: Olaszek (Hg.): Archiwum Wiktora Kulerskiego, Dok. 235, S. 241–248, hier S. 245.

weniger genau. Schließlich waren es vielfach nonkonformistische Enthusiasten und Überzeugungstäterinnen, die ihre Energie trotz der erheblichen Repressionsgefahr ausgerechnet in Produktion und Vertrieb unzensierter Bücher und Periodika steckten.[210]

Das im »Kleinen Konspirateur« formulierte marktwirtschaftliche Leitbild war alles andere als unumstritten, schon weil unternehmerische oder gar kommerzielle Motivation allein kaum ausreichten, um die spezifischen Herausforderungen und Risiken der in den Untergrund gedrängten Opposition zu bewältigen. Wer es allein aufs Geld abgesehen hatte, brauchte schließlich nicht mit verbotenen Büchern zu handeln, sondern konnte sich ebenso gut auf eine Vielzahl anderer Mangelwaren spezialisieren, seien es nun Alkoholika, Schuhe oder Elektroartikel.[211] Zwar war die Selbstbezeichnung als »Firma« in den meisten Untergrundverlagen üblich und wurde von deren Protagonisten mit großer Selbstverständlichkeit verwendet.[212] Gleichwohl lässt sich durchaus bezweifeln, dass dies automatisch eine bewusste Präferenz für eine kapitalistische Wirtschafts- und Gesellschaftsordnung implizierte.[213] So distanzierte sich etwa der wichtigste Krakauer Untergrundverlag Oficyna Literacka mit Nachdruck von der Warschauer Verlagsszene, weil diese aus Sicht der Krakauer zu einer »Managerbewegung« *(ruchem menadżerskim)* geworden sei und inhaltlichen Aspekten zu wenig Bedeutung beimesse.[214] In dem auf historische Bücher spezialisierten Warschauer Verlag Krąg galt nach Auskunft seines Leitungszirkels die Devise »Wir machen Bücher, nicht Kasse« *(robi się książki, a nie forsę)*,[215] und auch Grzegorz Boguta, der inoffizielle Chef

210 Vgl. Sowiński: Zakazana książka, S. 65–69.

211 Vgl. ebd., S. 241; ähnlich auch Olaszek: Podziemne dziennikarstwo, S. 661.

212 Siehe exemplarisch die retrospektive Erinnerung von Piotr Szwajcer (NOW-a): »Wir hatten ein gemeinsames Ziel: Die Schaffung einer alternativen Wirklichkeit. Ob wir uns der Bezeichnung Opposition oder Oppositionelle bedient haben, weiß ich nicht. Mit Sicherheit sagten wir: Firma.« Zit. in Bertram (Hg.): Obieg NOW-ej, S. 77.

213 Skeptisch dazu etwa Wciślik: Dissident Legacies, S. 159f.

214 Kłócimy się o tytuły. Rozmowa z przedstawicielami Oficyny Literackiej (Kraków), in: Nawrocki: Struktury nadziei, S. 132–136, hier S. 134.

215 Trwałe wartości kultury. Rozmowa z przedstawicielami Wydawnictwa »Krąg«, in: Nawrocki: Struktury nadziei, S. 20–28, hier S. 25.

des Marktführers NOW-a, sah dessen Stärke gerade in der »Konzeption eines Verlages, der nicht nach den Prinzipien des *biznes* arbeitet, sondern von Anfang an als soziale Bewegung gedacht war und weiterhin als solche funktioniert«. Zwar konstatierte auch Boguta, dass »die Verlagsbewegung sich in Richtung kleiner kapitalistischer Unternehmen entwickelt«; er betrachtete diese Entwicklung aber mit gemischten Gefühlen.[216] Einer seiner Kollegen fügte 1987, anlässlich des zehnjährigen Bestehens von NOW-a, mit sichtlichem Bedauern hinzu: »Wir sind inzwischen ein Teil dieser verrückt gewordenen Wirtschaft. Wir kaufen Papier auf dem Schwarzmarkt, und wenn es um die Preise geht, gleichen wir uns ein bisschen an die Polonia-Firmen an.«[217]

Andere Oppositionelle teilten solche Vorbehalte gegen die Logik des Marktes (die nicht zufällig mit den Polonia-Unternehmen assoziiert wurde) hingegen ausdrücklich nicht. Sie machten sich bereitwillig neue Selbstbilder als Bewegungs-Entrepreneure zu eigen und waren stolz darauf, dass die Mitglieder ihrer Untergrundgruppen bei ihren oppositionellen Aktivitäten »Unternehmergeist« lernten. So gab sich Teodor Klincewicz, der Chef der aktionsorientierten Grupy Oporu »Solidarni« und des Untergrundverlags Rytm (»Rhythmus«), überzeugt, dass die Mitarbeit in seiner »Firma« alle Beteiligten auf ein Leben vorbereite, »zu dem die Übernahme von Risiko und Verantwortung für sich und andere dazugehört«. »Wenn ich keine Angst vor Pathos hätte«, so Klincewicz, »würde ich sagen, dass sie Polen noch nützlich sein werden.«[218] Der Breslauer Liberale Tomasz Gabiś wiederum insistierte (unter dem einschlägigen Pseudonym »thaczerysta«): »Bücher, Zeitschriften und Ideen sind schließlich Waren.« Deshalb gäbe es auch keinen Grund zur Sorge, »wenn sich [...]

216 Nowa czy stara? Rozmowa z szefem Niezależnej Oficyny Wydawniczej »Nowa«, in: Nawrocki: Struktury nadziei, S. 166–175, hier S. 166, 174.

217 So ein leitender Mitarbeiter von NOW-a in X lat Niezależnego Ruchu Wydawniczego. Rozmowa z członkiem ścisłego kierownictwa »Nowej«, in: CDN – Głos Wolnego Robotnika, Nr. 208 vom 7.10.1987, S. 1; vgl. auch Sowiński: Zakazana książka, S. 73.

218 W końcu się zadymi. Rozmowa z szefem Grup Oporu »Solidarni«, in: Nawrocki: Struktury nadziei, S. 120–128, hier S. 125 f.

die Produktion ägyptischer Traumdeutungsbücher für die Untergrundverlage mehr lohnt als Solschenizyn« – dann bestehe an den Schriften Solschenizyns offenbar weniger Bedarf.[219]

Exponenten des liberalen Flügels der Opposition beriefen sich nicht nur affirmativ auf marktwirtschaftliche Leitbilder wie *biznes* und *przedsiębiorczość* (Entrepreneurship), sondern standen auch der illegalen Schattenwirtschaft und den dort üblichen, nicht immer auf den ersten Blick sympathischen Praktiken positiv gegenüber. Janusz Korwin-Mikke antwortete schon 1981 auf seine Weise auf die Bemühungen der unabhängigen Verlage um die Eindämmung der grassierenden Spekulation mit ihren Produkten: Während andere Untergrundverlage die Mahnung »Spekuliere nicht!« auf ihre Bücher druckten, bewarb er die Bücher seiner Officyna Liberałów mit dem Slogan »Werde auch du zum Spekulanten!«. Für Unentschlossene lieferte er ein einfaches Rezept mit, wie sie eine solche Karriere beginnen könnten: »kaufe – lies – verkaufe mit Gewinn«.[220] Diese Persiflage des klassischen Samisdat-Mottos, die den Appell an Selbstlosigkeit und Hingabe für die gemeinsame Sache (»lies – schreibe ab – gib weiter«) durch die Kategorien des wohlverstandenen Eigennutzes und des monetären Profits ersetzte, war natürlich eine kalkulierte Provokation und löste entsprechend empörte Reaktionen aus.[221] Mit der Zeit wuchs allerdings die Zahl derjenigen, die ihr Engagement im Zweiten Umlauf bewusst in diesen Kategorien verstanden wissen wollten und sich den durch die hysterische Anti-Spekulations-Kampagne der offiziellen Medien verteufelten Kampfbegriff des »Spekulanten« offensiv aneigneten.

So empörte sich ein Leser des Breslauer Untergrundblatts *Replika*, das von der dortigen Sektion der Solidarność Walcząca herausgegeben wurde, weniger über die »Spekulation« mit oppositionellen Drucken und Briefmarken als vielmehr über deren Diffamierung vonseiten »links-etatistischer« Oppositioneller, die seiner Ansicht nach eine Hexenjagd auf all

219 Thaczerysta [Tomasz Gabiś]: [Re]prywatyzacja, in: Stańczyk, 1987, Nr. 5, S. 42f.
220 Siehe z.B. den Umschlag des Buches Stanisław Swianiewicz: W cieniu Katynia, Warszawa: Officyna Liberałów 1981.
221 Vgl. Kwiatki z niezależnej łączki, in: Stańczyk, 1987, Nr. 7, S. 66.

jene betrieben, »die die Idee der Solidarność mit Geld beflecken«.[222] Anfang 1984 druckte dieselbe Zeitschrift eine »Reportage« ihres Redakteurs Paweł Falicki, in der dieser in literarisierter Form aus seinem Alltag als Kolporteur berichtete und sich augenzwinkernd selbst als »Spekulant« und »Kleinunternehmer des Untergrunds« bezeichnete.[223] Der in der ersten Person erzählende Falicki präsentiert sich darin als abgeklärter Profi, der in einem unübersichtlichen Geflecht von mehr oder weniger verlässlichen Transaktionspartnern stets den Durchblick und die Initiative behält:

> »Meine Gesprächspartnerin zieht unter dem Bett ein aufgerissenes Paket mit Kalendern hervor. Wałęsa, rote Aufschrift: ›Solidarność‹ – also genau das, was jeder im Hause haben will. ›Für wie viel?‹, schreibe ich auf ein Zettelchen. Zyta zeigt mit dem Finger auf den Preis auf der Rückseite. ›Bist du verrückt geworden?! Wer kauft denn das?!‹, tippe ich mir an die Stirn, als ich sehe: runde 100 Złoty pro Stück. ›Für den Preis habe ich sie bekommen; außerdem ...‹ – Zyta deutet auf den Aufdruck auf dem Kalender: ›Der Erlös kommt der Entwicklung des unabhängigen Verlagswesens zugute‹. So etwas kann natürlich jeder auf jedes beliebige Produkt schreiben. Das heißt ja noch gar nichts. [...] Ich beginne, kühl zu kalkulieren: Im Einzelhandel bringen diese Kalender sowieso 200–250 Złoty. Daran verdient eine ganze Menge von Kolporteuren. [...] ›Ich nehme sie‹, sage ich. Wir wickeln das Paket in Zeitungspapier ein. Ich zahle für alles und verschwinde.«[224]

Schwieriger liefen die Geschäfte demnach mit »orthodoxen Gewerkschaftern«, die für Untergrundzeitungen nicht bezahlen wollten, weil sie meinten, diese würden ehrenamtlich gedruckt und aus den Beiträgen für die klandestinen Solidarność-Kommissionen finanziert. »Wir Speku-

222 So ein Leserbriefschreiber unter dem Pseudonym Spekulcio: [Pieniądze a Solidarność], in: Replika, 1983, Nr. 21, S. 16, 2.

223 Zur Biografie Falickis, der nach seinem Untergrundengagement ab 1986 als Mitbegründer einer Informatikergenossenschaft sowie des Niederschlesischen Gewerbevereins (Dolnośląskie Towarzystwo Gospodarcze) in Wrocław hervortrat, vgl. Marcin Dąbrowski: »Falicki Paweł Barnaba«, in: Encyklopedia Solidarności, Bd. 1, S. 111f.

224 Piotr Kminkiewicz [Paweł Falicki]: Dzień spekulanta, in: Replika, 1984, Nr. 22, S. 7–10, hier S. 7f.

lanten«, so der Erzähler, »müssen ihnen das Denken in den Kategorien ehrenamtlicher Arbeit und kostenloser, von oben reglementierter Zuteilungen abgewöhnen [...], sonst gehen wir bankrott.«[225]

Der risikobereite und marktwirtschaftlich denkende »Spekulant« begegnet in diesem Selbstporträt als dynamisches Element innerhalb einer ansonsten teils lethargischen, teils in paranoider Angst vor staatlicher Repression erstarrten Untergrundszene. Seine eigennützigen Geschäfte mit Kalendern, Briefmarken und anderen Objekten oppositioneller Folklore erscheinen für die Handlungsfähigkeit der oppositionellen Netzwerke als weitaus bedeutsamer als die konspirativen Strukturen des gewerkschaftlich orientierten Untergrunds. Letztere werden als bürokratisch, obrigkeitshörig und ineffizient dargestellt – also eher als Abbild der parteistaatlichen Institutionen denn als eine Alternative zu diesen. Einige Monate später spitzte Falicki sein Plädoyer für eine profitorientierte Untergrundkultur noch weiter zu, indem er in einem weiteren Artikel einem (fiktiven?) Freund ins Gewissen redete, der eine klandestine Bibliothek mit Untergrundliteratur organisiert, ohne damit Gewinn machen zu wollen: »Du wirst niemals das Fundament für unsere neue Staatlichkeit legen, wenn du nur auf den guten Willen deiner Bekannten und ihre Opferbereitschaft aufbaust. [...] Diese ganze Aktivität muss DIR *Gewinn* bringen. Gewinn, den du versaufen und mit Mädchen verprassen kannst. Das ist dein gutes Recht.«[226]

Gegenüber den polemischen Provokationen des Exzentrikers Korwin-Mikke hatte diese Argumentation den Vorteil, dass sie von den konkreten Handlungsräumen ausging, in denen die Aktivisten des Zweiten Umlaufs tagtäglich operierten, ob sie dies nun wollten oder nicht. Die Akzeptanz informeller marktwirtschaftlicher Praktiken erschien somit weniger als ideologische denn als pragmatische Entscheidung, wohingegen die von Teilen der Untergrundopposition gepflegten Berührungs-

225 Ebd., S. 10.
226 Piotr Kminkiewicz [Paweł Falicki]: Biblioteka, in: Replika, 1984, Nr. 31–32, S. 6f. (Hervorhebungen im Original).

ängste gegenüber dem Schwarzmarkt als lebensfremder Idealismus und Prinzipienreiterei hingestellt wurden.[227] Aus demselben Grund betonten die Untergrundverlage, die sich zum liberalen Spektrum der Opposition zählten, stets die wirtschaftliche Solidität und Eigenständigkeit ihrer Initiativen.[228] »Man kann nicht Liberaler sein und von Subventionen leben«, bekräftigte Stanisław Kotowski, der Technikchef der liberal-konservativen Zeitschrift *Niepodległość* (»Unabhängigkeit«), im Rückblick.[229] Entsprechend stolz waren Liberale darauf, dass ihre Verlage und Zeitschriften sich selbst finanzierten – nötigenfalls auch mit dem Verkauf von Untergrund-Briefmarken oder von populären Büchern, die nicht unbedingt ihrem ideologischen Profil entsprachen.[230] Als das Konsortium der Unabhängigen Verlage Anfang 1986 einen neuen Anlauf zur Regulierung des Markts für unzensierte Bücher nahm, war Janusz Korwin-Mikke mit seiner Grundsatzkritik nicht mehr allein: Eine Reihe kleinerer Verlage beklagte die Wettbewerbsverzerrung durch die Zuschüsse des Fonds, die aus ihrer Sicht nur zu einem weiteren Anstieg der Preise für Papier und informelle Druckdienstleistungen führten.[231] Marcin Gugulski vom kon-

227 Beispielsweise kritisierte Aleksander Popiel diese Haltung in der kurzlebigen Breslauer Untergrundzeitschrift CDN-Koliber als »adelig-marxistische Abscheu gegenüber dem freiem Handel«. Wasz Barman [Aleksander Popiel]: Moi drodzy!, in: CDN-Koliber, 1985, [Nr. 1], S. 20f., zit. nach Knoch: Pisma liberalne, S. 127f., Fn. 182.

228 Falickis Replika gab sogar mit einem kurzen Finanzbericht Auskunft über Einnahmen und Ausgaben der Zeitschrift, siehe Finanse, in: Replika, 1983, Nr. 10, S. 1.

229 Zit. nach Knoch: Pisma liberalne, S. 120; zur Finanzierung anderer liberaler Initiativen vgl. ebd., S. 117–128.

230 Mirosław Dzielski lobte Janusz Korwin-Mikke ausdrücklich dafür, dass er in seiner Officyna Liberałów nicht nur Bücher publiziere, mit denen er für seine wirtschaftsliberalen Überzeugungen werbe, sondern auch solche, »an denen er verdienen kann«, und nannte exemplarisch die populäre Schrift »W cieniu Katynia« von Swianiewicz. Siehe Dzielski: Okrakiem na barykadzie, S. 727. Dagegen waren Bücher liberal-konservativer Ausrichtung mangels Nachfrage üblicherweise keine »Kassenschlager«, so Knoch: Pisma liberalne, S. 128.

231 Vgl. Fałkowski: Social Movement and Underground Market, S. 289f.; siehe auch Fundusz Niezależnych, in: Stańczyk, 1986, Nr. 3, S. 52; außerdem die Kritik von Stanisław Michalkiewicz, zit. in Knoch: Pisma liberalne, S. 126; sowie das ähnlich kritische Urteil von Krystyna Starczewska aus dem linksliberalen Spektrum der Opposition: Julia Lasecka [Krystyna Starczewska]: Podziemie ... społeczeństwo ... pieniądze, in: Kos, Nr. 16(124) vom 27.9.1987, S. 4f.

servativen Verlag Głos (»Stimme«), der aus politischen Gründen ohnehin Distanz zur Führung der Untergrund-Solidarność hielt, nutzte die Gelegenheit, um das Konsortium scharf als »Versuch einer Kartellbildung in unserer Branche« zu attackieren und sich für »Marktwirtschaft und freie Konkurrenz« im Untergrund auszusprechen.[232]

Aber selbst die Initiatoren des Fonds, namentlich NOW-a-Chef Grzegorz Boguta und Teresa Bogucka, die für das Komitee der Unabhängigen Kultur die Verbindung zu Wiktor Kulerski aus der konspirativen Warschauer Solidarność-Führung hielt, waren sich des hybriden Anspruchs ihres Unterfangens durchaus bewusst. Einerseits lehnten sie rein gewinnorientierte »Gangster-Verlage« und »Geschäftemacher« *(geszefciarze)* entschieden ab und bekannten sich zum »›sozialistischen‹ Teil unserer Seele«, der überall dort Unterstützung leisten wolle, wo »ein paar Jungs sich zusammenfinden und gemeinsam etwas machen wollen«.[233] Andererseits beschrieben auch sie den oppositionellen Untergrund in interner Korrespondenz als »dieses ganze unabhängige Geschäft« *(tego całego niezależnego interesu),* in dem selbstständig agierende »Firmen« sich zu einer gemeinsamen »Untergrundgesellschaft« *(społeczeństwo podziemne)* zusammenfinden[234] – und sahen darin ausdrücklich einen »Fortschritt im Vergleich zur halb direkten, halb rüpelhaften Demokratie der offenen

232 GUS-lar [Marcin Gugulski]: Ceny książek i Fundusz Kultury Niezależnej, in: Kultura Niezależna, 1986, Nr. 21, S. 74–77, hier S. 76 f.

233 List Teresy Boguckej do Wiktora Kulerskiego z projektem jego listu do Jerzego Giedroycia dotyczącego zasad funkcjonowania Konsorcjum Wydawnictw Niezależnych, 18.3.1986, in: Olaszek (Hg.): Archiwum Wiktora Kulerskiego, Dok. 657, S. 595–599, hier S. 596–598.

234 List Teresy Boguckej do Wiktora Kulerskiego na temat wywiadu dla »Kultury Niezależnej« i relacji między strukturami podziemnymi, 26.2.1986, in: Olaszek (Hg.): Archiwum Wiktora Kulerskiego, Dok. 638, S. 578. – Die Bezeichnung »Firma« bezog sich dabei ausdrücklich nicht nur auf Untergrundverlage, sondern auch auf andere oppositionelle Initiativen und Komitees vom Komitee der Unabhängigen Kultur bis zum Helsinki-Komitee. Siehe Pytania do wywiadu z członkami TKK dla »Kultury Niezależnej«, [Februar] 1986, in: Olaszek (Hg.): Archiwum Wiktora Kulerskiego, Dok. 639, S. 579.

[d. h. legalen] Solidarność« von 1980–1981.[235] Obwohl die Oppositionellen aus dem Umfeld der Solidarność-Bezirksleitung dem primär marktorientierten Selbstverständnis der Bewegungs-Entrepreneure weiterhin mit spürbarem Unbehagen gegenüberstanden, akzeptierten sie es doch widerwillig. Zumindest versuchten sie, es im Sinne eines »dritten Weges« zwischen kapitalistischer und sozialistischer Ordnung einzuhegen: Ihrer Ansicht nach sollten Untergrundverlage solide und »gewinnbringend« wirtschaften, zugleich aber »gesellschaftliche Interessen respektieren«. Das angestrebte Regulierungs- und Subventionssystem müsse mithin »Charakteristika einer freien Konkurrenzwirtschaft mit einem idealisierten Sozialismus verbinden – aber wir haben keine andere Wahl, in diese Richtung müssen wir uns orientieren«.[236]

235 List Teresy Boguckej do Wiktora Kulerskiego na temat spraw bieżących Komitetu Kultury Niezależnej, 7.10.1985, in: Olaszek (Hg.): Archiwum Wiktora Kulerskiego, Dok. 524, S. 489 f., hier S. 499.

236 List Teresy Boguckej do Wiktora Kulerskiego z projektem jego listu do Jerzego Giedroycia dotyczącego zasad funkcjonowania Konsorcjum Wydawnictw Niezależnych, 18.3.1986, in: Olaszek (Hg.): Archiwum Wiktora Kulerskiego, Dok. 657, S. 595–599, hier S. 595 f. – Kulerski machte sich diese Sichtweise in dem Brief, den er auf Grundlage dieses Entwurfs an Jerzy Giedroyc sandte, weitgehend zu eigen. Siehe ebd., Dok. 663, S. 604–611.

# III. »Ich glaube nicht an den Sozialismus, ich glaube an mich«: Konturen eines Sinneswandels

»Die Arbeiterklasse ist ein entschiedener Feind des Kommunismus« – daran hatte ein Mitglied der geheimen Solidarność-Gewerkschaftskommission in der Danziger Leninwerft im Gespräch mit einem oppositionellen Journalisten im Mai 1987 keinen Zweifel. Schwieriger war allerdings die Frage zu beantworten, was sich seine Kollegen auf der Werft als Alternative zu der bestehenden Wirtschaftsordnung wünschten:

> »Das Bewusstsein der meisten Leute ist zwischen Kapitalismus und Sozialismus hängengeblieben, natürlich dem Sozialismus westlichen Typs und nicht dem, was sich bei uns Sozialismus nennt und bloß eine Parodie davon ist. [...] Dem Menschen ist es gleichgültig, wem sein Betrieb gehört, solange er nur von seiner Arbeit besser als heute leben kann und seine soziale Absicherung nicht verliert.«[1]

Vorausgesetzt, der oppositionelle Gewerkschafter schätzte die Stimmungslage unter den Danziger Werftarbeitern zutreffend ein, waren sie mit dieser Haltung nicht allein. Mitte der 1980er-Jahre glaubten wohl nur noch wenige Polinnen und Polen daran, dass der Staatssozialismus sein großes Versprechen einer modernen, rationalen und sozial gerechten Gesellschaftsordnung eines Tages einlösen können würde. Weniger klar waren allerdings die Vorstellungen, die man sich von möglichen System-

1 Robotnicy i komunizm. Rozmowa z działaczem Tajnej Komisji Zakładowej NSZZ »Solidarność« Stoczni Gdańskiej, Mai 1987, in: Nawrocki: Struktury nadziei, S. 7–19, hier S. 18, auch abgedruckt in: Krytyka, 1988, Nr. 27, S. 35–43.

alternativen machte. Der Wunsch nach einer Verbesserung des Lebensstandards war angesichts des alltäglichen Mangels und der jämmerlichen Qualität vieler Konsumgüter nur zu verständlich; dass dies jedoch mit einer Beibehaltung des gewohnten Niveaus an sozialer Sicherheit einhergehen sollte, war ein deutlicher Hinweis darauf, wie sehr manche Errungenschaften des Staatssozialismus eben doch verinnerlicht worden waren.

Der konservative Publizist Piotr Wierzbicki zürnte deshalb nicht ganz zu Unrecht: »Viele Polen nehmen an, dass sie in einer westlichen Demokratie angenehmer leben würden. [...] [Zugleich] spüren zahlreiche Polen, dass sie im Kapitalismus nicht ganz so angenehm leben würden. Die Opposition wittert diese Stimmungen und will keinen Kapitalismus wiedererrichten.«[2] Wierzbicki, der selbst erklärtermaßen der Ansicht war, die darniederliegende polnische Wirtschaft ließe sich nur »mit der großen Peitsche« echter Kapitalisten aus dem Schlamassel befreien,[3] bedauerte diese Position des oppositionellen Mainstreams ausdrücklich, war sich aber sicher, »dass es hier nicht um ein taktisches Täuschungsmanöver geht«. Es sei vielmehr mit bloßem Auge zu erkennen, dass es sich um eine »ehrliche und tief verankerte emotionale Einstellung« handle, hinter der eine tiefe »Sehnsucht nach einem idealen, gerechten [...] System und eine idealistisch-romantische Bevorzugung geistiger Werte (wie etwa Demokratie) vor materiellen Werten« stehe.[4]

Jedoch wurde wohl kaum etwas durch die jahrelange Stagnation während des Kriegsrechts und der ebenso bleiernen Folgejahre so stark in Mitleidenschaft gezogen wie ebendiese Hoffnung darauf, dass sich eine gerechte und gleichzeitig effiziente soziale Ordnung in absehbarer Zeit verwirklichen lasse. Nicht nur unter Anhängerinnen und Anhängern der Opposition erschöpften sich die politischen und sozialen Sinnressourcen, die 1980–1981 noch im Übermaß vorhanden schienen, zusehends. Für das

2 Piotr Wierzbicki: Czterech panów, in: Stańczyk, 1986, Nr. 4, S. 8f.

3 Piotr Wierzbicki: Myśli staroświeckiego Polaka. London: Puls 1985, S. 72f. (Erstausgabe im Zweiten Umlauf: Warszawa: Głos 1985).

4 Wierzbicki: Czterech panów, S. 9; vgl. ähnlich Józef Wygdyński [Józef Białek]: Społeczeństwo w krótkich spodenkach, in: Stańczyk, 1986, Nr. 2, S. 26–28.

Regierungslager galt – unter anderem Vorzeichen – Ähnliches. Der kommunistische Spitzenpolitiker Mieczysław F. Rakowski, der 1981–1985 als stellvertretender Ministerpräsident amtierte, vertraute seinen politischen Tagebüchern im Sommer 1985 resigniert an: »Ich gewinne den Eindruck, dass ich zu meinen Lebzeiten nicht mehr Zeuge – wenn schon nicht eines wirtschaftlichen Aufschwungs, so doch zumindest eines sichtbaren Wachstums dieses Landes werde.«[5]

Vor dem Hintergrund dieser Erschöpfung zeichneten sich ab Mitte des Jahrzehnts immer deutlichere Konturen eines Sinneswandels ab, der sich nicht mehr auf intellektuelle und wirtschaftliche Nischen beschränkte, sondern die polnische Gesellschaft als Ganze erfasste.

## 1. Die Opposition zwischen »drittem Weg« und Marktpopulismus

Bei einer 1986 von liberalen Oppositionellen durchgeführten Umfrage unter Aktivisten des örtlichen Solidarność-Untergrunds in Wrocław sprachen sich 90 Prozent der Befragten für eine Wirtschaftsordnung nach jugoslawischem oder schwedischem Vorbild aus – also für ein Modell, das mit Arbeiterselbstverwaltung und starker sozialstaatlicher Absicherung den zeitgenössischen Vorstellungen von einem »dritten Weg« recht nahe kam.[6] Diese Orientierung spiegelte sich auch in den wirtschaftspolitischen Positionspapieren der maßgeblichen Organe der Untergrund-Solidarność wider. Zwar setzen diese der »Allmacht des parteistaatlichen Wirtschaftsapparats«, die sie unisono für die anhaltende wirtschaftliche Misere verantwortlich machten, die Forderung nach marktorientierten Reformen und pluralistischen Eigentumsverhältnissen entgegen. Ihre Rhetorik blieb jedoch weitgehend im semantischen Rahmen eines auf »authentischen Vertretungsorganen und vergesellschafteten Unterneh-

5 Rakowski: Dzienniki polityczne 1984–1986, S. 283 (Eintrag vom 19.7.1985).
6 Vgl. Knoch: Pisma liberalne, S. 306.

men« aufbauenden Marktsozialismus, wie er 1981 vom Gewerkschaftskongress der Solidarność formuliert worden war.[7]

Die Schwäche dieser programmatischen Position lag darin, dass das Regime jegliche Schritte in Richtung einer ernst zu nehmenden Mitbestimmung in der verstaatlichten Wirtschaft systematisch blockierte und nichts auf baldige Bewegung in dieser neuralgischen Frage hindeutete. Angesichts dieser festgefahrenen Lage rückte der wachsende Privatsektor zwangsläufig stärker ins Blickfeld der führenden Solidarność-Vertreter. Lech Wałęsa, die inzwischen mit dem Friedensnobelpreis ausgezeichnete Ikone der Oppositionsbewegung, ließ sich eigens von einer Gruppe der Danziger Liberalen um Janusz Lewandowski beraten, um mögliche Auswege aus der wirtschaftlichen Krise zu formulieren.[8] Entsprechend ermutigte Wałęsa in seinen im März 1984 vorgelegten Thesen zur Wirtschaftspolitik ausdrücklich zu privater wirtschaftlicher Tätigkeit:

> »Ich sehe nichts Schlechtes darin, dass viele Beschäftigte aus dem staatlichen Sektor, oft Leute mit höherer Bildung, deren Hoffnungen und Aspirationen wegen fehlender Möglichkeiten zur Nutzung ihres Wissens und ihrer Talente enttäuscht wurden, private Werkstätten und verschiedenartigste Firmen eröffnen oder ihr Interesse auf individuelle landwirtschaftliche Produktion richten.«[9]

Tatsächlich bewogen die hohen Schwarzmarktpreise für Fleisch vereinzelt sogar Akademiker, ihre Stelle an der Universität zugunsten privater Landwirtschaft und des Verkaufs selbst erzeugter Fleischwaren aufzuge-

7 Siehe etwa Oświadczenie przewodniczącego NSZZ »Solidarność« Lecha Wałęsy w sprawie gospodarki narodowej i samorządu pracowniczego, 7.3.1984, in: Tygodnik Mazowsze, Nr. 80–81 vom 22.3.1984, S. 2, Nachdruck in: Olaszek (Hg.): Dokumenty władz NSZZ »Solidarność«, Dok. 60, S. 150–154, hier S. 151.

8 Der Kontakt war über Jacek Merkel zustande gekommen, der das Umfeld Wałęsas in Danzig koordinierte. Der Erinnerung von Lewandowski zufolge war das erste Treffen im Februar 1984 »mittelmäßig gelungen«; seinen Vorschlag, die negative Haltung zu privatem Unternehmertum zu überwinden, habe Wałęsa dann aber intuitiv aufgegriffen. Siehe Lewandowski: Sprinter długodystansowy, S. 59.

9 Oświadczenie przewodniczącego NSZZ »Solidarność« Lecha Wałęsy w sprawie gospodarki narodowej, S. 153.

ben.[10] Insofern bewies Wałęsa mit seiner Positionierung pragmatischen Realitätssinn. Auf die Anregungen der wirtschaftsliberalen Berater ging zweifellos auch seine Aufforderung zurück, den verbreiteten »Hass der gesellschaftlichen Vorverurteilung« zu überwinden, der auf solchen privaten Kleinunternehmern laste und der durch die offizielle Propaganda noch geschürt werde.[11] Dass der gewählte Solidarność-Vorsitzende seine Autorität in die Waagschale warf, um Vorbehalten gegenüber bereits existierenden marktwirtschaftlichen Nischen entgegenzuwirken, machte ihn freilich noch lange nicht zu einem Fürsprecher einer grundlegenden Umgestaltung der Wirtschafts- und Eigentumsordnung.[12]

Auch in Verlautbarungen der »Provisorischen Koordinierungskommission«, des ranghöchsten Gremiums der Untergrund-Solidarność, fanden sich vereinzelt marktwirtschaftlich-liberale Akzente. So forderten die Untergrundgewerkschafter im September 1985 die »Einführung von Bedingungen, in denen die Einkünfte der Beschäftigten der Unternehmen von der durch den Markt bewerteten Effizienz ihres Wirtschaftens abhängen und nicht von den bürokratischen Entscheidungen der staatlichen Organe«, außerdem eine weitgehende Freigabe der Preise, die Schaffung eines Kapitalmarkts und die rechtliche Gleichstellung von staatlichen, genossenschaftlichen und privaten Eigentumsformen.[13] In offensichtlichem Widerspruch dazu verlangten sie aber gleichzeitig eine automatische Anpassung der Löhne und Gehälter an die Preisentwicklung mittels Indexierung.[14] Mehrdeutig blieb die Stellungnahme auch hinsichtlich der Frage

10 Siehe den retrospektiven Erfahrungsbericht von Maciej Czech: Przedwojenny smak, in: Knyt/Wancerz-Gluza (Hg.): Prywaciarze 1945–89, S. 97 f.

11 Oświadczenie przewodniczącego NSZZ »Solidarność« Lecha Wałęsy w sprawie gospodarki narodowej, S. 153.

12 Die »gemäßigte« und »realistische« Positionierung Wałęsas lobte etwa Andrzej Smoczyński [Tomasz Stankiewicz/Andrzej Topiński]: Gospodarka: realizm i umiarkowanie, in: Przegląd Polityczny, 1984, Nr. 4, S. 35–38, hier S. 38.

13 Postulaty gospodarcze Tymczasowej Komisji Koordynacyjnej NSZZ »Solidarność«, 24.9.1985, in: Tygodnik Mazowsze, Nr. 141 vom 3.10.1985, S. 1 f., Nachdruck in: Olaszek (Hg.): Dokumenty władz NSZZ »Solidarność«, Dok. 88, S. 202–208, hier S. 202–205.

14 Siehe ebd., S. 207.

der unternehmerischen Verantwortung im Betrieb. Einerseits unterstrich sie: »Damit ein Unternehmen effizient wirtschaften kann, muss es einen echten Hausherrn haben – einen Unternehmer, der die Verantwortung trägt und über die Gewinne verfügt.« Andererseits könne diese Rolle im staatlichen Sektor »gegenwärtig« nur von »Arbeitnehmerräten *(rady pracownicze)* als authentischen Repräsentanten der Selbstverwaltung der Belegschaft« ausgefüllt werden.[15]

Generell blieben die wirtschaftspolitischen Positionsbestimmungen der Untergrund-Opposition wenig elaboriert. Ökonomen wie Stefan Kurowski, Rafał Krawczyk, Cezary Józefiak und andere publizierten im Zweiten Umlauf zwar kritische Analysen der Planwirtschaft und der mangelnden Reformfortschritte.[16] Die Mehrheit der Oppositionellen beschäftigte sich aber kaum eingehender mit Wirtschaftsfragen. Eine Ausnahme bildete allenfalls die umfangreiche Bestandsaufnahme »Polen fünf Jahre nach dem August [1980]«, die ein für Lech Wałęsa tätiges Beratergremium unter Leitung von Bronisław Geremek und Tadeusz Mazowiecki 1985 vorlegte.[17] Deren ökonomischer Teil, für den Ryszard Bugaj, Janusz Jankowiak und Andrzej Wielowieyski federführend verantwortlich waren,[18] brachte einerseits die grundlegende Überzeugung von der Überlegenheit der kapitalistischen Wirtschaftsordnung zum Ausdruck; andererseits leiteten

15 Ebd., S. 205.

16 Siehe u.a. Jan Skir [Jerzy Osiatyński]: Reforma gospodarcza po roku – kilka refleksji, in: Krytyka, 1983, Nr. 15, S. 79–95; Skąd spadliśmy, dokąd pełzniemy? Zarys logiki systemu gospodarczego PRL. Praca zbiorowa [in Zusammenarbeit mit dem Społeczny Komitet Nauki], [Warszawa:] Myśl 1984; Rafał Krawczyk: Co to znaczy »reforma«? (Biblioteka Ekonomiczna TUR [Towarzystwa Uniwersytetu Robotniczego]), Warszawa: Wydawnictwo W 1984; Cezary Józefiak: Reforma gospodarcza – po trzech latach, in: Krytyka, 1985, Nr. 19–20, S. 35–47; Hieronim Janczak [Stefan Kurowski]: Reforma gospodarcza w PRL. Trzecie podejście, Warszawa: CDN 1986.

17 Polska 5 lat po Sierpniu. Raport, Londyn: Aneks 1986 (Erstausgabe im Zweiten Umlauf mit anderer Seitenzählung: Warszawa: Międzyzakładowa Struktura »Solidarności«/Wydawnictwo V 1985).

18 Bugaj zufolge war der Text das Ergebnis eines langwierigen Aushandlungsprozesses innerhalb der von ihm geleiteten Gruppe gewerkschaftlich orientierter Wirtschaftsexperten. Auf die Beteiligung liberaler Ökonomen wie Jan Winiecki habe man hingegen bewusst verzichtet. Vgl. Friszke: Komitet Obywatelski, S. 10–12.

die Solidarność-Experten daraus ausgesprochen vorsichtige und moderate Handlungsempfehlungen ab.[19] Aus dem »historischen Fiasko der Befehls- und Verteilungswirtschaft« folgerten sie ohne allzu großen Enthusiasmus: »Der Markt ist eine nicht zu vermeidende Perspektive – mit allen seinen Vor- und Nachteilen.« Wałęsas Berater räumten zudem ein, dass die von ihnen favorisierten »selbstverwalteten Unternehmen« sich im Vergleich zu Privatfirmen »weniger unternehmerisch« am Markt positionieren würden, sodass ein konkurrenzfähiger Privatsektor als Stimulus wünschenswert sei.[20] Auch wenn sie keinen Zweifel daran ließen, dass gemessen am polnischen Status quo eine »drastische Reduzierung der staatlichen Eingriffe in das Wirtschaftsleben« unabdingbar sei, stellten sie zugleich klar, dass der Staat »beträchtliche Entscheidungskompetenzen in der Wirtschaft behalten« müsse, jedenfalls »wenn es nicht zu einer globalen Privatisierung *(reprywatyzacja)* kommt«.[21] Da die Autoren Letzteres ersichtlich nicht als realistische Perspektive betrachteten, skizzierten sie im Ergebnis eine gemischte Wirtschaftsordnung, die einen »breiter entwickelten Sektor privaten Eigentums und Initiative« mit einem »strukturell reformierten staatlichen oder auch potenziell vergesellschafteten Sektor« kombinieren sollte.[22]

Insgesamt waren die wirtschaftspolitischen Vorstellungen der Untergrund-Solidarność also von dem Bemühen gekennzeichnet, eine vorsichtige Liberalisierung zu ermöglichen, ohne aber soziale Errungenschaften und

19 Während Luszniewicz das Papier als Symptom für zwischenzeitliche liberale Tendenzen im Umfeld der Solidarność-Führung wertet (vgl. Luszniewicz: Ewolucja koncepcji ekonomicznych liberałów gdańskich, S. 190, Fn. 41), brandmarkte ein anonymer Kritiker in der Pariser Kultura dieses als Ausdruck des »Servilismus linksgerichteter Gelehrter«. Siehe Recenzent: »Polska po pięciu latach«. Kilka uwag o ekonomicznej części raportu »Gospodarka w kryzysie«, in: Kultura [Paris], 1986, Nr. 4(463), S. 75–81, hier S. 81. Auch Rafał Krawczyk kritisierte die wirtschaftspolitischen Handlungsempfehlungen des Reports im Tygodnik Mazowsze als »schrecklich unambitioniert«: Rafał Krawczyk: Jaki musi być rynek. Uwagi na marginesie »Raportu«, in: Tygodnik Mazowsze, Nr. 148 vom 28.11.1985, S. 3.

20 Polska 5 lat po Sierpniu, S. 144.

21 Ebd., S. 134, 167.

22 So das zusammenfassende Fazit aus der Feder von Geremek und Mazowiecki, ebd., S. 362 f.

Rechte der Arbeitnehmer zu gefährden. Selbst das Wirtschaftsprogramm radikaler Gruppierungen, die sich wegen ihres strikten Antikommunismus politisch rechts vom Solidarność-Mainstream verorteten, unterschied sich oft nur unwesentlich von dieser Linie.[23] So bekannte sich Kornel Morawiecki, der Gründer und führende Kopf der »Kämpfenden Solidarność« *(Solidarność Walcząca)*, in seinem programmatischen Manifest dazu, für eine bessere Welt »als die im Osten und im Westen existierende« zu kämpfen, »ohne schreiende ökonomische Ungleichheiten und ohne Willkürherrschaft«. Den Gegensatz zwischen Kapitalismus und Sozialismus suchte Morawiecki mit seinem Konzept des »Solidarismus« zu überbrücken. Darunter verstand er »eine Marktwirtschaft unter Ausschluss großen Privateigentums an Produktionsmitteln, die auf Arbeiterselbstverwaltung als grundlegender Form der Betriebsführung basiert«. Eine zentrale Rolle komme darin einer starken Gewerkschaft zu, die »jeden vor der Ausbeutung des Menschen durch den Menschen und vor allem vor der Ausbeutung des Menschen durch den Staat« schützen solle.[24]

Jan Olaszek resümiert mit Blick auf die oppositionelle Untergrundbewegung als Ganze für die Zeit bis Ende 1986: »Trotz eines Wandels der Optik und zunehmend mutiger formulierter Elemente marktwirtschaftlichen Denkens war das Programm der Bewegung von Forderungen nach radikalen Reformen, die in Polen ein kapitalistisches System einführen würden, weit entfernt.«[25] So war es symptomatisch, dass Bronisław Geremek, einer der wichtigsten politischen Strategen der Opposition, sich bei einem Auftritt in einer Warschauer Kirche im November 1986 sowohl auf Papst Johannes Paul II. als auch auf den anarchistischen Sozialisten

23 Vgl. den Überblick über das Spektrum der programmatischen Positionen in der Opposition bei Łabędź: Spory wokół zagadnień programowych, S. 240–262.

24 Kornel Morawiecki: Manifest Solidarności, 13.12.1982, in: Solidarność Walcząca, 1982, Nr. 29–30, Nachdruck in: Dworaczek/Waligóra (Hg.): Solidarność Walcząca w dokumentach, Bd. 2, Teil 1, Dok. 46, S. 112–114. – Morawiecki und seine Mitstreiter bekräftigten diese Position, die auf einen dritten Weg zwischen Kapitalismus und Sozialismus hinauslief, nochmals in ihrem Programm vom Juni 1987. Siehe Deklaracja. Zasady ideowe i program Solidarności Walczącej. Nachdruck ebd., Dok. 234, S. 393–417; vgl. auch Kamiński/Waligóra: Solidarność Walcząca, S. 473 f.

25 Olaszek: Program podziemnej Solidarności, S. 87.

Edward Abramowski berief, um das wirtschaftspolitische Programm der Solidarność-Bewegung zusammenzufassen. Zwar bezeichnete Geremek den Markt ausdrücklich als »›Seele‹ der Wirtschaft« und »Katalysator wirtschaftlicher Aktivität«. Er fügte jedoch hinzu: »Die Zeit ist reif, den Begriff des Marktes nicht mehr ausschließlich mit der kapitalistischen Wirtschaft zu identifizieren; es ist nämlich auch eine Marktwirtschaft ohne Kapitalismus möglich.«[26]

Die versprengten Marktliberalen in der polnischen Opposition hatten also allen Grund, sich darüber zu beschweren, dass die mit markiger antikommunistischer Rhetorik auftretende Reagan-Administration ausgerechnet die gewerkschaftlich orientierte Untergrund-Solidarność mit Dollarbeträgen in Millionenhöhe unterstützte: »Reagan ist heuchlerisch«, meinten zwei junge Breslauer Neoliberale im November 1985, »bei sich bekämpft er die Gewerkschaften – bei uns unterstützt er sie; bei sich unterstützt er Kapitalismus und freien Markt – und bei uns das Programm der Selbstverwalteten Republik. Das ist nicht fair von ihm. Wir wollen auch Kapitalismus.«[27] Die Solidarność war für sie das »Symbol einer ausgehenden Epoche«, deren »Schwanengesang« aus ihrer Sicht nicht schnell genug verklingen konnte.[28]

Während manche seiner Gesinnungsgenossen mit dem gewerkschaftlichen Traditionalismus und dem kollektivistischen Wirtschaftsprogramm der etablierten Oppositionellen haderten, wurde der Krakauer Liberale Mirosław Dzielski nicht müde, die bereits existierenden privatwirtschaftlichen Nischen in den Mittelpunkt seiner Publizistik zu stellen. Anstatt auf bessere Zeiten zu warten, propagierte er unter dem Schlagwort des »schöpferischen Antikommunismus« privatwirtschaftliche Aktivitäten als Königsweg zur Selbstbehauptung der polnischen Gesellschaft. Das oppositionelle Presse- und Verlagswesen, das seiner Ansicht

26 Statement von Bronisław Geremek in der Kirche der Najświętszej Marii Panny am 21.11.1986, abgedruckt in: Rynek, gospodarka 3-sektorowa, samorządność, demokratyzacja ..., in: Wola, Nr. 1(207) vom 5.1.1987, S. 2.

27 Demokracja panuje na rynku, in: Replika, 1985, Nr. 42, S. 1–5, hier S. 1.

28 Ebd., S. 4.

nach ohne Wenn und Aber »auf Gewinn und Markt« ausgerichtet sein sollte,[29] war für Dzielski nur ein Baustein seiner Vision einer »parallelen Wirtschaft«, die sich um die Bedingungen und rechtlichen Spielregeln der offiziellen Wirtschaft nicht mehr zu scheren bräuchte. Er kam geradezu ins Schwärmen, wenn er die Schattenwirtschaft als staatsfernen Raum der Freiheit imaginierte, in dem alle Interessengegensätze auf wundersame Art aufgehoben seien:

> »Anstatt also über die Schädlichkeit der parallelen Wirtschaft zu klagen, müsste man [...] die entgegengesetzte Parole ausgeben: *Bauen wir ein paralleles Polen von der Ostsee bis zur Tatra.* [...] Dort haben alle gemeinsame Interessen: der Parteisekretär, der Miliziant, der Arbeiter, der Intellektuelle, der Bauer. [...] Die parallelen Polen lächeln, sind wohlwollend und gelassen, im Gegensatz zu den vertikalen Polen – den steifen, ernsten, übellaunigen. Das parallele Polen ist wahrhaft griechisch und wahrhaft christlich.«[30]

Diese Vision von Polen als Land des Lächelns mochte ein wenig unernst klingen und eher der intellektuellen Fantasie Dzielskis als der Realität auf dem Schwarzmarkt entsprechen, die wohl nur in den seltensten Fällen von allseitiger Harmonie geprägt war.[31] Sie war allerdings typisch für den normativen Überschwang, mit dem Dzielski wirtschaftliche Fragen zu betrachten pflegte. Der studierte Physiker und Philosoph interessierte sich nicht so sehr für ökonomische Perspektiven auf den Kapitalismus als effizientes Wirtschaftssystem, sondern sah darin in erster Linie eine moralisch überlegene »zivilisatorische« Ordnung, die individuelle Hand-

29 So bereits 1982 in Mirosław Dzielski: Odrodzenie ducha – budowa wolności, Warszawa: Consensus 1982, Nachdruck in: ders.: Odrodzenie ducha, S. 77–117, hier S. 102f.

30 Mirosław Dzielski: Polska Równoległa, in: 13 Grudnia, 1983, Nr. 4(19), S. 1–4, Nachdruck in: ders.: Odrodzenie ducha, S. 491–497, hier S. 496 (Hervorhebung im Original). – Dzielski bezog sich auf empirische Forschungsergebnisse des Krakauer Soziologen Kazimierz Sowa zur Schattenwirtschaft (vgl. auch Sowa: Gospodarka cienia). Sowa gehörte zu den Unterzeichnern der am Rande des Solidarność-Delegiertenkongresses im Herbst 1981 verbreiteten »Erklärung für eine freie Wirtschaft« (siehe oben Kapitel II.1).

31 Vgl. Szacki: Der Liberalismus nach dem Ende, S. 206.

lungsräume und sittliche Normen bereitstelle. Obendrein harmonierte sie aus seiner Sicht vorzüglich mit dem konservativen Wertehorizont des polnischen Katholizismus (wobei seine Auslegung des Katholizismus unverkennbare Züge jenes »Geistes des Kapitalismus« aufwies, den Max Weber mit der »protestantischen Ethik« in Verbindung brachte).[32]

Im Mittelpunkt von Dzielskis Vorstellung von freier Marktwirtschaft standen folglich nicht moderne Großunternehmen oder makroökonomische Institutionen, sondern unternehmerisch tätige Einzelpersönlichkeiten.[33] Um dem auch von Lech Wałęsa beklagten Misstrauen seiner Landsleute gegenüber der Privatwirtschaft entgegenzuwirken, publizierte er in der von ihm redigierten Untergrundzeitschrift eine Serie von Interviews mit privaten Kleinunternehmern, die er seinen Leserinnen und Lesern als »Heroen des zivilisatorischen Fortschritts« und »Helden der kapitalistischen Arbeit« vorstellte.[34] Das klingt ironischer, als es womöglich gemeint war – denn wie Jerzy Szacki bemerkte, zielte Dzielski tatsächlich genau darauf ab, den in der Solidarność-Bewegung noch dominierenden »›Mythos des Arbeiters‹ und des mit diesem verbündeten Intellektuellen« durch einen »Mythos des Unternehmers und der Mittelklasse« zu ersetzen.[35]

Allerdings ergab sich aus Dzielskis Interviewserie ein recht spezifisches Profil kapitalistischer Unternehmer (oder auch »Entrepreneure«, wie er sie nannte). Dzielskis Gesprächspartner, die aus seinem Krakauer Umfeld und aus einem Dorf im Vorland der Tatra stammten, wo er ein Wochenendhaus besaß, waren sämtlich in jenen Grauzonen zwischen legalem Kleingewerbe und Schwarzmarkt aktiv, die für die polnische Mangelwirtschaft der 1980er-Jahre typisch waren. Es handelte sich also um handwerkliche Kleinproduzenten, Anbieter von Reparaturdienstleistungen für Computer und Farbfernseher, einen technisch begabten

32 Vgl. Samojłowicz: Mirosława Dzielskiego chrześcijański liberalizm, S. 50 f.; Szacki: Der Liberalismus nach dem Ende, S. 280–284.

33 Vgl. Plichta: Wolność i polityka, S. 212 f.

34 Mirosław Dzielski: Jak urządzić się w PRL, in: »13«, 1985, Nr. 4, S. 2 f., Nachdruck in: ders.: Odrodzenie ducha, S. 517 f.

35 Vgl. Szacki: Der Liberalismus nach dem Ende, S. 207.

Tüftler, der in seinem Bergdorf einen Skilift plante, einen Maiszüchter, den Gründer eines genossenschaftlich organisierten Gebäudereinigungs- und Pflegedienstes und den Direktor eines landwirtschaftlichen Maschinenrings.[36] Wer mehr als sieben Mitarbeiter beschäftigte, galt in diesem Milieu bereits als jemand, der »Geschäfte in großem Maßstab macht«.[37] Größeren Polonia-Unternehmen stand einer der interviewten Kleinunternehmer skeptisch gegenüber, weil sie sich seiner Meinung nach der organisatorischen Ineffizienz der Staatsbetriebe anpassten.[38] Fast alle Gespräche drehten sich um die Inkompetenz der staatlichen Bürokraten und um Schikanen seitens der Steuer- und Gewerbeaufsichtsbehörden, denen nur durch die regelmäßige Zahlung von Schmiergeldern beizukommen sei. Im Falle grenzüberschreitender Schmuggelgeschäfte, beschönigend »privater Import« genannt, übernahm der Zoll diesen Part als gleichsam natürlicher Gegner. Moralische Skrupel hatten Dzielskis Gesprächspartner dabei – von einzelnen Ausnahmen abgesehen – nicht: »Alle betrügen das System«, meinte ein Kürschner aus dem Tatravorland lakonisch. »Das ist für die Leute keine Unehrlichkeit. Unehrlich ist es [nur], seinen Mitmenschen zu betrügen.«[39]

Aus diesem Kaleidoskop findiger Cleverles, die sich in der Grauzone zwischen Legalität und Illegalität ihre Nischen suchten, stach einzig ein ehemaliger Vizedirektor eines Staatsbetriebs heraus, der sich als Steuer- und Wirtschaftsberater selbstständig gemacht hatte und die Effizienz- und Transparenzvorteile von Polonia-Unternehmen und größeren Privatfirmen hervorhob.[40] Für alle anderen Interviewpartner Dzielskis galt wohl, was einer von ihnen selbst so formulierte: »Wenn ich manchmal über das Profil des zeitgenössischen polnischen Unternehmers nachdenke, dann denke ich mir, dass der wohl Schwierigkeiten hätte, unter

36 Siehe Mirosław Dzielski: Jak urządzić się w PRL?, in: »13«, 1985, Nr. 4(43), Nr. 5(44), Nr. 10(49) sowie 1986, Nr. 2(53), Nr. 4(55), Nr. 6(57), Nr. 7(58), Nr. 8(59), Nachdruck in: ders.: Odrodzenie ducha, S. 517–581.

37 Rozmowa z Alfą [Paweł Janisiewicz], ebd., S. 521.

38 Siehe ebd., S. 523.

39 Rozmowa z Gammą [Jan Smarduch], ebd., S. 533.

40 Siehe Rozmowa z Dzetą [Bolesław Skalski], ebd., S. 551–560.

den Bedingungen des stabilisierten Marktes im Westen Geschäfte zu machen.«[41] Obwohl sich einige der Interviewten also durchaus bewusst waren, dass ihre wirtschaftlichen Aktivitäten den Anforderungen einer etablierten marktwirtschaftlichen Ordnung nicht unbedingt gerecht wurden, hielt Dzielski mit seiner Bewunderung für diese Kleinunternehmer nicht hinter dem Berg.

Dzielskis Begeisterung für einen idealisierten Graswurzelkapitalismus, in dem sich kleine Produzenten und Händler auf Augenhöhe begegneten, solange ihnen der Staat nicht ins Gehege kam, ging unverkennbar auf den Einfluss Milton Friedmans zurück, der für die Popularisierung seiner neoliberalen Überzeugungen ganz ähnliche Beispiele und Bilder verwendete. In seiner populärwissenschaftlichen Fernsehserie *Free to Choose* präsentierte Friedman ebenfalls vorzugsweise tüchtige Kleinunternehmer, denen nicht etwa die Konkurrenz kapitalstarker Großunternehmen zu schaffen machte, sondern die staatliche Bürokratie. Sören Brandes hat diese Vorstellung eines vermeintlich unverfälschten, durch *big government* jedoch permanent in seiner Existenz gefährdeten freien Marktes des kleinen Mannes als ungemein wirkmächtiges Motiv des neoliberalen Marktpopulismus analysiert.[42] Dzielski war davon so angetan, dass er Friedmans 1980 als Begleitbuch zu dessen Fernsehserie entstandenen gleichnamigen Bestseller zur Übersetzung und Publikation im polnischen Zweiten Umlauf empfahl.[43] Mit seiner Interviewserie knüpfte Dzielski nicht nur an Friedmans marktradikales Gesellschaftsbild an, sondern griff auch dessen Methode zur Popularisierung des freien Marktes auf. Im Gegensatz zu seinem amerikanischen Vorbild konnte er freilich

41 Rozmowa z Etą [Andrzej Ryś], ebd., S. 566.

42 Vgl. Brandes: »Free to Choose«; ders.: The Market's People.

43 Siehe Mirosław Dzielski: Wolni wobec wyboru, in: 13 Grudnia, 1983, Nr. 5(20), S. 4–8, Nachdruck in: ders.: Odrodzenie ducha, S. 234–239, hier S. 238 f.; sowie Friedman: Free to Choose. Die deutsche Übersetzung erschien unter dem volkstümelnden Titel: Chancen, die ich meine. – 1984 brachte der von Dzielskis Krakauer Mitstreitern geführte Untergrundverlag drei Teilkapitel des Bestsellers als Broschüren heraus (vgl. Knoch: Pisma liberalne, S. 131). Eine vollständige polnische Ausgabe erschien 1985 in dem Warschauer Untergrundverlag »Kurs«.

nicht auf professionelle Unterstützung durch eine öffentlich-rechtliche US-Rundfunkanstalt und eine britische Filmproduktionsfirma zurückgreifen,[44] sondern blieb auf die überschaubare Reichweite einer lokalen Untergrundzeitschrift mit einer regelmäßigen Auflage von gut tausend Exemplaren beschränkt.[45]

Dass Dzielskis in Anschluss an Milton Friedman konstruiertes Ideal eines volksnahen Kapitalismus von unten – der nicht so sehr gegen den feindlich gesinnten Staat, als vielmehr unter Umgehung desselben zu errichten war – unter den Bedingungen des polnischen Spätsozialismus auf fruchtbaren Boden fiel, erstaunt nicht. In einer wirtschaftlichen Erfahrungswelt, die von der sinkenden Steuerungsfähigkeit staatlicher Institutionen und der Expansion informeller, oftmals auf persönlichen Kontakten zwischen Käufer und Verkäufer beruhender Märkte geprägt war, konnte sich diese Vorstellung auf vielfältige erfahrungsgesättigte Bezüge berufen. Auch die von Friedman in seinen populärwissenschaftlichen Schriften oft bemühte Konsumentenperspektive, die den freien Markt als wirksames Instrument zum Schutz der Rechte des »souveränen Verbrauchers« inszenierte, schien eine attraktive Alternative zur Verwaltung des Mangels durch staatliche Preisregulierung und Rationierung zu bieten.[46] Der globalisierte Finanzmarktkapitalismus, der sich während der 1980er-Jahre formierte und in Gestalt der Staatsverschuldungskrise auch die polnische Volkswirtschaft in Mitleidenschaft zog, blieb demgegenüber noch allzu abstrakt, als dass er der Glaubwürdigkeit dieses zutiefst anachronistischen Kapitalismusbilds hätte Abbruch tun können.

Trotzdem ging Dzielskis Wirkungskreis nicht nennenswert über das Milieu Krakauer Intellektueller hinaus, in dem er verankert war. Sieht man von einigen versprengten Anhängern und ähnlich gesinnten liberal-konservativen Gruppierungen in Wrocław und Warschau ab, blieb er

44 Vgl. Brandes: The Market's People.
45 Vgl. Knoch: Pisma liberalne, S. 133.
46 Vgl. Olsen: The Sovereign Consumer, S. 120–127.

innerhalb der demokratischen Oppositionsszene ein Außenseiter.[47] Dies lag sicherlich zu einem erheblichen Teil an seiner erklärten Bereitschaft zur Kooperation mit dem kommunistischen Regime, das nach seinen Vorstellungen die autoritäre Absicherung der von unten heranwachsenden Marktgesellschaft gewährleisten sollte. Dzielskis intellektueller Stichwortgeber Milton Friedman zeigte sich gerade von diesen Überlegungen zur Kooptierung der herrschenden Elite höchst angetan, nachdem er durch einen englischsprachigen Aufsatz von Andrzej Walicki auf das Wirken des Krakauer Philosophen aufmerksam wurde;[48] unter polnischen Oppositionellen waren sie hingegen schlichtweg nicht satisfaktionsfähig. Aber auch mit seiner offen prokapitalistischen Haltung vertrat Dzielski bis in die Mitte der 1980er-Jahre noch eine absolute Minderheitenposition innerhalb der regimekritischen Milieus. »Ich verrate wohl kein besonderes Geheimnis«, ironisierte Piotr Wierzbicki im Frühsommer 1986, »wenn ich sage, dass den Herren Dzielski und Korwin-Mikke der Ruf ausgesprochener Originale vorauseilt.«[49]

Die Zeit spielte ihnen und ihren Gleichgesinnten jedoch in die Hände. Denn ihre wirtschaftspolitischen Vorstellungen gewannen in dem Maße an Plausibilität, in dem sich die Fruchtlosigkeit eines von moralischer Empörung getragenen Widerstands gegen das repressive Regime abzeichnete – und sich die Reformblockaden in der staatlich gelenkten Wirtschaft als unüberwindbar erwiesen.

47 Vgl. Knoch: Pisma liberalne, S. 343 f.; ebenso differenziert mit Blick auf die Nachwirkung der Ideen Dzielskis Majmurek: Ideologie polskiej transformacji, S. 135–138.

48 In einem Brief an Andrzej Walicki bekundete Friedman großes Interesse an Dzielskis Publizistik, von der er sich in seiner Ansicht bestätigt sah, »that political democratization is not an effective route to human freedom«. Siehe den Brief von Milton Friedman an Andrzej Walicki vom 17.8.1988, Nachdruck in: Walicki: Polskie zmagania z wolnością, S. 65.

49 Wierzbicki: Czterech panów.

## 2. Krisenerfahrungen und wirtschaftliche Leitbilder im soziologischen Blick

Je länger trotz der permanenten offiziellen Verlautbarungen über vermeintliche Reformfortschritte merkliche Verbesserungen der Wirtschaftslage ausblieben, desto rascher schwand in der polnischen Gesellschaft das wenige Jahre zuvor noch so ausgeprägte Vertrauen in kollektive Selbstorganisation und staatliche Wirtschaftslenkung. Die seit 1982 von oben eingeführte Wirtschaftsreform wurde bestenfalls ambivalent bewertet – als sichtbarster Effekt der Reform wurden in Umfragen die spürbaren Preiserhöhungen genannt.[50] »Warum lohnt es sich im Westen, gut und effektiv zu arbeiten?«, fragte sich 1985 ein 33-jähriger Monteur aus dem ostpolnischen Kraśnik. »Bei uns wird viel geredet, aber es herrscht weiterhin Chaos und Durcheinander. Ewig nur Parteitage, Versammlungen, Sejm-Sitzungen, aber von Verbesserungen der Situation ist nicht viel zu sehen [...]. In letzter Zeit lohnt sich die Arbeit im Privatsektor und bei Polonia-Firmen mehr als in gesellschaftlichen Betrieben.«[51]

Wie dieses Lamento illustriert, verfügten viele Polinnen und Polen über praktische Vergleichsmaßstäbe, die sie zur Bewertung der miserablen ökonomischen Situation im Land und insbesondere der Verdienstmöglichkeiten im staatlichen Sektor heranziehen konnten. Aufgrund des vergleichsweise liberalen volkspolnischen Grenzregimes und der etablierten Muster temporärer Erwerbsmigration hatte ein relativ großer Teil der polnischen Bevölkerung Kontakte in den Westen oder konnte auf eigene Erfahrungen mit legaler oder illegaler Arbeit im Ausland zurückblicken.[52] Die seit dem Kriegsrecht tolerierte Expansion des privatkapitalistischen Sektors im Inland lieferte zusätzliches Anschauungsmaterial für direkte Vergleiche, das die Wahrnehmung der wirtschaftlichen Praxis in den »vergesellschafteten« Betrieben im seltensten Falle positiv beeinflusste. Einer repräsentativen Studie von 1984–1985 zufolge nahmen 69 Prozent

50 Siehe Morawski/Kozek: Społeczeństwo polskie wobec problemów, S. 82.
51 Gołębiowski/Jakubowska: Robotnicy o sobie, S. 267.
52 Vgl. Stola: Kraj bez wyjścia, S. 306 f., 328.

der Befragten den Privatsektor als Hauptprofiteur der Wirtschaftsreform wahr, obwohl diese doch hauptsächlich auf Effizienzsteigerungen in den Staatsbetrieben zielte.[53] Der ökonomische Erfolg der neuen Privatunternehmen mochte in vielen Fällen bloß auf geschicktem Unterlaufen der arbiträr festgelegten amtlichen Währungskurse oder anderer wirtschaftlicher Asymmetrien beruhen – er lieferte jedoch augenfällige Beispiele dafür, dass es sich schlicht und einfach lohnte, auf eigene Rechnung zu wirtschaften.

Dass den unablässigen Lippenbekenntnissen des Regimes zur Wirtschaftsreform keinerlei greifbare Verbesserungen folgten, untergrub deshalb weit mehr als nur das ohnehin brüchige Vertrauen in Partei und Regierung. Der Reformstau in den staatlichen Unternehmen leistete dem Eindruck mangelnder Steuerungsfähigkeit der Planwirtschaft Vorschub, der fatale Auswirkungen auf die Akzeptanz der staatssozialistischen Ordnung als Ganzer hatte. Gemessen an dem kurzfristigen Durchwursteln, das in polnischen Staatsbetrieben wegen des Material- und Ersatzteilmangels an der Tagesordnung war, erschien sogar die kapitalistische Systemalternative als berechenbarer und »planmäßiger«, wie die Aussage eines Arbeiters der Posener Cegielski-Werke in einer soziologischen Befragung vom Frühjahr 1985 vor Augen führt:

> »Die Reform dauert und dauert, und es kommt nichts dabei raus. [...] Sozialismus heißt Demokratie, aber wohl nur in der Theorie, alles in allem ist es schwarze Magie. Hier kann man nichts voraussehen, totaler Mangel an Planung, Mangel an gemeinsamem Handeln. Kapitalismus ist ein System, das in praktischer Hinsicht besser ist als der Sozialismus. Aber nur praktisch, nicht theoretisch. [...] Der Kapitalismus hat zum Beispiel eine planmäßigere Wirtschaft.«[54]

Es mochte aus Sicht dieses Arbeiters also noch zähneknirschend hinzunehmen sein, dass die sozialistische Ordnung sich als weniger dynamisch und effizient erwies als der Kapitalismus – vollends zum Ärgernis wurde

53 Siehe Kozek: Załogi przemysłowe wobec reformy gospodarczej, Tab. 4, S. 110.
54 Ziółkowski: Robotnicy '84–'85, S. 225.

sie jedoch, weil sie diesen Nachteil nicht durch ihre erklärten »theoretischen« Vorzüge wie demokratische Kontrolle über die Produktion, vorausschauende Planung und »gemeinsames Handeln« wettzumachen vermochte. Vielmehr blieb sie sogar in diesen Belangen hinter dem kapitalistischen Gegenmodell zurück. Zu ergänzen wäre diese Aufzählung noch um das mit der rationalen Wirtschaftslenkung verbundene Versprechen materieller Sicherheit. Der Soziologe Jan Poleszczuk sprach in diesem Zusammenhang von einer »planmäßigen Desorganisation«, die den Rationalitätsanspruch der zentralen Wirtschaftsplanung Lügen strafte.[55]

Selbst unter den verbliebenen Anhängern der Partei löste deren fortgesetzte Unfähigkeit, der wirtschaftlichen Misere Herr zu werden, akute Entfremdungserscheinungen aus. So reagierte das Betriebskomitee des Sozialistischen Jugendverbands ZSMP im Hüttenwerk »Florian« im oberschlesischen Świętochłowice mit einem sarkastischen Brandbrief auf die Verschlechterung der Konditionen für den staatlichen Kredit für junge Ehepaare. Die geplante Anhebung des Zinssatzes für dieses wichtige Instrument der staatssozialistischen Familien- und Sozialpolitik von 6 auf 9 Prozent brachte die Parteijugend in der Herzkammer des Oberschlesischen Industriegebiets so in Rage, dass sie ihrem Frust über die Wirtschaftspolitik der Parteioberen ungeschminkt freien Lauf ließ:

> »Was sollen wir mit diesem Kredit, schließlich kann man davon, zugespitzt gesagt, nichts kaufen! [...] Köpfchen haben wir ja im Grunde selbst, also lassen wir uns was einfallen *(kombinujemy)*. ›Der Pole schafft's *(Polak potrafi)*.‹[56]
> Was also tun, um auf seinen Schnitt zu kommen? Man kann halt zweimal in die Türkei fahren – schon hat man die Kosten für die Reise des [staatlichen Reisebüros] Orbis und den ganzen Kredit wieder raus. Man muss nur die ganze Zeit gut kombinieren [d. h. Handel treiben]. ›Der Pole schafft's.‹ Und wie wäre es mit einem ›Hektar unter Glas‹ [d. h. pri-

55 Vgl. Poleszczuk: Praca w systemie gospodarki planowej, S. 114–119.

56 Bekannter Slogan der Erfolgspropaganda des kommunistischen Regimes aus den 1970er-Jahren.

vatem Gartenbau in Gewächshäusern]? Schon läuft das Geschäft, wozu also der Ehekredit? Alles in Ordnung, nur mit sozialistischer Erziehung hat das nichts zu tun!«[57]

Anstatt weiter auf die ungedeckten Versprechungen des sozialistischen Wohlfahrtsstaates zu vertrauen, betrachteten immer mehr Polinnen und Polen die kleingewerbliche Produktion von Lebensmitteln und Konsumgütern, den Handel auf schwarzen und grauen Märkten oder auch lukrative Saisonarbeit im Ausland als mehr oder weniger normale und sozial akzeptable Art und Weise, ihren Lebensunterhalt zu bestreiten. Zwischen 1982 und 1986 verdreifachte sich der Anteil der Arbeiter, die sich neben ihren regulären Stellen noch etwas dazuverdienten; ein Drittel von ihnen verdingte sich in Privatbetrieben.[58] Noch weitaus größer dürfte die Zahl derjenigen gewesen sein, die ihre Nebentätigkeit nicht offiziell anmeldeten, sondern in der informellen Schattenwirtschaft aktiv wurden. Deren Anteil am polnischen Bruttoinlandsprodukt schätzten Wirtschaftswissenschaftler in der zweiten Hälfte der 1980er-Jahre auf fünf bis zehn Prozent.[59] Im Übrigen partizipierte der Fiskus selbst zumindest indirekt an diesen informellen Wirtschaftskreisläufen, indem er mit dem Verkauf nachgefragter Mangelwaren gegen Devisenbons in den staatlichen Pewex-Läden die Nachfrage nach harter Währung ankurbelte und zugleich einen Teil der illegal erwirtschafteten Devisen abschöpfte. Der Umsatz dieses sogenannten Binnenexports machte 1988 ein Viertel des gesamten polnischen Einzelhandels aus – oder jedenfalls seines in der offiziellen Statistik erfassten Teils.[60]

57 Biuro ds Młodzieży URM: Informacja o wynikach społecznej konsultacji w socjalistycznych związkach młodzieży /ZSMP, ZMW, ZHP i ZSP/ projektu nowych zasad realizacji kredytów dla młodych małżeństw na zagospodarowanie, [1984], AAN, URM, 1.4/4, Bl. 74–94, hier Bl. 89f.

58 Vgl. Słabek: Obraz robotników polskich, S. 323; siehe auch die Erinnerungen eines Kleinhändlers, der sich auf den Handel mit Damenblusen in Budapest und großpolnischen Kleinstädten spezialisiert hatte: Sławomir Kmiecik: Eksport–import, in: Knyt/Wancerz-Gluza (Hg.): Prywaciarze 1945–89, S. 135–138.

59 So Bednarski: Drugi obieg gospodarczy, S. 191–196.

60 Vgl. Kochanowski: Jenseits der Planwirtschaft, S. 354.

Die permanenten Zumutungen des Alltags in der spätsozialistischen Mangelwirtschaft und die absurd hohen Schwarzmarktkurse für westliche Devisen verschoben unweigerlich die Maßstäbe dessen, was man im Wirtschaftsleben als angemessen und normal empfand. »Manchmal sehen wir schon gar nicht mehr, was pathologisch ist«, seufzte der Soziologe Andrzej Tymowski 1986 in einer Diskussionsrunde, »wir haben uns mit vielen Erscheinungen abgefunden, die wir vor 30 Jahren noch als empörend oder unwürdig empfunden hätten.«[61] Nur ungefähr 15 Prozent der Befragten stimmten in Umfragen von 1983 und 1988 der Aussage zu, man könne allein mit »ehrlicher Arbeit« zu Wohlstand kommen; 1988 widersprachen bereits 38 Prozent dieser Ansicht entschieden, und weitere 32 Prozent lehnten diese »eher« ab.[62] Manchem erschien sein Zusatzverdienst aus der Saisonarbeit im Westen geradezu als notwendige Voraussetzung, um in Polen ein »normales« Leben führen zu können. So erklärte ein Akademiker, der regelmäßig zum Arbeiten nach Norwegen fuhr:

> »Ein solcher zwei-, dreimonatiger Aufenthalt erlaubt es mir, in Ruhe in den Laden zu gehen, ohne auf das Geld achten zu müssen. Uns war mal danach, einen Kühlschrank zu kaufen, also sind wir zu einem Steher [*stacz*, d.h. jemandem, der sein Geld damit verdient, für andere in Schlangen zu stehen] gegangen, haben ihm 100 000 Złoty gegeben – und schon hatten wir den Kühlschrank. Ich versuche einfach normal zu leben, und dafür brauche ich dieses Geld.«[63]

Solche Tätigkeiten wurden also vielfach als erzwungene Reaktionen auf die Krise betrachtet – als Versuche, den Widrigkeiten der als chaotisch erlebten Wirtschaft auf individueller Ebene ein Schnippchen zu schlagen oder den lebensweltlichen Loyalitätsansprüchen des als dysfunktional und bigott empfundenen politischen Systems zu entgehen.[64] Sie gingen deshalb nicht notwendigerweise mit grundsätzlicher Akzeptanz für einen

61 Fortuny jawne i ukryte. Dyskusja redakcyjna o multimilionerach, in: Polityka, Nr. 7 vom 15.2.1986, S. 3.

62 Siehe Ziółkowski/Koralewicz: Mentalność Polaków, S. 54f.

63 Joanna Pommersbach: Migracje sezonowe do Norwegii w latach 80., Manuskript, Warszawa 1995, zit. nach Stola: Kraj bez wyjścia, S. 371.

64 Siehe Dorn: Świadomościowe wymiary własności prywatnej, S. 125f.

höheren Grad sozialer Ungleichheit oder gar mit emphatischer Zustimmung für eine kapitalistische Wirtschaftsordnung einher. Dennoch zeichneten sich in zeitgenössischen soziologischen Untersuchungen und Meinungsumfragen erste Anzeichen eines Einstellungswandels ab, der die zu Beginn der 1980er-Jahre noch eindeutig dominierenden egalitaristischen Haltungen langsam in den Hintergrund rücken ließ.

In der wichtigsten Serie repräsentativer Befragungen, die unter dem Titel »Die Polen« *(Polacy)* von einem Soziologenteam der Polnischen Akademie der Wissenschaften unter Leitung von Władysław Adamski durchgeführt wurden, sprachen sich in den Jahren 1984 und 1988 gut 80 Prozent der Befragten für eine »starke« Differenzierung der Einkommen nach Qualifikation aus, während es 1980 und 1981 nur etwas mehr als die Hälfte gewesen waren. Im selben Zeitraum ging die Unterstützung für die Solidarność-Forderung, die Einkommen von Spitzenverdienern stärker zu begrenzen, die 1980–1981 mit Werten zwischen 80 und 90 Prozent noch beinahe einhellige Zustimmung gefunden hatte, auf (immerhin noch) 56 Prozent zurück. Seit dem Kriegsrecht sprachen sich außerdem immer mehr Polinnen und Polen dafür aus, dem privatwirtschaftlichen Sektor mehr Freiheiten und Entwicklungsmöglichkeiten einzuräumen: 1984 waren es mit 59 Prozent schon mehr als die Hälfte, 1988 mit knapp 73 Prozent fast drei Viertel der Befragten.[65] Ausschlaggebend für diesen Sinneswandel war sicherlich die pragmatische Einsicht in die überlegene wirtschaftliche und soziale Leistungskraft des kapitalistischen Westens, die einer der befragten Arbeiter in den Posener Cegielski-Werken 1985 so zusammenfasste: »Im Kapitalismus wird der Arbeitnehmer ausgebeutet, aber er fährt mit dem eigenen Auto zur Arbeit. Im Sozialismus ist er Eigentümer, fährt aber Straßenbahn – und unter was für Bedingungen! [...] Wichtig ist nicht das Eigentum an den Produktionsmitteln, sondern die Lebensqualität.«[66]

65 Siehe Kolarska-Bobińska: Egalitarny i rynkowy ład gospodarczy, Tab. 1 und 2, S. 194, 196; vgl. auch Gardawski: Robotnicy 1991, Tab. 1, S. 14.

66 Ziółkowski: Robotnicy '84–'85, S. 225.

Allerdings waren die Einstellungen bezüglich einer gerechteren wirtschaftlichen Ordnung alles andere als konsistent. Schon mit Blick auf die immer wieder kontrovers diskutierten Polonia-Unternehmen fiel das Urteil deutlich skeptischer aus: 1983 und 1987 bekundeten jeweils nur rund 40 Prozent der Befragten Unterstützung für deren weitere Entwicklung.[67] In einer 1984 durchgeführten Studie unter (überwiegend männlichen) Produktionsarbeitern großer staatlicher Industriebetriebe in Stettin, Posen, Warschau und Kożuchów (vorm. Freystadt in Schlesien) befürworteten diese zwar zu 60,7 Prozent eine Ausweitung des Privatsektors (was dem Ergebnis der für die Gesamtgesellschaft repräsentativen Befragung entsprach); zugleich sprachen sich jedoch 62,3 Prozent von ihnen für die Begrenzung des Einkommens von Privatunternehmern aus.[68] Wenn allgemein nach der Einschätzung von »Marktgesetzen und Konkurrenz« gefragt wurde, fiel die Zustimmung sehr hoch aus (in den repräsentativen *Polacy*-Studien von 1984 und 1988 erreichte sie jeweils gut 80 Prozent). Wenn die Befragten sich jedoch zwischen den Optionen »Planwirtschaft« und »freie Konkurrenz im Wirtschaftsleben« oder zwischen »gesellschaftlichem« und »privatem Eigentum an Produktionsmitteln« entscheiden mussten, optierte jeweils etwas mehr als die Hälfte von ihnen (57 bzw. 56 Prozent) für die sozialistische und nur 40 bzw. 11 Prozent für die marktorientierte Alternative.[69]

In diesen Befunden spiegelte sich einerseits ein beträchtlicher Imagegewinn privater Kleinunternehmer und (wenn auch in geringerem Maße) der Polonia-Firmen wider: Waren diese am Anfang der 1980er-Jahre von vielen noch als gewiefte Profiteure beäugt worden, die bestenfalls am Rande der Legalität operierten, erschienen sie nun als dynamischer Gegenpol zu der Unbeweglichkeit und Trägheit der Staatsbetriebe. Die

67 Siehe OBOP: Opinie społeczne o niektórych proponowanych rozwiązaniach drugiego etapu reformy gospodarczej. Komunikat z badań, Juni 1987, S. 3, http://public.kantarpolska.com/archiv_files/25_445_87.pdf (Zugriff am 13.10.2021).

68 Siehe Ziółkowski: Robotnicy ’84–’85, S. 69.

69 Siehe ebd., S. 62; vgl. die differenzierte Diskussion der Methodik dieser Erhebungen und der mit den jeweiligen Fragen verbundenen Semantik bei Gardawski: Robotnicy 1991, S. 17 f.

Soziologin Lena Kolarska-Bobińska resümierte: »Der Privatsektor ist für viele zur ›Oase‹ nicht nur des Wohlstands geworden, sondern auch der gerechten, das heißt: dem eigenen Arbeitsaufwand entsprechenden Bezahlung, der besseren Arbeitsorganisation usw.«[70] Andererseits war es kein Geheimnis, dass größere Effizienz und höhere Verdienste bei den Privaten durch ein ungleich härteres Arbeitsregime und vergleichsweise hohe oder gar überhöhte Verbraucherpreise erkauft wurden.[71] Deshalb verband sich die wachsende Anerkennung der überlegenen Produktivität dieser Unternehmen nur bei einem kleineren Teil der Bevölkerung mit dem Wunsch, ähnliche Verhältnisse auch in der staatlichen Wirtschaft flächendeckend umzusetzen. Zustimmung zur Ausweitung des Privatsektors korrelierte nicht durchweg mit ausgeprägter Sympathie für einen Umbau der Wirtschaft nach Markt- und Leistungsprinzipien oder mit besonderem Wohlwollen gegenüber einer stärkeren Einkommensdifferenzierung. Offenkundig nahm man die privaten Firmen nicht als (potenzielle) systemische Alternative wahr, sondern als Phänomen am Rande des bestehenden Wirtschaftssystems, das auf dessen konstitutive Prinzipien geringen Einfluss hatte. Die gesellschaftliche Wahrnehmung befand sich insofern durchaus im Einklang mit der bagatellisierenden Sicht der offiziellen Wirtschaftspolitik auf den Privatsektor: Man betrachtete diesen als eine Art Parallelwelt, die mit den bestehenden Disparitäten und Ungerechtigkeiten wenig zu tun hatte – geschweige denn über das Potenzial verfügte, diese grundsätzlich zu verändern.

Dies kam auch darin zum Ausdruck, dass die befragten Polinnen und Polen die Privatisierung in verschiedenen Bereichen der Wirtschaft in sehr unterschiedlichem Ausmaß befürworteten. In 1984 und 1987 durchgeführten repräsentativen Umfragen des vom staatlichen Rundfunk

70 Kolarska-Bobińska: Egalitarny i rynkowy ład gospodarczy, S. 205.

71 In einer Befragung unter Arbeiterinnen und Arbeitern der Warschauer Stahlhütte sowie der Cegielski-Werke in Poznań im Herbst 1987 stuften 59 Prozent der Befragten die Preise der Polonia-Firmen als sehr hoch ein, 28 Prozent hielten sie für überhöht. Zugleich wurde die Qualität ihrer Produkte überwiegend skeptisch betrachtet; insbesondere Frauen äußerten sich kritisch. Siehe Guzek/Ziółkowski: Krajowy i zagraniczny sektor prywatny, S. 30 f.

betriebenen Meinungsforschungsinstituts OBOP befürworteten zwar zwischen 67 und 90 Prozent der Befragten Privateigentum im Einzelhandel, an kleinen Produktions- und Dienstleistungsbetrieben sowie in der Landwirtschaft (wie es zumindest in Handwerk und Landwirtschaft ohnehin seit Jahrzehnten der volkspolnischen Realität entsprach). Dagegen fanden nur zwischen 18 und 38 Prozent, dass auch Banken, Industrie und Großhandel ganz oder teilweise in privater Hand sein sollten. Dabei stieg die Akzeptanz privaten Eigentums in fast allen Kategorien zwischen 1984 und 1987 um einige Prozentpunkte an. Dennoch sprachen sich 1987 noch 57 Prozent der Befragten gegen die Privatisierung großer Industriebetriebe aus (1984 waren es noch 72 Prozent gewesen); bei den Banken waren es sogar 70 Prozent (gegenüber 79 Prozent). Auch bei Einzelhandel, Dienstleistungen und Landwirtschaft überwog die Sympathie für gemischte Eigentumsregime mit staatlichen, genossenschaftlichen und privaten Betrieben, während nur eine Minderheit von 10–25 Prozent (für den Agrarsektor ein gutes Drittel) eine Wirtschaftsordnung guthieß, die sich ausschließlich auf Privateigentum stützte.[72] Für die staatliche Großindustrie präferierten Industriearbeiter in Warschau und Poznań, die 1987 nach ihrer Meinung zu künftigen Eigentums- und Leitungsverhältnissen befragt wurden, mehrheitlich Modelle wie Arbeiterselbstverwaltung, Belegschaftsbeteiligungen und genossenschaftliche Mitbestimmung, die auf einen institutionellen Ausgleich zwischen Staats- und Privateigentum angelegt waren. Klassischem kapitalistischem Privateigentum standen sie genauso skeptisch gegenüber wie der bisher üblichen zentralen Verfügungsgewalt über das staatliche Eigentum in diesem Sektor.[73]

Insgesamt ergab sich aus den sozialwissenschaftlichen Studien über die Einstellungen der Polinnen und Polen zu Wirtschaftsfragen in den 1980er-Jahren das Bild einer zunehmenden Polarisierung der anfangs oft

72 Siehe OBOP: Opinie społeczne o niektórych proponowanych rozwiązaniach, Juni 1987, S. 2.

73 Siehe Guzek/Ziółkowski: Krajowy i zagraniczny sektor prywatny, S. 27 f. – Die Zustimmung zu genossenschaftlichen Beteiligungsmodellen fiel in Poznań, der historischen Keimzelle des polnischen Genossenschaftswesens, doppelt so hoch aus wie in Warschau. Siehe ebd., S. 42.

noch in sich widersprüchlichen Positionen. Auf der einen Seite kristallisierte sich eine Gruppe klarer Anhänger einer egalitären Ordnung heraus, die zwar tendenziell an Rückhalt verlor, von Kolarska-Bobińska 1989 aber immer noch auf 43 Prozent der Bevölkerung geschätzt wurde. Auf der anderen Seite formierten sich zwei weniger klar profilierte Gruppen: zum einen die Befürworter einer stärkeren Marktorientierung im Rahmen der bestehenden Wirtschafts- und Eigentumsordnung, zum anderen die Anhänger von substanziellen Privatisierungen auch jenseits wirtschaftlicher Nischen.[74] Als aussagekräftigstes Kriterium für die Zustimmung zu radikalen, an marktwirtschaftlichen Verhältnissen orientierten Wirtschaftsreformen erwies sich die Antwort auf die Frage, ob man zur Verbesserung der Wirtschaftslage nötigenfalls auch die Existenz von Arbeitslosigkeit hinzunehmen bereit sei. Diese wurde in der zweiten Hälfte der 1980er-Jahre sowohl in der Gesamtgesellschaft als auch unter Arbeitern von einem Drittel der Befragten bejaht – mit allerdings leicht rückläufiger Tendenz von 34 Prozent (1984) auf 30 Prozent (1988).[75] Zu recht ähnlichen Ergebnissen war bereits eine OBOP-Umfrage aus dem Dezember 1984 gekommen, in der sich 38 Prozent für die Entlassung sogar tüchtiger Arbeitnehmer aussprachen, wenn diese aus betrieblicher Sicht entbehrlich waren. 41 Prozent der Befragten neigten in dieser Erhebung der Ansicht zu, dass Einkommen und (materieller) »Erfolg von Energie und Unternehmergeist der Leute« abhängig sein sollten, wohingegen 52 Prozent für eine egalitäre Einkommensverteilung ohne Arm und Reich optierten. Die Autoren der Studie folgerten treffend: »Die Gesellschaft ist in ihrem Denken über die Wirtschaft und ihre Lenkung tief gespalten.«[76]

An dieser grundsätzlichen Stimmungslage änderte sich bis 1989 nur noch wenig, wie spätere Studien belegten. Ein Abrücken relevanter Bevölkerungsteile von ausgeprägt egalitaristischen Positionen war vor allem

74 Siehe Kolarska-Bobińska: Egalitarny i rynkowy ład gospodarczy, S. 199f.
75 Siehe ebd., Tab. 2, S. 196; so auch Gardawski: Robotnicy 1991, S. 18f.
76 Siehe OBOP: Opinie o sprawach gospodarczych. Elementy świadomości ekonomicznej Polaków. Komunikat z badań, Juli 1985, S. 8f., http://public.kantarpolska.com/archiv_files/18_370_85.pdf (Zugriff am 13.10.2021).

in der ersten Hälfte der 1980er-Jahre zu beobachten, als die Verbitterung und Enttäuschung über das Scheitern der Solidarność sowie die Erfahrung der politischen und sozialen Stagnation während des Kriegsrechts als Katalysatoren für die Revision bisheriger Einstellungsmuster wirkten. In den Folgejahren verlor der Prozess der Umorientierung vom normativen Leitbild der Verteilungsgerechtigkeit zu demjenigen der Chancengerechtigkeit eher wieder etwas an Dynamik. 1988 zeigten sich sogar bereits erste Anzeichen der Ernüchterung gegenüber marktorientierten Grundsätzen, die nach Ansicht der Soziologen auf die inzwischen verstärkt wahrnehmbare Präsenz von Schattenwirtschaft und sozialer Ungleichheit zurückzuführen waren.[77]

Offensichtlich spielten hier auch Diskrepanzen zwischen der verbreiteten Wahrnehmung von Ungleichheit in der Gesellschaft und der offiziellen Einkommensstatistik eine Rolle. Denn in den regelmäßigen Haushaltserhebungen des Statistischen Hauptamtes (Główny Urząd Statystyczny, GUS) machte sich die wachsende Ungleichheit in der zweiten Hälfte der 1980er-Jahre nur ausschnittsweise bemerkbar. Zwar stieg die Spreizung der Lohn- und Haushaltseinkommen, die 1981–1982 als Folge der egalitären Lohnpolitik der Solidarność abrupt zurückgegangen war und ein historisches Allzeittief erreicht hatte, seit 1982 wieder langsam an.[78] 1985 lag der Gini-Koeffizient als Maß der Ungleichheit der Verteilung des Pro-Kopf-Haushaltseinkommens für Polen mit 25,3 Prozent deutlich über dem Wert der Tschechoslowakei von 19,9 Prozent, der egalitärsten Gesellschaft in der Region, aber ebenso deutlich unter vergleichbaren Werten für Westeuropa.[79] (Die Differenz gegenüber der Tschechoslowakei ging im Wesentlichen auf die größere Lohnungleichheit bei Männern

77 Siehe Kolarska-Bobińska: Egalitarny i rynkowy ład gospodarczy, S. 193–197.

78 Vgl. Atkinson/Micklewright: Economic Transformation in Eastern Europe, S. 90 f., 128 f., Abb. 5.7; sowie den historischen Längsschnitt bei Bukowski/Novokmet: Between Communism and Capitalism, S. 29–33.

79 Atkinson/Micklewright: Economic Transformation in Eastern Europe, S. 112, Tab. 5.1. – Die jüngst neu berechneten Datenreihen von Bukowski/Novokmet, die gemäß der »Distributional National Accounts«-Methodik des von Thomas Piketty geleiteten World Inequality Lab zusätzlich Steuerdaten für die oberste Einkommensgruppe

zurück, während die Einkommen von Frauen bei einem insgesamt relativ schmalen »gender pay gap« auch in Polen ausgesprochen egalitär verteilt waren.[80]) Anders als in Ungarn und der Sowjetunion ließen die polnischen Statistiken vor 1989 noch keine eindeutige Tendenz zugunsten höherer Ungleichheit erkennen.[81] Allerdings wurden in der Einkommensstatistik nur Löhne und Gehälter in der sozialisierten Wirtschaft (also in staatlichen und genossenschaftlichen Betrieben) erfasst. Die seit 1983 durchgeführten, methodisch genaueren Haushaltsbefragungen berücksichtigten zwar zusätzlich die private Landwirtschaft, nicht aber die Privatbetriebe außerhalb des Agrarsektors, geschweige denn die expandierende Schattenwirtschaft.[82] Damit blendeten sie die wesentlichen Faktoren, die für die wachsende Ungleichheit in den 1980er-Jahren und insbesondere für deren Wahrnehmung verantwortlich waren, von vornherein aus.

Aus ihrer subjektiven Perspektive betrachtete dennoch eine große Mehrheit der Polinnen und Polen die damalige soziale Stratifikation der polnischen Gesellschaft als illegitim. Anstoß erregte weniger die statistisch erfassbare Einkommensdifferenzierung als vielmehr der ungleiche und intransparente Zugang zu begehrten, regulär nicht erhältlichen Gütern. Insbesondere niedrig qualifizierte Arbeiter sahen sich im Zuge der »sich vertiefenden Pauperisierung der Gesellschaft« im Laufe der 1980er-Jahre relativer Deprivation ausgesetzt, wogegen die Machteliten und (wenn auch in geringerem Maße) »Spekulanten« und Privatunter-

heranziehen, stützen sich für die 1980er-Jahre weitgehend auf die Datenbasis von Atkinson/Micklewright und bestätigen für Polen im Wesentlichen deren Befunde. Vgl. Bukowski/Novokmet: Between Communism and Capitalism, S. 10–12.

80 Vgl. Atkinson/Micklewright: Economic Transformation in Eastern Europe, S. 97 f.

81 Béla Tomka suggeriert zwar eine klare Tendenz zu mehr Ungleichheit in Ungarn und Polen; die Studie von Atkinson/Micklewright, auf die er sich dabei beruft, stützt diese Interpretation für Polen allerdings nicht. Vgl. Tomka: Austerities and Aspirations, S. 160.

82 Diese Haushalte (auf die ca. 10 Prozent aller Berufstätigen entfielen) wurden nicht etwa aus ideologischen Gründen aus der Erhebung ausgeklammert, sondern weil man sich von ihnen keine verlässlichen und verifizierbaren Angaben über ihr Einkommen erwartete. Vgl. Atkinson/Micklewright: Economic Transformation in Eastern Europe, S. 60, 259.

nehmer als illegitime Profiteure der Krise wahrgenommen wurden.[83] Wie die zeitgenössischen Untersuchungen übereinstimmend belegten, waren diese Krisenwahrnehmungen ebenso wie die Präferenzen bezüglich einer gerechten Wirtschaftsordnung in erheblichem Maße vom Bildungsniveau der Befragten abhängig: Je höher die (formale) Bildung, desto schärfer fiel die Kritik an den Privilegien der Nomenklatura aus und desto größere Zustimmung fanden wettbewerbs- und marktorientierte Positionen, während weniger Gebildete aller Berufs- und Altersgruppen stärker auf die schützende Hand des Staates vertrauten.[84] Auch wenn sicherlich nur die wenigsten die radikale Transformation der kommenden Jahre mitsamt ihrer sozialen Folgen antizipiert haben dürften, beruhte die Akzeptanz von Arbeitslosigkeit und Einkommensungleichheit in den verschiedenen Bildungsgruppen also auf einer durchaus realistischen Einschätzung ihrer jeweiligen ökonomischen Chancen und Interessen.

Ebenfalls auffällig war die Ausdifferenzierung der Krisenreaktionen nach Generationszugehörigkeit: Ältere hielten trotz der tiefen Wirtschaftskrise häufiger am sozialistischen Gleichheitsversprechen fest und machten dem System primär seine offensichtliche Unfähigkeit zum Vorwurf, dieses Versprechen tatsächlich einzulösen. So spricht aus autobiografischen Aufsätzen, die 1985 von Soziologen der parteieigenen Hochschule für Gesellschaftswissenschaften (Akademia Nauk Społecznych) gesammelt wurden, eine tiefe Frustration insbesondere älterer, systemtreuer Arbeiter, die Werte wie Gleichheit und soziale Gerechtigkeit verinnerlicht hatten – und nun erleben mussten, dass die Partei der »Spekulation« nicht nur keinen Riegel vorschob, sondern diese mit ihrer Liberalisierungspolitik noch förderte. »Wie sollen Arbeiter Vertrauen zu einer Regierung haben, die sich sozialistisch nennt, es aber Händlern, Spekulanten, Karrieristen oder auch Hochstaplern, die oft verschiedenste Cliquenwirtschaft treiben, erlaubt, sich auf ihre Kosten zu mästen?«,

83 Siehe Wnuk-Lipiński: Nierówności i przywileje jako podłoże konfliktu, S. 164–168.

84 Siehe exemplarisch ebd., Tab. 6, S. 165; Kolarska-Bobińska: Egalitarny i rynkowy ład gospodarczy, S. 203 f.

fragte ein 83-jähriger Rentner aus Stettin,[85] und ein Bergmann mittleren Alters aus dem oberschlesischen Jastrzębie-Zdrój forderte kategorisch: »Die erwirtschafteten Mittel müssen gerecht verteilt werden, nicht wie bisher, wo die Hälfte der Gesellschaft dahinvegetiert und eine Handvoll Leute im Luxus lebt.«[86]

Dagegen wandten sich viele Jüngere ganz von diesen Idealen ab und suchten für sich einen Platz jenseits der staatssozialistischen Ordnung, deren innere Sinnhaftigkeit ihnen angesichts ihrer unübersehbaren Selbstwidersprüche unzugänglich blieb. Schon 1983 gab nur ein Viertel (26,4 Prozent) der befragten Warschauer Studierenden an, nach dem Studienabschluss bevorzugt eine feste Stelle im erlernten Beruf anzustreben (ein Drittel nannte dies noch nicht einmal als eine von mehreren erstrebenswerten Karriereoptionen). Dagegen wünschten sich jeweils 12 Prozent, nach dem Studium für längere Zeit im Ausland zu arbeiten oder sich selbstständig zu machen; weitere 3,5 Prozent nannten einen Job in einer Polonia- oder Privatfirma als erste Karrierepräferenz (obwohl deren Boom zu diesem Zeitpunkt noch ganz am Anfang stand).[87] Der Anteil derjenigen, die eine Karriere außerhalb des Systems bevorzugten, falls die Umstände ihnen dies ermöglichen würden, überstieg also den Anteil derjenigen, die sich gezielt auf einen normalen Berufseinstieg in staatssozialistischen Betrieben oder Institutionen vorbereiteten – obwohl dies in vielen Fällen damit einherging, eine Tätigkeit auszuüben, die der eigenen Ausbildung nicht entsprach.[88] Diese Einstellungen gingen sicher zu einem gewissen Teil auf eskapistische Tendenzen und Trotzreaktionen zurück,

85 Gołębiowski/Jakubowska: Robotnicy o sobie, S. 405, auch zit. bei Słabek: Obraz robotników polskich, S. 365.

86 Gołębiowski/Jakubowska: Robotnicy o sobie, S. 388.

87 So die Befunde von Grzegorz Lindenberg: Zmiana społeczna a świadomość polityczna. Dynamika postaw politycznych studentów Warszawy 1979–1983, Warszawa: Instytut Socjologii UW 1986, zit. nach Dorn: Świadomościowe wymiary własności prywatnej, Tab. 8, S. 125.

88 Allerdings waren sich die Studierenden der unterschiedlichen Realisierungschancen dieser Karrierewege sehr wohl bewusst: Abweichend von ihren individuellen Präferenzen nannten 53,5 Prozent eine Stelle im gelernten Beruf als wahrscheinlichste Option. Siehe ebd.

die sich etwa im Aufkommen neuer Jugendkulturen wie Punk äußerten. Daneben waren sie aber auch ein Gradmesser für die geringe Attraktivität der staatlichen Wirtschaft für Universitätsabgängerinnen und -abgänger.

Die Atmosphäre an »volkseigenen« Arbeitsplätzen war in der Tat kaum dazu angetan, junge, gut ausgebildete Menschen mit Karriereambitionen anzulocken. Vielfach zeichnete sie sich durch eine »firmeneigene Mischung aus Langeweile, Sinnlosigkeit und Hoffnungslosigkeit« aus, wie Marcin Zaremba auf Grundlage von der Geheimpolizei mitgelesener und ausgewerteter Privatkorrespondenz feststellte.[89] Nicht jeder ertrug die offensichtliche Sinnlosigkeit seiner Arbeit so gelassen wie die Autorin eines Briefes aus Gorzów Wielkopolski (Landsberg an der Warthe), die im Januar 1987 schrieb: »Mit der Arbeit bin ich zufrieden: Ich übertrage Daten von einem Papierchen aufs andere, und es ist so, dass man fürs Nichtstun Geld bekommt. Aber ich bin ja nicht für die Arbeitsorganisation zuständig, andere bekommen auch Geld fürs Nichtstun.«[90] Andere nahmen sich die Verhältnisse mehr zu Herzen, etwa eine Briefeschreiberin aus dem schlesischen Kędzierzyn-Koźle, die zur gleichen Zeit klagte:

> »Ich bin deprimiert und sehe keinen Sinn in meiner Tätigkeit. Unser Unternehmen schließt in finanzieller Hinsicht mit Verlusten ab, und das Objekt, an dem ich arbeite, ist in technischer Hinsicht in bedauernswertem Zustand. Allgemein gesprochen, legen die Leute keinerlei Wert auf die Arbeit, es gibt Vorfälle von Diebstahl und Alkoholkonsum während der Arbeitszeit. So sieht unsere graue sozialistische Wirklichkeit aus. [...] Man hat den Eindruck, das alles geht mit unbekannter Antriebskraft seinen Gang, ohne irgendeine Kontrolle.«[91]

89 Zaremba: Klimat emocjonalny w Polsce, S. 29.

90 Wybór charakterystycznych wypowiedzi odnotowanych w toku kontroli »W« w okresie od 2 do 17 I 1987 r. stanowiących uzupełnienie do informacji dotyczących postaw i nastrojów społecznych, IPN, 0449/54, Bd. 4, Bl. 360–363, zit. nach Zaremba: Klimat emocjonalny w Polsce, S. 29.

91 Wybór charakterystycznych wypowiedzi odnotowanych w toku kontroli »W« w okresie od 19 do 31 I 1987 r. stanowiących uzupełnienie do informacji dotyczących postaw i nastrojów społecznych, IPN, 0449/54, Bd. 4, Bl. 345, zit. nach Zaremba: Klimat emocjonalny w Polsce, S. 31.

Ein weiterer Briefeschreiber aus Zielona Góra (Grünberg) fasste die um sich greifende Perspektivlosigkeit im Juni 1988 bündig zusammen: »Wann werden wir endlich wie normale Menschen in anderen Ländern leben können? Bei uns [...] gibt es keine Aussichten auf ein besseres Leben.«[92]

Bis zum Ende des Jahrzehnts verdüsterte sich das Bild, das junge Polinnen und Polen sich von ihren beruflichen Perspektiven machten, noch weiter. Wie eine Befragung des regierungsamtlichen Meinungsforschungsinstituts CBOS unter Schülerinnen und Schülern der Abschlussklassen 1988 ergab, dachten 15 Prozent von ihnen über dauerhafte Emigration nach. Beinahe 55 Prozent zogen zumindest eine temporäre Erwerbsmigration in Betracht, weil sie keine Chancen auf Befriedigung ihrer materiellen Aspirationen durch reguläre Arbeit im Inland sahen.[93]

Selbst bekennenden Unterstützern des Systems fiel es unter diesen Umständen schwer, dessen Vorzüge zu verteidigen. Dies zeigte sich etwa in den Antworten systemkonform eingestellter Arbeiter, die 1985 in Poznań nach ihrer Meinung zum Sozialismus gefragt wurden:

> »Der Sozialismus hat gute Grundsätze [...]: Die Menschen werden nicht ausgebeutet, es gibt keine übermäßige Bereicherung, es gibt keine Ausbeuter. Im Kapitalismus, wo die Fabriken privat sind, bereichert sich ein Fabrikant. Aber was soll man groß reden [...]. Wir leben in Armut, aber die Grundsätze sind richtig.«[94]

Sogar die rigoros bekräftigte Überzeugung von der Richtigkeit der staatssozialistischen Eigentumsverhältnisse verblasste im Lichte der miserablen ökonomischen Performance des polnischen Spätsozialismus, wie ein weiteres Statement illustrierte:

92 Wybór ciekawszych komentarzy i opinii społecznych stanowiący załącznik do informacji na temat postaw i nastrojów społecznych, opracowany w oparciu o dokumenty »W«, IPN, 0449/54, Bd. 4, Bl. 97 f., zit. nach Zaremba: Klimat emocjonalny w Polsce, S. 30.

93 Siehe Krzysztof Wielecki: Młodzież: Siła odnowy czy odmowy? O sytuacji młodego pokolenia. Ośrodek Badań Społecznych Zrzeszenia Studentów Polskich, September 1988, S. 24, http://public.kantarpolska.com/archiv_files/M.0878.pdf (Zugriff am 13.10.2021).

94 Ziółkowski: Robotnicy '84–'85, S. 227 f.

> »Sozialismus heißt vor allem gesellschaftliches Eigentum an den Produktionsmitteln. Das ist nicht verhandelbar. So soll es sein, und Schluss – das steht außer Frage. [...] Der sozialistische Staat ist ein Wohlfahrtsstaat. Obwohl ... ehrlich gesagt, von Stütze im Westen lebt es sich besser als bei uns.«[95]

Auch wenn die Zugehörigkeit zur PZPR, die für diese Zustände erklärtermaßen die Letztverantwortung trug, sich naheliegenderweise in optimistischeren Einschätzungen der wirtschaftlichen Lage niederschlug, stellte die oppositionsnahe Soziologin Jadwiga Staniszkis 1986 überrascht fest, dass die Einstellungen zur Wirtschafts- und Eigentumsordnung in geringerem Maße von der politischen Orientierung der Befragten abhängig waren als von Bildungsstand, Alter und sogar vom Grad des erlebten sozialen Aufstiegs (gemessen am Bildungsniveau der Eltern). Während überzeugte Verfechter der für die Solidarność-Bewegung charakteristischen, stark moralistisch geprägten Sinnwelt eine gewisse Gleichgültigkeit gegenüber Fragen der Eigentumsverhältnisse an den Tag legten, zeigten sich Angehörige der technisch-administrativen Intelligenz wie Ingenieure, Betriebswirte und Juristen alternativen Eigentumsverhältnissen gegenüber besonders aufgeschlossen. Diese Gruppe brachte wiederum weniger Interesse für die politische Polarisierung zwischen Regime und Opposition auf.[96] Diese Befunde wurden von einer umfangreichen Erhebung aus dem Frühsommer 1988 bestätigt: Die Ansichten von PZPR-Mitgliedern zur Wirtschaftsordnung unterschieden sich nicht signifikant von denen der Gesamtgesellschaft (ihre Erwartungen an die sozialstaatliche Absicherungsfunktion des Staates waren sogar markant niedriger). In weitaus stärkerem Maße hingen die Einstellungen zu Planwirtschaft und Sozialstaat hingegen vom Bildungsgrad der Befragten ab: Höher Gebildete neigten deutlich öfter zu wirtschaftsliberalen Positionen.[97]

Nimmt man die zeitgenössischen soziologischen Untersuchungen als Maßstab, so zeichnete sich im Laufe der 1980er-Jahre ein beträchtlicher

95 Ebd., S. 228.
96 Siehe Staniszkis: Bunt nietransformacyjny, S. 177–179.
97 Siehe Ziółkowski/Koralewicz: Mentalność Polaków, S. 45–50, 99–103.

Wandel der in der polnischen Gesellschaft verbreiteten wirtschaftspolitischen Leitbilder ab, wenngleich dessen Dimensionen teilweise widersprüchlich und schemenhaft blieben. Obwohl die Zustimmung zu egalitaristischen Positionen ebenso rasch erodierte wie das Vertrauen in die ökonomische Leistungsfähigkeit der zentralen Planwirtschaft, resultierte dies nicht automatisch in einer emphatischen Hinwendung zu marktwirtschaftlich-kapitalistischen Ordnungsmodellen. Viele Polinnen und Polen nahmen vielmehr eine ambivalente und abwartende Haltung gegenüber radikalen Veränderungen auf systemischer Ebene ein, die sich nicht zuletzt aus Sorgen vor noch größeren ökonomischen Härten speiste. Bei aller Anerkennung für den Wohlstand im kapitalistischen Westen erfreuten sich Modelle wie Arbeiterselbstverwaltung oder Belegschaftseigentum weiterhin hoher Attraktivität. Vor allem aber kontrastierte die Zögerlichkeit in Bezug auf einen systemischen Wandel der Wirtschaftsordnung mit einer wachsenden Aufgeschlossenheit für individuelle Auswege aus der dahinsiechenden Planwirtschaft, die dann auch privatwirtschaftliche Aktivitäten und Handlungsmuster einschlossen oder gar präferierten. Der im konservativen Flügel der Oppositionsbewegung aktive Soziologe Ludwik Dorn brachte diesen Widerspruch 1987 treffend auf den Punkt: »Es gibt wahrscheinlich mehr Kandidaten für die Rolle des ›Kapitalisten‹ im Sozialismus als bewusste Befürworter der Regeln der kapitalistischen Marktwirtschaft, die sich deren gesellschaftlicher Kosten und des individuellen Risikos bewusst sind.«[98]

Wie sich bald erweisen sollte, waren solche »Kandidaten« keineswegs nur im systemkritischen oder gar oppositionellen Spektrum zu finden, sondern ebenso unter Mitgliedern und Funktionären der nominell kommunistischen Partei.

98 Dorn: Świadomościowe wymiary własności prywatnej, S. 128.

## 3. Wirtschaftsliberalismus im Parteiapparat und unter parteinahen Intellektuellen

> »Ich war im Westen und habe gesehen, wie die Leute da leben. Klar würde ich mir wünschen, dass es bei uns so wäre wie dort. Dort wäre ich schon Millionär und hätte ein Haus mit zwanzig Zimmern, und nicht so eine Bude *(chałupa)* wie meine [...]. Polonez würde ich auch nicht fahren, sondern mindestens Benz *(mercem)* [...].«[99]

Wer hier von Villa und Westauto träumte, war kein gerissener Privatunternehmer oder halbseidener Schwarzmarkthändler, sondern ein 35-jähriger Funktionär aus der mittleren Ebene des PZPR-Parteiapparats, der 1986 in der Breslauer Untergrundzeitschrift *Replika* als »Selfmademan aus der PRL« porträtiert wurde. Auf die Frage, ob er sich als Kommunist betrachte, antwortete der Parteikarrierist rundheraus: »Ich bin kein Kommunist. Mal im Ernst, ich kenne wohl keinen einzigen Kommunisten.« Überhaupt könnten die meisten Polinnen und Polen seiner Ansicht nach weder mit der Ideologie der Partei noch mit derjenigen der Opposition viel anfangen: »Der Mehrheit sind Unabhängigkeit oder Sozialismus schnurz. Die Leute kämpfen um Kohle *(szmal)*, nur dass die nun einmal knapp ist und es nur wenigen gelingt, ein größeres Stückchen für sich abzugreifen.« Sein Weltbild fasste er kurz und bündig zusammen: »Ich glaube nicht an den Sozialismus, ich glaube an mich.«[100]

Die Authentizität dieses Interviews, das gemäß der im Zweiten Umlauf üblichen Konvention »ohne Wissen und Einverständnis« des Gesprächspartners veröffentlicht wurde, lässt sich angesichts der Funktionsbedingungen der Untergrundpresse schwerlich überprüfen. Selbst wenn es ganz oder teilweise der Fantasie der klandestinen Redakteure entsprungen wäre, die aus dem wirtschaftsliberalen Spektrum der Opposition stammten und in mancher Hinsicht mit den Ansichten des porträtierten Parteifunktionärs übereinstimmen mochten, so wäre es doch äußerst gut

99 Self-made man z peerelu. Albo: Ja dałbym sobie radę wszędzie, czyli fragmenty rozmowy z człowiekiem, który robił karierę, in: Replika, 1986, Nr. 49, S. 8–10, hier S. 9.
100 Ebd., S. 9.

erfunden. Denn es illustriert einen Trend zur ideologischen Umorientierung, der sich im Verlauf der 1980er-Jahre innerhalb des Apparats und der verbliebenen Mitgliedschaft der polnischen kommunistischen Partei immer deutlicher abzeichnete. Zuerst hatte die Konfrontation mit der Solidarność-Bewegung die ideologische Legitimationsgrundlage der selbst ernannten Partei der Arbeiterklasse ad absurdum geführt, dann folgte die herrschaftstechnische Wachablösung des Parteiapparats durch das Militär während des Kriegsrechts. Die Erfahrung dieser doppelten Deklassierung ließ unter Funktionären und Nomenklatura-Angehörigen entideologisierte und hyperpragmatische Einstellungen gedeihen. Die endgültige Abkehr von bereits seit Längerem nur mehr pro forma gepflegten ideologischen Restbeständen ermöglichte ihnen zugleich die Hinwendung zum einstmals verteufelten Lebensstil des kapitalistischen Westens – und zu persönlicher Bereicherung als selbstverständlich akzeptiertem Ziel individueller Karriere auch diesseits des Eisernen Vorhangs.

Tatsächlich erwog der in *Replika* interviewte »Selfmademan« aus dem PZPR-Apparat, demnächst praktische Konsequenzen aus der von ihm skizzierten, primär an individuellen Vorteilen interessierten Spielart des Materialismus zu ziehen. »Eine ganze Handvoll Leute auf meiner Ebene«, so berichtete er, »hat sich jetzt auf private Interessen eingelassen oder Direktorenstellen in Polonia-Firmen ergattert. Ich denke ernsthaft darüber nach. [...] Ich habe so gute Beziehungen, das würde sich für sie [die Privatunternehmer] lohnen.« In Krisenzeiten sei »Knete« *(forsa)* nun einmal das Wichtigste: »Mit Geld kann man schon jetzt in diesem Lande alles kaufen.« Einen Widerspruch zu seiner zehnjährigen Karriere im Parteiapparat vermochte er in diesen Ansichten nicht zu erkennen. Ganz im Sinne des berühmten Diktums von John Maynard Keynes meinte er: »Die Umstände haben sich geändert, und es lohnt sich für mich nicht, diesen Weg weiterzugehen – also suche ich einen anderen.«[101]

101 Ebd., S. 10.

Das sahen offenbar auch andere Mitarbeiter von Staats-, Partei- und Sicherheitsorganen so. Verschiedenste, oftmals in skandalisierendem Tonfall verfasste Berichte über Verstrickungen von Funktionären, Nomenklatura-Kadern und Mitarbeitern der Sicherheitsbehörden in privatwirtschaftliche Interessen seit Mitte des Jahrzehnts bieten hinreichend Anhaltspunkte dafür, dass vergleichbare Umorientierungen wenn auch sicherlich nicht für alle Angehörigen des Staats- und Parteiapparats repräsentativ waren, so doch für ein nicht unbeträchtliches Segment unter ihnen.[102] Ein umfangreicher Report des von Innenminister Kiszczak geleiteten »Komitees des Ministerrats zur Einhaltung von Recht, öffentlicher Ordnung und sozialer Disziplin« listete im November 1988 auf nicht weniger als 30 Seiten eine Vielzahl von Fällen auf, in denen führende Funktionsträger aus der zentralen Ministerialbürokratie, leitende Mitarbeiter staatlicher Banken und Unternehmen, Sekretäre regionaler Parteigliederungen, lokale Politiker und Beamte bei Privatfirmen anheuerten oder diese gleich selbst mitgründeten – von Mitarbeitern der Finanzämter, deren Expertise in der privaten Wirtschaft naheliegenderweise besonders hoch im Kurs stand, ganz zu schweigen.[103] Vielerorts bildeten sich symbiotische Netzwerke zwischen regionalen und kommunalen Amtsträgern, deren Familienmitgliedern und privaten Unternehmen heraus. In den Führungsebenen von Partei und Sicherheitsorganen wurden diese Praktiken als höchst problematisch betrachtet – wohl nicht allein deshalb, weil man sich dort von seinen Untergebenen größere ideologische Standfestigkeit erhoffte, sondern weil deren Korrumpierung durch solche Netzwerke auf längere Sicht die Steuerungsfähigkeit der staatlichen Apparate

102 Vgl. gestützt auf zeitgenössische Presseberichte Tittenbrun: Upadek socjalizmu realnego, S. 141 f., 152 f.; unter Bezug auf interne Untersuchungen des Staatssicherheitsdienstes Wicenty: Zgniłe jabłka, S. 218–234, 404–412.

103 Siehe Sekretariat Komitetu Rady Ministrów do spraw Przestrzegania Prawa, Porządku Publicznego i Dyscypliny Społecznej: Informacja dotycząca niektórych zjawisk kształtujących się na tle rozwoju pozarolniczego sektora nieuspołecznionego, 28.11.1988, IPN, MSW 0296/258, Bd. 3, Bl. 156–187; vgl. auch Kozłowski: Spółki nomenklaturowe, S. 102–105.

infrage zu stellen drohte.[104] Nichtsdestoweniger führt die schiere Zahl solcher Fälle vor Augen, wie weit die praktische Orientierung auf materielle Vorteile durch verschiedenartigste Kooperationen mit dem wachsenden Privatsektor schon in der zweiten Hälfte der 1980er-Jahre unter lokalen Amtsträgern des Regimes verbreitet war.

Dabei waren es keineswegs nur Provinz-Apparatschiks oder Anhänger des liberalen, auf Marktreformen orientierten Parteiflügels, die den Verlockungen des Wirtschaftens auf eigene Rechnung einiges abgewinnen konnten. Sogar unter polnischen Parteischülern, die zum Studium an Parteihochschulen der KPdSU in Moskau delegiert waren, war informeller Schleichhandel offenbar gang und gäbe. Die Avantgarde des polnischen Parteinachwuchses, die sich aus besonders hoffnungsvollen Mitarbeitern des PZPR-Apparats rekrutierte, interessierte sich augenscheinlich nicht nur für die Feinheiten des Marxismus-Leninismus, sondern nutzte die regelmäßigen Reisen von und nach Moskau für einträgliche Schmuggel- und Schwarzmarktgeschäfte. So gingen dem sowjetischen Zoll im November 1987 zwölf polnische Nachwuchskommunisten mit immerhin 180 Kilogramm Kaviar ins Netz, den sie mit dem Erlös aus dem Verkauf von zuvor aus Polen eingeführten Videorekordern erworben hatten.[105] Ungefähr zur selben Zeit begann ausgerechnet das dogmatische Wochenblatt *Rzeczywistość* (»Die Realität«), das 1981 mit sowjetischer Unterstützung als Propagandaorgan der nationalkommunistischen Hardliner in der Partei gegründet worden war und vor allem mit orthodoxer Kalter-Kriegs-Rhetorik und antisemitischen Ausfällen auf sich aufmerksam gemacht hatte, sich für Unternehmergeist, *Yuppies* und »Managerismus« *(menedżeryzm)* zu erwärmen. Als auch dieser unvermittelte Kurswechsel

104 Vgl. Kozłowski: Spółki nomenklaturowe, S. 109f.

105 Siehe MSW Departament II: Informacja dot. przemytu kawioru przez grupę polskich słuchaczy Wyższej Szkoły Partyjnej i Akademii Nauk Społecznych w Moskwie, 11.11.1987, IPN, MSW 0731/25, Bl. 30f.; MSW Departament II: Informacja dotyczy: handlowo-przemytniczej działalności niektórych obywateli PRL – słuchaczy uczelni partyjnych w Moskwie, 30.12.1987, IPN, MSW 0731/25, Bl. 171f.; vgl. auch Gasztold: Towarzysze z betonu, S. 675; zu ähnlichen Vorfällen in den Jahren 1985 und 1986 Stola: Kraj bez wyjścia, S. 377, Fn. 279.

den Auflagenschwund nicht zu bremsen vermochte, trat die Redaktion die Flucht nach vorn an: Im Mai 1989 firmierte die Zeitung kurzerhand zu *Rondo*, »Wochenblatt für unternehmerische Menschen mit Initiative und Elan«, um – allerdings wiederum ohne durchschlagenden publizistischen Erfolg.[106]

Während individuelle Selbstbereicherung von Funktionären stets anrüchig blieb und dem behänden Gesinnungswandel vormaliger nationalkommunistischer Propagandisten ein besonderes Geschmäckle anhaftete, wurde die Anverwandlung wirtschaftsliberaler Denkstile am anderen Ende des politischen und intellektuellen Spektrums der Partei etwas tiefgründiger debattiert und gerechtfertigt. Aufschlussreich ist in diesem Zusammenhang die Evolution der Krakauer Kuźnica (»Schmiede«), einer von dem Schriftsteller und Auschwitz-Überlebenden Tadeusz Hołuj initiierten Vereinigung parteinaher Intellektueller, und ihrer Zeitschrift *Zdanie* (»Meinung«). Der unter Kontrolle des Krakauer PZPR-Wojewodschaftskomitees tätige »Klub der Kulturschaffenden und Aktivisten« war gegen Ende der 1970er-Jahre zum Sammelbecken eines Milieus geworden, das sich dem Marxismus und der kommunistischen Partei loyal verbunden fühlte, gleichwohl aber für sich in Anspruch nahm, konstruktiv-kritisch über die »Zukunft des Sozialismus« zu diskutieren. Den Arbeiterprotest der Solidarność begrüßte die Mehrheit der Krakauer Parteiintellektuellen beinahe enthusiastisch, erschien er ihnen doch als Bestätigung ihrer eigenen, aus revisionistisch-marxistischen Positionen formulierten Kritik an der Engstirnigkeit des Parteiapparats und des »rosa Bürgertums«.[107] Das Kriegsrecht bedeutete deshalb auch für das Kuźnica-Milieu eine tiefe Zäsur. Es erzwang nicht nur den Abschied von Hoffnungen auf eine Demokratisierung der sozialistischen Ordnung, sondern brachte auch die von der Parteiführung verfügte Degradierung zu einem kommunalen Kulturzentrum mit sich.[108]

106 Vgl. Peters: From Rzeczywistość to Rondo.
107 Siehe oben Kapitel I.1; vgl. Zakrzewski: Czerwona »Opozycja Jej Królewskiej Mości«, S. 424–432.
108 Vgl. Jóźwik: Krakowska Kuźnica, S. 108–113.

Gänzlich unerwartet entwickelte sich aber die Zeitschrift *Zdanie*, die nunmehr in neuem Format als aufwendig gestaltetes Monatsmagazin erschien, zu einem wahrnehmbaren publizistischen Forum für die graduelle Öffnung der intellektuellen Avantgarde der Partei für wirtschaftsliberale Positionen. Zwar verstand sich das Magazin weiterhin als Sprachrohr der intellektuellen Linken und demonstrierte immer wieder mit entsprechenden Leitartikeln seine politische Zuverlässigkeit.[109] Dass in dem regelmäßigen »Supplement« zur »Sozialtheorie des 20. Jahrhunderts« jedoch ab 1987 Autoren wie Carl Schmitt, Joseph Schumpeter und Friedrich August Hayek präsentiert wurden, war allerdings ein unübersehbarer Hinweis auf die Aneignung liberaler und konservativer Denktraditionen, die hier im Gange war.[110]

Zu einem der profiliertesten Publizisten von *Zdanie* stieg in dieser Zeit der Philosoph Bronisław Łagowski auf, der einer breiteren Öffentlichkeit mit seiner an der Krakauer Jagiellonen-Universität gehaltenen Festrede zur 1.-Mai-Feier 1982 bekannt geworden war. Darin hatte Łagowski die Einführung des Kriegsrechts als Gelegenheit zur autoritären Einführung einer liberalen Markt- und Eigentumsordnung von oben begrüßt, indem er rhetorisch fragte:

> »Glaubt wirklich jemand, dass die Massen, die private Marktbuden nur mit Mühe tolerieren und denen jedes private Häuschen mit Gärtchen ein Dorn im Auge ist, mit der Anerkennung von Eigentums-

109 Die Presseabteilung des PZPR-Zentralkomitees urteilte im Februar 1984: »Das auf den Seiten der Zeitschrift präsentierte Bild Polens ist ambivalent, weit von politischer und ideologischer Eindeutigkeit entfernt. Die Texte von T[adeusz] Hołuj und [des Chefredakteurs] M[arian] Stępień sowie einige Interviews mit Parteifunktionären [...] dienen dazu, die Glaubwürdigkeit der Zeitschrift gegenüber den politischen Entscheidern zu belegen, während die übrigen höchstwahrscheinlich die Glaubwürdigkeit von Zdanie in den Augen seiner Leser sichern sollen, die man in diesem Fall nur schwerlich als polnische Linke betrachten kann.« – Wydział Prasy, Radia i Telewizji KC PZPR: Uwagi na temat działalności miesięcznika »Zdanie«, Februar 1984, zit. nach Józwik: Krakowska Kuźnica, S. 117 f.

110 Siehe die Ausgaben Nr. 3/1987, Nr. 6/1987 sowie Nr. 9/1987; vgl. auch Zakrzewski: Czerwona »Opozycja Jej Królewskiej Mości«, S. 433.

rechten in irgendeinem relevanten Umfang einverstanden wären? Ich meine, in Polen kann nur ein sehr autoritärer Staat die Massen dazu zwingen.«[111]

In dem von der Solidarność propagierten »Selbstverwaltungs-Kollektivismus« sah Łagowski hingegen eine größere Bedrohung für die Freiheitsrechte des Individuums, als diese von einem autoritären Staat je ausgehen könne.[112] Anstatt den allgegenwärtigen Forderungen nach Demokratisierung und sozialer Gerechtigkeit nachzukommen, die der unbedingt nötigen Liberalisierung der Wirtschaft diametral entgegenstünden, müsse der Staat endlich den *homo oeconomicus* rehabilitieren und dessen Egoismus als Triebkraft in allen Sektoren der Wirtschaft anerkennen.[113]

Mit diesen Positionen war das PZPR-Mitglied Łagowski nicht weit von den seinerzeit kaum weniger kontroversen Ansichten seines Krakauer Fakultätskollegen Mirosław Dzielski entfernt. Während Dzielski diese freilich in einer Nische der oppositionellen Untergrundpresse vertrat, tat Łagowski dies in einem offiziell zugelassenen publizistischen Forum der Parteiintelligenz. Dzielski setzte denn auch große Hoffnungen in Łagowski und andere von ihm so genannte »neue Rechte«, die während des Kriegsrechts begonnen hätten, den intellektuellen Ton aufseiten des Regimes anzugeben.[114] Allerdings überschätzte er offenkundig den politischen Einfluss von Łagowskis Publizistik. Dieser vermochte seine Enttäuschung über die allzu »permissive« und nachgiebige Wirtschaftspolitik

111 Bronisław Łagowski: Filozofia rewolucji czy filozofia państwa?, in: Zdanie, 1982, Nr. 3, S. 2–8, hier S. 3, Nachdruck in: ders.: Co jest lepsze od prawdy?, S. 165–187.

112 Ebd. – Wie Andrzej Walicki anmerkte, abstrahierte Łagowski hier durchaus uneigennützig davon, dass seine ideengeschichtliche Habilitationsschrift zum russisch dominierten Königreich Polen im frühen 19. Jahrhundert wegen möglicher Assoziationen zur volkspolnischen Gegenwart erst im Zuge der von der Solidarność ermöglichten Liberalisierung in einem Verlag erscheinen konnte. Vgl. Walicki: Trzy artykuły o Bronisławie Łagowskim, S. 228.

113 Łagowski: Filozofia rewolucji czy filozofia państwa?, S. 7 f.; vgl. auch ders.: Nie chcę władzy, in: Zdanie, 1984, Nr. 3, S. 48, Nachdruck in: ders.: Co jest lepsze od prawdy?, S. 198–201; ders.: Wszystko na swoim miejscu, in: Zdanie, 1987, Nr. 10, S. 16 f.

114 Siehe oben Kapitel II.1 sowie Dzielski: Odrodzenie ducha – budowa wolności, S. 112 f.

des Jaruzelski-Regimes nämlich schon bald kaum zu verbergen. Anstatt die Bevölkerung mit sinnlosen Razzien gegen vermeintliche Spekulanten noch weiter in ihrer verfehlten Konsumorientierung zu bestärken, brauche es unverzüglich reale Marktpreise, eine Befreiung der Tüchtigen aus dem gleichmacherischen Korsett der staatlichen Fürsorge und einen robusten Schutz von Eigentumsrechten.[115]

Diesen Forderungen blieb Łagowski auch in den Folgejahren treu, womit er das Profil von *Zdanie* in erheblichem Maße prägte und sich innerhalb der Parteiintelligenz und der offiziellen Öffentlichkeit als dezidierter Vorreiter wirtschaftsliberalen Gedankenguts positionierte. Indem er über die wechselhaften, aber stets übermäßig egalitaristischen »Stimmungen« der polnischen Bevölkerung spottete, an denen sich eine verantwortungsbewusste Wirtschaftspolitik keinesfalls orientieren dürfe, versuchte er weiterhin, den Regierenden einen Kurswechsel in Richtung einer autoritär-liberalen Marktwirtschaft von oben schmackhaft zu machen.[116] Sein konsistentes Plädoyer für eine marktwirtschaftliche Ordnung ist jedoch nicht mit einer pauschalen Affirmation kapitalistischer Verhältnisse zu verwechseln: Łagowski differenzierte scharf zwischen dem Markt als Koordinationsmechanismus und einer auf Privateigentum an Produktionsmitteln basierenden kapitalistischen Wirtschaftsordnung. Markt und Wettbewerb als solche seien »ideologisch neutral« und sogar »zutiefst mit dem sozialistischen Wertesystem vereinbar«. Schließlich reduziere eine funktionierende Marktkonkurrenz die Bedeutung des Eigentums, indem sie die Profitraten einzelner Eigentümer begrenze. Sie sei deshalb weniger im Interesse jener »grässlichen *prywaciarze*, die schon da sind«, als im Interesse derjenigen, die ihr Geschäft erst noch eröffnen wollten und durch bürokratische Verbote daran gehindert seien.[117]

115 Siehe Bronisław Łagowski: Permisywny stan wojenny, in: Zdanie, 1982, Nr. 9, S. 49 f.

116 Siehe Bronisław Łagowski: Nastroje i odpowiedzialność, in: Zdanie, 1983, Nr. 10, S. 62.

117 Bronisław Łagowski: Ogłaszam rynkową teologię wyzwolenia, in: Zdanie, 1984, Nr. 11, S. 61 f., Nachdruck in: ders.: Co jest lepsze od prawdy?, S. 220–225; ders.: Nie bójcie się konkurencji, in: Zdanie, 1987, Nr. 1, S. 5–13, hier S. 10.

Besonderen Gefallen fand der Krakauer Philosoph daran, sich in seinen regelmäßigen Feuilletons mit antikapitalistischen Einlassungen prominenter Landsleute auseinanderzusetzen, die der oppositionellen Seite des politisch-ideologischen Spektrums als moralische Autoritäten galten. So verteidigte er unter dem provokanten Titel »Ich verkünde die Befreiungstheologie des Marktes« den rabiaten Raubtierkapitalismus des 19. Jahrhunderts gegen den Vorwurf der »himmelschreienden Ungerechtigkeit«, den kein Geringerer als der polnische Papst Johannes Paul II. in seiner 1981 veröffentlichten Sozialenzyklika *Laborem exercens* erhoben hatte. Łagowski erinnerte süffisant daran, dass sogar der frühe Laissez-faire-Kapitalismus durchaus progressiv gewesen sei, wenn man ihn vor dem Hintergrund des vorangegangenen, von der Kirche bekanntlich nach Kräften unterstützten Feudalismus betrachte. Der von Karol Wojtyła pauschal gescholtene Adam Smith werde deshalb »zu Recht zu den größten Wohltätern der Menschheit« gezählt.[118]

Es entbehrt ebenfalls nicht einer gewissen Ironie, dass Łagowski, immerhin Mitglied der »kommunistischen« Partei und Kolumnist in der von dieser kontrollierten offiziellen Presse, der Kritik des 1980 mit dem Literaturnobelpreis ausgezeichneten und von der polnischen Opposition hochgeschätzten Dichters Czesław Miłosz am »ontologischen« Übel des amerikanischen Kapitalismus entschieden widersprach. Der im US-Exil lebende Miłosz hatte 1984 in einem Vortrag an der Yale University, der sodann in der Pariser *Kultura* abgedruckt wurde, den »Wettstreit der Reklamen, Neonlichter, Schaufenster« in den Straßen New Yorks als Ausdruck »blutrünstigen Willens« und als Symptom des »Kampfes des Menschen gegen den Menschen« verurteilt.[119] Łagowski antwortete darauf mit dem trockenen Hinweis, dass jedenfalls die polnischen Städte, und vor allem ihre »trübseligen« Neubausiedlungen, nicht etwa weniger, sondern mehr Läden und Dienstleistungen gebrauchen könnten.[120] Überhaupt brach

118 Łagowski: Ogłaszam rynkową teologię wyzwolenia, S. 61 f.

119 Czesław Miłosz: Szlachetność, niestety, in: Kultura [Paris], 1984, Nr. 9(444), S. 7–14, hier S. 10.

120 Łagowski: Nie bójcie się konkurencji, S. 10.

Łagowski eine Lanze für die moderne Massenkonsumgesellschaft, die er als vorzüglichste Verwirklichung der materialistischen Weltanschauung betrachtete und jeder Form von romantischer Innerlichkeit, moralischem Rigorismus oder transzendentaler Religiosität entgegenstellte:

> »Mich quält das Gefühl«, so Łagowski, »dass ich, wenn ich vom Herrgott zu Gericht gerufen werde und gefragt werde, was die herausragendste Errungenschaft des menschlichen Geistes sei – die mittelalterliche Kathedrale oder der zeitgenössische Supermarkt –, mich für keine Antwort entscheiden mag. Ich wundere mich jedenfalls nicht über die Menschen im Westen, die Supermärkte haben und deshalb nicht mehr in die Kirche gehen. Sie würden es sicherlich tun, wenn es bei ihnen Filialen des vergesellschafteten Handels *(placówki handlu uspołecznionego)* gäbe.«[121]

Hier lag auch der wesentliche Unterschied zu Mirosław Dzielski, Łagowskis neoliberalem Widerpart in der Krakauer *inteligencja*, dessen Wirtschaftsliberalismus sich ebenfalls mit einer elitären Skepsis gegenüber der modernen Massendemokratie verband. Während Dzielski eine eigentümliche Mixtur aus katholischer und kapitalistischer Ethik entwarf, die bei Lichte betrachtet recht protestantisch und asketisch daherkam,[122] verstand Łagowski die materiellen Errungenschaften der modernen Zivilisation als größtmöglichen Gegensatz zu religiösen und »geistigen« Traditionen, wie sie aus seiner Sicht auch der Katholizismus verkörperte. Dementsprechend legte er besonderes Gewicht auf die »ästhetischen« Vorzüge, die er in der marktwirtschaftlichen Ordnung und in innerweltlichem Konsum erblickte.[123]

Die Reichweite der publizistischen Aktivitäten des Ästhetikers Łagowski war zweifelsohne begrenzt; von einem unmittelbaren Einfluss auf die wirtschaftspolitischen Entscheidungsträger an der Spitze von Partei und Regierung ganz zu schweigen. Gleichwohl lieferte er präzise und

121 Ebd., S. 5.
122 Siehe oben Kapitel III.1.
123 Siehe Łagowski: Ogłaszam rynkową teologię wyzwolenia, S. 62; ders.: Nie bójcie się konkurencji, S. 5.

eingängig formulierte Bausteine zur Rechtfertigung von Sichtweisen, die bis dahin unter Parteimitgliedern und Funktionären allenfalls unter der Hand geäußert oder stillschweigend zur Richtschnur individuellen Handelns gemacht worden waren. Łagowski trug somit seinen Teil dazu bei, wirtschaftsliberale Anschauungen innerhalb der Partei salonfähig zu machen.[124] Im Kreise der Kuźnica-Gruppe und unter den Autoren von *Zdanie* stieß er überwiegend auf Zustimmung. So pflichtete Andrzej Kurz, Direktor des renommierten Krakauer Literaturverlags Wydawnictwo Literackie, ihm im Mai 1987 vehement bei: Aus der Kritik der wirtschaftspolitischen Programmatik der Solidarność, die eine reine »Anspruchshaltung und keine produktiven und unternehmerischen Einstellungen« vertreten habe, leitete Kurz die Forderung ab, sich endlich von der »Mythologisierung des Begriffs der Arbeiterklasse« zu verabschieden und bei der überfälligen radikalen Wirtschaftsreform in erster Linie auf fachlich qualifizierte, unternehmerisch denkende und verantwortungsbewusste Kader zu setzen.[125] Vor diesem Hintergrund überraschte es kaum, dass seit 1983 auch der umtriebige Janusz Korwin-Mikke Gelegenheit erhielt, auf den Seiten von *Zdanie* für seine radikalen wirtschaftsliberalen Positionen zu werben.[126] Es war also keinesfalls bloß retrospektive Kokketterie, wenn Bronisław Łagowski im Rückblick behauptete: »Ich war selbst Parteimitglied und habe vielfach in Wort und Schrift kundgetan, dass ich Gegner von Moralismus, Kommunismus und Planwirtschaft war, und ich habe mich aus diesem Grunde im Parteimilieu überhaupt nicht isoliert gefühlt.«[127]

124 Für eine wohlwollende zeitgenössische Würdigung der Publizistik Łagowskis und ihrer Wirkungen siehe Andrzej Walicki: Liberalism in Poland, in: Critical Review 2 (1988) 1, S. 8–38, hier S. 19–24.

125 Kurz: Wola rozwoju, S. 82; vgl. auch Jóźwik: Krakowska Kuźnica, S. 126.

126 Siehe etwa Janusz Korwin-Mikke: Parszywa piętnastka (Paradoksy opieki społecznej), in: Zdanie, 1983, Nr 11–12, S. 80–84 (als Polemik mit Wacław Mejbaum: Prezentacja tekstu o neoliberalizmie); ders.: Zdobycze świata pracy, in: Zdanie, 1987, Nr. 10, S. 48–50.

127 Bronisław Łagowski: Szkice antyspołeczne, Kraków 1997, S. 48, zit. nach Walicki: Trzy artykuły, S. 233.

Auch wenn womöglich nicht jeder PZPR-Kader die Ansichten Łagowskis teilte oder sie gar in ähnlich pointierter Form öffentlich kundgetan hätte, lässt sich die Entwicklung von *Zdanie* dennoch als Seismograf für die rasante Verschiebung des ideologischen Bezugssystems lesen, die sich in dieser Zeit unter den intellektuellen Stichwortgebern der Partei abzeichnete. Der einflussreiche Soziologe Jerzy J. Wiatr, der 1981–1984 als Direktor des Instituts für Grundlagenprobleme des Marxismus-Leninismus beim ZK der PZPR amtierte und wenige Jahre zuvor noch Bücher mit forschen Titeln wie »Kapitalismus – der Untergang einer Formation« publiziert hatte,[128] räumte 1986 ein, dass sich »unter den Bedingungen des zeitgenössischen Kapitalismus neue, von den marxistischen Theoretikern nicht vorhergesehene Innovationsprozesse gezeigt haben«, weshalb der »Sieg des Sozialismus in diesem Wettstreit [der Systeme] nicht mehr automatisch für garantiert« gelten könne.[129] Mit der Verwirklichung des Ideals der sozialen Gerechtigkeit habe sich der Sozialismus eine »Aufgabe von außerordentlicher Schwierigkeit« vorgenommen, der man mit »vereinfachten, manchmal geradezu demagogischen Slogans« nicht gerecht werden könne – »seien sie nun radikal ›egalitaristisch‹ oder mehr oder weniger ausgeprägt ›elitär‹«. Stattdessen brauche es Verständnis dafür, dass eine gerechte Gesellschaftsordnung nicht in einem einmaligen Akt zu realisieren sei, sondern nur im Verlaufe eines »langen und schwierigen Prozesses«.[130]

Ende 1987 ging Wiatr noch einen Schritt weiter, indem er mit dem Verweis auf den Gesichtspunkt der Leistungsgerechtigkeit jede Kritik an vermeintlich exzessivem privatem Reichtum entschieden zurückwies: »Die moderne sozialistische Gesellschaft muss das individuelle Eigentum an Konsumgütern nicht nur tolerieren (das ist zu wenig!), sondern muss es unterstützen. Sonst wird es weder Wohlstand noch Fortschritt

128 Wiatr: Kapitalizm zmierzch formacji.

129 Jerzy J. Wiatr: Socjalizm a historyczna konieczność reform, in: ders.: Polska szansa, S. 87–100, hier S. 98 (Erstveröffentlichung in: Zdanie, 1986, Nr. 9).

130 Jerzy J. Wiatr: Dylematy sprawiedliwości społecznej, in: Zdanie, 1984, Nr. 7–8, S. 4–9, hier S. 8.

geben.« Zugleich konstatierte er die »offensichtliche Kompromittierung jener Variante der Verstaatlichung der Produktionsmittel, die in den sozialistischen Ländern realisiert wurde«. In der verfehlten Organisation der verstaatlichten Wirtschaft als »große bürokratisierte, übermäßig zentralisierte Maschinerie« und »gigantischer monopolistischer Konzern« lägen die »Wurzeln der Deformation des Sozialismus«. Wiatr schloss sich deshalb der Forderung an, zu dem Modell einer dauerhaften Koexistenz privater, genossenschaftlicher und vergesellschafteter Wirtschaftssektoren zurückzukehren, wie dies am Ende der 1940er-Jahre von Oskar Lange unter dem Schlagwort des »polnischen Wegs zum Sozialismus« entworfen worden sei. Eine Vergesellschaftung »kleinkapitalistischen« Eigentums sei erst denkbar, wenn der vergesellschaftete Sektor eine höhere Arbeitsproduktivität erreiche als der Privatsektor – also, wie Wiatr unumwunden einräumte, in »überaus ferner Zukunft«.[131]

Im Vergleich mit den geistreichen Feuilletons Łagowskis oder den geschmeidigen Ausführungen Wiatrs wirkten orthodox marxistisch-leninistisch argumentierende Rechtfertigungen des »sozialistischen Egalitarismus« schon sprachlich und semantisch aus der Zeit gefallen. Zwar gab es auch in Polen noch bis Ende der 1980er-Jahre vereinzelte Stimmen, die unbeirrt gegen »rechts-opportunistische« sowie »plebejisch-linksradikale« Abweichler von der reinen Lehre Stellung bezogen und angesichts der dräuenden »Restauration des Kapitalismus« das Schreckgespenst der »Reprivatisierung des gesellschaftlichen Eigentums«, von »Ausbeutung der Arbeiterklasse« und staatlicher Repression an die Wand malten, wie sie »für den faschistischen Staat« nun einmal charakteristisch sei. Solche Dogmatiker, die etwa die Ansätze der seit 1981 verfolgten Wirtschaftsreform ablehnten, da sie »auf die Rekonstruktion kapitalistischer Mechanismen sozialer Ungleichheit zielten«, und stattdessen empfahlen, von der Sowjetunion als »einzigem Staat des entwickelten Sozialismus«

131 Jerzy J. Wiatr: Państwowe, spółdzielcze, prywatne, in: Polityka, Nr. 49 vom 5.12. 1987, S. 1, 4.

zu lernen, befanden sich aber unverkennbar im diskursiven Abseits des Partei-Mainstreams.[132]

Dort gaben vielmehr Leute wie Jerzy Wiatr den Ton an, die aufmerksam westliche Debatten verfolgten und dabei den Aufstieg von Ronald Reagan und Margaret Thatcher sowie die von ihnen verkörperte neoliberale Wende fest im Blick hatten. So war es kein Widerspruch, dass der junge Wirtschaftswissenschaftler Marek Belka, der damals als Sekretär der PZPR-Grundorganisation seiner Fakultät an der Universität Łódź amtierte, 1986 im Staatlichen Wissenschaftsverlag eine kritisch-distanzierte, aber betont sachliche Studie zur »ökonomisch-sozialen Doktrin Milton Friedmans« vorlegte.[133] Belkas Arbeit basierte auf mit Fulbright-Stipendien finanzierten Auslandsaufenthalten an der Columbia University sowie in Friedmans akademischer Heimat, der Universität von Chicago. Zwar schätzte Belka die theoretische Originalität Friedmans geringer als seine Rolle als breitenwirksamer »Ideologe und Visionär«, dessen Konzepte die »Interessen bestimmter sozialer Klassen widerspiegeln«.[134] Friedmans Methodik der *positive economics* kritisierte er als praktisch kaum falsifizierbare und auf hochgradig unrealistischen Voraussetzungen aufbauende »ideologische Doktrin eines individuellen Konservativismus«.[135] Er gestand jedoch zu, dass die von Friedman inspirierte angebotsorientierte Wirtschafts- und Sozialpolitik der Reagan-Administration *(supply-side economics)* »der gegenwärtigen Hierarchie der wichtigsten wirtschaftlichen Probleme der Vereinigten Staaten und der Mehrheit der westlichen

132 Alle Zitate aus Zabielski: Egalitaryzm socjalistyczny, S. 5, 55 f. – Auch Zabielski positionierte sich (unter Bezug auf Lenin) dezidiert gegen lohnpolitische »Gleichmacherei« (urawniłowka), gegen den »plebejischen Reflex der Abneigung gegen jede Art von Eigentum (privat, persönlich, staatlich)« sowie den damit verbundenen, »beinahe atavistischen Reflex des Hasses auf die Reichen«. Seine Argumentation richtete sich dabei gegen die »anarchistischen« Positionen der Solidarność, die mit dem sozialistischen Prinzip »jedem nach seiner Arbeit« unvereinbar seien und mittels »ideologischer und erzieherischer Aktivitäten« in ein »reales, im sozialistischen Staat unter Führung der kommunistischen Partei realisiertes Programm« überführt werden müssten. Ebd., S. 183.

133 Belka: Doktryna ekonomiczno-społeczna Miltona Friedmana.

134 Ebd., S. 352–356, Zitate S. 6.

135 Ebd., S. 76–95, Zitat S. 358.

Länder besser als traditionelle, keynesianistische Konzepte« entspreche,[136] da sie neben den Profitinteressen des Großkapitals auch den Erwartungen der an Geldwertstabilität interessierten Mittelschichten entgegenkomme.[137] Auch Friedmans harsche Kritik des (US-amerikanischen) Wohlfahrtsstaats und der staatlichen Bürokratie schien dem aufstrebenden Nachwuchswissenschaftler und PZPR-Sekretär wohlbegründet.[138] Womöglich bezog er sich nicht zuletzt auf diese Kritik, wenn er betonte, dass sich aus der Analyse von Friedmans »antietatistischen und ultramarktwirtschaftlichen Konzeptionen« auch für »die in Polen laufende Debatte über Gestalt und innere Dynamik der Wirtschaftsreform« relevante Einsichten gewinnen ließen.[139] Belkas nüchterne Würdigung belegt, dass die wirtschafts- und sozialpolitischen Liberalisierungsvorschläge des führenden US-amerikanischen Monetaristen keineswegs nur in radikalliberalen Zirkeln des oppositionellen Untergrunds aufmerksam rezipiert wurden.

Der Soziologe Wiatr wiederum, der es ebenso wie Belka in den 1990er-Jahren noch zu Ministerwürden bringen sollte,[140] erkannte schon 1985 das Potenzial des ursprünglich auf Hegel zurückgehenden Begriffs der »Zivilgesellschaft« *(społeczeństwo obywatelskie)*, der in diesen Jahren dank der Schriften linker westlicher Sozialwissenschaftler wie John Keane oder Andrew Arato eine neue Konjunktur erlebte. Während das Konzept landläufig mit den demokratischen Oppositionellen des östlichen Europas assoziiert wurde (ohne dass diese es tatsächlich aktiv verwendeten),[141] sah Wiatr darin einen vielversprechenden Ansatz zur Demokratisierung

136 Ebd., S. 362.

137 Ebd., S. 360.

138 Ebd., S. 330–336.

139 Ebd., S. 6.

140 Belka war 1997 sowie 2001–02 Finanzminister in den postkommunistischen Regierungen von Włodzimierz Cimoszewicz und Leszek Miller und amtierte 2004–05 als polnischer Ministerpräsident; Wiatr war 1996–97 Bildungsminister. Vgl. zu Belkas wissenschaftlicher und politischer Biografie Witold Gadomski: Marek Belka – lewoskrzydłowy liberał, in: Gazeta Wyborcza, Nr. 113 vom 15./16.5.2004, S. 17 f.

141 Vgl. zur retrospektiv weit überschätzten Rezeption des Konzepts unter polnischen Dissidenten Arndt: Intellektuelle in der Opposition; Załęski: Neoliberalizm i społeczeństwo obywatelskie, S. 106–122.

des öffentlichen Lebens, ohne aber das politische Herrschaftsmonopol der Partei infrage zu stellen. Da der Sozialismus mit dem Privateigentum an Produktionsmitteln die materielle Grundlage der klassischen »bürgerlichen Gesellschaft« im Sinne Hegels und Marx' beseitigt habe, interpretierte Wiatr die Zivilgesellschaft zu einer Sphäre eigenständigen, rechtlich abgesicherten bürgerschaftlichen Engagements um, die sich in Vereinen, Religionsgemeinschaften und Selbstverwaltungsorganen organisiere und »wirkliche partnerschaftliche Beziehungen« zu den staatlichen Institutionen entwickeln müsse.[142]

Dieses Verständnis von Zivilgesellschaft, das weder auf Privateigentum noch auf politischer Macht basierte, deckte sich tatsächlich in weiten Teilen mit den theoretischen Ideen postmarxistischer Linker im Westen und dissidentischer Oppositioneller im Osten, die unter Schlagworten wie »Antipolitik« ebenfalls von einer »autonome[n] *gesellschaftliche[n]* Sphäre« jenseits von Staat und Markt träumten.[143] Wiatr ließ freilich keinen Zweifel daran, dass es ihm darum ging, die apolitisch verstandene Zivilgesellschaft nicht etwa als Gegenpol zur hegemonialen »Partei der Arbeiterklasse« zu positionieren, sondern sie dieser in ihrem Kampf gegen wirtschaftliche und politische »Deformationen« und Reformblockaden unterstützend zur Seite zu stellen.[144] Die Idee einer sozialistischen Zivilgesellschaft wurde somit zum theoretischen Ausgangspunkt für ein Programm systemkonformer politischer Pluralisierung, das das Jaruzelski-Regime in den späten 1980er-Jahren mit der Zulassung von Verbänden und Vereinigungen, aber auch der Etablierung unabhängiger Institutionen wie dem Ombudsmann für Bürgerrechte oder dem Verfassungsgericht umzusetzen begann. Wiatr selbst bezeichnete dieses Programm 1989 als unerlässliche Bedingung für den Erfolg einer tiefgreifenden Wirtschaftsreform und umriss es in folgenden Schlagworten:

142 Wiatr: Współczesne treści marksistowskiej teorii państwa, S. 60–64.

143 Vgl. Szacki: Der Liberalismus nach dem Ende, S. 160–166, Zitat S. 163 (Hervorhebung im Original); vgl. auch Załęski: Neoliberalizm i społeczeństwo obywatelskie, S. 103f.

144 Wiatr: Współczesne treści marksistowskiej teorii państwa, S. 64.

»Demokratisierung der politischen Verhältnisse, verbesserte Kontrollmöglichkeiten der Bürger über die Staatsmacht, Stärkung der Rechtsstaatlichkeit, größere Offenheit des öffentlichen Lebens und vor allem dauerhafte Erweiterung der Möglichkeit zur Konstituierung politischer Kräfte, die die Grundsätze der verfassungsmäßigen Ordnung und der grundlegenden Interessen des Staates respektieren, aber in anderer Hinsicht differenzierte Standpunkte vertreten«.[145]

Auf diese Weise wurde der wendige Parteisoziologe neben dem mit der Opposition sympathisierenden Ireneusz Krzemiński zum ersten polnischen Sozialwissenschaftler, der den schillernden Begriff der »Zivilgesellschaft« aufgriff und politisch nutzbar zu machen suchte.[146]

An ideologischer Flexibilität und geistiger Beweglichkeit fehlte es zumindest den intellektuellen Vordenkern der PZPR in den 1980er-Jahren also ganz offensichtlich nicht. Besonders eindrucksvoll ließ sich die beachtliche Verschiebung von Begriffen und Maßstäben, mit denen die polnische Parteiintelligenz seit der Mitte des Jahrzehnts die gesellschaftliche und wirtschaftliche Realität wahrnahm und deutete, daran ablesen, dass sich der Begriff der Ausbeutung, deren endgültige Überwindung noch stets als vornehmste Errungenschaft des Sozialismus betrachtet wurde, unter der Hand von seiner Verbindung zum Privateigentum löste. Mehr noch: Während private Unternehmer und Kleinkapitalisten den Ruch der Ausbeuter sukzessive ablegten, assoziierte man Ausbeutung selbst in Teilen der »kommunistischen« Partei immer öfter mit den dysfunktionalen Verhältnissen in der staatssozialistischen Planwirtschaft und mit den Umverteilungsmechanismen des egalitaristischen Sozialstaats. »Sozialismus ist die Idee des Kampfes gegen die Ausbeutung, nicht gegen das Eigentum«, betonte Kuźnica-Mitglied Andrzej Kurz und war sich darin mit Jerzy Wiatr einig.[147] Nach Ansicht des Krakauer Verlagsdirektors Kurz

145 Jerzy J. Wiatr: Wstęp, in: ders.: Polska szansa, S. 5–8, hier S. 6.

146 Vgl. Załęski: Neoliberalizm i społeczeństwo obywatelskie, S. 122–125.

147 Kurz: Wola rozwoju, S. 85. – Wiatr forderte sogar eine verfassungsmäßige Eigentumsgarantie für Handwerker und kleine Privatunternehmer, wie sie 1982 den Bauern zugestanden worden war. Siehe Wiatr: Państwowe, spółdzielcze, prywatne, S. 4.

wurden im bestehenden System »hochqualifizierte, schöpferische und hocheffiziente Gruppen der Arbeiter und der Intelligenz« durch »niedrig qualifizierte und wenig effiziente Gruppen« ausgebeutet, die sich einer »angeblich sozialistischen, im Grunde aber geradezu reaktionären Anspruchsdemagogie« bedienten, um ihre Interessen mithilfe des sozialistischen Staats durchzusetzen.[148] Ganz ähnlich argumentierten die beiden *Polityka*-Redakteure Zbysław Rykowski und Wiesław Władyka:

> »Es lässt sich schwerlich behaupten, dass die Reichen bei uns die Armen ausbeuten. Schließlich haben es die Arbeiter in Privatunternehmen besser als in Staatsbetrieben. Und sie wechseln gern von einer staatlichen auf eine private Stelle. Wir werden vor allem von der mangelnden Funktionstüchtigkeit und Ineffizienz der staatlichen Wirtschaft ausgebeutet. Und sie ermöglicht es auch, sich ›auf einfache Weise‹ zu bereichern.«[149]

Angesichts des immer höheren Schwarzmarktkurses des US-Dollars konnte die reguläre Entlohnung im staatlichen Sektor mit den Erträgen aus devisenbasierten Geschäften und Unternehmungen nicht ansatzweise konkurrieren. Dieses eklatante Missverhältnis führte nicht nur zur Herausbildung zweier auf Złoty bzw. Dollar basierender ökonomischer Parallelgesellschaften und zur Etablierung des Soziotyps illegaler Geldwechsler (*cinkciarze*, abgeleitet von engl. *change*).[150] Es nährte eben auch den Eindruck der unangemessen niedrigen Honorierung ehrlicher Arbeit in staatlichen Institutionen und Betrieben. Was es unter diesen Umständen konkret bedeutete, sich programmatisch zur »Befreiung des Menschen von Unterdrückung und Ausbeutung« zu bekennen, wie etwa Wiatr es weiterhin tat,[151] war folglich alles andere als eindeutig.

Wo private Unternehmer nicht mehr als Klassenfeinde, sondern womöglich als heimliche Wohltäter der Arbeiterklasse empfunden wurden,

148 Kurz: Wola rozwoju, S. 85.
149 Zbysław Rykowski/Wiesław Władyka: Biedni i bogaci, in: Polityka, Nr. 1 vom 2.1.1988, S. 1, 5.
150 Vgl. Bednarski: Drugi obieg gospodarczy, S. 112–128.
151 Siehe etwa Wiatr: Socjalizm a historyczna konieczność reform, S. 96.

verloren auch direkte Wechsel aus dem Staats- und Parteiapparat in die Privatwirtschaft viel von dem Odium der ideologisch-politischen Desertion, das ihnen zuvor anhaftete. Zumindest die liberale *Polityka* nahm an derartigen Karrieren schon 1985 so wenig Anstoß, dass sie bewundernd über eine taffe junge Geschäftsführerin einer für den Export nach Westdeutschland produzierenden privaten Textilfabrik berichtete, die zuvor hauptamtlich im regionalen Parteiapparat gearbeitet hatte. Besonders angetan war Wirtschaftsredakteur Andrzej Mozołowski davon, dass die von ihm porträtierte Supermanagerin ihren Mitarbeiterinnen umstandslos kündigte, wenn diese ihre Schicht ein paar Minuten zu früh beendeten. Auch hielt sie es sich zugute, dass es in der von ihr geführten Polonia-Firma keine Gewerkschaft gab. Diesen »kapitalistischen Paternalismus« präsentierte Mozołowski als nachahmenswertes Vorbild für die konfliktscheuen Direktoren im Staatssektor.[152]

Von hier war es nur noch ein kleiner Schritt zu der Grundsatzfrage »Wofür Sozialismus?« *(Po co socjalizm)*, die die in Posen erscheinende Wochenzeitschrift *Wprost* (»Direkt«) im Frühsommer 1988 in einem publizistischen Zyklus aufwarf – und keineswegs eindeutig zu beantworten wusste. Dabei wurde auch die Eigentumsfrage offen gestellt, der man zuvor meist noch verschämt aus dem Weg gegangen war. Zum Auftakt der *Wprost*-Serie führte der Wirtschaftsprofessor Klemens Ratajczak, dessen Ansichten sich die Redaktion ausdrücklich zu eigen machte, die wirtschaftliche Krise des Staatssozialismus ursächlich auf eine »Krise des Eigentums« zurück. Die »größte Schwäche des bisherigen sozioökonomischen Modells« sei es, dass »allem Anschein zum Trotz alle auf fremde Rechnung arbeiten« und fast niemand als Eigentümer mit eigenem Risiko für sein wirtschaftliches Handeln einstehe. »Ohne die Möglichkeit des direkten Zugangs zu den Produktionsmitteln für natürliche oder juristische Personen«, sei die Realisierung der sozialistischen Systemprinzipien nicht

152 Siehe Andrzej Mozołowski: Naśladować – czy żelazem wypalić? Czy firma uspołeczniona może pracować jak polonijna?, in: Polityka, Nr. 43 vom 26.10.1985, S. 4.

denkbar.[153] Zwar blieben provokativ formulierte Extrempositionen wie die des erklärten Neoliberalen Andrzej Zawiślak nicht unwidersprochen, wonach die Einführung marktwirtschaftlicher Regeln ohne grundlegende Umgestaltung der Eigentumsordnung kaum etwas an der »degenerierten Form« ändern würde, in der materielle Interessen im Sozialismus »immer« auftreten müssten.[154] Allein die Tatsache, dass solche wirtschaftsliberalen Ansichten, die die staatssozialistische Wirtschaftsordnung umstandslos mit »Verschwendung, Diebstahl, räuberischer Ressourcenwirtschaft, Zukunftsvergessenheit« identifizierten,[155] in der offiziellen Presse ungehindert zu Wort kamen, machte unmissverständlich klar, aus welcher Richtung der Wind für die Neuausrichtung der Wirtschaftspolitik der polnischen Kommunisten in der zweiten Hälfte der 1980er-Jahre wehte.

153 Klemens Ratajczak: Wytwórca ubezwłasnowolniony, in: Wprost, Nr. 24 vom 12.6.1988, S. 4–8, hier S. 6f.

154 Nie ma ustroju idealnego. Z prof. Andrzejem Zawiślakiem, kierownikiem Katedry Systemów Zarządzania Uniwersytetu Warszawskiego, rozmawia Piotr Aleksandrowicz, in: Wprost, Nr. 24 vom 12.6.1988, S. 7–10, hier S. 10.

155 Ebd. – Zawiślak war seit November 1987 Gründungsmitglied des von Janusz Korwin-Mikke angeführten liberal-konservativen Ruch Polityki Realnej (Bewegung für Realpolitik). Vgl. Knoch: Pisma liberalne, S. 89.

# IV. Auf dem Weg in den »sozialistischen Thatcherismus«? (1986–1989)

»Es kann nur ein Vorbild geben: Premier Thaczer«, zeigte sich Andrzej K. aus Sosnowiec in einem Brief an den polnischen Ministerpräsidenten Zbigniew Messner vom Dezember 1987 überzeugt. Ein anderer besorgter Bürger, der sich während der neuerlichen Streikwelle im Sommer 1988 anonym an die Regierung wandte, empfahl: »im Falle von Streiks – die Bergwerke dichtmachen, so wie das Frau Premier Thatcher gemacht hat«.[1] Dass ausgerechnet regimetreue Polinnen und Polen, die nach Jahren der wirtschaftlichen und politischen Stagnation noch immer auf die Sinnhaftigkeit brieflich geäußerter Ratschläge und Eingaben an kommunistische Regierungs- und Parteiinstanzen vertrauten,[2] sich so positiv auf die »Eiserne Lady« beriefen, mag angesichts des brüsken Antikommunismus der konservativen britischen Premierministerin überraschen. Sicherlich spiegelte sich darin nicht zuletzt die Sehnsucht manches autoritär strukturierten Charakters nach der alles andere als unsichtbaren Hand, mit der Thatcher den Widerstand der britischen Bergarbeitergewerkschaften gegen ihre marktorientierte Wirtschaftspolitik gebrochen hatte. So kon-

1 Wypisy nr 12/87 z listów o charakterze ogólnym nadesłanych do URM w okresie 1.–31.12.1987 r., 2. Ob. Andrzej K., Sosnowiec [...] (115508/87), ARM, 2761/5, sowie Opinie obywatelskie na temat sytuacji społeczno-politycznej na tle strajków w sierpniu 1988 r. (cz. I), anonim z Lublińca (7034/88), ARM, 2761/1, beide zit. nach Miernik: Lamenty nad przemysłem, S. 247 f.

2 Vgl. zum politisch-ideologischen Profil der Autoren von Briefen und Eingaben an polnische Partei- und Regierungsstellen in den späten 1980er-Jahren Miernik: Lamenty nad przemysłem, S. 246.

statierte ein Mitglied des PZPR-Zentralkomitees während einer Konsultation mit General Jaruzelski in Warschau: »Frau Thatcher wird respektiert, weil sie hart war und ist. Das brauchen wir auch.«[3]

Aber es steckte noch mehr dahinter. Andrzej K. begründete in seinem Schreiben an den Kattowitzer Wirtschaftsprofessor Messner, der seit 1985 das Amt des Ministerpräsidenten von Jaruzelskis Gnaden bekleidete, warum er Thatcher als politisches Vorbild für die polnischen Kommunisten ansah: »Herr Premier, es gilt zu den Sternen zu schauen und nicht unter die Stiefel, [es gilt] der Realität mit einer Vision zu begegnen und diese mit Überzeugung und entsprechender Stärke umzusetzen.«[4] Die zumindest in Teilen der Anhängerschaft der kommunistischen Partei anzutreffende Hochachtung für Margaret Thatcher war also auch Ausdruck des Wunsches nach einer »visionären«, radikalen Wirtschaftsreform, deren energische Durchsetzung man einheimischen Technokraten wie Messner nur bedingt zutraute.

Sollte es auch auf höheren Ebenen des Staats- und Parteiapparats heimliche Bewunderung für Thatcher und ihre konfrontative neoliberale Politik gegeben haben, so wurde diese hinreichend camoufliert, als dass sie sich in internen Dokumenten oder gar in öffentlichen Bekenntnissen niedergeschlagen hätte. Die Bezeichnung »neue östliche Thatcheristen«, mit der Marek Borowski, damals Abteilungsleiter im Ministerium für Binnenhandel, Ende 1988 in einem Meinungsbeitrag in der reformfreundlichen *Polityka* die Anhänger einer radikalen Privatisierungspolitik apostrophierte, war eher diffamierend als wertschätzend gemeint (und wurde von den Angesprochenen auch genau so verstanden).[5] Nichtsdes-

3 Zapis przebiegu spotkania I sekretarza KC PZPR, gen. W. Jaruzelskiego z członkami KC PZPR z terenu Warszawy, 24.10.1988, in: Borodziej/Garlicki (Hg.): Okrągły Stół. Dokumenty i materiały, Bd. 1, Dok. 63, S. 247–253, hier S. 250.

4 Miernik: Lamenty nad przemysłem, S. 247.

5 Siehe Marek Borowski: Sprzedać, oddać, wydzierżawić?, in: Polityka, Nr. 49 vom 3.12.1988, S. 1, 4; sowie die Replik von Lesław A. Paga, eines marktwirtschaftlich orientierten Ökonomen von der Katholischen Universität Lublin: Głos »thatcherysty wschodniego«, in: Polityka, Nr. 51 vom 17.12.1988, S. 4.

toweniger musste den polnischen Parteieliten die strategische Grundausrichtung des Thatcherismus vertraut erscheinen. Schließlich hatte Thatcher die gewerkschaftlich organisierte Industriearbeiterschaft als ihren politischen Hauptgegner definiert und sich nicht gescheut, ein als alternativlos verstandenes Ordnungsmodell unter robuster Anwendung staatlicher Machtmittel gegen die vermeintlichen Partikularinteressen der Gewerkschaften durchzusetzen. Während des Staatsbesuchs der »Eisernen Lady« in Polen im November 1988 spielte General Jaruzelski denn auch verständnisvoll auf deren »Probleme mit der Gewerkschaftsbewegung« an und äußerte sich anerkennend über ihre Erfahrungen mit der Bekämpfung »extremistischer [Gewerkschafts-]Führer«. Die von Jaruzelski abschließend geäußerte Ansicht, man könne »viele Lösungen des kapitalistischen Systems mit großem Nutzen in das sozialistische System übernehmen«, kam vor diesem Hintergrund wenig überraschend.[6]

Ein Gesellschaftsmodell, das die oberste Priorität nicht auf demokratische Partizipation, sondern auf ökonomische Freiheit legte und die Rolle des Staates auf den aktiven (und zuweilen durchaus rabiaten) Schutz dieser ökonomischen Freiheit gegenüber kollektiven Mitbestimmungsansprüchen beschränken wollte, musste aus Sicht der polnischen Kommunisten in der Tat attraktiv erscheinen. Dies galt zumal für jene Teile des Staats- und Parteiapparats, die in der zweiten Hälfte der 1980er-Jahre allmählich begannen, sich mit der Perspektive der Privatisierung der staatseigenen Wirtschaft anzufreunden – am besten natürlich unter Federführung der technisch-wirtschaftlichen Nomenklatura. Im Rahmen des offiziellen Reformdiskurses blieben entsprechende Vorschläge aber meist an die Idee der Rückkehr zu den vermeintlich unverfälschten vorstalinistischen Wurzeln der sozialistischen Ordnung gebunden – entweder zur Neuen Ökonomischen Politik Lenins in der Sowjetunion oder aber zum

6 Zapis rozmowy generała Wojciecha Jaruzelskiego z Margaret Thatcher [fragmenty], 3.11.1988, in: Borodziej/Garlicki (Hg.): Okrągły Stół. Dokumenty i materiały, Bd. 1, Dok. 68, S. 258–260.

»polnischen Weg zum Sozialismus« während der ersten Nachkriegsjahre.[7] Erst im Rückblick berief sich der letzte kommunistische Industrieminister Mieczysław Wilczek zur Rechtfertigung seines raubeinigen Politikstils auf »Minister aus England und Deutschland«, die ihm bei Amtsantritt geraten hätten, die übermäßige Streiklust der Gewerkschaften zu brechen.[8]

Im Blick von außen – in diesem Falle aus Moskau – wurden die strukturellen Ähnlichkeiten der Entwicklung in Polen mit der politischen Strategie Thatchers weitaus unverblümter benannt. Analysten des »Instituts für die Ökonomie des Sozialistischen Weltsystems« an der Sowjetischen Akademie der Wissenschaften, das sich unter der Leitung des Ökonomen Oleg Bogomolow zu einem bedeutsamen Thinktank der Perestrojka-Anhänger entwickelte,[9] sahen in einer Expertise vom Februar 1989 in Polen und Ungarn einen »sozialistischen Thatcherismus« heraufziehen. Dieser laufe selbst in der aus sowjetischer Sicht »vorteilhaftesten Variante« auf einen »graduellen Aufbau einer gemischten Wirtschaft, die Zerschlagung und Privatisierung der ›Flaggschiffe der Nachkriegsindustrialisierung‹ unter Beteiligung von Aktienkapital [und] den Übergang zu einer Variante der Marktwirtschaft« hinaus.[10] Für Polen hielten die Experten sogar im

7 »Wir sind für eine zeitgenössische NEP«, dekretierte etwa General Jaruzelski im Dezember 1988, siehe Przemówienie I sekretarza KC PZPR Wojciecha Jaruzelskiego na zakończenie pierwszej części obrad, in: X Plenum KC PZPR, S. 131–138, hier S. 136. – Industrieminister Wilczek bezeichnete die Liberalisierung privater Wirtschaftstätigkeit damals als Rückkehr zum »polnischen Weg zum Sozialismus«, siehe Stenogram z posiedzenia KERM [Komitetu Ekonomicznego Rady Ministrów] w dniu 14 listopada 1988 r., AAN, URM-KT, 214/30, Bl. 58–201, hier Bl. 135 f.

8 Siehe Wilczek: To moja ustawa wykończyła ten pieprzony socjalizm. Z Mieczysławem Wilczkiem rozmawiał Piotr Gursztyn, in: Dziennik, Nr. 4 vom 6.1.2009, S. 18 f.

9 Vgl. zur politisch-intellektuellen Stimmung an diesem Institut die Erinnerungen von Wolfgang Eichwede, der dort vom Herbst 1988 bis zum Sommer 1990 zu Gast war, in: Danyel/Behrends (Hg.): Grenzgänger und Brückenbauer, S. 80 f.

10 [Akademija nauk SSSR, Institut ėkonomiki mirovoj socialističeskoj sistemy:] Peremeny v Vostočnoj Evrope i ich vlijanie na SSSR, Februar 1989, in: National Security Archive, Kollekcija Vostočnaja Evropa, 1989 god, S. 6, 10, https://nsarchive.gwu.edu/rus/text_files/EastEurope89/1989.02.00%20Changes%20in%20Eastern%20Europe.pdf (Zugriff am 24.4.2021); engl. Übers. u. d. T. Memorandum from the Bogomolov Institute, »Changes in Eastern Europe and their Impact on the USSR«, in: Savranskaya/Blanton/Zubok (Hg.): Masterpieces of History, S. 365–381, hier S. 368, 370.

bestmöglichen Falle das langfristige Weiterbestehen des Sozialismus für fraglich: »Eine Evolution in Richtung einer klassischen bourgeoisen Gesellschaft wie in Italien oder Griechenland ist äußerst wahrscheinlich.«[11] Die tiefere Ursache für die Probleme der polnischen Genossen lag aus Sicht der Moskauer Analysten darin, dass mit der Notwendigkeit radikaler marktorientierter Wirtschaftsreformen die »gesellschaftlich-klassenmäßige Natur« der marxistisch-leninistischen Parteien infrage gestellt sei. Weil »die aktuellen materiellen Interessen der Arbeiterklasse (jedenfalls eines bedeutenden Teils von ihr – der physisch tätigen Arbeiter) in Konflikt mit den langfristigen Interessen der Gesellschaft als Ganzer geraten«, sei die traditionelle Klassenbasis der Kommunisten »höchst problematisch« geworden.[12]

In der Tat zeichnete sich ab, dass die bislang systematisch privilegierten Arbeiter in den großen staatssozialistischen Industriebetrieben die Hauptlast der unausweichlichen Wirtschaftsreformen zu tragen haben würden. In der sich auf verschiedenen Ebenen entfaltenden polnischen Reformdebatte wurden deshalb neben ökonomisch-politischen Verfahrensfragen immer auch die Grundlagen der staatssozialistischen Sinnwelt mitverhandelt. Dazu gehörte der Status der großindustriellen Arbeiterklasse innerhalb der sich wandelnden Gesellschaft ebenso wie die Frage, welcher Stellenwert sozialistischen Idealen wie Egalitarismus und Kollektivismus künftig noch zukommen sollte. Im Verlauf der fortgesetzten

11 Ebd., S. 12 bzw. 371. – In der Außenpolitischen Abteilung des Zentralkomitees der KPdSU war man einer ebenfalls im Februar 1989 erstellten Lageanalyse zufolge noch weitaus optimistischer: »Trotzdem scheint es, dass man sich nicht besonders sorgen muss, dass eines der sozialistischen Länder einfach einen kapitalistischen Entwicklungspfad einschlagen könnte. Der Sozialismus hat allzu tiefe Wurzeln geschlagen.« [Meždunarodnyj otdel CK KPSS:] K strategii otnošenij s evropejskimi socialističeskimi stranami, Februar 1989, S. 11 f., National Security Archive, Kollekcija Vostočnaja Evropa, 1989 god, https://nsarchive.gwu.edu/rus/text_files/EastEurope89/1989.02.00%20Strategy%20of%20relations%20with%20Eastern%20Europe.pdf (Zugriff am 24.4.2021); engl. Übers. u. d. T. Memorandum from CC CPSU International Department, »On a Strategy for Relations with the European Socialist Countries«, in: Savranskaya/Blanton/Zubok (Hg.): Masterpieces of History, S. 353–364, hier S. 360.

12 Peremeny v Vostočnoj Evrope, S. 6 bzw. 368.

ökonomischen Krise der 1980er-Jahre hatten diese Ideale bereits erheblich an Attraktivität eingebüßt. Doch erreichte die politische Strategie der polnischen Kommunisten bis zum Ende des Jahrzehnts tatsächlich eine hinreichende Konsistenz, um sie als »sozialistischen Thatcherismus« einzustufen, wie dies von Moskau aus den Anschein haben mochte? Ausschlaggebend dafür war letzten Endes die bereits von Mirosław Dzielski aufgeworfene Gretchenfrage nach dem systematischen Verhältnis zwischen ökonomischer Liberalisierung und politischer Demokratisierung: War die von den polnischen Kommunisten betriebene Erweiterung wirtschaftlicher Freiheiten als erster Schritt zu mehr politischer Demokratie gedacht, oder vielmehr als Substitut für diese?

## 1. Der lange Anlauf zur »zweiten Etappe der Wirtschaftsreform«

Dass es so, wie es war, nicht bleiben konnte, war auch innerhalb der polnischen Parteiführung vielen klar. An dramatischen Bestandsaufnahmen der niederschmetternden wirtschaftlichen und politischen Lage mangelte es jedenfalls nicht. So warnte Wojciech Jaruzelski, der ohnehin einen ausgeprägten Hang zu schwarzseherischen Monologen hatte,[13] in einer beinahe zweistündigen Rede auf einer Klausurtagung der Regierungsspitze im März 1985 eindringlich: »Wir sind die letzte Mannschaft. Es gibt keine Reserven mehr. […] Ein Scheitern der programmatischen Linie, der Reform, wäre ein Scheitern des Systems.«[14]

Allerdings waren die Ansichten über mögliche Auswege aus der Krise zu diesem Zeitpunkt noch geteilt. Auf der einen Seite kritisierte der stellvertretende Ministerpräsident Mieczysław F. Rakowski, die 1981–1982 beschlossene Wirtschaftsreform werde nach allgemeiner Auffassung nur

13 Vgl. Eisler: Siedmiu wspaniałych, S. 429.

14 Spotkanie [prezydium rządu z inicjatywy M. F. Rakowskiego] w Natolinie w dniu 18 marca 1985 r., 22.3.1985, AAN, URM, 1.4/43, Bl. 51–62, hier Bl. 57; vgl. auch Baka: Zmagania o reformę, S. 105–107 (Eintrag vom 18.3.1985).

»mit halber Kraft« realisiert und gerate unter die Räder einer inkonsistenten Wirtschaftspolitik, die sich vorwiegend an »Branchen-, Gruppen- und Ressortinteressen« orientiere: »Es gibt immer mehr Verbote, Anordnungen, Einschränkungen, immer weniger Aktivitäten, aus denen ein Wille zur Verbesserung der ökonomischen Verhältnisse spricht, und immer mehr reformatorische Phraseologie.«[15] Auf der anderen Seite sprach sich eine technokratisch orientierte Gruppe um den Vorsitzenden der Plankommission Manfred Gorywoda, den vormaligen Minister für Hüttenwesen Zbigniew Szałajda und den für Wirtschaftsfragen zuständigen Vizepremier Zbigniew Messner für ein »gemischtes System« mit stärkeren Durchgriffsrechten für die zentrale Wirtschaftslenkung aus. Für die Kritik der Reformer hatte diese Gruppe wenig übrig: »Es muss Schluss sein mit der Kritik der Wirtschaftspolitik [...] und mit den Rufen nach dem freien Markt.« Aus ihrer Sicht war es »utopisch, in Wettbewerb und Markt ein Allheilmittel für alle unsere Probleme zu erblicken. Im volkswirtschaftlichen Maßstab werden Wettbewerb und Markt auf lange Sicht marginal bleiben. Wir müssen auf gemischte Lösungen setzen, die den Plan und seine Instrumente mit dem Markt und mit Waren-Geld-Beziehungen verbinden.«[16]

Diese Position wurde von der generellen Neigung zu Zweckoptimismus gestützt, mit dem Partei- und Regierungsapparate ihre eigene Tätigkeit in der internen und externen Berichterstattung zu legitimieren pflegten. Mitte der 1980er-Jahre hatte man schon einige Routine darin, die alles andere als befriedigende wirtschaftliche Gegenwart dem in schwärzesten Tönen gemalten Szenario von »Chaos« und »Anarchie« gegenüberzustellen, das Polen zu Beginn des Jahrzehnts an den Rand des Abgrunds gebracht habe. Noch das tristeste Grau der Stagnation strahlte vor diesem Hintergrund viel heller, und die ZK-Funktionäre konnten dem Politbüro erfreuliche Sätze wie diesen in die Bilanz schreiben: »Alles in allem haben wir in relativ kurzer Zeit eine kurz vor dem Ruin stehende Wirtschaft, die

15 Spotkanie w Natolinie, 22.3.1985, Bl. 51 f.; vgl. auch Rakowski: Dzienniki polityczne 1984–1986, S. 244 (Eintrag vom 5.4.1985).
16 Spotkanie w Natolinie, 22.3.1985, Bl. 56 f.

von Gegnern von innen wie von außen paralysiert und zersetzt wurde, vor dem Verfall bewahrt und auf die Bahn der Entwicklung geführt.«[17] Ein umfangreiches Thesenpapier der ZK-Abteilung für Wirtschaft vom November 1985 zog denn auch eine rundum positive Erfolgsbilanz der bisherigen Wirtschaftsreform und sah die Grundsatzfrage nach der Effektivität der sozialistischen Planwirtschaft durch die Praxis der letzten Jahre als »gegenstandslose ideologische Attacke« entlarvt – ungeachtet enttäuschender volkswirtschaftlicher Kennziffern. Bewährt habe sich demnach sowohl die »Konzeption der Stärkung der zentralen Planung und die Vergrößerung ihrer strategischen Rolle für die sozio-ökonomische Entwicklung« als auch die »gleichzeitige Vergrößerung der Selbstständigkeit der Unternehmen sowie ihre Verantwortlichkeit für die Ergebnisse ihres Wirtschaftens«. Beide Prinzipien müssten auch gegenüber uneinsichtigen »Reform-Marodeuren« *(maruderów reformy)* konsequent durchgesetzt werden. Zukunftsperspektiven jenseits des Wunschdenkens einer a priori dekretierten »objektiven Interessengemeinschaft« aller Akteursgruppen im sozialistischen Betrieb, die sich in harmonischem Miteinander der Erhöhung der Arbeitsproduktivität widmen sollten, fanden sich in der gut 40-seitigen Ausarbeitung hingegen nicht.[18]

Die Reformskeptiker verwiesen auf den pragmatischen Charakter ihrer wirtschaftspolitischen Ansätze und präsentierten sich als erfahrene Praktiker, die mit beiden Beinen auf dem Boden der Tatsachen standen.[19] Während radikale Reformen mit politischen Unwägbarkeiten verbunden waren, versprachen sie, die Zügel fest in die Hand zu nehmen. Tatsächlich war ihr Argument schwer von der Hand zu weisen, dass theoretisch

17 Wydział Ekonomiczny KC PZPR: Tezy referatu BP na XXIII Plenum KC. Projekt wstępny, 26.11.1985, AAN, KC PZPR, LXIX/274, S. 1.

18 [Wydział Ekonomiczny KC PZPR:] Aktualne problemy reformy gospodarczej/pytania i odpowiedzi/, 27.11.1985, AAN, KC PZPR, LXIX/274, Zitate S. 1, 39, 41 f.

19 Dagegen wurden reformorientierte Ökonomen als durchaus intelligente Wissenschaftler diskreditiert, deren Wissen aber rein theoretischen Wert habe und denen jede praktische Erfahrung fehle. Siehe aus gegensätzlichen Positionen Baka: Zmagania o reformę, S. 104 (Eintrag vom 18.2.1985); Bień: Jak doszło do zadłużenia Polski, S. 66 f.

noch so brillante ökonomische Lösungsansätze wenig taugten, solange man nicht in der Lage sei, diese effektiv durchzusetzen: »Wir wissen, wie man die Inflation bekämpft. [Das ist] auf der ganzen Welt gleich: Man drückt die Löhne und kürzt die Staatsausgaben, insbesondere die Sozialprogramme. Warum gehen wir nicht ganz so radikal vor? Wir können uns schlicht und einfach des Drucks und manchmal der Erpressung vonseiten bedrohter Berufsgruppen oder Unternehmen nicht erwehren [...].«[20] Angesichts der prekären Legitimationsbasis der Parteiherrschaft in Polen gerieten Befürworter marktorientierter Reformen in der Tat in Erklärungsnöte, sobald sie plausibel machen sollten, wie sie der ohnehin leidgeprüften Bevölkerung die sozialen Konsequenzen der von ihnen vorgeschlagenen Maßnahmen schmackhaft machen wollten, ohne sogleich Proteste auf den Plan zu rufen und Wasser auf die Mühlen der Oppositionsbewegung zu leiten.

Unter diesen Umständen hatten zunächst die Reformskeptiker die besseren machtpolitischen Karten: Im November 1985 schob Jaruzelski den reformorientierten Mieczysław Rakowski auf den unbedeutenden Posten des stellvertretenden Parlamentspräsidenten ab, während er mit Zbigniew Messner einen Repräsentanten des Technokraten-Flügels zum Ministerpräsidenten machte. Auch der bisherige Regierungsbevollmächtigte für die Wirtschaftsreform, Władysław Baka, musste seinen Posten räumen und wurde mit dem Chefsessel der Nationalbank abgefunden.[21] Die von Messner geführte Regierung behielt zwar die Gepflogenheit der routinierten Lippenbekenntnisse zur Wirtschaftsreform unverändert bei, verfolgte aber de facto den Kurs, das Management der Staatsbetriebe durch eine Stärkung der zentralen Steuerung besser in den Griff zu bekommen und damit die Selbststeuerung mittels ökonomischer Indikatoren weiter zu marginalisieren. Rakowski lamentierte in seinen Tagebüchern: »Es wird viel über die Wirtschaftsreform und über ›grünes Licht‹

20 Spotkanie w Natolinie, 22.3.1985, Bl. 56.
21 Siehe Baka: Zmagania o reformę, S. 120–123 (Einträge vom 9.–25.10.1985); Rakowski: Dzienniki polityczne 1984–1986, S. 304–316 (Einträge vom 16.10.–6.11.1985).

für diesen oder jenen Teil der Volkswirtschaft geredet, aber faktisch findet ein Rückschritt statt, das heißt, die Zentrale greift immer tiefer in die Arbeit der Unternehmen ein.«[22] Der Wirtschaftshistoriker Dariusz Grala sollte das politische Wirken des Kattowitzer Ökonomieprofessors später bündig resümieren: »Messner agierte als Verwalter im Rahmen der bereits bestehenden systemischen Regeln, aber auf keinen Fall als Reformer [oder gar als] Schöpfer eines neuen und qualitativ besseren Sozialismus.«[23]

Als die Regierung Messner im Oktober 1986 ein Paket zur Novellierung von zwölf Gesetzen ins Parlament einbrachte, das der Ministerialbürokratie sowie den Betriebsdirektoren zusätzliche Rechte einräumte und die Abkehr von dem ohnehin unzureichend funktionierenden Prinzip der betrieblichen Selbstverwaltung in Gesetzesform goss, hatte sie ihr Blatt allerdings überreizt: Die dreiste Kombination von reformerischen Phrasen mit wirtschaftspolitischer Stagnation rief eine breite Front politischer Akteure auf den Plan, die nicht länger bereit waren, die erfolglose Wirtschaftspolitik der Regierung achselzuckend zu akzeptieren. Widerstand gegen das Gesetzespaket regte sich pikanterweise gerade in solchen Organisationen, die eigentlich als regimetreue Alternativen zu der verbotenen Solidarność-Bewegung etabliert worden waren, namentlich in den Reihen der Selbstverwaltungsräte in den Betrieben, im neugegründeten »klassenmäßigen« Gewerkschaftsdachverband OPZZ (Ogólnopolskie Porozumienie Związków Zawodowych) und in dem von Mieczysław Rakowski geleiteten Gesellschaftlich-Wirtschaftlichen Rat, einem Beratungsgremium des Sejms. Auch die Führung der Untergrund-Solidarność wandte sich in einer Erklärung gegen den neuerlichen »Versuch des Regimes, sich von der Wirtschaftsreform zu verabschieden«.[24] Unter dem Eindruck dieser »einheitlichen Front aller gesellschaftlichen Kräfte« sah sich die Regie-

22 Rakowski: Dzienniki polityczne 1984–1986, S. 283 (Eintrag vom 19.7.1985).
23 Grala: Reformy gospodarcze, S. 293.
24 Komunikat o posiedzeniu Tymczasowej Komisji Koordynacyjnej NSZZ »Solidarność«, 10.11.1986, in: Tygodnik Mazowsze, Nr. 188 vom 19.11.1986, Nachdruck in: Olaszek (Hg.): Dokumenty władz NSZZ »Solidarność«, Dok. 110, S. 250f.

rung gezwungen, ihre Vorlage zurückzuziehen, wie Rakowski mit Genugtuung kommentierte.[25]

Während Regierungschef Messner auf diese Weise seine Grenzen aufgezeigt bekam,[26] trat die Parteiführung zumindest rhetorisch die Flucht nach vorn an. Angesichts der höchst bescheidenen bisherigen Reformerfolge kündigte General Jaruzelski auf dem X. Parteitag der PZPR im Sommer 1986 eine »zweite Etappe der Wirtschaftsreform« an. Er griff damit einen Gedanken auf, der zuvor bereits unter reformorientierten Wirtschaftswissenschaftlern aus den Reihen des Polnischen Ökonomenverbands PTE zirkulierte – nicht etwa, weil man dort der Ansicht war, die erste Reformetappe sei mittlerweile erfolgreich abgeschlossen, sondern um dem geringen reformerischen Ehrgeiz der Regierung Messner einen neuen Reformimpuls entgegenzusetzen.[27]

Ausschlaggebend für diesen zunächst einmal auf politische Absichtserklärungen beschränkten Kurswechsel war zweifellos die veränderte außenpolitische Großwetterlage: Seit dem Amtsantritt Michail Gorbatschows im März 1985 hatte sich immer deutlicher abgezeichnet, dass Reformer in den Ostblockstaaten erstmals seit Langem auf Rückenwind aus Moskau hoffen durften. Nicht nur die von dem neuen KPdSU-Generalsekretär unter dem Schlagwort der »Perestrojka« angekündigten wirtschaftlichen Reformen, sondern auch das von Gorbatschow propagierte »neue Denken« in Bezug auf den Ost-West-Konflikt verschafften Jaruzelski neuen politischen Manövrierraum. Zwar hatte Polen 1985 endlich Umschuldungsvereinbarungen mit den staatlichen Kreditgebern des Pariser Clubs für die bis dahin ungeregelten polnischen Zahlungsverpflichtungen der Jahre 1982–1985 aushandeln können; da das Land aber weiterhin keine nennenswerten neuen Kredite aus dem Westen erhielt, auf die es für Ersatzteilimporte und zur Bedienung seiner laufenden Zinslasten

25 Vgl. Grala: Reformy gospodarcze, S. 277 f.; Rakowski: Dzienniki polityczne 1984–1986, S. 451 f., 457–460 (Einträge vom 30.10., 17.11.–1.12.1986).
26 Vgl. Dudek: Reglamentowana rewolucja, S. 115.
27 Vgl. Grala: Reformy gospodarcze, S. 276.

dringend angewiesen war,[28] hatte die polnische Führung kaum eine andere Wahl, als das verbesserte internationale Umfeld für neue Kreditverhandlungen zu nutzen. Ein Hoffnungsschimmer war, dass die USA im Gegenzug zu den 1984 und 1986 verkündeten Amnestien für politische Gefangene ihren Widerstand gegen die bereits Ende 1981 beantragte, seit der Verhängung des Kriegsrechts jedoch aus politischen Gründen blockierte Wiederaufnahme Polens in den Internationalen Währungsfonds (IWF) aufgaben.[29] Von der im Juni 1986 vollzogenen IWF-Mitgliedschaft erhoffte die polnische Regierung sich verbesserte Konditionen für weitere Zahlungsaufschübe und vor allem frische Kredite zur Überwindung der wirtschaftlichen Stagnation – man war sich jedoch bewusst, dass beides glaubhafte Bemühungen um eine grundlegende Wirtschaftsreform voraussetzte.[30]

Was sich genau hinter der mit beträchtlichem propagandistischen Aufwand verkündeten »zweiten Etappe« verbarg, blieb freilich nebulös – nach dem Parteitagsbeschluss vom Juli 1986 sollte es noch beinahe ein Jahr dauern, bis verschiedene Partei- und Regierungskommissionen erste »Diskussionsvorschläge« und »Thesen« zur Substanz dieser Reformetappe präsentierten.[31] Diese Konzepte zielten vorrangig darauf ab, Marktpreise und Wettbewerbsmechanismen in die bestehenden planwirtschaftlichen Strukturen zu integrieren, gingen also nicht wesentlich über die Grundsätze und Ziele der bereits 1981 beschlossenen Wirtschaftsre-

28 Siehe Zadłużenie zagraniczne Polski i drogi jego przezwyciężania /Geneza, charakter i skutki zadłużenia/. Skrót raportu, [1986], AAN, KC PZPR, LXIX/272, S. 35–41; Bień: Jak doszło do zadłużenia Polski, S. 69 f.

29 Die Volksrepublik Polen war bereits 1945–1950 Mitglied des IWF gewesen, bevor sie diesen aus politischen Gründen verlassen hatte. Den Antrag auf Wiederaufnahme hatte die polnische Regierung im November 1981 kurz vor der Verhängung des Kriegsrechts gestellt. Vgl. zum außenpolitischen Ringen um den IWF-Beitritt Polens Domber: Empowering Revolution, S. 126 f., 142–164.

30 Siehe Sprawozdanie z pobytu delegacji polskiej na dorocznym zgromadzeniu MFW i Banku Światowego w Waszyngtonie w dniach 27.09.–07.10.1986 r., AAN, URM-KT, 214/248, S. 10.

31 Siehe die ironisierende Berichterstattung in der oppositionellen Untergrundpresse, etwa: j.a.: Tajemniczy II etap, in: Tygodnik Mazowsze, Nr. 207 vom 22.4.1987, S. 1, 3.

form hinaus. Eine gewisse Akzentverschiebung lag allenfalls darin, dass der Gedanke der Arbeiterselbstverwaltung dem Zeitgeist entsprechend zugunsten eines managementorientierten Leitungsmodells zurücktrat. Zudem wurde die Expansion des Privatsektors einschließlich ausländischer Direktinvestitionen nunmehr ausdrücklich begrüßt (allerdings bevorzugt in Branchen wie Einzelhandel, Dienstleistungen und Lebensmittelverarbeitung).[32] Ein konkretes Programm zur Umsetzung dieser nicht eben taufrischen Ziele ließ sogar noch bis zum Oktober 1987 auf sich warten, als die Regierung Messner endlich ein *Program realizacyjny II etapu reformy gospodarczej* (»Realisierungsprogramm für die zweite Etappe der Wirtschaftsreform«) vorlegte.[33]

Dass ausgerechnet die bislang wenig reformfreudige Technokratenregierung um Ministerpräsident Messner damit beauftragt wurde, die Details für die »zweite Etappe« der Wirtschaftsreform auszuarbeiten, wirkte ein bisschen, als hätte man den Bock zum Gärtner gemacht.[34] Zwar hatten Messner und Parteichef Jaruzelski dem Architekten der Wirtschaftsreform von 1981, Władysław Baka, just am 1. April 1987 angeboten, in das Amt eines für die Reform zuständigen Vizepremiers zurückzukehren. Eingedenk seiner ernüchternden Erfahrungen als Regierungsbevollmächtigter für die Wirtschaftsreform in den Jahren 1981–1985 zog Baka es allerdings vor, in seinem Amt als Präsident der Nationalbank zu verbleiben.[35] An seiner statt nahm sich Bakas vormaliger Stellvertreter, der

32 Vgl. die detaillierte Analyse des sukzessive konkretisierten Reformkonzepts bei Grala: Reformy gospodarcze, S. 293–309; für eine zeitgenössische Kritik siehe Cezary Józefiak: Drugi etap – ciągle kręcimy się w kółko. Wypowiedz prof. Cezarego Józefiaka w Polskim Towarzystwie Socjologicznym, 27.4.1987, in: Tygodnik Mazowsze, Nr. 211 vom 13.5.1987, S. 1, 3.

33 Jaruzelski kommentierte dies auf dem V. Plenum des Zentralkomitees mit den Worten: »Das Programm, das wir heute akzeptiert haben, ist lange ausgearbeitet worden, sogar allzu lange.« – Przemówienie I sekretarza KC PZPR Wojciecha Jaruzelskiego wygłoszone na zakończenie obrad, in: V Plenum KC PZPR, S. 29–38, hier S. 30; Program realizacyjny II etapu reformy gospodarczej, 5.10.1987, AAN, KC PZPR, III/183, Bl. 173–317.

34 So etwa Józefiak: Drugi etap – ciągle kręcimy się w kółko, S. 3; vgl. Grala: Reformy gospodarcze, S. 300 f.

35 Siehe Baka: Zmagania o reformę, S. 143 f. (Eintrag vom 1.4.1987).

Wirtschaftsprofessor und Präsident des Polnischen Ökonomenverbands Zdzisław Sadowski, der Aufgabe an, als neuer Vizepremier die »zweite Etappe« der Wirtschaftsreform umzusetzen. Sadowskis im Oktober 1987 vorgelegtes »Realisierungsprogramm« führte in vieler Hinsicht die Reformansätze von 1981 fort. Ministerpräsident Messner räumte im Übrigen trotz der Propaganda von der »zweiten Etappe« offen ein, dass es sich dabei »im Prinzip um dieselbe Reform handelt, die die Partei auf ihrem IX. Parteitag [1981] initiiert hat«.[36] Politisch heikel war jedoch vor allem, dass das Konzept die vorgesehenen strukturellen Reformmaßnahmen größtenteils vom Erfolg einer schnellen und radikalen Preisreform abhängig machte, die Angebot und Nachfrage durch massive Preiserhöhungen für subventionierte Konsumgüter und Lebensmittel in Einklang bringen sollte.[37] Dafür sei man, wie es in der Einleitung des Programms warnend hieß, auf »volles Verständnis seitens der Gesellschaft« angewiesen – denn »um unser Land auf ein höheres Niveau zu heben, sind noch Unannehmlichkeiten zu ertragen, die uns niemand abnehmen wird«.[38]

Indes konnte sich General Jaruzelski, der als unumschränkter Machthaber weiterhin die Strategie des Regimes bestimmte, noch immer nicht dazu durchringen, zugunsten wirtschaftlicher Liberalisierung ernsthaft auf obrigkeitsstaatliche Disziplinierungsinstrumente und Kontrollstrukturen zu verzichten. Parallel zur »zweiten Etappe der Wirtschaftsreform« ließ er eine weitere Initiative aus der Taufe heben, die das Ziel der Effizienzsteigerung in Wirtschaft und Verwaltung mit bürokratisch-administrativen Mitteln voranbringen sollte: In einer Kommission mit dem imposanten Titel »Partei- und Regierungskommission zur Überprüfung und Modernisierung von Organisationsstrukturen in Wirtschaft und Staat« (Partyjno-Rządowa Komisja ds. Przeglądu i Unowocześnienia Struktur

36 Przemówienie członka Biura Politycznego KC PZPR, prezesa Rady Ministrów Zbigniewa Messnera, in: V Plenum KC PZPR, S. 9–23, hier S. 9.

37 Vgl. Gabrisch: Die »zweite Etappe der Wirtschaftsreform« in Polen, S. 20–22.

38 Program realizacyjny drugiego etapu reformy gospodarczej (projekt), in: Rzeczpospolita, Nr. 247 vom 22.10.1987, Beilage »Reforma Gospodarcza« Nr. 115, S. I–IV, hier S. I.

Organizacyjnych Gospodarki i Państwa), die im September 1986 ihre Tätigkeit aufnahm, dachte ein »mehrhundertköpfiger Kreis von Funktionären, Wissenschaftlern und Praktikern« über die »Rationalisierung der Beschäftigungsstruktur und des Beschäftigungsniveaus«, verbesserten Bürgerservice und Bürokratieabbau nach.[39] Diese Herangehensweise war zweifellos ganz nach dem Geschmack Jaruzelskis; sie produzierte allerdings nicht viel mehr als eine Reihe von Empfehlungen, die so oder ähnlich bereits von der Reformkommission der Jahre 1980–1981 formuliert worden waren – etwa den Abbau von Verwaltungsstellen in staatlichen Betrieben und im Parteiapparat, die Fusion der Branchenministerien sowie die Schaffung mittelständischer Wirtschaftsstrukturen, die auf elastisch und selbstständig am Markt agierenden kleinen und mittleren Unternehmen basieren sollen. Die Lobbyisten der Schwerindustrie in der Regierung Messner sorgten wohlweislich dafür, dass Branchen wie Kohle, Stahl, Energiewirtschaft oder Elektroindustrie von den geplanten Zumutungen des Wettbewerbs von vornherein ausgenommen wurden – diese sollten vielmehr nach DDR-Vorbild in monopolistischen Kombinaten organisiert werden.[40] Entsprechende Sonderregelungen für große Teile der Schwerindustrie fanden auch ihren Weg in das Realisierungsprogramm der »zweiten Etappe der Wirtschaftsreform«.[41]

39 Siehe die Materialien der Auftaktsitzung der von ZK-Sekretär Marian Woźniak geleiteten Kommission vom 24.9.1986, AAN, KC PZPR, LXIX/273; die Zitate stammen aus deren Abschlussbericht: Raport o przebiegu przeglądu i unowocześnienia struktur organizacyjnych w gospodarce i państwie i dotychczasowych efektach, 21.9.1987, AAN, KC PZPR, LXX/48, S. 1.

40 Siehe Informacja o pracach Komisji Partyjno-Rządowej do spraw przeglądu i unowocześnienia struktur organizacyjnych gospodarki i państwa. Wystąpienie Przewodniczącego Komisji Partyjno-Rządowej członka Biura Politycznego Sekretarza KC tow. Mariana Woźniaka na VI Plenum Komitetu Centralnego PZPR, 15.12.1987; sowie Komisja Partyjno-Rządowa d/s przeglądu i unowocześnienia struktur organizacyjnych gospodarki i państwa, Zespół d/s przeglądu struktur organizacyjnych gospodarki, Przewodniczący Zespołu Zbigniew Szałajda: Ocena wdrażania i stan dalszych prac nad przekształceniami struktury organizacyjnej gospodarki, 22.2.1988, beide AAN, KC PZPR, LXX/51.

41 Vgl. Grala: Reformy gospodarcze, S. 305–307.

Was die parallel dazu begonnene kampagnenmäßige Überprüfung und »Attestierung« von Organisations- und Beschäftigungsstrukturen in den Betrieben betraf, so bestätigten Stichproben der Obersten Kontrollkammer (NIK) schwarz auf weiß, dass diese keinerlei greifbare Effekte zeitigten.[42] Dass Innenminister Czesław Kiszczak ebenfalls seinen Beitrag zu dem großen Reformwerk leisten wollte, indem er sich öffentlich rühmte, durch die Verringerung der Zahl der Dienstwagen und Telefonverbindungen in der öffentlichen Verwaltung erhebliche Einsparungen zu erzielen, wurde nicht nur in der oppositionellen Presse, sondern sogar in einer halböffentlich zirkulierenden Denkschrift von Mieczysław Rakowski mit Spott und Unverständnis kommentiert.[43] Als konkretes Ergebnis der Kommissionsvorschläge blieb deshalb nur die Bündelung von vier bisherigen Branchenministerien in einem Industrieministerium sowie drei weiterer Ministerien in einem Ministerium für Transport, Schifffahrt und Kommunikation. Auch dieser Schritt war bereits im Reformkonzept von 1981 vorgesehen. Nun verkaufte die Regierung Messner diese jahrelang verschleppte Maßnahme als Auftakt für die »zweite Reformetappe«. Sie versäumte freilich nicht, die im Oktober 1987 endlich umgesetzte Restrukturierung der Ministerialbürokratie zu nutzen, um im Kohlebergbau und in der Energiewirtschaft neue monopolistische Strukturen zu schaffen, die große Teile der Zuständigkeiten der bisherigen Branchenministerien übernahmen.[44]

42 Siehe NIK, Zespół Pracy, Spraw Socjalnych i Zdrowia: Informacja o wynikach kontroli skuteczności działań na rzecz postępu organizacyjnego w przemyśle i budownictwie /w tym przeglądu struktur organizacyjnych i atestacji stanowisk pracy w przedsiębiorstwach państwowych/, 16.3.1988; sowie Wydział Polityki Społeczno-Ekonomicznej KC PZPR: Notatka w sprawie wyników kontroli NIK w zakresie skuteczności działań na rzecz postępu organizacyjnego w przemyśle i budownictwie, 18.4.1988, beide AAN, KC PZPR, LXX/51.

43 Siehe j.a.: Tajemniczy II etap, in: Tygodnik Mazowsze, Nr. 207 vom 22.4.1987, S. 1. 3; GRZ.: Z prasy oficjalnej, in: Tygodnik Mazowsze, Nr. 211 vom 13.5.1987, S. 4; Mieczysław F. Rakowski: Tajny referat Rakowskiego, Warszawa: Myśl 1987, S. 21.

44 Siehe Propozycje zmian funkcji i struktury naczelnych i centralnych organów administracji państwowej. Załącznik do pisma URM, September 1987, AAN, KC PZPR, LXX/51; vgl. Grala: Reformy gospodarcze, S. 145, 303 f.

In Anbetracht dieser fortgesetzten Augenwischerei nimmt es nicht wunder, dass die »zweite Etappe der Wirtschaftsreform« in der polnischen Öffentlichkeit durchweg als »zweite Etappe des Gequatsches« empfunden wurde. So jedenfalls fasste die sogenannte Dreiergruppe, ein informelles Beratungsgremium aus ZK-Sekretär Stanisław Ciosek, Geheimdienstgeneral Władysław Pożoga und Regierungssprecher Jerzy Urban, in einem ihrer vertraulichen Memoranden an General Jaruzelski die verbreitete Wahrnehmung zusammen.[45] Anstatt konservativ eingestellte Kader zu Reformen anzutreiben, brauchte es nach Ansicht der Insider aus den Führungszirkeln des Regimes dringend reale wirtschaftspolitische Macht in den Händen »tatsächlicher, leidenschaftlicher Reformer«.[46] In diversen Strategiepapieren, mit denen reformorientierte Kräfte wie die »Dreiergruppe« und der vormalige Vizepremier Rakowski bei Jaruzelski für mutigere Reformschritte warben, verwiesen diese auf die kontinuierlich wachsende Unzufriedenheit mit der Wirtschaftslage. Diese stieg in den regelmäßigen Umfragen des regierungseigenen Meinungsforschungsinstituts CBOS von 46 Prozent im Dezember 1985 auf 69 Prozent im April 1987 an.[47] Mieczysław Rakowski, der sich mit seiner Denkschrift zugleich selbst als dynamische Alternative zu Ministerpräsident Messner empfahl, zeichnete ein geradezu vernichtendes Bild des Status quo, für den er kaum zwei Jahre zuvor noch selbst politisch verantwortlich gezeichnet hatte:

45 Stanisław Ciosek/Władysław Pożoga/Jerzy Urban: Raport zespołu trzech, 8.9.1987, in: Paczkowski: Nastroje przed bitwą, S. 63. – Vgl. zur historischen Einordnung der Strategiepapiere der »Dreiergruppe« Kowal: Koniec systemu władzy, S. 65–76; Garlicki: Memoriały zespołu trzech.

46 Die Berufung des Reformbefürworters Zdzisław Sadowski zum Vizepremier für die Wirtschaftsreform betrachteten sie als unzureichend, da diesem die reale Macht zur Umsetzung seiner Vorschläge fehle. – Ciosek/Pożoga/Urban: Raport zespołu trzech, 8.9.1987, S. 76f.

47 Vgl. Dudek: Reglamentowana rewolucja, S. 96f.; Baka: Zmagania o reformę, S. 151 (Eintrag vom 3.10.1987).

»Das Alltagsleben der Polen [...] ist nicht nur schwierig, sondern höchst erniedrigend. Um alles muss man bitten, sich bemühen und allzu oft in die Tasche greifen, denn die Korruption zerfrisst wie Krebs den nationalen Organismus. Zur Reihe der Demütigungen ist auch die Allmacht des Dollars zu zählen, dem heute bedeutend größeres Vertrauen entgegengebracht wird als unserem Złoty. Die Jagd nach dem Dollar demoralisiert die Gesellschaft.«[48]

Angesichts dieser Misere kämen insbesondere junge Menschen beim vergleichenden Blick auf den Lebensstandard im Kapitalismus zu der Ansicht, »dass das ein System ist, in dem sowohl der Arbeiter als auch der Bourgeois von den Vorteilen profitieren können, die technischer Fortschritt, Wettstreit und Konkurrenz mit sich bringen«. Rakowski zog daraus das für einen kommunistischen Spitzenpolitiker bemerkenswerte Fazit: »Die bisher in der sozialistischen Formation angewandten Methoden zum Aufbau einer sozialistischen Wirtschafts- und Sozialordnung haben ihre Wirksamkeit eingebüßt.«[49] Namentlich die »bisherigen Eigentumsformen (Übergewicht des Staatseigentums über allen anderen) garantieren nicht das erwünschte Wachstum der Arbeitsproduktivität«. Der »wahrscheinlich einzige Weg zur Steigerung der wirtschaftlichen Effektivität des sozialistischen Systems« liege deshalb in der Übereignung der Eigentumsrechte an den Produktionsmitteln an die unmittelbaren Produzenten, sei es mittels Arbeiterselbstverwaltung oder Verkauf von Unternehmensaktien.[50]

Weniger eindeutig als Rakowskis Kritik am Versagen der Regierung Messner und ihrer »zweiten Reformetappe« waren allerdings seine konkreten Vorschläge, was er denn anders machen würde. Während Partei-

48 Rakowski: Tajny referat Rakowskiego, S. 13. – Wie Rakowski in seinen Tagebüchern zufrieden notierte, war seine als »geheim« klassifizierte Denkschrift »im Warschauer Establishment allgemein bekannt« und wurde sogar im Zweiten Umlauf nachgedruckt. Siehe Rakowski: Dzienniki polityczne 1987–1990, S. 110f. (Eintrag vom 26.10.1987).

49 Rakowski: Tajny referat Rakowskiego, S. 7f.

50 Ebd., S. 10.

ökonomen zu diesem Zeitpunkt bereits öffentlich über zuvor undenkbare Ideen wie die Implementierung von kapitalmarktbasierten Holdingstrukturen diskutierten,[51] beschränkte sich Rakowski im Wesentlichen auf Forderungen nach einer unmissverständlichen, »harten Sprache« seitens der Regierung, nach einer klaren Abgrenzung privaten und »gesamtnationalen« Eigentums sowie nach einem radikalen Bürokratieabbau, der die Innovationspotenziale und Ambitionen »von Millionen Werktätigen« freisetzen solle.[52] So vage Rakowski auch blieb – zumindest stilistisch war eine gewisse Orientierung am kompromisslosen Auftreten der »Eisernen Lady« nicht von der Hand zu weisen.

Auch die »Dreiergruppe« drängte auf eine »geradezu revolutionäre Wirtschaftsreform«,[53] die sie in expliziter Abgrenzung vom verbrauchten Schlagwort der »zweiten Etappe« und in sicher nicht zufälliger Anlehnung an Lenin mit dem Etikett »Neue Wirtschaftliche Politik« (Nowa Polityka Gospodarcza) zu adeln suchte. Ciosek, Pożoga und Urban verfügten selbst zwar nicht über wirtschaftspolitische Expertise. Sie griffen aber Forderungen nach Ausweitung des Wettbewerbsprinzips, rechtlicher Gleichberechtigung von privatem und staatlichem Sektor oder verstärkter Einkommensdifferenzierung auf, die im Zuge der Diskussionen über die »zweite Etappe« schon beinahe zu Allgemeinplätzen des staatssozialistischen Reformdiskurses geworden waren, und spitzten diese auf eine radikale Vision des Rückzugs des Staates aus der direkten Wirtschaftslenkung zu. Dieser sollte mit einer »Befreiung jeglicher Art von wirtschaftlicher Initiative« (bevorzugt innerhalb des Staatssektors), grünem Licht für Unternehmensgründer und der Etablierung eines kommerzialisierten

51 Siehe Adam Lipowski: Plan a rynek, in: Polityka, Nr. 17 vom 25.4.1987, S. 5; Maciej Iwanek/Marcin Święcicki: Handlować kapitałem w socjalizmie, in: Polityka, Nr. 21 vom 23.5.1987, S. 5.

52 Rakowski: Tajny referat Rakowskiego, S. 18–22. – Zu den abzubauenden administrativen Hürden zählte Rakowski auch die Zoll- und Reisebeschränkungen innerhalb des sozialistischen Lagers, die spätestens mit dem angestrebten Wegfall der Grenzkontrollen im westeuropäischen Schengen-Raum vollends anachronistisch würden. Siehe ebd., S. 11.

53 Ciosek/Pożoga/Urban: Raport zespołu trzech, 8.9.1987, S. 70.

Bankensystems einhergehen.[54] Darüber hinaus machten sie sich für die sofortige Freigabe aller regulierten Preise stark und unterbreiteten sogar einen kuriosen Vorschlag, der auf die Formalisierung des inoffiziell ohnehin bestehenden Doppelwährungssystems durch die parallele Einführung eines härteren, perspektivisch konvertiblen Złoty hinauslief.[55] All dies blieb jedoch im Rahmen eines hybriden markt- und planwirtschaftlichen Mischsystems unter maßgeblicher Kontrolle der Partei, wie die Autoren (zur eigenen Beruhigung?) versicherten: »Das System bleibt sozialistisch, weil die Industrie, das Verkehrswesen, die Banken, die Mehrheit der Dienstleistungen und des Transports in den Händen des Staates bleiben. Der Markt wird gesellschaftlicher Kontrolle unterliegen.«[56]

Im Kern zielten die wiederholten Plädoyers der »Dreiergruppe« darauf ab, sich bei der Wirtschaftsreform endlich von der Politik der kleinen Schritte zu verabschieden und ungeachtet möglicher Risiken »sehr schnell sehr wesentliche, tiefe, radikale, glaubwürdige und effektive Maßnahmen« zu ergreifen, die einen »politisch-wirtschaftlichen Schock« auslösen und von der Bevölkerung als Weckruf wahrgenommen werden sollten.[57] Interessanterweise legten die informellen Berater Jaruzelskis auch die politische Kalkulation offen, die sich mit einer wirtschaftlichen Liberalisierung aus ihrer Sicht (auch) verband:

> Die »planmäßige Anstiftung der Klientel und Basis der [...] Opposition zu privater Initiative« sei höchst wünschenswert, solange dabei »kollektive Unternehmungen« ausgeschlossen blieben. Denn: »Indem man

54 Memoriał Jerzego Urbana, Stanisława Cioska i gen. Władysława Pożogi dla gen. Wojciecha Jaruzelskiego z propozycjami reform gospodarczych i ogłoszenia »Nowej Polityki Gospodarczej«, Februar–März 1987, in: Borodziej/Garlicki (Hg.): Okrągły Stół. Dokumenty i materiały, Bd. 1, Dok. 4, S. 71–79.

55 Ciosek/Pożoga/Urban: Raport zespołu trzech, 8.9.1987, S. 78; vgl. auch Dudek: Reglamentowana rewolucja, S. 103.

56 Memoriał Urbana, Cioska i gen. Pożogi, Februar–März 1987, S. 79. – Kowal sieht in dem Memorandum sogar einen »Entwurf für einen Plan zum Aufbau eines Nomenklatura-Kapitalismus unter dem diskreten Patronat Wojciech Jaruzelskis und seiner Umgebung«. Siehe Kowal: Koniec systemu władzy, S. 73.

57 Ciosek/Pożoga/Urban: Raport zespołu trzech, 8.9.1987, S. 71; Memoriał Urbana, Cioska i gen. Pożogi, Februar–März 1987, S. 71.

ihnen die Gründung eines Geschäfts erleichtert, orientiert man sie von der Politik zur Selbstbereicherung um, bietet der Aktivität dieser Leute ein Ventil, atomisiert sie und macht sie sehr stark abhängig von verschiedenen staatlichen Kontrollen oder Finanzbehörden. Es ermöglicht grundsätzlich auch, sie nötigenfalls als Steuerbetrüger oder sogar als Kriminelle zu verfolgen.«[58]

Hier war die Idee der wirtschaftlichen Liberalisierung als Alternative zur politischen Demokratisierung, die in den Reformüberlegungen der Parteispitze sonst meist unausgesprochen mitgedacht war, explizit ausformuliert. Zugleich artikulierte sich in der Hoffnung auf eine mögliche Kriminalisierung der privatwirtschaftlichen Betätigung oppositionell Gesinnter noch recht deutlich die hergebrachte obrigkeitsstaatliche Perspektive auf die *prywaciarze*. Dass ein wirtschaftspolitischer Paradigmenwechsel auch die gesellschaftliche Akzeptanz einer solchen administrativen Gängelung grundlegend verändern würde, vermochten sich Jaruzelskis Berater offenbar noch nicht recht vorzustellen.

Eine weitere Gruppe von Experten, die auf eine radikale Wirtschaftsreform und speziell auf eine Senkung der Binnennachfrage sowie der Realeinkommen der Bevölkerung drängten, waren die Analysten und Repräsentanten von IWF und Weltbank, die sich seit dem Beitritt Polens zu beiden Finanzinstitutionen im Juni 1986 regelmäßig in Warschau aufhielten. Diese zeigten sich angetan von der Offenheit und Bereitschaft zur Selbstkritik, der sie bei polnischen Regimevertretern begegneten und die sie andernorts im kommunistischen Ostblock nicht gewohnt waren.[59] Entsprechend erkannte die Weltbank in ihrem 1987 erarbeiteten ersten umfangreichen Report zu Polen die polnischen Bemühungen um wirt-

58 Memoriał Jerzego Urbana, Stanisława Cioska i gen. Władysława Pożogi dla gen. Wojciecha Jaruzelskiego pt. Propozycje niektórych posunięć na rok 1987, Januar 1987, in: Borodziej/Garlicki (Hg.): Okrągły Stół. Dokumenty i materiały, Bd. 1, Dok. 2, S. 55–64, hier S. 63; vgl. auch Dudek: Reglamentowana rewolucja, S. 100.

59 L.A. Whittome to Managing Director/Deputy Managing Director: Office Memorandum: Poland, 27.1.1987, IMF Archives, Richard D. Erb Country Files, Poland – 82662, Bl. 105–110, hier Bl. 107, https://archivescatalog.imf.org/Details/archive/110072137 (Zugriff am 13.10.2021).

schaftliche Reformen durchaus an: »The systemic origins of the crisis were widely recognized and officially accepted in Poland. The sweeping program of economic reform, which was adopted by a Party Congress in 1981, legislated during the Martial Law period, and recently reaffirmed in the ›Theses on the Second Stage of the Economic Reform‹, is fundamentally well conceived.«[60] Aus Sicht von Oppositionellen zeugten derart wohlwollende Urteile von der »Naivität« der westlichen Experten, welche die Regierungspropaganda über die vermeintlichen »Reformen« der Jahre 1982–1986 für bare Münze nähmen. Zugleich stießen sich Kritiker aus dem linken Spektrum der Opposition nicht ganz zu Unrecht daran, dass die westlichen Finanzinstitutionen in ihrer technokratisch-wirtschaftsliberalen Herangehensweise auf einer Wellenlänge mit der kommunistischen Regierung waren.[61]

In der Sache blieben die Vertreter von IWF und Weltbank allerdings verbindlich. Ebenso deutlich, wie sie die Ziele der anvisierten »zweiten Etappe der Wirtschaftsreform« lobten, kritisierten sie die mangelnde Konkretion und Umsetzbarkeit der Reformpläne. Zudem hegten sie Zweifel an der Glaubwürdigkeit der wiederholten polnischen Absichtserklärungen. Deshalb mahnte das Direktorium des Währungsfonds in seiner offiziellen Stellungnahme vom September 1987 die polnische Regierung »to proceed as rapidly as possible with the finalization of a policy package that would be strongly frontloaded, and to avoid a piecemeal approach that was unlikely to be effective and might perhaps be counterproduc-

60 The World Bank: Poland: Reform, Adjustment and Growth. Report No. 6736-POL. Volume I: Main Report, 17.8.1987, S. ii, The World Bank Documents & Reports, http://documents.worldbank.org/curated/en/369791468092378189/Main-report (Zugriff am 13.10.2021).

61 Siehe Jerzy Surdykowski: Otóż nie ..., in: Krytyka, 1987, Nr. 26, S. 15–22, hier S. 17; Opinia Eksperta Sieci na temat Raportu Banku Światowego »Polska reforma, dostosowanie i wzrost«, Ośrodek Karta, AO IV/68.5. – Ähnlich äußerte sich Stefan Bratkowski in einer von Lech Wałęsa einberufenen Diskussion oppositionsnaher Experten am 7. November 1987 in einer Warschauer Kirche. Siehe Narada przedstawicieli środowisk niezależnych 7 listopada 1987 roku, Warszawa, kościół Miłosierdzia Bożego przy ulicy Żytniej, in: Strasz (Hg.): Komitet Obywatelski. Stenogramy posiedzeń, S. 73–168, hier S. 123.

tive«.[62] Die Differenzen waren auch substanzieller Natur: Insbesondere das polnische Beharren auf einem aus politischen und sozialen Gründen unverzichtbaren Wachstum des inländischen Konsums (um 2,5 Prozent jährlich) war im Lichte der Austeritätsdoktrin des IWF inakzeptabel.[63] Vor diesem Hintergrund reagierten IWF-Vertreter auf wiederholte polnische Anfragen nach Stand-by-Krediten und anderer finanzieller Unterstützung stets ausweichend.[64]

In vertraulichen internen Dokumenten äußerten die IWF-Offiziellen aber sehr wohl Verständnis für die Argumente der polnischen Regierung: »A difficulty for us is that their plea for caution as regards the speed of adjustment has a political/economical validity of which we have to be aware«, räumte der Direktor der Europa-Abteilung des IWF Alan Whittome im Februar 1987 ein.[65] Nach der Veröffentlichung des Realisierungsprogramms der »zweiten Reformetappe« im Oktober 1987 zeigte er sich in einer Mitteilung an IWF-Chef Michel Camdessus beeindruckt von

62 The Chairman's Summing Up at the Conclusion of the 1987 Article IV Consultation with the Polish People's Republic. Executive Board Meeting 87/139, 16.9.1987 (25.9.1987), S. 2, IMF Archives, Executive Board Documents, 351139, https://archivescatalog.imf.org/Details/archive/125083367 (Zugriff am 13.10.2021). – Vgl. zur Positionierung des IWF gegenüber Polen auch Bartel: Triumph of Broken Promises, S. 201–232.

63 Jim Prust: Memorandum for files: Poland – the Managing Director's Meeting with Polish Delegation on September 17 (25.9.1987), IMF Archives, Richard D. Erb Country Files, Poland – 82662, Bl. 20 f., https://archivescatalog.imf.org/Details/archive/110072137 (Zugriff am 13.10.2021).

64 So berichtete Alan Whittome nach seiner Warschau-Reise im Januar 1987: »We emphasized to all whom we met that these figures provided absolutely no basis for a stand-by. It would be impossible for the Fund to contemplate a stand-by, which would need to be fully repaid in five years time, with a country that planned to be still in substantial deficit at that time, had no alternative sources of finance and was already in substantial debt arrears.« – L.A. Whittome to Managing Director/Deputy Managing Director: Office Memorandum: Poland, 27.1.1987, IMF Archives, Richard D. Erb Country Files, Poland – 82662, Bl. 105–110, hier Bl. 105–107, https://archivescatalog.imf.org/Details/archive/110072137 (Zugriff am 13.10.2021).

65 L.A. Whittome to Managing Director/Deputy Managing Director: Office Memorandum: Poland – President Baka's Visit, 20.2.1987, IMF Archives, Richard D. Erb Country Files, Poland – 82662, Bl. 85 f., https://archivescatalog.imf.org/Details/archive/110072137 (Zugriff am 13.10.2021).

den nunmehr vorgelegten polnischen Reformplänen: »The changes now in train promise to be very substantial and could, very roughly, take the Polish economy in two years at least as far as gradual reforms have so far taken the Hungarian economy over twenty years.« Die Risiken seien zwar weiterhin evident, doch »[t]he West may be missing an unusual opportunity to help and influence reform«.[66]

Die insgesamt nachsichtige Haltung des IWF gegenüber dem polnischen Regime rührte sicherlich nicht zuletzt aus der Einsicht her, dass es gerade die vom Westen geförderte demokratische Opposition war, die die Durchsetzung harter Austeritätsauflagen potenziell erschwerte. In einem Briefing für Generaldirektor Camdessus fasste Whittomes Nachfolger im Amt des Europa-Direktors Massimo Russo diesen Widerspruch im Mai 1988 folgendermaßen zusammen: »A setback for reform in Poland could have adverse repercussions elsewhere in the Eastern bloc. But support for reform needs to be tempered by recognition that the steps it requires may be widely unpopular, notably to those in the labor movement most hostile to the regime.«[67] Dies hinderte Russo freilich nicht, während eines Aufenthalts in Warschau informell bei der polnischen katholischen Kirche vorzufühlen, ob diese ein etwaiges Engagement des IWF für wünschenswert hielte, auch dann wenn die polnische Regierung den Dialog mit der Solidarność-Opposition weiterhin verweigere. Die Kirchenvertreter äußerten keine Einwände.[68]

66 L.A. Whittome to Managing Director/Deputy Managing Director: Office Memorandum: Visit to Poland, 26.10.1987, IMF Archives, Richard D. Erb Country Files, Poland – 82662, Bl. 18, https://archivescatalog.imf.org/Details/archive/110072137 (Zugriff am 13.10.2021).

67 Massimo Russo to Managing Director: Poland: Brief for the Managing Director's Visit to the United Kingdom, 6.5.1988, IMF Archives, Richard D. Erb Country Files, Poland – 82663, Bl. 92, https://archivescatalog.imf.org/Details/archive/110072138 (Zugriff am 13.10.2021).

68 Siehe Massimo Russo to Managing Director: Office Memorandum: Poland – 1988 Article IV Consultation – Back-to-Office Report, 24.6.1988, IMF Archives, Richard D. Erb Country Files, Poland – 82663, Bl. 59 f., https://archivescatalog.imf.org/Details/archive/110072138 (Zugriff am 13.10.2021).

## 2. Das gescheiterte Referendum im November 1987

Derweil deuteten die Einlassungen General Jaruzelskis zu Wirtschaftsfragen darauf hin, dass auch er sich langsam von seinem Vertrauen in die segensreiche Wirkung von Disziplin und Kontrolle verabschiedete. So distanzierte er sich im Herbst 1987 öffentlich von Repressions- und Kontrollmaßnahmen als Mittel zur Bekämpfung unerwünschter Entwicklungen im Wirtschaftsleben. Seine Einsicht, »wirtschaftliche Deformationen, Schwarzmarkt und Spekulation« seien nur durch »konsequenten Kampf gegen die Ursachen dieser Phänomene« erfolgreich einzudämmen, konnte durchaus als Eingeständnis einer verfehlten Politik in den vergangenen Jahren verstanden werden.[69] Gleichwohl zog der General die ideologischen Grenzen für eine Liberalisierung der Wirtschaftsordnung vergleichsweise eng, indem er im ZK-Sekretariat betonte: »[Wir müssen] eindeutig und entschieden festhalten, dass in Polen das gesellschaftliche Eigentum an Produktionsmitteln dominiert und dominieren wird. Das ist der Kanon.« Zwar sollten andere Eigentumsformen »gleichrangig« behandelt werden, sie könnten aber nur eine Ergänzung darstellen. »Die sozialistische Wirtschaft«, so Jaruzelski, »muss nicht privat sein, um effizient zu sein – sie muss gerecht sein […].«[70]

Dass Jaruzelski weiterhin zögerte, eine radikale Wirtschaftsreform in Angriff zu nehmen, lag vor allem daran, dass er sich der Gefahr massiven Widerstands gegen die unvermittelte Herstellung eines annähernden Marktgleichgewichts auf den Energie- und Konsumgütermärkten bewusst war. Die von Vizepremier Sadowski geplante Preisreform, die bei Lebensmitteln (mit Ausnahme weniger Grundnahrungsmittel wie Brot und Milch) Preiserhöhungen von 110 Prozent vorsah, erst recht aber die von Urban, Ciosek und Pożoga vorgeschlagene schlagartige Aufhebung

69 Przemówienie I sekretarza KC PZPR Wojciecha Jaruzelskiego wygłoszone na zakończenie obrad, in: V Plenum KC PZPR, S. 29–38, hier S. 34f.

70 Protokół nr 23 z posiedzenia Sekretariatu KC PZPR w dniu 27.7.1987, AAN, KC PZPR, VII/85, Bl. 8–27, hier Bl. 24–26.

der Preisregulierung mussten schmerzhafte Reallohnverluste für breite Bevölkerungsschichten nach sich ziehen. Beide Maßnahmen würden darüber hinaus die von Rakowski beklagten, bisher noch administrativ unter Kontrolle gehaltenen inflationären Tendenzen zusätzlich befeuern. Gegenwind war außerdem nicht nur von der illegal agierenden demokratischen Opposition zu erwarten. Der regimetreue Gewerkschaftsverband OPZZ unter Führung von Alfred Miodowicz hatte bereits im März 1987 für erhebliche Irritationen unter den Folgsamkeit gewohnten Spitzengenossen gesorgt, indem er sich vehement gegen geplante Preiserhöhungen ausgesprochen und deshalb auch die Pläne für die »zweite Reformetappe« ausdrücklich abgelehnt hatte. Ungeachtet des Umstands, dass Miodowicz dem Politbüro der Partei angehörte, das die Regierung Messner geradezu zu dieser Reform gedrängt hatte, drohten die Gewerkschafter für den Fall nicht kompensierter Preiserhöhungen mit Streiks und machten offen Stimmung gegen die Regierungspläne.[71] Auch in den Briefen und Eingaben an das Zentralkomitee der Partei und andere zentrale Institutionen des Regimes zeichnete sich eine zunehmende Polarisierung ab: Während ein Teil der Bürger immer deutlicher seinem Missmut über die schleppende Umsetzung der angekündigten »zweiten Reformetappe« Luft machte und weitergehende Liberalisierungsschritte einforderte,[72] überwog unter älteren Genossinnen und Genossen die Skepsis gegenüber den vermeintlich systemfremden Reformansätzen und die Empörung über die damit verbundenen Preiserhöhungen. Die zuständigen ZK-Funktionäre führten diese Haltung auf ein »doktrinäres Verständnis der Prinzipien des Sozialismus in der Wirtschaft« und eine ausgeprägte »Sehnsucht nach

71 Vgl. Dudek: Reglamentowana rewolucja, S. 91 f.; für die Reaktionen von Spitzenpolitikern der Partei siehe Rakowski: Dzienniki polityczne 1987–1990, S. 56 f. (Eintrag vom 18.3.1987).

72 Siehe Biuro Listów i Inspekcji KC PZPR: Opinie autorów listów do KC PZPR, centralnych organów władzy i administracji państwowej oraz środków masowego przekazu na temat problematyki obrad VI Plenum KC, 25.11.1987, AAN, KC PZPR, XXVII/18, Bl. 464–[485], hier insbes. Bl. 466–[472] [inkonsistente Paginierung].

einem nicht nur superbehütenden, sondern auch omnipotenten Staat« zurück.[73]

Möglicherweise gab es Jaruzelski auch zu denken, dass ausgerechnet der rumänische Finanzminister im Gespräch mit den polnischen Genossen lobende Worte für die Expertise des IWF fand. Wie die polnische Delegation nach ihrer ersten Teilnahme an der Jahresversammlung des Währungsfonds im Herbst 1986 zu berichten wusste, hob der Rumäne die positiven Erfahrungen hervor, die sein Land mit den IWF-Experten gemacht habe. Deren Beobachtungen seien oft korrekt, nur seien die von ihnen vorgeschlagenen Lösungswege für Planwirtschaften leider ungeeignet.[74] In der Tat hatte Rumäniens neostalinistisch regierender Parteichef Nicolae Ceauşescu seinen eigenen Weg gefunden, um die auf Fiskaldisziplin und Exportpriorisierung beruhenden Rezepte des IWF umzusetzen: Indem er seinen Landsleuten drakonische Einschränkungen des Konsums zumutete, die sogar grundlegende Bedürfnisse wie Energie und Lebensmittel einschlossen, gelang es ihm, der rumänischen Volkswirtschaft die für die Rückzahlung der Westkredite nötigen Dollars abzupressen und die Auslandsverschuldung bis 1989 auf null zu reduzieren.[75] Es liegt auf der Hand, dass eine derart rabiate Austeritätsstrategie aus Sicht Jaruzelskis, der das kommunistische Regime wenige Jahre zuvor nur mit Müh und Not hatte retten können, nachdem Massenproteste gegen vergleichsweise moderate Preiserhöhungen zur Entstehung der Solidarność-Bewegung geführt hatten, vollkommen unrealistisch erscheinen musste.[76]

Wenn die Kommunisten den Polinnen und Polen abverlangen wollten, den Gürtel in der vagen Aussicht auf einen künftigen Wirtschafts-

73 Siehe Biuro Listów i Inspekcji KC PZPR: Informacja o treści listów i skarg skierowanych do Komitetu Centralnego PZPR w II kwartale 1987 roku, Juli 1987, AAN, KC PZPR, XXVII/18, Bl. 154–171, hier Bl. 164f.

74 Siehe Sprawozdanie z pobytu delegacji polskiej na dorocznym zgromadzeniu MFW i Banku Światowego w Waszyngtonie w dniach 27.9.–7.10.1986 r., AAN, URM-KT, 214/248, Bl. 8.

75 Vgl. Ban: Sovereign Debt, Austerity, and Regime Change.

76 Gleichwohl argwöhnten Teile der Opposition, dass Jaruzelski dennoch die »rumänische Variante« wählen könnte. Siehe etwa Nowa fala inflacji. Komunikat Sieci Wiodących Zakładów Pracy, 28.7.1987, Ośrodek Karta, AO IV/68.5.

aufschwung noch enger zu schnallen als ohnehin schon, führte also kein Weg daran vorbei, sich dafür der Zustimmung der Bevölkerung zu versichern. Da Jaruzelski alles daransetzte, politische Konzessionen an die Opposition zu vermeiden, blieb ihm nur, der Partei auf direktem Wege ein demokratisches Mandat für harte Reformen geben zu lassen – oder aber gegenüber dem Westen glaubhaft zu demonstrieren, dass diese eben nicht durchsetzbar waren. Er griff deshalb auf ein für staatssozialistische Verhältnisse durchaus unkonventionelles Mittel zurück: Anstatt der sonst üblichen inszenierten »Konsultationen« sollte das Volk in einem Referendum darüber abstimmen dürfen, ob es zu einer tiefgreifenden Wirtschaftsreform bereit war – auch um den Preis spürbarer sozialer Einschnitte. Diese Option war bereits 1986 in einem internen, auf Anregung Jaruzelskis erstellten Report zur Auslandsverschuldung als Ultima Ratio in Erwägung gezogen worden, falls man sich im Kontext harter Reformauflagen seitens der westlichen Finanzinstitutionen »auf die Meinung der Gesellschaft berufen« müsse.[77] Es sollte das erste Mal seit 1946 sein, dass die polnische Gesellschaft wieder auf diese Weise nach ihrer Meinung gefragt wurde – und anders als damals, als die Kommunisten die Ergebnisse umstandslos fälschten, ging es dieses Mal tatsächlich um eine freie und faire Abstimmung.[78]

Dabei war offenbar von vornherein daran gedacht, nicht nur den Schulterschluss mit dem reformorientierten Teil der Bevölkerung zu suchen, sondern zugleich auch ein Signal des Reformwillens an die westlichen Kreditgeber zu senden. Darauf deutete jedenfalls der ungewöhnliche Umstand hin, dass Jaruzelski das geplante Referendum über das Austeritätsprogramm erstmals Ende Juli 1987 in einem Interview mit dem *Wall Street Journal* öffentlich ankündigte.[79] Gegenüber IWF-Repräsentanten machte ein polnischer Unterhändler kein Geheimnis daraus,

77 Zadłużenie zagraniczne Polski i drogi jego przezwyciężania /Geneza, charakter i skutki zadłużenia/. Skrót raportu, [1986], AAN, KC PZPR, LXIX/272, S. 42.

78 Vgl. Ligarski: O fałszerstwach wyborczych w PRL, S. 46f., 58–61.

79 Karen Elliott House/Robert Keatley/Barry Newman: Jaruzelski Seeks Major Economic Reform. Polish President, in Interview, Also Criticizes U.S., in: Wall Street Journal vom 30.7.1987, S. 18.

dass der Zeitpunkt des Jaruzelski-Interviews von »hopes of a program with the Fund« beeinflusst gewesen sei.[80] Wie heikel das Thema war, war daran abzulesen, dass die offizielle polnische Presse zwar über das Interview des Generals in dem US-amerikanischen Wirtschaftsblatt berichtete, über das angekündigte Referendum aber zunächst kein Wort verlor.[81] Ministerpräsident Zbigniew Messner, der als Chef der für die Wirtschaftsreform formal verantwortlichen Regierung am meisten zu verlieren hatte, beklagte später, er habe ebenso wie andere Politbüro-Mitglieder erst im Nachhinein von dieser Entscheidung Jaruzelskis erfahren.[82] Ihm blieb in den folgenden Monaten also nur, gute Miene zum bösen Spiel zu machen.

Der Vorstoß Jaruzelskis kam jedoch nicht aus heiterem Himmel. Bereits in den vorangegangenen Monaten waren die rechtlichen Grundlagen für eine solche Volksbefragung geschaffen worden, indem der Sejm eigens zu diesem Zweck die Verfassung geändert und ein Gesetz verabschiedet hatte, das lokale und landesweite Referenden ermöglichte. Dabei war (trotz kontroverser Diskussion im Politbüro der Partei) das ungewöhnlich hohe Quorum von 50 Prozent der Wahlberechtigten (nicht der tatsächlich abgegebenen Stimmen) für die Gültigkeit von Referenden festgeschrieben worden. Die Hürde, die sich das Regime selbst gesetzt hatte, war also nicht eben niedrig – vielleicht um missliebige Abstimmungsinitiativen von unten zu erschweren, vielleicht auch einfach wegen mangelnder Erfahrung mit den technischen Detailfragen demokratischer Verfahren.[83] Entsprechend warnten Analysten des Innenministeriums vor der »ernsthaften Gefahr« eines möglichen Boykotts des Referendums, wobei sie eine eventuelle Abstimmungsbeteiligung von weniger als 70 Prozent als »politische Niederlage des Regimes« werteten.[84] Eine weitere Analyse

80 Zit. nach Bartel: Triumph of Broken Promises, S. 214.

81 Siehe PAP: Polska potrzebuje otwarcia zachodnich rynków zbytu. Wywiad Wojciecha Jaruzelskiego dla »The Wall Street Journal«, in: Trybuna Ludu vom 1.8.1987, S. 7.

82 Vgl. Dudek: Reglamentowana rewolucja, S. 116.

83 Vgl. ebd., S. 110–114; Kowal: Koniec systemu władzy, S. 128f.

84 Siehe Zespół Analiz MSW: Notatka dotycząca ewentualnego przeprowadzenia ogólnokrajowego referendum, September 1987, IPN, MSW 0752/1, Bd. 6, Bl. 105–110, in: Dudek (Hg.): Zmierzch dyktatury, Bd. 1, Dok. 12, S. 126–130, hier S. 129.

aus der Chefetage des Staatssicherheitsdienstes riet in der gegenwärtigen Situation sogar generell von der Durchführung des Referendums ab.[85]

Zu diesem Zeitpunkt war außerdem noch unklar, welche Fragen zur Abstimmung gestellt werden sollten und ob diese sich überhaupt auf die Wirtschaftsreform beziehen sollten.[86] Erst am 20. Oktober entschied das Politbüro,[87] dass die Bürgerinnen und Bürger am 29. November 1987 über die folgenden beiden Fragen abstimmen sollten:

> »1. Sind Sie für die vollständige Realisierung des in den Sejm eingebrachten Programms zur radikalen Gesundung der Wirtschaft, das auf eine deutliche Verbesserung der Lebensbedingungen abzielt, auch wenn dies eine zwei- bis dreijährige Übergangsphase schneller Veränderungen erfordert?
> 2. Sprechen Sie sich für das polnische Modell einer vertieften Demokratisierung des politischen Lebens aus, dessen Ziele die Stärkung der Selbstverwaltung, die Erweiterung der Bürgerrechte und die Vergrößerung ihrer Partizipation an der Regierung des Landes sind?«[88]

Die ausgesprochen vagen und unverbindlichen Formulierungen, die symptomatisch für die taktische Vorsicht Jaruzelskis waren, konnten nicht verbergen, dass das Regime de facto um einen Blankoscheck für eine ökonomische Schocktherapie bat, ohne im Gegenzug konkret benannte Demokratisierungsschritte anzubieten. Unter diesen Umständen blieb der Oppositionsbewegung wenig anderes übrig, als zum Boykott der Ab-

85 Siehe Uwagi do propozycji referendum powszechnego [opracowane w szefostwie SB], September 1987, IPN, MSW 0752/1, Bd. 6, Bl. 111 f., in: Dudek (Hg.): Zmierzch dyktatury, Bd. 1, Dok. 13, S. 131 f.

86 Die »Dreiergruppe« riet ausdrücklich davon ab, die Wirtschaftsreform zum Gegenstand der Abstimmung zu machen, denn die Mehrheit würde sich immer gegen radikale Einschnitte aussprechen. Jedenfalls sollten die Fragen konkrete Alternativen enthalten. Die Analysten des Innenministeriums sprachen sich ebenfalls für kontroverse und emotional aufgeladene Fragen aus. Diese könnten etwa die Preispolitik oder die Akzeptanz von Arbeitslosigkeit, aber auch das Thema Schwangerschaftsabbruch betreffen. – Siehe Ciosek/Pożoga/Urban: Raport zespołu trzech, 8.9.1987, S. 82; Zespół Analiz MSW: Notatka dotycząca ewentualnego przeprowadzenia ogólnokrajowego referendum, S. 127.

87 Siehe Rakowski: Dzienniki polityczne 1987–1990, S. 108 f. (Eintrag vom 20.10.1987).

88 Zit. nach Dudek: Reglamentowana rewolucja, S. 117.

stimmung aufzurufen, auch wenn die Meinungen in dieser Frage anfangs geteilt waren.[89] »So wie es war und heute ist, kann es nicht weitergehen. Darüber braucht man die Polen nicht zu befragen«, ließ Lech Wałęsa wissen.[90] Ein Referendum sei nur sinnvoll, »wenn es reale und ehrliche Fragen zum Gegenstand hätte« – nicht aber, wenn es nur darum gehe, »blind über das Vertrauen in das Regime abzustimmen«.[91] Im Endeffekt könne man, kolportierte eine Untergrundzeitschrift einen in Warschau kursierenden Witz, ebenso gut über die Frage abstimmen: »Willst du lieber Schwarzbrot am Weißen Meer oder Weißbrot am Schwarzen Meer?«[92]

Obwohl die im Auftrag der Regierung erstellten Umfragen schon im Vorfeld des Referendums nichts Gutes verhießen und die Führungsriege um Jaruzelski insofern hätte gewarnt sein müssen,[93] zeigte sich die Parteispitze vom tatsächlichen Ergebnis der Abstimmung überrascht. Zwar stimmten nach offiziellen Angaben bei beiden Fragen rund zwei Drittel der Teilnehmenden mit Ja (66 bzw. 69 Prozent); bei einer Abstimmungsbeteiligung von nur 67 Prozent ergab dies aber Zustimmungsraten von nur 44 bzw. 46 Prozent der Wahlberechtigten.[94] Das erforderliche Quorum von 50 Prozent der Wahlberechtigten wurde also für beide Fragen verfehlt. Damit war immerhin klar, dass die polnischen Kommunisten es mit ihrem Bekenntnis zu einer fairen Abstimmung tatsächlich ernst

89 Siehe z. B. Referendum [Diskussion], in: Kos, Nr. 19(127) vom 8.11.1987, S. 3; vgl. Skórzyński: Rewolucja Okrągłego Stołu, S. 82.

90 Oświadczenie Tymczasowej Rady NSZZ »Solidarność« i przewodniczącego NSZZ »Solidarność« Lecha Wałęsa w sprawie przygotowań do referendum, in: Tygodnik Mazowsze, Nr. 224 vom 21.10.1987, Nachdruck in: Olaszek (Hg.): Dokumenty władz NSZZ »Solidarność«, Dok. 121, S. 272 f. – Siehe auch den Boykottaufruf: Stanowisko Krajowej Komisji Wykonawczej NSZZ »Solidarność« w sprawie referendum, 25.10.1987, in: Tygodnik Mazowsze, Nr. 225 vom 28.10.1987, Nachdruck in: Olaszek (Hg.): Dokumenty władz NSZZ »Solidarność«, Dok. 123, S. 275 f.

91 Eröffnungsstatement Wałęsas auf der Narada przedstawicieli środowisk niezależnych, 7.11.1987, S. 80.

92 Jan Realny [Waldemar Maszenda]: Czy referendum jest potrzebne?, in: CDN – Głos Wolnego Robotnika, Nr. 210 vom 21.10.1987, S. 1.

93 Vgl. Kowal: Koniec systemu władzy, S. 128; Dudek: Reglamentowana rewolucja, S. 117 f.

94 Vgl. Dudek: Reglamentowana rewolucja, S. 118.

gemeint hatten und die Ergebnisse, von kleineren Unregelmäßigkeiten abgesehen, nicht gefälscht waren. In der Sitzung des ZK-Sekretariats am Tag nach der Niederlage räumte Jaruzelski konsterniert ein: »Wir sind sehr weit gegangen, man kann wohl sagen: selbstmörderisch.« Gleichwohl wies er die Propagandaexperten der Partei an, möglichst rasch eine positive Interpretation der Ergebnisse zu verbreiten (»keine Niedergeschlagenheit, kein Selbstmitleid, schon gar keine Panik«) und die Unterstützung großer Teile der Bevölkerung für das Referendum und die geplanten Reformen hervorzuheben.[95]

Zieht man den Politikstil Jaruzelskis in Betracht, erscheint es allerdings als sehr wahrscheinlich, dass der General die Eventualität eines verlorenen Referendums von vornherein einkalkuliert hatte. Schließlich hatte er bereits am 27. Juli 1987, kurz vor dem Erscheinen seines Interviews im *Wall Street Journal*, im ZK-Sekretariat räsoniert, ein »Referendum unter der Parole ›schneller oder langsamer‹« könne zur Abmilderung der Widersprüche beitragen, die »im Zuge der Realisierung der zweiten Etappe sehr scharf hervortreten« würden. Eine solche Abstimmung »würde ihre Rolle erfüllen, sogar wenn das Ergebnis negativ wäre«.[96] Die glaubwürdig dargelegte Ablehnung einer schockartig implementierten Austeritätspolitik durch die Bevölkerung mochte der polnischen Seite als Argument in den Verhandlungen mit den westlichen Finanzinstitutionen und Regierungen durchaus von Nutzen sein.[97] Das kommunistische Regime konnte sich auf diese Weise als verantwortungsbewusster Garant wirtschaftspolitischer

95 Als Jaruzelski die Glaubwürdigkeit der Abstimmung hervorhob, räumte er indirekt ein, dass es darum bei vorangegangen Wahlen nicht allzu gut bestellt war: »Doch dieses Ergebnis, Genossen, ist nicht vergleichbar mit irgendeiner anderen Abstimmung im Verlauf der [letzten] vierzig Jahre.« – Protokół z posiedzenia Sekretariatu KC PZPR 30 listopada 1987 r., in: Dudek/Friszke (Hg.): Polska 1986–1989. Koniec systemu, Bd. 3, Dok. 9, S. 54–65, hier S. 59–61; vgl. auch Ligarski: O fałszerstwach wyborczych w PRL, S. 60.

96 Protokół nr 23 z posiedzenia Sekretariatu KC PZPR w dniu 27.7.1987, AAN, KC PZPR, VII/85, Bl. 8–27, hier Bl. 21 f.

97 Über derartige Hintergedanken des Regimes spekulierten oppositionelle Journalisten und Berater z. B. in der Diskussionsrunde Co dalej po referendum, in: CDN – Głos Wolnego Robotnika, Nr. 217 vom 9.12.1987, S. 2.

Vernunft inszenieren, zu dem es angesichts der offenkundig fehlenden Bereitschaft der Bevölkerung zu schmerzhaften Reformen keine Alternative gab.[98] Da sich die polnischen Beziehungen insbesondere zu den USA, deren Position für die Politik von IWF und Weltbank ausschlaggebend war, im Verlauf des Jahres 1987 deutlich gebessert hatten, schien Jaruzelskis Hoffnung auf konkrete ökonomische und finanzielle Zugeständnisse seitens der Amerikaner nicht unbegründet.[99] Anfang Februar 1988 stellte der stellvertretende US-Außenminister John Whitehead denn auch erstmals öffentlich Unterstützung für die polnische Wirtschaftsreform sowie für die polnischen Bemühungen um finanzielle Erleichterungen bei IWF, Weltbank und Pariser Club in Aussicht.[100]

Dennoch bedeuteten sowohl die Durchführung als auch das Misslingen des Referendums eine historische Zäsur: Erstmals in der Geschichte des Ostblocks demonstrierte eine herrschende kommunistische Partei öffentlich, dass sie außerstande war, nach ihren eigenen Maßstäben ausreichende Unterstützung für ihre Politik zu organisieren. Die ideologische Doktrin von der Partei als »führender Kraft«, die der Nation die Richtung vorgibt, war damit vor aller Augen demontiert. Für die Stimmungslage innerhalb des Parteiapparats und für die Bereitschaft von Funktionären der unteren und mittleren Ebene, sich künftig noch für die ideologische Sache ihrer Partei zu exponieren, sollte diese offensichtliche Niederlage nicht ohne Folgen bleiben.[101]

Weitaus schwieriger ist dagegen zu beurteilen, ob mit diesem grundlegenden Eingeständnis fehlender politischer Legitimation die Chancen für eine autoritäre Implementierung einer liberalen marktwirtschaft-

98 Vgl. Zyzak: Efekt domina, Bd. 2, S. 197.
99 Vgl. Domber: Empowering Revolution, S. 174–178, 199–206.
100 Vgl. Kowal: Koniec systemu władzy, S. 307. – Dennoch lehnten die US-Vertreter beim IWF eine Stand-by-Vereinbarung des Währungsfonds mit Polen weiterhin ab. Siehe Massimo Russo to Managing Director: Office Memorandum: Poland–1988 Article IV Consultation–Back-to-Office Report, 24.6.1988, IMF Archives, Richard D. Erb Country Files, Poland – 82663, Bl. 59 f., https://archivescatalog.imf.org/Details/archive/110072138 (Zugriff am 13.10.2021).
101 Vgl. Kowal: Koniec systemu władzy, S. 130–132.

lichen Ordnung in Polen endgültig dahinschwanden. Dem Regime war es offensichtlich nicht gelungen, sich einen Freifahrtschein für den Versuch ausstellen zu lassen, »die marxistisch-leninistische Ideologie durch Vermählung mit der Ideologie Milton Friedmans zu retten«, wie der Oppositionelle Jan Lityński kommentierte.[102] In welchem Verhältnis die auf dem Tisch liegenden Optionen von Demokratisierung und marktwirtschaftlichen Reformen zueinander stehen sollten, blieb aber weiter ungeklärt. Insofern war das Referendum vom November 1987 weniger ein entscheidender Wendepunkt der polnischen Transformationsgeschichte als vielmehr ein Fanal, das zum ersten Mal in aller Öffentlichkeit die grundlegenden Herausforderungen auf die politische Tagesordnung setzte, vor denen Polen und der ganze Ostblock standen. Die beiden Abstimmungsfragen mochten umständlich und vage formuliert sein – sie waren aber zumindest in dem Sinne ehrlich, dass sie die ökonomischen und politischen Dimensionen der bevorstehenden Richtungsentscheidung klar benannten.

Da sich aus den Ergebnissen der Abstimmung alles in allem kein eindeutiges Votum in die eine oder andere Richtung ableiten ließ, blieben echte politische Konsequenzen zunächst aus. Das Regime versuchte weiter, *business as usual* zu betreiben. Die Regierung Messner legte ihre Reformpläne nicht zu den Akten; wohl aber reduzierte sie das Ausmaß der vorgesehenen Preiserhöhungen für Lebensmittel von 110 Prozent auf 40 Prozent. Unter dem Druck der immer selbstbewusster auftretenden OPZZ-Gewerkschaften fand sie sich im Januar 1988 sogar zu einer Überkompensation dieser Preissteigerung bereit, die den Sinn der Preisreform konterkarierte und die inflationären Tendenzen noch weiter befeuerte.[103] Als es trotz dieser Zugeständnisse im Frühjahr 1988 zu mehreren Wellen ökonomisch motivierter Streiks kam, drohte der Regierung die Kontrolle über die wirtschaftliche und politische Lage zu entgleiten. Entsprechend

102 So Lityński am 7. November 1987 auf einer Diskussion führender Oppositionsvertreter, siehe Narada przedstawicieli środowisk niezależnych 7 listopada 1987 roku, S. 137; vgl. ähnlich auch Jan Lityński: Skończył się czas negacji, in: Tygodnik Mazowsze, Nr. 224 vom 21.10.1987, Nachdruck in: Borodziej/Garlicki (Hg.): Okrągły Stół. Dokumenty i materiały, Bd. 1, Dok. 6, S. 81–83.

103 Siehe Baka: Zmagania o reformę, S. 157 (Eintrag vom 21.1.1988).

sah sie sich gezwungen, sich am 11. Mai 1988 vom Sejm außerordentliche Vollmachten zum Durchgriff auf einzelne Staatsbetriebe geben zu lassen, mit denen die Grundsätze des erst am 11. Februar 1988 mit einigen Modifikationen im Parlament beschlossenen »Realisierungsprogramms der zweiten Etappe der Wirtschaftsreform« bereits wieder außer Kraft gesetzt wurden.[104] Je länger das Regime sich durchwurstelte, ohne eine auch nur annähernd konsistente Strategie zu entwickeln, desto unausweichlicher wurde eine wie auch immer geartete Verständigung mit der Opposition.

## 3. »Eine ungeschriebene Übereinkunft unter dem Banner des Marktes«

Hätte sich eine Übereinkunft zwischen dem kommunistischen Regime und der Solidarność-Opposition ausschließlich auf wirtschaftspolitische Fragen beschränken können, so wären deren Chancen seit Mitte der 1980er-Jahre deutlich gestiegen. Denn inzwischen hatten sich die Positionen beider Seiten schrittweise angenähert. Zwar bekannte sich die unter Führung Lech Wałęsas neu konstituierte Landesexekutivkommission (Krajowa Komisja Wykonawcza, KKW) der Solidarność weiterhin ausdrücklich zu dem 1981 beschlossenen Gewerkschaftsprogramm. Das damals formulierte Angebot eines sozialen Konsenses auf der Basis einer »tiefgreifenden und umfassenden Reform, die die polnische Wirtschaft von der Herrschaft des Monopols befreien, den Markt und die menschliche Initiative freisetzen, das System der Nomenklatura durchbrechen [und] gesellschaftliche Kontrolle über die Wirtschaftslenkung ermöglichen würde«, behalte seine Aktualität, erklärte die Spitze der oppositionellen Gewerkschaft nach dem Scheitern des Referendums Ende November 1987. Außerdem positionierte die Landesexekutivkommission sich als verlässliche Verteidigerin sozialer Rechte, indem sie betonte, die Wirtschaftsreform dürfe nicht zur »Verschlechterung des materiellen und

104 Vgl. Grala: Reformy gospodarcze, S. 315 f.

sozialen Daseins der Menschen« führen, sondern müsse eine Perspektive aufzeigen, »dass man [künftig] besser, in Würde [und] ohne verzweifelte Sorge um den morgigen Tag leben kann«.[105]

Dieses Festhalten an den Positionen von 1981 war jedoch in erheblichem Maße politischer Taktik geschuldet, nicht zuletzt der Konkurrenz des offiziellen Gewerkschaftsverbands OPZZ, der sich zunehmend als entschlossener Vertreter von Arbeitnehmerinteressen zu profilieren suchte. Es konnte nicht darüber hinwegtäuschen, dass sich innerhalb der oppositionellen Milieus eine Trendwende zugunsten wirtschaftsliberalen Denkens vollzog. Waren erklärte Anhänger marktliberalen Gedankenguts wie Mirosław Dzielski oder Janusz Korwin-Mikke in der ersten Hälfte der 1980er-Jahre noch als wunderliche Einzelgänger betrachtet worden, die zwar originelle, politisch aber marginale Positionen vertraten, hielten deren Argumente nun zunehmend Einzug in die Diskussionen maßgeblicher Berater der Oppositionsbewegung.

So löste der Ökonom Tomasz Gruszecki, der 1981 zum Beraterkreis des gewerkschaftlichen Sieć-Netzwerks gehört hatte, im November 1986 mit einem Beitrag in der führenden Untergrundzeitung *Tygodnik Mazowsze* eine rege Debatte aus, in dem er für eine Abkehr von den Grundsätzen der Reformkonzepte von 1980–1981 plädierte. Es sei an der Zeit, so Gruszecki, die in der Opposition gepflegten »Mythen und Symbole [zu] revidieren, die uns daran hindern, die Zeit des heraufziehenden Wandels zu verstehen und beim Namen zu nennen«.[106] Insbesondere forderte er die Oppositionellen auf, sich von ihrer Fixierung auf die großen staatlichen Industriebetriebe und die Arbeiterselbstverwaltung zu lösen, die Hoffnung auf eine harmonische Verbindung von Markt und Plan aufzugeben und viel stärker als bisher auf privates Eigentum zu setzen. Damit rührte er gleich in mehreren Punkten an Grundlagen des Selbstverständ-

105 Oświadczenie Krajowej Komisji Wykonawczej NSZZ »Solidarność« w sprawie referendum, 5.12.1987, in: Tygodnik Mazowsze, Nr. 231 vom 9.12.1987, Nachdruck in: Olaszek (Hg.): Dokumenty władz NSZZ »Solidarność«, Dok. 126, S. 279–281.

106 Tomasz Gruszecki: O nową reformę gospodarczą, in: Tygodnik Mazowsze, Nr. 186 vom 5.11.1986, S. 1, 3 f.

nisses der gewerkschaftlichen Solidarność-Bewegung. Deren Hochburgen in Großbetrieben wie der Danziger Werft könnten »in dieser Form«, so Gruszecki kaum verklausuliert, »bei einer marktorientierten Reformvariante vielleicht überhaupt nicht mehr existieren«.[107]

Gruszeckis provokanter Artikel wurde unter den Wirtschaftsexperten der Opposition kontrovers aufgenommen und rief sowohl Unterstützung als auch Kritik hervor, die teils taktisch, teils aber auch inhaltlich motiviert war. Von 20 oppositionsnahen Experten, die in einer Warschauer Privatwohnung über die Vorschläge diskutierten, begrüßten einige die von Gruszecki angeregte Abkehr von der Arbeiterselbstverwaltung, die ohnehin immer nur als Übergangslösung getaugt habe, und sprachen sich für eine Fokussierung auf Eigentumsrechte aus. Dagegen erinnerten andere daran, dass das Programm der Opposition in erster Linie die Interessen der sozialen Basis der Solidarność zu respektieren habe, und warnten davor, Wunderwirkungen von Aktien, Anleihen und anderen Formen von Kapitaleigentum zu erwarten. Wer die Leute mit solchem »Glitterkram« blende, müsse auch ehrlich sagen, »worum es dabei eigentlich geht und welche Konsequenzen damit verbunden sind«.[108]

Diese Debatte mündete im April 1987, also ungefähr zeitgleich zur Präsentation der Regierungsthesen zur »zweiten Etappe der Wirtschaftsreform«, in eine offizielle Positionierung der maßgeblichen Solidarność-Führungsgremien zu »Situation und Richtungen des Umbaus der polnischen Wirtschaft«.[109] Als wirtschaftspolitisches Ziel der Opposition wurde darin die Vision einer »authentischen Mehrsektoren-Wirtschaft« skizziert, »in der staatliche und selbstverwaltete Unternehmen in Berei-

107 Ebd., S. 1.

108 Siehe die im Tygodnik Mazowsze auszugsweise (ohne namentliche Nennung der Diskutanten) dokumentierte Diskussion: Jak reformować gospodarkę?, in: Tygodnik Mazowsze, Nr. 193 vom 7.1.1987, S. 1–3.

109 Die Stellungnahme wurde von Lech Wałęsa als gewähltem Gewerkschaftsvorsitzenden sowie von den zu diesem Zeitpunkt noch getrennt agierenden Führungsgremien der Solidarność unterzeichnet: der klandestinen Provisorischen Koordinierungskommission (Tymczasowa Komisja Koordinacyjna) und dem nach der Generalamnestie im Herbst 1986 neu konstituierten, offen auftretenden Provisorischen Rat der Solidarność (Tymczasowa Rada »Solidarności«).

chen von grundlegender Bedeutung sowie gemeinnützige Unternehmen in kommunalem Eigentum von vielen kleinen Unternehmen umgeben sind, die auf individuellen und kollektiven Initiativen basieren«. Die verschiedenen Eigentumsformen sollten dabei formal und praktisch gleiche Rechte erhalten, ohne dass die Proportionen der jeweiligen Sektoren a priori festgelegt sein sollten.[110]

Auffällig war, dass das Papier durchgängig die Bedeutung des Eigentums an den Produktionsmitteln hervorhob, bei konkreten Fragen – etwa zum Verhältnis von Kapitaleignern zu den Selbstverwaltungsorganen der Beschäftigten – jedoch auf vieldeutige Kompromissformeln auswich. Trotz pathetischer Bekenntnisse zur Arbeiterselbstverwaltung (»eine dauerhafte Errungenschaft der Werktätigen«) und zu »unseren Idealen vom August 1980« gab sich die Solidarność-Spitze überzeugt, dass der Weg zur »Gesundung« von Wirtschaft und Arbeitsverhältnissen »vor allem« über eine »Veränderung des Verhältnisses zum Eigentum« führen müsse. Wünschenswert sei deshalb die »Möglichkeit einer freiwilligen Umgestaltung der gegenwärtigen Form der Selbstverwaltung, die ausschließlich auf Partizipationsrechten aufgrund von Lohnarbeit basiert, in eine auf Eigentum (Belegschaftsgesellschaften, Genossenschaften) basierende Form der Selbstverwaltung«.[111]

Der Begriff der »Vergesellschaftung«, den die Solidarność bislang stets als schillernde Chiffre für weitreichende wirtschaftsdemokratische Postulate verwendet hatte, wurde nun auf eine »Vergesellschaftung des Eigentums« im Sinne einer »Liquidierung des Eigentumsmonopols des Staates« reduziert – die Autoren des Positionspapiers dachten hier offenbar eher an die Streuung des Eigentums an den Produktionsmitteln unter individuellen Privateigentümern als an einen demokratischen Handlungsrahmen, der der Gesellschaft und ihren verschiedenen Teilgruppen Ein-

110 Stanowisko NSZZ »Solidarność« w sprawie sytuacji i kierunków przebudowy gospodarki polskiej, 9.4.1987, in: Tygodnik Mazowsze, Nr. 207–208 vom 22.4.1987, S. 4–6, hier S. 4.

111 Ebd., S. 4f.

fluss auf wirtschaftliche Entscheidungen einräumen würde.[112] Die Passagen zur sozialen Absicherung gegen die Risiken einer radikalen und »innerhalb eines kurzen Zeitraums« umzusetzenden Wirtschaftsreform fielen demgegenüber recht unverbindlich aus und beschränkten sich im Wesentlichen auf die Forderung nach Indexierung der Löhne und Gehälter als Mittel zum Inflationsausgleich. Auch das abschließende Bekenntnis zur Demokratisierung wirkte beinahe pflichtschuldig nachgeschoben und klammerte die wirtschaftliche Sphäre auffälligerweise aus: Eine »Demokratisierung des Umfelds, in dem die reformierte Wirtschaft arbeiten würde«, argumentierte die Solidarność-Spitze ungewohnt spitzfindig, könne die Glaubwürdigkeit der Wirtschaftsreform in den Augen der inländischen Öffentlichkeit und der westlichen Kreditgeber erhöhen sowie »gerade in der Phase des radikalen Umbaus des Wirtschaftslebens« eine »wertvolle Ergänzung« zur Verbesserung der Arbeitsmotivation bieten. Die dringend nötigen »starken Einkommensanreize« könne sie hingegen nicht ersetzen.[113]

Während die Berater Jaruzelskis diesen gewandelten Tonfall in den Reihen der Opposition aufmerksam registrierten und zum Anlass nahmen, auf mehr Tempo bei der Umsetzung des Reformprogramms der Regierung zu drängen (»Wir müssen ihnen zuvorkommen«),[114] stieß die deutliche Annäherung der wirtschaftspolitischen Positionen, die in den zeitgleich publizierten »Thesen zur zweiten Etappe« und dem autoritativen Positionspapier der Solidarność zu beobachten war, unter linken und sozialdemokratisch orientierten Oppositionellen auf scharfe Kritik. Ryszard Bugaj, einer der wichtigsten Wirtschaftsexperten der Solidarność, zeigte sich in einem Kommentar im *Tygodnik Mazowsze* beunruhigt über die einseitige Akzentuierung von Privateigentum, Wettbewerb und wachsenden materiellen Unterschieden. Besonders störte Bugaj sich daran, dass die Führung der oppositionellen Gewerkschaft sich de facto vom Ziel der Demokratisierung der Wirtschaft verabschiedete, indem sie Re-

112 Ebd., S. 4.
113 Ebd., S. 6.
114 Memoriał Urbana, Cioska i gen. Pożogi (Februar–März 1987), S. 71.

formansätze in den Mittelpunkt stelle, die auf eine Entpolitisierung auf betrieblicher Ebene hinausliefen – »als ob die marktorientierten Postulate das Problem der Demokratisierung [...] erledigen würden.« Da diese Positionsverschiebung eher »eine Evolution im Denken der Eliten als der sozialen Basis« widerspiegele, minimiere diese die Chancen auf einen Konsens, der für weite Teile der Gesellschaft akzeptabel wäre.[115]

Zu ähnlichen Schlüssen kam der Publizist Jerzy Surdykowski, der in der linksliberal-intellektuellen Untergrundzeitschrift *Krytyka* die Reformkonzepte von Regierung, offiziellem Ökonomenverband, Internationalem Währungsfonds und der Solidarność-Führung vergleichend analysierte. Seiner Meinung nach bahnte sich eine »eigentümliche ›ungeschriebene Übereinkunft‹ unter dem Banner des Marktes, der Bürokratiebekämpfung und der freien Konkurrenz« an,[116] und er porträtierte anschaulich, welche Elitenfraktionen sich hinter dieser gemeinsamen Standarte versammelten:

> »Für die marktorientierte, kommerzielle und antibürokratische Version der Reform sind die hellsichtigeren Vertreter der herrschenden Gruppe, weil sie meinen, dass die Effizienz des von der Peitsche der Konkurrenz angetriebenen Marktes das System als solches entwicklungsfähig macht – und zugleich ihre Herrschaft unangetastet lässt.
> Für die Reform in derselben Gestalt sind auch die etwas vernünftigeren Oppositionellen, weil sie hoffen, dass der Dämon des Marktes die kommunistische Nomenklatura hinweg exorziert und die Bewegung der Börse und des Wettbewerbs endlich die geheiligte altkommunistische Lähmung aufbricht.
> Für die Reform sind die Experten, Ökonomen, Manager – zumindest diejenigen, die etwas können und sich nicht hinter dem Rockzipfel der Nomenklatur des nächstgelegenen Parteikomitees verstecken müssen.

115 Ryszard Bugaj: Kierunek ten sam – szanse reformy nikłe, in: Tygodnik Mazowsze, Nr. 212 vom 20.5.1987, S. 1. – Dagegen frohlockte Janusz Korwin-Mikke angesichts der auch von ihm konstatierten marktliberalen Konvergenz der Programme von Regierung, Solidarność und kirchennahen Ökonomen, wobei ihm die Positionierung der Solidarność in einigen Punkten noch nicht weit genug ging. Siehe Janusz Korwin-Mikke: Wiosna nasza!, in: Stańczyk, 1987, Nr. 6, S. 5–8.

116 Jerzy Surdykowski: Otóż nie ..., in: Krytyka, 1987, Nr. 26, S. 15–22, hier S. 18.

Und dafür sind auch alle unternehmerischen Menschen mit guten Beziehungen, weil sie wissen, dass der Markt der Ort ist, wo man verdient [und] wo sich im Übrigen unter den heutigen Bedingungen und in nächster Zukunft ›Zugänge‹ *(chody)*, Bekanntschaften und ›Methoden‹ *(sposoby)* besser verkaufen als bloßer Fleiß oder Initiative.«[117]

Ebenso wie Bugaj warnte auch Surdykowski eindringlich davor, dass dieses »unerwartete Treffen auf dem Markt« allenfalls eine »enge, wenn auch spektakuläre Übereinkunft unter Eliten« darstellen könne. Die »überwältigende Mehrheit« der Polinnen und Polen müsse sich davon ausgeschlossen fühlen.[118]

An deutlicher Kritik linker Intellektueller fehlte es also nicht. Der profilierte linke Wirtschaftswissenschaftler Tadeusz Kowalik klagte sogar über eine um sich greifende »Vergiftung mit wirtschaftlichem Neoliberalismus« im intellektuellen Umfeld der Opposition.[119] Den Anhängern solidarisch oder marktsozialistisch orientierter Wirtschaftsmodelle gelang es jedoch immer weniger, sich der schleichenden diskursiven Verschiebung zu entziehen und liberalen Schlüsselbegriffen wie »Markt« und »Eigentum« eigene, positiv konnotierte Gegenbegriffe entgegenzusetzen. Symptomatisch dafür war eine Aussage von Ryszard Bugaj in einer Debatte oppositionsnaher Wirtschaftsexperten:

> »Es bleibt also eigentlich nur, nach einer Formel für irgendeine andere Wirtschaft zu suchen, keiner privaten, aber auch nicht so einer wie jetzt. Das muss mit Sicherheit eine Marktwirtschaft sein, darin stimmen wir überein – dagegen stimmen wir nicht darin überein, wie tiefgehend und allumfassend die Marktregulation sein soll.«[120]

117 Ebd., S. 21 f.

118 Ebd., S. 22.

119 Drugi etap? Dyskusja z udziałem Ryszarda Bugaja, Cezarego Józefiaka, Przemysława Hniedziewicza, Szymon Jakubowicza, Jerzego Jedlickiego, Tadeusza Kowalika, Henryka Samsonowicza, Włodzimierza Wesołowskiego, Andrzeja Wielowieyskiego, in: »21«, 1987, Nr. 4, S. 28–41, hier S. 32.

120 Przedsiębiorczość dziś. Dyskusja w redakcji, in: Więź, 1986, Nr. 5–6 (331–332), S. 3–25, hier S. 18.

Sowohl Bugaj als auch Kowalik argumentierten weniger mit Vorteilen oder intrinsischen Zielen der von ihnen angestrebten Wirtschaftsordnung als mit den gegebenen geopolitischen Rahmenbedingungen, die radikale Systemalternativen ausschlössen und ein pragmatisches Herangehen erforderten.[121] Dass die lange favorisierte Arbeiterselbstverwaltung sich bislang nicht als »Wunderwaffe im Ringen um die Wirtschaftsreform und die Verbesserung des Daseins der Werktätigen« erwiesen hatte, mussten angesichts der durchwachsenen Erfahrungen mit den Reformansätzen von 1981 auch deren entschiedene Fürsprecher einräumen.[122] Einige von ihnen übernahmen deshalb die neu aufkommende Semantik des Privateigentums – etwa der Journalist Stefan Bratkowski, der die Arbeiterselbstverwaltung nun auf eine »bestimmte Form der Selbsterziehung« reduzierte, mit der die Arbeitnehmer auf ihre künftige Rolle als »potenzielle Miteigentümer [und] Mitaktionäre« vorbereitet werden sollten.[123]

Aufschlussreich für die diskursiven Verschiebungen unter meinungsbildenden Intellektuellen des oppositionellen Spektrums war die Untergrundzeitschrift *21*, die 1986 als Debattenorgan einflussreicher Berater Wałęsas gegründet worden war (unter ihnen Bronisław Geremek und Ryszard Bugaj) und die sich programmatisch der Förderung eines oppositionellen »Marktes der Ideen« verschrieben hatte.[124] Obwohl der Titel der Zeitschrift sich auf die 21 Postulate des Danziger Streikkomitees von 1980 berief und somit Kontinuität suggerierte, zeigten die Beiträge zu wirtschaftspolitischen Themen, dass die Koordinaten der Debatte sich inzwischen deutlich verschoben hatten. Zwar ließ die Redaktion in der Tat Vertreter verschiedener ökonomischer Standpunkte zu Wort

121 Siehe Tadeusz Kowalik in: Bez pointy. Dyskusja z udziałem Leszka Balcerowicza, Janusza Beksiaka, Ryszarda Bugaja, Cezarego Józefiaka, Tadeusza Kowalika, Andrzeja Topińskiego, in: »21«, 1987, Nr. 3, S. 10–25, hier S. 20–22.

122 So Jerzy Osiatyński: Miejsce samorządu w polskiej gospodarce. In: Krytyka, 1987, Nr. 23–24, S. 12–26, hier S. 24.

123 Przedsiębiorczość dziś. Dyskusja w redakcji, S. 17. – Vgl. dagegen Bratkowskis frühere Schrift Stefan Bratkowski: Co zrobić, kiedy nic się nie da zrobić? Rzecz o samorządach pracowniczych, Warszawa: Oficyna WE 1983.

124 Od redakcji, in: »21«, 1986, Nr. 1, S. 1 f.

kommen; doch während Ryszard Bugaj, Szymon Jakubowicz oder auch Włodzimierz Brus unverkennbar aus der Defensive heraus argumentierten, wurde der neue Ton von Autoren wie Janusz Beksiak, Cezary Józefiak oder Aleksander Paszyński vorgegeben.[125] Die Wirtschaftsprofessoren Beksiak und Józefiak hatten bis 1979 bzw. 1981 der PZPR angehört und die Parteiführung (im Falle Beksiaks sogar deren Chef Edward Gierek) in Wirtschaftsfragen beraten; anschließend hatten sie sich in verschiedenen formellen und informellen Beratungsgremien der Solidarność engagiert, bevor sie sich schließlich marktliberalen Denkweisen zuwandten. Józefiak antwortete denn auch auf die Vorhaltungen Kowaliks:

> »Die Bezichtigung der ›Vergiftung mit wirtschaftlichem Neoliberalismus‹ kümmert mich wenig [...]. Ich halte Marktlösungen für den letzten Rettungsring unserer Wirtschaft. Gleichzeitig ist die Marktoption für bedeutende Teile unserer Gesellschaft überzeugend. Sie eröffnet gewisse Perspektiven für die junge Generation, indem sie die Möglichkeit, es zu etwas zu bringen, mit Initiativen, Ideenreichtum und Bereitschaft zum Risiko verbindet.«[126]

An anderer Stelle fügte Józefiak hinzu, dass die Akzeptanz für eine »pragmatische« Umgestaltung der Eigentumsverhältnisse in erster Linie daher rühre, dass sich der Glauben in die Reformierbarkeit des staatlichen Sektors restlos erschöpft habe. Folglich trat er für eine »sozial kontrollierte Marktwirtschaft« ein, wobei der Staatsanteil »relativ größer als in westeuropäischen Ländern« bleiben solle.[127]

125 Siehe Cezary Józefiak: Próba oceny przebiegu reformy gospodarczej, in: »21«, 1986, Nr. 1, S. 19–29; Janusz Beksiak: O przyszłym ustroju gospodarczym Polski, in: »21«, 1986, Nr. 1, S. 67–75; Jan Bard [Cezary Józefiak]: Wizja pewnej gospodarki, in: »21«, 1986, Nr. 2, S. 60–72; Ryszard Bugaj/Szymon Jakubowicz/Tadeusz Kowalik: Szansa, in: »21«, 1987, Nr. 3, S. 37–44; Włodzimierz Brus: Demokratyzacja a efektywność gospodarcza (spojrzenie po dziesięciu latach), in: »21«, 1987, Nr. 5, S. 51–55; Aleksander Paszyński: Drogi i bezdroża reformy, in: »21«, 1988, Nr. 7, S. 17–25; Ryszard Bugaj/Andrzej Wielowieyski: Dziesięć głównych zasad, in: »21«, 1988, Nr. 7, S. 26–34.

126 Drugi etap? Dyskusja, S. 38.

127 Bez pointy. Dyskusja, S. 15, 20.

Janusz Beksiak ging noch einen Schritt weiter, indem er dafür plädierte, dem Privatsektor völlig freie Bahn zu lassen – auf diese Weise würde sich eine tragfähige Wirtschaftsordnung schon von selbst entwickeln. Jedes Nachdenken über »eventuelle neue Experimente mit einer nichtprivaten Wirtschaft in Polen« sei angesichts der Kompromittierung der sozialistischen Planwirtschaft obsolet geworden. »Alle diese ungarischen, jugoslawischen oder seit Neuestem chinesischen Lösungen haben meiner Meinung nach dieselben grundsätzlichen Nachteile: Sie geben den Menschen weder authentische Handlungsmöglichkeiten noch aktiven Anteil am gesellschaftlichen und politischen Leben.«[128] Dagegen gab Leszek Balcerowicz zu bedenken, dass auch Mischsysteme, die Elemente von Markt- und Planwirtschaft miteinander verbänden, »effizienter und innovativer« sein könnten als reine Kommandowirtschaften. Gleichwohl gelte: »Je näher eine Variante dem liberalen Typus [ist], desto besser.« Abstrahiere man ganz von politischen Einschränkungen, tendiere ohnehin »jede normale Gesellschaft« zu einem liberalen System.[129]

Ein unmittelbarer Einfluss dieser beinahe ausschließlich von Wirtschaftswissenschaftlern geführten Diskussionen auf die programmatische Entwicklung des Mainstreams der Oppositionsbewegung war indes nur punktuell feststellbar. Je stärker politische Verlautbarungen der Solidarność-Führung auf die Mobilisierung breiterer Bevölkerungsschichten für die oppositionelle Sache abzielten, desto mehr pflegten wirtschaftsliberale Akzente in den Hintergrund zu treten.[130] Das Interesse an einer breiten Debatte über das wirtschaftspolitische Programm der Opposition, wie sie aus unterschiedlichen Positionen Ryszard Bugaj oder der Danziger Liberale Piotr Kapczyński einforderten,[131] erwies sich als begrenzt.

128 Ebd., S. 12 f., 22 f.

129 Ebd., S. 18 f.

130 Vgl. Luszniewicz: Ewolucja koncepcji ekonomicznych liberałów gdańskich, S. 190.

131 Siehe Bugaj: Kierunek ten sam; Piotr Kapczyński: Gospodarka jako wyzwanie programowe dla opozycji, in: Przegląd Polityczny, 1987, Nr. 9, S. 22–31, hier S. 29.

Es blieb deshalb unklar, wie groß die Unterstützung für marktwirtschaftliche Leitbilder unter den Sympathisantinnen und Sympathisanten der Oppositionsbewegung tatsächlich war. An der ursprünglichen gewerkschaftlichen Basis der Solidarność erwärmte sich wohl kaum jemand für die abstrakten Diskussionen von Wirtschaftsexperten in intellektuell ausgerichteten Untergrundzeitschriften. Aber auch beträchtliche Teile der regimekritisch eingestellten humanistischen *inteligencja* dürften sich eher mit jener passiven Beobachterrolle identifiziert haben, auf die sich die Redaktion der katholisch-intellektuellen Warschauer Monatsschrift *Więź* in ihrer Vorrede zu einer Diskussion über »Unternehmergeist heute« zurückzog:

> »[...] als wir begannen, darüber nachzudenken, was eigentlich heute in Polen Unternehmergeist *(przedsiębiorczość)* bedeutet – Unternehmergeist im sozusagen trivialen Sinne des Wortes, der mit Geschäftemacherei verbunden ist und zugleich an so wünschenswerte psychische und soziale Fähigkeiten wie Initiative, Selbstständigkeit, Risikobereitschaft, Innovativität etc., etc. denken lässt –, kamen wir schnell zu dem Ergebnis, dass wir selbst in unserem Kreise keine Antwort hervorzubringen imstande wären. Wir beschlossen also, uns an kompetente Kenner des Gegenstands zu wenden, damit sie uns die Sache erläutern. Mögen sie an unserem Redaktionstisch Platz nehmen und über das wirkliche Leben sprechen.«[132]

Im arrivierten Warschauer Bildungsbürgertum glaubte man sich eine solche ausgestellte Distanz gegenüber »trivialen« Wirtschaftsfragen im Jahre 1986 offenbar noch erlauben zu können. Dagegen war das Interesse am »wirklichen Leben« in weniger etablierten Milieus notgedrungen stärker ausgeprägt. Dies galt insbesondere für jüngere Polinnen und Polen mit guter Ausbildung, denen das offizielle System kaum adäquate Chancen auf Selbstverwirklichung und berufliche Karriere bot. Viele von ihnen konnten mit den handfesten Argumenten der Wirtschaftsliberalen allemal mehr anfangen als mit Bekenntnissen zu den hehren Idealen der etablier-

132 Przedsiębiorczość dziś. Dyskusja w redakcji, S. 3.

ten Solidarność-Opposition. Statt in intellektuellen Grundsatzdebatten artikulierte sich ihre Ablehnung der spätsozialistischen Realität aber immer öfter in individuellen Ausweichstrategien, deren Aktionsraum nicht mehr die klandestinen Redaktionen und Gewerkschaftskommissionen waren, sondern die landesweit expandierenden Märkte und Basare. Aus Danzig berichteten junge Aktivisten aus der Föderation der Kämpfenden Jugend im Mai 1987: »Heute flüchten die Leute ins Private. Die Jagd nach Geld [...] füllt das Leben der jungen Leute aus. Das Lebensmotto lautet: Man lebt im Dschungel, also muss man sich durchkämpfen.«[133]

Doch auch der politisch engagierte Teil dieser Generation konnte mit der mantraartigen Wiederholung der bekannten oppositionellen Losungen und den kollektivistischen Überzeugungen der Altvorderen immer weniger anfangen. Die von jüngeren Aktivistinnen und Aktivisten geprägte neue Welle der Oppositionsbewegung, die Padraic Kenney unter Verwendung einer verbreiteten Selbstbezeichnung als »Generation der *konkretni*« bezeichnet hat,[134] knüpfte inhaltlich an die westliche Friedens- und Ökologiebewegung an und brachte mit dadaistischen Happenings ungewohnte, kreative Aktionsformen in die Straßen polnischer Universitätsstädte. Die Diskreditierung des Kommunismus als Ideologie und Herrschaftssystem war in diesem Milieu so tiefgreifend, dass man »die sogenannten Kommunisten, die zum Glück keine Kommunisten sind,« nicht einmal mehr als ernst zu nehmenden politischen Gegner betrachtete, sondern nur noch als Repräsentanten einer »grotesken Formation, die eigentlich schon an ihr Ende gekommen ist, aber kraft der Trägheit und der geopolitischen Verhältnisse weiter überdauert«.[135] Wie eine zeit-

133 Nawrocki: Struktury nadziei, S. 93.

134 Vgl. Kenney: Carnival of Revolution, S. 13 f. – Bei der Relektüre von Kenneys inzwischen fast 20 Jahre alter Studie fällt auf, dass Kenney wirtschaftsliberale Elemente in seinem Panorama der oppositionellen Zivilgesellschaft der späten 1980er-Jahre vollständig ausspart. Dies geht mit einer gewissen Überbetonung der generationellen Kluft zwischen jüngeren und älteren Oppositionellen einher, während politische Differenzierungen innerhalb der oppositionellen Milieus unterbelichtet bleiben.

135 Piotr Szwajcer: Żyć normalnie ... Szkic do portretu opozycji lat osiemdziesiątych, in: Krytyka, 1988, Nr. 30, S. 196–204, hier S. 201.

genössische Befragung ergab, nahmen diese Aktivistinnen und Aktivisten die spätsozialistische Gegenwart überwiegend als »unnormal« und »absurd« wahr. Ihr Engagement war vor allem von dem Wunsch getragen, »aus Polen ein Land zu machen, in dem man ›normal‹ leben kann«.[136]

Damit kam diese neue Welle der Oppositionsbewegung der Vision einer dezentral organisierten, pluralistischen Graswurzelbewegung recht nahe, wie sie auch Jacek Kuroń nun aufs Neue propagierte.[137] Anders als zehn Jahre zuvor rief der Mitbegründer des Komitees zur Verteidigung der Arbeiter KOR inzwischen ausdrücklich zur Gründung »kleiner, vor allem lokaler und genossenschaftlicher Unternehmen [sowie] verschiedenartiger gesellschaftlicher und ökonomischer Initiativen« auf, die das »unter anderem durch die Wirtschaftsreform geschaffene Vakuum« füllen und die verkrusteten Strukturen des staatlichen Wirtschaftsapparats effektiv unter Druck setzen könnten.[138] Gleichwohl distanzierte Kuroń sich bei seinem Plädoyer für eine »dynamisch sich entwickelnde Enklave des Marktes«[139] explizit von den Ansätzen der »Neoliberalen«, die einen systemischen Wandel ausschließlich mittels Expansion des Privatsektors anstrebten: »Das private Unternehmertum muss man natürlich unterstützen, aber im Kampf um eine Wirtschaftsreform bildet es nur einen von vielen Faktoren – einen wichtigen, aber noch nicht einmal den wichtigsten.«[140] Wichtiger als partikularistische, primär auf den individuellen Vorteil bedachte Unternehmungen waren für Kuroń basisdemokratische, inklusive Mitgestaltungsstrukturen, auch und gerade in der Wirtschaft. Zugleich schien er sich der Ambivalenz seiner Position zumindest ansatz-

136 Siehe ebd., S. 202 f.

137 Siehe Jacek Kuroń: Krajobraz po bitwie, in: Aneks, 1987, Nr. 48, S. 3–13.

138 So Kuroń im Interview mit dem Tygodnik Mazowsze: Jacek Kuroń: Krajobraz po bitwie, in: Tygodnik Mazowsze, Nr. 219 vom 2.9.1987, S. 1 f.

139 Ebd.

140 Daneben kritisierte Kuroń auch die »neonationalistische«, in der Tradition der Nationaldemokratie Roman Dmowskis stehende Rechte innerhalb der Opposition, gegen die er sich bereits seit Ende der 1970er-Jahre positioniert hatte. Kurońs Abgrenzung gegenüber den »Neoliberalen« war hingegen neu und dokumentiert somit den Bedeutungszuwachs dieser Strömung. – Kuroń: Krajobraz po bitwie, in: Aneks, 1987, Nr. 48, hier S. 10.

weise bewusst zu sein, indem er einräumte: »Vor uns liegt ein langwieriger Prozess der Subjektwerdung *(upodmiotowianie)* der Gesellschaft – des Aufbaus unabhängiger Institutionen gerade in der Wirtschaft. Leider wird gleichzeitig auch die Ausdifferenzierung der Einkommen wachsen, und damit einhergehend die kulturelle Ausdifferenzierung der Gesellschaft.«[141]

In der Tat witterte gerade der wirtschaftsliberale Flügel der Opposition Morgenluft, seit das Regime mit der Amnestie vom September 1986 eine – wenn auch zögerliche – politische Liberalisierung eingeläutet hatte.[142] Während andere oppositionelle Milieus auf die neuen Möglichkeiten offiziell sanktionierten Engagements eher abwartend reagierten, preschte Marcin Król mit der Legalisierung seiner liberal-konservativen Untergrundzeitschrift *Res Publica* vor. Diese durfte ab Sommer 1987 offiziell in einer Auflage von 25 000 Exemplaren erscheinen. Obwohl sich die Registrierung der »Res Publica Sp. z o. o.« (Res Publica GmbH) als logische Fortführung des unternehmerischen Selbstverständnisses der unabhängigen Verlagsbewegung verstehen ließ, reagierten manche Oppositionelle auf diesen Schritt äußerst verschnupft, weil er der vom Regime verfolgten Strategie der Kooptierung gemäßigter Teile der Opposition entgegenzukommen schien.[143] Dagegen störte sich Janusz Korwin-Mikke in einem Leserbrief vor allem an der elitären Ausrichtung der Zeitschrift und der von ihren Redakteuren gepflegten »Manier des intellektualistischen Geschwafels«; ansonsten begrüßte er ihre offizielle Zulassung als wertvollen »Brückenkopf der Privatisierung in der Publizistik«.[144] Es dürfte Korwin-

141 Kuroń hielt sogar eine politische Konfrontation für möglich, in der die »sich verselbstständigenden und rationalisierenden Wirtschaftszweige« und der reformorientierte Teil des Parteiapparats auf der einen Seite den Hardlinern innerhalb der Partei und »einem Teil der Belegschaften der großen, durch die Reform bedrohten Betriebe« auf der anderen Seite gegenüberstehen würden. – Ebd., S. 12.

142 Vgl. dazu Dudek: Reglamentowana rewolucja, S. 73–79.

143 Die Redaktion um Marcin Król hatte sich bereits 1981 erstmals um eine Legalisierung bemüht. Da beim erneuten Anlauf 1986 der katholische »Znak«-Verlag eine Kooperation ablehnte, beschloss man, eine eigene Firma zu gründen. – Vgl. Olaszek: Rewolucja powielaczy, S. 193 f., 325–327.

144 Janusz Korwin-Mikke: Kto jest liberałem? [Leserbrief], in: Res Publica, 1988, Nr. 1(7), S. 159.

Mikke gefreut haben, dass die liberalen Intellektuellen aus dem Umfeld der Warschauer Universität, die hinter der Res Publica GmbH standen, die Geschäftstätigkeit ihrer Firma schon bald auf »Projektierung und Bau von elektronischen Kirchenorgeln« sowie andere elektroakustische Dienstleistungen für Kirchengebäude ausweiteten.[145]

Auch der Ökonom Stefan Kurowski, der 1980–1981 zu den wichtigsten Fürsprechern einer liberalen Wirtschaftspolitik unter den Beratern der Solidarność zählte und inzwischen an der neu eingerichteten Wirtschaftswissenschaftlichen Sektion der Katholischen Universität in Lublin eine akademische Heimat gefunden hatte, nutzte die Gunst der Stunde: Gemeinsam mit seinen Lubliner Kollegen organisierte er im April 1987 ein viel beachtetes Symposium zum Thema »Der nichtagrarische Privatsektor in der Wirtschaft der Volksrepublik Polen« im malerischen Kazimierz Dolny an der mittleren Weichsel, auf dem erstmals Wirtschaftswissenschaftler und Praktiker in offiziellem Rahmen über die Probleme und Perspektiven der Privatwirtschaft in Polen diskutierten.[146] Dass die Resonanz auf diese Tagung weit über ein wissenschaftliches Fachpublikum hinausging, zeigte sich nicht zuletzt daran, dass neben neoliberalen Galionsfiguren wie Mirosław Dzielski und Janusz Korwin-Mikke auch Berichterstatter führender Parteizeitungen wie *Polityka* und *Życie Gospodarcze* vor Ort waren.[147] Als Abschlussdokument verabschiedeten die Konferenzteilnehmer die von Stefan Kurowski entworfene »Charta des privaten Unternehmertums«, in der sie die Privatwirtschaft als ethisch und ökonomisch überlegene Form des Wirtschaftens rühmten und umfassende rechtliche und steuerliche Freiheiten forderten, damit diese zur

145 Siehe die entsprechende Annonce in Res Publica, 1988, Nr. 9(15), S. 103.

146 Siehe Tomasz Mickiewicz: Sympozjum na temat prywatnego sektora pozarolniczego, in: Zeszyty Naukowe KUL 30 (1987), Nr. 2(118), S. 133–139 (in derselben Ausgabe finden sich auch die gedruckten Konferenzvorträge). – Zu den mit der Konferenz verbundenen Absichten siehe auch Pracuj na swoim. Z profesorem Stefanem Kurowskim, kierownikiem Sekcji Ekonomii na Wydziale Nauk Społecznych KUL rozmawia Maciej Łętowski, in: Ład, Nr. 13 vom 16.8.1987, S. 3, 7.

147 Siehe Danuta Zagrodzka: Prywatna przedsiębiorczość, in: Tygodnik Powszechny, Nr. 21 vom 24.5.1987, S. 1 f.

»ökonomischen Hauptkraft« bei der Überwindung der gegenwärtigen Krise werden könne.[148] Diese Charta schlug in der medialen Öffentlichkeit einige Wellen und wurde gemeinhin als »Manifest der polnischen Neoliberalen« wahrgenommen.[149]

Andere Liberale wie der Wirtschaftsjournalist und ehemalige *Polityka*-Redakteur Aleksander Paszyński wandten sich unterdessen mit konkreten Vorschlägen für zivilgesellschaftliches Engagement an alle, »für die der Krieg um Verlautbarungen [zwischen Regime und etablierter Opposition] aufgehört hat, interessant zu sein«. Paszyńskis Ratschläge waren in hohem Maße anschlussfähig an Kurońs Aktionsprogramm und die Interessen der »*konkretni*-Generation« – so regte er lokale Umweltschutzinitiativen an und empfahl die Gründung von Siedlungskomitees, die auf die »vollständige ökonomische ›Befreiung‹ der Siedlung« von den bürokratischen Strukturen der Wohnungsbaugenossenschaften hinarbeiten sollten. Dass er außerdem die »Umgestaltung von [staatseigenen] Unternehmen in Firmen, deren Aktionäre die Mitarbeiter wären,« anvisierte, fügte sich nahtlos in diesen Horizont der gesellschaftlichen Selbstermächtigung ein, zielte aber bereits auf einen grundlegenden Umbau der bestehenden Eigentumsordnung.[150] Darüber hinaus griff der rührige Paszyński, der 1981 unter den Unterzeichnern der »Erklärung für eine freie Wirtschaft« gewesen war[151] und nach seinem Abgang aus der *Polityka*-Redaktion ein

148 Siehe Mickiewicz: Sympozjum na temat prywatnego sektora pozarolniczego, S. 137–139 (dort auch eine Übersicht der Nachdrucke der »Charta« in der katholischen und oppositionellen Presse sowie der umfangreichen Berichterstattung über die Konferenz in der offiziellen Presse). – Der unvermeidliche Bericht des Staatssicherheitsdienstes vermerkte eine »starke Mythologisierung des segensreichen Einflusses privaten Unternehmertums auf die Entwicklung der Wirtschaft« und warnte vor der wachsenden Aktivität kirchennaher und oppositioneller Kreise auf diesem Feld. Siehe [MSW Departament III]: Konferencja naukowa nt. »Prywatny sektor pozarolniczy w gospodarce PRL«, IPN, BU 0365/85, t. 1, Bl. 80–84.

149 Siehe Kolegium Studiów Społeczno-Gospodarczych »Promotor«: Raport o własności i potrzebie uwłaszczenia w PRL, Mai–Juni 1989, AAN, URM, 89/38, t. 1, Bl. 19–147, hier Bl. 132.

150 Aleksander Paszyński: Trzy pomysły, in: Tygodnik Mazowsze, Nr. 198 vom 11.2. 1987, S. 1 f.

151 Siehe oben Kapitel II.1.

populäres, in der Rechtsform einer Genossenschaft organisiertes Beratungsmagazin für private Häuslebauer aufgebaut hatte,[152] eine Idee des Krakauer Liberalen Mirosław Dzielski auf: Er startete eine Initiative zur Gründung einer »Wirtschaftsvereinigung« (Towarzystwo Gospodarcze) in Warschau, die Beratungsdienstleistungen für die expandierende Privatwirtschaft anbieten und zugleich als offiziell anerkannte Lobby für deren Interessen auftreten sollte.[153]

Dzielski hatte diese Idee bereits 1982 erstmals skizziert, wobei er – unter semantischem Rückbezug auf die polnischen Gewerbevereine des 19. Jahrhunderts – von einem künftigen »Krakauer Gewerbeverein« (Krakowskie Towarzystwo Przemysłowe) sprach.[154] Dieser sollte den wirtschaftsliberalen Fraktionen innerhalb der oppositionellen und der regimenahen Eliten eine gemeinsame Plattform bieten, um sich für mehr wirtschaftliche Freiheit und Privateigentum einzusetzen (anstatt über irreale Hoffnungen auf Demokratisierung zu schwadronieren).[155] Während des Kriegsrechts klang das noch nach verwegener Zukunftsmusik, doch angesichts der schrittweisen Reduzierung der staatlichen Repressionen rückte eine solche Annäherung immer mehr in die Nähe des Machbaren. Im Juni 1985 hob der Kreis von Bekannten und Gleichgesinnten, den Dzielski in Krakau um sich scharte, im Rahmen einer Serie privat organisierter »Bankette« (bei denen es sich de facto um Fundraising-Veranstaltungen handelte) den Krakauer Gewerbeverein inoffiziell aus der

152 Vgl. Nasi w Sejmie i w Senacie, S. 243. – Die von Paszyński geführte Genossenschaft Murator trat auch als einer der beiden privaten Hauptsponsoren der maßgeblich von Stefan Kurowski organisierten Konferenz in Kazimierz Dolny auf. Siehe Mickiewicz: Sympozjum na temat prywatnego sektora pozarolniczego, S. 133.

153 Siehe Aleksander Paszyński: Powstaje Towarzystwo Gospodarcze, in: Ład, Nr. 15 vom 30.8.1987, S. 4f.

154 Die wörtliche deutsche Übersetzung wäre »Industrieverein«. Da es sich allerdings historisch um Vereinigungen von Kleinindustriellen und Gewerbetreibenden handelte und wohl auch Dzielski dieses Vorbild vor Augen hatte, erscheint die damals übliche Übersetzung »Gewerbeverein« treffender. – Vgl. Jaworski: Handel und Gewerbe im Nationalitätenkampf, S. 44f., 66f.; Spandowski: Towarzystwa przemysłowe, S. 56.

155 Siehe Mirosław Dzielski: Odrodzenie ducha – budowa wolności. Warszawa: Consensus 1982, Nachdruck in: ders.: Odrodzenie ducha, S. 77–117, hier S. 114–117.

Taufe; im Oktober 1986 stellte man einen ersten Antrag auf dessen offizielle Registrierung.[156] In Warschau brachte Paszyński eine Initiativgruppe zusammen, bei deren Auftaktversammlung am 10. Januar 1987 unter anderen die Publizisten Stefan Kisielewski und Piotr Wierzbicki, der Wirtschaftswissenschaftler Stefan Kurowski, der *Res Publica*-Gründer Marcin Król sowie Czesław Bielecki, der Autor des »Kleinen Konspirateurs« und Chef des Warschauer Untergrundverlags CDN, mit von der Partie waren.[157] Bielecki übernahm die Leitung des Organisationsbüros der in Gründung befindlichen Vereinigung und rekrutierte dafür praktisch die gesamte »Management«-Ebene seines Untergrundverlags.[158] Die unabhängige Verlagsbewegung erwies sich also tatsächlich, wie von einigen ihrer Protagonisten erhofft, als Reservoir unternehmerisch gesinnter und organisatorisch erfahrener Aktivisten.

Auch jenseits von Krakau und Warschau fiel die Idee der Konsolidierung privatwirtschaftlicher Interessengruppen durch Gründung offiziell registrierter Vereine auf fruchtbaren Boden: Bis zum Jahresende 1987 standen ähnliche Initiativen in Wrocław, Poznań, Białystok und Łódź in den Startlöchern.[159] Wie sich allerdings rasch herausstellte, hatten diese für ihre amtliche Zulassung erhebliche Hürden zu überwinden. Denn die Kommunisten zeigten sich keineswegs gewillt, das potenziell zukunftsträchtige Feld des Wirtschaftslobbyismus umstandslos ihren politischen Gegnern zu überlassen. Eine ausführliche Analyse des für die Bekämpfung der Opposition zuständigen Departements III des Innenministeriums, die zwischen inhaltlichem Wohlwollen und taktisch motivierter Ablehnung der entstehenden Wirtschaftsvereine changierte, bietet interessante Einblicke in die Widersprüche, die sich aus der Konvergenz der wirtschaftspolitischen Leitbilder beider Lager bei gleichzeitigem Festhalten am politischen Monopol des Parteistaats ergaben.

156 Vgl. Knoch: Pisma liberalne, S. 44f.; siehe MSW Departament III: Koncepcje reprywatyzacji gospodarki i organizacyjne formy ich wdrażania – ocena i wnioski, 22.8.1987, IPN, BU 0365/85, t. 1, Bl. 72–79, hier Bl. 73f.

157 Siehe MSW Dep. III: Koncepcje reprywatyzacji gospodarki, Bl. 74.

158 Vgl. Fałkowski: Biznes patriotyczny, S. 179.

159 Vgl. Dudek: Reglamentowana rewolucja, S. 93, Fn. 208.

So räumten die Analysten des Staatssicherheitsdienstes ohne Umschweife ein, dass die Initiativen in Krakau und Warschau »im Grundsatz berechtigte und den aktuellen Bedürfnissen unserer Wirtschaft entsprechende« Ziele verfolgten. Gleichwohl bestünden »berechtigte Vorbehalte«, da die Initiativgruppen sich mehrheitlich aus »Personen mit bekannt negativen Einstellungen oder politischen Aktivitäten« zusammensetzten. Überdies gäben die »Kompetenzen und fachlichen Vorkenntnisse« der Antragsteller Anlass zu Sorge, da »nur wenige von ihnen Ökonomen mit ernst zu nehmenden Leistungen in diesem Bereich sind. Die Mehrheit sind Vertreter des Privatsektors, Handwerker, Direktoren von Polonia- und ausländischen Firmen, Wissenschaftler, Journalisten, Studenten und Landwirte.«[160] Da es den Wirtschaftsvereinen ausdrücklich um die Vernetzung, Beratung und Vertretung von wirtschaftlichen Praktikern ging, wirkte dieses Argument nicht besonders triftig. Eher deutete es auf die mangelnde Kompetenz der Sicherheitsfunktionäre hin, die für die geplanten Aktivitäten der Wirtschaftslobbyisten nötigen »fachlichen Vorkenntnisse« sachgerecht zu beurteilen (oder eher: sachgerecht beurteilen zu wollen).

Tatsächlich hielten diese mit den wahren Gründen für ihre »Vorbehalte« nicht hinter dem Berg: Es ging ihnen offensichtlich darum, die Kontrolle über die »Entwicklung des nichtagrarischen Privatsektors« nicht aus der Hand zu geben. Obwohl diese als »eines der unerlässlichen Elemente für den Erfolg der von Partei und Regierung erarbeiteten und umgesetzten [...] zweiten Etappe der Wirtschaftsreform« zu betrachten sei, sehe die Strategie des Regimes aus »offensichtlichen politisch-ideologischen und ökonomischen Gründen« keine »derart spontane und unkontrollierte Entwicklung dieses Sektors« vor. Schließlich sei zu erwarten, dass die sich formierenden Vereinigungen »der Legalisierung des sogenannten zweiten Umlaufs in der Wirtschaft dienen und camouflierte Plattformen für die Anbahnung [...] feindlicher Initiativen und politischer Aktivitäten darstellen können«. Auf dieser Basis würde »mit hoher Wahr-

160 MSW Dep. III: Koncepcje reprywatyzacji gospodarki, Bl. 77.

scheinlichkeit [...] eine starke Lobby zur Diskreditierung und Verdrängung sozialistischer Lösungen aus der Sphäre der Ökonomie und folglich auch aus der ideologischen, politischen und sozialen Sphäre« entstehen.[161]

Angesichts dieser schwerwiegenden geheimpolizeilichen Bedenken war es einigermaßen überraschend, dass die Analysten abschließend keine eindeutige Empfehlung zur Ablehnung der Initiativen aussprachen. Vielmehr bezeichneten sie die beantragte Zulassung der Wirtschaftsvereine als durchaus denkbaren »weiteren Schritt zur Demokratisierung des gesellschaftlich-politischen Lebens« und als Zeichen der »Offenheit [...] für verschiedene Konzeptionen der Verbesserung der ökonomischen Situation«.[162] Die Entschlossenheit zur prinzipientreuen Verteidigung »sozialistischer Lösungen« trat augenscheinlich hinter der Kalkulation eines möglichen politischen Nutzens zurück, der sich aus der organisatorischen Stärkung des wirtschaftsliberalen Flügels der Opposition ergeben konnte. In der Praxis setzten die zuständigen Behörden alles daran, die Anträge durch formale Komplikationen und Verzögerungen auf die lange Bank zu schieben. Die zunächst noch abgelehnte Krakauer Initiative Dzielskis erhielt schließlich im zweiten Anlauf am 3. September 1987 ihre offizielle Zulassung.[163] Der Warschauer Wirtschaftsvereinigung wurde in einem ersten Schritt die Durchführung einer regulären Gründungsversammlung im Herbst 1987 zugestanden; auf ihre Registrierung musste sie aber noch bis Oktober 1988 warten.[164]

Die auf diese Weise gewonnene Zeit nutzte das Regierungslager, um seinerseits die Gründung von Lobbyorganisationen für die expandierende Privatwirtschaft in die Wege zu leiten. Unter der Schirmherrschaft des von Mieczysław Rakowski geleiteten Gesellschaftlich-Wirtschaftlichen Rates

161 Ebd., Bl. 79.

162 Ebd.

163 Vgl. Knoch: Pisma liberalne, S. 45.

164 Siehe Piotr Wójcicki: O rytm całkiem naturalny. Powstało Towarzystwo Gospodarcze, in: Ład, Nr. 20 vom 4.10.1987, S. 9; Towarzystwo Gospodarcze, Zarząd Tymczasowy: Do Członków Założycieli i Sympatyków Towarzystwa, 3.5.1988, in: Bez Debitu, 1988, Nr. 6, S. 8–10; jag. [Marta Woydt]: Czym będzie Towarzystwo Gospodarcze?, in: Tygodnik Mazowsze, Nr. 273 vom 30.11.1988, S. 3.

(Rada Społeczno-Gospodarcza) beim Sejm konstituierte sich im Dezember 1987 die »Gesellschaft zur Förderung wirtschaftlicher Initiativen« (Towarzystwo Wspierania Inicjatyw Gospodarczych), die sich selbst als »starke soziale Bewegung für die Reform der Wirtschaft« präsentierte.[165] Anders als die Gründungsinitiativen aus dem oppositionellen Spektrum musste dieser von oben protegierte Wirtschaftsverband nicht lange auf seine behördliche Zulassung warten und konnte innerhalb weniger Monate ein Netz regionaler Dependancen aufbauen. Dort organisierten sich bevorzugt Nomenklatura-Kader, die ihre berufliche Zukunft in der Privatwirtschaft sahen – oder, wie Rakowski es formulierte: »tatendurstige Leute«.[166] Der stellvertretende Parlamentspräsident, dessen Parteikarriere mit seinem Aufstieg ins Politbüro im Dezember 1987 ebenfalls wieder in Fahrt kam, zeigte sich jedenfalls hochzufrieden mit dem breiten Echo, das »meine Idee« auslöste.[167] Während sich in dem Wettlauf oppositioneller und regimetreuer Gruppierungen um die organisierte Vertretung privater Unternehmer einerseits die ideologische Annäherung beider Lager spiegelte, begann mit dem von Rakowski initiierten Wirtschaftsverband andererseits jene »sozialistische Zivilgesellschaft« Gestalt anzunehmen, die der Parteisoziologe Jerzy J. Wiatr zwei Jahre zuvor als Alternative zu einer echten Demokratisierung ins Gespräch gebracht hatte.[168]

Oppositionelle wie Czesław Bielecki betrachteten diese Entwicklung als feindliche Übernahme der Idee der Wirtschaftsvereine durch das Regime und grollten Verfechtern einer gemäßigten Linie wie Aleksander Paszyński wegen ihres allzu legalistischen und zaghaften Vorgehens.[169] Mirosław Dzielski, der im Gegensatz zu Bielecki keinen anderthalbjährigen Gefängnisaufenthalt als politischer Häftling hinter sich hatte, sondern vom Staatssicherheitsdienst als harmloser Sonderling oder nütz-

165 Vgl. Przeperski: Mieczysław F. Rakowski, S. 311.

166 Rakowski: Jak to się stało, S. 90; vgl. auch Dudek: Reglamentowana rewolucja, S. 94.

167 Siehe Rakowski: Dzienniki polityczne 1987–1990, S. 124 (Eintrag vom 3.12.1987).

168 Siehe oben Kapitel III.3.

169 Siehe Maciej Poleski [Czesław Bielecki]: Mały jawniak. Warszawa: CDN 1988, S. 33 f.

licher Idiot in Ruhe gelassen worden war,[170] sah die von oben geförderte Konkurrenz hingegen gelassen. Da er in erster Linie das Ziel verfolgte, wirtschaftsliberales Denken salonfähig zu machen und dessen Anhänger von beiden Seiten der politischen Barrikade zusammenzubringen, hatte er keine Scheu, mit dem örtlichen Ableger von Rakowskis »Gesellschaft zur Förderung wirtschaftlicher Initiativen« zu kooperieren.

Als Dzielski im Frühjahr 1988 erste Gesprächsfäden zu den lokalen Wirtschaftslobbyisten der Partei knüpfte, gelang es ihm sogar, diesen die von ihm schon seit einigen Jahren ventilierte Idee einer Sonderwirtschafts- und Freihandelszone in Krakau schmackhaft zu machen.[171] Der Krakauer Philosoph bewunderte die Reformen Deng Xiaopings in China für die Schaffung abgegrenzter Enklaven echten kapitalistischen Wirtschaftens, die fortan auf ihre Umgebung ausstrahlten und »einen Weg vom Kommunismus zurück zur Zivilisation« wiesen.[172] Als erklärter Krakauer Lokalpatriot sah er seine Heimatstadt prädestiniert, eine ähnliche Vorreiterrolle für Polen einzunehmen. Doch auch mit dieser Idee waren Dzielski und seine Gesinnungsgenossen aus dem marktliberalen Flügel der Opposition gegen Ende der 1980er-Jahre nicht mehr allein: Auch in regimenahen Kreisen dachte man inzwischen intensiv über die Einrichtung von Freihandels- und Sonderwirtschaftszonen nach, und Vertreter des regionalen PZPR-Establishments in Stettin forcierten seit Anfang 1988 ein ähnliches Projekt, ohne dass dort oppositionsnahe Akteure involviert waren.[173]

Es war deshalb wenig überraschend, dass auch die Krakauer Stadtverwaltung dem von Dzielskis Krakauer Gewerbeverein und der regime-

170 Vgl. Knoch: Pisma liberalne, S. 99.

171 Vgl. Plichta: Wolność i Polityka, S. 241–245.

172 Siehe Mirosław Dzielski: Podróż do Chin, in: »13«, 1985, Nr. 3(42), S. 4–8, Nachdruck in: ders.: Odrodzenie ducha, S. 310–317, Zitat S. 314; vgl. auch Knoch: Pisma liberalne, S. 234.

173 Siehe die ausführliche Berichterstattung in der Posener Wochenzeitschrift Wprost: Bezcłowy interes. Z prof. Waldemarem Grzywaczem z Uniwersytetu Szczecińskiego, prezesem oddziału PTE w Szczecinie, rozmawia Marek Król, in: Wprost, Nr. 7 vom 14.2.1988, S. 4–6; Ryszard Ławniczak: Wolne obszary celne, in: ebd., S. 6–9; Andrzej Zawadzki: Kukułcze jajo imperializmu, in: Wprost, Nr. 10 vom 6.3.1988, S. 15.

treuen Wirtschaftsvereinigung gemeinsam propagierten Konzept einer Sonderwirtschaftszone einiges abgewinnen konnte. Insbesondere der darin enthaltene Vorschlag, die Steuern in der Stadt pauschal um 10 Prozent zu senken und von den verbleibenden Einnahmen nur einen geringen Teil an die Warschauer Zentrale abzuführen, dürfte jedenfalls den Stadtkämmerer auf Anhieb überzeugt haben.[174] Die Zustimmung des von der PZPR kontrollierten Krakauer Stadtrats am 31. März 1989 war insofern in erster Linie Ausdruck wohlverstandenen Eigeninteresses.[175] Die Reaktionen auf diese Entscheidung lieferten jedoch einen ersten Vorgeschmack auf die politischen und ökonomischen Konflikte, die in den kommenden Jahren auf die Tagesordnung drängen sollten: Bürgerinitiativen, Umwelt- und Verbraucherschützer protestierten gegen die erwartete Verdrängung weniger zahlungskräftiger Mieter aus der Krakauer Innenstadt, gegen die zunehmende Luftverschmutzung durch die Industrie und gegen den geplanten Ausbau des innenstadtnah gelegenen Flughafens Balice. Das Bürgerkomitee zur Rettung Krakaus (Obywatelski Komitet Ratowania Krakowa) sprach sich prinzipiell dagegen aus, dass die »Spielregeln des Kapitalismus in seiner zeitgenössischen ultraliberalen Variante (Joint Ventures, Holding, Leasing, Zwangsvollstreckung von Eigentum und damit verbundene offene oder geschlossene Angebote von Unternehmensverkäufen, freier Kapitalfluss)« in der Stadt Einzug halten sollten.[176] Am Ende scheiterte der Plan allerdings schlicht und einfach daran, dass das Warschauer Finanzministerium erwartungsgemäß nichts zu verschenken hatte und die von den Krakauern eingeplanten Steuervorteile ablehnte.[177]

174 Siehe Mirosław Dzielski: Ideały, interesy, problemy, in: Nowy Dziennik – Przegląd Polski vom 17.8.1989, S. 12f., Nachdruck in: ders.: Odrodzenie ducha, S. 483–487, hier S. 485f.

175 Siehe Jerzy Sadecki: Hongkong w Krakowie, in: Tygodnik Solidarność, Nr. 7 vom 14.7.1989, S. 12.

176 Obywatelski Komitet Ratowania Krakowa: Wystąpienie do Premiera Rządu PRL Mieczysława Rakowskiego, [31.5.1989], AAN, URM, 87/3, Bl. 229–240, hier Bl. 237.

177 Siehe Dzielski: Ideały, interesy, problemy, S. 486. – Abgewandelte Konzepte für Sonderwirtschaftszonen wurden gleichwohl in vielen anderen polnischen Städten aufgegriffen und avancierten ab 1989 zu einem gängigen Ansatz der polnischen Regional- und Wirtschaftsförderung. Für Debatten über solche Konzepte in der ersten

Der Bürgerprotest gegen die Krakauer Sonderwirtschaftszone war insofern bemerkenswert, als er sich gegen ein Konzept richtete, das aus der Zusammenarbeit von oppositionellen und regimenahen Wirtschaftsliberalen hervorgegangen war. Die sozialpolitisch und ökologisch orientierten Teile der sich formierenden polnischen Zivilgesellschaft gerieten somit erstmals in Konflikt mit einer neuen marktliberalen Koalition aus frischgebackenen Nomenklatura-Unternehmern und einstigen Oppositionellen. Die von der autoritären Liberalisierung in China, aber auch vom politischen Stil Margaret Thatchers inspirierte Reformstrategie Dzielskis, in der sich das Ziel einer vollständigen Privatisierung der Wirtschaft durch »schrittweisen Verkauf aller im Staatsbesitz befindlichen Industrien an private Hände« mit dem Ruf nach dem »Aufbau eines starken zentralen Machtzentrums« zur effektiven Überwindung von Reformwiderständen und Partikularinteressen verband,[178] stieß in Polen ersichtlich auf Widerstand. Dzielski war geistesgegenwärtig genug, um dies als erfreulichen Beweis der demokratischen Reife der Krakauer Stadtgesellschaft anzuerkennen. Er machte allerdings kein Geheimnis daraus, auf welcher Seite er in der Auseinandersetzung zwischen den »dynamischen Kräften des erwachenden polnischen Kapitalismus« und dem gegnerischen Lager vermeintlicher Besitzstandswahrer stand.[179] Die künftigen Ausprägungen dieses Konflikts sollte Mirosław Dzielski, der sich zu diesem Zeitpunkt bereits in den USA aufhielt, jedoch nicht mehr erleben. Er erlag dort im Oktober 1989 einer Krebserkrankung.[180]

Auch die Danziger Liberalen um Donald Tusk und Janusz Lewandowski suchten im veränderten politischen Klima der späten 1980er-Jahre

Jahreshälfte 1989 siehe Gasztold: Towarzysze z betonu, S. 690 f.; Specjalna strefa ekonomiczna – realna wizja czy utopia?, in: Trybuna Ludu, Nr. 28 vom 2.2.1989, S. 4, sowie den einschlägigen Schriftverkehr in AAN, URM, 87/3 sowie AAN, URM, 89/50, Bl. 1–6.

178 Siehe 6 x reforma. Krakowskie Towarzystwo Przemysłowe na temat Programu Realizacyjnego Drugiego Etapu Reformy Gospodarczej, in: Ład, Nr. 19 vom 6.12.1987, S. 10 f., Nachdruck in: Dzielski: Odrodzenie ducha, S. 810–819, hier S. 818.

179 Dzielski: Ideały, interesy, problemy, S. 487.

180 Vgl. Waldemar Żyszkiewicz: »Mirosław Dzielski«, in: Skórzyński/Sowiński/Strasz (Hg.): Opozycja w PRL, Bd. 2, S. 89 f.

die Bühne der lokalen Öffentlichkeit und den Kontakt mit der örtlichen Privatwirtschaft. Als Lewandowski auf einer Versammlung von Danziger Unternehmern und Wirtschaftswissenschaftlern im Dezember 1987 die »Zeit des praktischen Liberalismus« ausrief, wies er darauf hin, dass die pragmatische Aneignung privatwirtschaftlicher Handlungsräume von unten in Danzig bereits auf eine gewisse Tradition zurückblicken konnte.[181] Denn viele junge Oppositionelle aus dem Umfeld der zerschlagenen Solidarność-Bewegung hatten ihren Lebensunterhalt hier schon seit dem Kriegsrecht mittels Erwerbstätigkeit in selbstorganisierten Genossenschaften und Privatbetrieben bestritten – aus zunächst recht prosaischen Gründen. Was in Texten künftiger Historiker womöglich zu einem »modellhaften Zeitraum organischer Arbeit« geadelt würde, so Lewandowski ironisierend, sei in Wirklichkeit weniger die »Frucht edlen, leidenschaftlichen Engagements« als vielmehr das Resultat »der Kreuzung menschlicher Egoismen« gewesen.[182] Die nicht immer ganz freiwillig gesammelten Erfahrungen der »Generation des neuen Unternehmertums« zählten inzwischen aber zu den »Danziger Aktiva«, die irrationale Spekulationen auf eine erneute »soziale Explosion« wie im August 1980 überflüssig machten und stattdessen auf eine »sinnvolle Evolution« hoffen ließen.[183]

Tatsächlich war das Milieu der wirtschaftsliberalen Oppositionellen in Danzig von Anfang an in hohem Maße mit privatwirtschaftlichen Unternehmungen ehemaliger Solidarność-Aktivisten und regimekritischer Hochschulabsolventen verwoben. Diese hatten sich anfangs die Bestimmungen des im September 1982 modernisierten Genossenschaftsrechts zunutze gemacht, um geregelter Erwerbsarbeit jenseits des Staatssektors nachgehen zu können; später organisierten sie sich zunehmend in der Rechtsform privater Firmen nach Handelsrecht *(spółki)*.[184] Eine besondere

181 Janusz Lewandowski: Gdańskie aktywa /liberałowie i przedsiębiorcy/, in: Przegląd Polityczny, Nr. 10, 1988, S. 3–8, hier S. 5; vgl. Knoch: Pisma liberalne, S. 77, 263.

182 Lewandowski: Gdańskie aktywa, S. 6.

183 Ebd., S. 7.

184 Jan Krzysztof Bielecki und Jan Majewski schätzten, dass in der Wojewodschaft Danzig 1982–1988 zwischen 80 und 100 Genossenschaften neu gegründet worden waren, während die Zahl der GmbHs und Aktiengesellschaften von 23 (1985) auf

Rolle spielten dabei die Genossenschaft Świetlik (»Oberlicht«, seit 1987: Gdańsk), die 1983 von vormaligen Mitgliedern des unabhängigen Studentenverbands NZS gegründet worden war und sich auf Reinigungs- und Renovierungsarbeiten in großen Höhen spezialisierte, sowie die 1985 von Janusz Lewandowski gemeinsam mit anderen Ökonomen der Danziger Universität wie Jan Krzysztof Bielecki und Jan Majewski gegründete Genossenschaft Doradca (»Berater«).[185] Diese Genossenschaften verstanden sich nicht als rein wirtschaftliche Unternehmungen, sondern als Plattformen zur sozialen und ökonomischen Konsolidierung regimekritischer Milieus. Der ehemalige Vorsitzende des Studentenverbands und Chef der Świetlik-Genossenschaft Maciej Płażyński hob insbesondere den segensreichen Einfluss hervor, den die Tätigkeit in der von ihm aufgebauten und geleiteten Firma auf das ökonomische Bewusstsein ihrer 220 festen Mitarbeiter und »beinahe tausend« Werkvertragsnehmer habe: Da die oppositionelle Szene bisher durch eine »fast vollständige Ignoranz in Wirtschaftsfragen« gekennzeichnet sei, liege die »*Raison d'Être* einer Firma wie unserer in der Chance, zumindest einem gewissen Kreis von Leuten diese Dinge näherzubringen«. Eine grundlegende »Veränderung der Einstellung zu Wirtschaftsfragen« sei nämlich dringend vonnöten, »sowohl wenn es um die oppositionelle Intelligenz geht als auch unter Arbeitern«.[186] Die genossenschaftliche Rechtsform betrachtete Płażyński dabei als unzureichenden Notbehelf – »das westliche Modell« kapitalis-

869 (Dezember 1988) explodierte. Siehe Jan Krzysztof Bielecki/Jan Majewski: Nowa przedsiębiorczość w Gdańsku. Ocena zjawiska, in: Przegląd Polityczny, 1989, Nr. 12, S. 29–35, hier S. 30. – Die Attraktivität der Gesellschaften nach Handelsrecht beruhte maßgeblich auf der verschärften Regulierung der Gehälter in »vergesellschafteten« Betrieben (und somit auch in den Genossenschaften). Die Gründung von GmbHs bot ein Schlupfloch für höhere Verdienste. Siehe Tadeusz Aziewicz: Dwie drogi, in: Przegląd Polityczny, 1989, Nr. 12, S. 53–58, hier S. 53f.

185 Siehe Tomasz Jerz [Paweł Smoleński]: Na przykład »Gdańsk«, in: Kultura [Paris], 1989, Nr. 6 (501), S. 72–77; vgl. Knoch: Pisma liberalne, S. 75f. – Zu den jungen Oppositionellen, die bei Świetlik/Gdańsk ein Auskommen fanden, gehörte auch Donald Tusk.

186 Namiastka sensu. Rozmowa z Maciejem Płażyńskim, in: Przegląd Polityczny, 1988, Nr. 10, S. 33–43, hier S. 42.

tischer Privatunternehmen mit klaren Hierarchien und Verantwortlichkeiten sei seiner Meinung nach »effektiver und gerechter«.[187]

Ebenso aufgeschlossen gegenüber privatwirtschaftlicher Betätigung nach westlichem Muster zeigte sich freilich auch an der Ostseeküste eine soziale Gruppe, die Płażyński weniger im Blick hatte: Wie Lewandowskis Kollegen Bielecki und Majewski beobachteten, die als Berater in der Danziger Gründerszene aktiv waren, hatten auch Aktivisten der sozialistischen Studentenverbände sowie junge Parteikader nennenswerten Anteil an dem rasanten Gründungsboom von Genossenschaften, GmbHs und Aktiengesellschaften in der Region Danzig. Offenbar war diese Klientel »angemessenen Verdiensten«, »befriedigender Arbeit« und »größerer Unabhängigkeit« ebenfalls nicht abgeneigt.[188] Das von Lewandowski gepriesene »neue Unternehmertum« war mithin keine exklusive Domäne der Opposition, sondern zog Anhänger beider politischer Lager gleichermaßen an. Zumindest bei einigen Beteiligten ging es offenbar mit gewissen Entpolitisierungseffekten einher. Bielecki und Majewski zufolge war die »Abkehr [...] von politischen und sozialen Aktivitäten« unter Mitarbeitern privater Unternehmen, die sich aus oppositionsnahen Milieus rekrutierten, ein »ziemlich symptomatisches« Phänomen.[189] Mit Blick auf die neuen Unternehmer von der anderen Seite der Barrikade begrüßte der junge Liberale und Mitarbeiter der Doradca-Genossenschaft Tadeusz Aziewicz diese Umorientierung ausdrücklich: »Es ist unwesentlich, von wo der neue ›Bourgeois‹ stammt, noch auf welche Weise er zu seinem Besitz gekommen ist.« Man könne nämlich mit großer Wahrscheinlichkeit annehmen, »dass ein Privateigentümer, der bis vor Kurzem Stasi-Mitarbeiter *(ubek)* war, sich genauso verhalten wird wie ein Privateigentümer, der aus der [radikal antikommunistischen] KPN stammt«.[190]

Die Metamorphose der Danziger Liberalen von bekennenden Anhängern der Selbstverwaltungsidee über einen avantgardistischen Freun-

187 Ebd., S. 41.
188 Siehe Bielecki/Majewski: Nowa przedsiębiorczość w Gdańsku, S. 32.
189 Ebd., S. 33.
190 Aziewicz: Dwie drogi, S. 55.

deskreis mit Neigung zum akademischen Selbstgespräch zu prononcierten Befürwortern eines marktliberalen Kapitalismus war in erheblichem Maße von diesem Umfeld beeinflusst.[191] Ihre lebensweltliche Verankerung im expandierenden Milieu der lokalen Privatwirtschaft schlug sich in einem vergleichsweise pragmatischen und weniger elitären Verständnis des Wirtschaftsliberalismus nieder. Anders als Mirosław Dzielski und sein Krakauer Umfeld machten sie sich keine Illusionen, dass die überwiegend in Nischen des Dienstleistungssektors tätigen Privatfirmen aus sich selbst heraus über ihre »völlig marginale« volkswirtschaftliche Rolle hinauswachsen könnten.[192] Folgerichtig sprachen sie sich für eine aktive Rolle des Staates bei der Umsetzung der von ihnen angestrebten weitreichenden Privatisierung der Wirtschaft aus. Anderenfalls sei mit einem unkontrollierten »Übergang staatlichen Eigentums in private Hände« zu rechnen, was »katastrophale wirtschaftliche und soziale Konsequenzen [wie etwa] Anhäufung von Vermögen dank der korrumpierten staatlichen Wirtschaftsverwaltung, Bankrotte, Arbeitslosigkeit, Rückgang des Lebensstandards, starke soziale Konflikte« nach sich ziehen könne.[193]

Janusz Lewandowski und Jan Szomburg nahmen diese Sorge vor einem »unüberlegten Rückzug des Staates«[194] und einer längerfristigen »pathologischen Symbiose« zwischen Staats- und Privatunternehmen zum Anlass, im November 1988 ihren Vorschlag einer »allgemeinen Eigentumsübertragung« *(powszechne uwłaszczenie)* zur Diskussion zu stellen, der die »Parzellierung des Staatseigentums« und dessen Verteilung über kostenlos ausgegebene Anteilsscheine an die Bevölkerung innerhalb weniger Jahre vorsah.[195] So radikal diese Idee einer schnellen, von oben organisierten Entstaatlichung der Wirtschaft auch war, so sehr räumte sie

191 Vgl. resümierend Knoch: Pisma liberalne, S. 350f.

192 Siehe Aziewicz: Dwie drogi, S. 54f.; Bielecki/Majewski: Nowa przedsiębiorczość w Gdańsku, S. 34f.

193 Kapczyński: Gospodarka jako wyzwanie programowe dla opozycji, S. 30; vgl. Luszniewicz: Ewolucja koncepcji ekonomicznych liberałów gdańskich, S. 203.

194 Kapczyński: Gospodarka jako wyzwanie programowe dla opozycji, S. 30.

195 Janusz Lewandowski/Jan Szomburg: Własność jako próg reformy gospodarczej, in: Przegląd Polityczny, 1989, Nr. 12, S. 20–28, hier S. 25f.

politischen und gesellschaftlichen Erwägungen die Priorität vor ökonomischen und finanziellen Faktoren ein. Besonders in die demokratisierenden und »entproletarisierenden« Effekte einer solchen Massenprivatisierung setzten Lewandowski und Szomburg große Hoffnungen, wobei sie unter anderem an Ludwig Erhard und Wilhelm Röpke anknüpften, die westdeutschen Vordenker von »sozialer Marktwirtschaft« und »Volksaktien«.[196]

Dass Janusz Lewandowski Wert darauf legte, die von ihm und seinen Danziger Mitstreitern vertretene Spielart des Liberalismus von der »quasifeuilletonistischen, zuweilen verflachten und aufdringlichen Manier, in der dieser Denkstil heutzutage in Polen verabreicht wird«, abzugrenzen, war deshalb mehr als ein polemischer Seitenhieb auf den Paradiesvogel Janusz Korwin-Mikke, der Lewandowski zufolge »nur neue Vereinfachungen auf dem Friedhof der verbrauchten Denkschemata« aufhäufe und letzten Endes »eine andere Variante des magischen Denkens« betreibe.[197] Lewandowski reagierte damit zugleich auf die immer noch prekäre Position explizit neoliberaler Anschauungen innerhalb des Spektrums der demokratischen Oppositionsbewegung. Gerade weil die Danziger Liberalen sich trotz des Aufwinds der letzten Jahre ihrer politischen Marginalität bewusst waren, orientierten sie sich weitaus stärker als andere polnische Wirtschaftsliberale an politischer Anerkennung seitens des oppositionellen Mainstreams. Dies setzte voraus, sich von allzu dogmatischen Positionen zu distanzieren, die im Solidarność-Umfeld keinerlei Aussicht auf Mehrheitsfähigkeit hatten. Dazu zählte die von Mirosław Dzielski propagierte Taktik weitreichender Zugeständnisse an die politischen und materiellen Interessen der Nomenklatura ebenso wie dessen

196 Siehe ebd., S. 27 f. – Dass Lewandowski und Szomburg dem Politischen das Primat über das Ökonomische einräumten, rief unter ihren liberalen Gesinnungsgenossen auch grundsätzliche Kritik hervor. Tadeusz Aziewicz und Dariusz Filar kritisierten das Konzept als »nächstes großes Experiment« im Geiste des social engineering, verurteilten die kostenlose Verteilung von Anteilsscheinen als »demoralisierend« und sprachen ihr sogar den »liberalen Geist« ab. Siehe Aziewicz: Dwie drogi, S. 56 f.; Dariusz Filar in I Gdański Kongres Liberałów. Zapis dyskusji /fragmenty/, in: Przegląd Polityczny, 1989, Nr. 12, S. 58–75, hier S. 66.

197 Lewandowski: Gdańskie aktywa, S. 5.

Bereitschaft, zugunsten wirtschaftlicher Liberalisierung nötigenfalls auf das Ziel einer schnellen Demokratisierung zu verzichten. Die bedeutende Rolle, die den Danziger Liberalen im Prozess der landesweiten Integration des wirtschaftsliberalen Lagers ab 1989 zufiel, sollte die Richtigkeit ihrer strategischen Annahmen bald bestätigen.[198]

Die ab 1987 rasch anschwellende Flut trivialisierter neoliberaler Bekenntnisse, die selbst bei liberal gesinnten Intellektuellen wie Marcin Król, dem Chefredakteur der Warschauer *Res Publica*, ein gewisses Unbehagen auslöste,[199] sollte mithin nicht darüber hinwegtäuschen, dass der Neoliberalismus die Herzen der polnischen Oppositionellen keineswegs im Sturm eroberte. Vielmehr beruhte der unheimliche »Erfolg dieses ›neoliberalen‹ Bewusstseins«[200] in erster Linie auf der Erschöpfung möglicher Alternativen. Der Warschauer Ideenhistoriker Jerzy Jedlicki brachte die tiefere sozialpsychologische Dimension dieses Trends auf den Punkt, auch wenn er vordergründig nur über seine subjektiven Überzeugungen sprach:

> »Ich glaube an eine Reform der Manager *(reforma menedżerska)*, an die Gründung von Aktiengesellschaften und andere indirekte Formen, [aber] ich glaube nicht an die [Arbeiter-]Selbstverwaltung als sozialen Fakt, als Institution, die zu effektiver Kontrolle des Unternehmens in der Lage wäre. [...] Überhaupt, ehrlich gesagt, teile ich nicht allzu sehr den Glauben in die Wirksamkeit irgendwelcher Massenbewegungen.«[201]

Die Konvergenz von oppositionellen und offiziellen ökonomischen Leitbildern in der zweiten Hälfte der 1980er-Jahre wäre wohl kaum denkbar gewesen, wenn nicht das Vertrauen der Oppositionellen in kollektive soziale Handlungsmacht durch die Repressionen des Kriegsrechts und während der bleiernen Folgejahre in seinen Grundfesten erschüttert wor-

198 Vgl. Knoch: Pisma liberalne, S. 78 f.; Luszniewicz: Ewolucja koncepcji ekonomicznych liberałów gdańskich, S. 190–193.

199 Siehe Interes własny, interes ogólny ... Z rozmowy redakcyjnej (fragmenty), in: Res Publica, 1988, Nr. 5(11), S. 7–13.

200 Ebd., S. 7.

201 Drugi etap? Dyskusja, S. 37 f.

den wäre. Nicht jeder mochte sich über seine überwältigten Hoffnungen so nüchtern Zeugnis ablegen wie Jedlicki. Es liegt jedoch auf der Hand, dass dieser Sinneswandel für die Zukunft der Solidarność als basisdemokratischer Massenbewegung nichts Gutes verhieß – einer »Reform der Manager« würde eine solche Bewegung schließlich eher im Wege stehen.

## 4. Die Regierung Rakowski und die Anfänge der Nomenklatura-Privatisierung

»Die Polen interessieren sich weniger für den Runden Tisch als vielmehr für einen reich gedeckten Tisch.«[202] Mit diesem Bonmot, das er am 14. Oktober 1988 bei einer Pressekonferenz zur Amtseinführung seiner Regierung zum Besten gab, machte sich der frisch gewählte neue Ministerpräsident Mieczysław F. Rakowski sicher nicht allzu viele politische Freunde, jedenfalls nicht in den Reihen der Opposition. Aber in der Sache lag er damit wohl nicht ganz falsch. Dass die langjährige Galionsfigur des reformorientierten Parteiflügels, die manchem linientreuen Kommunisten als verkappter Sozialdemokrat galt,[203] im Herbst 1988 schließlich doch noch die Chance erhielt, als Regierungschef unter Beweis zu stellen, wie der Staatssozialismus mit einer energischen Reformpolitik zu retten sei, war der letzte Versuch der polnischen Kommunisten, ihren Landsleuten zumindest näherungsweise einen »reich gedeckten Tisch« zu bieten. Wie ihre Vorgänger erwies sich auch die Regierung Rakowski bald als außerstande, die dringend benötigte wirtschaftliche Trendwende herbeizuführen. Die Übereinkunft mit der Opposition vermochte sie im Endeffekt nur hinauszuzögern, nicht aber zu verhindern. Dennoch wurde eine Reihe bedeutsamer Weichenstellungen für die ökonomische Transformation in

202 Konferencja prasowa Mieczysława F. Rakowskiego, in: Trybuna Ludu, Nr. 241 vom 15./16.10.1988, S. 5 f.

203 Vgl. Dudek: Reglamentowana rewolucja, S. 184, Fn. 28; dagegen Eisler: Siedmiu wspaniałych, S. 461.

Polen nicht in den Verhandlungen zwischen Regime und Opposition am Runden Tisch vorgenommen – sondern an Rakowskis Kabinettstisch.

Nach dem gescheiterten Referendum Ende 1987 war ein Regierungswechsel zunächst ausgeblieben, obwohl Ministerpräsident Zbigniew Messner offensichtlich angezählt war und hinter den Kulissen bereits seit Längerem über einen personellen Neuanfang spekuliert wurde.[204] Messner und seinem Vizepremier Zdzisław Sadowski blieb also die undankbare Aufgabe, trotz fehlenden Rückhalts in der Bevölkerung (und in weiten Teilen der Parteiführung) zumindest eine abgespeckte Variante der »zweiten Etappe der Wirtschaftsreform« auf den Weg zu bringen. Dabei hatten sie kaum eine andere Wahl, als den ultimativen Forderungen der regimetreuen OPZZ-Gewerkschaften nach einer weitreichenden Kompensation der geplanten Preissteigerungen nachzugeben. Dennoch kam es nach den Preiserhöhungen im Frühjahr 1988 zu mehreren Wellen von Streiks und Protesten, die sich zunächst auf wirtschaftliche Forderungen konzentrierten, aber auch dem politischen Radikalismus jüngerer Regimegegner Auftrieb gaben. Die deprimierende Stimmung spiegelte sich in den Lageberichten des Innenministeriums vom Frühsommer 1988: »Die [...] dramatische Wirtschaftslage im Lande vertieft die Apathie und Frustration der überwältigenden Mehrheit der Gesellschaft und bildet die Grundlage für ein immer kritischeres Verhältnis der Bevölkerung zur Macht im weitesten Sinne.« Als wären die Aussichten nicht schon trübe genug, fügten die Analysten lapidar hinzu: »Die Streikwelle und die Lohnforderungen haben die geplanten Budgeteffekte der Preis-Lohn-Operation zunichte gemacht.«[205] Der verzweifelte Versuch, dem offenkundigen Steuerungsdefizit in der Wirtschaft mithilfe von Sonderbefugnissen für Vizepremier Sadowski beizukommen, konnte kurzfristig wenig ausrichten und ging erneut auf Kosten der Konsistenz der Reformpolitik. Unter dem Strich gelang es Messner und Sadowski weder, die strukturellen

204 Vgl. Dudek: Reglamentowana rewolucja, S. 101, 115; Kowal: Koniec systemu władzy, S. 400 f.

205 Ocena sytuacji w kraju opracowana przez Zespół Analiz MSW, 24.6.1988, in: Dudek (Hg.): Zmierzch dyktatury, Bd. 1, Dok. 25, S. 255–260, hier S. 255 f.

Ursachen der Krise zu bekämpfen, noch den prekären sozialen Frieden zu erhalten. Die Generäle Jaruzelski und Kiszczak hielten es unterdessen für eine gute Idee, zum wiederholten Male eine populistische Kampagne zur verschärften »Bekämpfung von Devisenschieberei *(waluciarstwem)*, Pseudotourismus und Spekulation« anzukündigen.[206] Die kollektive Resignation kam in jenem »Refrain der alltäglichen Klagen der Polen« zum Ausdruck, über den der Feuilletonchef der einst von Rakowski redigierten Wochenzeitung *Polityka* auf der Titelseite des Blattes sinnierte: »Dies ist kein normales Land.«[207]

Erst eine weitere, eindeutig politisch motivierte Streikwelle im August 1988, deren Verlauf die relative Schwäche sowohl des Regierungslagers als auch der organisierten Opposition offenlegte, brachte die völlig verfahrene politische Situation in Bewegung.[208] Nachdem sich Innenminister Czesław Kiszczak am 31. August erstmals seit Jahren mit dem vermeintlichen »Privatmann« Lech Wałęsa getroffen hatte und beide Seiten in direkte Gespräche in Form eines »Runden Tisches« einwilligten, drängte OPZZ-Chef Alfred Miodowicz schließlich erfolgreich auf eine Ablösung der weithin diskreditierten Regierung Messner. Deren Entlassung war für Jaruzelski ein bequemes Bauernopfer, um sich vom offensichtlichen Scheitern der von ihm selbst vorgegebenen politischen Linie zu distanzieren.[209]

Damit war der Weg frei für den ehrgeizigen Rakowski, der in den vorangegangenen Jahren kaum eine Gelegenheit versäumt hatte, um durchblicken zu lassen, dass er sich zu Höherem berufen fühlte. Als Regierungschef setzte er vor allem darauf, die lähmende Atmosphäre der Trägheit zu durchbrechen, die der Posener Ökonom Wacław Wilczyński sarkastisch auf die bisher verfolgte glücklose Politik der »Ausweichmanöver, Annäherungsversuche [und] Ausrutscher« zurückführte.[210] Rakowski war jedoch

206 Vgl. Kowal: Koniec systemu władzy, S. 360.
207 Zdzisław Pietrasik: Czy możemy wybić się na normalność?, in: Polityka, Nr. 36 vom 3.9.1988, S. 1, 11.
208 Vgl. Przeperski: Sytuacja nierewolucyjna, S. 93.
209 Vgl. Kowal: Koniec systemu władzy, S. 413–415.
210 Wacław Wilczyński: Polityka trzech »U«, in: Wprost, Nr. 27 vom 3.7.1988, S. 6–8.

weit davon entfernt, Wilczyńskis Ratschlag zu befolgen, sich endlich von der »paternalistischen Behandlung der Gesellschaft durch das Regime« zu verabschieden und zu akzeptieren, dass »die Leute [...] sowohl in der Sphäre der Produktion als auch als Staatsbürger und Konsumenten erwachsen [sind]«.[211] Vielmehr setzte er alles daran, mit beinahe autosuggestiven Methoden Stärke zu zeigen, um die politische Schwäche des Regierungslagers im Vorfeld der unvermeidbaren Verhandlungen mit der Opposition vergessen zu machen. »Der Premier und seine Minister verstanden es, in den Medien eine gute Show zu liefern«, resümiert Michał Przeperski, der darin ein wesentliches Kennzeichen des spektakulären, aber wenig systematischen Regierungsstils Rakowskis sieht.[212]

Schon in seiner Regierungserklärung wandte sich der frisch gewählte Ministerpräsident effektvoll an

> »alle Landsleute, die genug davon haben, sich mit wenigem zu begnügen, sich selbst und den Staat zu betrügen, sich mit der Unterdrückung individueller Initiative, mit seelenloser Bürokratie, dem Misstrauen der Macht gegenüber dem Bürger, der übermäßigen Zahl von Kontrollen, die unsere Kader von nutzbringender Arbeit ablenken, mit Scheinaktivismus, fatalistischem ›es wird schon irgendwie‹ [und] himmelschreiendem Nonsens [abzufinden]«.[213]

Ihnen bot Rakowski ein »Bündnis« an, um »Barrieren, Hindernisse, bürokratische Bremsen« niederzureißen und »Bedingungen für Initiative und Unternehmertum zu schaffen«.[214] Zugleich distanzierte er sich von jeder Form »dogmatischer Verliebtheit in abstrakte ökonomische Modelle« und bereitete seine Zuhörer darauf vor, dass eine reformierte, gewinnorientierte Wirtschaft »nicht nur Gewinner, sondern auch Verlierer« hervorbringen werde. Der von ihm angestrebte konsequente »Umbau unserer Wirtschaft« werde den »Bankrott oder die Liquidierung von Un-

211 Ebd.; vgl. auch Kowal: Koniec systemu władzy, S. 433.

212 Przeperski: Mieczysław F. Rakowski, S. 327; vgl. noch pointierter ders.: Jak sterować reformami?, S. 155.

213 Sprawozdanie stenograficzne z 39 posiedzenia Sejmu Polskiej Rzeczypospolitej Ludowej w dniach 13 i 14 października 1988 r. Warszawa 1988, Sp. 6.

214 Ebd.

ternehmen« nach sich ziehen, was »Tausende Menschen« zwingen werde, »den Arbeitsplatz zu wechseln, sich neu zu qualifizieren oder sogar zeitweilig Arbeit suchen zu müssen«.[215]

Obwohl Rakowski es vermied, sich mit konkreten wirtschaftspolitischen Aussagen allzu sehr festzulegen (seine ostentative Distanzierung von »abstrakten ökonomischen Modellen« ließ sich auf staatssozialistische und marktliberale Modelle gleichermaßen beziehen),[216] sprach die wirtschaftsliberale Stoßrichtung seiner Rhetorik Bände. Statt an die Sorge um das Gemeinwohl zu appellieren, setzte der neue Ministerpräsident auf die Entfesselung individueller Eigeninitiative. Allerdings ließ er keinen Zweifel daran, dass er entschlossen war, die zulässigen Grenzen für solche Initiativen selbst zu bestimmen und nötigenfalls auch mit autoritären Mitteln durchzusetzen: »Wir werden nicht zögern, mit harter Hand Ruhe [...] und Ordnung für die Reformen und die Sicherheit der sozialistischen Orientierung Polens zu gewährleisten«, warnte Rakowski unmissverständlich.[217] Das Vorbild für diese Strategie blieb unbenannt, doch waren die Anleihen bei Margaret Thatcher kaum zu übersehen. Nur hatte Rakowski im Gegensatz zu dieser eben keine demokratische Wahl gewonnen, wie Ryszard Bugaj bissig kommentierte: »Rakowski wäre gern Klassenprimus bei Frau Thatcher, aber er vergisst, dass er das Aufnahmeexamen nicht bestanden hat.«[218]

Dass Rakowski sich auf die Wirtschaftspolitik konzentrierte, um Tatkraft und Durchsetzungsfähigkeit zu beweisen, war nach Lage der Dinge unausweichlich; es barg allerdings erhebliche Risiken. Denn zum einen fehlte es ihm selbst an ökonomischem Sachverstand,[219] und zum anderen waren die von Experten beider Lager geforderten marktwirtschaftlichen

215 Ebd., Sp. 9f.
216 Siehe etwa den skeptischen Kommentar von Irena Wóycicka: Szybko, ale stopniowo, in: Tygodnik Mazowsze, Nr. 267 vom 19.10.1988, S. 1, 4.
217 Sprawozdanie stenograficzne z 39 posiedzenia Sejmu Polskiej Rzeczypospolitej Ludowej w dniach 13 i 14 października 1988 r., Sp. 14.
218 Ryszard Bugaj: Pod rządami Rakowskiego, in: Tygodnik Mazowsze, Nr. 271 vom 16.11.1988, S. 2.
219 Vgl. Przeperski: Mieczysław F. Rakowski, S. 309.

Reformen wegen der zu erwartenden sozialen Kosten wenig geeignet, um Popularität und Vertrauen zu gewinnen. Nicht von ungefähr versuchte Rakowski deshalb, bei der Bildung seines Kabinetts oppositions- und kirchennahe Persönlichkeiten gerade für diese Zuständigkeitsfelder zu gewinnen. Damit wollte er einerseits den überparteilichen Charakter seiner Regierung demonstrieren; andererseits hoffte er sicherlich, mit einem solchen Personaltableau besser für zu erwartende Kritik gewappnet zu sein. Der prominenteste Kandidat war der Wirtschaftsprofessor und Solidarność-Berater Witold Trzeciakowski, der als Vizepremier für Finanz- und Haushaltsfragen zuständig sein sollte. Außerdem trug Rakowski Julian Auleytner, einem 39-jährigen Ökonomen aus dem Umfeld der katholischen Kirche, das Amt des Arbeits- und Sozialministers an; und seinen alten Bekannten aus der *Polityka*-Redaktion Aleksander Paszyński, der nun als umtriebiger Wohnungsbau-Experte und Initiator der Warschauer Wirtschaftsvereinigung von sich reden machte, versuchte er als Staatssekretär im Bauministerium in sein Kabinett zu holen.[220] Da jedoch alle diese Kandidaten die Offerten Rakowskis ausschlugen,[221] waren es schließlich Repräsentanten des wirtschaftsnahen Parteiflügels wie Vizepremier Ireneusz Sekuła und Industrieminister Mieczysław Wilczek, die das wirtschaftspolitische Profil der Regierung prägten.[222]

Aufsehen erregte insbesondere die Personalie des neuen Industrieministers, dessen Vita und öffentliches Auftreten zweifellos aus dem Rahmen dessen fielen, was man – nicht nur in Polen – von Ministern kommunistischer Regierungen gewohnt war. Wilczek gehörte zwar der Partei an und war auch stellvertretender Vorsitzender der von Rakowski initiierten »Gesellschaft zur Förderung wirtschaftlicher Initiativen«.[223]

220 Vgl. Skórzyński: Rewolucja Okrągłego Stołu, S. 173f.

221 Siehe dazu die Erklärungen von Paszyński und Trzeciakowski: Dlatego nie wchodzę do rządu Rakowskiego. Rozmowa z Aleksandrem Paszyńskim, in: Tygodnik Mazowsze, Nr. 266 vom 5.10.1988, S. 1, 4; Nie o to chodzi. Mówi prof. Witold Trzeciakowski, in: Tygodnik Mazowsze, Nr. 267 vom 19.10.1988, S. 1.

222 Vgl. Przeperski: Mieczysław F. Rakowski, S. 323–326.

223 Siehe Sprawozdanie stenograficzne z 39 posiedzenia Sejmu Polskiej Rzeczypospolitej Ludowej w dniach 13 i 14 października 1988 r., Sp. 22.

Nach einer Karriere als Manager in Staatsbetrieben hatte der studierte Chemiker dem staatlichen Sektor jedoch den Rücken gekehrt und war als Selfmade-Unternehmer mit der Produktion des von ihm erfundenen Waschmittels »Ixi« sowie mit der Verarbeitung von Schlachtabfällen zum Dollarmillionär geworden. Daneben war Wilczek, der sich selbst unverblümt als »reinrassigen Kapitalisten« bezeichnete,[224] auch noch an einer Firma mit ausländischem Kapital beteiligt. Vor allem aber sagte er jedem, der es hören wollte, was er von der staatssozialistischen Wirtschaftsordnung hielt – nämlich gar nichts.[225] Während die Partei gerade erst begann, offiziell von einer »sozialistischen Marktwirtschaft« als Zielmodell zu sprechen,[226] mokierte sich Wilczek in einem Interview mit dem westdeutschen *Spiegel* über diesen Begriff (»Ich weiß auch nicht, was das ist«) und erteilte allen Vorstellungen einer Symbiose von Markt und Plan eine klare Absage: »Aber es gibt kein Zwischending zwischen zentral gesteuerter Volkswirtschaft und der Marktwirtschaft. Meine Meinung ist: Die Lösung ist Marktwirtschaft mit der Möglichkeit zu vernünftigen staatlichen Interventionen im Interesse der gesamten Gesellschaft.«[227]

Für seine polnischen Landsleute hatte Wilczek vor allem einen Ratschlag parat: »Nehmt euer Schicksal selbst in die Hand.« Die Verantwortung für wirtschaftliches Wohlergehen sollte künftig weniger beim Staat als bei jedem Einzelnen liegen. Seine wirtschaftspolitische »Philosophie«,

224 Siehe Nie chcę reprywatyzacji [Zapis przebiegu dyskusji w programie »Sto pytań do ...«, oprac. Piotr Grochmalski], in: Wprost, Nr. 48 vom 27.11.1988, S. 4–6.

225 Siehe Rakowski: Jak to się stało, S. 131. – Rakowski zeigte sich im Nachhinein hochzufrieden mit seiner Personalentscheidung. Diese sei eine »echte Bombe« gewesen. Ebd., S. 130.

226 Siehe Redakcja Publikacji Wydziału Ideologicznego KC PZPR: Kształt polskiego socjalizmu. Główne elementy problematyki III Ogólnopolskiej Konferencji Teoretyczno-Ideologicznej, April 1989, AAN, KC PZPR, II/77, Bl. 12–26.

227 »Arbeitskraft ist in Polen besonders billig«. Der polnische Industrieminister Mieczyslaw Wilczek über die Reform der sozialistischen Wirtschaft, in: Der Spiegel, Nr. 3/1989 vom 15.1.1989. – Ähnlich äußerte sich Wilczek kurz darauf während der Auftaktsitzung des Arbeitskreises für Wirtschaft und Sozialpolitik des Runden Tisches. Siehe Okrągły Stół. Stenogram z pierwszego posiedzenia Zespołu do Spraw Gospodarki i Polityki Społecznej w dniu 8 lutego 1989 r., Biblioteka Sejmowa, Warszawa 1990, S. 128.

so der Minister im Gespräch mit der *Polityka*, sei »nicht ganz neu«: Die Prosperität der Volkswirtschaft beruhe schlicht und einfach darauf, »dass die Leute sich bereichern«. Dabei nahm er kein Blatt vor den Mund und scheute nicht davor zurück, die Polinnen und Polen als »verdammt ausgeruhte Nation« zu bezeichnen, die nur passiv darauf warte, vom Staat versorgt zu werden. Bisher habe sich, polterte Wilczek, »niemand selbstständig geistig angestrengt (außer um krumme Dinger zu drehen)«. Damit müsse Schluss sein; nötig sei eine schnelle »Umerziehung«. Mit Blick auf die polnischen Arbeitsmigranten im kapitalistischen Ausland gab er sich aber optimistisch: »Dort fangen die Leute sofort an, anders zu denken und zu arbeiten.« Dasselbe müsse künftig auch im Inland gelingen.[228]

Den Schlüssel zu einem solchen Mentalitätswechsel sah Rakowskis Industrieminister in der radikalen Liberalisierung jeglicher Wirtschaftstätigkeit, mit der er die Neugründung kleiner und mittlerer Unternehmen erleichtern wollte. Auf diese Weise sollten »Zigtausende« neue Firmen entstehen, »egal ob privat, genossenschaftlich oder auch staatlich«.[229] Während er die flächendeckende Privatisierung der bestehenden staatlichen Großbetriebe als unrealistisch ablehnte, wollte er deren ungenutzte Produktionskapazitäten an interessierte Privatunternehmer verpachten. Außerdem versprach er eine »große Zukunft« für Unternehmen mit gemischtem Kapital privater und staatlicher Anteilseigner[230] – spätestens an dieser Stelle dürften geschäftstüchtige und auf den eigenen Vorteil bedachte Wirtschaftskader hellhörig geworden sein.

Wilczek beließ es nicht bei forschen Sprüchen: Kaum im Amt, kündigte er die Schließung unrentabler Staatsbetriebe und Bergwerke an und bekräftigte dies in einer Fernseh-Talkshow mit den Worten: »Ich schwöre, dass ich sie liquidiere.«[231] Dabei agierte er freilich mehr wie ein patriarchaler Unternehmer, der nach Gutdünken über das bisherige Volkseigentum ver-

228 Alle Zitate aus Bierzcie swój los w swoje ręce. Z Mieczysławem Wilczkiem, ministrem przemysłu, rozmawia Andrzej Mozołowski, in: Polityka, Nr. 48 vom 26.11.1988, S. 4.
229 Nie chcę reprywatyzacji, S. 6.
230 Bierzcie swój los w swoje ręce.
231 Nie chcę reprywatyzacji, S. 4.

fügen zu können meinte, als wie ein nüchterner, auf die Wirksamkeit systemischer Steuerungsmechanismen vertrauender Ökonom – geschweige denn wie ein auf Abwägung divergierender Interessen und Aushandlung tragfähiger Kompromisse orientierter Politiker. Gemeinsam mit Vizepremier Sekuła holte Wilczek ausgerechnet die bereits von seinem Amtsvorgänger Jerzy Bilip im Mai 1988 vorbereiteten, damals aber aus politischen Gründen zurückgestellten Pläne zur Stilllegung der Danziger Leninwerft aus der Schublade und löste damit einen erwartbaren Aufschrei unter den Anhängern der Solidarność-Opposition aus.[232] Zwar stand außer Zweifel, dass die Bilanzen der Werft miserabel waren – inwiefern dies allerdings für andere polnische Werften ebenso galt, ließ sich angesichts der fehlenden Transparenz, der auf Basis arbiträrer Wechselkurse bilanzierten Exporterlöse und der vielfältigen Verflechtungen mit anderen Staatsbetrieben kaum seriös beurteilen.[233] Dass ausgerechnet die Danziger Werft als einer der ersten Industriegiganten abgewickelt werden sollte, konnte unter diesen Umständen nur als Rache für die Streikfreudigkeit und politische Unbeugsamkeit der dortigen Belegschaft verstanden werden.

Für die Glaubwürdigkeit des Umbaus der bestehenden Wirtschaftsstruktur gemäß marktwirtschaftlichen Regeln war es in höchstem Maße kontraproduktiv, »wenn Direktion und Belegschaft eines Betriebs aus

232 Vgl. zum Verfahren bei dieser Entscheidung detailliert Przeperski: Mieczysław F. Rakowski, S. 329–331.

233 Zur schlechten Ertragslage der Werft trug u. a. der Export von Schiffen in die Sowjetunion bei, die wegen des niedrigen Wechselkurses des Transferrubels vergleichsweise geringe Einnahmen brachten – während polnische Importeure von diesem Kurs profitierten, etwa bei der Einfuhr von Rohöl. Der Export ins kapitalistische Ausland wiederum schlug wegen regelmäßiger Überschreitungen der vertraglich vereinbarten Lieferfristen mit empfindlichen Vertragsstrafen zu Buche. Ein weiterer Verlustbringer war die zunehmende Vergabe von spezialisierten Produktionsaufgaben an westliche Subunternehmen sowie an Polonia-Firmen, die diese Leistungen oft mit aus der Werft abgeworbenen Fachkräften erbrachten. – Siehe u. a. Wydział Polityki Społeczno-Ekonomicznej KC PZPR: Informacja dot. prac w zakresie oceny ekonomicznej oraz perspektyw rozwojowych stoczni produkcyjnych, 18.7.1988, AAN, KC PZPR, LXX/51; außerdem die Reportage über die Arbeits- und Produktionsbedingungen auf der Danziger Werft von Grzegorz Nawrocki: Wodowanie stoczni, in: Kultura [Paris], 1988, Nr. 5 (488), S. 69–86; sowie die Ergebnisse der Kontrolle der Najwyższa Izba Kontroli für die Jahre 1984–1986, 3.9.1986, AAN, KC PZPR, LXX/113.

der Presse davon erfahren, dass sie vom Gründungsorgan als Bankrotteur ausgewählt wurden« – diese Kritik an der Durchsetzung der Wirtschaftsreform per ministerieller Sonderbefugnis, die von marktliberalen Ökonomen schon gegenüber der weitaus vorsichtigeren Praxis der Regierung Messner geäußert worden war, war nun aktueller als je zuvor.[234] Obwohl selbst einzelne oppositionsnahe Wirtschaftsjournalisten einräumten, dass die Diskussion um die Stilllegung der Leninwerft allenfalls »die Reihenfolge betreffen kann, nicht aber den Sinn der Operation«,[235] untergruben die Intransparenz des Verfahrens und die offenkundigen politischen Nebenabsichten nicht nur bei oppositionell gesinnten Polinnen und Polen das Vertrauen in die Aufrichtigkeit der Reformpolitik der Regierung Rakowski. Sogar Władysław Baka, der inzwischen zum ZK-Sekretär für Wirtschaftsfragen aufgestiegen war, empfand dieses Hauruck-Verfahren als »unfair« und sah darin einen Ausdruck des »aggressiven *menedżeryzm*«, den Sekuła und Wilczek seiner Ansicht nach an den Tag legten.[236] Als Wilczek bei der unvermittelten Aufkündigung eines Lizenzvertrags mit dem italienischen Fiat-Konzern zur Produktion eines modernen Kleinwagens in der Warschauer Automobilfabrik FSO ähnlich hemdsärmelig vorging,[237] sah sich ZK-Sekretär Baka in seinen Vorbehalten bestätigt und notierte kopfschüttelnd: »Man kann mit der Volkswirtschaft nicht genauso umgehen wie mit einer privaten Firma, wo es ›ausreicht, Geld hineinzustecken, damit das Geschäft besser läuft‹.«[238]

Bei großen Teilen der polnischen Bevölkerung kamen Wilczeks unkonventionelles Auftreten und sein raubeiniger Habitus hingegen gut an. Trotz (oder gerade wegen) seiner polemischen Tiraden über die passive

234 Marek Dąbrowski: Diagnoza niepowodzeń, in: Polityka, Nr. 40 vom 1.10.1988, S. 4.
235 Dariusz Fikus: Likwidacja i co dalej, in: Gazeta Bankowa, Nr. 3 vom 14.11.1988, S. 2.
236 Baka: Zmagania o reformę, S. 194 f. (Eintrag vom 10.11.1988).
237 Siehe Wydział Polityki Społeczno-Ekonomicznej KC PZPR: Porównanie wariantów rozwoju przemysłu samochodów osobowych, 12.1.1989, AAN, URM, 87/18, Bl. 184–192; vgl. Baka: Zmagania o reformę, S. 197 f. (Eintrag vom 21.11.1988); Przeperski: Jak sterować reformami?, S. 157 f.
238 Baka: Zmagania o reformę, S. 198 (Eintrag vom 23.11.1988).

Anspruchsmentalität seiner Landsleute und der gegen heftige Widerstände vorangetriebenen Liquidierung der Danziger Werft avancierte er in den Meinungsumfragen zum populärsten Politiker des Landes.[239] Offensichtlich verband sich mit dem Aktionismus des Ministers die vage Hoffnung, dass sich nach jahrelanger Stagnation überhaupt einmal etwas ändern würde. Auch Mirosław Dzielski fand ihn »ziemlich sympathisch«, obwohl er im selben Atemzug kritisierte, die selektive Reformpolitik der Regierung Rakowski begünstige die Herausbildung eines »Bananenkapitalismus«, der von einem klientelistischen Beziehungsgeflecht zwischen politischen und wirtschaftlichen Eliten geprägt sei.[240]

Tatsächlich konnte Wilczeks Industriepolitik nach Gutsherrenart nicht darüber hinwegtäuschen, dass es der Regierung Rakowski an einem konsistenten und systematischen Reformprogramm fehlte – und allem Anschein nach auch an einer klaren Vorstellung davon, wohin die Reise eigentlich gehen sollte.[241] Auf programmatische Grundsatzdokumente wie den im September 1988 unter Federführung Bakas im Zentralkomitee der Partei erarbeiteten »Plan zur Konsolidierung der Volkswirtschaft«, der eine entschiedene Inflationsbekämpfung durch harte Geldpolitik, gleiche Regeln für private und staatliche Unternehmen und die Schaffung von Kapital- und Devisenmärkten vorsah und in seiner Zielrichtung die ein Jahr später von Balcerowicz umgesetzte Schocktherapie bereits vor-

239 Vgl. Przeperski: Mieczysław F. Rakowski, S. 324.

240 Mirosław Dzielski: Credo. Z Mirosławem Dzielskim – filozofem, publicystą politycznym, prezesem Krakowskiego Towarzystwa Przemysłowego rozmawia Wiesław Walendziak, in: Młoda Polska, 1989, Nr. 4, S. 6 f., 10, Nachdruck in: ders.: Odrodzenie ducha, S. 444–454, hier S. 452.

241 Ähnlich skeptisch urteilte der renommierte Wirtschaftsprofessor Czesław Bobrowski: »Minister Wilczek ist indessen ein wirklich guter Manager, aber auf der Mikroebene, und er erfasst Phänomene auf der Ebene des gesamten Staates nicht. [...] Wir haben es also [...] mit einer ökonomischen Regierungsmannschaft zu tun, die keine kohärente Konzeption hat und nicht homogen agiert.« – Zit. in: Informacja dyrektora Departamentu III MSW gen. Krzysztofa Majchrowskiego na temat wpływu Krajowej Konferencji Delegatów PZPR na sytuację społeczno-polityczną, 30.5.1989, in: Dudek (Hg.): Zmierzch dyktatury, Bd. 1, Dok. 85, S. 509–516, hier S. 513.

wegnahm,[242] gab Rakowski wenig. Er sah darin in erster Linie eine unerwünschte Einmischung in die konkreten Vorhaben seiner Regierung, die er aus Prestigegründen keinesfalls hinzunehmen bereit war. Dies führte zu heftigen machtpolitischen Konflikten mit Baka, der zwar ebenso wie Rakowski für marktwirtschaftliche Reformen eintrat, jedoch eine systematische Herangehensweise präferierte, die nicht zuletzt die Tür zur Verständigung mit der Opposition offenhielt.[243]

In vieler Hinsicht setzten Rakowski und sein Industrieminister nur fort, was die Vorgängerregierung bereits begonnen hatte. Allerdings neigten sie stets dazu, fein austarierte Formelkompromisse über Bord zu werfen und die Liberalisierung zugunsten öffentlichkeitswirksamer Symbolik auf die Spitze zu treiben. Das galt auch für das Leuchtturmprojekt, das bis heute mit dem Namen Wilczeks verbunden ist, nämlich das »Gesetz über wirtschaftliche Aktivitäten«, mit dem zum Jahreswechsel 1988/1989 schlagartig fast alle rechtlichen Beschränkungen für private Unternehmer abgeschafft wurden, sowie das gleichzeitig beschlossene »Gesetz über wirtschaftliche Aktivitäten unter Beteiligung ausländischer Subjekte«. Beide Gesetzesvorhaben waren bereits im Frühjahr 1988 im Zuge der Umsetzung der »zweiten Etappe der Wirtschaftsreform« von der Regierung Messner vorbereitet und im Juni 1988 in den Sejm eingebracht worden.[244] Selbst der eingängige Slogan »Erlaubt ist alles, was nicht verboten ist«, mit dem die Regierung für die Neuerungen warb, war keine Erfindung Rakowskis oder Wilczeks, sondern wurde bereits ein Jahr

242 Siehe die von Baka publizierte Fassung Założenia planu konsolidacji gospodarki narodowej, 26.9.1988, in: Baka: U źródeł wielkiej transformacji, S. 75–89; sowie die verschiedenen Versionen und Unterlagen dazu in AAN, KC PZPR, LXX/64–72; vgl. Bałtowski: Gospodarka socjalistyczna w Polsce, S. 287–290; Przeperski: Mieczysław F. Rakowski, S. 333–335.

243 Vgl. Przeperski: Jak sterować reformami?, S. 159–162.

244 Siehe Ustawa o podejmowaniu działalności gospodarczej. Projekt, 27.5.1988, AAN, KC PZPR, LXX/51 sowie die auf eine schnelle Umsetzung drängenden Stellungnahmen der zuständigen ZK-Abteilung ebd.

zuvor von Messner verwendet und in der interessierten Öffentlichkeit vielfach aufgegriffen.[245]

Wilczeks Verdienst war es freilich, die vorliegenden Gesetzentwürfe weiter zu radikalisieren, indem er etwa die aus ideologischen Gründen zunächst noch vorgesehene Obergrenze von 50 Beschäftigten in reinen Privatunternehmen ersatzlos streichen ließ sowie allen Wirtschaftssubjekten einen einheitlichen Höchststeuersatz von 50 Prozent garantierte.[246] Zudem gelang es dem Kabinett Rakowski, das Gesetzespaket noch kurz vor Weihnachten 1988 durch das Parlament zu bringen und mit weiteren, für sich genommen weniger aufsehenerregenden Neuregelungen so zu kombinieren, dass der psychologische Effekt der neuen, maximal liberalisierten Spielregeln für private Unternehmensgründer so groß wie möglich ausfiel. Zum einen schaffte die Regierung zum 1. Januar 1989 die Karten für Benzin ab, was effektvoll im Staatsfernsehen inszeniert wurde und den vorletzten Schritt zum Ausstieg aus dem seit Anfang der 1980er-Jahre allgegenwärtigen Reglementierungssystem bedeutete – fortan wurde nur noch Fleisch auf Karten verkauft.[247] Zum anderen wurden die im Passgesetz vorgesehenen Verfahrensregeln mithilfe einer lapidaren Verordnung so geändert, dass alle polnischen Staatsbürger künftig ihren Reisepass zu Hause aufbewahren durften.[248] Der zeitaufwendige und demütigende Kampf um den Pass in den schier endlosen Schlangen vor den überforderten Pass- und Konsularbehörden, der bis dahin am Anfang jeder Aus-

245 Messner hatte diese Formel in seiner Rede zur »zweiten Etappe der Wirtschaftsreform« im Oktober 1987 als »Schlüssel« zur »Schaffung eines Modells des sozialistischen Unternehmertums« bezeichnet. Siehe Sprawozdanie stenograficzne z 24 posiedzenia Sejmu Polskiej Rzeczypospolitej Ludowej w dniu 10 października 1987 r. Warszawa 1987, Sp. 14; zum Presseecho siehe z. B. Witold Gadomski: Szanse i zagrożenia, in: Ład, Nr. 26 vom 15.11.1987, S. 3, 10 f.; Zygmunt Szeliga: Nie da się? Spróbujmy razem!, in: Polityka, Nr. 11 vom 12.3.1988, S. 3; ders.: Droga do wolności ekonomicznej, in: Polityka, Nr. 13 vom 26.3.1988.

246 Siehe Stenogram z posiedzenia KERM w dniu 14 listopada 1988r., Bl. 136–138; vgl. Przeperski: Mieczysław F. Rakowski, S. 335.

247 Vgl. Zawistowski: Bilety do sklepu, S. 437.

248 Vgl. Stola: Kraj bez wyjścia, S. 335 f.

landsreise gestanden hatte, gehörte damit der Vergangenheit an.[249] Es war kein Geheimnis, dass von dieser Liberalisierung des Passregimes vor allem private Kleinhändler und temporäre Arbeitsmigranten profitierten – und alle, die es werden wollten.

Hinter diesem in der Summe durchaus richtungsweisenden Gesetzespaket stand die Einsicht, dass eine rigide Austeritätspolitik unausweichlich war, dass es aber symbolischer Trostpflaster bedurfte, um ein Mindestmaß an gesellschaftlicher Akzeptanz für die damit verbundenen sozialen Einschnitte sicherzustellen. In einer internen Strategiediskussion erläuterte Vizepremier Sekuła:

> »Es wäre wirklich nicht schwer, einen ökonomisch sehr effektiven [und] attraktiven Plan vorzuschlagen, nebenbei gesagt: über einen solchen Plan verfügen wir im Grunde schon, denn das ist das vom IWF[250] vorgeschlagene Anpassungsprogramm. Das muss man nur nehmen, da ist das alles aufgeschrieben: Reallöhne senken, Zinsen vermarktlichen, die Verschuldung abzahlen, dann Kredite erhalten, und damit sind wir eigentlich am Ziel. [...] Aber gegen die Gesellschaft bekommen wir den genialsten [Plan] nicht durchgesetzt.«[251]

Es bräuchte deshalb Gegenleistungen, die die unvermeidbaren Entbehrungen erträglicher machten. Da an materielle Kompensationen nicht zu denken war und ein politisches Entgegenkommen, wie es mit den Verhandlungen am Runden Tisch im Raume stand, durch das rabiate Vorgehen Wilczeks bei der Danziger Werft torpediert wurde, kamen nur immaterielle Konzessionen infrage. Gefragt waren also, wie Sekuła betonte, »spektakuläre, unumstößliche Fakten«, die die Bevölkerung zumindest auf psychologischer Ebene für die anstehenden Entbehrungen entschädigen könnten, indem sie etwa das »Selbstwertgefühl, das Gefühl der Hand-

249 Siehe Piotr Gabryel/Marek Zieleniewski: Pospolite ruszenie, in: Wprost, Nr. 23 vom 5.6.1988, S. 8–11.

250 Statt »MFW« (Międzynarodowy Fundusz Walutowy) steht im Stenogramm »MSW« (Ministerstwo Spraw Wewnętrznych), es handelt sich jedoch offenkundig um einen Tippfehler. Den Stenotypisten des Ministerrats war das Akronym des Innenministeriums bislang offenbar noch geläufiger.

251 Stenogram z posiedzenia KERM w dniu 14 listopada 1988r., Bl. 101.

lungsmacht *(podmiotowości)* [und] das Gefühl, eigene Entscheidungen zu treffen«, stärkten.[252]

Die sogenannten Wilczek-Gesetze zur schlagartigen Liberalisierung der Privatwirtschaft zielten also darauf ab, dem eher unpolitischen Teil der polnischen Bevölkerung ein Angebot zu machen und all jene, die ihre Chance auf individuelle Vorteile aktiv nutzen wollten, auf die Seite der Regierung zu ziehen. Entsprechend vollmundig stellte Wilczek die »epochale« Bedeutung des Gesetzespakets heraus.[253] Ireneusz Sekuła trieb diese Rhetorik mit der hochtrabenden Formel auf die Spitze, in der polnischen Wirtschaft gälten künftig »Freiheit, Gleichheit, Wettbewerb«.[254] Wer »aktiv, fleißig, voller Energie und Initiative« sei, erhalte nun »die Chance auf volle und allseitige Entwicklung«; »Faule«, »Unfähige« und alle, die auf Kosten anderer leben wollten, hätten hingegen Grund zur Sorge.[255] Ausländischen Kapitalisten rollte die Regierung Rakowski ebenfalls den roten Teppich aus. Die bisher gültigen Regelungen für Joint Ventures und Polonia-Firmen wurden vereinheitlicht und boten Kapitaleignern nun deutlich verbesserte Konditionen für ein Investment in Polen. Industrieminister Wilczek warb dafür im *Spiegel*-Interview auf seine Weise: »Ich sage Ihnen: Dieses Gesetz ist gut. Ich habe es für mich selbst erarbeitet; denn ich hatte vor, eine polnisch-kanadische Gesellschaft zu gründen. Deshalb wurde es so vorbereitet, wie ich es gern wollte.«[256]

Auch wenn man von der gezielten propagandistischen Überhöhung absieht, die in solchen Botschaften enthalten war, lässt sich nicht darü-

252 Ebd.

253 Ebd., Bl. 135; siehe auch die erwartungsvolle Presseberichterstattung, z. B. Krzysztof Plesiński/Jerzy Pilczyński: Recepty na normalność. 41 posiedzenie Sejmu PRL, in: Życie Warszawy, Nr. 298 vom 23.–26.12.1988, S. 1 f.

254 Sprawozdanie stenograficzne z 41 posiedzenia Sejmu Polskiej Rzeczypospolitej Ludowej w dniach 22 i 23 grudnia 1988 r., Sp. 11 f.; vgl. Przeperski: Mieczysław F. Rakowski, S. 335.

255 Sprawozdanie stenograficzne z 41 posiedzenia Sejmu Polskiej Rzeczypospolitej Ludowej w dniach 22 i 23 grudnia 1988 r., Sp. 19.

256 »Arbeitskraft ist in Polen besonders billig«. Der polnische Industrieminister Mieczyslaw Wilczek über die Reform der sozialistischen Wirtschaft, in: Der Spiegel, Nr. 3/1989 vom 15.1.1989.

ber hinweggehen, dass die »Wilczek-Gesetze« tatsächlich einen Wendepunkt für die polnische Wirtschaftspolitik bedeuteten. Sie markierten den affirmativ vorgetragenen Abschied von der Kerndoktrin der sozialistischen Planwirtschaft, wonach eine rationale zentrale Planung und die Konzentration der verfügbaren Investitionsmittel in immer größeren Wirtschaftseinheiten für mehr Dynamik und Wohlstand sorgen könnten. Stattdessen setzte eine nominell kommunistische Regierung nun erstmals aus voller Überzeugung auf die radikale Liberalisierung jeglicher privater Wirtschaftstätigkeit (mit Ausnahme weniger neuralgischer Branchen wie Bergbau, Waffenhandel und Apotheken), fühlte sich für die einst gegeißelte »Ausbeutung« der Arbeiter durch die Kapitalisten erklärtermaßen nicht mehr zuständig und sah wohlwollend zu, wie polnische Staatsbürgerinnen und Staatsbürger diesseits und jenseits der Landesgrenzen ihr Glück als Unternehmer ihrer selbst zu finden hofften.

Das war zweifellos eine historische Zäsur, die jedoch umso bedeutsamer ausfällt, je stärker man den Blick auf die diskursive Deutung und die konkrete Praxis des Wirtschaftens mitsamt ihren Konsequenzen für die alltägliche Lebenswelt richtet. Dagegen erscheint sie weniger tief, wenn man in erster Linie auf die makroökonomischen und strukturellen Rahmenbedingungen schaut, denen die Regierung Rakowski in der Tat vergleichsweise wenig Aufmerksamkeit widmete. Es überrascht daher nicht, dass der Wirtschaftshistoriker Janusz Kaliński die Bedeutung der »Wilczek-Gesetze« für die polnische Transformation vom Plan zum Markt unter Verweis auf das Festhalten der Regierung an der Dominanz staatlichen Eigentums eher herunterspielt,[257] während der Sozialhistoriker Andrzej Zawistowski deren Inkrafttreten am 1. Januar 1989 in Anlehnung an den Wirtschaftswissenschaftler Maciej Bałtowski als »Ende des

257 Kaliński, der sich gegen die unter neoliberalen Publizisten verbreitete Glorifizierung der »Wilczek-Gesetze« wendet, kommt zu dem Fazit: »Die Reformen von Rakowski und Wilczek schufen die Anfänge eines Kapitalismus, der den Institutionen der sozialistischen Wirtschaft entstammte und in Symbiose mit diesen verblieb.« – Janusz Kaliński: Kiedy zaczęło się odradzanie gospodarki rynkowej w Polsce?, in: Optimum. Studia Ekonomiczne, 2015, Nr. 1(73), S. 3–13, hier S. 11.

Kommunismus« in Polen bewertet, jedenfalls in seiner ökonomischen Dimension.[258]

Außer Frage steht, dass die Regierung Rakowski – getreu der Ankündigung in dessen Regierungserklärung – vor abstrakten Systemfragen zurückscheute und sich primär auf symbolträchtige Einzelmaßnahmen beschränkte, ohne eine konsistente Perspektive für eine grundlegende Systemtransformation zu entwickeln. Vor diesem Hintergrund blieb unklar, wie weit Rakowski und seine Minister beim Umbau der real existierenden sozialistischen Wirtschaftsordnung wirklich gehen wollten. Ihr Hauptaugenmerk galt offenkundig der schrittweisen Implementierung kapitalistischer Steuerungsmechanismen in das bestehende System. Alles spricht dafür, dass Rakowski sich ungeachtet seiner wiederholt bewiesenen Konfliktbereitschaft an die Positionierung des Politbüros der Partei gebunden fühlte, das in seinen Thesen zum X. Plenum des Zentralkomitees an der Jahreswende 1988–1989 unmissverständlich für eine dauerhafte volkswirtschaftliche Dominanz des Staatssektors eintrat:

> »Die Partei spricht sich für die Entwicklung einer aus mehreren Sektoren bestehenden Volkswirtschaft unter Beibehaltung der dominierenden Rolle des gesellschaftlichen Eigentums aus. Diese bleibt die Grundlage der sozialistischen Gesellschaftsordnung und die Grundlage der Entwicklung des Landes.«[259]

In internen Dokumenten wurde noch deutlicher formuliert, dass die Parteiführung die »Aufrechterhaltung eines entschiedenen Übergewichts des gesellschaftlichen Eigentums an den Produktionsmitteln« als *»nicht zu überschreitende Grenze«* eventuell hinzunehmender Kompromisse betrachtete. Gleichwohl sah man bei »wirtschaftlichen Themen, insbesondere bei Systemfragen, [...] ein verhältnismäßig großes Manövrierfeld für

258 Zawistowski: Kapitalizm albo śmierć?, S. 20. – Ähnlich zuvor bereits Bałtowski: Gospodarka socjalistyczna w Polsce, S. 291.

259 Reforma partii warunkiem powodzenia strategii odnowy i reform. Tezy Biura Politycznego Komitetu Centralnego, in: X Plenum KC PZPR, S. 15–82, hier S. 59.

Verhandlungen«.[260] Dass die Skepsis gegenüber autoritär-kapitalistischen Entwicklungspfaden nicht allein auf taktischen Kalkulationen beruhte, lässt sich an dem sarkastischen Tonfall ablesen, mit dem sich Parteichef Jaruzelski von dem oft als mögliches Vorbild herangezogenen Beispiel der asiatischen Tigerstaaten distanzierte. Der General räumte ein, dass diese »in den letzten Jahren sensationelle Indikatoren wirtschaftlichen Fortschrittes erzielt haben«, lehnte die dort vorexerzierte Modernisierungsstrategie aber vehement ab:

> »Nichts steht dem entgegen, ihren Erfolg in Polen zu wiederholen. Es reicht aus, die gesetzliche Begrenzung der Arbeitszeit abzuschaffen, den Urlaub radikal zu verkürzen, das Verbot der Beschäftigung Minderjähriger aufzuheben, sich von allen Formen staatlicher Sozialfürsorge und Sozialleistungen zu verabschieden, die Gewerkschaften ins Jenseits des gesellschaftlichen Lebens zu vertreiben, die Zuschüsse für die Kultur zu liquidieren – und schon in ein paar Jahren kann Polen genau so ein ›Tiger‹ sein.«[261]

Rakowski mochte andere Wege zur Modernisierung des Staatssozialismus im Sinn haben als sein politischer Patron Jaruzelski; im Kern seiner sozialistischen Überzeugungen unterschied er sich aber nicht grundlegend von diesem. Der langjährige Parteiliberale bekannte sich auch als Ministerpräsident noch entschieden zu einem reformierten Sozialismus, »der immer besser die persönlichen und politischen Ambitionen (gerade der jungen Generation) befriedigt«. Er hatte wohl allzu oft pathetisch verkündet: »Wir stehen erst am Anfang der Rationalisierung des sozialistischen Systems«, als dass er sich damit hätte abfinden können, dass dieses »in die Geschichte eingehen wird als ein Experiment, das verloren

260 Zespół Międzywydziałowy KC PZPR: Stanowisko w kwestii reform politycznych, gospodarczych oraz związku zawodowego – próba syntezy, 10.10.1988, in: Dudek/Friszke (Hg.): Polska 1986–1989. Koniec systemu, Bd. 3, S. 149–157, hier S. 152 (Hervorhebung im Original).

261 Przemówienie I sekretarza KC PZPR Wojciecha Jaruzelskiego na zakończenie pierwszej części obrad, in: X Plenum KC PZPR, S. 131–138, hier S. 132f.

hat«.[262] Eine Einführung des Kapitalismus durch die Hintertür hätte Rakowski demnach nur schwer mit seinem ideologischen Wertehorizont vereinbaren können. In einer emotionalen Kabinettssitzung Ende Februar 1989 warnte er seine Minister eindringlich davor, das Wort »Reprivatisierung« in den Mund zu nehmen, »weil das sofort Widerstand auslöst, nicht nur in der Partei«.[263] Das »Drama« liege darin, so Rakowski im Kreise seines Kabinetts, dass die materiellen Ressourcen für den notwendigen »grundlegenden Umbau« des Sozialismus begrenzt seien, während »die Gesellschaften [Osteuropas] trotz ihrer Sehnsucht nach irgendeiner anderen Welt, nicht unbedingt nach einer kapitalistischen,« einen radikalen Wandel »in der Praxis« ablehnten. Den Grund dafür erblickte er in den Folgen der »über Jahrzehnte in der Sowjetunion und auch in den sozialistischen Ländern« üblichen Erziehung, letzten Endes also in der Mentalität des *homo sovieticus* (worin er sich mit in den folgenden Jahren gestellten Diagnosen liberaler Sozialwissenschaftler überraschend einig gewesen wäre).[264]

Zwischen dem wirtschaftspolitischen Kompass Rakowskis und den Ansichten seiner Minister zeichneten sich allerdings Unterschiede ab, die über Nuancen deutlich hinausgingen. Sekuła, Wilczek und andere Regierungsmitglieder sahen der von ihrem Chef an die Wand gemalten Perspektive »irgendeiner anderen Welt« offensichtlich weitaus gelassener

262 Zitate aus der Rede Rakowskis während des zweiten Teils des X. ZK-Plenums im Januar 1989, siehe Stenogram wystąpień w drugiej części obrad X Plenum KC PZPR [fragmenty], 16.–17.1.1989, in: Borodziej/Garlicki (Hg.): Okrągły Stół. Dokumenty i materiały, Bd. 1, Dok. 89, S. 320–359, hier S. 327; Rakowski: Dzienniki polityczne 1987–1990, S. 341 (Eintrag vom 16.1.1989).

263 Allerdings begründete Rakowski diese Haltung nicht inhaltlich, sondern mit dem taktischen Argument, dass Opposition und Kirche sich ebenfalls gegen »Reprivatisierung« aussprachen. Dabei unterstellte er diesen gleichermaßen Camouflage: »Nein, sie wissen eben, wie man die Massen für sich gewinnt. […] Die Kirche bringt immer öfter die These ins Spiel: Ja, natürlich, Wandel, Reformen – aber soziale Gerechtigkeit. Bald werden sie sagen: Eure Politik widerspricht ja dem Sozialismus.« – Stenogram z posiedzenia Rady Ministrów w dniu 25.2.1989 r., AAN, URM-KT, 214/31, Bl. 9–91, hier Bl. 88 f.

264 Ebd., Bl. 86; vgl. für eine kritische Diskussion der späteren sozialwissenschaftlichen Deutungen Leyk: Between Rejected Socialism and Desired Capitalism.

entgegen. Nach Ansicht von Außenhandelsminister Dominik Jastrzębski, der sich bereits zuvor als Thatcher-Fan geoutet hatte,[265] war die Planwirtschaft, in der Polen noch zu 80 Prozent »feststecke«, nichts anderes als eine »Mondwirtschaft mit künstlichen Zielen«. Es könne deshalb nur eine Devise geben: »Für uns gibt es kein Zurück, wir müssen in die Marktwirtschaft.«[266] Industrieminister Mieczysław Wilczek ließ ohnehin bei jeder Gelegenheit wissen, dass er für eine »echte Marktwirtschaft« mit echter Arbeitslosigkeit und echten Kapitalrenditen eintrat. Anstelle von Selbstverwaltungsorganen sollten seiner Meinung nach echte Manager das Sagen haben.[267] Und Finanzminister Andrzej Wróblewski drängte im Februar 1989 auf eine schnelle Entscheidung, »wie es wirklich mit den Staatsbetrieben [...] weitergehen soll«, wobei er sich dafür aussprach, »einen Teil von all dem zu reprivatisieren«.[268] In diesem Zusammenhang sei es zudem höchste Zeit, sich darüber klar zu werden, ob die »großindustrielle Arbeiterklasse im Sinne unserer schlagwortartigen Redensart« künftig noch eine geeignete soziale Basis darstelle – oder ob man sich nicht besser »auf die Kader und die wirklich Hochqualifizierten, die irgendein Geschäft haben«, stützen sollte.[269]

Bei Ireneusz Sekuła rannte Wróblewski mit diesem Ansinnen offene Türen ein. Auf das »ideologische oder irgendwie doktrinäre Bündnis mit den Arbeitern und Bauern« (das immerhin das Fundament der kommu-

265 In einer Sitzung des wirtschaftspolitischen Komitees des Ministerrats hatte Jastrzębski empfohlen, sich bei der Reformpolitik am Vorbild Thatchers zu orientieren, unter deren Regierung er (als Direktor einer polnischen Handelsfirma in London) vier Jahre lang zu leben »das Vergnügen hatte«. – Siehe Stenogram z posiedzenia KERM w dniu 14 listopada 1988r., Bl. 142.

266 Stenogram z posiedzenia KERM w dniu 16 listopada 1988 r., AAN, URM-KT, 214/30, Bl. 202–240, hier Bl. 234 f.

267 Okrągły Stół. Stenogram z pierwszego posiedzenia Zespołu do Spraw Gospodarki i Polityki Społecznej w dniu 8 lutego 1989 r., Biblioteka Sejmowa, Warszawa 1990, S. 128; sowie Okrągły Stół. Stenogram z trzeciego posiedzenia Zespołu do Spraw Gospodarki i Polityki Społecznej w dniu 20 lutego 1989 r., Biblioteka Sejmowa, Warszawa 1990, S. 68–72.

268 Stenogram z posiedzenia Rady Ministrów w dniu 25.2.1989 r., Bl. 73.

269 Ebd., Bl. 74 f.

nistischen Herrschaftslegitimation darstellte) gab der Vizepremier wenig. Vielmehr »sollten unsere unmittelbaren Verbündeten eben die Direktoren, die Manager, die breit verstandene Intelligenz [und] alle unternehmerischen Menschen sein, also auch diejenigen, die in der privaten Sphäre oder für ausländisches Kapital tätig sind«. Zwar räumte Sekuła ein, dass sich eine entsprechende öffentliche Positionierung aus taktischen Gründen verbiete, »aber im eigenen Kreise sollten wir uns darüber im Klaren sein«.[270] Für den stellvertretenden Ministerpräsidenten und andere jüngere Kabinettsmitglieder war dies übrigens nicht allein eine Frage der politischen Strategie – sie umgaben sich auch privat mit diesen neuen Partnern. Mieczysław Rakowski nahm hingegen Anstoß daran, dass bei einem »üppigen Empfang« bei seinem Stellvertreter »mit Geld überladene [Vertreter der] Privatinitiative« ein und aus gingen. »Man sieht, dass sich Irek [Sekuła], ähnlich wie [Aleksander] Kwaśniewski, mit diesen Herren gemeinmacht«, zeigte sich Rakowski sichtlich irritiert.[271]

Die Verquickung von politischen und ökonomischen Interessen wurde tatsächlich zu einem wesentlichen Auslöser für Kritik an der Wirtschaftspolitik der Regierung Rakowski. Hatte schon die Einleitung des Liquidationsverfahrens für die Danziger Werft den Eindruck erweckt, dass ökonomische Argumente für die Begleichung politischer Rechnungen missbraucht wurden, nährte ein am 24. Februar 1989 verabschiedetes Gesetz, mit dem sich die Regierung erneut besondere Vollmachten bei der Umstrukturierung von Staatsbetrieben einräumen ließ, den umgekehrten Verdacht. Sollte der politisch begründete Handlungsbedarf etwa primär den wirtschaftlichen Interessen eines engen Kreises von Begünstigten zugutekommen? Die Regierung reagierte mit dieser eilig eingebrachten Gesetzesinitiative auf die nicht ganz unbegründete Wahrnehmung, dass ihr die Zeit für die versprochene »Konsolidierung der Volkswirtschaft« davonlief. Da inzwischen bereits die Verhandlungen am Runden Tisch über die Legalisierung der Solidarność-Gewerkschaft begonnen hatten,

270 Ebd., Bl. 82.
271 Rakowski: Dzienniki polityczne 1987–1990, S. 459 (Eintrag vom 24.6.1989).

ging es Sekuła und seinen Mitstreitern darum, den Handlungsspielraum der »Manager« in den volkseigenen Betrieben zu erweitern und die von Wilczek propagierten Kooperationen zwischen Staatsbetrieben und Privatunternehmen zu erleichtern.[272] Das Sondergesetz eröffnete deshalb die Möglichkeit, Bestandteile staatlichen Eigentums zwecks wirtschaftlicher Tätigkeit an natürliche oder juristische Personen zu übertragen. Es sah allerdings keine wirksamen Kontrollmechanismen vor, um sicherzustellen, dass bei solchen Unternehmungen auch die Interessen der öffentlichen Hand angemessen berücksichtigt wurden. De facto wurde hier ein Einfallstor für die Selbstbereicherung der Nomenklatura geöffnet, denn viele Angehörige des Partei- und Staatsapparats ließen sich diese Chance nicht entgehen und nutzten ihren privilegierten Zugriff auf das bisherige Volkseigentum für einträgliche Geschäfte.

Diese Praktiken der wilden Privatisierung, für die sich der Begriff der »Eigentumsbelehnung der Nomenklatura« *(uwłaszczenie nomenklatury)* einprägte, lösten breite Empörung aus und werden bis heute kontrovers diskutiert.[273] Dass die Regierung Rakowski im Eilverfahren Fakten schuf, anstatt der immer deutlicher spürbaren volkswirtschaftlichen Schieflage mit systematischen Reformen zu begegnen, stieß etwa dem Verfasser eines an General Jaruzelski gerichteten Beschwerdebriefes übel auf: »Der Herr Minister Wilczek zieht es vor, alles heimlich zu erledigen, ohne großes Aufsehen und ›unter dem Tisch‹, damit Nation und Gesellschaft keine Möglichkeit zur Kontrolle und Kritik haben.«[274] Der Briefeschreiber hielt mit seinem Unmut über die Aneignung volkseigener Vermögenswerte durch Nomenklatura-Kader nicht hinter dem Berg:

272 Vgl. Przeperski: Początki uwłaszczenia nomenklatury, S. 118 f.

273 Dieser Begriff stellt die Nomenklatura-Privatisierung in den Kontext historischer Eigentumsbelehnungen, etwa im Zusammenhang mit der Bauernbefreiung. Tomasz Kozłowski verwendet in einem englischsprachigen Aufsatz die Begriffe »propertisation« und »enfranchisement«, weist aber auf das Fehlen einer präzisen englischen Übersetzung hin. Siehe Kozłowski: Appropriation Mechanisms, S. 511 f., Fn. 1.

274 Brief an General W. Jaruzelski – I Sekretarz KC, 29.4.1989, AAN, KC PZPR, XXVII/69, Bl. 59; vgl. auch Miernik: Lamenty nad przemysłem, S. 257.

»Wenn Herr Minister Wilczek staatliche Betriebe an seine Kumpel aus der Stasi-Nomenklatura abgeben möchte (aber nur defizitäre), dann soll er als Bürge […] persönlich den Vertrag unterschreiben, damit er im Falle der Zahlungsunfähigkeit des Kontrahenten die geforderte Summe aus seiner eigenen Tasche zahlt. Es ist Paranoia, Staatsbetriebe denjenigen Direktoren zur Pacht zu übertragen, die sie mit eigenen Händen ruiniert haben. Jetzt bekommen sie zur Belohnung die Fabrik, obendrein ohne dafür etwas zu bezahlen.«[275]

Spätere Kontrollen kamen zu dem Ergebnis, dass Wilczeks Ministerium es mit der ordnungsgemäßen Buchführung bei der Übertragung von Volkseigentum in private Hände tatsächlich nicht immer allzu genau nahm.[276] Welches Ausmaß solche anstößigen Transfers in Polen wirklich annahmen, lässt sich allerdings mangels tragfähiger Datenbasis nur schwer ermessen.[277] Da die Mehrzahl der von bisherigen Wirtschaftskadern (oder deren Familienangehörigen) gegründeten Privatfirmen nicht illegal agierte, sondern bloß die weit gezogenen und schlecht kontrollierten Grenzen des Rechts maximal ausschöpfte, geriet nur eine überschaubare Zahl spektakulärer Einzelfälle ins Visier der zuständigen Behörden und der Öffentlichkeit.[278]

Ein vielfach als Beleg für massenhafte Skandale herangezogener Bericht der Generalstaatsanwaltschaft kam zu dem Ergebnis, dass im Zeitraum vom 1. Januar bis zum 15. November 1989 insgesamt 1593 Firmen unter Beteiligung von Staatsbetrieben, öffentlichen Institutionen oder deren Führungspersonal neu gegründet worden waren. Dabei bestand nach Einschätzung der Staatsanwälte »ein begründeter Verdacht, dass der Vertrag über die Gründung der Firma in vielen Fällen eine Schwächung

275 Ebd.

276 Vgl. Dudek: Od Mazowieckiego do Suchockiej, S. 179.

277 Vgl. die abwägend-vorsichtige Annäherung von Kozłowski: Spółki nomenklaturowe; ders.: Appropriation Mechanisms.

278 Auf Sammlungen solcher Einzelfälle stützen sich etwa die aus gegensätzlichen politischen Positionen heraus argumentierenden, in ihrem skandalisierenden Duktus aber übereinstimmenden Studien von Tittenbrun: Upadek socjalizmu realnego, S. 142–163; und Łoś/Zybertowicz: Privatizing the Police-State, S. 154–185.

der bisherigen potenziellen Produktions- und Finanzkapazitäten der jeweiligen [volkseigenen] Institution nach sich zog«.[279] Oftmals traten die Privatfirmen als bloße Zwischenhändler für Produkte der Staatsbetriebe auf und strichen dabei satte Margen ein; in anderen Fällen übernahmen sie profitable Teile der Produktion weit unter Wert oder nutzten Insider-Informationen, um neue Geschäftsfelder als Erste zu besetzen.[280] Nach Erkenntnissen der Staatsanwälte waren »mindestens 700 Direktoren und Vizedirektoren, 300 Betriebsleiter und Hauptbuchhalter, 580 Genossenschaftsvorstände, 66 Mitarbeiter der staatlichen Verwaltung, darunter 9 Wojewoden, 57 Bürgermeister und Vorsteher von Städten und Gemeinden sowie ungefähr 80 Repräsentanten politischer, gesellschaftlicher und professioneller Organisationen« in solche Machenschaften involviert.[281] Auch die Betriebsräte und genossenschaftlichen Aufsichtsräte der betroffenen Betriebe, deren Zustimmung für die Übertragung öffentlichen Eigentums erforderlich war, legten demnach vielfach eine »große Sorglosigkeit, ja geradezu eine fehlende Sorgfalt in Bezug auf das Schicksal des ihnen anvertrauten gesellschaftlichen Guts« an den Tag.[282] Hierbei spielte sicherlich der Umstand eine entscheidende Rolle, dass zumindest derjenige Teil der Belegschaft, der einen Job bei der neugegründeten Privatfirma annahm, von erheblich höheren Löhnen als im Staatssektor profitieren konnte.[283]

279 Siehe Prokuratura Generalna RP, Departament Kontroli Przestrzegania Prawa, Spraw Cywilnych i Profilaktyki: Informacja o wynikach kontroli, czy i w jakim zakresie w 1989 r. wystąpiły naruszenia przepisów prawa w związku z zawiązywaniem spółek z udziałem przedsiębiorstw państwowych, instytucji i urzędów oraz spółdzielni, bądź osób zajmujących kierownicze stanowiska w tych jednostkach, Januar 1990, AAN, URM, 89/40, Bl. 7–43, hier Bl. 11; vgl. auch Kozłowski: Spółki nomenklaturowe, S. 105 f.

280 Vgl. Dudek: Reglamentowana rewolucja, S. 191 f.

281 Beteiligungen von Familienangehörigen hochrangiger Kader waren unvollständig erfasst, sodass die Gesamtzahl der fragwürdigen Fälle nach Einschätzung der Staatsanwälte noch »deutlich« größer ausfallen konnte. – Prokuratura Generalna RP: Informacja o wynikach kontroli, Bl. 12.

282 Ebd., Bl. 11.

283 Siehe Gabinet Wiceprezesa RM L. Balcerowicza (oprac. mgr Piotr Masiukiewicz): Analiza patologii i dysfunkcji w spółkach, Januar 1990, AAN, URM, 101/2, Bl. 107–141, hier Bl. 125 f.; vgl. Przeperski: Początki uwłaszczenia nomenklatury, S. 120.

Freilich betonte der Report der Generalstaatsanwaltschaft auch, dass die untersuchten 1593 Firmen nur rund 10 Prozent der im selben Zeitraum insgesamt neu registrierten Firmen *(spółki)* ausmachten.[284] Gemessen an den rund 300 000 Kleinbetrieben und über 10 000 neuen Kapitalgesellschaften, die im ersten Jahr nach Inkrafttreten der »Wilczek-Gesetze« wie Pilze aus dem Boden schossen, stellten die Nomenklatura-Firmen nur einen kleinen (womöglich aber ökonomisch potenten) Bruchteil dar.[285] Volkswirtschaftlich gesehen spielte diese in ethischer und politischer Hinsicht fragwürdige Form der Privatisierung in Polen zweifellos eine weitaus geringere Rolle als etwa im postsowjetischen Raum.

Ein wesentlicher Grund für das begrenzte Ausmaß der Nomenklatura-Privatisierung in Polen war, dass unternehmerische Einstellungen und Praktiken hier zwar seit Jahren Oberwasser hatten, zugleich aber stets Gegenstand einer kritischen öffentlichen Debatte waren. Folglich wurden inakzeptable Grenzüberschreitungen wie Nepotismus und exzessiver Machtmissbrauch bereits früh öffentlich angeprangert, und zwar sowohl aus den Reihen der Opposition als auch von Repräsentanten des Regimes. So äußerte Władysław Baka in seiner Eigenschaft als ZK-Sekretär für Wirtschaftsfragen auf dem Plenum des Zentralkomitees am 20. Dezember 1988 scharfe Kritik an »wirtschaftlichen Aktivitäten im Rahmen von privaten Firmen *(spółek)* unter Rückgriff auf zumeist führende Mitarbeiter, Anlagen und Materialien vergesellschafteter Unternehmen«. Zudem prangerte er die »Ausnutzung von Stellen und Positionen in der Verwaltung und in staatlichen Wirtschaftseinheiten zur tendenziösen Erledigung von Angelegenheiten im Zusammenhang mit Aktivitäten der nicht vergesellschafteten Wirtschaft« sowie den »Erwerb von Kapitalanteilen in privaten Firmen durch Personen, die verantwortliche Positionen in der Verwaltung und anderen staatlichen Organisa-

284 Prokuratura Generalna RP: Informacja o wynikach kontroli, Bl. 10.
285 Siehe Gabinet Wiceprezesa RM L. Balcerowicza (oprac. Piotr Masiukiewicz): Informacja o rozwoju sektora prywatnego w gospodarce w 1989 r., 31.3.1990, AAN, URM, 101/4, Bl. 56–70. – Für eine Übersicht über andere Zahlen, die an den Größenverhältnissen des Gründungsbooms jedoch wenig ändern, vgl. Kaliński: Kiedy zaczęło się odradzanie, S. 9f.

tionen innehaben, darunter auch politische Funktionäre ziemlich hoher Ebenen«, an.[286] Während der Verhandlungen am Runden Tisch brachte Mieczysław Gil, der 1981 den Kompromiss über die Arbeiterselbstverwaltung seitens der Solidarność mit ausgehandelt hatte, die »Selbstbereicherung der Nomenklatura *(uwłaszczenie nomenklatury)*« zur Sprache, die von der polnischen Gesellschaft mit großer Sorge beobachtet werde: »Wenn man schon den Verkauf von staatlichem Eigentum vorschlägt, um den Staatshaushalt zu retten, dann müssen wir ganz besonders die Notwendigkeit gesellschaftlicher Kontrolle [...] unterstreichen.«[287]

Zwar zeigten sich einige wirtschaftsliberale Oppositionelle durchaus bereit, die Umwandlung politischer Macht in wirtschaftliches Kapital in Anlehnung an die einschlägigen Gedankenspiele von Mirosław Dzielski oder Jan Winiecki als unvermeidbaren Preis für die geschmeidige Überwindung des alten Systems zu akzeptieren.[288] Doch wurde die Kritik an den wilden Privatisierungspraktiken sowohl in der regierungsnahen als auch in der oppositionellen Presse umso lauter, je mehr solcher Fälle an die Öffentlichkeit drangen.[289] Ende Juni 1989 sprach der inzwischen zum Sekretär des Zentralkomitees aufgestiegene Vorsitzende der Krakauer Kuźnica, Marian Stępień, in einer Politbüro-Sitzung von »mafiösen Netzwerken«, die Aktien heimlich und zu Spottpreisen an Direktoren und Staatsbeamte verkauften.[290] Daraufhin erteilte das Politbüro einen förmlichen Tadel für »Praktiken des Aktienkaufs und des Engagements in Privatfirmen durch Personen, die Funktionen im Herrschaftsapparat

286 Informacja o niektórych aspektach sytuacji gospodarczej i wynikajāych z nich wnioskach. Przedstawiona przez członka Biura Politycznego sekretarza KC PZPR Władysława Bakę, in: X Plenum KC PZPR, S. 110–123, hier S. 117 f.; vgl. auch Baka: Zmagania o reformę, S. 204 (Eintrag vom 20.12.1988).

287 Okrągły Stół. Stenogram z drugiego posiedzenia Zespołu do Spraw Gospodarki i Polityki Społecznej w dniu 13 lutego 1989 r., Biblioteka Sejmowa, Warszawa 1990, S. 132.

288 So etwa Aleksander Paszyński in einem Interview vom April 1988: Zmienić system. Z Aleksandrem Paszyńskim rozmawia Redakcja »Bez Debitu«, in: Bez Debitu, 1988, Nr. 6, S. 1–8, hier S. 7; ebenso ders.: Drogi i bezdroża reformy, in: »21«, 1988, Nr. 7, S. 17–25, hier S. 25; vgl. auch Dudek: Od Mazowieckiego do Suchockiej, S. 183.

289 Vgl. die Beispiele bei Kozłowski: Spółki nomenklaturowe, S. 109 f.

290 Zit. nach Baka: Zmagania o reformę, S. 243 (Eintrag vom 27.6.1989).

ausüben und Einfluss auf die Tätigkeitsbedingungen dieser gesellschaftlichen Organismen haben«[291] – freilich zu einem Zeitpunkt, als sich der unumkehrbare Machtverlust dieses Gremiums bereits abzeichnete. Einige Wochen später ergriff eine Gruppe frisch gewählter Parlamentarier des Solidarność-Lagers unter Federführung von Jerzy Dyner die Initiative und legte einen Gesetzentwurf vor, der den sofortigen Stopp und die Revision pathologischer Nomenklatura-Privatisierungen zum Ziel hatte.[292]

Auffällig war demgegenüber die ambivalente Haltung der Sicherheitsorgane in dieser Frage. Deren Führung präsentierte sich zwar öffentlich als prinzipientreuer Hüter der sozialistischen Ordnung. Intern zeigte sie aber erstaunlich großes Verständnis für Funktionäre, die sich angesichts der relativen Einkommens- und Prestigeverluste, die Mitarbeiter des Sicherheitsapparats im Laufe der 1980er-Jahre hinnehmen mussten, beruflich umorientierten.[293] So bezweifelte der Direktor des Departements III des Innenministeriums, General Krzysztof Majchrowski, in einer Stellungnahme zu einem Bericht über ungebührlich enge Beziehungen zwischen staatlichen Funktionären und Privatwirtschaft im Dezember 1988, dass sich ein weiterer personeller Aderlass verantwortlicher Kader aus Staat, Partei und Sicherheitsorganen in die Privatwirtschaft effektiv verhindern lasse, solange die Tätigkeit für staatliche Organe weiterhin mit schlechten Arbeitsbedingungen und niedrigem Sozialprestige verbunden sei.

> »Dagegen ist die Überzeugung von der Überlegenheit des nicht vergesellschafteten Sektors«, so Majchrowski weiter, »schon ziemlich lange im kollektiven Bewusstsein verankert, und die Massenmedien und Alltagsmeinungen propagieren sie mit Erfolg. Es ist schwierig, die Auf-

291 Decyzje Biura Politycznego KC PZPR. Posiedzenie w dniu 27 czerwca 1989 r., 31.7.1989, in: Perzkowski [Paczkowski] (Hg.): Tajne dokumenty Biura Politycznego i Sekretariatu KC, Dok. 62, S. 415–418, hier S. 416.

292 Vgl. Kozłowski: Appropriation Mechanisms, S. 522–524; siehe zum weiteren Schicksal des Gesetzgebungsverfahrens Kapitel VI.1.

293 Vgl. Dudek: Reglamentowana rewolucja, S. 190f.; zur materiellen Situation der Funktionäre der Sicherheitsbehörden und den dadurch bedingten Abgängen in die Privatwirtschaft vgl. Wicenty: Zgniłe jabłka, S. 398–432.

> nahme einer Tätigkeit außerhalb des vergesellschafteten Sektors durch ehemalige Verwaltungs- und Parteifunktionäre zu rügen, wenn die Propaganda [...] beinahe ein vorbildliches Verhaltensmuster daraus macht (z. B. im Falle von Minister Wilczek).«[294]

Alleiniges Kriterium zur Beurteilung des Verhaltens der »dynamischen und mutigen Personen«, die ihre Chancen in der Privatwirtschaft suchten, müsse deshalb dessen »Vereinbarkeit mit den geltenden juristischen und moralischen Normen« sein. Zwar seien Amtsmissbrauch und Vetternwirtschaft scharf zu verfolgen; bloße familiäre Beziehungen zwischen Funktionären und Mitarbeitern von Privatfirmen seien hingegen nicht zu beanstanden, sondern als »natürliches Phänomen« zu betrachten. Und die zentrale Frage sei doch ohnehin, warum »vergesellschaftete Strukturen ihre ökonomischen Aufgaben nicht in angemessenem Maße erfüllen und keine entsprechenden Gewinne erzielen, wohingegen die mit ihnen kooperierenden oder in ihrem Auftrag tätigen nicht vergesellschafteten Organisationen ihre Aufgaben ordnungsgemäß erfüllen, oft mit Überschuss, und ihre finanziellen Ergebnisse höchst vorteilhaft sind«.[295]

Im Grunde legte Majchrowski nahe, sich nicht über die verwerflichen Aktivitäten ehemaliger Funktionäre im Privatsektor zu echauffieren, sondern die »fesselnden Vorschriften im Staatssektor, die die Entwicklung breiterer Initiativen und die Verbesserung der materiellen Situation aller Mitarbeiter verhindern«, zu lockern.[296] Mit anderen Worten: Der hochrangige General des Sicherheitsdienstes meldete kaum verklausuliert das Interesse seines Apparates an, bei künftigen Geschäften selbst aktiv mitzumischen. Es ist deshalb fraglich, mit welchem Arbeitseifer die Sicherheitsorgane der im Mai 1989 von Finanzminister Wróblewski geäußerten Bitte nachkamen, laufende Privatisierungen aufmerksam zu begleiten und

294 Uwagi do informacji dot. niektórych zjawisk kształtujących się na tle rozwoju pozarolniczego sektora nie uspołecznionego, 1.12.1988, IPN, BU 0296/238, t. 7, Bl. 1–4, hier Bl. 2.
295 Ebd., Bl. 3.
296 Ebd., Bl. 4.

dabei für eine »bessere Wahrung der Interessen der Betriebe und ihrer Belegschaften sowie des Staatsschatzes« zu sorgen.[297]

Kaum anders verhielt sich die Führung der Partei, die sich zwar nach außen hin zur Hegemonie des »vergesellschafteten« Sektors bekannte, jenseits des Lichts der Öffentlichkeit aber selbst in privatwirtschaftliche Unternehmungen investierte. Denn im Zuge der andauernden Wirtschaftskrise waren auch die Finanzen der »führenden Kraft der Nation« spätestens 1988 in eine bedrohliche Schieflage geraten, sodass frische Geldquellen zur Finanzierung des landesweiten Parteiapparats händeringend gesucht wurden.[298] Um den drohenden finanziellen Bankrott abzuwenden, suchte die Partei Zuflucht in der verdeckten Gründung von Kapitalgesellschaften. Die erste dieser Firmen war die im Juli 1988 von der Verlagsholding der PZPR im Auftrag des Zentralkomitees gegründete Transakcja GmbH, die sich dem einträglichen Handel mit der Sowjetunion widmete, darüber hinaus aber auch als Holding für eine Vielzahl weiterer Tochtergesellschaften fungierte.[299]

Nach der Verabschiedung der »Wilczek-Gesetze« drängten auch die regionalen Parteigliederungen darauf, an den neuen wirtschaftlichen Freiheiten partizipieren zu dürfen. Wie die ZK-Abteilung für Innerparteiliche Wirtschaft im Februar 1989 berichtete:

> »Die rechtlichen Neuregelungen [...] haben auch in den Wojewodschaftskomitees ein enormes Interesse ausgelöst, sodass diese in der Absicht, zusätzliche Einkünfte für die Partei zu generieren, zahlreiche Vorschläge für Initiativen in diesem Bereich machen [...]. Diese Initiativen umfassen meistens: Beteiligung an Genossenschaften juristischer Personen, Gründung von GmbHs, Beteiligung an Aktiengesellschaften mittels

297 Siehe das Schreiben von Finanzminister Wróblewski an Innenminister Kiszczak vom 25.5.1989, zit. in Sikora: Służba Bezpieczeństwa wobec przekształceń ekonomicznych, S. 401–403, Zitat S. 403.
298 Vgl. Stola: Partia i jej finanse, S. 40 f., 48 f.
299 Vgl. Bečka/Molesta: Sprawozdanie z likwidacji, S. 28 f.; Dudek: Reglamentowana rewolucja, S. 194–196.

> Kauf von Aktien, Anlage von Finanzmitteln in kommerziellen Banken, Kauf von Obligationen, Aufnahme verschiedenartigster Dienstleistungs- und Produktionsaktivitäten in ausgegliederten Eigenbetrieben.«[300]

Die ZK-Funktionäre lobten »das authentische Engagement der Leitungen vieler Wojewodschaftskomitees, die legale Wege zur Vergrößerung der eigenen Einkünfte suchen,« und plädierten dafür, diese Aktivitäten »mit Blick auf die wachsenden finanziellen Bedürfnisse der Partei« zu genehmigen – allerdings unter der Bedingung, »dass diese Aktivitäten ausschließlich mit vergesellschafteten Wirtschaftseinheiten betrieben werden«.[301] Dieser letzte Vorbehalt sollte wenige Monate später ebenfalls hinfällig werden, als die Partei nach der vernichtenden Wahlniederlage vom 4. Juni 1989 auch finanziell vor dem Aus stand und ihren Gliederungen ausdrücklich auftrug, »in großem Maßstab wirtschaftliche Aktivitäten auf eigene Rechnung« zu entwickeln.[302] Immerhin fand sich mit Mieczysław Wilczek ein erfahrener Manager, der nun als »Bevollmächtigter des Zentralkomitees für wirtschaftliche Aktivitäten« dafür sorgen sollte, die Immobilien und sonstigen Vermögenswerte der Partei einer gewinnbringenden Nutzung zuzuführen.[303] Unterdessen begannen die lokalen und regionalen Parteiinstanzen auf eigene Faust, ihr Tätigkeitsprofil den neuen Umständen anzupassen: Das Portfolio reichte dabei von Vermietungsgeschäften und gastronomischen Dienstleistungen über Kfz-Reparaturen und Videoproduktion bis hin zu Zigarettenhandel und Tanzlustbarkeiten.[304]

300 Wydział Gospodarki Wewnątrzpartyjnej KC PZPR: Notatka w sprawie rozszerzenia działalności finansowo-gospodarczych instancji partyjnych, Februar 1989, in: Perzkowski [Paczkowski] (Hg.): Tajne dokumenty Biura Politycznego i Sekretariatu KC, Dok. 38, S. 301–303, hier S. 302.

301 Ebd., S. 303.

302 Wydział-Sekretariat Komisji Polityki Społeczno-Ekonomicznej KC PZPR: Notatka w sprawie alternatywnych źródeł finansowania partii, 7.8.1989, in: Perzkowski [Paczkowski] (Hg.): Tajne dokumenty Biura Politycznego i Sekretariatu KC, Dok. 72, S. 459–462, hier S. 459.

303 Vgl. Stola: Partia i jej finanse, S. 49.

304 Siehe Wydział-Sekretariat Komisji Pracy Partyjnej KC PZPR: Informacja wewnątrzpartyjna dla Klubu Poselskiego PZPR nr 2/89, 28.9.1989, in: Perzkowski [Paczkowski] (Hg.): Tajne dokumenty Biura Politycznego i Sekretariatu KC, Dok. 75, S. 470–473;

Die durch die Politik der Regierung Rakowski und ihre wiederholten öffentlichen Appelle an Eigeninitiative und individuellen Unternehmergeist wenn nicht ausgelöste, so doch jedenfalls erheblich befeuerte marktwirtschaftliche Dynamik trug nicht unwesentlich dazu bei, die Grundlagen der staatssozialistischen Ordnung sowohl innerhalb als auch außerhalb der Partei zu unterminieren. In Anbetracht dessen dürfte die Einschätzung von Jan Skórzyński, Mieczysław Rakowski habe »mit neuen Methoden die alte Ordnung retten« wollen,[305] eher der Selbstwahrnehmung des letzten kommunistischen Premiers Polens entsprechen als der gesellschaftlichen Realität. Es drängt sich sogar die Frage auf, ob es sich nicht um eine Selbsttäuschung Rakowskis handelte, die selbst viele seiner Kabinettsmitglieder nicht unbedingt teilten. Zwar lässt sich ebenso wenig empirisch nachweisen, dass Rakowski gezielt auf eine autoritäre Wirtschaftsreform nach chinesischem Muster hinarbeitete.[306] Es sind aber Zweifel angebracht, ob eine Regierung, die sich einer an Margaret Thatcher geschulten, populistisch-autoritären Kommunikationsstrategie bediente und eine hybride Wirtschaftsordnung etablierte, in der Unternehmer und Nomenklatura-Kapitalisten perspektivisch die erste Geige spielten, wirklich noch als Verteidiger der »alten Ordnung« zu verstehen ist. Spätestens mit Inkrafttreten der »Wilczek-Gesetze« war die Transformation zum Kapitalismus in Polen in vollem Gange.

Protokół z posiedzenia Egzekutywy KW PZPR [we Włocławku] z 8 czerwca 1989, Archiwum Państwowe w Toruniu, Komitet Wojewódzki PZPR we Włocławku, Sign. 71/668/0, zit. in Boćkowska: Można wybierać, S. 145.

305 Skórzyński: Rewolucja Okrągłego Stołu, S. 177.

306 Zu diesem Ergebnis kommt auch Przeperski: Mieczysław F. Rakowski, S. 332.

# V. Die marktradikale Schocktherapie als Westimport?

> »Um Mitternacht kamen wir in der Nachrichtenzentrale der Zeitung an; vor kurzem hatten die Räumlichkeiten noch einen Kindergarten beherbergt. Ich setzte mich an die Tastatur, und Lipton und ich begannen mit der Niederschrift eines Plans, wie sich die polnische Wirtschaft aus einer sozialistischen Planwirtschaft im sowjetischen Machtbereich in eine freie Marktwirtschaft innerhalb der Europäischen Gemeinschaft umbauen ließe. Wir arbeiteten bis in den frühen Morgen, dann druckten wir ein fünfzehnseitiges Papier aus, das die wesentlichen Grundgedanken und einen Zeitplan für Reformen enthielt.«[1]

So beschrieb Jeffrey Sachs in seinen Memoiren, wie er zusammen mit seinem Kollegen David Lipton in einer Julinacht des Sommers 1989 den »Bauplan« für die polnische Marktwirtschaft entworfen haben wollte. Nachdem er Jacek Kuroń in einem abendfüllenden Gespräch in dessen rauch- und wodkageschwängerter Warschauer Wohnung von seiner Idee einer radikalen marktwirtschaftlichen Schocktherapie überzeugt habe, habe dieser ihn gedrängt, bis zum nächsten Vormittag ein Konzept zu schreiben – was er sodann in besagter schlafloser Nacht an einem Redaktionscomputer der kurz zuvor gegründeten *Gazeta Wyborcza* getan habe. Glaubt man Sachs' filmreifen Erinnerungen, dann waren die führenden Politiker des Solidarność-Lagers zwar »legendäre Figuren im weltweiten Kampf für Menschenrechte«, aber ökonomisch ahnungslose Laien, die

1 Sachs: Ende der Armut, S. 144 f.

nur darauf warteten, seine Reformvorschläge dankbar aufzugreifen. Aus Sicht des Harvard-Ökonomen konnte es auch gar nicht anders sein – schließlich war »unser Programm« so brillant, dass es »in den kommenden Jahren [in anderen osteuropäischen Transformationsstaaten] ständig aufs Neue wiederholt wurde«.[2]

Sachs' Erzählung ist nichts anderes als eine personalisierte und dramatisierte Version einer weit verbreiteten Lesart der osteuropäischen Transformationen nach 1989. Darin werden diese als übermächtige neoliberale Welle gedeutet, die weitgehend gleichförmig über den postsozialistischen Osten Europas hinweggerollt sei. Da die Rezepte und Ziele der marktwirtschaftlichen Reformen ohnehin durch den »Washington Consensus« der westlichen Finanzinstitutionen vorgegeben gewesen seien, erscheint es müßig, nach den länderspezifischen Vorgeschichten, innergesellschaftlichen Dynamiken oder auch den originären Hoffnungen und Leitbildern zu fragen, mit denen sich die postsozialistischen Gesellschaften des östlichen Europas auf den Weg in die Marktwirtschaft machten. Auch in Polen wird die marktradikale Schocktherapie bis heute von vielen als Westimport betrachtet, der dem Land von flinkzüngigen Einflüsterern wie Jeffrey Sachs, expansionslüsternen Kapitalisten wie George Soros und den unerbittlichen Gralshütern des Internationalen Währungsfonds aufoktroyiert worden sei – unter tätiger Mithilfe einheimischer Erfüllungsgehilfen wie Leszek Balcerowicz. Pikanterweise trugen Sachs' unbestreitbares Talent zur Selbstinszenierung und seine großspurige Darstellung des eigenen Anteils an der Genese der polnischen Schocktherapie nicht unwesentlich dazu bei, solchen Deutungen, die gerade unter rechten Kritikern der neoliberalen Transformation populär sind, Vorschub zu leisten.[3]

Nun steht außer Frage, dass Polens waghalsiger »Sprung in die Marktwirtschaft« schon allein wegen seiner beträchtlichen sozialen Kollateral-

2 Ebd., S. 142–145. – Für eine kritische Revision von Sachs' Darstellung vgl. Kowalik: www.polskatransformacja.pl, S. 73–76.

3 Sachs' Version der Ereignisse wurde nicht nur in der einschlägigen Publizistik unkritisch übernommen, sondern sogar in akademischen Qualifikationsschriften wie Zyzak: Efekt domina, Bd. 2, S. 375–382.

schäden kritischer historischer Aufmerksamkeit bedarf.[4] Die Vorstellung einer namenlosen globalen »neoliberalen Hegemonie«, die mithilfe der »Balcerowicz-Gang« und ihres »Komplizen« Sachs das Kommando über das »übermächtige polnische Finanzministerium« übernahm und eine »beinahe totale Dominanz über die Reformdebatte im Lande« errang,[5] ist für eine solche kritische Historisierung freilich ebenso wenig hilfreich wie die affirmative Gegenposition, die die schlagartige Liberalisierung als heilsamen Schock und alternativlosen Startschuss für den erfolgreichen Wettlauf Polens um die »Rückkehr nach Europa« verklärt.[6]

Wegen seiner hohen Schuldenlast war Polen in der Tat mehr als die meisten seiner osteuropäischen Nachbarländer darauf angewiesen, seine Reformpolitik an den Anforderungen des IWF und der westlichen Regierungen auszurichten. Deren Entschlossenheit, die finanzielle Zwangslage Polens als Hebel für politischen Einfluss zu nutzen und die Gewährung substanzieller Unterstützung von demokratischen und marktwirtschaftlichen Reformen abhängig zu machen, schränkte den souveränen Handlungsspielraum polnischer Regierungen erheblich ein, und dies nicht erst seit 1989.[7] Doch wie solche Reformen genau aussehen sollten und wie sie implementiert werden könnten, war im Moment des historischen Umbruchs von 1989 alles andere als klar. Schließlich betrat Polen als Vorreiter des demokratischen Wandels im östlichen Europa auch mit der ökonomischen Transformation von der Planwirtschaft zum Kapitalismus historisches Neuland, für das es keine vorgefertigten Landkarten gab.

Der von dem Ökonomen John Williamson mit Blick auf die Schuldenkrise in Lateinamerika geprägte griffige Terminus »Washington Consensus« sollte nicht darüber hinwegtäuschen, dass es sich dabei eben nicht um ein universell anwendbares Rezeptbuch handelte. Genauer besehen war Williamsons »Consensus« eine Sammlung recht allgemeiner wirtschafts-

4 Vgl. z. B. Rakowski: Hunters, Gatherers, and the Practicioners.
5 Shields: International Political Economy of Transition, S. 64–68.
6 Siehe etwa den Tenor der Memoiren von Balcerowicz, der seine individuellen sportlichen Neigungen mit den kompetitiven Ambitionen der polnischen Gesellschaft parallelisiert: Balcerowicz: Trzeba się bić.
7 Vgl. Bartel: Triumph of Broken Promises, S. 201–232.

politischer Zielsetzungen, die zwar unisono als simultane Implementierung von makroökonomischer Liberalisierung, fiskalpolitischer Austerität und mikroökononomischer Privatisierung ausbuchstabiert wurde. Der Teufel steckte jedoch bei fast allen damit verbundenen Maßnahmen im Detail, sodass die Geschwindigkeit und Reichweite ihrer Umsetzung vage blieben.[8] So war es schon aus praktischen Gründen illusorisch, die flächendeckende Privatisierung der weitgehend verstaatlichten postsozialistischen Volkswirtschaften in einem Zug mit der makroökonomischen Liberalisierung (Freigabe von Preisen, Abbau von Handelsbarrieren) und Stabilisierung (fiskalpolitische Austerität, restriktive Geldpolitik, Lohnkontrolle) zu vollziehen.[9]

Folglich waren sowohl die grundsätzliche Sequenzierung der Reformen als auch deren konkrete Ausgestaltung in verschiedenen Ländern Gegenstand politischer Konflikte sowie (insbesondere im polnischen Fall) intensiver Verhandlungen mit den westlichen Finanzinstitutionen. Natürlich blieb die massive westliche Unterstützung für Anhänger eines marktradikalen *big bang* nicht ohne Einfluss auf den Verlauf dieser Auseinandersetzungen innerhalb der Transformationsgesellschaften und ihrer Eliten. Dennoch konnten deren Ergebnisse selbst in denjenigen Ländern, die wie Polen und die Tschechoslowakei grundsätzlich ähnliche marktradikale Transformationsstrategien wählten, recht unterschiedlich ausfallen. Der tschechoslowakische (später tschechische) Finanzminister Václav Klaus setzte mit seiner »Coupon-Privatisierung« voll auf die schnelle Verwirklichung der romantischen Vision einer Nation mittelständischer Privatunternehmer.[10] Dagegen legte Leszek Balcerowicz der polnischen Volkswirtschaft zuallererst fiskalische Daumenschrauben zur makroökonomischen Stabilisierung an und räumte der Privatisierung der staatseigenen Fabriken keine erstrangige Priorität ein.

8 Vgl. John Williamson: A Short History of the Washington Consensus, Vortragstext vom 24.9.2004, https://www.piie.com/commentary/speeches-papers/short-history-washington-consensus (Zugriff am 18.12.2022).

9 Vgl. pointiert Weber: How China Escaped Shock Therapy, S. 4–6.

10 Vgl. Kučera: Making Standards Work, S. 438–444; Schäffler: Die Privatisierung der anderen, S. 310–329.

In der Wahrnehmung mancher Zeitgenossen erschienen diese Unterschiede als so gravierend, dass ihr Urteil auf geradezu kuriose Weise mit der Folie einer homogenen neoliberalen Transformation kontrastierte. So kritisierte kein Geringerer als Milton Friedman die radikale Schocktherapie Balcerowiczs als verfehlten Versuch, einen »Kapitalismus mit menschlichem Antlitz« aufzubauen oder gar nach einem »dritten Weg« zu suchen, während er Václav Klaus für seine »klare Vorstellung des Weges vom Sozialismus zum Kapitalismus« lobte. Bei einer Polenreise im September 1990 sprach der Marktpopulist aus Chicago denn auch dem politisch marginalen Paradiesvogel Janusz Korwin-Mikke seine Unterstützung aus. Im Gegensatz zu den meisten anderen in Polen habe dieser verstanden, dass alles davon abhänge, das Staatseigentum so schnell wie möglich »aus den Händen der Regierung zu nehmen und in die Hände der Menschen zu geben«.[11]

Ohne also die äußeren Einflüsse und internationalen Kontexte des polnischen Wegs in den Kapitalismus zu negieren, stehen auf den folgenden Seiten die inneren Vorbedingungen und Dynamiken im Mittelpunkt, die das Tor zur überraschenden Adaption der marktradikalen Schocktherapie in Polen öffneten. Dazu gehörten neben den turbulenten Entscheidungsprozessen auf politischer Ebene zunächst die lebensweltlichen Markterfahrungen, die diesen vorausgingen. Ebenso bedeutsam waren situative Faktoren, die mit der Herausbildung einer neuen politischen Elite aus dem bisherigen Oppositionslager verbunden waren, sowie schließlich der Zusammenhang zwischen der Temporalität der Reformpolitik und ihrer demokratischen Legitimierung. Erst in der Zusammenschau dieser Ebenen lässt sich die viel diskutierte Frage nach der Alternativlosigkeit der marktradikalen Transformation sinnvoll stellen und beantworten.

11 Siehe Wolny prywatny rynek. Z prof. Miltonem Friedmanem rozmawia Beatrix A. Czerkawski specjalnie dla »N. Cz.«, in: Najwyższy Czas, Nr. 28 vom 6.10.1990, S. 1, 3; jel: Kto czyta nie błądzi, in: Najwyższy Czas, Nr. 33 vom 17.11.1990, S. 4.

## 1. »Laboratorien des freien Marktes«: Graswurzelkapitalismus von unten

»Wie das Radio am 10. April berichtete, hat in Krakau die erste von Studenten als Pächter betriebene Straßenbahnlinie den Betrieb aufgenommen«, notierte der Warschauer Historiker Marcin Kula im Frühjahr 1989 und staunte nicht schlecht: »Auf diese Idee ist selbst der Kapitalismus noch nicht gekommen.«[12] Die Transformation von der Plan- zur Marktwirtschaft hielt so manche Überraschung bereit, unter denen die studentische Initiative zur Privatisierung des öffentlichen Nahverkehrs noch nicht einmal die exotischste war.[13] Schließlich reichte das Spektrum privatwirtschaftlicher Firmengründungen zu diesem Zeitpunkt bereits von Werbeagenturen und Sicherheitsfirmen über Toilettenpapierproduzenten bis hin zu Sarghändlern und Exhumierungsdienstleistern.[14]

Diese anekdotischen Schlaglichter illustrieren zum einen, wie weit die Aneignung marktwirtschaftlicher Handlungsmuster und Leitbilder in Polen bereits vor dem politischen Systemwechsel im Sommer 1989 vorangeschritten war. Zum anderen verweisen sie darauf, dass sich die postsozialistische Transformation nicht in makroökonomischen Modellen erschöpfte, die den Gesellschaften des östlichen Europas von oben übergestülpt wurden. Vielmehr wurzelte sie ebenso sehr in alltäglichen Erfahrungswelten, deren Deutung von unten aktiv mitgestaltet wurde. Nicht jeder Reformansatz und nicht jede neue Geschäftsidee war aus dem

12 Kula: Początek 1989 roku. Zapiski, S. 277f. (Eintrag vom 12.4.1989).

13 Siehe die Berichterstattung in der Lokalpresse: koź: Studenci usiądą za korbą. W poniedziałek rusza agencyjna linia tramwajowa, in: Gazeta Krakowska, Nr. 80 vom 5.4.1989, S. 6; koź: Pierwsza agencyjna linia tramwajowa jeszcze nie wystartowała. Najpierw »patron« sprawdzi umiejętności studentów, in: Gazeta Krakowska, Nr. 85 vom 11.4.1989, S. 6.

14 Siehe exemplarisch die zeitgenössischen Presseberichte Zaufanie partnerów naszym kapitałem. Rozmowa z Ryszardem Świerczewskim, prezesem spółki z o.o. »Promocja 2000«, in: Życie Warszawy, Nr. 296 vom 21.12.1988, S. 1, 6; Anna Wolyńczyk: Prywatna rolka, in: Życie Warszawy, Nr. 133 vom 8.6.1989, S. 6; Jesteśmy nie tylko detektywami. Rozmowa z Gustawem Wilińskim, prezesem spółki z o.o. »Gustaw-Securitas« w Szczecinie, in: Życie Warszawy, Nr. 43 vom 20.2.1989, S. 1, 4; Maciej Głowacki: Druga strona pogrzebu, in: Słowo Polskie, Nr. 4 vom 5.1.1989.

Westen importiert. Zwar entwickelte sich die Vergabe der Erbringung von Nahverkehrsdienstleistungen an Privatunternehmen in den folgenden Jahrzehnten auch dort zum gebräuchlichen Repertoire der marktgerechten Reorganisation der öffentlichen Daseinsvorsorge.[15] Gleichwohl bewies Marcin Kula ein gutes Gespür dafür, dass die eigentümliche Offenheit und Kontingenz, die die implodierende staatssozialistische Ordnung in den Transformationsgesellschaften des östlichen Europas hinterließ, für manche Neuerung womöglich das geeignetere Experimentierfeld bot als die etablierten Marktwirtschaften im Westen des Kontinents.[16]

Charakteristisch für die Transformation in Polen war, dass die Praxis des Markthandelns der ökonomischen Theorie und wirtschaftspolitischen Regelsetzung weit vorauseilte.[17] Die langjährige politische Reformblockade bei gleichzeitiger Erosion der Bindekräfte der staatssozialistischen Ordnung hatte dazu geführt, dass die informelle Aneignung neuer marktwirtschaftlicher Handlungsmuster von unten hier früher begann und größere Kreise zog als anderswo. Als Lokalpolitiker und Wirtschaftslobbyisten 1988 in Krakau oder Stettin über die Einrichtung von Freihandelszonen nach chinesischem Vorbild diskutierten, verwies die Wochenzeitung *Polityka* darauf, dass vergleichbare »Freigebiete bereits existieren. Sie sind spontan, ohne irgendjemandes Ermunterung entstanden und prosperieren ganz vorzüglich.« Mit Reportagen von riesigen, bestenfalls halboffiziellen Märkten und Basaren in Białystok, Katowice und Szczecin führte das reformorientierte Parteiblatt anschaulich vor Augen, dass diese »Laboratorien des freien Marktes« sich längst einen festen Platz in allen Teilen des Landes erobert hatten.[18] Der allsonntägliche Flohmarkt

15 Vgl. zum zeithistorischen Kontext Ahrens: Macht und Märkte.

16 Philipp Ther bezeichnet die daraus resultierenden Wechselwirkungen, vor allem mit Blick auf innerdeutsche Ost-West-Transfers, mit dem Schlagwort der »Kotransformation«. Vgl. Ther: Die neue Ordnung, S. 277–305.

17 Teile des folgenden Abschnitts wurden in einer früheren Fassung bereits publiziert in Peters: Vom »Polenmarkt« zum Millionär?

18 Strefy wolnego handlu, in: Polityka, Nr. 52 vom 24.12.1988, S. 4. – Vgl. zu Märkten und informellem Handel im Oberschlesischen Industriegebiet Tracz: Mięso spod lady, S. 40–42; zu Gebrauchtwagenbörsen Wilk: Giełdy samochodowe.

auf dem Stadiongelände des Warschauer Sportvereins Skra (»Funke«) zog schon Ende 1986 über 30 000 Verkäufer und Käuferinnen an, die in der Umgebung regelmäßig ein veritables Verkehrschaos anrichteten.[19]

Entscheidend war jedoch nicht allein die bloße Existenz dieser Märkte und Basare, sondern mehr noch der Wandel der öffentlichen Wahrnehmung, die ihnen zuteilwurde. Im Laufe der 1980er-Jahre entwuchsen sie zusehends der ökonomischen und moralischen Schmuddelecke. Dies zeigte sich nicht nur in der oppositionellen Untergrundpresse, sondern ebenso in der Berichterstattung der staatlich kontrollierten Medien, die wenige Jahre zuvor noch jede Law-and-order-Kampagne der Kriegsrechtsgeneräle mit diffamierenden Artikeln über profitgierige »Spekulanten«, zwielichtige *prywaciarze* und rücksichtslose Geschäftemacher begleitet hatten. Dagegen stellten sie den privaten Kleinhandel nun als nachahmenswertes Modell für die darniederliegende Staatswirtschaft dar. So pries eine im Dezember 1986 in der Warschauer Literaturzeitschrift *Kultura* abgedruckte Reportage den Basarhandel beim Skra-Stadion als »Sport für die Mutigen« und hob die »Keime von Handelstalent« hervor, denen man dort »auf Schritt und Tritt« begegne: »Ein 10-jähriger Knirps hält hier das Monopol auf den Verkauf von Prospekten für Lego-Steine (im Pewex umsonst, bei ihm – 50 Złoty pro Stück).« »Hier zählen Erfindungsgeist und Fantasie«,[20] resümierten die Reporter anerkennend, und jedem Leser und jeder Leserin war klar, dass damit ein positiver Gegenpol zu jener Stagnation benannt war, die trotz wiederholter Reformversprechen in der staatlich gelenkten Wirtschaft vorherrschte.

Die bisweilen ausgesprochen rosige Wahrnehmung des Marktes als eines dynamischen, von unternehmungslustigen jungen Menschen bevölkerten Raumes verdankte sich also nicht zuletzt dem augenfälligen Kontrast zur Tristesse in der staatseigenen Wirtschaft. Dass man mit seinen

19 Jan Duma/Luiza Wykrota: Sportowa niedziela, in: Kultura [Warszawa], Nr. 52–53 vom 24.–31.12.1986. – Im November 1988 war die Besucherzahl bereits auf 40–50 000 gestiegen, was den Basar nach Auskunft des Veranstalters zum »größten Laden Osteuropas« machte. Siehe Wojciech Markiewicz: Ciąg handlowy, in: Polityka, Nr. 47 vom 19.11.1988, S. 4 f.

20 Duma/Wykrota: Sportowa niedziela.

in den Staatsbetrieben verdienten Złotys nach beinahe zehn Jahren wirtschaftlicher Dauerkrise außer Grundnahrungsmitteln kaum etwas kaufen konnte, und wenn, dann oft nur Produkte minderer Qualität, trug maßgeblich zur Entwertung der bisher akzeptierten Maßstäbe für Arbeitsethos und ökonomische Leistung bei. Die immer offenere Etablierung des Dollars als Schattenwährung, der der polnische Staat mit seinen nur für Devisenbesitzer zugänglichen Pewex-Läden selbst Vorschub leistete, untergrub mit der realen Kaufkraft der Landeswährung auch die Glaubwürdigkeit des staatssozialistischen Wohlfahrtsversprechens und drängte wirtschaftlich aktive Polinnen und Polen geradezu in den informellen Sektor.[21] »Meine Alten haben 25 Jahre auf ihre Wohnung gewartet, aber am Ende haben sie sie bekommen. Uns gibt niemand mehr irgendwas«, begründete ein damaliger Student, der sich mit seiner Freundin mangels eigener Bude nur im Park treffen konnte, seinen Entschluss, im Frühjahr 1989 zum »Polenmarkt« nach West-Berlin aufzubrechen.[22]

Anstelle der industriellen Produktion, die für die staatssozialistische Wirtschaftsplanung das Maß aller Dinge gewesen war, rückte unter diesen Bedingungen der zuvor stiefmütterlich behandelte Handel in den Mittelpunkt der Aufmerksamkeit. Den größten Profit versprachen Geschäfte über Staats- und Zollgrenzen hinweg, bei denen findige Händler sich die eklatanten Disparitäten von Konsumgüterversorgung, Verbraucherpreisen und Wechselkursen zunutze machten. »Das beste Geschäft ist der Handel«, konstatierte die Wirtschaftsjournalistin Joanna Solska im Dezember 1988: »Dort [im Ausland] einkaufen [...], hier [in Polen] verkaufen – natürlich gegen konvertible Devisen.«[23] Angesichts dessen überrascht es wenig, dass Fragen des Eigentums an den Produktionsmitteln in der ersten Phase der polnischen Transformation weit weniger prominent diskutiert wurden als die Etablierung funktionierender Märkte und der freie Zugang zu diesen.

21 Vgl. Kochanowski: Jenseits der Planwirtschaft, S. 345–356.

22 Zit. nach Piotr Głuchowski/Marcin Kowalski: Katastrofa w złotym trójkącie, in: Gazeta Wyborcza, Nr. 157 vom 7.7.2009, S. 12f.

23 Joanna Solska: Sieć dla powracających, in: Polityka, Nr. 52 vom 24.12.1988, S. 5.

Der Nimbus der parallelen Basarökonomie basierte in erheblichem Maße auf der rapiden Expansion des grenzüberschreitenden Kleinhandels, der das eklektische, aber reichhaltige Warenangebot der ausgedehnten Marktplätze und Basare erst ermöglichte. Mit der schrittweisen Liberalisierung der Grenzregime zwischen den sozialistischen Staaten stieß diese informelle Form des Handels in der zweiten Hälfte der 1980er-Jahre sowohl quantitativ als auch qualitativ in neue Dimensionen vor. Polnische Schleichhändler übernahmen dabei innerhalb des Ostblocks eine Vorreiterrolle.[24] Die auf Gorbatschows Perestrojka-Politik zurückgehende Lockerung des rigiden sowjetischen Grenzregimes Anfang 1987 eröffnete ihnen auch gen Osten neue Handelsrouten. Heiß begehrt waren unter anderem Farbfernseher aus sowjetischer Produktion: Nach Angaben des polnischen Zolls wurden in den ersten elf Monaten des Jahres 1988 über den beim belarussischen Brest gelegenen Grenzübergang Terespol allein per Zug 60 516 Fernsehgeräte »importiert«; weitere 23 534 kamen am selben Grenzübergang auf Autodächern ins Land.[25] Auch auf den Bahnsteigen im nordostpolnischen Białystok stapelten sich nach der Ankunft der Personenzüge aus dem belarussischen Grodno Hunderte Kartons mit Fernsehern, Staubsaugern und anderen Gerätschaften.[26] Der private Im- und Export von Konsumgütern aller Art nahm solche Ausmaße an, dass die Tschechoslowakei und die DDR im November 1988 ihre Zollbestimmungen drakonisch verschärften. Die Sowjetunion zog im Februar 1989 nach.[27]

Die Abwehrmaßnahmen der Nachbarstaaten konnten die weitere Expansion des grenzüberschreitenden Schleichhandels jedoch nicht mehr nennenswert aufhalten, da die polnische Regierung ihrerseits mit

24 Vgl. Kochanowski: Jenseits der Planwirtschaft, S. 414–436.

25 Siehe Janusz Chomiuk: Handel nie zna granic, in: Słowo Podlasia, Nr. 51–52 vom [Dezember] 1988, Nachdruck in: Rzeczywistość, Nr. 3 vom 15.1.1989, S. 2. – Diese Zahlen decken sich mit den Angaben eines von Kochanowski herangezogenen Berichts des polnischen Generalkonsulats in Minsk, dem zufolge 1988 allein aus der Litauischen und Belarussischen Sowjetrepublik 120 000 Fernseher nach Polen »ausgeführt« wurden. Vgl. Kochanowski: Jenseits der Planwirtschaft, S. 431.

26 Siehe Barbara W. Olszewska: Newski i okolice, in: Polityka, Nr. 52 vom 24.12.1988, S. 4.

27 Vgl. Kochanowski: Jenseits der Planwirtschaft, S. 431–436; zur intransigenten Haltung der DDR-Obrigkeit auch Logemann: Das polnische Fenster, S. 269 f.

der Freigabe der Reisepässe zum Jahreswechsel 1988–1989 eine entscheidende administrative Barriere beiseite räumte. Das Inkrafttreten der »Wilczek-Gesetze« verschaffte nicht nur den Keimen des polnischen Graswurzelkapitalismus im Inland einen zusätzlichen Reputations- und Wachstumsschub. Die schlagartige Liberalisierung des Passregimes machte auch Auslandsreisen zu Handels- und Erwerbszwecken erst recht zu einem Massenphänomen. Allein in den ersten sechs Monaten 1989 gaben die polnischen Polizeibehörden 2,7 Millionen langfristig gültige Pässe aus; bis Oktober kam noch eine weitere Million hinzu. Nach vorsichtigen Schätzungen diente rund ein Drittel der exponentiell ansteigenden Zahl der Auslandsreisen kommerziellen Zwecken.[28] Wegen ihrer visafreien Erreichbarkeit wurden die sogenannten Polenmärkte in West-Berlin und Wien zu den wichtigsten Zielorten der polnischen Kleinhändler. Neben Privatautos und den heillos überfüllten internationalen Zügen wurden auch Reisebusse polnischer Touristikbüros als Transportmittel genutzt. Diese hielten es nicht einmal für notwendig, den auf Schleichhandel zugeschnittenen Charakter der von ihnen angebotenen eintägigen Kurzreisen zu verschleiern.[29]

Das grüne Licht von oben sowie die niedrigeren praktischen Hürden und Risiken gingen mit einer sichtbaren Demokratisierung des Geschäfts einher: Neben langjährigen Profischmugglern, Vertragsarbeiterinnen und organisierten Händlern machten sich jetzt auch einfache Angestellte, unterbezahlte Lehrerinnen, unternehmungslustige Studenten und sogar ältere Bauern aus den Dörfern Westpolens auf den Weg nach Berlin, um dort alle möglichen und unmöglichen Waren zu verkaufen.[30] Zeitgenössischen Schätzungen zufolge wurde über den irregulären Kleinhandel im Jahr 1989 ein beträchtlicher Teil des polnischen Außenhandels abgewickelt: So sollen 80 Prozent aller Kopiergeräte, 65 Prozent aller PCs sowie 35 Prozent des verkauften Kaffees auf diesem Wege ins Land gekommen

28 Vgl. Stola: Kraj bez wyjścia, S. 336, 377.
29 Vgl. ebd., S. 376; siehe auch die zeitgenössische Reportage von Klaus Bachmann: Ein Zug verschwindet hinter einer Nebelwand, in: die tageszeitung vom 3.11.1989, S. 10f.
30 Vgl. Irek: Schmugglerzug, S. 36–39.

sein. Selbst die offizielle Statistik sprach eine deutliche Sprache: Mehr als ein Drittel der gesamten Zolleinnahmen des polnischen Staates entfiel 1989 auf den euphemistisch als »nichtgewerbliche Umsätze« bezeichneten grenzüberschreitenden Kleinhandel – und in diesen Zahlen war logischerweise nur jene Spitze des Eisbergs ausgewiesen, die nicht unbemerkt (oder ungehindert) an den polnischen Zollbeamten vorbeigelangte.[31]

Die bisweilen chaotischen Zustände auf den »Polenmärkten« lösten freilich auch in der polnischen Öffentlichkeit gemischte Reaktionen aus. Manche Stimmen sorgten sich (nicht ganz zu Unrecht) um den »guten Namen der Polen« im Ausland. So lamentierte der prominente Parteijournalist Włodzimierz Łoziński, der ab Sommer 1989 als Pressesprecher Jaruzelskis fungierte, dass polnische »Pseudotouristen« in Wien weder an der Hofburg noch in Schönbrunn oder wenigstens im Prater anzutreffen seien, sondern eben auf dem dortigen Polenmarkt am Mexikoplatz. Er forderte deshalb Maßnahmen gegen polnische Reisebüros, die eintägige Kurzreisen ohne Übernachtung anboten.[32] Mit ganz ähnlichem Zungenschlag debattierten auch die Abgeordneten des teilweise demokratisch gewählten Sejms Anfang 1990 über den »beschämenden Pseudotourismus« und die untragbaren Zustände auf dem West-Berliner »Polenmarkt«, die »zum Schutze der Würde der Polen« dringend abgestellt werden müssten.[33] Ein geeignetes Gegenmittel erblickten die Parlamentarier über die Fraktionsgrenzen hinweg in einer strengen Konzessionierung privater Reisebüros.[34] Der über die PZPR-Liste gewählte Posener Abgeordnete

31 Alle Zahlen nach Witold Pasek: Przywieźć, wywieźć, zarobić można ..., in: Gazeta Wyborcza, Nr. 77 vom 31.3./1.4.1990, S. 1, 8f. – Vgl. auch die Schätzwerte zum Umfang des »individuellen Imports« für 1980–1988 bei Bednarski: Drugi obieg gospodarczy, S. 128–147; Nowak: Polityka pieniężna a druga gospodarka, S. 58–62.

32 Włodzimierz Łoziński: Szkody pseudoturystyki zagranicznej, in: Trybuna Ludu, Nr. 29 vom 3.2.1989, S. 7.

33 So die über die PZPR-Liste gewählte Abgeordnete Irena Chojnacka in: Komisja Łączności z Polakami za granicą (9), Sitzung am 5.4.1990, Biuletyn Kancelaria Sejmu, X. Wahlperiode, Nr. 391, S. 5.

34 Vgl. das Stenogramm derselben Ausschusssitzung mit Statements von Krzysztof Szumski (Vertreter des Außenministeriums), Ryszard Iwan (OKP), Andrzej Bondarewski (SD), Paweł Łączkowski (OKP), Marek Bartosik (ehem. PZPR), ebd., S. 9–11. – Ein von Bondarewski im Namen des Ausschusses eingereichter Antrag

Andrzej Aumiller, der selbst im Gemüseanbau tätig war, beklagte sogar, er stehe wegen des irregulären privaten Kleinhandels bald vor dem Bankrott: »Man kann täglich beobachten, wie Schlangen von Autos mit Anhängern über die Grenze fahren, und niemand kontrolliert das. Ich muss dagegen alle Kosten tragen, für die Verpackungen, für Firmenaufkleber, die Gebühren für die Kontrolle. [...] Es kann nicht angehen, dass kleine private, nirgends organisierte Spekulanten den Export landwirtschaftlicher Produkte desorganisieren.«[35] Der Regisseur und Schriftsteller Piotr Wojciechowski hielt im *Przegląd Katolicki* (Katholische Umschau) dagegen: »Ich schäme mich nicht für die polnischen Händler in West-Berlin, ich verurteile sie nicht. Ich bin ihnen sogar dankbar. Diese unbeugsamen, einfallsreichen, unternehmerischen Mitmenschen sind für mich ein wirtschaftliches Hoffnungszeichen.« Zugleich wies er scharfsichtig darauf hin, dass die Wiederzulassung der Solidarność und der anbrechende politische Wandel keine vergleichbaren Massen hinter dem Ofen hervorlockten wie die Gewinnaussichten auf den Märkten und Basaren.[36]

Wie weit sich die öffentliche Bewertung formeller oder informeller marktwirtschaftlicher Praktiken schon vor dem politischen Systemwechsel verschoben hatte, lässt sich eindrucksvoll an einem Schriftwechsel zwischen Anwohnern des Warschauer Skra-Stadions und der dortigen Stadtverwaltung aus den ersten Monaten des Jahres 1989 ablesen: Das lokale Siedlungskomitee geißelte den auf dem Stadiongelände stattfindenden Basar ganz im Geiste des autoritär-paternalistischen staatssozialistischen Diskurses als Brutstätte der Kriminalität, in der »die depravierte Jugend« lerne, »sich leicht und schnell große Geldsummen anzueignen, ohne zu arbeiten«. Seine Forderung, sämtliche »Freihandelsmärkte« *(giełdy wol-*

auf Einschränkung der Gewerbefreiheit für Reisebüros wurde jedoch von dem zuständigen Industrieminister Tadeusz Syryjczyk abgelehnt und fand im Plenum des Sejms keine Mehrheit. Siehe Sprawozdanie stenograficzne z 22 posiedzenia Sejmu Rzeczypospolitej Polskiej w dniach 22, 23 i 24 lutego 1990 r., Sp. 404 f., 420 f., 437 f.

35 Komisja Rolnictwa i Gospodarki Żywnościowej (37), Sitzung vom 25.4.1990, Biuletyn Kancelaria Sejmu, X. Wahlperiode, Nr. 418, S. 12 f.

36 Piotr Wojciechowski: Polski bazar w Berlinie, in: Przegląd Katolicki, Nr. 20 vom 14.5.1989, S. 6.

*norynkowe)* im Stadtgebiet zu »liquidieren«, wirkte jedoch völlig aus der Zeit gefallen.[37] Anstatt ihr zu entsprechen, kündigte der stellvertretende Stadtpräsident vielmehr die »Einrichtung ähnlicher Märkte in anderen Teilen Warschaus« an, um die Anwohner des Stadions zu entlasten. Auf die empörte Reaktion des Siedlungskomitees, das erneut seine grundsätzlichen Vorbehalte geltend machte, beschied der Vizebürgermeister den Beschwerdeführern ohne Umschweife: »In der ganzen Welt existieren in großen städtischen Agglomerationen tagtägliche oder am Sonnabend/Sonntag stattfindende Basare. Sie sind ein dauerhaftes Element des Warenverkehrs. [...] Die Existenz der Basare wird von der Mehrheit der Bevölkerung akzeptiert, auch in Warschau.«[38]

Zu dieser Akzeptanz trug letzten Endes wohl auch bei, dass Märkte und Basare mehr boten als Lebensmittel und Konsumgüter: Sie eröffneten zugleich Gelegenheiten, die lähmende, durch die politische und wirtschaftliche Dauerkrise erzwungene kollektive Ohnmacht hinter sich zu lassen und zu *handeln* – auf eigene Rechnung und auf eigene Verantwortung. Selbstbestimmtes Handeln und das Gefühl der Wahlmöglichkeit zwischen verschiedenen Optionen lagen auf dem Markt zum Greifen nahe, und sei es nur auf der Ebene des individuellen Geschäfts. Darin lag die über die Sphäre der Alltagspraxis hinausreichende Anziehungskraft von Märkten, die deren Aufstieg zum hegemonialen Ordnungsmodell der Transformationszeit entscheidend begünstigte. Eben weil die etablierten politischen, kulturellen und wirtschaftlichen Handlungsräume im spätsozialistischen Polen weitgehend blockiert waren, konnte das Bild des Marktes als Handlungsraum des kleinen Mannes, wie es Milton Friedman und seine polnischen Adepten in ihrer marktpopulistischen Publizistik

37 Schreiben von Jan Tomaszewski, Vorsitzender des Komitet Osiedlowy nr 3 Dzielnicy Warszawa-Ochota, an Ministerpräsident Mieczysław Rakowski vom 10.1.1989 sowie an Jerzy Nasiadko, stv. Stadtpräsident Warschaus, vom 17.3.1989, AAN, URM, 87/17, Bl. 5–9. – Allerdings wurde die Empörung über irreguläre Händler auch von anderen Beschwerdeführern geteilt, vgl. Miernik: Wybrane problemy codzienności, S. 139 f.

38 Schreiben von Jerzy Nasiadko, stv. Stadtpräsident Warschaus, an das Komitet Osiedlowy nr 3 Dzielnicy Warszawa-Ochota vom 9.2.1989 sowie vom 7.4.1989, ebd., Bl. 7–10.

verbreiteten,[39] ein beträchtliches Maß an Plausibilität für sich beanspruchen. Als Markthändlerin oder *biznesmen* ließ sich jene Handlungsmacht zurückgewinnen, an der es in Polen seit der Niederschlagung der Solidarność-Bewegung und der Verschleppung effektiver Wirtschaftsreformen durch das Kriegsrechtsregime so sehr fehlte.

Die Erfahrungen, die vor allem jüngere Polinnen und Polen als Erwerbsmigrantinnen und Kleinhändler sammelten, eröffneten somit individuelle Auswege aus der kollektiven Krise. Zudem brachten sie sukzessive Gewöhnungs- und Normalisierungseffekte mit sich, die der Aneignung marktwirtschaftlicher Prinzipien von unten sicherlich förderlich waren. Dennoch sollte man die Herausbildung eines kleinteiligen Graswurzelkapitalismus, die das Gesicht der polnischen Transformation prägte, nicht leichtfertig glorifizieren. Denn individuelles Engagement in den vielfach schattierten Grauzonen des Marktes war in erheblichem Maße situativ bedingt und allzu oft aus der Not heraus geboren. Neben Erfahrungen von Selbstwirksamkeit ging es auch mit vielfältigen Erniedrigungen, elementarer Unsicherheit und bitteren Verlusterfahrungen einher.[40] Es ist deshalb nicht mit einer unkritischen oder gar enthusiastischen Hinwendung zu radikalen neoliberalen Visionen für die Transformation der Wirtschafts- und Eigentumsordnung gleichzusetzen. Nur weil jemand den irregulären Basarhandel zeitweise als Quelle willkommenen Zuverdienstes nutzte, um seine völlig unzureichenden Einkünfte aus regulärer Erwerbstätigkeit aufzubessern, gab er (oder sie) noch lange nicht den Anspruch an die politische und soziale Ordnung auf, für auskömmliche und verlässliche Verdienste aus regulärer Arbeit zu sorgen.

Entsprechend ambivalent blieben die einschlägigen Befunde der zeitgenössischen polnischen Sozialforschung. Selbst wer die höheren Einkommenschancen in der Privatwirtschaft schätzte und die überlegene Effektivität des kapitalistischen Westens anerkannte, war nicht notwendigerweise davon überzeugt, dass eine flächendeckende Privatisierung

39 Vgl. Brandes: The Market's People.

40 Siehe die Beispiele in Irek: Schmugglerzug; dies.: Travelling with the Argonauts; eindrücklich auch Głuchowski/Kowalski: Katastrofa w złotym trójkącie.

der staatseigenen Fabriken der Königsweg in eine bessere Zukunft sei. Beispielsweise sprachen sich im Dezember 1988 in einer soziologischen Erhebung unter leitendem Personal und Arbeitern in Warschauer Industriebetrieben zwei Drittel der Teilnehmer (65,7 Prozent, unter den Arbeitern immerhin noch 61,6 Prozent) pauschal dafür aus, »von den Erfahrungen des Westens zu profitieren und Markt und Privateigentum einzuführen«. Zugleich befürworteten aber nur 22 Prozent der Befragten eine Dominanz privater Eigentumsformen. Ein ebenso hoher Teil von ihnen bevorzugte verschiedene vergesellschaftete Eigentumsformen, etwa auf Basis des Selbstverwaltungsmodells, und 44 Prozent unterstützten eine Mehrsektorenwirtschaft, wie sie zu diesem Zeitpunkt auch von der kommunistischen Parteiführung propagiert wurde.[41] Während die Einführung von Marktmechanismen nach westlichem Vorbild also auf breite (wenn auch nicht auf ungeteilte) Zustimmung stieß, mochte sich nur eine Minderheit eine rasche Privatisierung weiter Teile der polnischen Wirtschaft vorstellen. Mit Blick auf das Eigentum an den Produktionsmitteln, die eigentliche *differentia specifica* zwischen sozialistischer und kapitalistischer Wirtschaftsordnung, blieben die Meinungen geteilt.

## 2. Vom Runden Tisch zur Kür Balcerowiczs

Die im polnischen Alltag immer deutlicher sichtbare Aneignung marktwirtschaftlicher Praktiken von unten ließ auch den politischen Raum nicht unberührt. Die zunehmende Akzeptanz des Marktes als Ordnungsmodell führte allerdings nicht zu einem proportionalen Bedeutungszuwachs erklärter Neoliberaler wie Mirosław Dzielski, der Danziger Liberalen um Donald Tusk und Janusz Lewandowski oder gar des exzentrischen Janusz Korwin-Mikke. Diese blieben randständige Figuren und gewannen auf die politische Dynamik des Jahres 1989 keinen nennenswerten Einfluss.

41 Vgl. Morawski: Polscy kierownicy, S. 209f.; vgl. auch die in dieselbe Richtung weisenden Befunde bei Morawski: Modele reformy a zmiana systemowa, S. 290–299.

Politisch bedeutsam war vielmehr, dass marktorientierte Reformansätze und neoliberale Denkstile – in Ermangelung substanzieller intellektueller Alternativen – von pragmatisch denkenden Stichwortgebern und technokratischen Experten im Mainstream der beiden konkurrierenden politischen Lager aufgegriffen wurden. Dies spiegelte sich etwa in der von taktisch-instrumentellen Motiven geleiteten Wirtschaftspolitik der letzten kommunistischen Regierung unter Mieczysław Rakowski wider. Rakowski war kein Wirtschaftsliberaler, doch erkannte er das politische Potenzial, das in der Förderung wirtschaftlicher Eigeninitiative und der Beschwörung individueller Handlungsmacht lag – nicht zuletzt um weitergehenden Ansprüchen auf politische Partizipation den Wind aus den Segeln zu nehmen.

Der pragmatische Charakter der wirtschaftspolitischen Umorientierung innerhalb der Opposition lässt sich beispielhaft an dem sukzessiven Positionswandel von Waldemar Kuczyński ablesen, der 1989 zum maßgeblichen Wirtschaftsberater von Rakowskis Nachfolger Mazowiecki aufstieg: Hatte er sich auf dem Gewerkschaftskongress im Herbst 1981 noch gemeinsam mit Ryszard Bugaj für eine moderate marktsozialistische Variante der Wirtschaftsreform starkgemacht, erklärte er nach mehreren Jahren im französischen Exil den Sozialismus als Wirtschaftssystem für tot und optierte für eine »vollständige Rückkehr zu ökonomischen Mechanismen, wie sie für den Westen typisch sind«. Zugleich gab es seiner Meinung nach aber »keinen Grund«, warum eine solche Perspektive »einer eindeutigen Parteinahme für Friedman gegen Keynes, für den amerikanischen Kapitalismus gegen den schwedischen Kapitalismus bedürfe«.[42] Er kritisierte deshalb noch im März 1988 den »Eifer, mit dem unsere liberale Opposition, also diejenige, die für die Wiederherstellung des Kapitalismus eintritt, die Idee des Wohlfahrtsstaates attackiert«, und beschwor die Lebendigkeit sozialistischen Gedankenguts als politische Inspiration und Praxis.[43] Als er ein Jahr später nach Warschau zurück-

42 Waldemar Kuczyński: Kłopoty z socjalizmem, in: Kultura [Paris], 1988, Nr. 6(489), S. 20–29, hier S. 28.

43 Ebd., S. 26 f.

kehrte, orientierte sich Kuczyńskis politische Praxis freilich weniger an solchen »Inspirationen« als an situativem Pragmatismus. Als persönlicher Vertrauter des angehenden Ministerpräsidenten Tadeusz Mazowiecki spielte er im Sommer 1989 eine Schlüsselrolle dabei, Leszek Balcerowicz zum Finanzminister und Vizepremier zu machen und anschließend die Konflikte zwischen dessen kompromissloser Wirtschaftspolitik und dem abwägenden Stil Mazowieckis zu moderieren.[44] Später erklärte er dies lapidar mit den Worten: »Damals war die Zeit der Liberalen.«[45]

Am Vorabend des Runden Tischs zeichnete sich ein solcher Zeitgeist innerhalb des oppositionellen Spektrums allerdings noch keineswegs so eindeutig ab. Wenn überhaupt, dann war es die kommunistische Regierung Rakowski, die sich als treibende Kraft rascher marktorientierter Reformen zu profilieren suchte. Dagegen blieb aufseiten der Solidarność das Kräfteverhältnis zwischen »neoliberalen« und »sozialdemokratischen« Positionen ungeklärt.[46] Unter den oppositionellen Experten, die sich auf die Verhandlungen am Runden Tisch vorbereiteten, befürwortete nur ein Teil eine schnelle Privatisierung und Entfesselung der Marktkräfte. Den anderen lag vor allem an der Demokratisierung der Wirtschaft und an der sozialen Abfederung der erwarteten Reformen – allerdings vermochte diese Gruppe, wie Irena Wóycicka im *Tygodnik Mazowsze* notierte, ihre Position weniger klar zu formulieren, da sich bei ihr »Elemente der Verbundenheit mit Werten der Linken« mit politischem Pragmatismus mischten.[47]

Die im Februar 1989 begonnenen Verhandlungen zwischen Regime- und Oppositionsvertretern am Runden Tisch änderten an dieser Konstellation wenig. Während die Übereinkunft über die Wiederzulassung der Solidarność und die rasche Durchführung teilweise freier Parlamentswahlen ohne Zweifel den entscheidenden Durchbruch für die politische Demokratisierung bedeuteten, gingen die von den beiden Wirtschafts-

44 Siehe zum Sinneswandel Kuczyńskis wohlwollend-kritisch Kowalik: www.polska-transformacja.pl, S. 60–62; Modzelewski: Zajeździmy kobyłę historii, S. 402 f.

45 Kuczyński: Zwierzenia zausznika, S. 55.

46 Diese Bezeichnungen nach Irena Wóycicka: O czym chcemy rozmawiać przy stoliku gospodarczym?, in: Tygodnik Mazowsze, Nr. 268 vom 26.10.1988, S. 1 f.

47 Ebd.

professoren Władysław Baka (seitens des Regimes) und Witold Trzeciakowski (für die Opposition) geleiteten Verhandlungen über die künftige Wirtschaftsordnung ohne richtungsweisendes Ergebnis zu Ende. Wie Andrzej Zawistowski süffisant anmerkte, war die Situation vor den Fenstern des Sitzungssaals in wirtschaftlicher Hinsicht weitaus dynamischer als am Verhandlungstisch.[48]

Betrachtet man diese Verhandlungen mit dem Wissen um den späteren Lauf der Dinge, so kann man sich des Eindrucks kaum erwehren, dass die Akteure am Runden Tisch geradezu in vertauschten Rollen auftraten. Die Vertreter der kommunistischen Partei und (mehr noch) der Regierung Rakowski drängten auf eine zügige Fortsetzung des begonnenen marktwirtschaftlichen Reformprogramms, insbesondere auf die rasche Freigabe aller Lebensmittelpreise.[49] Dagegen zog sich die Solidarność-Delegation darauf zurück, die aus ihrer Sicht unzureichende Regierungspolitik zu kritisieren und auf eine möglichst umfassende soziale Absicherung gegen Inflation und Strukturreformen zu pochen. Besonders deutlich trat die eigentümliche Rollenverteilung beim Streit um die von Industrieminister Wilczek eingeleitete Liquidation der Danziger Werft hervor: Während die Solidarność sich erwartungsgemäß zur Verteidigerin der Arbeiter in dem von der Schließung bedrohten Staatsbetrieb aufschwang, beschied der »kommunistische« Vizepremier Ireneusz Sekuła sein Gegenüber Lech Wałęsa mit dem lakonischen Hinweis: »Die Werft kann nur durch Kapital gerettet werden. Durch nichts anderes.«[50] Schließlich wurde dieser strittige Punkt durch die Einberufung einer Expertenkommission aus dem Wege geräumt.

Zusätzlich verkompliziert wurden die Verhandlungen durch das vehemente Auftreten der Delegation der regimenahen OPZZ-Gewerk-

48 Vgl. Zawistowski: Kapitalizm albo śmierć?, S. 39.

49 Dabei zeigten sich deutliche Differenzen zwischen PZPR-Vertretern wie Baka, die an sozialistischen Systemprinzipien festhalten wollten, und Regierungsvertretern wie Wilczek, die eine »echte Marktwirtschaft« anstrebten. Vgl. Trembicka: Okrągły stół w Polsce, S. 257 f. – Zur Diskussion um die Vermarktlichung der Lebensmittelwirtschaft vgl. ebd., S. 269–275.

50 Zit. nach Skórzyński: Rewolucja Okrągłego Stołu, S. 336.

schaften, die ihr bisheriges Monopol als offizielle Interessenvertreter der Arbeitnehmer keineswegs kampflos aufzugeben gedachten. Die OPZZ-Vertreter lehnten die sowohl von der Regierung als auch von der Opposition grundsätzlich befürwortete Ausweitung des Privatsektors rigoros ab[51] und setzten sich ultimativ für eine Stabilisierung der Reallöhne ein. Zu diesem Zweck forderten sie ebenso wie die Solidarność-Delegation eine Indexierung der Löhne und Gehälter, also deren Koppelung an die Inflationsrate – am Ende einigte man sich auf einen automatischen Ausgleich von 80 Prozent der Teuerung.[52] Außerdem hielt das am 5. April 1989 verabschiedete Schlussdokument zumindest deklarativ am Ziel der Vollbeschäftigung fest (wenn auch ohne staatliche Garantie für eine »Arbeit im gegebenen Beruf und am gegebenen Ort«). Alle Unterzeichner signalisierten ihre Zustimmung zu einem etwaigen Anpassungsprogramm des Internationalen Währungsfonds, knüpften diese jedoch an die ausgesprochen optimistische, um nicht zu sagen: völlig unrealistische Bedingung: »Ein solches Programm soll nicht zum Rückgang des Konsums pro Einwohner führen, sondern im jährlichen Mittel eine ungefähr zweiprozentige Steigerung garantieren.«[53]

Alles in allem spiegelte die wirtschafts- und sozialpolitische Abschlussvereinbarung des Runden Tischs, deren programmatische Schlusspassagen hochtrabend mit »Die neue wirtschaftliche Ordnung« überschrieben waren, den Konsens über die Einführung einer primär durch Marktmechanismen regulierten Wirtschaft wider, der sich im Laufe der letzten Jahre in Polen herausgebildet hatte. Sie ließ aber weitgehend offen, ob den Verhandlungspartnern eher eine sozial eingehegte oder korporatistische Marktwirtschaft nach schwedischem oder österreichischem Modell vorschwebte oder doch ein angelsächsisch inspirierter marktliberaler Kapitalismus.[54] Diese Unentschiedenheit zeigte sich besonders mit Blick

51 Vgl. Trembicka: Okrągły stół w Polsce, S. 289.

52 Vgl. ebd., S. 351–355.

53 Stanowisko w sprawie polityki społecznej i gospodarczej oraz reform systemowych, 5.4.1989, in: Borodziej/Garlicki (Hg.): Okrągły Stół. Dokumenty i materiały, Bd. 4, S. 12–22, Zitate S. 17, 22.

54 Vgl. Kowalik: www.polskatransformacja.pl, S. 49–52.

auf die künftige Eigentumsordnung (und mögliche Wege dorthin). Da die diesbezüglichen Vorstellungen nicht nur zwischen den Verhandlungsdelegationen auseinandergingen, sondern auch zwischen Befürwortern von Privateigentum, Management- und Selbstverwaltungsmodellen innerhalb der jeweiligen Lager, war beiden Seiten an unverbindlichen Formelkompromissen durchaus gelegen.[55]

Die Halbwertszeit des Abschlussdokuments des Runden Tischs erwies sich ohnehin als kürzer als erwartet. Schon mit dem unerwarteten Erdrutschsieg der Opposition in der Parlamentswahl am 4. Juni war die machtpolitische Geschäftsgrundlage der Übereinkunft hinfällig geworden. Zudem verschlechterte sich die Wirtschaftslage weiter, und die unentschlossene Finanzpolitik der Regierung Rakowski ließ den Staatshaushalt im ersten Halbjahr 1989 in eine bedrohliche Schieflage geraten.[56] Es wirft dennoch ein bezeichnendes Licht auf die strategischen Prioritäten beider Seiten, dass sie zwar die politischen Absprachen des Runden Tisches penibel einhielten (bis hin zum aktiven Beitrag einiger Oppositionsabgeordneter zur Wahl General Jaruzelskis in das neu geschaffene Amt des Staatspräsidenten), dass sie sich an ihre wirtschaftspolitischen Absichtserklärungen aber nicht mehr gebunden gefühlten.[57] So scherte sich die abgewählte Regierung Rakowski bei ihrer Entscheidung zur sofortigen Freigabe aller Lebensmittelpreise ohne nennenswerte soziale Flankierung

55 So waren die Ansichten zur Privatisierung der Staatsbetriebe innerhalb der Solidarność-Delegation zu uneinheitlich, als dass diese dazu eine klare Position hätte vertreten können. Auf der anderen Seite stand ZK-Sekretär Baka dem Modell der Arbeiterselbstverwaltung weitaus positiver gegenüber als die Minister Wilczek und Sekuła. Vgl. Trembicka: Okrągły stół w Polsce, S. 290 f., 294 f., 307–313.

56 Die Nationalbank warnte angesichts der Inflationsspirale und des außer Kontrolle geratenden Haushaltsdefizits bereits im Mai vor einem »Zusammenbruch der Wirtschaft« bis Jahresende. Im Juni drohte Nationalbank-Chef Zdzisław Pakuła dem Ministerpräsidenten mehrfach mit der Einstellung der weiteren Kreditierung der staatlichen Ausgaben durch die Notenbank. Siehe NBP: Sprawozdanie z realizacji planu kredytowego w I kwartale 1989 roku wraz z elementami oceny sytuacji pieniężnej kraju, Mai 1989, AAN, URM, 87/5, Bl. 58–99, hier Bl. 96; sowie die Schreiben von NBP-Chef Pakuła an Ministerpräsident Rakowski vom 9. und 27.6.1989, ebd., Bl. 189–192.

57 Siehe Baka: U źródeł wielkiej transformacji, S. 251–254.

zum 1. August 1989 wenig um die Vereinbarung mit der Solidarność – mehr noch, sie schlug auch die Bedenken der Wirtschaftsexperten im Zentralkomitee der Partei in den Wind. Nach Meinung von ZK-Sekretär Baka grenzte die von Vizepremier Sekuła und den Funktionären der Vereinigten Bauernpartei forcierte Hauruckaktion, die zu einem kurzzeitigen Zusammenbruch der Versorgung und zu massiven Preissprüngen führte, an unverantwortliches »Abenteurertum«.[58] Im Zusammenspiel mit der vom neugewählten Sejm beschlossenen allgemeinen Indexierung der Löhne und Gehälter heizte diese voluntaristische Maßnahme die ohnehin schon bedenkliche Inflationsspirale weiter an.

Auch die von dem noch amtierenden Finanzminister Andrzej Wróblewski am 13. Juli 1989 vorgelegten »Grundlagen des Wirtschaftsprogramms für die Jahre 1989–1992« setzten sich über die Vereinbarungen des Runden Tischs recht nonchalant hinweg. Dieses Papier, das gewissermaßen den Schlussakkord in der Evolution der Wirtschaftspolitik der polnischen Kommunisten darstellte, lief im Grunde auf eine Demontage der von diesen jahrzehntelang verfochtenen Systemprinzipien hinaus. Wróblewski schlug unter anderem die Umwandlung mittlerer und großer Staatsbetriebe in Aktiengesellschaften (ohne Mitbestimmungsrechte der Belegschaften in Form institutionalisierter Arbeiterselbstverwaltung), die Privatisierung oder Kommunalisierung kleinerer volkseigener Betriebe sowie eine radikale Sanierung des Staatshaushalts durch Streichung von Steuervergünstigungen und Erhöhung der Kreditzinsen vor.[59] Damit ging sein Konzept deutlich über die bisherige Linie der Regierung Rakowski hinaus, die eine großangelegte Privatisierung des Staatssektors stets ausgeschlossen hatte (außer in öffentlichkeitswirksamen Statements von Industrieminister Wilczek). In mancher Hinsicht handelte es

58 Baka: Zmagania o reformę, S. 249f. (Einträge vom 21. und 25.7.1989). – Da sich Baka mit seiner Kritik an der fehlenden makroökonomischen Disziplin der Regierung Rakowski nicht durchsetzen konnte, trat er Ende Juli 1989 von seinem Amt als ZK-Sekretär für Wirtschaftsfragen zurück.

59 Siehe Założenia programu gospodarczego na lata 1989–1992, in: Rzeczpospolita, Nr. 163 vom 13.7.1989, Beilage »Reforma gospodarcza«, S. 1f., Nachdruck in: Kowalik (Hg.): Stanisław Gomułka i transformacja polska, Dok. 162, S. 426–440.

sich bereits um eine Blaupause für den einige Monate später realisierten Balcerowicz-Plan.[60]

Während die am Runden Tisch dokumentierte grundsätzliche Übereinstimmung über die Richtung der angestrebten marktwirtschaftlichen Systemtransformation ohne direkten Einfluss westlicher Akteure zustande gekommen war, sah dies bei den anschließenden Entscheidungen über die konkrete Ausgestaltung, Etappen und Ziele der Reformen anders aus. Am Runden Tisch hatte Mieczysław Wilczek noch über die »Experten aus dem Westen« gelästert, deren Vorschläge stets »mit dem ersten Satz beginnen, dass man den Lebensstandard vorübergehend um mindestens 10 Prozent senken muss. Aber wir haben uns an diesem Tisch versammelt, um eine Antwort zu finden, ob es einen anderen Ausweg aus der wirtschaftlichen Lage [...] gibt.«[61] Inzwischen zeichnete sich aber immer deutlicher ab, dass sich unerbetene Ratschläge dieser Art nicht so einfach ignorieren ließen. Neben den Emissären des Internationalen Währungsfonds, deren Druck auf die polnische Regierung umso deutlicher wurde, je mehr die Krise der polnischen Volkswirtschaft sich zuspitzte, kamen im Juni 1989 erstmals auch die US-amerikanischen Ökonomen Jeffrey Sachs und David Lipton nach Warschau. Gemeinsam mit dem 1969 aus Polen emigrierten und seither an der London School of Economics tätigen Wirtschaftswissenschaftler Stanisław Gomułka und dem aus Ungarn stammenden Finanzspekulanten George Soros suchten sie gezielt das Gespräch mit Wirtschaftspolitikern des Regierungs- und Oppositionslagers.[62] Diese westlichen Berater waren weit davon entfernt, ihren polnischen Gesprächspartnern völlig neue Ideen einzuflüstern oder

60 Vgl. Kowalik: www.polskatransformacja.pl, S. 64; Grala: Problem odtwarzania sektora prywatnego, S. 162 f.

61 Okrągły Stół. Stenogram z pierwszego posiedzenia Zespołu do Spraw Gospodarki i Polityki Społecznej w dniu 8 lutego 1989 r., Biblioteka Sejmowa, Warszawa 1990, S. 124.

62 Gomułka zufolge fanden die ersten Gespräche dieses Quartetts mit Minister Wróblewski und der Leitungsebene des Finanzministeriums sowie mit Bronisław Geremek am 19. Juni 1989 statt. Siehe Stanisław Gomułka o sobie, ekonomii, gospodarce. Pyta Tadeusz Kowalik, in: Kowalik (Hg.): Stanisław Gomułka i transformacja polska, S. 21–138, hier S. 109–111, 114 f.

ihnen diese gar gegen deren Willen aufzudrängen. Allerdings sollte es ihnen in den kommenden Wochen und Monaten gelingen, ihr Prestige an entscheidenden situativen Kipppunkten zugunsten einer radikalen marktliberalen Schocktherapie in die Waagschale zu werfen.

Dies war bereits dem von Noch-Finanzminister Wróblewski vorgelegten wirtschaftspolitischen Grundsatzpapier anzusehen, das aus einer Reihe von Diskussionen mit Vertretern des Internationalen Währungsfonds hervorgegangen war. Zwar hatte sich Wróblewski zunächst noch gegen die vom IWF geforderte abrupte Deflationspolitik verwahrt, da eine »marktgerechte Reorientierung« der polnischen Wirtschaftsstruktur Zeit und verfügbare Ressourcen voraussetze. Schließlich kam er aber nicht umhin, den Forderungen des Fonds weit entgegenzukommen.[63] Im Rahmen der ersten (und, wie sich herausstellen sollte, einzigen) Sitzung der wirtschaftspolitischen Arbeitsgruppe der Verständigungskommission (Komisja Porozumiewawcza), die über die Umsetzung der Vereinbarungen des Runden Tisches wachen sollte, informierte der Finanzminister am 17. Juni 1989 die führenden Wirtschaftsexperten der Opposition über den Verlauf seiner »wenig angenehmen Gespräche« mit dem IWF. Dabei machte er kein Hehl daraus, dass dessen Bedingungen »sehr hart« seien. Während Ryszard Bugaj mehrfach, beinahe ungläubig, nachfragte, inwieweit es sich um unverhandelbare Standpunkte des Währungsfonds handle,[64] erklärte Wróblewski: »In Anbetracht der wirtschaftlichen Situation stimme ich, nun als Finanzminister, mit dieser Sichtweise des Fonds

63 Zu den Verhandlungen mit den IWF-Delegationen und dem Entstehungsprozess der »Grundlagen des Wirtschaftsprogramms« siehe A[ndrzej] Wróblewski: Sprawozdanie z konsultacji przeprowadzonych w dniach 5.03.–24.03. z delegacją Międzynarodowego Funduszu Walutowego, 4.4.1989, AAN, URM, 87/6, Bl. 127–139; ders.: Sprawozdanie z rozmów z misją Międzynarodowego Funduszu Walutowego w dniach 1–9 czerwca 1989 roku, 26.6.1989, ebd., Bl. 279–285; Ministerstwo Finansów, Departament Polityki Finansowej i Analiz: Notatka w sprawie przebiegu i aktualnego stanu prac nad programem gospodarczym na lata 1989–1992, 13.9.1989, AAN, URM, 89/38, Bl. 338–343. Vgl. auch Grala: Problem odtwarzania sektora prywatnego, S. 155f.

64 Siehe Stenogram posiedzenia zespołu ekonomicznego Komisji Porozumiewawczej, 17.6.1989, in: Borodziej/Garlicki (Hg.): Okrągły Stół. Dokumenty i materiały, Bd. 4, S. 189–251, hier S. 212f.; vgl. auch Kowalik: www.polskatransformacja.pl, S. 53f.

generell überein.« Es führe kein Weg daran vorbei, »diesem Anpassungsprogramm den letzten Schliff zu geben und festzulegen, was wir im Rahmen dieses Programms tatsächlich zu schlucken in der Lage sind«.[65] Entsprechend stellte der Programmentwurf seines Ministeriums unmissverständlich klar: »Es ist [...] unmöglich, im Rahmen eines Programms, das das Erreichen der gesetzten inneren Ziele garantiert und für die ausländischen Vertragspartner akzeptabel ist, alle Elemente des ›sozialen‹ Programms des Runden Tisches zu berücksichtigen.«[66]

Dass die abtretende kommunistische Regierung nicht allzu viel auf die Zusagen zur sozialen Abfederung der Wirtschaftsreformen gab, die ihr am Runden Tisch von der Opposition abgetrotzt worden waren, mag nicht besonders verwundern. Von der Ende August 1989 gebildeten, aus dem Solidarność-Lager hervorgegangenen Regierung von Tadeusz Mazowiecki durfte man in dieser Hinsicht hingegen etwas mehr Sensibilität erwarten – nicht nur, weil sich die Oppositionsdelegation am Runden Tisch so beharrlich dafür eingesetzt hatte, sondern auch, weil sich die Regierung ausdrücklich auf das ideelle Erbe der Auguststreiks von 1980 und der unabhängigen Gewerkschaftsbewegung berief. Salbungsvolle Wendungen dieser Art fanden sich auch in dem Wahlprogramm, mit dem sich die Kandidatinnen und Kandidaten der von der Solidarność-Spitze ins Leben gerufenen Bürgerkomitees Anfang Juni zur Wahl gestellt hatten und das somit (zumindest theoretisch) die demokratisch legitimierte Richtschnur für deren Politik darstellte.

Allerdings war dem Wahlprogramm der Bürgerkomitees deutlich anzumerken, dass seine Autoren ganz offensichtlich nicht damit rechneten, ihre wirtschaftspolitischen Positionen tatsächlich in Regierungspolitik umsetzen zu müssen. Hinter der wohlklingenden, aber unverbindlichen Floskel »Wir streben einen Umbau der Wirtschaft und eine neue Sozial-

65 Stenogram posiedzenia zespołu ekonomicznego Komisji Porozumiewawczej, 17.6.1989, S. 214 f. (Diese Aussagen werden fälschlicherweise dem oppositionsnahen Ökonomen Andrzej Topiński zugeschrieben; aus dem Kontext geht jedoch eindeutig hervor, dass es sich um Äußerungen Wróblewskis handelt.)

66 Ministerstwo Finansów: Założenia programu gospodarczego na lata 1989–1992, S. 428.

politik an, damit die Arbeit wieder Sinn bekommt und die Menschen die ihnen zustehenden würdigen Lebensbedingungen erhalten«, verbarg sich ein Wünsch-dir-was unklarer oder sogar widersprüchlicher Forderungen, etwa nach Schaffung einer »Rechtsgrundlage für die Privatisierung oder tatsächliche Vergesellschaftung«. Die Unentschiedenheit zwischen Marktliberalismus und sozialem Gewissen gipfelte in dem beinahe dadaistisch anmutenden Satz: »Das einzige [!] Bewertungskriterium für Unternehmen muss ausschließlich [!] der erzielte Gewinn und der Nutzen für die Gesellschaft sein.«[67] Als der Wirtschaftswissenschaftler Jan Mujżel während der abschließenden Debatte über das Wahlprogramm am 23. April mit Verweis auf die sich verschärfende Inflation eine ernsthafte Positionierung zu der am Runden Tisch vereinbarten Indexierung der Löhne und Gehälter einforderte, verhinderte Lech Wałęsa jede Diskussion mit dem vieldeutigen Hinweis, »wir« wüssten ja um die »fatalen« Auswirkungen der Indexierung, von der man »so schnell wie möglich abgehen« müsse; für eine Übergangsphase sei sie aber unverzichtbar, »um die Welt der Arbeit zu schützen«.[68] Die explizite Zusage des Solidarność-Wahlprogramms, man werde streng auf die Einhaltung der Vereinbarungen des Runden Tisches achten, beschränkte sich wohlweislich auf die Passagen zur Landwirtschaft.

Nun wurden die Kandidatinnen und Kandidaten des Oppositionslagers ohnehin weniger wegen ihres Programms gewählt. Vielmehr nutzte die große Mehrheit derjenigen Polinnen und Polen, die von ihrem Stimmrecht Gebrauch machten, diese Gelegenheit, um endlich ihre seit Jahren heruntergeschluckte Missbilligung des kommunistischen Regimes zum Ausdruck zu bringen. Da die aus der Solidarność hervorgegangenen Oppositionseliten nicht ganz unverdient von diesem angestauten Unmut

67 Siehe Program wyborczy Komitetu Obywatelskiego »Solidarność«, in: Gazeta Wyborcza, Nr. 3 vom 10.5.1989; Nachdruck in: Strasz (Hg.): Komitet Obywatelski. Stenogramy posiedzeń, S. 356–362, hier S. 357, 359.

68 Siehe Posiedzenie Komitetu Obywatelskiego »Solidarność« 23. kwietnia 1989 roku, Audytorium Maximum Uniwersytetu Warszawskiego, in: Strasz (Hg.): Komitet Obywatelski. Stenogramy posiedzeń, S. 253–325, hier S. 269f.

profitierten, konnten sie einem ernsthaften Klärungsprozess, ob sie sich weiterhin dem marktsozialistischen Wirtschaftsprogramm der Gewerkschaft von 1981 verpflichtet fühlten oder aber den in den letzten Jahren immer lauter gewordenen marktliberalen Stimmen innerhalb und außerhalb ihrer Reihen nachgeben sollten, vorerst noch aus dem Weg gehen. Der Soziologe Ireneusz Krzemiński legte den Finger in die Wunde, indem er kritisch anmerkte, das alte Gewerkschaftsprogramm mit dem Leitbild der »Selbstverwalteten Republik« werde »in den Kreisen der Solidarność-Opposition offenbar als utopisch [betrachtet], gerade vom Standpunkt der Forderungen nach einem marktgerechten Umbau der Wirtschaft aus. Aber niemand hat dies offen ausgesprochen. Die Anführer der Solidarność haben auch keine neue Konzeption ausgearbeitet.«[69] Angesichts dieser ungeklärten Grundsatzfragen war es überaus verständlich, dass kein Geringerer als Tadeusz Mazowiecki noch wenige Wochen vor seiner Wahl in das Amt des Ministerpräsidenten eindringlich vor der Übernahme von Regierungsverantwortung durch das Solidarność-Lager warnte – und zwar unter anderem mit der Begründung, dass es diesem an einer »konsistenten Konzeption für den Weg aus der Wirtschaftskrise« fehle.[70]

Obwohl die politische Entwicklung innerhalb kürzester Zeit über Mazowieckis Warnung hinwegging, sollte sich bald herausstellen, dass sein Gespür für die offene wirtschaftspolitische Flanke der bisherigen Opposition nicht trog. Folglich stand Mazowiecki bei der Regierungsbildung vor der schwierigen Herausforderung, mit seiner Personalentscheidung für das Amt des Finanzministers zugleich jene wirtschaftspolitische Richtungsentscheidung zu treffen, um die sich die Solidarność-Führung bislang gedrückt hatte. Da er selbst wenig Interesse an Wirtschaftsfragen zeigte und auch nicht über eigene ökonomische Expertise verfügte, ist fraglich, inwieweit er sich der Tragweite dieser Entscheidung in Gänze bewusst

69 Ireneusz Krzemiński: Dlaczego jest tak źle, skoro jest tak dobrze? Kilka uwag o opozycji w bieżącej sytuacji, in: Tygodnik Solidarność, Nr. 1 vom 2.6.1989, S. 11.

70 Tadeusz Mazowiecki: Spiesz się powoli, in: Tygodnik Solidarność, Nr. 7 vom 14.7.1989, S. 2.

war.[71] Bezeichnenderweise versuchte er zunächst, sich des Problems auf dieselbe Weise zu entledigen, wie es sein Amtsvorgänger Rakowski ein knappes Jahr zuvor mit dem Angebot an Witold Trzeciakowski getan hatte: Er legte der PZPR, die schließlich ohnehin auf einer signifikanten Beteiligung an der Regierung bestand (und die Schlüsselressorts für Inneres, Verteidigung und Äußeres beanspruchte), nahe, den soeben als ZK-Sekretär zurückgetretenen Władysław Baka als Finanzminister zu nominieren. Da Baka seit Langem als Befürworter einer konsequenten, aber gemäßigten Reformpolitik bekannt war und zuletzt eher als Kritiker der übereilten, auf die Stärkung des Managements fokussierten Reformpolitik der Regierung Rakowski von sich hatte hören lassen, ließ Mazowieckis Vorstoß darauf schließen, dass ihm gerade nicht an einem neoliberalen Heißsporn im Finanzministerium gelegen war. Die kommunistische Parteiführung hatte an einer solchen, aus ihrer Sicht äußerst undankbaren Aufgabenverteilung freilich ebenso wenig Interesse wie Baka selbst (der schließlich zum wiederholten Male das Amt des Nationalbankpräsidenten übernahm).[72]

Daraufhin galt Witold Trzeciakowski als natürlicher Kandidat für das Amt. Der renommierte Wirtschaftsprofessor, der seine berufliche Laufbahn in der Nachkriegszeit in der Leitung des elterlichen Familienunternehmens begonnen hatte, war seit 1980 einer der profiliertesten Wirtschaftsexperten der Opposition und hatte auch deren Delegation in der wirtschaftspolitischen Sektion des Runden Tisches geleitet. Anders als der für seine resolut vertretenen sozialdemokratisch-gewerkschaftlichen Überzeugungen bekannte Ryszard Bugaj, den Kuczyński und Mazowiecki ausdrücklich nicht in Betracht zogen, entsprach der konziliant auftretende Trzeciakowski sowohl politisch als auch habituell Mazowieckis

71 Der von Zufällen nicht freie Findungsprozess ist bereits mehrfach detailliert nachgezeichnet worden. Grundlegende Quellen sind die verlässlichen Erinnerungen und Tagebuchnotizen des in zentraler Rolle daran beteiligten Kuczyński: Zwierzenia zausznika; ders.: Solidarność u władzy. – Zum begrenzten wirtschaftspolitischen Interesse Mazowieckis vgl. übereinstimmend Kuczyński: Solidarność u władzy, S. 21 (Eintrag vom 6.9.1989); Kowalik: www.polskatransformacja.pl, S. 81 f.; Dudek: Od Mazowieckiego do Suchockiej, S. 121.

72 Vgl. Dudek: Od Mazowieckiego do Suchockiej, S. 30 f., 34.

Vorstellungen von »seinem Ludwig Erhard«, der Polen den Weg in die »soziale Marktwirtschaft« weisen sollte.[73] Trzeciakowski schlug das ihm angetragene Amt des Finanzministers jedoch aus und erklärte sich allenfalls bereit, das vergleichsweise unbedeutende Außenhandelsministerium zu übernehmen. Offenbar war er sich der Herkulesaufgabe bewusst, die es bedeuten musste, die in sich widersprüchlichen wirtschafts- und sozialpolitischen Positionen des Solidarność-Lagers miteinander und vor allem mit der widrigen Realität der darniederliegenden polnischen Wirtschaft in Einklang zu bringen. Auch wenn Trzeciakowski den dezidiert sozialdemokratischen Positionen Bugajs skeptisch gegenüberstand, lehnte er es ab, die Kosten der Krise ausschließlich auf die polnische Bevölkerung abzuwälzen, wie es das Austeritätsrezept des Internationalen Währungsfonds vorsah. Er bekannte sich stattdessen zu einer Marktwirtschaft schwedischen Typs, »die alle Merkmale des Marktkapitalismus hat, aber in der Sphäre der Verteilung der erarbeiteten Gewinne sozialistisch ist«.[74] Um die Transformation zu einer solchen Marktwirtschaft sozialverträglich gestalten zu können, hoffte er auf schnelle westliche Hilfe in nennenswertem Umfang und warb auch aktiv darum.[75] Da die polnischen Rufe nach finanzieller Unterstützung jedoch nur mit warmen Worten beantwortet wurden,[76] ahnte er wohl, dass der politische Spielraum für eine

73 Siehe Kuczyński: Zwierzenia zausznika, S. 54–56.

74 So Trzeciakowski, der der Regierung Mazowiecki schließlich als Minister ohne Geschäftsbereich und Vorsitzender ihres wirtschaftswissenschaftlichen Beratungsgremiums angehörte, während einer Anhörung im Sejm-Ausschuss für Wirtschaftspolitik und Finanzen im September 1989. Siehe Komisja Polityki Gospodarczej, Budżetu i Finansów (4), Sitzung vom 8.9.1989, Biuletyn Kancelaria Sejmu, X. Wahlperiode, Nr. 41, S. 26; vgl. auch Kowalik: www.polskatransformacja.pl, S. 125.

75 Trzeciakowski initiierte u.a. einen im Juni 1989 in Brüssel präsentierten Appell der Solidarność an den Westen, der eine Finanzspritze von 10 Mrd. Dollar für Polen forderte. Siehe International Assistance Program for Poland. Projekt, 11.6.1989, in: Kowalik (Hg.): Stanisław Gomułka i transformacja polska, Dok. 159, S. 408–412.

76 Die abwartende Haltung des Westens kam pointiert in der von US-Präsident George Bush in einem Telefonat mit Bundeskanzler Helmut Kohl am 23. Juni 1989 ausgesprochenen Mahnung zum Ausdruck, trotz der hochemotionalen Situation in Polen sei es wichtig »to avoid pouring money down a rat hole«. Vgl. Domber: Empowering Revolution, Zitat S. 241 sowie S. 245f.

Reformstrategie, die den am Runden Tisch vereinbarten Leitlinien und seiner eigenen Sympathie für eine Marktwirtschaft nach schwedischem Vorbild auch nur annähernd entsprach, äußerst gering war.

Auf den bis dahin nur in Fachkreisen bekannten, vornehmlich theoretisch arbeitenden Leszek Balcerowicz fiel die Wahl erst, nachdem sich Mazowieckis Headhunter Kuczyński weitere Absagen eingehandelt hatte.[77] Ironischerweise lag Mazowiecki umso mehr daran, nach einem vermeintlich gemäßigten und seriösen wirtschaftspolitischen Kopf Ausschau zu halten, als sich inzwischen im Umfeld von Bronisław Geremek, dem Fraktionsvorsitzenden der Solidarność-Abgeordneten im Sejm, ein entschieden neoliberal profiliertes Personaltableau für die Besetzung der wirtschaftspolitischen Schlüsselpositionen in Mazowieckis Kabinett herauskristallisierte. Geremek hatte sich nämlich ebenso wie Jacek Kuroń von dem überschießenden Optimismus des eloquenten Harvard-Ökonomen Jeffrey Sachs anstecken lassen, der nach seinem von George Soros vermittelten Versuch, sich bei Finanzminister Andrzej Wróblewski als Berater ins Gespräch zu bringen, auch bei den Strategen des Oppositionslagers vorstellig geworden war. Nachdem Sachs der Regierung Rakowski im Juni noch ausdrücklich von einer harten Austeritätspolitik nach Maßgabe des IWF abgeraten hatte,[78] empfahl er der Solidarność im Juli einen »plötzlichen und kühnen Sprung in die Marktwirtschaft«, den er nun als einzige Alternative zu »Chaos und Not« präsentierte.[79] Während er seine Beratungsdienste für die polnischen Kommunisten später herunterspielte, räumte er offen ein, dass sein plötzliches Plädoyer für ein radikales Reformprogramm nicht nur

77 Kuczyński gibt an, dass er erst nach der Absage des oppositionsnahen Łódźer Wirtschaftsprofessors Cezary Józefiak am 30. August erstmals an Balcerowicz dachte und zunächst nur vage Vorstellungen von dessen ökonomischen Positionen hatte. Siehe Kuczyński: Zwierzenia zausznika, S. 57 f.

78 Siehe die am 14. und 21. August von der Gazeta Bankowa in zwei Teilen publizierte polnische Übersetzung des im Juni von Sachs und seinem Kollegen David Lipton erarbeiteten Konzepts: Jeffrey Sachs/David Lipton: Program stabilizacyjny dla Polski, in: Gazeta Bankowa, Nr. 33 vom 14.8.1989 und Nr. 34 vom 21.8.1989, Nachdruck in: Kowalik (Hg.): Stanisław Gomułka i transformacja polska, S. 1040–1047.

79 Jeffrey Sachs/David Lipton: Zarys proponowanego programu gospodarczego »S«, 28.7.1989, IPN, BU MSW 1585/25339, S. 1, 4.

(und wohl nicht einmal in erster Linie) ökonomisch, sondern auch politisch begründet war.[80] Fortan inszenierte Sachs sich in seiner unbescheidenen Art als eigentlicher Urheber der polnischen Schocktherapie.

Tatsächlich beschränkte sich Sachs' Rolle zu diesem Zeitpunkt im Wesentlichen darauf, wirtschaftspolitisch unerfahrene Oppositionelle wie Kuroń von der *contradictio in adiecto* einer schmerzfreien Schocktherapie zu überzeugen.[81] Obwohl er sich den Begriff des Schocks unbekümmert zu eigen machte, negierte Sachs geflissentlich etwaige soziale Kosten und versicherte:

> »Die Reallöhne der Arbeiter werden geschützt. [...] Ein gut vorbereitetes Schockprogramm kann den Lebensstandard trotz des Anpassungsprozesses der Preise an das Marktniveau sichern. [...] Sogar dann, wenn die Lohnsteigerungen niedriger sind als der Preisanstieg, wird der reale Lebensstandard höchstwahrscheinlich unverändert bleiben oder schon vom Start der Implementierung des Programms an steigen.«[82]

Wer wollte schon abseits stehen, wenn der dynamische Harvard-Professor mit seiner in der oppositionsnahen *Gazeta Wyborcza* als »Sachs-Plan« popularisierten Ideensammlung nichts weniger als ein ökonomisches Wunder versprach?[83]

Obwohl die meisten ausgewiesenen Wirtschaftsexperten des Oppositionslagers skeptisch auf Sachs' Enthusiasmus reagierten,[84] riefen Gere-

80 Siehe Sachs: Poland's Jump, S. 43.

81 So auch die Einschätzung in Stanisław Gomułka o sobie, ekonomii, gospodarce, S. 112; vgl. ähnlich Dudek: Od Mazowieckiego do Suchockiej, S. 126.

82 Sachs/Lipton: Zarys proponowanego programu gospodarczego »S«, S. 1, 3.

83 Siehe Danuta Zagrodzka: Czy Sachs powtórzy sukces Grabskiego?, in: Gazeta Wyborcza, Nr. 76 vom 23.8.1989, S. 1; Cud gospodarczy w Polsce?, in: Gazeta Wyborcza, Nr. 77 vom 24.8.1989, S. 1, sowie Czy w Polsce jest możliwy gospodarczy cud?, in: ebd., S. 3. – Vgl. zur publizistischen Schützenhilfe der meinungsbildenden Gazeta Wyborcza für die Marktreformen Kochanowicz: Private Suffering.

84 Jerzy Osiatyński stellte in einem Interview mit der Gazeta Wyborcza fest, »dass sich hauptsächlich Nichtökonomen für Sachs' Schocktherapie aussprechen«: Koszty Planu Sachsa, in: Gazeta Wyborcza, Nr. 82 vom 31.8.1989, S. 3. – Siehe auch Stanisław Gomułka o sobie, ekonomii, gospodarce, S. 113 f.; sowie Rafał Krawczyk: Pod warunkiem, że koń przeżyje, in: Gazeta Wyborcza, Nr. 79 vom 29.8.1989, S. 4.

mek und Kuroń im Namen der Sejm-Fraktion flugs eine mit profilierten polnischen Neoliberalen besetzte Kommission ins Leben, die unter Leitung von Janusz Beksiak und Jan Winiecki die Ausarbeitung eines Programms für eine radikale *Laissez-faire*-Politik in Angriff nahm. Dahinter stand offenbar die Idee, Jeffrey Sachs als Chefberater und Jacek Kuroń als Vizepremier für Wirtschaftspolitik zu installieren, um den zögerlichen Mazowiecki auf diesem Wege zu einer schnellen ökonomischen Schocktherapie zu drängen.[85] Mazowiecki, der auf das präpotente Auftreten Sachs' allergisch reagierte und die Initiative von Geremek und Kuroń als Untergrabung seiner persönlichen Autorität beargwöhnte, wollte eine solche Lösung aber unbedingt verhindern und sah sich dadurch nur darin bestärkt, auf »seinen Erhard« zu setzen, den er in dem damals 42-jährigen Balcerowicz gefunden zu haben glaubte.[86] Er ahnte wohl nicht, dass der verbindlich auftretende Balcerowicz sich bald als orthodoxer Neoliberaler erweisen würde – geschweige denn, dass dieser auf Anhieb eine gemeinsame Sprache mit dem frisch vom linkssozialistischen Idealisten zum enthusiastischen Verfechter einer marktradikalen Schocktherapie bekehrten Jacek Kuroń finden würde. Waldemar Kuczyński, der das erste Zusammentreffen des designierten Finanzministers mit dem künftigen Arbeits- und Sozialminister arrangierte, beschrieb dieses in seinen Tagebuchaufzeichnungen als langes Gespräch zweier »Superliberaler, die eine ›Rosskur‹ in einem von Gesellschaft und Regierung völlig losgelösten Vakuum umsetzen werden, und zwar sofort. Ich dämpfe Jaceks Eifer, indem ich sage, dass es keine Chance gibt, in kurzer Zeit einen ›Schock‹ in angewandter Form vorzubereiten. [...] Guter Gott, was ist das für ein unrealistisches Wunschdenken!«[87] Offensichtlich war auch Kuczyński zu diesem Zeitpunkt noch nicht restlos klar, wie ernst es Balcerowicz und seinem Stab mit seiner kompromisslosen Austeritätspolitik war. Doch dämmerte ihm wohl langsam, welch schwierige Vermittlerrolle ihm in

85 So jedenfalls die Interpretation von Kuczyński: Solidarność u władzy, S. 11–14 (Einträge vom 30.8.–2.9.1989).
86 Siehe Kuczyński: Zwierzenia zausznika, S. 83 f.
87 Kuczyński: Solidarność u władzy, S. 16 f. (Eintrag vom 3.9.1989).

den kommenden Monaten zufallen sollte: »Ich bin nicht sicher, ob der Chef [Mazowiecki] sich zu einem ›Antiinflationssprung‹ bereitfindet, aber mit Sicherheit geht das weder so einfach noch vor allem so naiv, wie sich das Sachs, Jacek Kuroń und sogar Leszek vorstellen.«[88]

Tadeusz Kowalik traf den Nagel auf den Kopf, indem er den Einfluss von Jeffrey Sachs auf die polnische Transformation vor allem in seiner »Neigung zur Übertreibung und sogar zum Extremen« sah, »die es anderen Radikalen erlaubte, sich als die Vernünftigeren zu präsentieren«.[89] Dies brachte Leszek Balcerowicz – und in seinem Schlepptau weitere neoliberale polnische Ökonomen wie Marek Dąbrowski und Stefan Kawalec – völlig unerwartet in eine Schlüsselposition, um ihre Vorstellung von einer lehrbuchgetreuen makroökonomischen Transformation zum marktliberalen Kapitalismus umzusetzen. Entscheidend gestärkt wurde ihre Position zumal durch den Druck des Internationalen Währungsfonds, dessen Experten schon seit dem Frühsommer 1989 an der Aushandlung und sukzessiven Verschärfung des Anpassungsprogramms beteiligt waren. Außerdem griffen sie von sich aus auf die Unterstützung neoliberal geprägter Berater aus dem Westen zurück, wobei Jeffrey Sachs und David Lipton in der Praxis wohl eine geringere Rolle spielten als polnische Emigranten wie die an der London School of Economics tätigen Stanisław Gomułka oder Jacek Rostowski.[90]

Mit der Kür Balcerowiczs zum Finanzminister und Vizepremier der Solidarność-geführten Regierung Mazowiecki war die wirtschaftspolitische Übereinkunft des Runden Tisches innerhalb weniger Monate Makulatur geworden. Als Ryszard Bugaj bei der Anhörung der designierten Minister im zuständigen Ausschuss des Sejm Anfang September 1989 kritisch anmerkte, dass das von Balcerowicz und dem designierten Industrieminister Tadeusz Syryjczyk vertretene Programm »grundsätzlich anders« sei als die Vereinbarungen des Runden Tisches, verteidigte

88 Ebd.

89 Kowalik: www.polskatransformacja.pl, S. 59.

90 Vgl. Dudek: Od Mazowieckiego do Suchockiej, S. 125 f.; siehe Kuczyński: Zwierzenia zausznika, S. 97–102.

Trzeciakowski diese Diskrepanz loyal mit der veränderten Ausgangslage, insbesondere der zwischenzeitlichen Eskalation der Inflationsspirale, die nunmehr »weitaus drakonischere Maßnahmen« erforderlich mache. Dagegen empfand Jacek Kuroń die kritische Nachfrage Bugajs offenbar als Majestätsbeleidigung und reagierte mit heftiger Polemik: »[Bugajs Fragen] waren ideologisch, und zusammen mit den darauf bezogenen Antworten haben sie mich an den Streit zweier Kandidaten für den Leitungsposten der Ideologischen Abteilung im Zentralkomitee der Partei erinnert.« Er selbst, fügte der langjährige Oppositionelle und angehende Arbeitsminister ohne Umschweife hinzu, habe an der wirtschaftspolitischen Arbeitsgruppe des Runden Tischs nicht teilgenommen, in der »ähnlich ideologische Sichtweisen« diskutiert worden seien, »und ich habe damit nichts gemein«. Alle Bedenken vor allzu radikalen Reformschritten wischte er mit dem Verweis auf das Fiasko der Wirtschaftspolitik der Regierung Rakowski vom Tisch. Deren Resultate hätten die Unmöglichkeit »des Weges gradueller Umgestaltung« hinlänglich bewiesen.[91]

Allerdings markierte Balcerowiczs Reformpolitik keineswegs einen präzedenzlosen Neuanfang, der die von ihm selbst verwendete Metapher einer »Stunde null« rechtfertigen würde.[92] Während er mit den maßgeblichen wirtschaftspolitischen Leitbildern der demokratischen Oppositionsbewegung in der Tat brach, knüpfte er in vieler Hinsicht an die von den kommunistischen Vorgängerregierungen begonnene oder jedenfalls anvisierte Politik an. Die von ihm angekündigte Zäsur bezog sich deshalb mehr auf den Modus der Implementierung der spätsozialistischen Reformpolitik als auf deren Gehalt.[93] Letzten Endes war es in erster Linie dem immensen gesellschaftlichen Vertrauensvorschuss zu verdanken, mit dem die Regierung Mazowiecki ihr Amt antrat, dass Balcerowicz in der bequemen Lage war, die Reformansätze seiner Vorgänger in weitaus konsequenterer Form fortführen zu können.

91 Komisja Polityki Gospodarczej, Budżetu i Finansów (4), Sitzung vom 8.9.1989, Biuletyn Kancelaria Sejmu, X. Wahlperiode, Nr. 41, S. 30–32.

92 Siehe Balcerowicz: Trzeba się bić, S. 99, 130.

93 Vgl. Zbierski-Salameh: Bitter Harvest, S. 110.

Es war deshalb nur folgerichtig, dass Balcerowicz auch im Nachhinein die Reformpolitik der Regierung Rakowski gegen pauschale öffentliche Kritik verteidigte und großes Verständnis für deren »auf ihre Art radikale« Versuche zeigte, unter den gegebenen politischen Rahmenbedingungen eine »auf ihre Art evolutionäre – vielleicht nicht restlos bewusst gemachte – Form des Systemwechsels« auf den Weg zu bringen. Die Verantwortung für die katastrophale Wirtschaftslage, mit der er bei seinem Amtsantritt fertigwerden musste, sah er nicht allein bei seinen Vorgängern, sondern ebenso bei der Solidarność und deren »sozialer Litanei« am Runden Tisch.[94] In seinen Memoiren berichtet Balcerowicz nicht ohne Stolz, dass viele PZPR-Abgeordnete, die im Juni 1989 auf die der Partei und ihren Bündnispartnern vorbehaltenen Parlamentssitze gewählt worden waren, ihm mit Wertschätzung begegneten: »Sie haben mit Respekt gesehen – da kommt ein Typ mit einer von der Solidarność berufenen Mannschaft [und] macht ein radikales Programm, das gewerkschaftsfeindlich aussieht und ziemlich anders als die Richtung, die im Zuge der Verhandlungen am Runden Tisch sichtbar wurde.«[95] Wie Balcerowicz beifällig anmerkte, kannten viele der parlamentarischen Repräsentanten des abgewählten Systems, die bald darauf fast einstimmig für das von dem neuen Finanzminister eingebrachte Reformpaket votieren sollten, die Wirtschaft aus eigener Anschauung. Nicht wenige von ihnen waren Betriebsdirektoren oder Wirtschaftsfunktionäre, die sich im Zuge der innerparteilichen Kandidatenaufstellung im Frühjahr 1989 gegen Repräsentanten des politisch-ideologischen Apparats durchgesetzt hatten. »Ihnen war bewusst, dass das alte System sich nicht verteidigen lässt«, so Balcerowicz im Rückblick. »Ich hatte kein Problem, mit ihnen eine gemeinsame Sprache zu finden.«[96] Schwieriger sollte dies in der Tat mit denjenigen werden, die am ideellen Erbe der Solidarność-Bewegung festhielten oder auch nur auf die Einhaltung des auf sozialen Ausgleich abzielenden Kompromisses des Runden Tisches vertrauten.

94 So Balcerowicz im Gespräch mit Teresa Torańska: My, S. 10–14.
95 Balcerowicz: Trzeba się bić, S. 132.
96 Ebd.

# 3. »Wer bereitet die Reform vor?« Der »Balcerowicz-Plan« und seine Väter

In seiner historisch gewordenen Regierungserklärung im Sejm am 12. September 1989 berief sich Tadeusz Mazowiecki weder auf die am Runden Tisch proklamierte »neue wirtschaftliche Ordnung«, noch nahm er das Wort »Kapitalismus« in den Mund. Stattdessen sprach er im wirtschaftspolitischen Teil seiner Rede, die aus der Feder seines Wirtschaftsberaters Waldemar Kuczyński sowie Leszek Balcerowiczs und dessen rechter Hand Stefan Kawalec stammte,[97] etwas verklausuliert davon, seine Regierung werde »Schritte zum Übergang zu einer modernen, in den entwickelten Ländern erprobten Marktwirtschaft« in Angriff nehmen.[98] Auch Balcerowicz, der sich später darüber mokierte, dass sein damaliger Chef Mazowiecki stets großen Wert auf das Prädikat »soziale« vor »Marktwirtschaft« legte,[99] blieb bei seinen ersten Auftritten auf politischem Parkett vage und bezeichnete das Ziel seiner Reformpolitik lieber als »Marktwirtschaft westlichen Typs«, als das Reizwort »Kapitalismus« zu verwenden.[100] Anders als seine Berater Jeffrey Sachs und Stanisław Gomułka vermied er auch den Begriff »Schocktherapie«, der anfangs vor allem von den Kritikern einer radikalen Austeritätsstrategie in diskreditierender Absicht gebraucht wurde.[101]

Die offizielle Ankündigung der geplanten Wirtschaftsreformen, die der Ministerrat am 9. Oktober beschloss, sparte nicht mit Pathos. So hieß

97 Siehe Kuczyński: Solidarność u władzy, S. 22 (Eintrag vom 7.9.1989); Balcerowicz: Trzeba się bić, S. 94.

98 Sprawozdanie Stenograficzne z 7 posiedzenia Sejmu Polskiej Rzeczypospolitej Ludowej w dniu 12 września 1989 r., Sp. 14.

99 Siehe Balcerowicz: Trzeba się bić, S. 93 f.

100 So etwa während der Anhörung im Wirtschafts- und Finanzausschuss des Sejms: Komisja Polityki Gospodarczej, Budżetu i Finansów (4), Sitzung vom 8.9.1989, Biuletyn Kancelaria Sejmu, X. Wahlperiode, Nr. 41, S. 5.

101 Siehe dagegen die offensive Verwendung des Begriffs schon im Juli–August 1989 bei Sachs/Lipton: Zarys proponowanego programu gospodarczego »S«, S. 1, 3; sowie bei Stanisław Gomułka: Shock Needed for Polish Economy, in: The Guardian vom 19.8.1989, Nachdruck in: Kowalik (Hg.): Stanisław Gomułka i transformacja polska, S. 1014–1016.

es darin: »Nur eine mutige Wende auf der Höhe der historischen Herausforderung, vor der Polen steht, wird es uns ermöglichen, uns aus dem zivilisatorischen Kollaps zu erheben und eine Ordnung zu errichten, die den gesellschaftlichen Erwartungen gerecht wird.« In auffälligem Gegensatz zu diesen großen Worten vermied das Programm jedoch in zentralen Fragen klare Festlegungen. Anstelle einer konsequenten Privatisierungspolitik kündigte es etwa »Eigentumsumgestaltungen« an, »die die Eigentumsstruktur an diejenige der hochentwickelten Länder annähern«. Neben dem »öffentlichen Verkauf« von Unternehmensanteilen werde auch Platz sein für »andere effektive Eigentumsformen, darunter authentisches Genossenschaftseigentum, Mitarbeitergesellschaften und Kommunaleigentum«.[102] Diese deutungsoffenen Formulierungen lassen erkennen, dass die neue Regierung sich zu diesem Zeitpunkt noch scheute, die Befürworter umfassender Belegschaftsbeteiligung und Selbstverwaltung innerhalb des Solidarność-Lagers vor den Kopf zu stoßen. Mazowiecki selbst zeigte sich auch bei späteren Gelegenheiten extrem empfindlich gegenüber Begriffen wie »Privatisierung« oder »freies Wirtschaften«, sei es aus tief empfundenen semantischen Berührungsängsten oder aus taktischer Rücksichtnahme.[103]

Dagegen ließ Balcerowicz wenig Zweifel daran, wohin die Reise mit ihm gehen würde. Schon bei seiner ersten Anhörung im Parlament schälte sich der Satz »Wir sollten die Erfahrungen des Westens nutzen« als Kernbotschaft des designierten Finanzministers heraus.[104] Auf diese Weise suggerierte er, es gäbe im »Westen« nur eine einzige Variante der

102 Rząd ogłosił program gospodarczy. Główne założenia i kierunki, in: Rzeczpospolita, Nr. 238 vom 12.10.1989, S. 1, 3f.; Nachdruck in: Kowalik (Hg.): Stanisław Gomułka i transformacja polska, S. 663–677, Zitate S. 663, 668.

103 Mazowieckis Vertrauter Waldemar Kuczyński sah darin den Ausdruck »eines tiefen Antikapitalismus«, während Stefan Kawalec dies auf taktische Zurückhaltung zurückführte. Siehe Kuczyński: Solidarność u władzy, S. 34 (Eintrag vom 5.12.1989); Rozmowa ze Stefanem Kawalcem, in: Gomułka/Kowalik (Hg.): Transformacja polska. Dokumenty i analizy 1990, S. 90–126, hier S. 113.

104 Komisja Polityki Gospodarczej, Budżetu i Finansów (4), Sitzung vom 8.9.1989, Biuletyn Kancelaria Sejmu, X. Wahlperiode, Nr. 41, S. 11.

Marktwirtschaft, von der es nunmehr zu lernen gelte.[105] Schöpferischer Aneignung westlicher Vorbilder oder gar Ideen eines »dritten Weges«, die sich etwa mit den von ihm selbst in den 1980er-Jahren noch unterstützten Selbstverwaltungsmodellen verbanden, erteilte er nun eine klare Absage: »In der Marktwirtschaft westlichen Typs hat die Selbstverwaltung schlicht und einfach keinen Platz«, behauptete er kategorisch. Zudem kündigte er harte Einschnitte bei staatlichen Sozialleistungen, eine »Absenkung des Lebensstandards der ganzen Gesellschaft«, Betriebsschließungen sowie daraus folgende temporäre Arbeitslosigkeit und »soziale Spannungen« an – allerdings vermied er es tunlichst, die erwarteten sozialen Kosten der von ihm propagierten Austeritätspolitik genauer zu quantifizieren.[106] Die Wirtschaftszeitung *Życie Gospodarcze* fasste das »Credo« des designierten Ministers unter Berufung auf ein ungenannt bleibendes Ausschussmitglied mit den Worten zusammen: »Jetzt oder nie – wir müssen die Augen schließen und in die Tiefe springen, ohne das Wasser in der Tiefe oder die Höhe des Abhangs zu prüfen. Wir haben nur die Wahl, ob wir diesen Sprung mit kurzer Vorbereitung oder gänzlich unvorbereitet machen.«[107]

Der enorme Zeitdruck, unter dem die Regierung Mazowiecki ihre wirtschaftspolitische Linie formulieren musste, war in der Tat ein entscheidender Faktor, der den Befürwortern einer radikalen Schocktherapie in die Hände spielte. Dieser Zeitdruck war jedoch nicht naturgegeben, sondern hatte konkrete politische Hintergründe. Letzten Endes resultierte er aus einer Verkettung politischer Ereignisse, an deren Anfang das Drängen der

105 Im Interview mit der Polityka wich er entsprechenden Nachfragen aus: »Wir haben noch einen langen Weg vor uns, bevor die Fragen sinnvoll sind, ob uns eher das schwedische oder das amerikanische Modell zusagt.« Ein »dritter Weg« sei zwar theoretisch denkbar, »doch mögen ihn wohlhabendere Gesellschaften als unsere in der Praxis ausprobieren«. Siehe Albo szybko, albo wcale. Z Leszkiem Balcerowiczem, wicepremierem i ministrem finansów, rozmawiają Jerzy Baczyński i Paweł Tarnowski, in: Polityka, Nr. 48 vom 2.12.1989, S. 1, 5.

106 Komisja Polityki Gospodarczej, Budżetu i Finansów (4), Sitzung vom 8.9.1989, Biuletyn Kancelaria Sejmu, X. Wahlperiode, Nr. 41, S. 2, 5 f.; vgl. Dudek: Od Mazowieckiego do Suchockiej, S. 131.

107 Ministrowie w komisjach, in: Życie Gospodarcze, Nr. 38 vom 17.9.1989, S. 6–8, hier S. 6.

polnischen Kommunisten am Runden Tisch auf möglichst schnelle Wahlen stand. Die Strategen an der Spitze der kommunistischen Partei hatten gehofft, die noch weitgehend unorganisierte Opposition auf diese Weise überrumpeln und selbst die größtmögliche Kontrolle über die Umgestaltung der wirtschaftlichen und politischen Ordnung behalten zu können. Diese Kalkulation ging bekanntlich nicht auf, weil Lech Wałęsa mit der Etablierung der Solidarność-Bürgerkomitees im Vorfeld der Wahlen das seltene Kunststück gelang, eine Graswurzelbewegung von oben ins Leben zu rufen.[108] So bereiteten die Kommunisten mit ihrer taktisch motivierten Eile ungewollt jene Situation vor, in der sich die unerwartet erfolgreiche Opposition nach der Wahl gezwungen sah, ohne substanzielle Programmdebatte und de facto im Blindflug über ihre künftige wirtschaftspolitische Linie zu entscheiden – was den unwahrscheinlichen Aufstieg Balcerowiczs in eine Schlüsselposition der neuen Regierung erst ermöglichte.

Hinzu kam die rasant anwachsende Inflation, die sich bereits in der ersten Jahreshälfte abgezeichnet hatte, die aber erst durch das Ineinandergreifen zweier Ende Juli 1989 getroffener Entscheidungen eine unmittelbar bedrohliche Dimension erreichte. Während die abtretende Regierung Rakowski in ihren letzten Amtstagen überstürzt die bis dahin staatlich regulierten Lebensmittelpreise freigab, setzte die Solidarność-Fraktion im Sejm auf Druck von Lech Wałęsa die vollständige Indexierung von Löhnen und Gehältern durch. Der PZPR-Abgeordnete und Betriebsdirektor Wiesław Chmielarski kommentierte dies während der hitzigen Debatte im Sejm mit den sarkastischen Worten: »Damit werden wir dem Kommunismus näher kommen als jedes andere Land auf der Welt.«[109] Tatsächlich

108 So die treffende Analyse des in der Solidarność engagierten, anarchistischen Positionen zugeneigten Posener Philosophen Leszek Nowak, siehe Rozmowa z prof. Leszkiem Nowakiem, in: Słowo Wolne. Miesięcznik Publicystyczny NSZZ »Solidarność« (Kalisz), 1989, Nr. 1, S. 3–8, Nachdruck u. d. T.: O porozumieniu Okrągłego Stołu, uwłaszczeniu nomenklatury, perspektywach anarchizmu i polskim prowincjonalizmie, in: Nowak: Polska droga od socjalizmu, S. 700–706, hier S. 703. – Vgl. zu den Bürgerkomitees ausführlich Słodkowska: Komitety Obywatelskie.

109 Sprawozdanie Stenograficzne z 4 posiedzenia Sejmu Polskiej Rzeczypospolitej Ludowej 31 lipca, 1 i 2 sierpnia 1989 r., Sp. 35; siehe dazu auch Torańska: My, S. 11.

dienten diese während des politischen Interregnums nach den Juniwahlen getroffenen, in höchstem Maße inkompatiblen wirtschaftspolitischen Entscheidungen beiden Seiten vor allem dazu, die eigene Handlungsfähigkeit zu demonstrieren und die politische Konkurrenz unter Zugzwang zu setzen. Zusammengenommen trieben diese Muskelspiele die Inflationsspirale erst recht an, was schließlich drastische Maßnahmen zu ihrer Bekämpfung unausweichlich machte.

Der in voller politischer Absicht geschaffene Problemdruck grub ergebnisoffenen Diskussionen und ernsthaften Reflexionen über die Ziele und Mittel der wirtschaftlichen Transformationsstrategie also von vornherein das Wasser ab. Er begünstigte diejenigen, die für einen schnellen Ausweg aus der Misere plädierten und die Diskussion über mögliche Folgen lieber auf später vertagen wollten. Während Mazowiecki in seiner Regierungserklärung noch versprochen hatte, seine Regierung wolle die Wirtschaftsreformen nicht »gegen den Willen der Gesellschaft, über ihre Köpfe hinweg einführen«,[110] tat sein Vizepremier Balcerowicz schließlich genau dies. Unmittelbar nach seinem Amtsantritt sah er sich zunächst gezwungen, dem von anderen Akteuren geschaffenen akuten Handlungsdruck gerecht zu werden (und unter anderem den eben erst auf Druck der Solidarność beschlossenen Indexierungsmodus zu revidieren). In der Folge machte Balcerowicz sich dieselbe Strategie aber gezielt zu eigen, indem er mit dem 1. Januar 1990 einen überaus ambitionierten Starttermin für das Inkrafttreten seines Stabilisierungsprogramms ins Auge fasste und trotz erheblicher Komplikationen und formaler Hürden daran festhielt.[111] Selbst Waldemar Kuczyński, ein entschiedener Unterstützer des Finanzministers, räumte offenherzig ein, dass dieser Termin sachlich völlig unbegründet war.[112] Balcerowicz bemühte sich zwar, einen gegenteiligen Eindruck zu erwecken, sprach im Rückblick aber nostalgisch von einer

110 Sprawozdanie Stenograficzne z 7 posiedzenia Sejmu Polskiej Rzeczypospolitej Ludowej w dniu 12 września 1989 r., Sp. 7.

111 Die radikalsten Befürworter der Schocktherapie, Jeffrey Sachs und Balcerowiczs Vizeminister Marek Dąbrowski, drängten anfangs sogar auf den 1. November als Starttermin. Siehe Stanisław Gomułka o sobie, ekonomii, gospodarce, S. 123.

112 Siehe Kuczyński: Zwierzenia zausznika, S. 104.

»Zeit der außerordentlichen Politik« *(period of extraordinary politics)*, in der schmerzhafte Reformen größere Chancen auf gesellschaftliche Akzeptanz gehabt hätten.[113] Damit legte auch er offen, dass sein Drängen auf eine schnelle Schocktherapie in erster Linie politisch, nicht ökonomisch motiviert war.

Diese Eile hatte jedoch schwerwiegende Folgen für die formale und substanzielle demokratische Legitimation des Reformpakets. Nachdem Balcerowicz und sein Team die Details des radikalen Austeritätsprogramms im November und Dezember hinter verschlossenen Türen mit der Delegation des Internationalen Währungsfonds ausgehandelt hatten, drückten sie das entscheidende Gesetzespaket zwischen Weihnachten und Silvester 1989 in einer Nacht-und-Nebel-Aktion durch beide Kammern des Parlaments, die allen parlamentarischen Verfahrensregeln Hohn sprach.[114] Dies zeugte nicht eben von Hochachtung für den demokratischen Souverän und war kein gutes Omen für die vermeintlich so enge Interdependenz von Demokratie und marktwirtschaftlicher Ordnung. Dass ausgerechnet eine aus der Solidarność-Bewegung hervorgegangene Regierung sich zu einem solchen Vorgehen entschloss, erinnerte manchen Kritiker schmerzlich an den noch allzu vertrauten Stil ihrer kommunistischen Vorgänger.[115] Mit dem Balcerowicz-Plan verabschiedete sich die Regierung Mazowiecki nicht nur von dem egalitär-kollektivistischen Wirtschaftsprogramm der ursprünglichen Solidarność, sondern auch von deren inklusiver, basisdemokratischer Entscheidungskultur.

Wie weit sich die wirtschaftspolitische Praxis des Herbstes 1989 von den Vorstellungen einer demokratisch legitimierten Wirtschaftsreform aus dem Jahr 1981 entfernt hatte, lässt sich eingängig am Beispiel

113 Siehe Balcerowicz: Socialism, Capitalism, Transformation, S. 160–163. – In einer Fußnote merkte Balcerowicz sogar an, »procapitalist autocracies« hätten womöglich »a comparative advantage in sustaining and completing such reforms«. Ebd., S. 162, Fn. 14.

114 Vgl. Dudek: Od Mazowieckiego do Suchockiej, S. 140f.

115 So Karol Modzelewski während der Senatsdebatte über das Gesetzespaket: Sprawozdanie Stenograficzne z 15 posiedzenia Senatu Polskiej Rzeczypospolitej Ludowej w dniach 29 i 30 grudnia 1989 r., Sp. 55f.

von Stefan Kawalec illustrieren, der als leitender Berater Balcerowiczs auf dem Posten eines Generaldirektors im Finanzministerium entscheidenden Anteil an der Formulierung und Umsetzung des Balcerowicz-Plans hatte. Kawalec war schon seit seinem Mathematikstudium in den 1970er-Jahren in der dissidentischen Szene aktiv gewesen und hatte 1981 in einem Meinungsbeitrag in der zentralen Gewerkschaftszeitung *Tygodnik Solidarność* die selbst aufgeworfene Frage »Wer bereitet die Reform vor?« noch mit einem großgeschriebenen »WIR« beantwortet. Damals plädierte er für einen breiten gesellschaftlichen Diskussionsprozess über eine grundlegende Wirtschaftsreform, der schließlich in einer Volksabstimmung über deren Implementierung münden sollte.[116] Nach seiner Internierung während des Kriegsrechts schloss er sich der Seminargruppe von Leszek Balcerowicz an der Warschauer Hochschule für Planung und Statistik (SGPiS) an und befasste sich mit modellorientierten Analysen einer Selbstverwaltungsökonomie, wie sie damals von Balcerowicz und seinen Mitstreitern noch befürwortet wurde. Nachdem er diesen Ansatz auf der Grundlage seiner Modellrechnungen verworfen hatte und zum Anhänger einer weitreichenden Privatisierung geworden war, trat er auch im Kreise seiner Kollegen so entschieden für diese Position ein, dass Balcerowicz ihn später mit der ironisierenden Widmung »Für Stefan Kawalec, der uns zum Kapitalismus bekehrt hat« bedenken sollte – was auch ein Schlaglicht auf Balcerowiczs eigene intellektuelle Entwicklung wirft.[117] Ab September 1989 gehörte Kawalec als einer der engsten Mitarbeiter Balcerowiczs tatsächlich zum Kreise der an der Ausarbeitung der Reform Beteiligten – doch war dies eben keine breit verankerte soziale Bewegung, wie sie ihm acht Jahre zuvor vorschwebte, sondern eine kleine Gruppe von Wirtschaftsexperten.

Auf die Erfahrungen der Basis zurückzugreifen, kam nun niemandem mehr in den Sinn – zwar behauptete Jacek Kuroń später, er habe Tadeusz Mazowiecki damals ein Referendum über das Wirtschaftspro-

116 Stefan Kawalec: Kto przygotowuje reformę? – MY, in: Tygodnik Solidarność, Nr. 6 vom 8.5.1981, S. 4; siehe oben Kapitel I.5 und I.6.

117 Siehe Rozmowa ze Stefanem Kawalcem, S. 91 f.

gramm der Regierung vorgeschlagen; im praktischen Regierungshandeln schlug sich dies aber nicht nieder.[118] Dabei stand eine solche Basis in den Bürgerkomitees, die sich auf Initiative der Solidarność-Führung im Frühsommer 1989 landesweit konstituiert hatten, durchaus bereit. Dort versammelten sich viele Aktivisten der seit 1987–1988 gegründeten Gewerbevereine (Towarzystwa Gospodarcze) und andere Praktiker der Selbstaneignung des Kapitalismus, deren Erfahrungen und Engagement für einen Aufbau marktwirtschaftlicher Strukturen aus der lokalen Zivilgesellschaft heraus von großem Wert gewesen wären.[119] Allerdings drängten die aus der Solidarność hervorgegangenen neuen Eliten diese Basisbewegung nach der gewonnenen Wahl rasch an den Rand des politischen Geschehens und ließen sie schließlich am langen Arm verhungern.[120] An die Stelle des übergroßen Vertrauens in die Macht kollektiven Handelns von unten war ein technokratisches Verständnis einer Transformation von oben getreten, das den enormen Gestaltungsspielraum, der mit der Umbruchsituation des Herbstes 1989 einherging, einer eingeschworenen Expertengruppe vorbehielt.

Zusätzlich verstärkt wurde diese technokratische Herangehensweise durch die akademische Vorprägung Balcerowiczs und dessen Arbeitsstil. Der Finanzminister scharte eine kleine Gruppe loyaler Mitarbeiter um sich, unter denen theoretisch orientierte Wirtschaftswissenschaftler und abstrakt geschulte Mathematiker wie Kawalec dominierten. Einige von ihnen hatten bereits zuvor in akademischen Kontexten mit Balcerowicz zusammengearbeitet und mit marktliberalen Positionen auf sich aufmerksam gemacht. Sie orientierten sich mehr an Lehrbuchwissen und den Vorgaben des IWF als an praxiserprobtem wirtschaftspolitischem Erfahrungswissen. Sieht man von Stefan Kawalec und dem neuen Industrieminister Tadeusz Syryjczyk ab, einem Gründungsmitglied von Mirosław Dzielskis Krakauer Gewerbeverein, war niemand von ih-

118 Siehe Kuroń: Autobiografia, S. 667 (Erstveröffentlichung: Moja zupa, Warszawa 1991).
119 Vgl. Słodkowska: Komitety Obywatelskie, S. 227–231.
120 Vgl. ebd, S. 401–408; für eine anregende Interpretation der »transitional politics of exception« auch Wciślik: Dissident Legacies, S. 183 f., 209–215.

nen innerhalb der demokratischen Oppositionsbewegung hervorgetreten. Dagegen betrachtete Balcerowicz den bereits unter Minister Wróblewski für den Staatshaushalt zuständigen Wojciech Misiąg und sogar den von der PZPR nominierten neuen Außenhandelsminister Marcin Święcicki, der den marktorientiert-technokratischen Flügel der einstigen Staatspartei repräsentierte, ausdrücklich als wichtige Mitglieder seiner »Mannschaft«.[121] Dies unterstreicht nochmals die weitreichenden Übereinstimmungen zwischen der wirtschaftspolitischen Linie Balcerowiczs und jenen Ansichten und Reformansätzen, die sich unter jüngeren Angehörigen der »kommunistischen« Parteielite gegen Ende der 1980er-Jahre durchgesetzt hatten.

Auf Konsultationen mit externen Fachkollegen, innerhalb des Kabinetts oder gar mit der breiteren Öffentlichkeit legte Balcerowicz wenig Wert.[122] So führte der von Witold Trzeciakowski geleitete Ökonomische Rat von Anfang an ein Schattendasein, und auf eine von dem in Österreich lehrenden Postkeynesianer Kazimierz Łaski im Auftrag des Zentralen Planungsamtes (Centralny Urząd Planowania) erstellte kritische Prognose der Auswirkungen des geplanten Schockprogramms, die vor einem Einbruch des Bruttosozialprodukts um 30 Prozent sowie einem damit verbundenen Verlust an Arbeitsplätzen und der »Verarmung beträchtlicher Bevölkerungsteile« warnte, reagierte der Kreis um Balcerowicz mit schriller Polemik.[123] Während Ministerpräsident Mazowiecki die wöchentlichen Sitzungen seiner Minister im Stil eines stundenlangen, von erheblichem Tabakkonsum begleiteten Debattierklubs führte, bereiteten Balcerowicz und seine engsten Mitarbeiter sich auf ihre Auftritte in diesem Kreis generalstabsmäßig vor. Sie betrachteten die Kabinettssitzungen

121 Siehe Balcerowicz: Trzeba się bić, S. 95–97.

122 Vgl. Kowalik: www.polskatransformacja, S. 94.

123 Siehe Kazimierz Łaski: Notatka dla p. Min. J. Osiatyńskiego o niebezpieczeństwach związanych z planem stabilizacji gospodarki narodowej, Februar 1990, in: Gomułka/Kowalik (Hg.): Transformacja polska. Dokumenty i analizy 1990, Dok. 5, S. 142–151, hier S. 149; vgl. zu den damit verbundenen Kontroversen Tadeusz Kowalik: Wprowadzenie, in: ebd., S. 19–28, hier S. 22f.; Rozmowy ze Stanisławem Gomułką, in: ebd., S. 31–89, hier S. 41–44.

nicht als Ort der Entscheidungsfindung, sondern als lästige Pflichtübung, um die notwendige Unterstützung für ihre vorformulierte Politik sicherzustellen.[124] Erfüllt vom Bewusstsein seiner historischen Mission, stellte Balcerowicz sogar Ministerpräsident Mazowiecki bei der Vorbereitung des entscheidenden Gesetzespakets wiederholt vor vollendete Tatsachen.[125] So kam es, dass das von Balcerowicz schließlich vorgelegte Stabilisierungsprogramm mit der vielköpfigen Delegation des IWF, die seit Mitte Oktober in einem Warschauer Nobelhotel residierte, weitaus enger abgestimmt war als mit der Regierung, der er selbst angehörte.

Auch wenn Balcerowicz in seinen späteren Rechtfertigungsschriften die Rolle des IWF und der westlichen Berater stets herunterspielte und diese bestenfalls als »hilfreich« einstufte,[126] vermitteln die Erinnerungen anderer unmittelbar Beteiligter einen anderen Eindruck.[127] Zwar hatten das Duo Sachs/Lipton und die IWF-Emissäre keinen fertigen Plan für die spezifischen polnischen Probleme in der Tasche; sie übten aber maßgeblichen Einfluss auf die konkrete Ausgestaltung des Stabilisierungsprogramms aus.[128] Im Laufe der Verhandlungen mit Balcerowicz und seinem Team im November und Dezember 1989 gaben die IWF-Vertreter offenkundig den Ausschlag für die sukzessive Verschärfung der ur-

124 Siehe Balcerowicz: Trzeba się bić, S. 109–113.

125 Stanisław Gomułka bezeichnete es im Nachhinein als »ziemlich interessant, auch für mich«, dass Balcerowicz sich im Zuge der Verhandlungen mit dem Internationalen Währungsfonds in zentralen Fragen nur mit Jacek Kuroń abstimmte, nicht aber mit Mazowiecki. Folglich kam es wiederholt zu Konflikten zwischen Balcerowicz und Mazowiecki, der sich von seinem Finanzminister umgangen und ungebührlich unter Druck gesetzt fühlte. Siehe Stanisław Gomułka o sobie, ekonomii, gospodarce, S. 131; vgl. Kuczyński: Zwierzenia zausznika, S. 102 f., 109 f.; ders.: Solidarność u władzy, S. 29 f., 33, 36 (Einträge vom 30.11., 4. und 6.12.1989).

126 Siehe Balcerowicz: Trzeba się bić, S. 118–124.

127 Siehe die im Tenor übereinstimmenden Darstellungen von Kuczyński: Zwierzenia zausznika, S. 98–109; und Stanisław Gomułka o sobie, ekonomii, gospodarce, S. 126–132.

128 Auch Stefan Kawalec, der die Souveränität der polnischen Entscheidung in Grundsatzfragen betont, gesteht zu, dass »die ausgesprochen professionelle IWF-Delegation einen bedeutenden Einfluss auf die Festlegung der detaillierten Parameter des Programms hatte«. Rozmowa ze Stefanem Kawalcem, S. 113.

sprünglichen, Ende Oktober im polnischen Finanzministerium erarbeiteten Konzeption des Programms. Waldemar Kuczyński bezeichnete diese Entwurfsfassung im Wissen um die nachfolgenden Verhandlungen als »ziemlich milde Version der Stabilisierung«. »Im Grunde«, so der Wirtschaftsberater Mazowieckis, »war das keine Konzeption für eine Schockoperation.«[129] Der Entwurf zielte auf eine vergleichsweise moderate Absenkung der Inflationsrate auf 572 Prozent im Jahresverlauf, wohingegen das schließlich mit dem IWF vereinbarte Programm eine Inflationsrate von nur noch 95 Prozent anvisierte und entsprechend schärfere Maßnahmen beinhaltete. Die dabei eingepreisten Reallohnverluste für die polnische Bevölkerung beliefen sich am Ende auf über 20 Prozent, während in der Ausgangsversion »nur« 8 Prozent geplant gewesen waren.[130] Im Zuge der praktischen Umsetzung des Programms wurden sogar diese drastischen Zielwerte noch überschritten.[131]

Zentrale Bausteine des Konzepts waren einerseits die schlagartige Freigabe eines Großteils der bisher noch staatlich regulierten Preise sowie eine massive Anhebung der (weiterhin regulierten) Energiepreise; andererseits eine scharfe Kontrolle der nominalen Löhne und Gehälter.[132] Bei der Preisfreigabe konnte Balcerowicz an die Anfang August 1989 von der Rakowski-Regierung umgesetzte Liberalisierung der sozial besonders sensiblen Lebensmittelpreise anknüpfen. Seither wurden bereits rund 50 Prozent aller Preise am Markt gebildet,[133] sodass die weitere Liberalisierung in erster Linie Industrieprodukte und Rohstoffe betraf (nicht jedoch Energiepreise). Subventionen wurden auf breiter Front reduziert und der Außenhandel radikal liberalisiert. Der Złoty wurde (im Inland) zur konvertiblen Währung und mit einem festen, deutlich abgewerteten

129 Kuczyński: Zwierzenia zausznika, S. 98.

130 Siehe ebd., S. 99.

131 Vgl. die nach sozialen Schichten differenzierte Analyse bei Beskid/Milic-Czerniak/Sufin: Polacy a nowa rzeczywistość ekonomiczna, S. 33–45.

132 Vgl. die Übersicht über die Einzelmaßnahmen des Balcerowicz-Plans bei Bałtowski/Miszewski: Transformacja gospodarcza w Polsce, S. 188 f., 345–348.

133 Siehe Balcerowicz: Trzeba się bić, S. 126; Kowalik: Wprowadzenie, in: Gomułka/Kowalik (Hg.): Transformacja polska. Dokumenty i analizy 1990, S. 19.

Wechselkurs an den US-Dollar gebunden, sodass die Inlandspreise sich perspektivisch dem Weltmarktniveau annähern sollten.[134]

Die Einführung eines festen und für die Dauer von 13 Monaten (in der Realität schließlich sogar für 16 Monate) unveränderlichen Wechselkurses war einer der wichtigsten strittigen Punkte zwischen der IWF-Delegation und der polnischen Seite, ebenso die Höhe dieses Kurses. Michael Bruno, der damalige Präsident der Israelischen Nationalbank und spätere Weltbank-Chefökonom, dem ein Ruf als erfahrener Inflationsbekämpfer vorauseilte, schlug in einem Schreiben an Balcerowicz sogar vor, ganz auf eine Abwertung des Złoty zu verzichten, um die Reallohnverluste für die polnische Bevölkerung zu minimieren.[135] Mit der Festlegung des Wechselkurses auf 9500 Złoty für einen US-Dollar, der noch unter dem bisherigen Schwarzmarktkurs lag, folgte Balcerowicz jedoch den Empfehlungen des IWF.[136] Allerdings hatte dessen Zustimmung in dieser Frage besonderes Gewicht, weil die polnische Regierung zur Absicherung des mit der inneren Konvertibilität des Złoty verbundenen Risikos dringend auf die Gewährung eines von den westlichen Regierungen bereitzustellenden Garantiefonds in Höhe von einer Milliarde US-Dollar angewiesen war.[137]

Während das Preisniveau also sprunghaft stieg, wurde der Anstieg von Löhnen und Gehältern mithilfe einer deutlich abgesenkten Indexierung sowie einer Strafsteuer auf Lohnerhöhungen, die über einen festgelegten Korridor hinausgingen, rigoros beschränkt. Letztere wurde im Volksmund bagatellisierend *popiwek* genannt, was einerseits an das

134 Die für die polnische Energieversorgung grundlegende Kohle blieb davon jedoch trotz anderslautender Forderungen der Weltbank zunächst ausgenommen, um den Inflationsdruck etwas zu mindern. Siehe Stanisław Gomułka o sobie, ekonomii, gospodarce, S. 137 f.

135 Siehe das Schreiben Michael Brunos an Leszek Balcerowicz, 4.12.1989, in: Kowalik (Hg.): Stanisław Gomułka i transformacja polska, Dok. 192, S. 613 f.; vgl. Rozmowy ze Stanisławem Gomułką, S. 47 f.

136 Vgl. Dudek: Od Mazowieckiego do Suchockiej, S. 129 f.; siehe auch Rozmowa ze Stefanem Kawalcem, S. 118–120.

137 Dieser Stabilisierungsfonds wurde nicht aus IWF-Mitteln gespeist; jedoch war eine Übereinkunft mit dem IWF Bedingung für seine Bereitstellung. Da die Nachfrage nach Devisen geringer ausfiel als befürchtet, wurde der Fonds im Endeffekt nicht benötigt. Vgl. Bałtowski / Miszewski: Transformacja gospodarcza w Polsce, S. 190.

Akronym der polnischen Bezeichnung *podatek od ponadnormatywnych wypłat wynagrodzeń* (Steuer auf übernormative Gehaltsauszahlungen) angelehnt war, andererseits aber an eine Art »Trinkgeld-Steuer« denken ließ. Wie Balcerowicz später stolz betonte, war die Lohnkontrolle mittels des *popiwek* einer der zentralen Verhandlungspunkte, an dem sich die polnische Seite gegen die IWF-Delegation durchsetzen konnte, da diese keine adäquate technische Handhabe zum Einfrieren der Löhne und Gehälter in einer bereits leidlich deregulierten Planwirtschaft in ihrem Instrumentenkasten hatte.[138] Obwohl der *popiwek* in der Öffentlichkeit als Kernstück des Balcerowicz-Plans wahrgenommen wurde (und als solches bald heftige Kontroversen auslöste), war er keine Erfindung Balcerowiczs. Vielmehr wurde eine solche Strafsteuer bereits seit 1984 von den kommunistischen Regierungen zur Inflationsbekämpfung eingesetzt – allerdings mit mäßigem Erfolg.[139] Nun wurde sie jedoch erheblich verschärft und erwies sich als wirksames Mittel zur Senkung der Reallöhne.

Auch die Maßnahmen zur administrativen Lohnkontrolle, die für die große Mehrheit der Polinnen und Polen schmerzliche Einschnitte in den Lebensstandard mit sich brachten, erfuhren im Zuge der Verhandlungen mit dem Internationalen Währungsfonds eine merkliche Verschärfung. Unter dem Einfluss eines Vorschlags von Sachs und Lipton kürzte Balcerowicz den Indexierungskoeffizienten für Januar 1990 im letzten Moment vor der Paraphierung der Vereinbarung mit dem IWF rabiat von 0,7 auf 0,3 herunter – anstelle eines Inflationsausgleichs von 70 Prozent war also nur noch eine Kompensation von 30 Prozent vorgesehen.[140] Selbst Balcerowiczs Berater Stanisław Gomułka bewertete diesen Ein-

138 Siehe Balcerowicz: Trzeba się bić, S. 122.

139 Zunächst firmierte die Steuer als Abgabe für den »Staatlichen Fonds zur beruflichen Aktivierung« (Państwowy Fundusz Aktywizacji Zawodowej), ab 1986 als podatek od ponadnormatywnych wypłat wynagrodzeń. Vgl. Tittenbrun: Upadek socjalizmu realnego, S. 62–65.

140 Siehe Kuczyński: Zwierzenia zausznika, S. 107 f., sowie das fragliche Schreiben von Jeff[rey] Sachs/David Lipton/Andy Berg an Leszek Balcerowicz, Subject: Wage Policy, 11.12.1989, Nachdruck in: Gomułka/Kowalik (Hg.): Transformacja polska. Dokumenty i analizy 1990, Dok. 1, S. 129 f.

schnitt im Nachhinein als »unnötig«, und Waldemar Kuczyński räumte ein, damit sei die Regierung »einen Schritt zu weit« gegangen und habe vermutlich vermeidbare soziale Kosten in Kauf genommen.[141] Unter den Abgeordneten des Solidarność-Lagers wurde auch kontrovers darüber diskutiert, dass Firmen mit ausländischem Kapital von der Strafsteuer auf übermäßige Lohnerhöhungen ausgenommen blieben. Eine Gruppe um die Abgeordnete Grażyna Staniszewska warnte vergeblich davor, dass eine solche Privilegierung die Akzeptanz des Reformprogramms insgesamt gefährden könnte.[142] Da die staatseigenen Betriebe durch die sogenannte »Dividende«, eine bereits Anfang 1989 von der Rakowski-Regierung eingeführte, nun aber deutlich angehobene Sondersteuer auf ihr buchhalterisches Betriebskapital, ohnehin einseitig belastet wurden, hatten deren Beschäftigte einen überproportionalen Anteil an den Lasten der volkswirtschaftlichen Stabilisierung zu tragen, zumal private Arbeitgeber bald generell vom *popiwek* befreit wurden.[143]

Es steht also außer Frage, dass die polnische Schocktherapie unter maßgeblichem ideellen und praktischen Einfluss der westlichen Finanzinstitutionen, namentlich des Internationalen Währungsfonds, konzipiert und umgesetzt wurde. Gleichwohl kann von einem Diktat aus Washington keine Rede sein. Schließlich ließ Balcerowicz von vornherein keinen Zweifel daran, dass er die Rezeptsammlung des »Washington Consensus« als maßgebliche Richtschnur seiner Politik betrachtete. Er dachte folglich gar nicht daran, eigenständige Lösungen für die historisch neuartige Herausforderung des Übergangs von einer zentralen Planwirtschaft zur Marktwirtschaft zu suchen. Wie Waldemar Kuczyński berichtete, verlie-

141 Siehe Stanisław Gomułka o sobie, ekonomii, gospodarce, S. 132; Kuczyński: Zwierzenia zausznika, S. 107. – Dagegen spielt Stefan Kawalec den Einfluss von Sachs und Lipton in dieser Frage herunter und reduziert das Problem auf eine rein technische Frage. Balcerowicz habe hier dank eines »Hinweises« seitens der IWF-Delegation eine »Inkohärenz« im polnischen Programmentwurf »korrigiert«. Siehe Rozmowa ze Stefanem Kawalcem, S. 112 f.

142 Vgl. Dudek: Od Mazowieckiego do Suchockiej, S. 143 f.

143 Vgl. kritisch Modzelewski: Zajeździmy kobyłę historii, S. 391.

fen die Verhandlungen zwischen der polnischen Seite und den IWF-Vertretern in einem »Klima des Wohlwollens« und in »genereller Übereinstimmung über die Politik, die angewendet werden muss«.[144]

Hinzu kamen sicherlich die mangelnde politische Erfahrung der mehrheitlich noch recht jungen polnischen Wirtschaftswissenschaftler, mit denen Balcerowicz sich umgab, und ein gewisser Übereifer. Gerade im Umgang mit den Repräsentanten jener westlichen Institutionen, die sie selbst bereitwillig als Maß aller Dinge akzeptierten, fehlte es ihnen an kritischer Distanz und dem Willen, als kämpferische Vertreter polnischer Interessen aufzutreten. Stefan Kawalec, Balcerowiczs rechte Hand während der Ausarbeitung des Stabilisierungsprogramms, bestätigte diesen Eindruck, indem er im Rückblick betonte: »Was institutionelle Veränderungen angeht, ging die Gestalt unseres Programms deutlich weiter, als der IWF aus eigener Initiative der polnischen Regierung hätte vorschlagen können.« Zugleich sei die Erfahrung des Teams um Balcerowicz bezüglich Inflationsbekämpfung und Stabilisierung der Wirtschaft »sehr frisch« gewesen. »In diesem Bereich bemühten wir uns, so weit wie möglich die Kompetenz und das Wissen zu nutzen, über das die ausgesprochen professionelle Delegation des IWF verfügte, und ebenso die Hilfe von Beratern wie Lipton, Sachs, Gomułka oder Rostowski.«[145]

Bezeichnenderweise kam es ausgerechnet in dem Moment zu Irritationen zwischen Balcerowicz und seinen westlichen Beratern, als der Finanzminister in einer seiner ersten Amtshandlungen Anfang September 1989 fällige Zinszahlungen bei den westlichen Privatbanken bediente, obwohl der polnische Staatshaushalt kurz vor dem Zusammenbruch stand. Sachs und Lipton hatten schon zuvor entschieden gegen jegliche weitere Zahlungen an westliche Banken argumentiert, deren Forderungen die kommunistischen Vorgängerregierungen (im Gegensatz zu den Verpflichtungen aus staatlichen bzw. staatlich garantierten Krediten) stets

144 Kuczyński: Zwierzenia zausznika, S. 100. – Ebenso Stanisław Gomułka o sobie, ekonomii, gospodarce, S. 135.

145 Rozmowa ze Stefanem Kawalcem, S. 111.

nachgekommen waren.[146] Dennoch ließ Balcerowicz ein von Sachs, Lipton und Gomułka bereits vorbereitetes Schreiben an die Gläubigerbanken, mit dem die polnische Regierung die vorübergehende Einstellung dieser Zahlungen ankündigte, in der Schublade verschwinden und zog es vor, stattdessen die letzten verfügbaren Devisenreserven zusammenzukratzen. Als der mit allen Wassern des Finanzmarkts gewaschene George Soros bei seinem ersten Besuch bei Balcerowicz davon erfuhr, empörte er sich über diese devote Geste so sehr, dass er den Minister höchst undiplomatisch anging: »Warum tust du das? Dies ist ein armes Land, und du wirfst 80 Millionen Dollar aus dem Fenster [...]!«[147]

Ähnlich verwundert über die Eilfertigkeit der polnischen Seite zeigte sich der israelische Notenbankchef Michael Bruno, der sich Anfang Dezember 1989 als Berater der IWF-Delegation in Warschau aufhielt. Während er hartes Feilschen über jeden Koeffizienten erwartet hatte, entschieden sich die polnischen Unterhändler an einem entscheidenden Punkt der Verhandlungen ohne Not für die härteste der vom IWF vorgeschlagenen Varianten.[148] Für einen externen Beobachter sei es erstaunlich, schrieb Bruno etwas später, dass die »sehr drastischen« (und seiner Meinung nach in dieser Größenordnung nicht unbedingt erforderlichen)

146 Siehe Jeffrey Sachs/David Lipton: Memorandum on Current Economic Issues. Rough draft, 5.8.1989, Nachdruck in: Kowalik (Hg.): Stanisław Gomułka i transformacja polska, Dok. 166, S. 452–464, hier S. 458–461.

147 Zit. nach Stanisław Gomułka o sobie, ekonomii, gospodarce, S. 118. – Dabei wusste Soros vermutlich noch nicht einmal, wie prekär die polnische Haushaltslage zu diesem Zeitpunkt wirklich war. So waren die Devisenreserven der staatlichen Bank Pekao restlos erschöpft, die Deviseneinlagen polnischer Sparer in Höhe von fast 4 Mrd. Dollar verwaltete und diese im Falle eines bank run nicht hätte bedienen können. Vgl. Dudek: Od Mazowieckiego do Suchockiej, S. 122.

148 Siehe Michael Bruno: Stabilization and Reform in Eastern Europe. A Preliminary Evaluation (IMF Working Paper, 30). Washington 1992, S. 14, Fn. 1. – Eine ähnliche Situation schildern auch Gomułka und Kowalik, wobei unklar bleibt, ob sie sich auf denselben Verhandlungspunkt beziehen. Kowalik erinnert sich an einen Telefonanruf Gomułkas, in dem dieser ihm »mit gewisser Genugtuung« mitgeteilt habe, dass bei einer Sitzung des Ökonomischen Komitees des Ministerrats am 3. Dezember »alle einmütig die radikalere (radikalste) Variante akzeptiert haben« – was er selbst zuvor nicht für möglich gehalten habe. Siehe Stanisław Gomułka o sobie, ekonomii, gospodarce, S. 126.

Einschnitte der Schocktherapie offenbar in hohem Maße von der Gesellschaft akzeptiert würden.[149]

Die für weltgewandte Finanzprofis wie Soros und Bruno schwer verständliche Bereitwilligkeit der Gruppe um Balcerowicz, sich Zinsforderungen und Austeritätserwartungen aus Washington zu unterwerfen, und die Leidensfähigkeit der polnischen Gesellschaft, die auf dem Weg in den Kapitalismus erhebliche Zumutungen wegzustecken bereit war, führen deutlich vor Augen, dass das Programm der marktradikalen Transformation Polen nicht einseitig aus dem Westen aufgedrängt werden musste. Zwar war dieses Programm in letzter Konsequenz aus dem Westen importiert. Dieser »Import« fand jedoch nicht innerhalb weniger Wochen und Monate des Jahres 1989 statt, sondern war eingebettet in den sukzessiven Wandel ökonomischer Leitbilder während der 1980er-Jahre, an dem beträchtliche Teile der polnischen Gesellschaft ihren Anteil hatten. Anders gesagt: Die Schocktherapie wurde nicht aus heiterem Himmel von Balcerowicz und seinen Mitstreitern aus dem Westen übernommen, sondern baute auf ökonomische Leitbilder auf, denen die Reformpolitik der letzten kommunistischen Regierungen ebenso den Boden bereitet hatte wie die wirtschaftsliberalen Vordenker innerhalb der antikommunistischen Opposition und die massenhafte Aneignung marktwirtschaftlicher Praktiken durch ganz normale Polinnen und Polen.

Gleichwohl lässt sich nicht darüber hinwegsehen, dass der anhaltende Druck der westlichen Finanzinstitutionen und die strenge Konditionalität der von diesen gewährten Unterstützung ihren Teil dazu beitrugen, den Fürsprechern einer marktradikalen Reformstrategie innerhalb der neuen polnischen Eliten einen entscheidenden strategischen Vorteil zu verschaffen.[150] Diese konnten bei strittigen Richtungsentscheidungen stets auf die vermeintlichen Sachzwänge verweisen, die sich aus der Notwendigkeit einer Übereinkunft mit dem IWF ergaben. Indem sie sich auf die vermeintlich überlegene Expertise der westlichen Berater beriefen,

149 Bruno: Stabilization and Reform in Eastern Europe, S. 32.

150 Vgl. die abgewogene Gewichtung der Einflussfaktoren bei Bohle/Neunhöffer: Why is there no Third Way?

profitierten sie zugleich von dem Nimbus, den der kapitalistische Westen (und insbesondere Amerika als dessen Führungsmacht) im spätsozialistischen Polen genoss. Dieser bot ihnen ein erprobtes und funktionierendes Zielmodell für den angestrebten fundamentalen Wandel, das für die polnische Gesellschaft hinreichend attraktiv war, um vorübergehende harte Entbehrungen in Kauf zu nehmen. Gerade das Fehlen einschlägiger Alternativmodelle erwies sich als zentrale argumentative Schwäche der Verfechter eines »dritten Weges« – die enttäuschenden Erfahrungen mit der jugoslawischen Selbstverwaltungswirtschaft boten jedenfalls wenige Anreize, um weitere Experimente auf diesem Weg zu wagen.[151]

Auch wenn der hoffnungsvolle polnische Blick nach Westen von dort nur eingeschränkt erwidert wurde, zahlte sich die intensive Kooperation des Teams um Leszek Balcerowicz mit westlichen Beratern für Polen jedenfalls in einer Hinsicht aus: Während man in Washington, Paris oder Bonn anfangs zögerte, die polnische Pionierrolle bei der marktradikalen Transformation mit handfester Unterstützung zu honorieren, konnte Polen beim Tauziehen um die Verpflichtungen aus seiner Auslandsverschuldung auf das Kommunikationstalent und auch auf die Chuzpe prominenter Fürsprecher wie Jeffrey Sachs zählen. Dieser konnte bei diesem Thema auf seine einschlägigen Erfahrungen aus Lateinamerika zurückgreifen und legte den Polen von Anfang an eine harte Linie gegenüber ihren Gläubigern nahe. Selbst Balcerowicz, der den Einfluss von Sachs sonst eher bagatellisiert, betonte im Nachhinein, dessen lautstarkes und beharrliches Lobbying habe einen wichtigen Grundstein dafür gelegt, dass Polen nach zähen Verhandlungen mit den staatlichen Gläubigern des Pariser Clubs schließlich ein 50-prozentiger Erlass seiner Auslandsschulden gewährt wurde.[152] Dieser im postsozialistischen Kontext einzigartige Schuldenerlass hing sicher mit der geostrategischen Bedeutung Polens zusammen, aber er lässt sich ebenso als Belohnung für die beflissene Be-

151 Vgl. für diese Desillusionierung exemplarisch Brus/Łaski: Von Marx zum Markt.
152 Siehe Balcerowicz: Trzeba się bić, S. 101; vgl. zur Rolle Sachs' auch Dudek: Od Mazowieckiego do Suchockiej, S. 324; zu den Verhandlungen außerdem Stefańczyk: Negocjacje oddłużeniowe Polski.

folgung der marktradikalen IWF-Vorgaben interpretieren. Wie der Vergleich mit dem ebenfalls hochverschuldeten Ungarn zeigt, das nicht zuletzt wegen der anhaltenden Belastungen aus dem Schuldendienst 1995 zu den politisch folgenreichen Austeritätsmaßnahmen des sogenannten Bokros-Pakets gezwungen war, trug der Erlass der Hälfte der polnischen Auslandsschuld fraglos zur wirtschaftlichen und demokratischen Konsolidierung des postsozialistischen Polens bei.

Angesichts des Ineinandergreifens von inneren und äußeren Faktoren, die Balcerowicz und der unter seiner Federführung implementierten marktradikalen Schocktherapie in die Hände spielten, stellt sich die grundsätzliche Frage, ob es im Sommer 1989 für Polen überhaupt eine echte Alternative zwischen einer »sozialen Marktwirtschaft« nach kontinentaleuropäischem Modell und einem neoliberalen, angelsächsisch inspirierten Kapitalismus gab, wie Kritiker des neoliberalen Kurses meinen.[153] Ryszard Bugaj, einer der prominentesten unter ihnen, beklagte später (ebenso wie der moderatere Witold Trzeciakowski),[154] dass die polnische Gesellschaft nie die Möglichkeit hatte, sich auf demokratische Weise für eine dieser *varieties of capitalism* zu entscheiden. Bugajs Einschätzung der damaligen Konstellation haftet allerdings eine gewisse Uneindeutigkeit an. So berichtet er, dass er Mazowiecki im Sommer 1989 auf dessen Anfrage einen Vermerk zukommen ließ,[155] in dem er sowohl kurz- als auch langfristige wirtschaftspolitische Maßnahmen auflistete:

153 So z. B. Kowalik: www.polskatransformacja.pl, S. 109–125; für die Gegenposition Dudek: Od Mazowieckiego do Suchockiej, S. 197 f.

154 Siehe Witold Trzeciakowski: Rozsądny kompromis społeczny, in: Dziś – Przegląd Społeczny, 1994, Nr. 4(43), zit. bei Baka: U źródeł wielkiej transformacji, S. 254 f.

155 Mazowiecki dürfte diesen Vermerk an seinen Wirtschaftsberater Kuczyński weitergegeben haben. Dieser notierte in seinem Tagebuch, dass er bei der Formulierung des wirtschaftspolitischen Teils der Regierungserklärung auf ein Dokument aus der Feder Bugajs zurückgriff. Da Balcerowicz den darauf basierenden Entwurf jedoch grundlegend revidierte, überließ Kuczyński diesem die weitere Ausarbeitung. Siehe Kuczyński: Solidarność u władzy, S. 22 (Eintrag vom 7.9.1989). »So sah die Übernahme des Steuers der Wirtschaftspolitik durch Balcerowicz aus«, kommentiert Dudek: Od Mazowieckiego do Suchockiej, S. 124.

> »Im ersten Teil schrieb ich das, was Leszek Balcerowicz dann gemacht hat. Das waren offensichtliche Schritte. Es ging darum, die Inflationsspirale aufzuhalten und den Export wieder hochzufahren. Polen war bankrott, zahlungsunfähig.
> Aber für die lange Frist schlug ich vor, zwei Arbeitsgruppen zu bilden, die sich sowohl aus Abgeordneten der [aus der Solidarność hervorgegangenen] Bürgerschaftlichen Parlamentsfraktion als auch aus externen Experten zusammensetzen sollten. Eine dieser Arbeitsgruppen sollte sich an einer Transformation orientieren, wie sie in der Übereinkunft des Runden Tisches skizziert war. [...] [Die zweite Gruppe] sollte aus Befürwortern sprunghafter Veränderungen bestehen, sehr liberalen. Ich wollte, dass wir eine wirkliche, demokratische Auswahl haben. Ich hätte sicher verloren, aber wir hätten mehr Bedenkzeit gehabt.«[156]

Bugaj räumt also einerseits ein, dass die von Balcerowicz kurzfristig betriebene Inflationsbekämpfung auch aus seiner Sicht alternativlos war; andererseits geht er davon aus, dass die von ihm präferierte, am Schlussdokument des Runden Tisches orientierte evolutionäre Reformvariante wohl selbst dann wenig Chancen gehabt hätte, wenn die Rahmenbedingungen für eine bewusste demokratische Entscheidung günstiger gewesen wären.[157] Der Mediävist und langjährige Oppositionelle Karol Modzelewski, ein weiterer profilierter Kritiker des Balcerowicz-Plans,[158] urteilte in der Rückschau ebenfalls, dass die neoliberale Transformationsstrategie in gewissem Maße durch die Umstände des Zusammenbruchs des polnischen Staatssozialismus begünstigt wurde, jedenfalls politisch aber ohne Alternative war. Als einer von nur sechs Senatoren aus dem Solidarność-Lager, die im Dezember 1989 gegen Teile des Stabilisierungsprogramms

156 Ryszard Bugaj: Chcieliśmy po prostu zmałpować Zachód. Rozmawiała Anita Sobczak, in: Dziennik.pl vom 4.6.2019, https://wiadomosci.dziennik.pl/opinie/artykuly/599388,4-czerwca-1989-r-wybory-wolnosc-solidarnosc-prl-bugaj-komunisci-balcerowicz-mazowiecki.html (Zugriff am 13.10.2021).

157 Diese retrospektive Einschätzung deckt sich mit Bugajs zeitgenössisch vertretener Position. Vgl. Dudek: Od Mazowieckiego do Suchockiej, S. 133.

158 Gemeinsam mit Bugaj gründete er 1990 die gegen die Linie Balcerowiczs gerichtete Gruppierung »Solidarność der Arbeit«, die 1992 in der sozialdemokratischen »Arbeitsunion« (Unia Pracy) aufging.

stimmten, habe er erleben müssen, dass selbst an der gewerkschaftlichen Basis der Solidarność das blinde Vertrauen in den Ratschluss der Regierung Mazowiecki größer war als die Bereitschaft zu kritischer Reflexion und entschlossener Formulierung eigener Interessen.[159]

Tatsächlich verlieh der überwältigende Vertrauensvorschuss, mit dem die Regierung Mazowiecki ihr Amt antrat, dieser einen außerordentlichen Gestaltungsspielraum für wirtschaftliche Reformen. Wie das Meinungsforschungsinstitut OBOP ermittelte, erreichte das Vertrauen in die Regierung im November 1989 mit 82 Prozent einen ungekannten Höchststand (und wurde nur von dem in die katholische Kirche mit 90 Prozent übertroffen).[160] Hinzu kam, dass nach dem Wechsel der bisherigen Oppositionsbewegung auf die Regierungsbänke keine relevanten politischen Kräfte in Sicht waren, die der Wirtschaftspolitik der neuen Regierung hätten Paroli bieten können. Die wiedergegründete Gewerkschaft Solidarność war weit davon entfernt, sich auf die Vertretung der Interessen ihrer Mitglieder zu konzentrieren und die von Balcerowicz vorgegebene politische Linie auch nur vorsichtig zu hinterfragen. Bezeichnend für die Haltung der neuen Gewerkschaftsspitze war ein Leitartikel von Wojciech Arkuszewski, mit dem das *Tygodnik Solidarność* im September 1989 die frisch gewählte Mazowiecki-Regierung begrüßte. Darin gab das zentrale Gewerkschaftsblatt die Losung aus, es sei nun Aufgabe der Solidarność, »den Arbeitnehmern bei der Anpassung an die neuen wirtschaftlichen Verhältnisse zu helfen« und ihren Mitgliedern zu erklären, dass sie »aktiv an einer Politik des Stellenabbaus, der Sparmaßnahmen und einer Steigerung der Arbeitsdisziplin partizipieren (oder diese zumindest stillschweigend akzeptieren) müssen«. Je schneller sie zu dieser Einsicht kämen, »desto weniger schmerzhaft wird die Einführung der Marktwirtschaft«.[161]

159 Siehe Modzelewski: Zajeździmy kobyłę historii, S. 399–405.

160 Siehe OBOP: Zaufanie do instytucji i organizacji, nastroje społeczne i opinie o sprawach gospodarczych w listopadzie 1989 r., November 1989, http://public.kantarpolska.com/archiv_files/34_536_89.pdf (Zugriff am 13.10.2021).

161 Wojciech Arkuszewski: Od góry i dołu, in: Tygodnik Solidarność, Nr. 17 vom 22.9.1989, S. 1 f.

Da die Solidarność mit ihrer wiedergewonnenen Rolle als Gewerkschaft also sichtlich fremdelte und sich stattdessen der bedingungslosen Unterstützung des Regierungsprogramms verschrieb, verblieben als einzige Gegenspieler einer radikalen Liberalisierungspolitik nur die in weiten Teilen der Bevölkerung diskreditierten, vormals regimekonformen OPZZ-Gewerkschaften unter Führung von Alfred Miodowicz. Auch Teile der für die Regierungskoalition wichtigen Bauernpartei versuchten, gegen die harschen Einschnitte zu opponieren, die der Balcerowicz-Plan für die kleinbäuerlich geprägte polnische Landwirtschaft bedeutete. Diese Akteure waren im politischen Feld allerdings zu marginal, als dass ihre Proteste den Balcerowicz-Plan hätten modifizieren oder gar aufhalten können. In den Führungsetagen der einstigen Staatspartei hingegen, der nun (ungeachtet ihrer Beteiligung an der Regierung Mazowiecki) die Rolle der parlamentarischen Opposition zufiel, hatte man sich ohnehin schon zu einem ähnlichen wirtschaftspolitischen Kurs durchgerungen – sei es aus Pragmatismus oder aus Überzeugung. Entsprechend war die Unterschrift von General Jaruzelski, der als Staatspräsident formal eine starke Vetoposition innehatte, unter dem Gesetzespaket am Ende nicht mehr als eine Formalie.[162]

Trotz dieser ungewöhnlichen Einmütigkeit auf politischer Ebene blieb die Haltung der polnischen Bevölkerung zum Balcerowicz-Plan von skeptischer Zurückhaltung geprägt. Von einer Aufbruchsstimmung oder gar Euphorie war beim Start des Programms nichts zu spüren. Um den Jahreswechsel 1989–1990 stieß dieses nur bei 30 bis 40 Prozent der Befragten auf Zustimmung.[163] Wie eine Analysegruppe des Ministerrats unmittelbar nach dem Start der Schocktherapie im Januar 1990 auf der Grundlage der verfügbaren Umfragedaten unterstrich, beruhte selbst dieser vorsichtige Zuspruch im Wesentlichen auf politischen Motiven: »Ohne politische Unterstützung würde das Wirtschaftsprogramm auf

162 Vgl. Dudek: Od Mazowieckiego do Suchockiej, S. 142–145.
163 Siehe Zespół Analiz i Promocji URM (M. Jaśkiewicz): Notatka nt. opinii społecznych o polityce gospodarczej rządu w początkowym okresie realizacji programu stabilizacyjnego (1.-20.01.br.), 31.1.1990, AAN, URM, 101/3, Bl. 203–207, hier Bl. 203.

Ablehnung stoßen, da seine gegenwärtigen negativen Folgen und die künftigen Gefahren, aber auch deren Ähnlichkeit mit den Folgen vorangegangener Reformen deutlich wahrgenommen werden.«[164]

Dass die technokratische Schocktherapie von oben im Herbst 1989 tatsächlich durchsetzbar und wahrscheinlich auch alternativlos war, lag also nicht in erster Linie an wirtschaftlichen, sondern an politischen Faktoren. Balcerowicz profitierte von der historischen Ausnahmekonstellation im politischen Feld, die mit einer überwiegend passiven und abwartenden Haltung der polnischen Gesellschaft einherging. Diese politische Passivität war gewissermaßen die Kehrseite der erzwungenen Verlagerung von Engagement und Initiative auf individuelle wirtschaftliche Aktivitäten im Zuge der wirtschaftlichen und politischen Dauerkrise der 1980er-Jahre. Die große Mehrheit der polnischen Bevölkerung erlebte den epochalen politischen Umbruch im Sommer 1989 von der Zuschauerbank aus und stand dem Balcerowicz-Plan mit einer eigentümlichen Mischung aus Hoffnung und Fatalismus gegenüber. An einer Verbreiterung der zivilgesellschaftlichen Partizipation beim Aufbau der neuen Ordnung, die auch deren demokratische Legitimation gestärkt hätte, zeigten weder die alten noch die neuen Eliten Interesse.[165]

Nach einer feurigen Rede von Jeffrey Sachs vor den frisch gewählten Parlamentariern des Solidarność-Lagers im August 1989 soll Tadeusz Kowalik zu Ryszard Bugaj gesagt haben: »Ach weißt du, das erinnert mich an meine Jugend. Als nach dem Krieg die Russen zu uns kamen, haben sie auch gesagt: Alles wird leicht und einfach.«[166] Diese ironisch distanzierte Reaktion des sozialdemokratisch orientierten Wirtschaftswissenschaftlers, der schon 1956 und 1980 die demokratischen Aufbrüche der polnischen Arbeiter mit Wort und Tat unterstützt hatte, war sicher nicht repräsentativ. Mit der erfahrungsgesättigten Reserve gegenüber den Verheißungen der neuen Wirtschaftsordnung, die darin zum Ausdruck kam, war Kowalik aber nicht allein. Während eine lautstarke Minderheit

164 Ebd., Bl. 205.
165 Vgl. Ost: The Defeat of Solidarity, S. 49–59.
166 So kolportiert von Bugaj: Chcieliśmy po prostu zmałpować Zachód.

der Polinnen und Polen dem marktliberalen Kapitalismus in sehnsuchtsvoller Erwartung entgegensah, fand sich die Mehrheit der Bevölkerung achselzuckend bereit, diesen aus Mangel an erkennbaren Alternativen zu akzeptieren. Schließlich hatten sie schon im Dezember 1981 erleben müssen, dass ihre kollektiven Hoffnungen auf eine selbstbestimmte, bessere Zukunft brutal zerschlagen wurden. Insofern ist Karol Modzelewski darin zuzustimmen, dass die erniedrigende Erfahrung kollektiver Ohnmacht während des Kriegsrechts und in den darauffolgenden Jahren die notwendige Voraussetzung für den im doppelten Sinne postrevolutionären Transformationspfad darstellte, den Polen 1989 einschlug: »Es war Jaruzelski, der den Weg für Balcerowicz freimachte.«[167]

167 Modzelewski: Zajeździmy kobyłę historii, S. 401.

# VI. Was tun mit dem Volkseigentum?

Zu den hartnäckig kolportierten Missverständnissen, die sich um das als Balcerowicz-Plan bekannt gewordene polnische Austeritätsprogramm ranken, gehört der Mythos, es habe sich dabei im Wesentlichen um ein Privatisierungspaket gehandelt. Selbst in der wissenschaftlichen Literatur wird zuweilen ein solcher Eindruck vermittelt. So ist bei Philipp Ther zu lesen: »Polen [...] setzte in seinem Reformprogramm von 1989 auf Privatisierungen.«[1] Eine Gruppe polnischer Soziologinnen und Soziologen behauptet in einer ambitionierten Studie über die biografische Verarbeitung der Transformationserfahrung in Polen gar: »While the [Balcerowicz] Plan itself was a package of privatization laws, it entered the public debate as a symbol of choosing the path of social and economic transformation.«[2]

Beim genaueren Hinsehen zeigt sich, dass die Dinge tatsächlich genau anders herum lagen: Der Balcerowicz-Plan stellte zweifellos die entscheidende makroökonomische Richtungsentscheidung dar, die den weiteren Verlauf der sozialen und wirtschaftlichen Transformation in Polen prägen sollte. Deshalb wurden auch die in den folgenden Jahren durchgeführten Privatisierungen im retrospektiven Erinnerungsdiskurs mit diesem zentralen symbolischen Bezugspunkt verknüpft. Dagegen enthielt der Balcerowicz-Plan gerade keine Maßnahmen zur raschen und umfassenden Privatisierung des Staatssektors – geschweige denn gesetzliche Regelun-

1 Ther: Die neue Ordnung, S. 51.

2 Jacek Burski/Joanna Wygnańska: Introduction: »Telling the Great Change« ..., in: Kaźmierska/Waniek (Hg.): Telling the Great Change, S. 13–31, hier S. 17.

gen dazu. Zwar bekannte sich Balcerowicz von Anfang an zur Privatisierung der Staatsbetriebe als Ziel seiner Wirtschaftspolitik und ging damit bereits über die vagen Absichtserklärungen im Wirtschaftsprogramm der Mazowiecki-Regierung hinaus, die den Begriff »Privatisierung« auf Drängen des Ministerpräsidenten peinlichst vermieden;[3] doch sah er es angesichts der akuten makroökonomischen Krise nicht als vordringlich an, diese Ankündigung zügig zu konkretisieren.[4]

Zum Verständnis der erinnerungskulturellen Nachwirkung des Balcerowicz-Plans, die dessen reale Konturen in der Retrospektive verschwimmen lässt, ist ein Seitenblick nach Ostdeutschland instruktiv. Denn in der ehemaligen DDR rückte mit der Treuhandanstalt in der Tat die mit der Privatisierung der volkseigenen Industrie betraute Regierungsagentur in den Mittelpunkt der (meist negativen) retrospektiven Deutung der Transformation.[5] Die makroökonomisch folgenreiche Währungs-, Wirtschafts- und Sozialunion beider deutscher Staaten blieb dagegen im Erinnerungsdiskurs zweitrangig und wird allenfalls mit positiven Aspekten wie der Einführung der westdeutschen D-Mark und der Verfügbarkeit von westlichen Konsumgütern im Osten in Verbindung gebracht. Demgegenüber erwiesen sich die sozialen Kosten des Stabilisierungsprogramms in Polen und dessen symbolische Überhöhung durch die Mazowiecki-Regierung als so einschneidend, dass die Schocktherapie in der polnischen Erinnerung die späteren, kleinteiligen Debatten und Konflikte um die Privatisierung einzelner Betriebe überlagerte. Hinzu kam, dass die Entwicklung der Privatwirtschaft in Polen, wie in den vorangegangenen Kapiteln gezeigt, bereits vor dem politischen Systemwechsel an Fahrt aufgenommen hatte

3 Siehe etwa das Memorandum, mit dem Balcerowicz im September 1989 bei seinem Antrittsbesuch beim IWF in Washington auftrat: Memorandum on the Economic Reform Program in Poland and the Role of Foreign Financial Assistance, 23.9.1989, in: Kowalik (Hg.): Stanisław Gomułka i transformacja polska, Dok. 174, S. 504–510, hier S. 506; dagegen Rząd ogłosił program gospodarczy. Główne założenia i kierunki, in: Rzeczpospolita, Nr. 238 vom 12.10.1989, S. 1, 3 f.; Nachdruck in: Kowalik (Hg.): Stanisław Gomułka i transformacja polska, S. 663–677.

4 Vgl. Bałtowski/Kozarzewski: Zmiana własnościowa polskiej gospodarki, S. 161–163.

5 Marcus Böick spricht deshalb von der Treuhand als »erinnerungskulturellem Zombie der Wiedervereinigung«: Böick: Die Treuhand, S. 15.

und in hohem Maße von Neugründungen geprägt war. Vor dem Hintergrund dieses Gründungsbooms zog die Privatisierung der staatseigenen Großindustrie alles in allem weniger Aufmerksamkeit auf sich und wies einen geringeren Zäsurcharakter auf, als dies in der ehemaligen DDR der Fall war.

Dass das von Leszek Balcerowicz und seinem Team in enger Abstimmung mit der Delegation des Internationalen Währungsfonds erarbeitete und in den letzten Tagen des Jahres 1989 durch das Parlament gebrachte Gesetzespaket keinerlei Regelungen zu Privatisierungen umfasste, war umso erstaunlicher, als bereits Mieczysław Wilczek und Andrzej Wróblewski, die beiden zuständigen Minister der »kommunistischen« Vorgängerregierung, erste Anläufe in diese Richtung unternommen hatten. Angesichts dessen nimmt es nicht wunder, dass sowohl überzeugte Neoliberale als auch radikale Antikommunisten die – aus ihrer Sicht viel zu zögerliche – Herangehensweise der Mazowiecki-Regierung an die Privatisierung heftig kritisierten.[6] Zwar hatte diese mit Krzysztof Lis schon im Oktober 1989 einen »Regierungsbevollmächtigten für die Eigentumsumgestaltung« berufen; in der öffentlichen Wahrnehmung zeitigte dessen Tätigkeit zunächst jedoch kaum sichtbare Effekte. Die erste gesetzliche Grundlage für die reguläre Privatisierung von Staatsbetrieben wurde erst im Juli 1990 vom polnischen Sejm beschlossen, also ein Dreivierteljahr später.

Dieser zeitliche Verzug mag auf den ersten Blick geringfügig erscheinen. Allerdings bedeuteten Monate wohl selten so viel wie im rasant sich verändernden Europa der Jahre 1989 bis 1991. Folglich fand die Debatte über das polnische Privatisierungsgesetz in der ersten Jahreshälfte 1990 unter völlig anderen Umständen statt als die Diskussion über den Balcerowicz-Plan im Herbst 1989. Während David Ost zutreffend befand: »[...] the most striking thing about the public discussion of the Balcerowicz Plan is that there was not much of it«,[7] wurde der schließlich von

6 Siehe beispielsweise Beksiak/Winiecki: A Comparative Analysis of Our Programme; Adam Glapiński: Nie mamy czasu!, in: Konfrontacje, Nr. 7 vom 12.7.1990, S. 19.

7 Ost: The Defeat of Solidarity, S. 56.

Krzysztof Lis vorgelegte Gesetzentwurf äußerst kontrovers diskutiert und beherrschte monatelang die Kommentarspalten der polnischen Presse. Nachdem die Grundsatzentscheidung für den steinigen Weg in einen liberalen Kapitalismus über die Köpfe der Bevölkerung hinweg getroffen worden war, kamen bei der Frage, wie denn nun das Staatseigentum an den Produktionsmitteln (und vielem anderen) in diese neue Ordnung überführt werden sollte – und vor allem: wer daran in welcher Form teilhaben durfte –, all die widersprüchlichen Interessen und konkurrierenden Ordnungsvorstellungen auf den Tisch, die zuvor unter dem Mantel der scheinbaren politischen Einmütigkeit verborgen geblieben waren.

Während die einen eine möglichst gründliche und wohlüberlegte Privatisierung favorisierten, riefen andere nach einer möglichst zügigen Umsetzung des Eigentumswechsels. Wieder andere hatten das Ideal der Arbeiterselbstverwaltung oder jedenfalls einer dominierenden Belegschaftsbeteiligung an den Unternehmen noch lange nicht aufgegeben. Anders als in der ehemaligen DDR, wo ein etabliertes sozioökonomisches System mitsamt dem dazugehörigen Know-how schlicht und einfach aus Westdeutschland übernommen wurde, oder in Ungarn, wo der Verkauf von Staatsbetrieben an ausländische Investoren angesichts der langjährigen Tradition ausgehandelter Marktreformen vergleichsweise geräuschlos über die Bühne ging, waren die polnischen Kontroversen über den richtigen Weg zur Privatisierung großer Staatsbetriebe mit dem im Juli 1990 verabschiedeten Privatisierungsgesetz keineswegs beendet.[8] Da dieses auf einem mühseligen Einzelfallansatz basierte, der sich rasch als wenig effektiv erwies, markierte es eher den Auftakt für zahllose weitere Überlegungen zur Beschleunigung der Privatisierungsverfahren. Obendrein standen westliche Kapitalisten nicht eben Schlange, um ihr Geld ausgerechnet in Polen anzulegen, das im Ausland vornehmlich für jahrzehntelange wirtschaftliche Probleme und hohe Streikbereitschaft bekannt war.

8 Vgl. komparativ von Puttkamer: Der schwere Abschied vom Volkseigentum.

Zusätzlich verkompliziert wurde die Gemengelage durch das ebenfalls heftig umstrittene Problem der »Reprivatisierung«,[9] also der eventuellen Rückübertragung enteigneter Vermögenswerte an ihre ursprünglichen Eigentümer. Da die Betroffenen in weiten Landesteilen Deutsche, in vielen Fällen aber auch Juden gewesen waren, während andererseits polnische Grundbesitzer in den von der Sowjetunion annektierten polnischen Ostgebieten ihren Besitz verloren hatten, ging diese Frage weit über das Problem eines innergesellschaftlichen Lastenausgleichs hinaus. Vielmehr berührte sie Kernbestände des historischen Selbstverständnisses des polnischen Staates und der Beziehungen zu seinen Nachbarn. Die innenpolitische Durchsetzbarkeit einer ernsthaften Reprivatisierung wurde außerdem dadurch gemindert, dass die große Mehrheit der polnischen Bevölkerung als Bauern oder deren Nachfahren zu den direkten oder indirekten Profiteuren der von den Kommunisten durchgeführten Enteignungen und Landreformen gehörte.[10] Entsprechend gering war das öffentliche Interesse an einer zügigen Regelung des Problems – mit der einzigen Ausnahme der katholischen Kirche, deren umfangreiche Besitzansprüche mithilfe einer noch von der letzten kommunistischen Regierung Rakowski ins Leben gerufenen, paritätisch besetzten »Eigentumskommission« (Komisja Majątkowa) großzügig restituiert wurden. Die weitgehend ungelöste Restitutionsfrage warf auch auf die Privatisierung der (vielfach erst während des Staatssozialismus aufgebauten) Industriebetriebe einen Schatten, da diese ebenfalls nicht zuletzt unter dem Gesichtspunkt der historischen Gerechtigkeit diskutiert wurde.

Vor diesem Hintergrund lief die Privatisierung größerer staatlicher Fabriken in Polen ausgesprochen schleppend an, und es geriet schon zu

9 Bis 1989 wurde dieser Begriff im polnischen Diskurs oft gleichbedeutend mit »Privatisierung« verwendet und bezog sich nicht notwendig auf eine Rückgabe an einstige Eigentümer. Die Privatisierungsdebatte konzentrierte sich damals noch primär auf (vormals enteignete) kleinere und mittelständische Betriebe, während man über die Eigentumsstrukturen in der staatlichen Großindustrie wenig nachdachte. Nach 1989 differenzierte sich der Bedeutungsgehalt beider Begriffe jedoch aus; in diesem Sinne werden sie hier verwendet.

10 Vgl. Luterek: Reprywatyzacja, insbes. S. 271–299.

einer kleinen Sensation, als Ende November 1990 die Aktien der ersten fünf Staatsbetriebe ihre Premiere an der frisch eröffneten Warschauer Börse feierten.[11] Entsprechend wurden die Privatisierungsverfahren mehrfach modifiziert und diversifiziert, was jedes Mal mit politischen Aushandlungsprozessen und Kompromissen zwischen eher sozialdemokratisch-gewerkschaftlichen und liberaleren Ansätzen verbunden war. Die Wirtschaftswissenschaftler Maciej Bałtowski und Piotr Kozarzewski bezeichnen den Zeitraum 1991–1996 deshalb als Phase einer »heroischen« Privatisierungspolitik, in der konkrete Prozeduren und Lösungen oftmals auf Einzelfallbasis ausgearbeitet und von den zuständigen Institutionen »gelernt« werden mussten.[12] Obwohl der aus der Gruppe der Danziger Liberalen zum Minister für Eigentumsumgestaltung aufgestiegene Janusz Lewandowski bereits 1991 ein Konzept für eine beschleunigte Massenprivatisierung mittels Ausgabe von Anteilsscheinen an die Bevölkerung präsentiert hatte, sollte es bis November 1995 dauern, bis die praktische Umsetzung des sogenannten Allgemeinen Privatisierungsprogramms begann. Die der Privatisierung wohlgesinnte *Gazeta Wyborcza* bezeichnete das *Program Powszechnej Prywatyzacji (PPP)* spöttisch als den »am längsten diskutierten Privatisierungsplan der Welt«.[13] Noch im Februar 1996 fand auf Initiative des abgewählten Staatspräsidenten Lech Wałęsa, der kurz zuvor seinem postkommunistischen Herausforderer Aleksander Kwaśniewski unterlegen war, ein Referendum über Grundsatzfragen der Privatisierungspolitik statt – dieses blieb allerdings wegen widersprüchlicher Fragen und einer niedrigen Abstimmungsbeteiligung von nur 32,4 Prozent ohne nennenswerte Auswirkungen.[14] Den Übergang zur Phase der »reifen Privatisierung« datieren Bałtowski und Kozarzew-

11 Siehe W[ojciech] Z[ałuska]: Kup pan hutę, in: Gazeta Wyborcza, Nr. 260 vom 8.11.1990, S. 3; Polska Kronika Filmowa, Nr. 50/1990 vom 12.12.1990, https://ninateka.pl/vod/kronika-filmowa/polska-kronika-filmowa-nr-50-1990/ (Zugriff am 30.3.2022); vgl. Bałtowski/Kozarzewski: Zmiana własnościowa polskiej gospodarki, S. 180 f.

12 Vgl. Bałtowski/Kozarzewski: Zmiana własnościowa polskiej gospodarki, S. 160, 175.

13 Artur Morka [u. a.]: Weź udział. Dziś rusza Program Powszechnej Prywatyzacji, in: Gazeta Wyborcza, Nr. 271 vom 22.11.1995.

14 Vgl. Bałtowski/Kozarzewski: Zmiana własnościowa polskiej gospodarki, S. 187 f.

ski erst auf das Inkrafttreten eines grundlegend überarbeiteten Privatisierungsgesetzes zu Beginn des Jahres 1997[15] – also ganze sieben Jahre nach der Implementierung des Balcerowicz-Plans. Dieser Zeitraum war ungefähr vergleichbar mit jenen acht Jahren, welche die marktliberale Schocktherapie von dem egalitaristischen und kollektivistischen Selbstverwaltungsprogramm der Solidarność von 1981 trennten. So besehen, spricht manches dafür, nicht den abrupten »Sprung in den Markt« als eigentliches Kennzeichen des polnischen Wegs in den Kapitalismus zu betrachten, sondern vielmehr dessen langwierigen und immer wieder politisch umkämpften Charakter.

Für ein historisches Verständnis der Transformationszeit ist freilich wenig gewonnen, wenn man diese Verzögerungen schlicht als mangelnde »Performanz« im Rattenrennen um das beste Transformations-Ranking disqualifiziert, wie es in der zeitgenössischen Selbstdarstellung und Außenwahrnehmung allzu oft geschah.[16] Vielmehr gilt es, dem gesellschaftlichen und politischen Aushandlungsbedarf, der in diesen ausgiebigen Debatten und den damit verbundenen Konfliktdynamiken zum Ausdruck kommt, auf den Grund zu gehen. Dass Polen zwar bei der Privatisierung der Staatsbetriebe seinen Nachbarn lange hinterherhinkte, *summa summarum* aber auf eine nach ökonomischen Kennziffern außergewöhnlich erfolgreiche volkswirtschaftliche Transformation zurückblicken kann, deutet darauf hin, dass die vergleichsweise zögerliche Privatisierungspolitik zumindest nicht allzu sehr geschadet hat.[17] Womöglich war sie dem für eine nachhaltige wirtschaftliche Entwicklung unabdingbaren Aufbau verlässlicher politischer und wirtschaftlicher Institutionen sogar eher zuträglich? Betrachtet man die polnischen Privatisierungsdebatten vor dem Hintergrund der sozialen Exklusionen und politischen Verhärtungen der Transformationszeit und vergleicht man sie mit der Oligarchisierung der

15 Vgl. ebd., S. 189 f.

16 Siehe exemplarisch die ab 1994 jährlich publizierten Transition Reports der Europäischen Bank für Wiederaufbau und Entwicklung, abrufbar unter https://www.ebrd.com/publications/transition-report-archive; vgl. kritisch Ther: Die neue Ordnung, S. 122–124.

17 Vgl. Piątkowski: Europe's Growth Champion.

Wirtschaft in benachbarten postsozialistischen Transformationsgesellschaften, dann war es vielleicht schon der wichtigste Erfolg, dass in Polen stets öffentlich und leidlich transparent über den Umgang mit dem einstigen Volkseigentum gesprochen und gestritten wurde.

## 1. »Absolute Science-Fiction«: Ausgangspositionen der polnischen Privatisierungsdebatte

Im Gegensatz zum Leitbild des Marktes als wirtschaftlicher und gesellschaftlicher Koordinierungsinstanz, das im Laufe der 1980er-Jahre sowohl unter polnischen Wirtschaftsexperten als auch in der breiten Gesellschaft zunehmend positive Resonanz fand, hatte das Problem des »vergesellschafteten« Eigentums an den Produktionsmitteln selbst unter Fachleuten lange vergleichsweise wenig Beachtung gefunden. Die wirtschaftswissenschaftliche Debatte kreiste weniger um das Eigentum als solches, geschweige denn um eine etwaige Privatisierung der staatseigenen Fabriken, sondern primär um die Frage, wie die Staatsbetriebe aus der Kuratel der zentralstaatlichen Wirtschaftsbürokratie befreit und im Einklang mit den zu etablierenden Marktmechanismen gemanagt werden könnten.[18] So liefen etwa die von Leszek Balcerowicz 1986 veröffentlichten abstrakt-theoretischen »Überlegungen zum Konzept des Eigentums« im Wesentlichen auf das Modell eines »sozialistischen Kapitalmarkts« hinaus, der nur für institutionelle (staatliche) Akteure zugänglich wäre und eine Optimierung der unternehmerischen Steuerung durch ein Ineinandergreifen von Arbeiterselbstverwaltung und effizienzorientiertem Management bewirken sollte.[19]

Interessanterweise zeigten auch diejenigen Vordenker des polnischen Wirtschaftsliberalismus, die wie Mirosław Dzielski ein geradezu enthu-

18 Vgl. Tymiński: From Soviet-Type Ownership.

19 Leszek Balcerowicz: Remarks on the Concept of Ownership, in: Oeconomica Polona 14 (1987) 1, S. 75–95, hier S. 88 (poln. Erstveröffentlichung: Uwagi o pojęciu własności, in: Studia Filozoficzne, 1986, Nr. 4).

siastisches Verhältnis zum »individuellen und verstreuten Privateigentum« pflegten und die Eigentumsstruktur als politische »Schlüsselfrage« betrachteten,[20] wenig Interesse an konkreten Überlegungen für eine großangelegte Privatisierung des Staatseigentums. Zwar sprach sich Dzielskis Krakauer Gewerbeverein Ende 1987 in einem öffentlich verbreiteten Positionspapier explizit für eine vollständige Privatisierung der Wirtschaft in Form »eines schrittweisen Verkaufs der gesamten in staatlichem Besitz befindlichen Industrie in private Hände« aus.[21] Dzielskis romantisierendes Idealbild des privaten Einzelunternehmers erwies sich für eine konstruktive Übertragung seines Eigentumskonzepts auf die staatlichen Großbetriebe jedoch als eher hinderlich. Da er Unternehmertum in erster Linie als »geistiges« und moralphilosophisches Phänomen betrachtete und jede Form von bürokratischem »Konstruktivismus« auf gesamtgesellschaftlicher Ebene ablehnte, richtete er seine Hoffnung vorrangig auf die dynamische Expansion des kleingewerblich profilierten Privatsektors. Ansonsten vertraute Dzielski darauf, dass der von ihm beschworene »Geist« der *entreprenerzy* früher oder später auch in der degenerierten Staatswirtschaft einen spontan verlaufenden Eigentumswandel anstoßen würde. Dabei wusste er sich im Einklang mit der verbreiteten Akzeptanz informeller wirtschaftlicher Praktiken auf grauen und schwarzen Märkten, die eine individuelle »Privatisierung« von Bestandteilen des Staatseigentums durch die Hintertür geradezu alltäglich erscheinen ließ.[22] Ein systematisches Herangehen an die Umstrukturierung der polnischen Wirtschaft schien aus dieser Perspektive entbehrlich, was sich nicht zuletzt in Dziel-

20 Siehe Gospodarcza racja stanu. Z dr. Mirosławem Dzielskim, filozofem, prezesem Krakowskiego Towarzystwa Przemysłowego, rozmawia Andrzej Goszczyński, in: Polityka, Nr. 4 vom 28.1.1989, S. 4, Nachdruck in: Dzielski: Odrodzenie ducha, S. 509–514, hier S. 512.

21 Opinia Krakowskiego Towarzystwa Przemysłowego na temat Programu Realizacyjnego Drugiego Etapu Reformy Gospodarczej, in: Ład, Nr. 29 vom 6.12.1987, S. 10f., Nachdruck in: Dzielski: Odrodzenie ducha, S. 810–819, hier S. 818.

22 Siehe Lesław A. Paga: Prywatyzacja – koncepcje czwartego podejścia do reformy gospodarczej, in: Zeszyty Naukowe KUL 30 (1987), H. 2(118), S. 41–49, hier S. 42f.

skis erheblicher Skepsis gegenüber etwaiger Unterstützung seitens des Internationalen Währungsfonds und der Weltbank niederschlug.[23]

Am entgegengesetzten Ende des wirtschaftsliberalen Spektrums positionierten sich streng neoklassisch denkende Wirtschaftswissenschaftler wie Leszek Balcerowicz, deren Reformkonzepte bevorzugt auf makroökonomischer Ebene ansetzten. Diese neigten dazu, der Freigabe der regulierten Preise in Verbindung mit geld- und fiskalpolitischer Austerität eine so durchschlagende transformatorische Wirkung zuzuschreiben, dass die Umgestaltung der Eigentumsverhältnisse auf Unternehmensebene gleichsam von selbst folgen würde. Dabei arbeiteten sie sich nicht zuletzt an dem auch in Polen aufmerksam rezipierten Konzept der »soft budget constraints« des ungarischen Ökonomen János Kornai ab, das die geringe finanzielle Disziplin problematisierte, in deren Rahmen staatseigene Betriebe in sozialistischen Planwirtschaften agierten. Während Kornai die enge Verbindung zwischen ökonomischen Rahmenbedingungen und institutionellen Faktoren betonte und daraus ableitete, dass zur Überwindung der systembedingten Mangelwirtschaft die Privatisierung der Staatsbetriebe zwingend notwendig sei, setzte der an der London School of Economics lehrende Stanisław Gomułka ihm eine rein gleichgewichtstheoretisch argumentierende Position entgegen. Gomułka zufolge reichten die Liberalisierung der Preise und eine strenge Fiskalpolitik aus, um selbst in einer »Leyland-type economy«, einer Volkswirtschaft, die von staatseigenen Unternehmen wie dem britischen Lkw-Hersteller der 1970er-Jahre dominiert sei, eine Koordinierung über den Marktmechanismus sicherzustellen.[24] Die von institutionellen Faktoren abstrahierende Auffassung Gomułkas wurde ab Mitte der 1980er-Jahre von der Gruppe junger Warschauer Ökonomen um Balcerowicz aufgegriffen, die 1989 unter dessen Führung in wirtschaftspolitische Schlüssel-

23 Vgl. Plichta: Wolność i polityka, S. 237f.

24 Siehe Stanisław Gomułka: Kornai's Soft Budget Constraint and the Shortage Phenomenon. A Criticism and Restatement, in: Economics of Planning 19 (1985) 1, S. 1–11, Nachdruck in: Kowalik (Hg.): Stanisław Gomułka i transformacja polska, S. 963–976; sowie den Briefwechsel zwischen Kornai und Gomułka, ebd., S. 264–273.

positionen aufstieg.[25] Auf diesem Wege wurde sie zu einem der intellektuellen Ausgangspunkte für deren technokratische Herangehensweise an die wirtschaftliche Transformation, die das Hauptaugenmerk auf schnell umsetzbare fiskalische und geldpolitische Maßnahmen richtete, dem institutionell weitaus aufwendigeren Privatisierungsprozess dagegen eher zweitrangige Bedeutung zumaß.

Diese Prioritätensetzung zugunsten einer radikalen makroökonomischen Rosskur bedeutete freilich nicht, dass Balcerowicz und seine Mitstreiter der Privatisierung skeptisch gegenüberstanden – im Gegenteil: Balcerowiczs Vertrauter Stefan Kawalec gehörte sogar zu den Ersten, die in Polen ein Konzept für eine weitreichende Privatisierung der staatseigenen Wirtschaft skizzierten. Als der damals 35-Jährige dieses Konzept im November 1988 auf einer von ihm selbst organisierten wissenschaftlichen Konferenz an der Warschauer Hochschule für Planung und Statistik (SGPiS) vorstellte, erschienen solche Ideen, wie er selbst in der Rückschau zugestand, noch wie »absolute Science-Fiction«.[26] Dennoch nahmen Kawalec' Überlegungen bereits die Grundannahmen der Privatisierungspolitik der Mazowiecki-Regierung vorweg: Er orientierte sich an den Privatisierungsprogrammen von Margaret Thatcher in Großbritannien und legte großen Wert auf eine solide Vorbereitung und Durchführung jeder einzelnen Privatisierung. Zunächst sollten nur ausgewählte, profitable Staatsunternehmen privatisiert werden; deren Aktien sollten an möglichst breite Schichten der Bevölkerung verkauft werden, um Kaufkraftüberhänge abzuschöpfen und dringend benötigte Einnahmen für den Staatshaushalt zu generieren. Da es in Polen anders als in Großbritannien nicht um die Privatisierung einer begrenzten Zahl von staatseigenen Unternehmen ging, sondern um 7000–8000 Staatsbetriebe,[27] lag es

25 Siehe Stanisław Gomułka o sobie, ekonomii, gospodarce. Pyta Tadeusz Kowalik, in: Kowalik (Hg.): Stanisław Gomułka i transformacja polska, S. 21–138, hier S. 99f.

26 Rozmowa ze Stefanem Kawalcem, in: Gomułka/Kowalik (Hg.): Transformacja polska. Dokumenty i analizy 1990, S. 90–126, hier S. 92f.

27 Die Zahlen variieren, da die Abgrenzung von Unternehmen bei mehreren Betriebsteilen unterschiedlich ausgelegt werden kann. Das polnische Statistikamt gab für 1990 die Zahl von 8453 Staatsbetrieben an. Vgl. Leyk/Wawrzyniak: Cięcia, S. 455.

auf der Hand, dass ein solches Vorgehen beträchtliche Zeit in Anspruch nehmen würde. Kawalec rechnete mit einem Zeitraum von »15 bis 25 Jahren«, in dem »mindestens zwei Drittel« des Kapitals der Staatsbetriebe in private Hände übergegangen sein sollten.[28] Damit kam sein Ansatz wiederum den Vorstellungen János Kornais sehr nahe, der nach 1989 vor einem überstürzten Verkauf staatseigener Fabriken (insbesondere an ausländische Investoren) warnte und eine »organische« Privatisierungspolitik mit einem längeren Nebeneinander von Staats- und Privatsektor favorisierte.[29] Wie Kawalec später nicht ohne Genugtuung bemerkte, entsprach seine Prognose von 1988 relativ genau dem faktischen Verlauf der polnischen Privatisierung, die 20 Jahre nach ihrem Beginn tatsächlich ungefähr zwei Drittel des vormaligen Staatseigentums erfasst hatte.[30]

Vergleichsweise großes Interesse an der Transformation der Eigentumsstrukturen zeigten insbesondere diejenigen oppositionsnahen Ökonomen, die sich in der ersten Hälfte der 1980er-Jahre für eine Stärkung der Arbeiterselbstverwaltung eingesetzt hatten, sich später aber schrittweise wirtschaftsliberalen Ideen zuwandten. Sie setzten an den seit der Wirtschaftsreform von 1981 formal bestehenden Mitspracherechten der Belegschaften auf Betriebsebene an und sahen die Privatisierung der Staatswirtschaft als Chance zur Institutionalisierung und Ausweitung dieser Rechte. Als Begünstigte hatten sie folglich zunächst die Arbeitnehmer der fraglichen Betriebe im Blick.[31] So machte sich der Lubliner Wirtschaftswissenschaftler Lesław Paga auf dem aufsehenerregenden Symposium zu privatem Unternehmertum in Kazimierz Dolny im April 1987 dafür stark, die Beschäftigten mithilfe eines »Investivlohns« am Betriebskapital zu beteiligen, wobei er sich auf die katholische Soziallehre

28 Stefan Kawalec: Zarys programu prywatyzacji polskiej gospodarki, in: Propozycje przekształceń polskiej gospodarki (Zeszyty Naukowe, Polskie Towarzystwo Ekonomiczne, Oddział Warszawski), Warszawa 1989, S. 29–60, engl. Übers.: Privatisation of the Polish Economy, in: Communist Economies 1 (1989) 3, S. 241–256, hier S. 248.

29 Siehe Kornai: The Road to a Free Economy, S. 93, 101.

30 Siehe Rozmowa ze Stefanem Kawalcem, S. 95.

31 Vgl. Bałtowski/Kozarzewski: Zmiana własnościowa polskiej gospodarki, S. 91–93.

sowie US-amerikanische Vorbilder berief.[32] In der Folgezeit entwickelte er die Idee des Arbeitnehmer-Eigentums *(własność pracownicza)* weiter und griff dabei unter anderem das amerikanische Modell des *Employee Stock Ownership Plan* (ESOP) auf.[33] Auch partei- und regierungsnahe Wirtschafts- und Sozialwissenschaftler, die mit der Idee der Arbeiterselbstverwaltung sympathisierten und nach Ansätzen suchten, um deren bis dahin recht begrenzte Handlungsspielräume zu erweitern, wandten sich ab 1987 vorsichtig ähnlichen Modellen zu. In Abgrenzung von den managementorientierten Reformen der Regierung Rakowski machte sich im April 1989 sogar die von Władysław Baka geleitete Kommission für sozioökonomische Politik des PZPR-Zentralkomitees das Konzept des »Arbeitnehmer-Aktionariats« offiziell zu eigen und drängte auf dessen schnelle Umsetzung.[34]

Die Danziger Liberalen Janusz Lewandowski und Jan Szomburg, die anfangs ähnliche Vorstellungen hegten, sahen die Belegschaftsbeteiligung inzwischen eher als Hindernis für grundlegende Umstrukturierungen und veränderte Ressourcenallokation. Zudem wollten sie sich mit der von Kawalec einkalkulierten jahrelangen Übergangsphase bei der Privatisierung nicht abfinden. In ihrem Beitrag zu der von Kawalec organisierten Warschauer Konferenz im November 1988 gingen sie einen entscheidenden Schritt weiter: Sie schlugen vor, Berechtigungsscheine für Anteile

32 Paga: Prywatyzacja – koncepcje czwartego podejścia do reformy gospodarczej. – Zu dem Symposium in Kazimierz siehe oben Kapitel IV.3.

33 Siehe Lesław A. Paga: Głos »thatcherysty wschodniego«, in: Polityka, Nr. 51 vom 17.12.1988, S. 4. – Im Herbst 1989 verabschiedete Paga sich jedoch rasch von diesen Konzepten und bereitete als Mitarbeiter des Regierungsbeauftragten Krzysztof Lis die Einführung des Wertpapiermarktes vor. Siehe Rozmowa ze Stefanem Kawalcem, S. 98f.

34 Siehe Marian Guzek: Własność niczyja. Czy samorządy mogą uzdrowić gospodarkę?, in: Polityka, Nr. 24 vom 13.6.1987, S. 4; Samorządność pracownicza trwałą orientacją. Stanowisko Komisji Polityki Społeczno-Ekonomicznej KC PZPR, 19.4.1989, in: Życie Gospodarcze, Nr. 19 vom 7.5.1989, S. 9; sowie den im Auftrag von Rakowskis Vizepremier Janusz Patorski erarbeiteten Raport o własności i potrzebie uwłaszczenia w PRL. Oprac. Henryk Kliszko, Mai–Juni 1989, AAN, URM, 89/38, Bl. 19–147, hier Bl. 89–104. – Vgl. zum politischen Hintergrund der Positionierung der ZK-Kommission Przeperski: Jak sterować reformami?

an den Staatsbetrieben nicht nur an deren Belegschaften auszugeben, sondern an die gesamte erwachsene Bevölkerung – und zwar unentgeltlich. Damit erweiterten sie die kursierenden Vorschläge zur *uwłaszczenie* (»Eigentumsübertragung«) der Arbeitnehmer erstmals auf die ganze Gesellschaft. Ihre Idee, die zur Blaupause für die von Václav Klaus in der Tschechoslowakei umgesetzte Coupon-Privatisierung sowie für ähnliche Privatisierungsmodelle in Russland wurde,[35] sollte eine weitaus schnellere Privatisierung ermöglichen, als dies bei einem entgeltlichen Verkauf von Unternehmensanteilen möglich wäre. Damit zielten Lewandowski und Szomburg explizit darauf, den Wandel der Eigentumsstrukturen in der Wirtschaft zu einem dynamisierenden Instrument des politisch-gesellschaftlichen Wandels zu machen: Ihr radikales Privatisierungsprogramm sollte als »ökonomische Euthanasie« für das »kranke Gewebe der staatseigenen Wirtschaft« wirken und die Bevölkerung mittels Zuckerbrot und Peitsche zur Akzeptanz »ökonomischer Imperative« anhalten. Zugleich warben sie unter Bezugnahme auf alte Solidarność-Forderungen damit, dass es sich im Grunde um eine reale »Vergesellschaftung« des staatlichen Eigentums handle. Die Eigentumstitel würden ja nur denjenigen tatsächlich übertragen, die kraft der volksrepublikanischen Verfassung ohnehin schon deren nominelle Eigentümer seien.[36]

Mit diesen Konzeptionen eines schrittweisen Verkaufs von Aktien der Staatsbetriebe »gegen echtes Geld« (Kawalec),[37] einer durch Übertragung formalisierter Eigentumsrechte konkretisierten Belegschaftsbeteiligung (Paga) sowie der Idee einer unentgeltlichen Coupon- bzw. Voucher-Privatisierung (Lewandowski/Szomburg) waren am Vorabend des politischen Systemwechsels bereits die wesentlichen Positionen benannt, um die in den polnischen Debatten um die Privatisierung nach 1989 ge-

35 Vgl. zu Tschechien Schäffler: Die Privatisierung der anderen, S. 310–329.

36 Janusz Lewandowski/Jan Szomburg: Uwłaszczenie jako fundament reformy społeczno-gospodarczej – zarys programu, in: Propozycje przekształceń polskiej gospodarki, S. 61–84, engl. Übers.: Property Reform as Basis for Social and Economic Reform, in: Communist Economies 1 (1989) 3, S. 257–268, hier S. 261–264. – Siehe oben Kapitel IV.3.

37 Rozmowa ze Stefanem Kawalcem, S. 96.

rungen wurde. Auch wenn diese weitreichenden Privatisierungsansätze aus halboffiziellen, durch eine gewisse Nähe zur Opposition geprägten wissenschaftlichen Zirkeln stammten, wurde spätestens 1988 auch in offiziellen Mainstream-Medien durchaus ernsthaft über »Probleme mit dem Eigentum« diskutiert – die Wochenzeitschrift *Wprost* hob dieses Thema im Juni 1988 sogar auf ihre Titelseite, und der Journalist Piotr Aleksandrowicz erklärte die »Ansicht, dass das Wesen des Sozialismus im gesellschaftlichen Eigentum an den Produktionsmitteln liegt«, unumwunden für »veraltet«.[38] Dass die Stärkung marktwirtschaftlicher Mechanismen auch mit Veränderungen der Eigentumsstrukturen in der Wirtschaft einhergehen musste, wurde also weithin anerkannt; umstritten blieb allerdings, wie diese konkret aussehen sollten.

Das Erbe der letzten kommunistischen Regierung Rakowski, das die Ausgangslage für die Privatisierungsdebatten nach 1989 bestimmte, war in dieser Hinsicht wenig konsistent. Einerseits ebnete diese mit den sogenannten Wilczek-Gesetzen der raschen Expansion neu gegründeter Privatunternehmen den Weg, andererseits eröffnete sie diverse, eher verschlungene Pfade zur managementorientierten Restrukturierung des Staatssektors.[39] Während Industrieminister Mieczysław Wilczek Leasingmodelle und Kooperationen zwischen Staatsbetrieben und privatwirtschaftlichen Firmen (die sich nicht selten im Eigentum des Managements ebendieser Staatsbetriebe befanden) vorantrieb, brachte Finanzminister Andrzej Wróblewski noch im August 1989 ein weitreichendes Konzept in den Sejm ein, das die Umwandlung fast aller Staatsbetriebe in kommerzielle Unternehmen und deren Management durch kapitalmarktorientierte Investmentfonds vorsah. Diese Konzeption erinnerte an frühere Vorschläge zur Etablierung eines sozialistischen Quasi-Kapitalmarkts,

38 Siehe das Titelthema in Wprost, Nr. 24 vom 12.6.1988; Piotr Aleksandrowicz: Karuzela własnościowa, in: Wprost, Nr. 29 vom 17.7.1988, S. 9–13, hier S. 12.

39 Als Resümee der unentschiedenen, am »Recht zum Experiment« orientierten Privatisierungspolitik der Rakowski-Regierung siehe die Schlussfolgerungen einer nicht näher benannten »Expertengruppe« vom 26. August 1989 zu dem im Regierungsauftrag erarbeiteten Raport o własności i potrzebie uwłaszczenia w PRL: AAN, URM, 89/38, Bl. 6–9.

die bereits 1987 von Marcin Święcicki formuliert worden waren;[40] sie basierte jedoch auf einer Expertise von Stanisław Gomułka, die explizit auf eine graduelle Privatisierung der Unternehmen abzielte und in gewisser Hinsicht Gomułkas Überlegungen zu einer »Leyland-type economy« als ökonomisch tragfähiger Übergangsphase zu einer durch Privateigentum dominierten Marktwirtschaft entsprach.[41] Auch Tadeusz Mazowieckis Wirtschaftsberater Waldemar Kuczyński äußerte im Spätsommer 1989 in einem Streitgespräch mit Stefan Kawalec deutliche Sympathien für ein solches evolutionäres Modell. Selbst wenn man die überlegene ökonomische Effizienz privater Unternehmen anerkenne, folge daraus nicht, »dass man sofort eine totale Privatisierung machen muss«.[42]

Die unentschiedenen und intransparenten Privatisierungsansätze der Rakowski-Regierung ließen nach der Regierungsübernahme durch das vormalige Oppositionslager jedoch rasch Rufe nach einem harten Schnitt aufkommen. Die Ende August 1989 unter dem Eindruck der umjubelten Auftritte von Jeffrey Sachs von der Sejm-Fraktion der Solidarność eingesetzte Beksiak-Kommission machte sich dafür stark, zeitgleich mit der makroökonomischen Schocktherapie einen radikalen Startschuss für die Privatisierung zu wagen. Während Sachs selbst der Privatisierungspolitik anfangs eine nachrangige Rolle zuschrieb,[43] sprachen die polni-

40 Siehe Maciej Iwanek/Marcin Święcicki: Handlować kapitałem w socjalizmie, in: Polityka, Nr. 24 vom 13.6.1987, S. 5; Marcin Święcicki: Reforma własnościowa, in: Propozycje przekształceń polskiej gospodarki, S. 17–28.

41 Siehe die Expertise von Stanisław Gomułka: Jak stworzyć rynek kapitałowy w Polsce i jak wykorzystać ten rynek do reformy systemu własności?, 30.8.1989, in: Kowalik (Hg.): Stanisław Gomułka i transformacja polska, Dok. 165, S. 445–451; sowie die Debatte über das Konzept im zuständigen Sejm-Ausschuss: Komisja Systemu Gospodarczego, Przemysłu i Budownictwa (2), Sitzung am 28.8.1989, Biuletyn Kancelaria Sejmu, X. Wahlperiode, Nr. 31, S. 3, 25–38.

42 Siehe Stefan Kawalec/Waldemar Kuczyński: Jak sprzedać gospodarkę? Rozmowa ekonomistów, in: Tygodnik Solidarność, Nr. 14 vom 1.9.1989, S. 4f.

43 »Langfristige Probleme von Strukturreformen wie etwa Privatisierung sind nicht so drängend und können später diskutiert werden.« – Jeffrey Sachs/David Lipton: Zarys proponowanego programu gospodarczego »S«, 28.7.1989, IPN, BU MSW 1585/25339, S. 11.

schen neoliberalen Ökonomen um Janusz Beksiak und Jan Winiecki sich vehement dafür aus, so schnell wie möglich (am besten mit Wirkung zum 1. Januar 1990) alle Staatsbetriebe mit mehr als 250 Mitarbeitern in Aktiengesellschaften umzuwandeln, 20 Prozent der Aktien mit Stimmrecht zu versehen und kostenlos an die Belegschaften zu übertragen. Die weiteren 80 Prozent der Anteile sollten dann vorzugsweise frei am Kapitalmarkt verkauft werden. Alternativ zog die Beksiak-Kommission auch in Betracht, diese Anteile mithilfe von Vorzugskrediten den Beschäftigten anzubieten oder im Falle fehlender Nachfrage notfalls auch unentgeltlich an die Gesamtbevölkerung abzugeben.[44] Das Konzept bestand also aus einer taktisch motivierten Kombination der verschiedenen bis dahin vorgeschlagenen Privatisierungsvarianten. Auf der einen Seite sollte der schnelle Einstieg in die Privatisierung den unter Anhängern der Solidarność-Bewegung populären Wünschen nach Belegschaftsbeteiligung ein Stück weit entgegenkommen und einen raschen Austausch der bisherigen, von der kommunistischen Nomenklatura dominierten Betriebsleitungen ermöglichen. Auf der anderen Seite zielte dieses Vorgehen offenkundig darauf ab, weitergehenden Forderungen nach kollektivem Eigentum oder nach vollständiger Kontrolle der Betriebe durch die Mitarbeiter den Wind aus den Segeln zu nehmen. Die Kommissionsmitglieder äußerten eine klare Präferenz für private Investoren, die als neu geschaffene »Klasse von Kapitalisten« die zentrale Rolle in der Wirtschaft einnehmen sollten.[45]

Die Wirtschaftswissenschaftler im Umfeld von Leszek Balcerowicz, die die Wirtschaftspolitik der neuen Regierung verantworteten, verfolgten diesen Ansatz nicht weiter, weil sie der Beteiligung der Belegschaften am Betriebskapital selbst in dem von Beksiak vorgeschlagenen begrenzten

44 Siehe Janusz Beksiak/Tomasz Gruszecki/Aleksander Jędraszczyk/Jan Winiecki: Zarys programu stabilizacyjnego i zmian systemowych, September 1989, AAN, URM, 89/39, Bl. 35–94, hier Bl. 72–85; engl. Übers.: Outline of a Programme for Stabilisation and Systemic Changes, in: The Polish Transformation. Programme and Progress, London: Centre for Research into Communist Economies 1990, S. 19–59.
45 Siehe Beksiak/Winiecki: A Comparative Analysis of Our Programme, S. 13.

Umfang mehrheitlich skeptisch gegenüberstanden.[46] Sie waren von der ökonomischen Rationalität ihrer Position so überzeugt, dass sie politische Zugeständnisse an die Partizipationsansprüche relevanter Teile der politischen Basis der neuen Regierung nicht für nötig erachteten. Die Eskalation der Inflationsspirale bestärkte Balcerowicz zusätzlich darin, der makroökonomischen Stabilisierung oberste Priorität einzuräumen und die Privatisierung im Einklang mit den Ansichten des nunmehr als »strategischer Berater« tätigen Stanisław Gomułka erst zu einem späteren Zeitpunkt in Angriff zu nehmen. Entsprechend orientierte sich die Regierung Mazowiecki bei ihrer Privatisierungsstrategie an der Position von Stefan Kawalec, die Gründlichkeit vor Schnelligkeit präferierte und jegliche Mischformen von kollektivem und privatem Eigentum ablehnte. Zwar übernahm Kawalec aufgrund anderer drängender Aufgaben nicht selbst das neu geschaffene Amt des »Regierungsbevollmächtigten für die Eigentumsumgestaltung«; dessen Besetzung mit dem Unternehmensberater Krzysztof Lis bot aber hinreichend Gewähr dafür, dass die von Kawalec vorgezeichnete Strategie der selektiven Privatisierung von profitablen Staatsbetrieben durch Verkauf von Aktien stringent verfolgt werden würde.[47] Lis machte sich im Herbst 1989 daran, die gesetzlichen Grundlagen für eine Privatisierung über den Kapitalmarkt *(prywatyzacja kapitałowa)* nach britischem Vorbild zu erarbeiten. Da die institutionellen Voraussetzungen für ein technisch so anspruchsvolles Unterfangen im postsozialistischen Polen weitgehend fehlten, waren von einer solchen Herangehensweise freilich keine schnellen Ergebnisse zu erwarten. Es brauchte eben seine Zeit, um aus abstrakter »Science-Fiction« konkrete Politik zu machen.

46 Unter den engsten Mitarbeitern Balcerowiczs trat einzig dessen Stellvertreter Marek Dąbrowski, der sich zuvor wissenschaftlich mit der Arbeiterselbstverwaltung befasst hatte, für eine stärkere Belegschaftsbeteiligung ein. Siehe Rozmowa ze Stefanem Kawalcem, S. 99f.; Dąbrowski: Reforma, rynek, samorząd, insbes. S. 102–105.

47 Siehe Rozmowa ze Stefanem Kawalcem, S. 95f.

## 2. Vom umstrittenen Privatisierungsgesetz zur verzögerten Massenprivatisierung

Derweil drängte die Zeit, denn die politischen Debatten um die Privatisierung der Staatsbetriebe standen von Anfang an im Spannungsfeld zwischen ökonomischen Erwägungen und moralisch untermauerten Ansprüchen auf Mitsprache und historische Gerechtigkeit. Angeheizt wurde die Stimmung insbesondere durch die immer lauter werdende öffentliche Skandalisierung der intransparenten und in vielen Fällen parasitären Verlagerung von Betriebsteilen staatseigener Unternehmen in Privatfirmen. Diese durch Gesetzesänderungen der Regierung Rakowski ermöglichten Praktiken erweckten den Eindruck einer schamlosen Bereicherung von Teilen der bisherigen Eliten und liefen dem Gerechtigkeitsgefühl weiter Teile der Bevölkerung eklatant zuwider.[48] Als Reaktion darauf hatte eine Gruppe frisch gewählter Sejm-Abgeordneter um den Warschauer Solidarność-Aktivisten Jerzy Dyner schon im August 1989, also noch vor der Konstituierung der Regierung Mazowiecki, den Entwurf eines »Gesetzes zum Schutz des gesamtnationalen Eigentums im Zuge der Eigentumsumgestaltung« erarbeitet, das solchen Machenschaften einen Riegel vorschieben sollte.[49] Das Parlament debattierte in den folgenden Monaten wiederholt über diesen und ähnliche Gesetzentwürfe; die Regierung hielt es aber nicht für nötig, diese parlamentarischen Bemühungen zu unterstützen oder in dieser Sache selbst die Initiative zu ergreifen. Anstatt der schleichenden Aneignung von Volkseigentum durch findige Wirtschaftskader des alten Systems energisch entgegenzutreten, warnten Industrieminister Tadeusz Syryjczyk und andere Regierungsvertreter

48 Siehe z. B. Grażyna Gęsicka: Sposób reprywatyzacji, in: Tygodnik Solidarność, Nr. 11 vom 11.8.1989, S. 7; Krajowa Komisja Wykonawcza NSZZ Solidarność: Uchwała o spółkach nomenklaturowych, in: Tygodnik Solidarność, Nr. 14 vom 1.9.1989, S. 2; Uchwała Ogólnopolskiego Sejmiku Samorządu Pracowniczego, 6.10.1989, in: Życie Gospodarcze, Nr. 45 vom 5.11.1989, S. 6. – Siehe oben Kapitel IV.4.

49 Siehe die erste Debatte des Entwurfs in der Komisja Systemu Gospodarczego, Przemysłu i Budownictwa (2), Sitzung am 28.8.1989, Biuletyn Kancelaria Sejmu, X. Wahlperiode, Nr. 31, S. 3–24; vgl. Kozłowski: Appropriation Mechanisms, S. 522–524.

vor den negativen wirtschaftlichen Folgen übermäßiger Regulierung und verwiesen ansonsten schulterzuckend darauf, dass eine über alle Zweifel erhabene Privatisierung der Staatsbetriebe eben sorgfältiger Vorbereitung bedürfe.[50] Entsprechend musste sich die Regierung bei einer Begegnung mit Wirtschaftsvertretern im Januar 1990 vorhalten lassen: »Die Vorsicht der Regierung bei Aktivitäten zur Eigentumsumgestaltung wird als stillschweigende Zustimmung zu eigenmächtigen Aneignungsprozessen empfunden.«[51]

Unmut und Widerstandsgeist regten sich an der Basis der Solidarność und in den Betrieben erst recht, als klar wurde, dass die von Krzysztof Lis favorisierte Variante der Privatisierung die bisherigen Mitwirkungsrechte der Selbstverwaltungsorgane empfindlich beschränken würde.[52] Viele Aktivisten, die sich seit Jahren gegen den hinhaltenden Widerstand der kommunistischen Wirtschaftsbürokratie für mehr Mitbestimmung in ihrem Betrieb eingesetzt hatten, waren naturgemäß wenig angetan davon, dass ausgerechnet die erste aus der demokratischen Oppositionsbewegung hervorgegangene Regierung sich anschickte, ihre bisherigen Bemühungen für eine Demokratisierung der Wirtschaft zu konterkarieren. Aus ihrer Sicht bestand zwischen den Zentralisierungsbestrebungen der Kommunisten und dem technokratischen Vorgehen von Lis und Balcerowicz kein wesentlicher Unterschied, wie Marek Krankowski, der Vorsitzende der im September 1989 konstituierten »Landesweiten Vertretung der Arbeiterselbstverwaltung« (Krajowe Przedstawicielstwo

50 Siehe Minister-Kierownik CUP Jerzy Osiatyński an Ministerpräsident Tadeusz Mazowiecki: Notatka w sprawie patologicznych przekształceń własnościowych i »uwłaszczania nomenklatury«, 3.1.1990, AAN, URM, 89/40, Bl. 2–6; Stellungnahme von Industrieminister Tadeusz Syryjczyk in Sprawozdanie stenograficzne z 22 posiedzenia Sejmu Rzeczypospolitej Polskiej w dniach 22, 23 i 24 lutego 1990 r., Sp. 421 f.; vgl. Dudek: Od Mazowieckiego do Suchockiej, S. 178–186.

51 Wortmeldung von Janisław Muszyński, Direktor der Polonia-Firma »Computex« aus Wrocław und Vorsitzender des Dolnośląskie Towarzystwo Gospodarcze, in: Spotkanie przedstawicieli rządu z Konfederacją Pracodawców Polskich, 19.1.1990, AAN, URM, 101/3, Bl. 208–242, hier Bl. 216 f.

52 Siehe Irena Dryll: Samorząd i spółka, in: Życie Gospodarcze, Nr. 51 vom 17.12.1989, S. 4.

Samorządu Pracowniczego) in einem flammenden Protestschreiben an Ministerpräsident Mazowiecki unterstrich:

> »Die Belegschaften der Staatsbetriebe identifizieren sich voller Hoffnung und Freude mit der von Ihnen angestrebten sozialen Marktwirtschaft und der Chancengleichheit für alle Wirtschaftssektoren. Wir können jedoch nicht tatenlos zusehen, wenn die Überreste der Nomenklatura in der Staatsverwaltung, und allen voran der Regierungsbevollmächtigte für die Eigentumsumgestaltung Krzysztof Lis, aufs Neue versuchen, der Regierung und dem Parlament einzureden, dass der einzige Weg zu einem besseren Polen über die Zentralisierung des Eigentums des Staatsschatzes und die Abschaffung der Selbstständigkeit der Unternehmen führt.«[53]

Für den Fall, dass die Regierung keine Bereitschaft zeigen würde, den Beschäftigten zumindest »Präferenzen beim Kauf von Aktien« einzuräumen, drohte Krankowski mit »einem Zornausbruch der Werktätigen, der unser Vaterland von seinem Weg in ein gemeinsames Europa abbringen kann«.[54]

Der »Verband der Aktivisten der Arbeiterselbstverwaltung« *(Stowarzyszenie Działaczy Samorządu Pracowniczego)*, der sich aus erfahrenen, in der betrieblichen Selbstverwaltung engagierten Solidarność-Mitgliedern rekrutierte, wählte etwas konstruktivere Formulierungen, lehnte es aber ebenfalls »entschieden« ab, den Beschäftigten den »Eigentumswandel von oben aufzuzwingen«, wie Lis dies plane. Stattdessen riefen die Aktivisten die Regierung dazu auf, eine Vision für eine Privatisierung von unten zu entwickeln, die »den uneinheitlichen Grad an Vorbereitung auf die Privatisierung in der Gesellschaft« in Rechnung stelle. Dabei müssten Vorurteile, Denkweisen, differenzierte Eigentumsverhältnisse, Qualifikationen und Erfahrungen berücksichtigt werden, die aus dem unterschiedlichen Zugang zu den Produktionsmitteln sowie aus der Position

53 Schreiben von Marek Krankowski, Vorsitzender des Krajowe Przedstawicielstwo Samorządu Pracowniczego, an Ministerpräsident Tadeusz Mazowiecki, 9.2.1990, AAN, URM, 89/40, Bl. 82.
54 Ebd.

»in der Herrschaftsstruktur und in der gesellschaftlichen Arbeitsteilung« herrührten.[55]

Die auf die Unterstützung der Regierungspolitik festgelegte Führung der Solidarność-Gewerkschaft schloss sich diesen Forderungen zwar nicht an.[56] Sie fanden aber unter den Abgeordneten des Solidarność-Lagers in Sejm und Senat eine Reihe von Unterstützern – schließlich hatte sich eine beträchtliche Zahl von diesen in den Jahren zuvor selbst in der betrieblichen Selbstverwaltung engagiert. Nicht ganz unerheblich für die politische Attraktivität dieser Forderungen war auch, dass sie sich sowohl auf die Vereinbarungen des Runden Tischs als auch auf die katholische Soziallehre und die Sozialenzyklika *Laborem exercens* des polnischen Papstes Johannes Pauls II. berufen konnten. Die Regierung sah sich also einer keinesfalls marginalen Lobby gegenüber, die für eine stärkere Berücksichtigung von Arbeitnehmerinteressen im Privatisierungsprozess eintrat und ankündigte, die »Politik der totalen Privatisierung der Staatsunternehmen zu blockieren«.[57]

Auch wenn sie vor starken Tönen nicht zurückschreckten, waren die Anhänger der Selbstverwaltungsidee alles andere als Populisten oder ewiggestrige Dogmatiker. Hatten sie ursprünglich ein kollektives Eigentum der Belegschaften an »ihren« Betrieben im Sinn gehabt, etwa in Form von Genossenschaften oder selbstverwalteten Betrieben, optierten die meisten von ihnen nun unter dem Einfluss des wirtschaftsliberalen Zeitgeists für die Übertragung individueller Eigentumsanteile an die Arbeitnehmer.[58]

55 Stowarzyszenie Działaczy Samorządu Pracowniczego: Stanowisko w sprawie przekształceń własnościowych w gospodarce, 12.3.1990, AAN, URM, 89/40, Bl. 99–101.

56 Siehe die Stellungnahme von Tomasz Stankiewicz im Namen der Komisja Krajowa NSZZ Solidarność, zit. in: W[ojciech] Z[ałuska]: Z dwóch projektów jeden, in: Gazeta Wyborcza, Nr. 104 vom 7.5.1990, S. 3.

57 So die Abschlusserklärung des »4. Allpolnischen Forums der Belegschafts-Selbstverwaltung«, das vom 6. bis 8. November 1989 in Toruń stattfand, zit. nach Irena Dryll: Forum przyszłych właścicieli(?), in: Życie Gospodarcze, Nr. 47 vom 19.11.1989, S. 3; vgl. auch den weitaus kritischeren Bericht von Marek Sarjusz-Wolski: Samorządowcy kontra liberałowie, in: Przegląd Tygodniowy, Nr. 47 vom 19.11.1989, S. 5.

58 Einen ähnlichen Sinneswandel stellte Gardawski 1991 unter Industriearbeitern fest. Vgl. Gardawski: Robotnicy 1991, S. 87 f., 137–141.

Dabei orientierten sie sich unter anderem an dem zuvor bereits von Lesław Paga zur Diskussion gestellten amerikanischen Modell des *Employee Stock Ownership Plan* (ESOP), eine in den 1950er-Jahren von Louis O. Kelso entwickelte und in dem Bestseller »The Capitalist Manifesto« popularisierte Variante der Belegschaftsbeteiligung, die den Beschäftigten den kreditfinanzierten Erwerb von Aktienanteilen ihres Unternehmens ermöglichte.[59] Die rasche Karriere dieses Modells in der polnischen Privatisierungsdebatte war unter anderem dem für eine amerikanische ESOP-Servicegesellschaft tätigen polnischstämmigen Juristen Krzysztof Ludwiniak zu verdanken, der mit Publikationen, Interviews und Vorträgen aktiv für diese Form der Belegschaftsbeteiligung warb.[60] Dabei profitierte er zweifelsohne von dem Prestige, das allem Amerikanischen im Polen der Transformationszeit zugeschrieben wurde – einer Trumpfkarte, die sonst gern die polnischen Neoliberalen für sich zu nutzen pflegten. Diese wiederum reagierten geradezu allergisch darauf, wenn westliche Institutionen Alternativen zu ihrer reinen Lehre förderten, und sei es in sehr überschaubarem Maßstab: So war sich der Regierungsbevollmächtigte Lis nicht zu schade, bei der britischen Botschaft gegen die Finanzierung eines Modellprojekts zur Einführung von Belegschaftsaktien in einer Warschauer Fernseherfabrik aus Mitteln des British Council zu protestieren.[61]

Dass einzelne Anhänger der klassischen Arbeiterselbstverwaltung ihre Skepsis gegenüber aktienbasierten Beteiligungsmodellen nicht ver-

59 Kelso/Adler: The Capitalist Manifesto.

60 Siehe Stworzyć partnera. Z Krzysztofem Ludwiniakiem, dyrektorem Operacji Międzynarodowych firmy ESOP-Services rozmawia Witold Gadomski, in: Tygodnik Solidarność, Nr. 20 vom 20.10.1989, S. 15; Tomasz Karpiński: Akcjonariat. Kto to kupi?, in: Tygodnik Solidarność, Nr. 23 vom 10.11.1989, S. 23; den von der Wissenschaftlichen Gesellschaft der Katholischen Universität Lublin herausgegebenen Sammelband Ludwiniak (Hg.): Pracownik właścicielem; sowie die wohlwollende Rezension von Stefan Kurowski: Idea własności pracowniczej, in: Tygodnik Solidarność, Nr. 20 vom 20.10.1989, S. 14.

61 Siehe Kowalik: www.polskatransformacja.pl, S. 142; zu dem Modellprojekt Irena Dryll: Akcjonariusz przy taśmie?, in: Życie Gospodarcze, Nr. 52–53 vom 24.–31.12.1989, S. 3.

bargen,[62] war wenig überraschend, zumal einige der lautstärksten Befürworter solche Modelle ausdrücklich als grundlegende Abkehr von der Idee der Selbstverwaltung bewarben.[63] Bei den betroffenen Arbeitnehmern stießen derartige Vorschläge hingegen auf Zustimmung. In einer Umfrage in der Lautsprecherfabrik Tonsil im großpolnischen Września (Wreschen) sprachen sich im Herbst 1989 78 Prozent der Beschäftigten für das Modell eines »Mitarbeiter-Aktien-Unternehmens« *(przedsiębiorstwo akcyjno-pracownicze)* und damit gegen andere Varianten des Belegschafts- oder Privateigentums aus.[64] Eine repräsentative Umfrage des regierungseigenen Meinungsforschungsinstituts CBOS unter Beschäftigten des »vergesellschafteten Sektors« ergab im April 1990, dass 55 Prozent von diesen bei der Privatisierung ihres Betriebs eine Aktienmehrheit der Beschäftigten befürworteten, während alle anderen Eigentumsmodelle, insbesondere der Verkauf an ausländisches Kapital, mehrheitlich auf Ablehnung stießen. Der harte Kern von überzeugten Befürwortern der Privatisierung umfasste derselben Befragung zufolge etwas mehr als ein Drittel der Beschäftigten (36–37 Prozent), wobei dieser Anteil bei Jüngeren und besser Gebildeten sowie unter Solidarność-Mitgliedern deutlich höher lag. Die 50-Prozent-Marke überstieg er jedoch einzig unter Hochschulabsolventen.[65]

Den Wirtschaftspolitikern der Mazowiecki-Regierung war diese Stimmungslage durchaus bekannt; sie nahmen sie allerdings nicht zum Anlass, ihre politische Linie zu korrigieren. Der im Februar 1990 von Krzysztof Lis vorgelegte Entwurf für das Privatisierungsgesetz (laut Presseberichten

62 So Szymon Jakubowicz: Republika w spółkach, in: Życie Gospodarcze, Nr. 52–53 vom 24.–31.12.1989, S. 4.

63 Zu diesen gehörte Rafał Krawczyk, der die Schaffung eines weitreichenden »Arbeitnehmer-Aktionariats« durch nichtäquivalente Übertragung von Aktien an die Belegschaften vorschlug. In einer von der konservativen US-amerikanischen Heritage Foundation finanzierten Schrift pries er dieses Modell als direkten Weg vom Sozialismus in den Kapitalismus an, wohingegen er das ESOP-Modell als unzureichend ablehnte. Siehe Krawczyk: Wielka przemiana, S. 127–177.

64 Andrzej Frąckowiak (Vorsitzender der Rada Pracownicza ZWG »Tonsil«): Zmiany własnościowe, ale jakie, in: Życie Gospodarcze, Nr. 45 vom 5.11.1989, S. 6.

65 CBOS: Stosunek do prywatyzacji. Komunikat z badań, April 1990, S. 5f., 12, Tab. 7, https://cbos.pl/PL/publikacje/raporty/open_file.php?url=1990/K_044_90.PDF (Zugriff am 24.3.2022).

handelte es sich um die elfte Version) sah vor, je nach ökonomischer Kondition des fraglichen Betriebs nur 5–20 Prozent der Anteile zu einem Vorzugspreis an die Belegschaften zu verkaufen. Die Regierung hielt es freilich für angebracht, eine »Informationsoffensive« zu starten, um das von ihr forcierte Privatisierungsmodell der Öffentlichkeit als »Angelegenheit der Bürger« und »Chance zur Verbesserung ihres persönlichen Schicksals« schmackhaft zu machen.[66] Angesichts der Attraktivität des konkurrierenden »Arbeitnehmer-Aktionariats« bemühte sich Lis nach Kräften, dieses Konzept zu diskreditieren, und schreckte dabei auch vor ausgesprochen demagogischen Argumenten nicht zurück. Während das von ihm selbst vertretene »professionelle« Privatisierungsmodell bereits in 83 Ländern erprobt sei, komme jede Form von kollektivem Eigentum einem »dritten Weg« und damit einer Fortsetzung der gescheiterten Experimente der letzten 45 Jahre gleich[67] – als ob nicht gerade die dogmatische Blockade jedweder Experimente in der Eigentumsfrage typisch für die sozialistische Wirtschaftsordnung gewesen wäre. Außerdem bewarb Lis sein Konzept mit dem Etikett des »Bürger-Aktionariats« *(akcjonariat obywatelski)* und pries es als Akt historischer Gerechtigkeit, obwohl offenkundig war, dass es keine breite Streuung der Eigentumsanteile ermöglichte (wie sie etwa Janusz Lewandowski und Jan Szomburg anstrebten), sondern vorzugsweise kapitalkräftige Bürger als künftige Aktionäre adressierte.[68]

In seiner Aversion gegen »diese verschiedenen Firmen, die sich pluralistisch, auf eigene Faust umgestalten wollen,« und seiner uneingeschränkten Bewunderung für professionelle »Consulting-Firmen, Banken, Broker-Firmen, kurzum [...] Superexperten«[69] war sich Lis ausgerechnet

66 Zespół Analiz i Promocji URM (M. Jaśkiewicz): Notatka nt. opinii społecznych o gospodarce w kwietniu 1990 r., AAN, URM, 89/40, Bl. 72–75, hier Bl. 75.

67 So Krzysztof Lis bei einem Auftritt im Wirtschaftsausschuss des Senats, siehe Wojciech Załuska/PA: Jak się sprywatyzować, in: Gazeta Wyborcza, Nr. 29 vom 3./4.2.1990, S. 4.

68 Siehe Kompleks ESOP-a. Rozmowa z Krzysztofem Lisem, pełnomocnikiem rządu do spraw przekształceń własnościowych, in: Przegląd Tygodniowy, Nr. 12 vom 25.3.1990; kritisch dazu Szymon Jakubowicz: Dać szansę przedsiębiorczości pracowniczej, in: Gazeta Wyborcza, Nr. 42 vom 19.2.1990, S. 3.

69 Kompleks ESOP-a.

mit jenen Direktoren staatlicher Betriebe einig, die immer schon gegen Mitbestimmung der Belegschaften gewesen waren und sich im Zuge der protokapitalistischen Selbstbereicherung der Nomenklatura als »Manager« neu erfunden hatten. So verkündete der umtriebige Posener Genossenschaftsboss und Vorsitzende der »Allpolnischen Manager-Vereinigung« Wojciech Kornowski, der in den 1980er-Jahren noch in dem nationalkommunistischen »Grunwald«-Verband aktiv gewesen war und sein politisches Glück nach der Auflösung der PZPR mit der Gründung der kurzlebigen »Polnischen Wirtschaftspartei« versuchte: »Entweder haben wir Manager und professionell geleitete Firmen – oder selbstverwaltete [Betriebsleitungen] oder was auch immer für welche. Aber es gibt kein Land, in dem die Selbstverwaltung den Realitätstest bestanden hätte. [...] Die Mitarbeiterräte sind die Bremse jeder Reform.«[70] Ähnlich sahen es Krakauer *biznesmeni*, die sich auf einer Diskussionsveranstaltung im April 1990 für das Regierungskonzept aussprachen: »Die Selbstverwaltungskonzeption ist keine Privatisierung, sondern Kollektivierung.«[71]

Weniger enthusiastisch über den von Lis vorgelegten Gesetzentwurf äußerten sich die Wirtschaftsprofessoren der von Witold Trzeciakowski geleiteten *Rada Ekonomiczna*. Diese störten sich vor allem daran, dass das Konzept das Prinzip der Gleichberechtigung verschiedener Eigentums- und Organisationsformen in der Wirtschaft untergrub und keine hinreichende Gewähr für die öffentliche Kontrolle des Privatisierungsprozesses bot. Es konzentriere zu viele Kompetenzen in der geplanten Privatisierungsagentur, die bestenfalls dem »Anschein parlamentarischer Kontrolle« unterliege. Zudem betonte die Expertenkommission die

70 Spotkanie przedstawicieli rządu z Konfederacją Pracodawców Polskich, 19.1.1990, AAN, URM, 101/3, Bl. 208–242, hier Bl. 219. – Zum zweifelhaften Geschäftsgebaren Kornowskis und seiner Genossenschaft Miriada vgl. Przeperski: Początki uwłaszczenia nomenklatury, S. 121 f.; zu seinen politischen Ambitionen: Izba ... Menedżerów. Z Wojciechem Kornowskim, kandydatem na posła Ogólnopolskiego Stowarzyszenia Menedżerów, rozmawia Krzysztof Grzegrzółka, in: Rondo, Nr. 5 vom 4.6.1989, S. 4; Szansa dla każdego? Rozmowa z prezydentem Rady Naczelnej Polskiej Partii Gospodarczej, inż. Wojciechem Kornowskim, in: Życie Warszawy, Nr. 128 vom 4.6.1990.

71 W[ojciech] Z[ałuska]: Gra o własność, in: Gazeta Wyborcza, Nr. 95 vom 24.4.1990, S. 3.

»ökonomischen und sozialen Vorzüge, die sich aus den verschiedenen bekannten Formen des Miteigentums der Belegschaften am Kapital der Unternehmen ergeben«, und warnte davor, den Wandel der Eigentumsverhältnisse im Konflikt mit den Beschäftigten voranzutreiben.[72] Die Kritik an der von Lis geplanten institutionellen Struktur des Privatisierungsapparats stieß zumindest bei einigen in der Regierung auf offene Ohren: Der Chef des Zentralen Planungsamtes Jerzy Osiatyński protestierte öffentlich gegen den Gesetzentwurf,[73] und in einer stundenlangen Sitzung am 4. März 1990 drängten Ministerpräsident Mazowiecki und sein Berater Kuczyński darauf, die Umsetzung der Privatisierung nicht in die Hände einer nach betriebswirtschaftlichen Kriterien agierenden Agentur, sondern eines eigenständigen »Ministeriums für Eigentumsumgestaltung« zu legen. Sie konnten sich mit ihren Änderungsvorschlägen jedoch nur teilweise gegen den Widerstand des Privatisierungsbevollmächtigten Lis und den Unwillen Balcerowiczs durchsetzen.[74] Erst im weiteren Verlauf des Gesetzgebungsverfahrens fand Lis sich schließlich damit ab, die operative Abwicklung der Privatisierung einem neu zu schaffenden Ministerium zu übertragen.

Nachdem Lis sich in einer von der Sejm-Fraktion des Solidarność-Lagers organisierten Begegnung mit über hundert Vertretern der Selbstverwaltungsbewegung in der Rolle des »Hauptangeklagten« wiederfand und einige Abgeordnete der Regierungsfraktion seine Pläne dezidiert ablehnten,[75] zeichnete sich ab, dass sein Privatisierungskonzept im Parla-

72 Stanowisko Rady Ekonomicznej wobec programu prywatyzacji przedsiębiorstw państwowych, 21.2.1990, AAN, URM-KT, 22/273, Bl. 260–264, hier Bl. 261 f.; auch in: Życie Gospodarcze, Nr. 10 vom 11.3.1990, S. 3.

73 Siehe Dlaczego powiedziałem »nie«? Minister J. Osiatyński wyjaśnia swoje votum separatum na posiedzeniu KERM, in: Życie Gospodarcze, Nr. 10 vom 11.3.1990, S. 4.

74 So sollte der Wegfall der bisherigen Selbstverwaltungsorgane in kommerzialisierten Staatsbetrieben zumindest ansatzweise dadurch kompensiert werden, dass die Arbeitnehmer in den neu geschaffenen Aufsichtsräten mit einem Drittel der Mandate vertreten sein sollten. – Siehe Kuczyński: Solidarność u władzy, S. 40 f. (Eintrag vom 4.3.1990).

75 Spotkanie Rad Pracowniczych [30.1.1990], in: Informator Parlamentarny Obywatelskiego Klubu Parlamentarnego i Komitetów Obywatelskich, Nr. 11 vom 15.2.1990, S. 31–33; vgl. auch Posiedzenie OKP 7 lutego [1990], in: Informator Parlamentarny

ment kein Selbstläufer werden würde. Die Wirtschaftsliberalen in der Regierung versuchten deshalb ganz offensichtlich, auf Szenarien zurückzugreifen, die sich bereits bei der Durchsetzung der makroökonomischen Schocktherapie bewährt hatten. Zum einen boten sie bei der vorbereitenden Plenarsitzung der Solidarność-nahen Parlamentsfraktion im Säulensaal des Sejm, in dem im Spätsommer 1989 Jeffrey Sachs seine Vision eines raschen »Sprungs in den Markt« beworben hatte, abermals neoliberale Gäste aus Amerika auf: Diesmal waren es die polnischstämmigen Wirtschafts- und Juraprofessoren Roman Frydman und Andrzej Rapaczyński aus New York, die sich für eine radikale Variante der von Lewandowski und Szomburg ins Gespräch gebrachten Coupon-Privatisierung starkmachten.[76] Damit verschafften sie Leszek Balcerowicz die dankbare Ausgangsposition, das Lis-Konzept als vergleichsweise gemäßigten, vernünftigen Ansatz zu präsentieren.[77] Zum anderen sorgte die Regierungsmehrheit dafür, dass der Gesetzentwurf nicht im regulären Verfahren beraten wurde, sondern setzte erneut einen Sonderausschuss unter dem Vorsitz des wirtschaftsliberalen Managementprofessors Andrzej Zawiślak ein, der drei Monate vorher bereits das Gesetzespaket des Balcerowicz-Plans im Schnellverfahren durch das Parlament gebracht hatte.

Wenn Balcerowicz und seine Unterstützer gehofft hatten, auf diese Weise größeren öffentlichen Debatten ein weiteres Mal aus dem Weg gehen zu können, hatten sie sich allerdings verkalkuliert: Diesmal tagte der Sonderausschuss nicht wenige Tage, sondern mehr als drei Monate lang.[78] Das lag daran, dass eine Gruppe von 23 Abgeordneten um den Warschauer Selbstverwaltungsaktivisten Andrzej Miłkowski einen Gegenentwurf zum Privatisierungsgesetz einreichte, der im Wesentlichen auf der Idee des »Arbeitnehmer-Aktionariats« basierte. Die Autoren dieses

Obywatelskiego Klubu Parlamentarnego i Komitetów Obywatelskich, Nr. 12 vom 1.3.1990, S. 1–7.

76 Siehe Roman Frydman/Andrzej Rapaczyński: Prywatyzacja w Polsce (nowa propozycja), Juli 1990, AAN, URM, 89/40, Bl. 333–358, Nachdruck in: Gomułka/Kowalik (Hg.): Transformacja polska. Dokumenty i analizy 1990, Dok. 179, S. 812–826.

77 Siehe Rozmowa ze Stefanem Kawalcem, S. 104.

78 Vgl. Dudek: Od Mazowieckiego do Suchockiej, S. 170.

Gesetzentwurfs, der Warschauer Juraprofessor Hubert Izdebski und der polnisch-amerikanische ESOP-Lobbyist Krzysztof Ludwiniak, übertrugen darin das aktienbasierte amerikanische ESOP-Modell auf die polnischen Verhältnisse. Der Erwerb von Aktien durch die Belegschaften sollte (bei Vorliegen gewisser Bedingungen wie einer Zweidrittelmehrheit in einem innerbetrieblichen Votum sowie der Einzahlung von Einlagen in Höhe eines Monatslohns durch zwei Drittel der Beschäftigten) durch indirekte Kredite und Steuerbegünstigungen gefördert werden. Daneben schlugen sie einen Fonds zur Förderung eines »Bürger-Aktionariats« vor, um auch denjenigen, die nicht in einem zu privatisierenden Staatsbetrieb beschäftigt waren (etwa Staatsbediensteten), die Teilhabe an der Privatisierung zu erleichtern und somit den Vorwurf der ungerechtfertigten Bevorzugung der Mitarbeiter profitabler (Industrie-)Betriebe zu entkräften.[79]

Dieses Alternativkonzept beruhte also auf dem Ineinandergreifen verschiedener kapitalmarktbasierter Treuhand- und Finanzinstitutionen und war damit recht weit von den bis dahin in Polen verbreiteten Vorstellungen von Arbeiterselbstverwaltung entfernt. Man könnte auch sagen: Es führte plastisch vor Augen, dass es gar nicht so leicht war, die Idee einer substanziellen Belegschaftsbeteiligung an den bisherigen Staatsbetrieben in die veränderten Rahmenbedingungen der kapitalistischen Ordnung zu überführen – von realem Einfluss der Beschäftigten auf die Leitung »ihrer« Betriebe (auf den es den meisten Selbstverwaltungsaktivisten in erster Linie ankam) ganz zu schweigen. Andrzej Miłkowski, der Initiator des Entwurfs, bekräftigte denn auch energisch, dass es nicht um eine Richtungsentscheidung zwischen Sozialismus und Kapitalismus gehe: »Wir wissen, dass wir uns in Richtung Kapitalismus bewegen müssen.« Das von ihm eingebrachte Konzept strebe jedoch einen »Kapitalismus westeuropäischen Typs« an, während der Regierungsentwurf auf einen »lateinamerikanischen Kapitalismus« hinauslaufe, »in dem eine schmale Oligarchie über die Wirtschaft des Landes entscheidet«. Ob die Umge-

79 Siehe Poselski projekt ustawy o przekształceniach własnościowych przedsiębiorstw państwowych, 6.4.1990, Sejm PRL/RP, X. Wahlperiode, Druk sejmowy Nr. 335 (PRL/RP/10/335).

staltung der Eigentumsordnung in Einklang mit den gesellschaftlichen Erwartungen angegangen werde oder sich über diese hinwegsetze, werde über kurz oder lang auch Einfluss auf die Stabilität der Demokratie in Polen haben.[80]

Erwartungsgemäß lehnten die von der Regierung berufenen Experten das Alternativkonzept brüsk ab: Der Wirtschaftsprofessor Andrzej Koźmiński stufte schon das »Streben nach allgemeiner Streuung des Produktivkapitals unter Arbeitnehmern und einer möglichst großen Zahl von Bürgern« als »Konsequenz sozialistischer und kommunistischer Ideologien in ihren verschiedenen Färbungen« ein.[81] Auch der Präsident des größten Arbeitgeberverbands Andrzej Machalski, ein ehemaliger Aktivist der oppositionellen Untergrundpresse und Mitgründer der Warschauer Wirtschaftsvereinigung, sprach sich in der Anhörung des Sejm-Ausschusses wenig überraschend gegen eine privilegierte Belegschaftsbeteiligung aus. Bezeichnend war allerdings, dass sich auch Tomasz Stankiewicz, der als Vertreter der Solidarność-Gewerkschaft auftrat, von dem arbeitnehmerfreundlichen Konzept distanzierte, obwohl dieses alles andere als revolutionäre Absichten verfolgte. Stankiewicz beteuerte zwar, die Gewerkschaft sei nicht generell gegen Arbeitnehmereigentum; diesem eine dominierende Position in der privatisierten Wirtschaft einzuräumen, bedeute aber »den Anfang eines Systemexperiments mit schwer vorhersehbaren Konsequenzen«.[82] In der Positionierung der Solidarność klang unüberhörbar jene Schizophrenie mit, die Tomasz Mickiewicz bereits einige Monate zuvor zum Ausdruck brachte, als er es forsch zur Aufgabe der Gewerkschaft erklärt hatte, »private Arbeitgeber [zu] kreieren, die ihr als verantwortungsbewusste Gesprächspartner gegenübertreten und denen sie einen Großteil des erwirtschafteten Überschusses abzuhandeln in der

80 Komisja nadzwyczajna do rozpatrzenia projektów ustaw dotyczących zmian systemowych w gospodarce narodowej [3], Sitzung am 4.5.1990, Biuletyn Kancelaria Sejmu, X. Wahlperiode, Nr. 431, S. 2.

81 Ebd., S. 14f.

82 Siehe W[ojciech] Z[ałuska]: Z dwóch projektów jeden, in: Gazeta Wyborcza, Nr. 104 vom 7.5.1990, S. 3.

Lage sein wird«.[83] Der Danziger Liberale und spätere Ministerpräsident Jan Krzysztof Bielecki, einer der Wortführer der Wirtschaftsliberalen in der aus der Solidarność-Bewegung hervorgegangenen Sejm-Fraktion, rief seine Fraktionskollegen schlicht dazu auf, nicht länger von einem »dritten Weg« zwischen Kapitalismus und Sozialismus zu träumen, denn der führe direkt in die »Dritte Welt«.[84]

Nach langem und streckenweise ausgesprochen hitzigem Hin und Her erarbeitete der Sejm-Ausschuss bis Ende Juni 1990 ein modifiziertes Privatisierungsgesetz, das den Regierungsentwurf zur Grundlage nahm, jedoch einige substanzielle Zugeständnisse an die Arbeitnehmer enthielt. Von der Idee des »Arbeitnehmer-Aktionariats« blieb zwar nicht viel übrig; wohl aber erhielten die Mitarbeitervertretungen ein (zumindest formales) Vetorecht bei der Entscheidung über den Beginn des Privatisierungsverfahrens in ihrem Betrieb. Zudem schuf das Gesetz neben der von Lis bevorzugten »indirekten« Privatisierung durch Kommerzialisierung und Verkauf der Anteile über den Kapitalmarkt *(prywatyzacja kapitałowa)* die alternative Option, Staatsbetriebe »direkt« im Wege der »Liquidierung« zu privatisieren *(prywatyzacja likwidacyjna)*. Das klang zwar wenig einladend, bedeutete aber nichts anderes als den Verkauf der Vermögenswerte des juristisch »liquidierten« Betriebs an private Investoren oder das Leasing der Betriebsanlagen durch eine zu diesem Zweck von der Belegschaft gegründete Gesellschaft. Dieser alternative Privatisierungspfad öffnete die Tür für die Entstehung von »Mitarbeiter-Gesellschaften« *(spółki pracownicze)*, die sich insbesondere in kleineren und mittleren Betrieben als attraktive Lösung erwiesen, und verlieh der polnischen Privatisierungspolitik von Anfang an einen pluralistischen Charakter. Eher symbolisch blieb dagegen die ebenfalls in das Gesetz aufgenommene Ankündigung, Anteilsrechte an privatisierten Unternehmen gegebenenfalls auch in Form kostenloser Bons an die Bevölkerung auszu-

83 Tomasz Mickiewicz: Dlaczego prywatyzacja?, in: Tygodnik Solidarność, Nr. 12 vom 18.8.1989, S. 6.

84 Sprawozdanie Stenograficzne z 25 posiedzenia Sejmu Rzeczypospolitej Polskiej w dniach 5 i 6 kwietnia 1990 r., Sp. 21.

geben (Art. 25 und 26). Diese Ankündigung war offenbar ein politisches Manöver, um die zunehmend ungeduldigeren Anhänger einer möglichst schnellen und radikalen Privatisierung zufriedenzustellen. Nicht zuletzt kam das Gesetz auch den verbreiteten Sorgen vor einem Ausverkauf an ausländisches Kapital entgegen und begrenzte dessen Anteil an privatisierten Unternehmen auf bescheidene 10 Prozent, es sei denn, eine Regierungsagentur erteilte eine Sondergenehmigung (Art. 19).[85]

Das grundlegend überarbeitete Privatisierungsgesetz fand schließlich eine breite Mehrheit bei allen Fraktionen im Sejm. Nach einer – gemessen an den vorherigen Auseinandersetzungen – »unerwartet friedfertigen Debatte und einer überraschend einvernehmlichen Abstimmung«[86] wurde es am 13. Juli 1990 mit 328 Jastimmen bei nur zwei Gegenstimmen und 39 Enthaltungen angenommen. Es war nur konsequent, dass Ireneusz Sekuła, der einstige Vizepremier der Regierung Rakowski, die Zustimmung der Postkommunisten ausgerechnet mit dem Hinweis auf die Bedeutung der Privatisierung für die Glaubwürdigkeit Polens gegenüber westlichen Geldgebern begründete.[87] Auch der vom Solidarność-Lager dominierte Senat stimmte dem Privatisierungsgesetz mit großer Mehrheit zu, obwohl mit dem demokratischen Sozialisten Jan Józef Lipski und dem Katholiken Andrzej Stelmachowski zwei prominente Senatoren aus verschiedenen weltanschaulichen Beweggründen vehement für zusätzliche Rechte für die Beschäftigten eintraten – und darin auch einen Lackmustest für die politische Integrität des Solidarność-Lagers sahen. »Ich fühle mich viel zu sehr mit der Solidarność-Bewegung verbunden, die in den Reihen der Arbeiter ihren Anfang nahm«, bekannte Stelmachowski, »um jetzt diejenigen zu unterstützen, die meinen, dass man dem Kapital

85 Ustawa z dnia 13 lipca 1990 r. o prywatyzacji przedsiębiorstw państwowych, in: Dziennik Ustaw, 1990, Nr. 51, Pos. 298; vgl. Bałtowski/Kozarzewski: Zmiana własnościowa polskiej gospodarki, S. 167–171.

86 Ernest Skalski: Zmiana systemu. Prywatyzacja 328:2, in: Gazeta Wyborcza, Nr. 162 vom 14.–15.7.1990, S. 1.

87 Siehe Sprawozdanie Stenograficzne z 35 posiedzenia Sejmu Rzeczypospolitej Polskiej w dniach 12 i 13 lipca 1990 r., Sp. 28.

den Vorrang vor der Arbeit geben sollte.«[88] Der weitreichende Konsens der neuen polnischen Elite zur Flucht nach vorn in die schöne neue Welt des Kapitalismus gab jedoch – wie sich bald zeigen sollte: zum letzten Mal – den Ausschlag und ließ diese Bedenken ins Leere laufen. Schließlich ging es darum, wie der Senator und Arbeitgeberlobbyist Andrzej Machalski in beschwörendem Pathos ausführte, schnellstmöglich »eine normale Gesellschaft und eine normale Wirtschaft aufzubauen«, die nicht länger durch die »künstlichen sozialen Rollen« des Sozialismus geprägt seien. Stattdessen gelte es, zur »natürlichen Rollenverteilung« zwischen »denjenigen, die herrschen, die leiten, die Arbeit geben« zurückzukehren. Dass Machalski diejenigen, denen in dieser »natürlichen Rollenverteilung« die Rolle der Beherrschten zukommen würde, stillschweigend überging, war ein vielsagendes Zeichen der Zeit.[89]

Im Zuge der Debatten um das Privatisierungsgesetz schälte sich immer deutlicher heraus, dass die Idee der Arbeiterselbstverwaltung trotz der engagierten Rückzugsgefechte so unterschiedlicher Köpfe der früheren Oppositionsbewegung wie des Warschauer Stahlwerkers Miłkowski, des dissidentischen Intellektuellen Lipski und des katholischen Juristen Stelmachowski innerhalb nur eines Jahres an den Rand des politischen Mainstreams gedrängt worden war. Der Siegeszug des wirtschaftsliberalen Denkens schlug sich in einer diskursiven Ausdifferenzierung von politischer und wirtschaftlicher Sphäre nieder, deren Vermischung nunmehr (ganz im Sinne der Vorstellungen von Mirosław Dzielski und anderen) als Sündenfall des untergegangenen Staatssozialismus betrachtet wurde. In der neuen Ordnung sollten Politik und Wirtschaft als Geltungsbereiche deutlich voneinander geschiedener Logiken restituiert werden: Demokratie und Teilhabe hier – Effizienz und klare Hierarchien (»Herrschaft«) dort. Das mit der betrieblichen Selbstverwaltung verknüpfte Leitbild wirtschaftlicher Demokratie lag ganz offensichtlich quer zu diesem neuen Paradigma.

88 Sprawozdanie Stenograficzne z 29 posiedzenia Senatu Rzeczypospolitej Polskiej w dniach 26 i 27 lipca 1990 r., Sp. 30–36, Zitat Sp. 36.
89 Ebd., Sp. 48.

Es war deshalb kein Zufall, dass parallel zu den Debatten um die Privatisierung im Frühjahr 1990 die *kommunale* Selbstverwaltung in den Mittelpunkt der politischen Aufmerksamkeit rückte: Nicht ohne Grund war die Kommunalreform neben der von Balcerowicz verantworteten wirtschaftlichen Transformation eines der wenigen Politikfelder, auf dem die sonst eher zögerliche Mazowiecki-Regierung energisch agierte, sodass am 27. Mai 1990 die Kommunalwahlen als erste vollständig demokratische Wahlen in Polen seit dem Krieg stattfinden konnten.[90] Mazowieckis Bevollmächtigter für die kommunale Selbstverwaltung, der Wirtschaftsprofessor Jerzy Regulski, empfahl die von der Solidarność bis dahin weitgehend vernachlässigte kommunale Selbstverwaltung ausdrücklich als geeignete politische Form, um Partizipations- und Mitgestaltungsansprüche von dem bis dahin auf den staatssozialistischen Betrieb zentrierten sozialen Nahraum in eine neue bürgerliche Ordnung zu überführen.[91] Konsequent weitergedacht wurde dies in einem Vorschlag aus den Reihen von Trzeciakowskis *Rada Ekonomiczna*, der das Eigentum an Grund und Boden sämtlicher Staatsbetriebe an die Kommunen übertragen wollte, um schon vor der eigentlichen Privatisierung die administrativen Durchgriffsrechte des Zentralstaats auf die Betriebe zu reduzieren und »die Institution der Selbstverwaltung von der Ebene der Arbeitnehmer auf die ›bürgerschaftliche‹ Ebene« zu verschieben.[92] Auch wenn dieser Ansatz, die Selbstverwaltung innerhalb der Wirtschaft in die neue Ordnung nach der sozialistischen Industriemoderne hinüberzuretten, angesichts der technokratisch-zentralistischen Linie von Lis und Balcerowicz chancenlos blieb, illustriert er eindrücklich die Richtung der diskursiven Verschiebung im Verlauf dieser Debatten.

90 Vgl. Dudek: Od Mazowieckiego do Suchockiej, S. 203–209; siehe auch Regulski (Hg.): Reforma samorządowa.

91 Siehe Nauka samodzielnego chodzenia. Rozmowa z profesorem Jerzym Regulskim, senatorem, pełnomocnikiem rządu ds. reformy samorządu terytorialnego, in: Życie Warszawy, Nr. 243 vom 18.10.1989.

92 Lesław Wasilewski: Kwestie regulacji stosunków własnościowych i przekształceń jednolitej, niepodzielnej własności ogólnonarodowej (państwowej), 12.3.1990, AAN, URM-KT, 22/273, Bl. 318–323, hier Bl. 321.

Mit Blick auf die Arbeiterselbstverwaltung als perspektivischem »drittem Weg« zwischen Staatssozialismus und Kapitalismus markierte das mit großer Mehrheit beschlossene Privatisierungsgesetz vom Freitag, dem 13. Juli 1990 tatsächlich das Ende der Diskussion – was die konkrete Ausgestaltung der Privatisierung anbetraf, war aber eher das Gegenteil der Fall. Zum einen waren mit den Kohlebergwerken, der Energiewirtschaft und der Rüstungsindustrie zentrale Branchen der polnischen Volkswirtschaft aus dem Geltungsbereich des Gesetzes ausgeklammert worden; zum anderen boten dessen Regelungen hinreichend Raum für betriebliche Initiativen, um den Verlauf des Privatisierungsverfahrens im Einzelfall mitzugestalten.[93] Letzteres galt umso mehr, als die Regierung Mazowiecki zum Missfallen des Parlaments eine auch nur annähernd systematische Konzeption von zeitlichem Ablauf, sektoraler Reichweite und strategischen Zielsetzungen des Privatisierungsprogramms schuldig geblieben war. Ein erster Entwurf für ein solches Programm entstand erst im November 1990 unter Federführung des neu geschaffenen Ministeriums für Eigentumsumgestaltung (Ministerstwo Przekształceń Własnościowych).[94]

Noch schwerer wog aber, dass die Folgen der marktradikalen Schocktherapie, namentlich die tiefe Rezession, der schlagartig sinkende Lebensstandard weiter Teile der Bevölkerung und die daraus resultierende wachsende Unzufriedenheit, zu einer weiteren Politisierung der Privatisierung beitrugen. Indem Balcerowicz und seine Mitstreiter im Streit um das Privatisierungsgesetz mögliche basisdemokratische Alternativen zu der von ihnen favorisierten *top-down*-Privatisierung der Staatsbetriebe desavouiert hatten, manövrierten sie sich letzten Endes selbst in eine

93 Agnieszka Paczyńskas optimistische Einschätzung des Einflusses der Selbstverwaltungsaktivisten auf den polnischen Privatisierungsprozess ist deshalb nicht ganz von der Hand zu weisen: »The final version of the privatization program represented a major victory for the worker self-management activists […] and was the first clear indication of how the resources that organized labor had acquired prior to the transition would continue to shape state-labor interactions during the implementation of market reforms.« Paczyńska: State, Labor, and the Transition, S. 137.

94 Siehe [Ministerstwo Przekształceń Własnościowych]: Rządowy program prywatyzacji polskiej gospodarki (projekt), November 1990, Nachdruck in: Gomułka/Kowalik (Hg.): Transformacja polska. Dokumenty i analizy 1990, Dok. 207, S. 923–942.

Situation, in der sie mit dieser Privatisierungsmethode schnelle Erfolge vorweisen mussten. Da diese aus objektiven Gründen schwer zu erreichen waren, machten sich Lech Wałęsa und Jarosław Kaczyński seit dem Frühjahr 1990 die um sich greifende Frustration zunutze, um sich selbst als tatkräftige Alternative zu der vermeintlich allzu gemächlichen Mazowiecki-Regierung in Stellung zu bringen.

Der von ihnen angeführte rechte Flügel des Solidarność-Lagers machte nicht etwa die rabiate Schocktherapie für den wirtschaftlichen Einbruch verantwortlich, sondern die fehlenden Fortschritte bei der Privatisierung und die angebliche Rücksichtnahme der Regierung auf die Wirtschaftsfunktionäre des alten Regimes: »Die Privatisierungsgesetze wurden acht Monate zu spät verabschiedet, wohl deshalb stoßen sie auf eine Mauer der Passivität in der Gesellschaft«, behauptete Kaczyńskis Parteigänger Jacek Kurski in einer scharfen Polemik gegen die »blutleere und apathische« Politik Mazowieckis. Schuld an den Problemen sei nicht das »zarte Pflänzchen des Kapitalismus«, sondern das »allmächtig wuchernde Unkraut« des »dahinvegetierenden sozialistischen Sektors«.[95] Während die Unterstützer Wałęsas die Positionen der Selbstverwaltungsanhänger als »soziale Utopie« abkanzelten, »die sich nirgends auf der Welt bewährt hat«,[96] nährten sie im Vorfeld der Präsidentschaftswahl im November 1990 die trügerische Hoffnung, jeder Pole könne materiell von der Abrechnung mit der alten Nomenklatura und einer schnellen Privatisierung profitieren. David Ost hat diese von den politischen Ambitionen Wałęsas und Kaczyńskis getriebene Taktik, die zur Spaltung des einstigen Solidarność-Lagers führte, treffend als ersten Höhepunkt des neoliberalen Marktpopulismus im postsozialistischen Polen bezeichnet: Im Kampf um die Macht stellten Wałęsa und seine Unterstützer Grundsätze des politischen Liberalismus infrage,

95 Jacek Kurski: Rok Mazowieckiego, in: Konfrontacje, Nr. 9/32 vom September 1990, S. 1, 14f.

96 So das damalige Präsidiumsmitglied der Solidarność Lech Kaczyński in: Opis. Rozmowa z Lechem Kaczyńskim, członkiem prezydium Krajowej Komisji Wykonawczej NSZZ Solidarność, in: Tygodnik Solidarność, Nr. 3 vom 19.1.1990, S. 1, 8; vgl. Mażewski/Mażewski: »Solidarność« a spór o model polskiego kapitalizmu, S. 147.

während sie zugleich den Wirtschaftsliberalismus aus der Schusslinie der gesellschaftlichen Empörung nahmen.[97]

Angesichts des wachsenden Drucks, umgehend eine schnelle und massenweise Privatisierung in Angriff zu nehmen, wurden im Umfeld von Balcerowicz bereits seit dem späten Frühjahr 1990 erste Konzepte für eine »Beschleunigung der Privatisierung« entwickelt.[98] Unter dem Eindruck der veränderten politischen Umstände willigten die Regierungsvertreter ein, entgegen ihrer ursprünglichen Absicht die Option einer unentgeltlichen Massenprivatisierung im Privatisierungsgesetz festzuschreiben. In der Parlamentsdebatte im Juli bekannte sich Vizepremier Balcerowicz zum Ziel einer »schnellstmöglichen und möglichst weitreichenden Privatisierung« und verkündete, die Regierung setze »vor allem« auf den Eigentumserwerb »mithilfe von Privatisierungsbons, die zukünftig allen polnischen Bürgern zugeteilt werden«.[99] Das blieb zunächst zwar ohne praktische Konsequenzen, bereitete aber das Feld für weitere intensive Diskussionen über die Ausgestaltung der Privatisierungspolitik. Einstweilen lobte die Regierung Mazowiecki sich in dem erwähnten Entwurf für ein Privatisierungsprogramm vom November 1990 erst einmal selbst: Die von ihr erarbeiteten Privatisierungsmethoden würden gewährleisten, »dass dieser Prozess schneller vollendet wird, als das irgendwo sonst auf der Welt gelungen ist, und effektiver verläuft als in jedem anderen Land unserer Region«. Weiter kündigte das Ministerium für Eigentumsumgestaltung vollmundig an, es werde mit einem Mix aus erprobten und innovativen Privatisierungsverfahren, darunter auch »der entgeltfreien Verteilung von Aktien in der Gesellschaft«, dafür sorgen, dass »sich schon im Laufe von drei Jahren über die Hälfte des Werts des Staatseigentums in privaten Händen befinden soll«.[100]

97 Vgl. Ost: The Defeat of Solidarity, S. 66–68.
98 Siehe Rozmowa ze Stefanem Kawalcem, S. 105f.; sowie Gomułka/Kowalik (Hg.): Transformacja polska. Dokumenty i analizy 1990, Dok. 169, 172, 178–184, 186, 194–197.
99 Sprawozdanie Stenograficzne z 35 posiedzenia Sejmu Rzeczypospolitej Polskiej w dniach 12 i 13 lipca 1990 r., Sp. 7.
100 Rządowy program prywatyzacji polskiej gospodarki (projekt), S. 923f.

Diese Ankündigungen sollten sich als völlig unrealistisch erweisen – nicht nur, weil der Aufbau der nötigen institutionellen Infrastruktur und die Einstellung kompetenten Personals im Ministerium für Eigentumsumgestaltung seine Zeit brauchte, sondern auch, weil die Privatisierungspolitik immer mehr in das unruhige Fahrwasser der wachsenden politischen Instabilität geriet. Der während des Präsidentschaftswahlkampfs im Herbst 1990 aufgebrochene Konflikt innerhalb des Solidarność-Lagers, die Zersplitterung des Parlaments und der wiederholte Wechsel der Regierungen stellten zwar das grundsätzliche Bekenntnis zur Privatisierung nicht infrage. Selbst die im ersten Halbjahr 1992 amtierende Rechtsregierung von Jan Olszewski, die sich rhetorisch um größtmögliche Distanz zu Balcerowicz und den Liberalen bemühte, hielt prinzipiell an der Privatisierung fest, ebenso wie die 1993 gemeinsam mit der Bauernpartei an die Macht zurückgekehrten Postkommunisten.[101] Allerdings erschwerten die parteipolitischen Auseinandersetzungen es den wechselnden Regierungen zusehends, dieses Bekenntnis auch konsequent umzusetzen. Zudem stieg im Verlauf der wirtschaftlichen Talfahrt die Streikbereitschaft und Entschlossenheit der Beschäftigten in den von Privatisierungsplänen betroffenen Betrieben.

Dabei hatte es nach dem Wahlsieg Wałęsas und der Demission Mazowieckis im Dezember 1990 zunächst den Anschein, als ob die Wirtschaftsliberalen in die erste Reihe der polnischen Politik aufrückten. Nicht genug damit, dass Leszek Balcerowicz seine einflussreichen Posten als Vizepremier und Finanzminister behaupten konnte, stiegen mit Jan Krzysztof Bielecki und Janusz Lewandowski zwei profilierte Köpfe aus dem Kreise der Danziger Liberalen unerwartet in Schlüsselpositionen des neuen Kabinetts auf. Bielecki wurde Ministerpräsident von Wałęsas Gnaden; Lewandowski übernahm das Amt des Ministers für Eigentumsumgestaltung, das zuvor für einige Monate Waldemar Kuczyński innegehabt hatte. Unter den insgesamt 19 Ministern der Regierung Bielecki waren beachtliche neun Wirtschaftswissenschaftler, von denen die meisten de-

101 Vgl. Bałtowski/Kozarzewski: Zmiana własnościowa polskiej gospodarki, S. 181–188.

zidiert wirtschaftsliberale Ansichten vertraten.[102] Wie sich bald herausstellte, war dies allerdings keine Gewähr dafür, dass sie in wirtschaftspolitischen Fragen an einem Strang zogen.[103]

Lewandowski, der bereits zuvor beträchtliche publizistische Aktivitäten entfaltet hatte, um seine Idee der unentgeltlichen Massenprivatisierung zu popularisieren,[104] setzte in seinem neuen Amt alles daran, ein solches Programm vorzubereiten. Als er dessen Grundzüge im Juni 1991 unter der eingängigen Abkürzung PPP für *Program Powszechnej Prywatyzacji* (»Allgemeines Privatisierungsprogramm«) erstmals der Öffentlichkeit präsentierte, stießen diese jedoch nicht nur bei bekannten Privatisierungsskeptikern wie Ryszard Bugaj und bei den Experten des als Beratungsgremium des Privatisierungsministeriums fungierenden »Rats für Eigentumsumgestaltung« auf Kritik.[105] Selbst innerhalb der liberal ausgerichteten Regierung blickte mancher skeptisch auf Lewandowskis Pläne, darunter Ministerpräsident Bielecki, der die von seinem Danziger Weggefährten forcierte Coupon-Privatisierung »nicht für die beste Konzeption« hielt.[106] Die neue Industrieministerin Henryka Bochniarz, die wenige Tage zuvor den mit der Leitung des Ministeriums überforderten Andrzej Zawiślak abgelöst hatte, empfahl ihrem Kabinettskollegen sogar öffentlich: »Anstatt Zeit und Energie mit der Konstruktion theoretischer Modelle zu verlieren, sollte die Regierung sich mit der Lösung konkreter Probleme der privatisierten Unternehmen befassen.«[107] Die Redaktion der *Gazeta Wyborcza* fasste den Stand der öffentlichen Diskussion treffend

102 Vgl. Dudek: Od Mazowieckiego do Suchockiej, S. 289.

103 Vgl. ebd., S. 341–350.

104 Siehe z. B. Janusz Lewandowski/Jan Szomburg: Dekalog prywatyzacji [16-seitige Beilage], in: Tygodnik Solidarność, Nr. 45 vom 9.11.1990.

105 Siehe Wojtek Załuska: Rada za, a nawet przeciw, in: Gazeta Wyborcza, Nr. 165 vom 17.7.1991, S. 15.

106 Rozmowa Stanisława Gomułki z Janem Krzysztofem Bieleckim, in: Gomułka (Hg.): Transformacja polska. Dokumenty i analizy 1991–1993, S. 25–41, hier S. 32; ebenso Bieleckis Positionierung in Paradowska/Baczyński (Hg.): Teczki liberałów, S. 34.

107 Zit. nach Bugaj: fatalna utopia. Lewandowski: lekcja ekonomii. W Sejmie o powszechnej prywatyzacji, in: Gazeta Wyborcza, Nr. 207 vom 5.9.1991.

zusammen, indem sie das Kürzel PPP im September 1991 in *Powszechny Pat Prywatyzacyjny* (»Allgemeines Privatisierungspatt«) umdeutete.[108]

In der Tat war es dem Fortschritt der polnischen Privatisierung wenig zuträglich, dass die wechselnden Minister immer wieder neue Privatisierungskonzepte ausarbeiten ließen, anstatt sich für die zügige Realisierung und sukzessive Optimierung der 1990 gesetzlich festgelegten Privatisierungspfade einzusetzen. Im Falle von Lewandowskis PPP war das politische Patt besonders für jene 400 Staatsbetriebe misslich, die das Ministerium im Sommer 1991 für das Programm ausgewählt hatte.[109] Ihren Direktoren und Belegschaften wurde abverlangt, geduldig abzuwarten, bis die wechselvolle Debatte endlich Ergebnisse zeitigte. Da die politische Entscheidung über das Programm zwei Jahre lang in der Schwebe blieb, sprangen diejenigen Betriebe ab, die über ein tragfähiges Geschäftsmodell verfügten und auf anderem Wege Investoren gefunden hatten. Die im Programm verbliebenen Betriebe unterlagen also bereits einer negativen Selektion, als dieses nach langem Hin und Her im April 1993 unter der nicht mehr ganz so ambitionierten Bezeichnung *Narodowe Fundusze Inwestycyjne* (NFI, »Nationale Investitionsfonds«) vom Sejm beschlossen wurde. Pikanterweise gelang dies erst im zweiten Anlauf und mit den Stimmen der postkommunistischen Linken, weil die knappe parlamentarische Mehrheit der liberal-konservativen Regierung von Hanna Suchocka in dieser Frage zerstritten war.

Auch diese Grundsatzentscheidung bedeutete jedoch noch lange nicht, dass das Programm auch praktisch umgesetzt wurde. Denn nach dem Zerbrechen der Regierung Suchocka und dem Sieg der Postkommunisten bei den darauffolgenden Neuwahlen blockierte der neue Premier Waldemar Pawlak von der Bauernpartei PSL dessen Start. Dem zuständigen Minister Wiesław Kaczmarek, der zwar Postkommunist, aber trotzdem ein ausgewiesener Privatisierungsbefürworter war, blieb also nichts

108 Powszechny Pat Prywatyzacyjny, in: Gazeta Wyborcza, Nr. 226 vom 27.9.1991.

109 Siehe Program powszechnej prywatyzacji. O tym każdy wiedzieć musi. Lista przedsiębiorstw proponowanych do przyspieszonej komercjalizacji, in: Rzeczpospolita, Nr. 166 vom 18.7.1991, S. VII–VIII.

anderes übrig, als weiter tatenlos abzuwarten.[110] Anhand des wechselvollen Schicksals dieses Privatisierungsprogramms ließe sich eine an dramatischen Wendungen reiche Politikgeschichte der polnischen Transformationszeit erzählen.

Nachdem die Anteilsscheine der teilnehmenden Unternehmen, deren Zahl inzwischen auf 512 erhöht worden war, ab Ende November 1995 endlich an die Bevölkerung ausgegeben worden waren, stellte sich bald heraus, dass die damit verbundenen Hoffnungen auf eine breite Streuung des Unternehmenseigentums in der Gesellschaft, ja auf eine Art demokratischen Volkskapitalismus weit verfehlt wurden. Ebenso wie bei früheren Experimenten mit vergleichbaren Privatisierungsverfahren in Tschechien und Russland trennte sich die große Mehrheit der Bürger rasch von ihren Anteilen, sodass diese binnen kurzer Zeit von wenigen Banken, Finanzinvestoren sowie dem (staatseigenen) Versicherungskonzern PZU aufgekauft wurden.[111] »Als Hauptprofiteure des Programms erwiesen sich Consulting-Firmen, Geschäftsbanken sowie die Konsortien, die das Portfolio der einzelnen NFI-Fonds verwalteten«, zieht Antoni Dudek ein ernüchterndes Fazit. »Es trug [...] [somit] zur Kompromittierung der Idee der Privatisierung an sich bei, die für viele Polen leider zum Synonym für den Diebstahl öffentlichen Eigentums wurde.«[112]

## 3. Schlaglichter auf die Praxis der Privatisierung

Während die Politiker jahrelang um die Privatisierung der großen Staatsbetriebe rangen, sahen viele Polinnen und Polen dieser mit gemischten Gefühlen entgegen. Wie eine repräsentative Umfrage ergab, die der Regierungsbevollmächtigte Lis im Frühsommer 1990, auf dem Höhepunkt der Debatte um das erste Privatisierungsgesetz, bei einem der ersten privaten Marktforschungsinstitute in Auftrag gegeben hatte, sprach sich

110 Vgl. Dudek: Od Mazowieckiego do Suchockiej, S. 520–522.
111 Vgl. Bałtowski/Kozarzewski: Zmiana własnościowa polskiej gospodarki, S. 237–246.
112 Dudek: Od Mazowieckiego do Suchockiej, S. 523.

zwar eine große Mehrheit von 72 Prozent deklarativ für die Privatisierung aus. Zugleich zogen aber 52 Prozent der Befragten es vor, bei einem Staatsunternehmen zu arbeiten, nur knapp 30 Prozent bei einem privaten Arbeitgeber.[113] Sogar von denjenigen, die die Privatisierung generell befürworteten, wollte eine (wenn auch knappe) Mehrheit lieber weiter in einem Staatsbetrieb arbeiten. Eine großangelegte soziologische Studie von Juliusz Gardawski unter Arbeitern mittlerer und größerer staatseigener Industriebetriebe kam ein Jahr später zu ähnlichen Ergebnissen:

> »Von zehn Befragten waren acht mit dem Wettbewerb zwischen selbstständigen Unternehmen und sechs mit dem Verkauf von Firmen an privates polnisches Kapital einverstanden, aber nur zwei wünschten sich, dass ihr Betrieb von privatem Kapital übernommen würde – und wenn schon, dann von ausländischem Kapital. Dagegen wollte fast niemand einen polnischen Kapitalisten als Arbeitgeber haben.«

26 Prozent der befragten Arbeiter sprachen sich dafür aus, dass ihr Betrieb im Staatseigentum bleiben sollte, 30 Prozent bevorzugten verschiedene Formen von Belegschaftseigentum.[114] Die Journalistin Halina Zielińska fasste die widersprüchliche Stimmungslage treffend zusammen: »Wir sind für den Kapitalismus, aber nicht in dem Maße, dass wir unser Schicksal in kapitalistische Hände geben wollen.«[115]

Angesichts der seit Anfang 1990 explosionsartig ansteigenden und sich danach auf hohem Niveau verfestigenden Arbeitslosigkeit war es durchaus rational, dass viele Beschäftigte die Privatisierung ihres Betriebs eher mit Risiken als mit Chancen assoziierten. Besonders die hart von Massenentlassungen betroffenen Gruppen, namentlich Frauen und die Einwohner monostrukturell geprägter Regionen wie Łódź oder des niederschlesischen Wałbrzych, hatten von der Restrukturierung wenig

113 Siehe Ryszard Zach: Polacy wobec »dużej prywatyzacji«. 72,2 procent za, in: Życie Warszawy, Nr. 145 vom 25.6.1990, S. 4.

114 Gardawski: Robotnicy 1991, S. 68 f.

115 Siehe Halina Zielińska: Podróż na prywatkę. Państwowy tort nie należy się byłym partyjnym i kapitalistom niemieckim, in: Przegląd Tygodniowy, Nr. 22 vom 3.6.1990.

Gutes zu erwarten. Allerdings ging die Skepsis gegenüber einer radikalen Privatisierungspolitik bei vielen Industriearbeitern mit einer »gemäßigt-modernisierenden« Grundhaltung einher, wie Gardawski herausfand. Diese erkannten die Regeln des Marktes als effizient und gerecht an, wünschten sich statt eines unbegrenzten Verkaufs von Volkseigentum an Outsider aber eine kontrollierte Privatisierung unter bevorzugter Berücksichtigung der Arbeitnehmer. In dieser »spezifischen arbeiterlichen Kleinbürgerlichkeit« sah Gardawski den entscheidenden Faktor dafür, dass die Akzeptanz für die schmerzhaften marktliberalen Reformen in dieser Bevölkerungsgruppe alles in allem überwog.[116]

Ein ähnlich gemischtes Bild ergab sich auch bei einer originellen Werbeaktion für die Privatisierung, die die Wochenzeitung *Polityka* im Januar 1993 durchführte. Zum Auftakt einer monatlichen Beilage *(Polityka Prywatyzacja)*, die das Blatt mit Unterstützung des Ministeriums für Eigentumsumgestaltung produzierte, lobte die Redaktion einen Gedichtwettbewerb aus. Sie griff damit eine Anregung von Jerzy Thieme auf, der während der 1980er-Jahre für die Citibank in New York tätig gewesen war und dank finanzieller Unterstützung aus Mitteln der Europäischen Gemeinschaft als Abteilungsleiter des Ministeriums für Eigentumsumgestaltung in sein Heimatland zurückgekehrt war.[117] Das Echo war beachtlich: Innerhalb weniger Wochen gingen »mehrere Hundert« Einsendungen in der Redaktion ein. Allerdings brachten die Hobbydichter mehrheitlich ironisch-kritische Haltungen »nicht so sehr gegenüber der Idee der Privatisierung als gegenüber ihrer praktischen Umsetzung« zum Ausdruck.[118] Selbst in der durchweg höher gebildeten Leserschaft der *Polityka*, in der statistisch gesehen eine überdurchschnittlich hohe Zustimmung zur Privatisierung zu erwarten war, waren Ernüchterung und Skepsis offenbar weit verbreitet. Wie die folgenden Verse illustrieren, wurde die Privati-

116 Vgl. Gardawski: Robotnicy 1991, S. 44, 184f.

117 Im Ministerium war Thieme für das von Lewandowski geplante »Allgemeine Privatisierungsprogramm« zuständig. Vgl. Meaney: Foreign Experts, Capitalists, and Competing Agendas, S. 283.

118 Wojciech Markiewicz: Antologia poezji prywatyzacyjnej, in: Polityka, Beilage »Polityka Prywatyzacja«, Nr. 4 vom 6.2.1993, S. I, IV.

sierung nicht als Verheißung, sondern eher als historische Notwendigkeit nach einer langen wirtschaftlichen Durststrecke betrachtet:

> *Wiele lat na niczym zeszło,*
> *wiele burz, zawiei przeszło,*
> *lecz po tylu ciężkich latach*
> *Polska może być bogata.*
>
> *Mamy sposób już wybrany*
> *i przez Zachód popierany.*
> *To jest historyczna racja:*
> *czeka nas prywatyzacja.*[119]

Die folgende deutsche Nachdichtung vermag zwar nicht die Poesie, wohl aber den Inhalt dieses optimistischen, aber wenig euphorischen Loblieds auf die Privatisierung einigermaßen wiederzugeben:

> »Wie lange standen wir mit leeren Händen da,
> wie viele Unwetter und Stürme zogen vorbei.
> Doch nach all den schweren Jahren
> kann Polen endlich Wohlstand erfahren.
>
> Der Weg, er ist schon anvisiert
> und wird vom Westen unterstützt.
> Das ist die Lehre aus der Geschichte:
> Bald wird bei uns privatisiert.«

Was den von der Privatisierung vormals staatseigener Betriebe Betroffenen auf diesem anfangs noch unbekannten Weg dann tatsächlich widerfahren ist, war naturgemäß recht unterschiedlich.[120] Bemerkenswert ist jedoch, dass sich trotz der im Laufe der Jahre gesammelten Erfahrungen kein Gewöhnungseffekt einstellte: Das Misstrauen gegenüber der Privatisierung nahm im Laufe der 1990er-Jahre tendenziell noch weiter zu. Betrachteten im November 1990 noch 43 Prozent der befragten Polinnen und Polen die Privatisierung als wirtschaftlich vorteilhaften Prozess, teil-

119 Antologia poezji prywatyzacyjnej. Konkurs: Pula nagród – 6 mln zł., in: Polityka, Beilage »Polityka Prywatyzacja«, Nr. 3 vom 9.1.1993, S. IV.

120 Vgl. das Panorama retrospektiver Erfahrungsberichte aus Industriebetrieben, die von ausländischen Investoren übernommen wurden, bei Leyk/Wawrzyniak: Cięcia.

ten im August 2000 nur noch 21 Prozent diese Ansicht. Dagegen hielten die Befragten windige »Schlitzohren und Geschäftemacher« *(cwaniacy, kombinatorzy)* (53 Prozent), ausländische Kapitalisten (46 Prozent), für den Privatisierungsprozess zuständige Beamte (40 Prozent) sowie die Vorstände der privatisierten Unternehmen (36 Prozent) für die Hauptprofiteure der Privatisierung.[121] Diese Entwicklung verweist zum einen auf den großen Einfluss von großen und kleinen Skandalen auf die öffentliche Wahrnehmung des Privatisierungsprozesses, zum anderen auf die geringe aktive Teilhabe der Bevölkerungsmehrheit. Zudem stieg ab Ende der 1990er-Jahre, als ausländische Direktinvestitionen in Polen an Bedeutung gewannen, auch die Skepsis gegenüber diesen Investoren. Vermutlich spiegelte sich darin eine erfahrungsgesättigte Ernüchterung, die zur Korrektur überhöhter Erwartungen an westliche Kapitalisten zwang.

Angesichts der Vielfalt der in Polen angewandten Privatisierungsmethoden, der divergierenden Perspektiven der daran beteiligten Akteure und des im Einzelfall immer auch von betriebswirtschaftlichen Bedingungen abhängigen Erfolgs der Privatisierung verbietet es sich beim derzeitigen Stand der sozialwissenschaftlichen und zeithistorischen Forschung, ein abschließendes Resümee zu ziehen. Deshalb sollen hier zum Schluss nur einige Schlaglichter auf die polnische Privatisierungspraxis geworfen werden, um deren Bandbreite und Besonderheiten zu illustrieren. Anstelle der gängigen Fokussierung auf die Großbetriebe der Schwerindustrie richtet sich das Augenmerk dabei auf einen von mittelgroßen Betrieben geprägten Industriezweig, der einem sicher nicht zuerst in den Sinn kommt, wenn man an den Niedergang der staatssozialistischen Fabriken denkt, dessen Produkte aber gleichwohl in aller Munde waren – und in den meisten Fällen bis heute sind.

Die polnischen Schokoladenfabriken nämlich bieten mit ihren unterschiedlichen Privatisierungspfaden einen guten Einblick in die Herausfor-

121 CBOS: Opinie o przemianach własnościowych i obecności kapitału zagranicznego w polskiej gospodarce, Dezember 2000, https://cbos.pl/PL/publikacje/raporty/open_file.php?url=2000/K_173_00.PDF (Zugriff am 29.3.2022). – Vgl. auch Leyk/Wawrzyniak: Cięcia, S. 39.

derungen, vor denen polnische Staatsbetriebe mit dem Übergang in die Marktwirtschaft und der Umwandlung ihrer Eigentumsstruktur standen. Zugleich lassen sich daran exemplarisch einige Vorzüge und Nachteile der jeweiligen Strategien aufzeigen, für die sich die Akteure in den Betrieben sowie im Warschauer Privatisierungsministerium entschieden. Im Gegensatz zu Branchen wie der Werft- und Rüstungsindustrie, deren Absatz in hohem Maße von staatlich gesetzten Rahmenbedingungen und vom Außenhandel innerhalb des ehemaligen Ostblocks abhing, war die Süßwarenindustrie vornehmlich auf Endverbraucher und auf den polnischen Binnenmarkt orientiert. Deshalb erfreute sich dieses Segment von Anfang an eines vergleichsweise großen Interesses westlicher Konsumgüter- und Lebensmittelkonzerne. Diese hatten es oft weniger auf die Produktionskapazitäten abgesehen, erhofften sich von Übernahmen aber einen schnellen Zugang zum polnischen Markt. Folglich nahm die Lebensmittelindustrie in den ersten Jahren der Transformation einen Spitzenplatz unter den Branchen mit den höchsten ausländischen Direktinvestitionen in Polen ein.[122]

Insbesondere die bekannteste polnische Schokoladenfabrik, die 1851 von dem aus Mecklenburg stammenden Konditor Karl Wedel gegründete und nach dem Zweiten Weltkrieg verstaatlichte Firma »E. Wedel« in Warschau, stand früh im Blickpunkt der medialen (und später auch der wissenschaftlichen) Aufmerksamkeit.[123] Sie galt als vergleichsweise gut für die Marktwirtschaft gerüstetes Vorzeigeunternehmen und wurde als einer der ersten polnischen Staatsbetriebe überhaupt im August 1991 an einen ausländischen Investor verkauft. Im Rahmen dieser »Vorzeigeprivatisierung«[124], die federführend von der Londoner Investmentbank Credit Suisse First Boston betreut wurde, übernahm der US-amerikanische Lebensmittelkonzern PepsiCo für 25 Millionen Dollar und Investi-

122 Vgl. Hardy/Rainnie: Restructuring Krakow, S. 214f.; Leyk/Wawrzyniak: Cięcia, S. 469.

123 Vgl. Leyk/Wawrzyniak: Cięcia, S. 73–166, 413–423; Mikołajewska: Negotiated Meanings of Capitalism.

124 Leyk/Wawrzyniak: Cięcia, S. 476.

tionszusagen in Höhe von weiteren 56 Millionen Dollar 40 Prozent der Anteile (jedoch die absolute Mehrheit der Stimmrechte in der Hauptversammlung). 20 Prozent der Aktien wurden an die frisch gegründete Warschauer Börse gebracht und weitere 20 Prozent entsprechend der Bestimmungen des Privatisierungsgesetzes zu Vorzugskonditionen an die Mitarbeiter verkauft. Minister Janusz Lewandowski, der angesichts der hitzigen politischen Debatte über sein »Allgemeines Privatisierungsprogramm« sichtbare Erfolge gut gebrauchen konnte, feierte die Privatisierung von Wedel öffentlich als »wichtiges Ereignis zur Beschleunigung dieses Durchbruchs [zur Marktwirtschaft]«.[125] Später räumte er allerdings ein, dass der in einem internationalen Bieterverfahren erzielte niedrige Verkaufserlös für diesen vermeintlichen Vorzeigebetrieb auch seine Erwartungen »rücksichtslos« auf den Boden der Tatsachen geholt habe.[126]

Die ebenso traditionsreiche Schokoladenfabrik Wawel in Krakau entschied sich hingegen für einen anderen Weg: Sie wurde zum 1. Dezember 1992, also über ein Jahr später, unter maßgeblicher Beteiligung der Solidarność-Betriebskommission in eine Mitarbeitergesellschaft umgewandelt.[127] »Die Zusammenarbeit mit der Belegschaft ist bei uns immer gut gewesen, also haben wir entschieden, uns aus eigener Kraft zu privatisieren, und haben das Arbeitnehmer-Aktionariat gewählt«, erklärte der alte und neue Generaldirektor und verwies damit auf die große Bedeutung eingespielter innerbetrieblicher Beziehungen und die Abwesenheit von politisierten Konflikten zwischen Direktion und Gewerkschaftern als wesentliche Voraussetzungen für diese Form der Privatisierung. Der damalige Solidarność-Vorsitzende im Betrieb beschrieb die Gründe, warum seine Kolleginnen und Kollegen sich davon »überzeugen ließen«, etwas prosaischer: »Erstens hatten sie Angst, bei einem Kapitalisten zu arbeiten. Zweitens war das die einzige Möglichkeit, den *popiwek* zu umgehen.«[128]

125 Vgl. ebd., S. 418–420, Zitat S. 420.

126 Lewandowski: Sprinter długodystansowy, S. 95.

127 Siehe Ewa Sierpińska: Dwie drogi prywatyzacji, in: Tygodnik Solidarność, Nr. 47 vom 18.11.1994, S. 12f.

128 Zit. ebd., S. 13.

Denn diese als rigorose Lohnbremse wirkende Sondersteuer galt ab 1991 nur noch für staatseigene Unternehmen, was die Neigung der Beschäftigten, einer Privatisierung ihres Betriebs zuzustimmen, erwartungsgemäß deutlich erhöhte. Bei Wawel beteiligten sich 52 Prozent der Belegschaft an der Mitarbeitergesellschaft, die die Produktionsanlagen gegen jährliche Leasinggebühren vom Staat übernahm. Dabei wurde allerdings ein gutes Drittel des Kapitals von nur 5 Prozent der neuen Anteilseigner aufgebracht. Diese kamen überwiegend aus dem oberen und mittleren Management der Firma, was angesichts der niedrigen Löhne in der feminisierten Lebensmittelindustrie keine Überraschung war.[129]

Auch bei den meisten anderen polnischen Mitarbeiterprivatisierungen lag typischerweise ein überproportionaler Teil der Anteile in den Händen des leitenden Personals, sodass sich dieses Privatisierungsmodell in vielen Fällen dem Szenario eines Management-Buy-outs annäherte.[130] Gleichwohl erfreute sich die Mitarbeiterprivatisierung vor allem in der ersten Hälfte der 1990er-Jahre großer Beliebtheit, obwohl sie erst nachträglich und gegen den hinhaltenden Widerstand des Regierungsbevollmächtigten Lis in das Privatisierungsgesetz von 1990 aufgenommen worden war und anfangs wohl eher als Ausnahme von der Regel gedacht war. Gemessen an der Zahl der privatisierten Firmen war sie in dieser Zeit die mit Abstand am häufigsten gewählte Privatisierungsvariante. Insgesamt entfielen in Polen bis 2012 38 Prozent aller Privatisierungsverfahren, die auf Grundlage des Privatisierungsgesetzes durchgeführt wurden, auf Mitarbeitergesellschaften.[131] Dies lag sicher nicht zuletzt daran, dass den Belegschaften bis zur Novellierung des Gesetzes 1996 ein Mitspracherecht bei der Initiierung von Privatisierungsverfahren zugestanden worden war. Attraktiv war dieser Privatisierungspfad nicht nur für kleinere Betriebe, sondern auch für mittelgroße Unternehmen ohne akuten Restrukturie-

129 Siehe ebd.; Hardy/Rainnie: Restructuring Krakow, S. 217 f.
130 Vgl. Bałtowski/Kozarzewski: Zmiana własnościowa polskiej gospodarki, S. 231 f.
131 Vgl. ebd., S. 228.

rungsbedarf, mit einigermaßen berechenbaren Absatzbedingungen und mit nicht allzu hoher Kapitalintensität.[132]

Diese Bedingungen waren in der Süßwarenindustrie vielerorts gegeben, sodass sich auch die Schokoladenfabrik Jutrzenka (»Morgenröte«) in Bydgoszcz (Bromberg) für eine Mitarbeiterprivatisierung entschied.[133] Interessanterweise scheint die betriebsinterne Traditionspflege einen gewissen Einfluss auf die Offenheit für auswärtige Investoren gehabt zu haben: In Warschau wurde selbst während des Staatssozialismus, als das Unternehmen unter dem Namen »Betriebe der Süßwarenindustrie 22. Juli, vormals E. Wedel« firmierte, eine positive Erinnerung an Jan Wedel, den Enkel des Firmengründers und letzten privaten Eigentümer, kultiviert. Dieser wurde mit Werten wie Arbeitsethos und Qualitätsbewusstsein in Verbindung gebracht, war aber auch für sein Engagement beim Bau von Werkswohnungen und überdurchschnittliche soziale Leistungen für seine überwiegend weiblichen Mitarbeiterinnen bekannt – und nicht zuletzt dafür, dass er sich während des Zweiten Weltkriegs weigerte, sich in die deutsche Volksliste eintragen zu lassen.[134] Eine solche emotionale Bindung zur kapitalistischen Vorkriegstradition fehlte sowohl in Bromberg als auch in Krakau. Als Vertreter der Schweizer Firmen Nestlé und Suchard während der Vorbereitungen zur Privatisierung den Krakauer Betrieb besichtigten, kursierten unter den Mitarbeitern sogar negative Erinnerungen an die Arbeitsbedingungen in der Zwischenkriegszeit, als eines der drei Werke des Unternehmens zu Suchard gehört hatte.[135]

Gleichwohl stieß der schnelle Verkauf von Wedel an einen ausländischen Großkonzern sowohl in der breiteren Öffentlichkeit[136] als auch bei der betroffenen Belegschaft auf erhebliche Vorbehalte. Innerhalb des Betriebs wurden diese allerdings nur von der bereits vor 1989 offiziell anerkannten Branchengewerkschaft artikuliert, während die Solidarność sich

132 Vgl. ebd., S. 227.
133 Vgl. Kamosiński: Losy wielkich przedsiębiorstw, S. 270 f.
134 Vgl. Leyk/Wawrzyniak: Cięcia, S. 413–416.
135 Siehe Sierpińska: Dwie drogi prywatyzacji, S. 13.
136 Vgl. Gardawski/Żukowski: Polityka i gospodarka w oczach pracowników, S. 25.

als unbedingte Befürworterin der Privatisierung positionierte.[137] Selbst der kurz vor der Privatisierung ernannte, seit den 1970er-Jahren als leitender Angestellter im Unternehmen tätige neue Direktor, der aus eigener Initiative ein Joint Venture mit dem Schweizer Konzern Nestlé vorbereitet hatte und unter dem neuen Eigentümer PepsiCo auf seiner Position verblieb, kritisierte im Nachhinein, dass die Betriebsleitung auf die Verkaufsentscheidung des Ministeriums für Eigentumsumgestaltung keinerlei Einfluss gehabt habe. Dabei verwies er bedauernd auf das Beispiel von Wawel und anderen Konkurrenten: »Schade, dass uns die Durchsetzungskraft gefehlt hat, um Wedel als polnische Firma weiterzuführen.«[138]

Diskrepanzen zwischen von unten initiierten Privatisierungsplänen und von oben dekretierten Verkaufsentscheidungen waren auch andernorts an der Tagesordnung und konnten zu veritablen Konflikten eskalieren, wie das Beispiel der Posener Schokoladenfabrik Goplana zeigt. Dort hatte die Betriebsleitung ein Konzept für ein Joint Venture mit der britischen Handelsfirma ED&F Man entwickelt und dieses bis zur Unterzeichnung eines entsprechenden Vertrags vorangetrieben. Demzufolge wollten die Briten 47 Prozent der Anteile übernehmen, ebenfalls 47 Prozent sollten zunächst in Staatsbesitz verbleiben, während die Belegschaft mit 6 Prozent der Anteile offenbar darauf hoffte, als Zünglein an der Waage zu fungieren. Als schon alles in trockenen Tüchern schien, trat jedoch der Großkonzern Nestlé, der bisher auf dem polnischen Süßwarenmarkt nicht zum Zuge gekommen war, mit einem eigenen Kaufangebot auf den Plan. Dieses wurde von der Belegschaft und zunächst auch von der Direktion von Goplana vehement abgelehnt, da man wohl nicht zu Unrecht befürchtete, dass es Nestlé vor allem darauf abgesehen hatte, einen potenziellen Konkurrenten auszuschalten und den eigenen

137 Siehe Maria Nowak: Przyjdzie nowy pan. »Wedel« przed prywatyzacją, in: Życie Warszawy, Nr. 155 vom 4.7.1991; vgl. Mikołajewska: Negotiated Meanings of Capitalism, S. 194–197.

138 Leyk/Wawrzyniak: Cięcia, S. 95; vgl. auch Mikołajewska: Negotiated Meanings of Capitalism, S. 193f.

Produkten einen günstigen Marktzugang zu verschaffen.[139] Obwohl selbst Minister Lewandowski später durchblicken ließ, dass er das selbstherrliche Auftreten des Schweizer Konzerns als despektierlich empfand,[140] setzte sein Ministerium letzten Endes eine Privatisierung zugunsten von Nestlé durch. Die Schweizer sahen sich zwar gezwungen, ihr ursprüngliches Angebot erheblich nachzubessern und auf einige Konditionen der polnischen Seite einzugehen. Auf längere Sicht bestätigten sich jedoch die Befürchtungen, dass Nestlé an einer Weiterführung der Marke Goplana und an der Produktion in Poznań kein Interesse hatte. Im Jahr 2004 verkaufte der Konzern die Reste des Posener Betriebs ausgerechnet an die Bromberger Firma Jutrzenka.[141]

Während bei Goplana in Posen unter der Regie von Nestlé zwei Drittel der Beschäftigten ihren Arbeitsplatz verloren, konnte Jutrzenka seine Mitarbeiterzahl in den 1990er-Jahren dank eines dynamischen Wachstums und einer frühen Fokussierung auf osteuropäische Märkte sogar deutlich steigern.[142] Das seit März 1993 im Besitz der Mitarbeitergesellschaft befindliche Unternehmen wurde von einem erfahrenen Manager geführt, der zuvor in leitender Position bei dem ebenfalls in Bydgoszcz ansässigen größten polnischen Fahrradhersteller Romet tätig gewesen war. Schon 1995 brachte dieser das Unternehmen an die Warschauer Börse,

139 Siehe den einschlägigen Schriftverkehr, insbesondere die Beurteilung der konkurrierenden Angebote durch den Posener Wojewoden Włodzimierz Łęcki in seinem Schreiben an Marek Zdrojewski, Unterstaatssekretär im Ministerium für Eigentumsumgestaltung, 6.9.1993, ARM, URM, 2599/13, t. 2.

140 »Die Firma Nestlé hat sich am Anfang der 90er-Jahre bei uns ein bisschen wie in der Dritten Welt verhalten.« – Zit. nach Wojciech Wyszogrodzki: A miało być tak słodko, in: Przegląd vom 29.6.2003, https://www.tygodnikprzeglad.pl/a-mialo-byc-slodko/ (Zugriff am 29.3.2022).

141 Siehe Wyszogrodzki: A miało być tak słodko; Anna Borucka-Cieślewicz: Interpelacja do Ministra Skarbu Państwa w sprawie nieprawidłowości dotyczących prywatyzacji Zakładów Przemysłu Cukierniczego Goplana w Poznaniu, 27.6.2005, Sejm RP, IV. Wahlperiode, Interpelacja nr 10385, https://orka2.sejm.gov.pl/IZ4.nsf (Zugriff am 29.3.2022).

142 Vgl. Borucka-Cieślewicz: Interpelacja do Ministra Skarbu Państwa; Jan Dworek: Prywatyzacja przedsiębiorstw państwowych w Bydgoszczy po 1989 r., in: Kronika Bydgoska 18 (1996), S. 9–18, hier S. 17.

um weiteres Kapital zu akquirieren. Damit wurde der Grundstein für die Entwicklung einer eigenständigen Holding gelegt, die neben Goplana noch andere eingesessene polnische Schokoladenmarken übernahm und heute unter dem Namen Colian mehrheitlich im Besitz des seit 1990 als Gewürzhändler tätigen polnischen Unternehmers Jan Kolański ist.[143]

Für die Mitarbeiterinnen und Mitarbeiter war die Übernahme ihres Betriebs durch westliche Investoren, wie in Warschau bei Wedel oder in Posen bei Goplana, mit einer rasanten Veränderung ihres Arbeitsumfelds verbunden. Selbst wenn sie nicht zu denjenigen gehörten, die ihren Arbeitsplatz im Zuge der Rationalisierungs- und Outsourcing-Maßnahmen verloren,[144] mussten sie sich in einem radikal umgekrempelten Betriebsklima zurechtfinden. Zwar brachten die von den neuen Eigentümern getätigten Investitionen in neue Maschinen und Produktionsanlagen und die Renovierung der Fabrikgebäude eine objektive Verbesserung der Arbeitsbedingungen mit sich; dies ging jedoch mit dem Abbau von sozialer Infrastruktur wie betriebseigenen Ambulanzen, Kinderkrippen und Ferienheimen einher. Die Löhne für die Stammbelegschaft wurden auch im Produktionsbereich spürbar angehoben; dafür wurde den Beschäftigten aber ein deutlich höheres Maß an Flexibilität und individueller Leistungsbereitschaft abverlangt. Bei Wedel klagten selbst die Solidarność-Gewerkschafter, die den Verkauf anfangs befürwortet hatten, über hohe Einkommensdifferenzen zwischen leitendem Personal und einfachen Mitarbeitern sowie über die gewerkschaftsfeindliche Haltung des Managements.[145] Zudem führten der betriebsinterne Konkurrenzdruck und der zunehmende Einsatz von Leiharbeitern zu einer Entsolidarisierung innerhalb der Belegschaft, die von vielen Beschäftigten als schmerzhaft empfunden wurde.[146] Dass PepsiCo seine Warschauer Tochterfirma nach wenigen Jahren gewinnbringend aufspaltete und die Schokoladen-

143 Vgl. Kamosiński: Losy wielkich przedsiębiorstw, S. 270 f.

144 Bei Wedel wurde die Zahl der Beschäftigten in der Produktion zwischen 1991 und 1996 um fast 500 reduziert. Vgl. Leyk/Wawrzyniak: Cięcia, S. 421.

145 Siehe Sierpińska: Dwie drogi prywatyzacji, S. 12.

146 Siehe Leyk/Wawrzyniak: Cięcia, S. 115 f., 123 f.; vgl. Mikołajewska: Negotiated Meanings of Capitalism, S. 198–206.

produktion an die britische Firma Cadbury weiterverkaufte, nahmen einige als weitere Demütigung wahr, belegte es doch das rein instrumentelle Interesse der Amerikaner an einem Unternehmen, das für viele Polen den Status eines nationalen »Familiensilbers« hatte.[147]

In den als Mitarbeitergesellschaften geführten Fabriken in Krakau und Bromberg fehlte das nötige Kapital für vergleichbare Investitionen. Bei Wawel in Krakau scherzte man zwei Jahre nach der Privatisierung, bisher seien nur die Pförtnerloge und die Kantine vorzeigbar renoviert worden.[148] Betrat man den angrenzenden Innenhof, bot sich ein eher deprimierendes Bild, wie britische Sozialwissenschaftler berichteten, die den Betrieb 1994 besuchten:

> »The square courtyard is surrounded by three storey buildings of venerable vintage in an apparent state of disrepair. The courtyard is full of large tin drums full of oil and wooden boxes crammed with sacks of cocoa beans. There is an acute shortage of storage space, we were told. Just-in-time obviously has not yet arrived.«[149]

Dennoch unternahmen auch diese Unternehmen große Anstrengungen, um Marketing und Vertrieb neu zu organisieren, und wandten den allergrößten Teil der erwirtschafteten Gewinne für Investitionen auf. Ebenso wie die von westlichen Konzernen übernommenen Firmen setzten die Mitarbeiterunternehmen auf die Modernisierung ihrer Produktionsanlagen sowie auf die Verlagerung der Produktion aus den historischen Fabrikgebäuden nahe der Stadtzentren an die Peripherie. Allerdings gingen diese Umstrukturierungen hier deutlich langsamer vonstatten. Ein entscheidender Unterschied war, dass Firmen wie Wawel und Jutrzenka wegen der langsamer voranschreitenden Automatisierung auf Entlassungen verzichteten, sondern sogar noch mehrere Hundert zusätzliche Beschäftigte einstellten. Dafür blieb das Lohnniveau in den ersten Jahren deutlich hinter dem der Konkurrenz zurück, was allerdings teilweise durch die

147 Siehe Leyk/Wawrzyniak: Cięcia, S. 95, 113.
148 Siehe Sierpińska: Dwie drogi prywatyzacji, S. 13.
149 Hardy/Rainnie: Restructuring Krakow, S. 218f.

Beibehaltung betrieblicher Sozialleistungen kompensiert wurde.[150] Dass man in Krakau als Erstes die Renovierung der Betriebskantine in Angriff nahm, lässt sich also auch als symbolischer Ausdruck dieser Prioritätensetzung lesen.

Ökonomisch gesehen standen Mitarbeiterfirmen auf längere Sicht nicht wesentlich besser oder schlechter da als auf anderem Wege privatisierte Staatsbetriebe. Bałtowski und Kozarzewski bewerten sie deshalb alles in allem als »Erfolg der polnischen Transformation«, wobei sie die überraschend positiven wirtschaftlichen Ergebnisse vieler dieser Unternehmen auf die positive Selektion durch die aktive Entscheidung von Management und Belegschaften zurückführen.[151] In den meisten Fällen unerfüllt blieben dagegen die Hoffnungen auf egalitäre Eigentumsstrukturen und gleichberechtigte Mitwirkungsmöglichkeiten für alle Beschäftigten. Schon bei einer von der Union für Arbeitnehmer-Eigentum (Unia Własności Pracowniczej) durchgeführten Befragung unter Mitarbeitern solcher Firmen im August 1992 beklagten 77 Prozent von ihnen, dass das Kontrollpaket der Anteile von der Direktion des vormaligen Staatsbetriebs gehalten werde.[152] Diese Tendenz sollte sich im Laufe der Zeit noch verstärken, denn der Kapitalanteil einfacher Mitarbeiterinnen und Mitarbeiter sank typischerweise durch spätere Börsengänge oder den Einstieg externer Investoren weiter ab. Angesichts oftmals niedriger Dividenden und der geringen Einflussmöglichkeiten auf die Unternehmensstrategie erwies sich die Kapitalbeteiligung für die Beschäftigten als weniger attraktiv als ursprünglich gedacht.[153] Das negative politische Klima gegenüber echter Mitarbeiterbeteiligung trug zusätzlich dazu bei, diesen Trend zu

150 Siehe ebd., S. 219 f.; Sierpińska: Dwie drogi prywatyzacji; Kamosiński: Losy wielkich przedsiębiorstw, S. 270 f.

151 Bałtowski/Kozarzewski: Zmiana własnościowa polskiej gospodarki, S. 235.

152 Vgl. Gardawski/Żukowski: Polityka i gospodarka w oczach pracowników, S. 29.

153 Vgl. Bałtowski/Kozarzewski: Zmiana własnościowa polskiej gospodarki, S. 231 f.; für eine kritische Analyse dieses Privatisierungsmodells als Strategie der bisherigen Betriebsleiter zur Sicherung ihrer Position siehe (am Beispiel eines staatlichen Landwirtschaftsbetriebs) Zbierski-Salameh: Bitter Harvest, S. 209–236.

beschleunigen.[154] Viele Mitarbeiterfirmen waren also von Anfang an eher Managerfirmen und näherten sich tendenziell gewöhnlichen Kapitalgesellschaften an. Dies war bei den Schokoladenfabriken nicht anders: Ebenso wie Jutrzenka wagte 1998 auch Wawel den Schritt an die Börse, und auch hier stieg nach einigen Jahren ein strategischer Investor ein, der sich die Kontrolle über das Unternehmen sicherte. Im Falle von Wawel war dies die mittelständische schwäbische Süßwarenfirma Hosta.

Ein unerwarteter Nebeneffekt dieses Privatisierungspfads war allerdings, dass die befragten Beschäftigten in Mitarbeiterunternehmen weniger traditionalistische ökonomische Einstellungen an den Tag legten als der Durchschnitt der Arbeitnehmer. Entgegen landläufiger Erwartungen war die Akzeptanz für die Regeln des freien Marktes bei ihnen nicht etwa niedriger, sondern sogar größer.[155] Dies deutet darauf hin, dass die Mitarbeiterprivatisierung mit ihren größeren subjektiven Handlungsspielräumen für die Arbeitnehmerinnen und Arbeitnehmer einen konstruktiven Beitrag zur Herausbildung und Aufrechterhaltung des gesellschaftlichen Konsenses über die Privatisierung leistete. Einerseits bot sie auch einfachen Arbeitnehmern gewisse Möglichkeiten, aktiv an der Umstrukturierung »ihres« Betriebs mitzuwirken, andererseits trug sie durch die Konservierung des hergebrachten paternalistisch-gemeinschaftlichen Betriebsklimas zur sozialen Stabilisierung während der Transformationskrise bei.[156]

Dagegen stellten die tiefen Eingriffe in Arbeitsbeziehungen und Unternehmenskulturen, wie sie beim Verkauf von Staatsbetrieben an westliche Konzerne üblich waren, die Akzeptanz der neuen Ordnung zuweilen auf eine harte Probe. In ihrer anthropologischen Mikrostudie zur Übernahme des Babynahrungsherstellers Alima in Rzeszów durch das US-Unternehmen Gerber hat Elizabeth Dunn herausgearbeitet, wie sehr diese Form der Privatisierung auf der Implementierung einer postfordistischen Gouvernementalität basierte, die darauf abzielte, die kollektivistisch geprägten Arbeiterinnen und Arbeiter zu autonom agierenden,

154 Vgl. Kowalik: www.polskatransformacja.pl, S. 172f.

155 Vgl. Gardawski/Żukowski: Polityka i gospodarka w oczach pracowników, S. 29f.

156 So das Fazit von Jawłowski: Prywatyzacja pracownicza, S. 207–209.

rechenschaftspflichtigen und risikobewussten Individuen umzuformen.[157] Die Soziologin Karolina Mikołajewska spricht nicht ohne Grund davon, dass solche Privatisierungen »cross-cultural encounters« zwischen verschiedenen ökonomischen Kulturen gleichkamen.[158] Wie alle Begegnungen dieser Art bargen sie das Risiko von Missverständnissen, subkutanen Verletzungen und Sprachlosigkeit.

Eine besondere Rolle kam in diesem Kulturkonflikt der Solidarność-Gewerkschaft zu, deren Repräsentanten auf Betriebsebene üblicherweise als moderierende Kraft und Träger eines legitimierenden Modernisierungsnarrativs auftraten.[159] Während sie ein erstaunlich hohes Einverständnis mit notwendigen Entlassungen bekundeten und die Kündigungslisten der Personalchefs zuweilen mehr oder weniger offen abnickten, kämpften sie hartnäckig gegen Bereicherungsversuche kommunistischer Nomenklatura-Eliten im Zuge des Privatisierungsprozesses. Sobald freilich die alten Direktoren aus dem Spiel waren, zeigte die Solidarność meist weniger Kampfgeist, wenn es darum ging, sich dem »Wohl der Firma« im Namen des Wohls der Arbeitnehmer entgegenzustellen. Mit dieser in politisch-ideologischen Fragen kämpferischen, in wirtschaftlich-betrieblichen Konflikten aber recht handzahmen Ausrichtung leistete die Solidarność einen wichtigen Beitrag dazu, die Hürden für pathologische Privatisierungen, wie sie im postsowjetischen Raum gang und gäbe waren, erheblich zu erhöhen. Zugleich tat sie aber wenig dafür, die Interessen ihrer Mitglieder in Konflikten mit den neuen Eigentümern effektiv zu vertreten oder den Zusammenhalt unter den Beschäftigten unter den schwierigen Bedingungen der Transformation zu stärken.[160] Entsprechend weit gehen die retrospektiven Urteile über die Rolle der Solidarność im Privatisierungsprozess selbst unter ehemaligen Aktiven der Gewerkschaft auseinander.[161]

157 Vgl. Dunn: Privatizing Poland, S. 6–23.
158 Vgl. Mikołajewska: Negotiated Meanings of Capitalism, S. 185.
159 Vgl. ebd., S. 207; Hardy/Rainnie: Restructuring Krakow, S. 232–241.
160 Vgl. Ost: The Defeat of Solidarity, S. 150–154.
161 Vgl. Wawrzyniak: Transforming Industry, S. 196–199.

Obwohl es auch in Polen im Zuge der Privatisierung von Tausenden staatseigener Betriebe zu einer Vielzahl größerer und kleinerer Skandale kam,[162] scheint die immer wieder aufflammende öffentliche Empörung über den vermeintlichen Ausverkauf des nationalen Tafelsilbers nur teilweise berechtigt. Die wenig systematische polnische Privatisierungspolitik und der nicht selten improvisierte Ablauf der Privatisierungsverfahren brachten es sicherlich mit sich, dass manche rentable industrielle Perle unter Wert an findige einheimische Geschäftsleute oder an ausländische Investoren verkauft wurde. Im Fall der erst in den 1980er-Jahren mit westlicher Technologie errichteten Papierfabrik in Kwidzyn (Marienwerder), des ersten Staatsbetriebs dieser Größenordnung, der an einen ausländischen Investor veräußert wurde, zeigte sich ein führender Manager des US-Konzerns International Paper sogar öffentlich begeistert davon, dass es ihm gelungen sei, eine »total moderne« Fabrik zu kaufen, für deren Bau der polnische Staat »vermutlich drei- bis viermal so viel Geld« ausgegeben habe.[163]

Dennoch war der Verkauf an einen ausländischen Investor für manchen maroden Staatsbetrieb keineswegs die schlimmste denkbare Option. Andernorts führten Misswirtschaft, Inkompetenz und innerbetriebliche Rivalitäten zu Entscheidungsblockaden, die der Erarbeitung einer rationalen Restrukturierungsstrategie im Wege standen. So erinnerte sich der ehemalige Ministerpräsident Jan Krzysztof Bielecki mit Schaudern an einen Besuch in dem Warschauer Traktorenwerk Ursus im Juli 1991: »Mit der Restrukturierung von Ursus befasste sich erst der eine, dann der andere Vizeminister, noch andere Institutionen waren da engagiert, und trotzdem gab die Fabrik ein Bild ab, das an kompletten Surrealismus den-

162 Siehe exemplarisch Bernhardt-Kowalska/Chojnacki/Szyc (Hg.): 100 kontroli z archiwum NIK, S. 142–241; Tittenbrun: Z deszczu pod rynnę, 4 Bde.

163 Purchasing a Plant in Poland. An interview with International Paper's C. Cato Ealy, in: Journal of Business Strategy 14 (1993), Nr. 2, S. 38–45, hier S. 40f., Kopie in ARM, URM, 2599/13, t. 2; siehe dagegen die positive Bewertung der Transaktion in dem Schreiben des Ministers für Eigentumsumgestaltung Janusz Lewandowski an Ministerpräsidentin Hanna Suchocka vom 9.7.1993, ARM, URM, 2599/13, t. 2.

ken ließ.«[164] Wieder andere staatseigene Fabriken hatten wegen hoffnungslos veralteter Technologien, fehlender Absatzmärkte oder übermächtiger ausländischer Konkurrenz von vornherein kaum Überlebenschancen.

Am Ende wurde ein Viertel aller Industriebetriebe abgewickelt, und jeder dritte Arbeitsplatz, der 1988 in der polnischen Industrie existiert hatte, fiel der Transformation zum Opfer. Angesichts dessen kann man mit gutem Recht von einer postsozialistischen Deindustrialisierung Polens sprechen.[165] Karol Modzelewski, der sich 1980–1981 intensiv in der Breslauer Regionalorganisation der Solidarność engagiert hatte, ließ in seinen Memoiren anklingen, dass dies viel mehr bedeutete als nur einen strukturpolitischen Aderlass:

> »Der unwiderrufliche Ruin der polnischen Fabriken ist für mich keine Abstraktion. Ich kannte diese Orte und diese Menschen. In Breslau war ich auf Demonstrationen und Versammlungen bei *PaFaWag, Dolmel, Elwro, Archimedes, Hydral,* in den Werken von *Prodem-Polar, Fadrom, Hutmen,* in der Fabrik für Drehautomaten. Ich kannte die Gewerkschafter aus den dortigen Betriebskommissionen gut und fühlte, dass wir mit ihnen Seite an Seite standen. Fast alle diese Fabriken existieren nicht mehr oder sind auf geringe Restausmaße geschrumpft. [...] Zusammen mit den liquidierten Fabriken wurden die sozialen Bande zerstört, die aus den dortigen Belegschaften solidarische Gemeinschaften machten.«[166]

Der Verlust von 2,4 Millionen Industriearbeitsplätzen kam den Kollaps jenes sozialen Kosmos gleich, der mit den staatssozialistischen Industriebetrieben verbunden gewesen war. Neben dem Zusammenbruch der staatlichen Landwirtschaftsgüter, der vor allem in den ehemaligen deutschen Ostgebieten in Nord- und Westpolen katastrophale soziale Folgen nach sich zog,[167] lag hierin die maßgebliche Ursache für den rapiden Anstieg

164 Rozmowa Stanisława Gomułki z Janem Krzysztofem Bieleckim, S. 32; vgl. auch Bieleckis Schilderung in Paradowska/Baczyński (Hg.): Teczki liberałów, S. 34f.

165 Vgl. Karpiński u. a.: Od uprzemysłowienia w PRL, S. 110–112; Leyk/Wawrzyniak: Cięcia, S. 36f.

166 Modzelewski: Zajeździmy kobyłę historii, S. 396.

167 Vgl. Machałek: Rok 1989 a Państwowe Gospodarstwa Rolne; Materka: Dystopia's Provocateurs, S. 173–193.

der offenen und verdeckten Arbeitslosigkeit, den dauerhaft gesunkenen Erwerbstätigkeitsgrad und die Emigration von über zwei Millionen Menschen, die Polen seit 1989 auf der Suche nach Arbeit und einer besseren Zukunft verlassen haben – die meisten von ihnen wohl für immer.

Insgesamt fällt die Bilanz der Deindustrialisierung Polens nach 1989 dennoch differenzierter aus. So blieb der staatliche Einfluss in einigen klassischen Sektoren der Schwerindustrie relativ hoch, insbesondere im Energiesektor und im Kohlebergbau (bis zum EU-Beitritt auch im Schiffbau).[168] Vor allem in dem auf das oberschlesische Revier konzentrierten Kohlebergbau, dem symbolisch und materiell privilegierten Leitsektor der staatssozialistischen Industriemoderne, erwies sich die Beharrungskraft der während des Staatssozialismus ausgeprägten soziokulturellen Sinnwelt als groß genug, dass Gewerkschaften und regionale Interessenvertreter sich radikalen Privatisierungs- und Restrukturierungsmaßnahmen lange widersetzen konnten.[169]

Auf längere Sicht zeigte sich außerdem, dass die vergleichsweise zögerliche Herangehensweise an die Privatisierung der Großbetriebe in Polen unbeabsichtigte Vorteile zeitigte. Zum einen wurden auf diese Weise die Verfestigung oligarchischer Strukturen wie in Russland und der Ukraine sowie eine erneute, durch den Zusammenbruch des Bankensystems verursachte Transformationskrise wie in Tschechien vermieden. Zum anderen gewannen Management und Belegschaften der Staatsbetriebe wertvolle Zeit, die Restrukturierung aus eigenem Antrieb in Angriff zu nehmen, was sie in vielen Fällen wegen der Aussicht auf privilegierte Zuteilung von Belegschaftsaktien auch taten.[170] Der Marktliberale Stanisław Gomułka resümierte zufrieden, dass im Zuge solcher Restrukturierungen letzten Endes der Markt dafür gesorgt habe, ineffektiv genutzte Maschinen und Anlagen aus dem staatlichen in den privaten Sektor zu überführen. Diese »asset privatization« habe das rasante Wachstum des einhei-

168 Vgl. dazu Brunnbauer u. a.: In den Stürmen der Transformation.
169 Vgl. Sutowski: Kto rządzi polskim węglem, S. 203–215.
170 Vgl. King/Sznajder: The State-Led Transition to Liberal Capitalism; Piątkowski: Europe's Growth Champion, S. 194–198.

mischen Privatsektors in den ersten Transformationsjahren entscheidend unterstützt.[171]

Schließlich begann sich mit der Aussicht auf den Beitritt Polens zur Europäischen Union auch das Blatt für die polnische Industrie zu wenden. Seit der zweiten Hälfte der 1990er-Jahre zog Polen, ebenso wie seine ostmitteleuropäischen Nachbarländer, zunehmend erfolgreich ausländische Direktinvestitionen an, die zu einem beträchtlichen Teil in das produzierende Gewerbe flossen. Da die Abfolge von staatssozialistischer Industrialisierung und postsozialistischer Deindustrialisierung eine große Zahl gut ausgebildeter und vergleichsweise günstiger Arbeitskräfte hinterlassen hatte, waren Investitionen in neue Produktionsstandorte für westliche Konzerne so attraktiv, dass auch wieder in nennenswertem Umfang neue Industriearbeitsplätze entstanden. Diese Entwicklung ging freilich mit einem grundlegenden Umbau der Industriestruktur einher, die zu großen Teilen auf den Status einer verlängerten Werkbank der westeuropäischen, vor allem der deutschen Industrie reduziert wurde. Die angestrebte »Rückkehr nach Europa« ist also Wirklichkeit geworden; allerdings hat sich unterwegs die periphere Position Ostmitteleuropas in neuem Gewand reproduziert.[172]

171 Siehe Rozmowy ze Stanisławem Gomułką, in: Gomułka/Kowalik (Hg.): Transformacja polska. Dokumenty i analizy 1990, S. 31–89, hier S. 82.

172 Vgl. Hardy: Poland's New Capitalism; Berend: From the Soviet Bloc to the European Union, S. 107–133.

# Schluss: Wie der Kapitalismus nach Polen kam

Wie in den vorangegangenen Kapiteln dieses Buches deutlich geworden ist, war es ein weiter und alles andere als geradliniger Weg von der Solidarność-Bewegung der Jahre 1980–1981 bis zur makroökonomischen Schocktherapie des Balcerowicz-Plans und der in den 1990er-Jahren begonnenen Privatisierung des staatssozialistischen »Volkseigentums«. Sowohl unter Wirtschaftsexperten als auch in der Wahrnehmung von Laien waren die Koordinaten der dominierenden ökonomischen Leitbilder schon lange vor dem politischen Systemwechsel in Bewegung geraten. Nachdem das für die staatssozialistische Variante der industriellen Moderne elementare kollektivistisch-egalitaristische Vergemeinschaftungsmodell ausgerechnet in der Massenbewegung um die unabhängige Gewerkschaft Solidarność einen letzten authentischen Höhepunkt erreicht hatte, schlug das Pendel nach deren brutaler Niederschlagung während des Kriegsrechts in die entgegengesetzte Richtung aus. Nicht nur die versprengten Neoliberalen in den oppositionellen Untergrundmilieus, sondern auch viele Wirtschaftsfunktionäre der Partei machten sich zusehends eine individualistische, auf Wettbewerb und Eigennutz orientierte Deutung der sozialen Wirklichkeit zu eigen. Gleichwohl blieben radikal wirtschaftsliberale Visionen des Kapitalismus sowohl im offiziellen als auch im oppositionellen Spektrum Randerscheinungen und waren weit davon entfernt, echten Widerhall in breiten Kreisen der polnischen Bevölkerung zu finden. Ihr politischer Durchbruch in den 1990er-Jahren blieb angefochten und umkämpft, auch weil die grundlegenden Richtungsentscheidungen im Sommer und Herbst 1989 ohne adäquate demokratische Legitimation getroffen wurden.

Eines der Anliegen dieses Buches war zu zeigen, dass sich die Genealogie der marktliberalen Transformation in Polen weder auf das Wirken einzelner Männer, die Geschichte machten, noch auf die mechanische Umsetzung eines von westlichen Finanzinstitutionen erzwungenen Austeritätsprogramms reduzieren lässt. Zwar übten der Internationale Währungsfonds und die westlichen Gläubiger in der Tat erheblichen Druck auf die hochverschuldeten polnischen Regierungen aus, und in den turbulenten Sommermonaten des Jahres 1989 kam auch einzelnen Personen und ihren Entscheidungen erstaunlich große Bedeutung für die Ausgestaltung des Übergangs in die Marktwirtschaft zu. Doch für den Transfer wirtschaftsliberaler und kapitalistischer Denkweisen aus dem Westen brauchte es mehr als nur ein paar eloquente Berater vom Schlage eines Jeffrey Sachs. Marktradikale Ideen konnten nur deshalb eine derart starke Wirkung entfalten, weil sie bei den polnischen Eliten auf fruchtbaren Boden fielen, der wiederum seit Jahren durch sukzessive Verschiebungen in den ökonomischen und wirtschaftspolitischen Debatten vorbereitet worden war. »Ideas moved first in the arena of economic debate«, könnte man mit Daniel Rodgers sagen[1] – doch taten sie dies nicht im luftleeren Raum, sondern in spezifischen politischen und sozialen Kontexten, zu denen nicht zuletzt die scheinbar profanen Handlungsräume alltäglicher wirtschaftlicher Praktiken gehörten.

Der polnische Weg vom Staatssozialismus in den Kapitalismus belegt zudem, womöglich in größerer Klarheit als die parallelen Entwicklungen in anderen Ländern des östlichen Europas, wie eng wirtschaftliche Leitbilder mit Vorstellungen von einer guten gesellschaftlichen und politischen Ordnung verknüpft waren. Die Sphären von Politik und Wirtschaft ließen sich in der Transformationszeit zwischen Spät- und Postsozialismus kaum jemals getrennt voneinander denken; vielmehr gingen die im Wandel begriffenen Vorstellungen über die wirtschaftliche Ordnung wechselhafte Beziehungen mit Ideen von Selbstwirksamkeit, Handlungsmacht und Demokratie ein. Diejenigen, die sich den Aufbau von Kapitalismus und

1 Rodgers: Age of Fracture, S. 11.

Demokratie als selbstbestimmten und partizipativen Prozess »von unten« vorstellten, mussten sich dabei immer wieder aufs Neue mit denjenigen arrangieren, die den Übergang zur Marktwirtschaft als »von oben« durch aufgeklärte Eliten und Experten zu steuernde »Transformation« begriffen. In den Kapiteln dieser Studie ging es nicht zuletzt darum, ihren jeweiligen Anteil an dem historischen Wandlungsprozess abzuwägen, den Polen in den 1980er- und 1990er-Jahren als erstes Land der Region durchschritt.

Die Katalysatorfunktion aktiven Handelns von unten für die gesellschaftliche Aneignung marktorientierter Leitbilder zu betonen, heißt deshalb nicht, das vermeintlich schöpferische Chaos der Schwarzmärkte und Basare zu romantisieren oder gar die entscheidende Rolle politisch-administrativer Regelsetzung (oder deren zeitweiliger Vernachlässigung) für die Verteilung der Startchancen in diesen neuen marktwirtschaftlichen Handlungsräumen zu vernachlässigen. Wenn auf den vorangegangenen Seiten beinahe ebenso viel von der (ethisch und ästhetisch sicher nicht immer einwandfreien) Konstituierung wirtschaftlicher Praxisräume die Rede war wie von den ökonomischen Fachdisputen und wirtschaftspolitischen Debatten, die diese Entwicklungen theoretisch und politisch einzuholen und weiterzudenken suchten, dann geschah dies, um den wechselseitigen Bezügen zwischen diesen Ebenen nachzuspüren, die bei getrennter Betrachtung gar nicht in das Blickfeld geraten würden. Dahinter steht letzten Endes das von Karl Polanyi aufgeworfene und später von Mark Granovetter auf der Grundlage der soziologischen Netzwerktheorie reformulierte Problem der gesellschaftlichen und sozialmoralischen Einbettung *(embeddedness)* marktwirtschaftlicher Handlungsräume.[2] Indem diese Studie die Interferenzen zwischen dem praktischen Handeln auf den immer größere realwirtschaftliche Geltung beanspruchenden Märkten, der politischen (De-)Regulierung dieses Handelns und den darauf bezogenen normativen Werturteilen am empirisch-historischen

2 Vgl. klassisch Polanyi: The Great Transformation; Granovetter: Economic Action and Social Structure; systematisierend Beckert: The Great Transformation of Embeddedness; mit Blick auf die postsozialistische Transformation im östlichen Europa Hann: Repatriating Karl Polanyi.

Material herausarbeitet, lässt sie sich auch als Beitrag zu einem historisch spezifischen Verständnis der von Polanyi angenommenen »Pendelbewegung« zwischen sozialer Ein- und Entbettung von Märkten lesen. Mit der bloßen Feststellung, dass Märkte immer mehr oder weniger sozial eingebettet seien, ist schließlich wenig gewonnen – entscheidend ist vielmehr die Frage, in welchem spezifischen Verhältnis der Übergang von der planmäßigen zur marktförmigen Koordination der Wirtschaft zu dem parallelen Wandel der sozialen und politischen Ordnung stand.[3]

Auch wenn die massenhafte Aneignung marktwirtschaftlicher Praxiserfahrungen durch einfache Polinnen und Polen in den späten 1980er- und frühen 1990er-Jahren also erheblichen Einfluss auf die gesellschaftlich verbreiteten Vorstellungen über die Marktwirtschaft hatte, bedeutet dies nicht notwendigerweise, dass aus dem Milieu derjenigen, die sich in den Polonia-Firmen oder auf den »Polenmärkten« der Wendezeit betätigten, auch die wirtschaftlichen Eliten des entstehenden polnischen Kapitalismus hervorgingen. Wie soziologische Untersuchungen vom Ende der 1990er-Jahre zeigen, war rund ein Drittel der damals aktiven mittelgroßen Privatunternehmen (mit 15 bis 250 Mitarbeitern) bereits vor dem politischen Systemwechsel gegründet worden, 12,5 Prozent sogar schon vor 1987. Dieser Anteil war also durchaus relevant, aber keineswegs überwältigend. Auffällig war hingegen, dass 62,5 Prozent der Eigentümer der untersuchten mittelgroßen Firmen aus dem Milieu ehemaliger Direktoren und Leiter von Staatsbetrieben stammten, also der technisch-wirtschaftlichen Elite des alten Systems angehört hatten.[4]

Dass viele von denen, die vor dem Systemwechsel auf der gesellschaftlichen Leiter oben standen, sich auch danach dort wiederfanden, mochte mancher Vorstellung von historischer Gerechtigkeit eklatant widersprechen. Allerdings erscheint es kaum möglich, historisch trennscharf zwischen unternehmerischem Pioniergeist und den nicht selten zweifelhaften Methoden zu unterscheiden, mit denen manch skrupel-

3 Vgl. Beckert: The Great Transformation of Embeddedness, S. 50–55.
4 Vgl. Gardawski: Prywatna przedsiębiorczość III Rzeczpospolitej, S. 133f.

loser Glücksritter und opportunistischer Parteifunktionär unter den unsortierten und widersprüchlichen Umständen der Transformationszeit zum Klein- oder sogar Großkapitalisten aufstieg.[5] Die neue sinnweltliche und soziale Ordnung, die Individualismus und Eigennutz anstelle von Kollektivismus und Gemeinwohl in ihr ideelles Zentrum stellte, war zumindest am Anfang auf Pioniere angewiesen, die nicht auf Anweisung von oben warteten, sondern ihre Interessen selbst in die Hand nahmen. Erst im Zuge der voranschreitenden politischen, ökonomischen und rechtlichen Stabilisierung der kapitalistischen Ordnung standen dieser in zunehmendem Maße auch disziplinierende Mittel zur Verfügung, um das Projekt der Umformung der Individuen zu eigenverantwortlichen, agilen und flexiblen Subjekten durchzusetzen, das Anthropologinnen wie Elizabeth Dunn als eigentlichen Kern der neoliberalen Transformation begreifen.[6]

Aufs Ganze gesehen war es trotzdem weniger die Freude an unternehmerischen Experimenten und individualistischen Aufbrüchen, die den Verlauf der spät- und postsozialistischen Transformation im östlichen Europa prägte, als vielmehr der Überdruss an sozialen Großversuchen. Als solcher hatte sich der Staatssozialismus hinreichend diskreditiert, und zwar nicht, weil niemand seine Werte und Ziele geteilt hätte, sondern weil sich das System notorisch außerstande zeigte, sein großes Versprechen einer besseren Zukunft einzulösen. Deshalb schwand in Polen im Verlauf der 1980er-Jahre auf beiden Seiten der politischen Barrikade das Vertrauen in die Möglichkeit kollektiv begangener Wege, und der resignative Wunsch, einfach nur in einem »normalen Land« leben zu können, wurde weit über systemkritische Nischen hinaus zum minimalistischen Maß aller Dinge.[7] Unter diesen Umständen kam der Markt nicht als abstrakte Verheißung nach Polen, sondern in Form einer konkreten, spätestens seit der zweiten Hälfte der 1980er-Jahre allgegenwärtigen Praxis.

5 Vgl. Strzałkowski: Polityczne i społeczne uwarunkowania, S. 350 f.
6 Vgl. Dunn: Privatizing Poland, S. 6–23.
7 Siehe exemplarisch Zdzisław Pietrasik: Czy możemy wybić się na normalność?, in: Polityka, Nr. 36 vom 3.9.1988, S. 1, 11.

Diese alltagspraktisch plausibilisierte Attraktivität des Marktes gab den zunächst noch marginalen Neoliberalen Rückenwind, die den Koordinationsmechanismus des Marktes kurzerhand auf Wirtschaft und Gesellschaft als Ganze übertragen wollten. Sie versprachen einen realistischen Ausweg aus dem ideellen Vakuum, das Kriegsrecht und Dauerkrise in Polen hinterlassen hatten und das der Historiker und oppositionelle Intellektuelle Henryk Samsonowicz im Frühling 1987 so beschrieb:

> »Alle Ideen, alle theoretischen Konzepte, die in der Zukunft unser Handeln gestalten könnten, haben sich kompromittiert. Es kann gegenwärtig keine Rede sein von irgendeiner Ideologie, die den Realsozialismus stützt. Auf der anderen Seite besteht die Ansicht, dass die Solidarność [und] fast alles, was mit dieser Bewegung verbunden war [...], im Jahre '81 verloren hat.«[8]

Die Erschöpfung der bislang miteinander konkurrierenden weltanschaulichen Leitbilder ließ den neoliberal unterfütterten Individualismus als letzte ideologische Option erscheinen, die noch übrig blieb. Die schleichende Aushöhlung komplexer, auf die gesellschaftliche Makroebene und kollektiven Zusammenhalt orientierter Deutungsmuster und Narrative, die Daniel Rodgers als ideengeschichtliches Signum des letzten Viertels des 20. Jahrhunderts skizziert hat,[9] fand in Polen im Zeitraffer weniger Jahre statt. Ihre wichtigste Etappe war die gewaltsame Zerschlagung der Solidarność als Massenbewegung sowie die (meist weniger beachtete, aber ebenso nachhaltige) Marginalisierung der kommunistischen Partei durch die Militärjunta während des Kriegsrechts.[10] Die durch die ökonomischen Disparitäten begünstigte Verlagerung sozialer Energien in die Privatwirtschaft, die mit dem Boom der Polonia-Unternehmen seit 1982 begann und sich nicht zuletzt in der Übernahme marktwirtschaftlicher

8 Drugi etap? Dyskusja z udziałem Ryszarda Bugaja, Cezarego Józefiaka, Przemysława Hniedziewicza, Szymon Jakubowicza, Jerzego Jedlickiego, Tadeusza Kowalika, Henryka Samsonowicza, Włodzimierza Wesołowskiego, Andrzeja Wielowieyskiego, in: »21«, 1987, Nr. 4, S. 28–41, hier S. 28.

9 Vgl. Rodgers: Age of Fracture, S. 5f.

10 Vgl. Modzelewski: Zajeździmy kobyłę historii, S. 338–343.

Selbstdeutungen in der oppositionellen Untergrundpresse niederschlug, tat ein Übriges, um diese Entwicklung weiter zu beschleunigen. Das Ergebnis dieses Erosionsprozesses las sich in einem Report des regierungseigenen Meinungsforschungsinstituts CBOS vom Januar 1989 so:

> »Wege zur Bewältigung (oder Überwindung) der Krise mittels gesamtgesellschaftlicher Lösungen [...] bleiben in der öffentlichen Meinung praktisch unbeachtet. Die Flucht aus der Krise, vor ihren beschwerlichen Begleiterscheinungen, ist eine Flucht aus der Gemeinschaft, eine Abkehr vom gemeinsamen, von der Mehrheit geteilten Schicksal.«[11]

Posener Studenten, die sich in den Wendejahren als Kleinhändler auf dem West-Berliner »Polenmarkt« über Wasser hielten, formulierten denselben Befund etwas trivialer:

> »Der Dollar knackt die 5000[-Złoty-Marke] – wir fahren nach Berlin.
> Gorbatschow verkündet das Ende der Breschnew-Doktrin
> – wir nach Berlin.
> Jaruzelski wird Präsident – nach Berlin.
> Mazowiecki bildet die Regierung – unsere Antwort ist Berlin!«[12]

Die welthistorischen politischen Umbrüche des Jahres 1989 traten in dieser subjektiven Perspektive gegenüber der individualistischen »Antwort« auf die Krise in den Hintergrund. Dabei überlagerte sich die Flucht aus dem regulären Arbeitsmarkt und den heimischen politischen Verhältnissen nicht zufällig mit einer räumlichen Bewegung gen Westen.[13] Diese

11 O czym się mówiło w 1988 roku? Komunikat z badań CBOS, Januar 1989, zit. nach Przeperski: Sytuacja nierewolucyjna, S. 99.

12 Dieses Credo wurde allerdings retrospektiv kolportiert und dabei womöglich etwas ästhetisiert. – Piotr Głuchowski/Marcin Kowalski: Katastrofa w złotym trójkącie, in: Gazeta Wyborcza, Nr. 157 vom 7.7.2009, S. 12f.

13 Auf ähnliche Weise hat die Punkrock-Band Big Cyc in ihrem Hit Berlin Zachodni (»West-Berlin«) von 1990 den Alltag der polnischen Händler in West-Berlin verewigt. Dessen Konvention changierte zwischen rebellischer Subversivität und resigniertem Achselzucken, wie der folgende Textauszug illustriert: »Jakaś karafka, stary zegarek / Trzeba zarobić te parę marek / Renta, stypendium, wyżyć się nie da / Tu kupisz tam sprzedasz nie weźmie cię bieda.« (»Irgendeine Karaffe, eine alte Uhr, /

Fokussierung auf individuelle wirtschaftliche Auswege war zweifellos eine Reaktion auf den jahrelangen politischen Stillstand, den die Polinnen und Polen in den vorangegangenen Jahren erlebt hatten. Dass sie sogar im Angesicht des nunmehr rasant beschleunigten politischen Wandels die Oberhand behielt, lässt die Tiefe der Depolitisierung erahnen, die damals große Teile der polnischen Bevölkerung erfasst hatte.

Wie weit vergleichbare Wahrnehmungen des politischen und wirtschaftlichen Umbruchs verbreitet waren, bestätigt auch eine aufschlussreiche Beobachtung der Journalistin Aleksandra Boćkowska. In Gesprächen mit Zeitzeugen der Transformation sei sie »überraschend häufig« gefragt worden, »wann eigentlich die kommunistische Volksrepublik zu Ende war und ob sie in den 80er-Jahren noch existierte«.[14] Diese auf den ersten Blick verwunderliche Vergesslichkeit lässt sich nicht allein mit dem Verblassen der menschlichen Erinnerung erklären. Zwar fehlte es dem ausgehandelten polnischen Systemübergang in der Tat an revolutionären Zäsuren, die sich als einprägsame Merkpunkte angeboten hätten. Vor allem aber hatte die kommunistische Sinnwelt in Polen bereits lange vor 1989 abgedankt, sodass die Aufmerksamkeit vieler Menschen für die als zweitrangig empfundenen politischen Veränderungen hinter ihren drängenden wirtschaftlichen Alltagssorgen zurücktrat. Selbst der spektakuläre Wahlsieg des Solidarność-Lagers in den ersten teilweise freien Parlamentswahlen vom 4. Juni 1989 markierte nur für eine politisch engagierte Minderheit eine intensiv erlebte Erfahrungszäsur und verblasste bald angesichts der eskalierenden Inflationsspirale, die mit der übereilten Freigabe der Lebensmittelpreise durch die abgewählte Regierung Rakowski wenige Wochen später einen neuen Höhepunkt erreichte.

Die Resignation weiter Teile der Bevölkerung und ihre Abkehr von politischen Partizipationsansprüchen war eine wesentliche Vorbedingung

Man muss diese paar Mark verdienen, / von Rente oder Stipendium kann man nicht leben. / Hier kaufst du, dort verkaufst du, damit die Armut dich nicht holt.«) – Songtext nach https://www.tekstowo.pl/piosenka,big_cyc,berlin_zachodni.html (Zugriff am 29.3.2022).

14 Boćkowska: Można wybierać, S. 8.

dafür, dass Wirtschaftsliberale wie Leszek Balcerowicz für ihre radikalen Reformkonzepte auf politische Rückendeckung von Galionsfiguren der christdemokratischen und sozialistischen Flügel der vormaligen Oppositionsbewegung wie Tadeusz Mazowiecki und Jacek Kuroń zählen konnten. Auch wenn marktradikale Ansichten seit einigen Jahren sowohl im Oppositions- als auch im Regierungslager im Aufwind gewesen waren, boten erst die politische Erschöpfung der polnischen Gesellschaft und der von revolutionären Hochgefühlen weitgehend freie Machtwechsel infolge des Elitenkompromisses am Runden Tisch die Gelegenheit, die von der Solidarność ursprünglich gehegten Vorstellungen von Wirtschaftsdemokratie, egalitaristisch verstandener Gerechtigkeit und kollektiver Solidarität stillschweigend zu den Akten zu legen. Wie Jerzy Szacki konstatierte, »gewannen die prokapitalistischen Reformen [in Polen und anderen ostmitteleuropäischen Ländern] eine Unterstützung, die in krassem Missverhältnis zur politischen Stärke der Liberalen stand«.[15] Dass langjährige profilierte Dissidenten und erfahrene Gewerkschafter sich bereitfanden, einen sprichwörtlich gewordenen »Schutzschirm« über den Balcerowicz-Plan zu halten, lag nicht zuletzt daran, dass viele von ihnen die Wechselwirkungen zwischen wirtschaftlicher und politischer Ordnung augenscheinlich unterschätzten. Sorge bereitete Szacki deshalb die unverkennbare Schwäche des *politischen* Liberalismus, der sich für liberale Werte um ihrer selbst willen einsetzt und nicht nur aus »Sorge um die Zukunft des ›Geistes des Kapitalismus‹«.[16]

In der Tat galt das Interesse derjenigen polnischen Politiker, die sich selbst als Liberale verstanden, primär dem Aufbau einer effizienten Marktwirtschaft und nicht so sehr den voraussetzungsreichen Grundlagen von freiheitlicher Demokratie und offener Gesellschaft. Selbst Waldemar Kuczyński, dem man seinen Einsatz für die gewerkschaftliche Solidarność-Bewegung von 1980–1981 ebenso wenig absprechen kann wie sein späteres publizistisches Engagement gegen illiberale Tendenzen

15 Szacki: Der Liberalismus nach dem Ende, S. 329.
16 Vgl. ebd., S. 317–322, Zitat S. 295.

in der polnischen Politik, redete während seiner kurzen Amtszeit als erster polnischer Privatisierungsminister dem Primat des wirtschaftlichen Eigeninteresses über demokratische Partizipation das Wort. Im November 1990 antwortete er auf die kritische Frage eines Journalisten, ob der elitäre Politikstil der Mazowiecki-Regierung nicht die Gefahr gesellschaftlicher Apathie mit sich bringe:

> » [...] ich bin für ›Apathie‹, wenn man darunter versteht, sein Schicksal selbst in die Hand zu nehmen, an sich selbst zu arbeiten, Geschäfte zu machen. Ich möchte nicht, dass wir in Polen noch einmal das Jahr 1981 erleben, als die Gesellschaft einer Politisierung unterlag, die schließlich nicht ewig anhalten konnte. Die Depolitisierung der Gesellschaft betrachte ich nicht als negatives Phänomen. [...] Aus politischer Gärung entsteht meistens Unglück.«[17]

Für ein Mitglied einer Regierung, die für sich selbst eine Pionierrolle bei der Rückkehr des östlichen Europas zu Freiheit und Demokratie in Anspruch nahm, waren das bemerkenswerte Worte, die allenfalls im Kontext des polemisch geführten Wahlkampfes zwischen Mazowiecki und Wałęsa um das Präsidentenamt verständlich werden. Die Hardliner unter den polnischen Kommunisten, die Kuczyński und seinesgleichen noch ein paar Jahre zuvor hinter Gitter gesperrt und ins Exil getrieben hatten, hätten sein Urteil über »politische Gärung« gewiss geteilt.

Allerdings hatten gerade die Jüngeren unter den Stützen des alten Regimes die Zeichen der Zeit ohnehin schon seit Längerem erkannt und ließen sich nicht lange bitten, ihr Schicksal ganz im Sinne Waldemar Kuczyńskis selbst in die Hand zu nehmen – so auch Krzysztof Grządziel, der vom Ersten Sekretär des PZPR-Stadtkomitees von Włocławek (Leslau) zu einem der hundert reichsten Polen aufstieg. Nach der vernichtenden Niederlage der Partei in den Juniwahlen habe er nicht lange gejammert, sondern sofort begonnen, »darüber nachzudenken, wie ich mein Leben einrichten könnte«. Noch im Herbst 1989 legte der damals 35-Jährige eine

17 Z Waldemarem Kuczyńskim ministrem ds. przekształceń własnościowych rozmawia Jerzy Papuga, in: Konfrontacje, Nr. 11 vom November 1990, S. 6f.

Johannisbeerplantage an, bevor er mit Geschäftspartnern eine Fabrik für Schraubverschlüsse errichtete, die heute zu den größten der Welt gehört. »Natürlich hatte ich es leichter, weil ich in der Partei gearbeitet hatte. Die Partei war eine Schule des Lebens, ich habe Leute kennengelernt, ich hatte Kontakte. Man kannte mich als soliden Menschen. Die Bank, die mir den Kredit gegeben hat, wusste, wer dieser Grządziel ist.« Dass auch Rakowskis Vizepremier Ireneusz Sekuła, der in den 1990er-Jahren in eine Reihe von Wirtschaftsskandalen verwickelt war, zu den Mitgründern seiner Firma gehörte, erwähnt Grządziel heute lieber nicht mehr. An seinen politischen Überzeugungen hat sich trotz seines außergewöhnlichen Erfolgs im Kapitalismus aber nichts geändert: »Das damalige System war für die Menschen da.« Mit dem Balcerowicz-Plan könne er sich bis heute nicht abfinden.[18]

Während Grządziel seine Kontakte als hauptamtlicher Parteifunktionär zu nutzen wusste, gehörten die Arbeiter in der staatseigenen Großindustrie, die einst den Kern der sozialen Basis der Solidarność-Bewegung gestellt hatten, zu den größten Verlierern des Wandels. Die rigide Fiskalpolitik Balcerowiczs, die Lohnkontrolle durch die Popiwek-Steuer und die Abschöpfung von Betriebskapital aus der Substanz mithilfe der sogenannten Dividende mochten zum Zwecke der Inflationsbekämpfung unvermeidlich sein; sie wälzten deren Kosten jedoch einseitig auf die Staatsbetriebe und deren Beschäftigte ab. Zudem hielt Balcerowicz so lange wie möglich an diesen nicht gerade zimperlichen fiskalischen Maßnahmen fest, offensichtlich mit dem Ziel, staatliche Unternehmen zu Restrukturierungsmaßnahmen zu drängen und diese perspektivisch auf die Privatisierung vorzubereiten. Dagegen erfreute sich der wachsende Privatsektor (so auch der frisch gebackene Jungunternehmer Grządziel) gezielter Förderung.

Offenbar waren sich nicht alle politischen Entscheider über den sozialen und politischen Sprengstoff im Klaren, den der von Balcerowicz und seinen Weggefährten in die Wege geleitete Umbau der desolaten

18 Alle Zitate aus Boćkowska: Można wybierać, S. 152–154.

polnischen Wirtschaft mit sich brachte. Dies lässt sich aus einem Gespräch zwischen Tadeusz Mazowiecki und seinem Vertrauten Waldemar Kuczyński folgern, das einige Monate nach dem Start der Schocktherapie stattfand. Da viele Staatsbetriebe sich trotz des beispiellosen Wirtschaftseinbruchs und der fiskalischen Daumenschrauben Balcerowiczs überraschend robust zeigten, wunderte sich Kuczyński: »Was ist los, sie sollten längst pleite sein, aber sie gehen nicht pleite!« Der damalige Ministerpräsident berichtete später, er habe bei diesen Aussichten eine Gänsehaut bekommen und auf die soziale Abfederung der entstehenden Marktwirtschaft gehofft – schließlich waren es die Arbeiter ebendieser Betriebe gewesen, die ihn und die Seinen mit ihren Streiks und Protesten an die Macht gebracht hatten.[19] Zwar gelang es Mazowieckis Sozialminister Jacek Kuroń tatsächlich, dem gestrengen Kassenwart Balcerowicz im Gegenzug für die politische Unterstützung der wirtschaftsliberalen Schocktherapie eine (gemessen an den widrigen wirtschaftlichen Umständen) achtbare Sozial- und Arbeitslosenhilfe abzuringen. Auch wenn Kuroń seine Rolle als soziales Feigenblatt der technokratisch-marktradikalen Reformpolitik später bitter bereuen sollte, leistete er insbesondere mit der Einführung einer großzügigen Frühverrentungsregelung und der Valorisierung der Renten einen zentralen Beitrag dafür, dass Polen in der schwierigen Phase der Transformationskrise einen relativ großen Anteil seiner (bescheidenen) Mittel für sozialstaatliche Absicherung ausgab.[20] Das änderte jedoch wenig daran, dass die rasant anwachsende und sich dauerhaft verfestigende Massenarbeitslosigkeit eine relevante Minderheit der polnischen Gesellschaft schon beim Start in den liberalen Kapitalismus entfremdet und verbittert zurückließ.

19 So Mazowiecki in: Na początku jest pustka. [Interview von Teresa Torańska mit Tadeusz Mazowiecki], in: Gazeta Wyborcza, Nr. 220 vom 18.–19.9.2004, S. 18–20.

20 Vgl. Bohle/Greskovits: Capitalist Diversity on Europe's Periphery, S. 152–156; Piątkowski: Europe's Growth Champion, S. 174 f. – Balcerowicz bezeichnete seine Einwilligung in Kurońs kostspielige Sozialpolitik seinerseits als »größten Fehler« seiner damaligen Reformpolitik, siehe Balcerowicz: Trzeba się bić, S. 136.

Der »Sprung in die Marktwirtschaft« forderte der polnischen Gesellschaft eine Kondition ab, über die nicht jeder verfügte. Die von Balcerowicz durchgesetzte Schocktherapie verursachte einen weitaus härteren Einschnitt in den Lebensstandard der Polinnen und Polen, als er und seine Experten einkalkuliert hatten. Im Juli 1990 notierte der junge Reporter Mariusz Szczygieł bei einem Besuch in seiner niederschlesischen Heimatstadt: »Ab heute Preissteigerungen für Gas, Strom, Heizung, Briefmarken und sogar Rundfunkgebühren. Jeweils 50 Prozent, 80 Prozent, 100 Prozent. ›Vernichtung‹ *(zagłada)* sagt meine Mutter. Frau Zosia Andrzejczak [kommentiert]: ›Das bedeutet Liquidierung von Menschen‹.«[21] Angesichts der schlagartigen Verluste an Wohlstand und sozialer Sicherheit gehört schon eine gehörige Portion Zynismus dazu, die sozialen Kosten der Schocktherapie wie Jeffrey Sachs mit dem Argument zu bagatellisieren, diese hätten immerhin gesünderen, weil fettärmeren Ernährungsgewohnheiten zum Durchbruch verholfen.[22]

Aus dem Murren wurde rasch Unzufriedenheit und Misstrauen. Schon im Februar 1990, nur wenige Wochen nach dem Start der Schocktherapie, wurde Wiktor Kulerski, der einstige Untergrundaktivist, der im Juni 1989 in den Sejm gewählt worden war und in der Mazowiecki-Regierung als Staatssekretär im Bildungsministerium amtierte, bei einer Versammlung in seinem Wahlkreis in der ländlichen Region Grudziądz (Graudenz) an der mittleren Weichsel mit argwöhnischen Fragen konfrontiert: »Es geht nicht speziell um die Juden – weil es Gerüchte über Herrn Kuroń und wohl auch über Sie gibt ...«, meinte ein Dorfbewohner unter Verweis auf Flugblätter, die angeblich solche Informationen verbreitet hätten. »Mir ist egal, ob Jude oder nicht, aber ich würde gern ein paar konkrete Fakten wissen. Ich mache mir Sorgen, ob Balcerowicz nicht zu viel extrastarkes Unkrautgift *(chwastoksu ekstra)* für diesen Wandel

21 Mariusz Szczygieł: Zamiast wstępu. Jak Jadźka miała wstawić zęby, in: ders. (Hg.): 20 lat nowej Polski w reportażach według Mariusza Szczygła, Wołowiec 2009, S. 9–23, hier S. 14 (Eintrag vom 1.7.1990). – Die genannten Güter gehörten zu den wenigen, deren Preise damals noch staatlich reguliert und wegen der Inflation in abrupten Schritten angehoben wurden.

22 Sachs: Ende der Armut, S. 155.

verwendet, denn nicht nur das Unkraut kann sterben, sondern auch die ganze Pflanze.«[23]

Insbesondere in ländlichen und peripheren Regionen führte die neoliberale Transformation zu massenhafter Arbeitslosigkeit, die auf Dauer zu Perspektivlosigkeit wurde. Betroffen waren gerade diejenigen, die ihr Leben lang von paternalistischen Parteisekretären und Priestern gesagt bekommen hatten, sie sollten sich aus Dingen heraushalten, von denen sie nichts verstünden – und die womöglich wenige Alternativen kannten, ihre Sorgen zum Ausdruck zu bringen, als hinter allem und jedem »Juden« zu vermuten. Ihren Unmut bekam auch die Regierung Mazowiecki im fernen Warschau bald zu spüren: Sie musste im Dezember 1990 abtreten, nachdem der amtierende Ministerpräsident in der ersten Runde der Präsidentschaftswahl eine demütigende Niederlage nicht nur gegen den Volkstribun Lech Wałęsa, sondern auch gegen Stanisław Tymiński erlitt, einen politischen Nobody, der seinen Wahlkampf mit populistischen Versprechungen und pauschalen Verleumdungen der politischen Klasse bestritt. Marcin Król, einst ein entschiedener Unterstützer Mazowieckis und Balcerowiczs, räumte 25 Jahre später selbstkritisch ein, die größte Unterlassungssünde der neuen liberalen Eliten sei es gewesen, »die Menschen sich selbst zu überlassen in der Überzeugung, dass sie unter den Bedingungen wirtschaftlicher und geistiger Freiheit schon allein zurechtkommen würden«.[24]

Die tiefe Spaltung, die die marktradikale Schocktherapie in der polnischen Gesellschaft hinterließ, verlief jedoch nicht trennscharf zwischen den Aktiven, die über die nötigen Ressourcen verfügten, um ihre Zukunft selbst in die Hand zu nehmen, und den Passiven, die vermeintlich nur darauf warteten, dass andere (oder der Staat) sich um sie kümmern würden. Weil die politische und moralische Beurteilung der neuen Ordnung an landläufige Ideen von historischer Gerechtigkeit gebunden blieb, polari-

23 Hanna Krall: Zapis stanu ducha. Notatki ze spotkań posła Wiktora Kulerskiego z wyborcami w lutym 1990 roku w gminach: Osiek, Wąpielsk, Dąbrowa Łąka, Radomin, Zbiczno, Bobrowo i Górzno, in: Gazeta Wyborcza, Nr. 50 vom 28.2.1990, S. 4f.

24 Król: Byliśmy głupi, S. 143.

sierte sie auch jenen Teil der polnischen Gesellschaft, der sich aktiv für ein besseres Leben jenseits des Staatssozialismus eingesetzt hatte. Soziologische Studien unter ehemaligen Aktivisten der Oppositionsbewegung belegen einen weitverbreiteten Rückzug ins Private und ein großes Maß an Enttäuschung über den Verlauf der Transformation nach 1989.[25] Wie unterschiedlich die Solidarność-Aktivisten der ersten Stunde im Nachhinein auf ihr einstiges Engagement und auf den polnischen Weg in die Marktwirtschaft zurückblickten, hat Cezary Łazarewicz zehn Jahre nach 1989 in einer Reportage über die Schicksale der Präsidiumsmitglieder des Überbetrieblichen Streikkomitees in Stettin gezeigt. Diese hatten Ende August 1980 parallel zu den Danziger Werftarbeitern mit einer Delegation der kommunistischen Regierung verhandelt und eines der drei bahnbrechenden Übereinkommen erzielt, die den Weg zur Gründung der Solidarność als unabhängiger Gewerkschaft eröffneten. Es liegt auf der Hand, dass eine derart herausgehobene Gruppe schwerlich als repräsentativ gelten kann. Umso erstaunlicher ist die Bandbreite ihrer Perspektiven auf die Transformation.

Der Ingenieur Jarosław Mroczek, der mit 26 Jahren das jüngste Mitglied des Komitees gewesen war, konnte mit den Zielen von damals nur noch wenig anfangen. Er hatte seinen Job bei der Stettiner Werft bereits 1988 gekündigt und eine eigene Firma gegründet, die sich auf marine Computertechnik spezialisierte und zwölf Jahre später 60 Mitarbeiter beschäftigte. Auf seinem Weg vom Aktivisten einer der einflussreichsten Streikbewegungen der jüngeren europäischen Geschichte zum privaten Unternehmer hatte Mroczek auch seine wirtschaftspolitischen Ansichten fundamental geändert. Nun legte er Wert auf die Feststellung, dass »bei mir in der Firma keine Gewerkschaft aktiv ist. […] Denn hier arbeiten vernünftige Leute.«[26] Insofern war er zu einem typischen Repräsentanten jener neuen polnischen Unternehmerklasse geworden, die im marktradi-

25 Vgl. Mielczarek: Przemiany roku 1989 w oczach szeregowych działaczy, S. 251–262.
26 Cezary Łazarewicz: Kot gadać nie umie, in: ders.: Tu mówi Polska. Reportaże z Pomorza. Wołowiec 2017, S. 283–300, hier S. 285.

kalen Klima der Transformationsjahre auf sozialpartnerschaftliche Moderation verzichten zu können meinte.[27]

Mroczeks einstigem Weggefährten Stanisław Wiśniewski, der 1980 als Schiffselektriker gearbeitet hatte und nach seinem Engagement im Präsidium des Streikkomitees zum Redakteur des örtlichen Gewerkschaftsblattes *Jedność Stoczniowa* (»Werft-Einheit«) aufstieg, war es später nicht so gut ergangen. Während des Kriegsrechts war er in den Untergrund abgetaucht; nach 1989 blieb ihm nur ein Dasein als Frührentner. Auf sein Engagement in der Solidarność und auf sein Leben nach dem Staatssozialismus blickte er mit Verbitterung zurück:

> »Niemand wollte doch den Sozialismus abschaffen. Wir wollten nur die Fehler eliminieren. Damals bin ich ins Sanatorium und in die Ferien gefahren. Ich war sogar mit dem Polski Fiat *(maluchem)* in Griechenland! [...] Wenn ich gewusst hätte, dass der Kapitalismus so eine Sch...fresse *(taką mordę)* haben würde, dann hätte ich damals nicht gestreikt. Denn ich habe für einen Sozialismus mit menschlichem Antlitz gekämpft.«[28]

27 Vgl. Gardawski: Prywatna przedsiębiorczość III Rzeczpospolitej, S. 137–139.
28 Łazarewicz: Kot gadać nie umie, S. 299.

# Anhang

## Abkürzungen

| | |
|---|---|
| AAN | Archiwum Akt Nowych (Archiv Neuer Akten) |
| AO | Archiwum Opozycji (Archiv der Opposition im Karta-Zentrum) |
| ARM | Archiwum Rady Ministrów (Archiv des Ministerrats) |
| AS | Agencja Prasowa Solidarności |
| BIPS | Biuro Informacji Prasowej »Solidarności« (Presseinformationsbüro der Solidarność) |
| Bl. | Blatt |
| BP | Biuro Polityczne (Politbüro) |
| BU | Biuro Udostępniania (Erschließungs-/Bereitstellungsbüro im IPN) |
| CBOS | Centrum Badania Opinii Społecznej (Zentrum zur Erforschung der gesellschaftlichen Meinung) |
| CDN | Ciąg Dalszy Nastąpi (Fortsetzung folgt [Untergrundverlag]) |
| CIA | Central Intelligence Agency |
| CZSS »Społem« | Centralny Związek Spółdzielni Spożywców »Społem« (Zentralverband der Konsumgenossenschaften »Gemeinsam«) |
| DDR | Deutsche Demokratische Republik |
| ESOP | Employee Stock Ownership Plan (Plan für Mitarbeiter-Aktieneigentum) |
| EU | Europäische Union |
| Fn. | Fußnote |
| GmbH (Sp. z o. o.) | Gesellschaft mit beschränkter Haftung (Spółka z ograniczoną odpowiedzialnością) |
| GUS | Główny Urząd Statystyczny (Statistisches Hauptamt) |
| Inter-Polcom | Polsko-Polonijna Izba Przemysłowo-Handlowa (Industrie- und Handelskammer der Polonia-Unternehmen) |
| IPN | Instytut Pamięci Narodowej (Institut für Nationales Gedenken) |
| IPPM-L | Instytut Podstawowych Problemów Marksizmu-Leninizmu (Institut für Grundlagenfragen des Marxismus-Leninismus) |
| IWF (MFW, IMF) | Internationaler Währungsfonds |
| KC (CK, CC) | Komitet Centralny (Zentralkomitee) |

| | |
|---|---|
| KERM | Komitet Ekonomiczny Rady Ministrów (Ökonomisches Komitee des Ministerrats) |
| KKP | Krajowa Komisja Porozumiewawcza (Landesverständigungskommission) |
| KKW | Krajowa Komisja Wykonawcza (Landesexekutivkommission) |
| KOR | Komitet Obrony Robotników (Komitee zur Verteidigung der Arbeiter) |
| KOS | Komitet Oporu Społecznego (Komitee für Gesellschaftlichen Widerstand) |
| KPdSU (KPSS, CPSU) | Kommunistische Partei der Sowjetunion |
| KPN | Konfederacja Polski Niepodległej (Konföderation Unabhängiges Polen) |
| KW | Komitet Wojewódzki (Wojewodschaftskomitee) |
| MSW | Ministerstwo Spraw Wewnętrznych (Innenministerium) |
| NBP | Narodowy Bank Polski (Polnische Nationalbank) |
| NEP | Nowaja ekonomitscheskaja politika (Neue Ökonomische Politik) |
| NFI | Narodowy Fundusz Inwestycyjny (Nationaler Investitionsfonds) |
| NIK | Najwyższa Izba Kontroli (Oberste Kontrollkammer) |
| NOW-a | Niezależna Oficyna Wydawnicza (Unabhängige Verlagsoffizin) |
| NSZZ »Solidarność« | Niezależny Samorządny Związek Zawodowy »Solidarność« (Unabhängige Selbstverwaltete Gewerkschaft »Solidarität«) |
| OBOP | Ośrodek Badania Opinii Publicznej (Zentrum zur Erforschung der öffentlichen Meinung) |
| OBS | Ośrodek Badań Społecznych (Zentrum für Sozialforschung) |
| OKP | Obywatelski Klub Parlamentarny (Bürgerschaftliche Parlamentsfraktion) |
| OPSZ | Ośrodek Prac Społeczno-Zawodowych (Zentrum für Gesellschaftlich-Berufliche Studien) |
| OPZZ | Ogólnopolskie Porozumienie Związków Zawodowych (Gesamtpolnischer Gewerkschaftsverband) |
| PAP | Polska Agencja Prasowa (Polnische Presseagentur) |
| Pewex | Przedsiębiorstwo Eksportu Wewnętrznego (Unternehmen für Binnenexport) |
| PPP | Program Powszechnej Prywatyzacji (Allgemeines Privatisierungsprogramm) |
| PPZ | Przedsiębiorstwo polonijno-zagraniczne (Polonia- bzw. ausländisches Unternehmen) |
| PRL | Polska Rzeczpospolita Ludowa (Volksrepublik Polen) |
| PSL | Polskie Stronnictwo Ludowe (Polnische Bauernpartei) |
| PTE | Polskie Towarzystwo Ekonomiczne (Polnische Ökonomische Gesellschaft) |
| PZPR | Polska Zjednoczona Partia Robotnicza (Polnische Vereinigte Arbeiterpartei) |
| PZU | Powszechny Zakład Ubezpieczeń (Allgemeine Versicherungsanstalt) |

| | |
|---|---|
| RKW | Regionalna Komisja Wykonawcza (Regionale Exekutivkommission) |
| RP | Rzeczpospolita Polska (Republik Polen) |
| SB | Służba Bezpieczeństwa (Sicherheitsdienst) |
| SD | Stronnictwo Demokratyczne (Demokratische Partei) |
| SED | Sozialistische Einheitspartei Deutschlands |
| SGH | Szkoła Główna Handlowa (Haupthandelshochschule) |
| SGPiS | Szkoła Główna Planowania i Statystyki (Hochschule für Planung und Statistik) |
| Sieć | Sieć Organizacji Zakładowych NSZZ »Solidarność« wiodących zakładów pracy (Netzwerk der Solidarność-Betriebsorganisationen in den führenden Betrieben) |
| t. (Bd.) | tom (Band) |
| TKK | Tymczasowa Komisja Koordynacyjna (Provisorische Koordinierungskommission) |
| u. d. T. | unter dem Titel |
| UdSSR (SSSR, USSR) | Union der Sozialistischen Sowjetrepubliken |
| URM | Urząd Rady Ministrów (Amt des Ministerrats) |
| URM-KT | Urząd Rady Ministrów – Kancelaria Tajna (Amt des Ministerrats – Geheime Kanzlei) |
| USA | Vereinigte Staaten von Amerika |
| WRON | Wojskowa Rada Ocalenia Narodowego (Militärrat zur Nationalen Rettung) |
| ZHP | Związek Harcerstwa Polskiego (Polnischer Pfadfinderverband) |
| zit. | zitiert |
| ZK | Zentralkomitee |
| ZMW | Związek Młodzieży Wiejskiej (Landjugendverband) |
| ZSMP | Związek Socjalistycznej Młodzieży Polskiej (Bund der Sozialistischen Polnischen Jugend) |
| ZSP | Zrzeszenie Studentów Polskich (Polnische Studentenvereinigung) |

# Quellen- und Literaturverzeichnis

## Archivalien

### Archiwum Akt Nowych (AAN, Archiv Neuer Akten), Warschau

Urząd Rady Ministrów (URM):

- Gabinet Prezesa Rady Ministrów Wojciecha Jaruzelskiego (1981–1985)
- Gabinet Prezesa Rady Ministrów Zbigniewa Messnera (1985–1988)
- Gabinet Prezesa Rady Ministrów Mieczysława Franciszka Rakowskiego (1988–1989)
- Gabinet Prezesa Rady Ministrów Tadeusza Mazowieckiego (1989–1991)
- Gabinet Wiceprezesa Rady Ministrów Leszka Balcerowicza (1989–1990)
- Gabinet Prezesa Rady Ministrów Jana Krzysztofa Bieleckiego (1991)
- Stenogramy posiedzeń Rady Ministrów (1982–1989)
- Kancelaria Tajna (URM-KT, 1982–1989)

Komitet Centralny Polskiej Zjednoczonej Partii Robotniczej (KC PZPR):

- ZK-Plena, Protokolle des Politbüros und des ZK-Sekretariats (1983–1989)
- Biuro Listów i Inspekcji (1987–1989)
- Wydział Ekonomiczny [III] (1981–1987)
- Wydział Polityki Społeczno-Ekonomicznej (1987–1989)
- Wydział-Sekretariat Komisji Społeczno-Ekonomicznej (1989)

Ministerstwo Przemysłu (1987–1991)
Centralna Komisja do Walki ze Spekulacją (1981–1988)
Konsultacyjna Rada Gospodarcza (1982–1989)
Rada Ekonomiczna (1989–1991)

### Archiwum Rady Ministrów KPRM (ARM, Archiv des Ministerrats), Warschau

Urząd Rady Ministrów (URM):

- Komitet Ekonomiczny Rady Ministrów (KERM), später: Komitet Społeczno-Ekonomiczny Rady Ministrów (1989–1992)
- Gabinet Prezesa Rady Ministrów Jana Olszewskiego, Hanny Suchockiej, Waldemara Pawlaka (1990–1993)

### Archiwum Instytutu Pamięci Narodowej (IPN, Archiv des Instituts für Nationales Gedenken), Warschau

Ministerstwo Spraw Wewnętrznych (MSW, Ministerium für Innere Angelegenheiten, 1979–1989)

## Ośrodek Karta, Warschau

Archiwum Opozycji:
    Drugi obieg wydawniczy
    Społeczna Rada Wydawnictw Niezależnych
    Niezależne Badania Socjologiczne
Sammlung der Untergrundpresse

## Herder-Institut, Marburg

Presseausschnittsammlung nach Sachsystematik, Polen (1980–1995):
    P 605 wirtschaftl. Missstände, Kontrollkommissionen
    P 611 Marktwirtschaft, Eigentum
    P 6210 Polonia-Firmen, Joint-Ventures
    P 6213 Auslandsverschuldung
    P 6221 Schwarzer Markt, Schattenwirtschaft
    P 623 Großhandel
    P 6320 Industrie Allgemeines
    P 6341 Privater Sektor (Handwerk), Privatisierung, Mittelstand
    P 680 Arbeitsethos, Arbeitsmoral
    P 6801 Arbeitslosigkeit
    P 6811 Arbeiterselbstverwaltung

## Stiftung Archiv der Parteien und Massenorganisationen der DDR im Bundesarchiv, Berlin-Lichterfelde:

Büro Erich Honecker im ZK der SED (Digitalisate),
    http://www.argus.bstu.bundesarchiv.de/

## Archiv des Internationalen Währungsfonds (IMF Archives), Washington

Executive Board Documents
European Department Records
Richard D. Erb Country Files (jeweils Digitalisate),
    https://archivescatalog.imf.org/search/simple

## Biblioteka Sejmowa, Warschau

Stenografische Berichte und Drucke des Sejm Rzeczypospolitej Polskiej (1980–1993) sowie des Senats (1989–1991, jeweils Digitalisate),
    https://bs.sejm.gov.pl/F?func=file&file_name=find-nowe&local_base=ars01
Stenogramme der Sitzungen der Sejm-Ausschüsse (1989–1993) im Biuletyn Kancelaria Sejmu
Stenogramme der Sitzungen des Runden Tischs (1989, Digitalisate),
    https://www.sejm.gov.pl/Sejm7.nsf/stenOkrStol.xsp

## Archiv des Meinungsforschungsinstituts Ośrodek Badania Opinii Publicznej (OBOP), Warschau

Archiwum raportów społecznych (1980–1989), https://public.kantarpolska.com/archiwumraportow/

## National Security Archive, George Washington University, Washington

Kollekcija Vostočnaja Evropa, 1989 god, https://nsarchive.gwu.edu/rus/EasternEurope.html

# Presse


/id/: reorientacja?, in: Tygodnik Wojenny, Nr. 14/15 vom 9.4.1982, S. 4.

A.P.: Bronimy firm polonijnych, in: Tygodnik Polski, Nr. 5 vom 29.1.1984, S. 8.

Abc, in: Veto. Tygodnik każdego konsumenta, Nr. 1 vom 6.6.1982, S. 1.

Albo szybko, albo wcale. Z Leszkiem Balcerowiczem, wicepremierem i ministrem finansów, rozmawiają Jerzy Baczyński i Paweł Tarnowski, in: Polityka, Nr. 48 vom 2.12.1989, S. 1, 5.

Aleksandrowicz, Piotr: Karuzela własnościowa, in: Wprost, Nr. 29 vom 17.7.1988, S. 9–13.

Antologia poezji prywatyzacyjnej. Konkurs: Pula nagród – 6 mln zł, in: Polityka, Beilage »Polityka Prywatyzacja«, Nr. 3 vom 9.1.1993, S. IV.

»Arbeitskraft ist in Polen besonders billig«. Der polnische Industrieminister Mieczyslaw Wilczek über die Reform der sozialistischen Wirtschaft, in: Der Spiegel, Nr. 3 vom 15.1.1989.

Arkuszewski, Wojciech: Od góry i dołu, in: Tygodnik Solidarność, Nr. 17 vom 22.9.1989, S. 1f.

Aziewicz, Tadeusz: Dwie drogi, in: Przegląd Polityczny, 1989, Nr. 12, S. 53–58.

Bachmann, Klaus: Ein Zug verschwindet hinter einer Nebelwand. Eine Reportage über Polens berüchtigtsten Schmuggelzug von Gdingen nach Berlin, in: die tageszeitung vom 3.11.1989, S. 10f.

Balcerowicz, Leszek u.a.: Raport o reformie. Główne kierunki i sposób realizacji, in: Życie Gospodarcze, Nr. 51/52 vom 21.–28.12.1980, S. 7–9.

Bard, Jan [Cezary Józefiak]: Wizja pewnej gospodarki, in: »21«, 1986, Nr. 2, S. 60–72.

Barycz, Anna [Donald Tusk]: Refleksje nad liberalizmem, in: Przegląd Polityczny, 1983, Nr. 3, S. 19–23.

Beksiak, Janusz: O przyszłym ustroju gospodarczym Polski, in: »21«, 1986, Nr. 1, S. 67–75.

Bez pointy. Dyskusja z udziałem Leszka Balcerowicza, Janusza Beksiaka, Ryszarda Bugaja, Cezarego Józefiaka, Tadeusza Kowalika, Andrzeja Topińskiego, in: »21«, 1987, Nr. 3, S. 10–25.

Bezcłowy interes. Z prof. Waldemarem Grzywaczem z Uniwersytetu Szczecińskiego, prezesem oddziału PTE w Szczecinie, rozmawia Marek Król, in: Wprost, Nr. 7 vom 14.2.1988, S. 4–6.

[Bielecki, Czesław/Jan Krzysztof Kelus/Urszula Sikorska]: Mały konspirator, Warszawa: CDN 1983.

Bielecki, Jan Krzysztof/Jan Majewski: Nowa przedsiębiorczość w Gdańsku. Ocena zjawiska, in: Przegląd Polityczny, 1989, Nr. 12, S. 29–35.
Bobińska, Maria: Mieć i nie mieć. Firmy polonijne, czyli co się komu opłaca, in: Słowo Powszechne, Nr. 131 vom 29./30.6.–1.7.1984, S. 3–5.
Borowski, Marek: Sprzedać, oddać, wydzierżawić?, in: Polityka, Nr. 49 vom 3.12.1988, S. 1, 4.
Borzych, Piotr: Między zyskiem a społeczną potrzebą, in: Głos Wybrzeża, Nr. 21 vom 25.1.1985.
Branecki, Jędrzej [Janusz Lewandowski]: Hayek – dogmatyk wolnego społeczeństwa, in: Przegląd Polityczny, 1985, Nr. 5, S. 31–55.
Branecki, Jędrzej [Janusz Lewandowski]: Ludwig von Mises – triumf po latach?, in: Przegląd Polityczny, 1985, Nr. 6, S. 48–63.
Branecki, Jędrzej [Janusz Lewandowski]: Polski liberał – Ferdynand Zweig, in: Przegląd Polityczny, 1986, Nr. 7, S. 114–119.
Branecki, Jędrzej [Janusz Lewandowski]: Ordoliberałowie i niemiecki cud gospodarczy, in: Przegląd Polityczny, 1986, Nr. 8, S. 73–107.
Branecki, Jędrzej [Janusz Lewandowski]: Filozofia publiczna Waltera Lippmanna, in: Przegląd Polityczny, 1987, Nr. 9, S. 62–89.
Bratkowski, Stefan: Co zrobić, kiedy nic się nie da zrobić? Rzecz o samorządach pracowniczych, Warszawa: Oficyna WE 1983.
Brus, Włodzimierz: Demokratyzacja a efektywność gospodarcza (spojrzenie po dziesięciu latach), in: »21«, 1987, Nr. 5, S. 51–55.
Brus, Włodzimierz/Kazimierz Łaski: Von Marx zum Markt. Der Sozialismus auf der Suche nach einem neuen Wirtschaftssystem, Marburg 1990.
Bugaj, Ryszard: Obrona interesów ludzi pracy, in: Tygodnik Powszechny, Nr. 48 vom 30.11.1980.
Bugaj, Ryszard: Komisja czy parawan, in: Tygodnik Solidarność, Nr. 6 vom 8.5.1981, S. 4.
Bugaj, Ryszard: Kierunek ten sam – szanse reformy nikłe, in: Tygodnik Mazowsze, Nr. 212 vom 20.5.1987, S. 1.
Bugaj, Ryszard: Pod rządami Rakowskiego, in: Tygodnik Mazowsze, Nr. 271 vom 16.11.1988, S. 2.
Bugaj, Ryszard: Chcieliśmy po prostu zmałpować Zachód. Rozmawiała Anita Sobczak. Dziennik.pl, 4.6.2019, https://wiadomosci.dziennik.pl/opinie/artykuly/599388,4-czerwca-1989-r-wybory-wolnosc-solidarnosc-prl-bugaj-komunisci-balcerowicz-mazowiecki.html (Zugriff am 13.10.2021).
Bugaj, Ryszard/Szymon Jakubowicz/Tadeusz Kowalik: Szansa, in: »21«, 1987, Nr. 3, S. 37–44.
Bugaj, Ryszard/Andrzej Wielowieyski: Dziesięć głównych zasad, in: »21«, 1988, Nr. 7, S. 26–34.
Bugaj: fatalna utopia. Lewandowski: lekcja ekonomii. W Sejmie o powszechnej prywatyzacji, in: Gazeta Wyborcza, Nr. 207 vom 5.9.1991.
(c): Spodnie za 4.700 zł, kurtki po 5.500 zł: Producent robi co chce jeśli na rynku brakuje konkurencji, in: Słowo Polskie, Nr. 191 vom 18.11.1982.
Cameron, Juan: What the Bankers Did to Poland, in: Fortune, Nr. 6 vom 22.9.1980, S. 125–128.
Cenzura jest złem. Z predstawicielami niezależnych wydawnictw rozmawiają R[yszard]

Holzer i T[omasz] Jastrun, in: iks. Informator Kulturalny Solidarności, Nr. 7 vom 17.9.1981, S. 1–3.
Chłopecki, Jerzy: Między niebem a ziemią, in: Prawo i Życie, Nr. 3 vom 19.1.1985, S. 4f.
Chomiuk, Janusz: Handel nie zna granic, in: Rzeczywistość, Nr. 3 vom 15.1.1989, S. 2.
»Cierpliwość społeczeństwa jest na wyczerpaniu ...«. Odezwa do społeczeństwa polskiego, in: BIPS. Serwis Informacyjny KKP NSZZ Solidarność, Nr. 134 vom 29.7.1981, S. 2f.
Cieślicki, Jacek: Ja w sprawach ersatz-socjalizmu, in: Wolny Związkowiec, Nr. 12(45) vom 26.2.1981, S. 1.
Co dalej po referendum, in: CDN – Głos Wolnego Robotnika, Nr. 217 vom 9.12.1987, S. 2.
Cud gospodarczy w Polsce?, in: Gazeta Wyborcza, Nr. 77 vom 24.8.1989, S. 1.
Czarny rynek, in: Z dnia na dzień, Nr. 73 vom 23.7.1981, S. 2.
Członkowie »Solidarności« /w tys. osób/, in: AS. Biuletyn Pism Związkowych i Zakładowych, Nr. 38 vom 14.–20.9.1981, S. 1.
Czy w Polsce jest możliwy gospodarczy cud?, in: Gazeta Wyborcza, Nr. 77 vom 24.8.1989, S. 3.
Czy Związek ma żywić załogi, in: Robotnik, Nr. 77 vom 5.7.1981, S. 1.
Dąbrowski, Marek: Diagnoza niepowodzeń, in: Polityka, Nr. 40 vom 1.10.1988, S. 4.
Deklaracja na rzecz wolnej gospodarki, in: Wiadomości Dnia, Nr. 201 vom 30.9.1981, S. 4.
Demokracja panuje na rynku, in: Replika, 1985, Nr. 42, S. 1–5.
Dlaczego powiedziałem »nie«? Minister J. Osiatyński wyjaśnia swoje votum separatum na posiedzeniu KERM, in: Życie Gospodarcze, Nr. 10 vom 11.3.1990, S. 4.
Dlatego nie wchodzę do rządu Rakowskiego. Rozmowa z Aleksandrem Paszyńskim, in: Tygodnik Mazowsze, Nr. 266 vom 5.10.1988, S. 1, 4.
Donecki, Tadeusz [Donald Tusk]: Chwalę Paryż, in: Przegląd Polityczny, 1986, Nr. 7, S. 102–113.
Donecki, Tadeusz [Donald Tusk]: Droga i wybór, in: Przegląd Polityczny, 1987, Nr. 9, S. 11–21.
Dorn, Ludwik: Czas »Solidarności«. Ludzie – idee – programy, in: Znaki czasu, 1986, Nr. 1, S. 44–75.
Drugi etap? Dyskusja z udziałem Ryszarda Bugaja, Cezarego Józefiaka, Przemysława Hniedziewicza, Szymon Jakubowicza, Jerzego Jedlickiego, Tadeusza Kowalika, Henryka Samsonowicza, Włodzimierza Wesołowskiego, Andrzeja Wielowieyskiego, in: »21«, 1987, Nr. 4, S. 28–41.
Dryll, Irena: Forum przyszłych właścicieli(?), in: Życie Gospodarcze, Nr. 47 vom 19.11.1989, S. 3.
Dryll, Irena: Samorząd i spółka, in: Życie Gospodarcze, Nr. 51 vom 17.12.1989, S. 4.
Dryll, Irena: Akcjonariusz przy taśmie?, in: Życie Gospodarcze, Nr. 52–53 vom 24.–31.12.1989, S. 3.
Duma, Jan/Luiza Wykrota: Sportowa niedziela, in: Kultura [Warszawa], Nr. 52–53, S. 24.–31.12.1986.
Dymkowski, Maciej/Tadeusz Stalewski: Opinie i oceny, in: Tygodnik Solidarność, Nr. 18 vom 31.7.1981, S. 14.
Elliott House, Karen/Robert Keatley/Barry Newman: Jaruzelski Seeks Major Economic Reform. Polish President, in Interview, Also Criticizes U.S., in: Wall Street Journal vom 30.7.1987, S. 18.

Fiala, Ewa: Realia rynku 82: Kurczak po polsku, in: Trybuna Ludu, Nr. 48 vom 19.2.1987, S. 7.
Fikus, Dariusz: Likwidacja i co dalej, in: Gazeta Bankowa, Nr. 3 vom 14.11.1988, S. 2.
Firmy Polonijne. Ferment na razie, in: Polityka, Nr. 40 vom 20.11.1982, S. 17f.
Fortuny jawne i ukryte. Dyskusja redakcyjna o multimilionerach, in: Polityka, Nr. 7 vom 15.2.1986, S. 3.
Foto-Zagadka, in: Veto. Tygodnik każdego konsumenta, Nr. 1 vom 6.6.1982, S. 10.
Foto-Zagadka, in: Veto. Tygodnik każdego konsumenta, Nr. 3 vom 20.6.1982, S. 10.
Frąckowiak, Andrzej: Zmiany własnościowe, ale jakie, in: Życie Gospodarcze, Nr. 45 vom 5.11.1989, S. 6.
Fundusz Niezależnych, in: Stańczyk, 1986, Nr. 3, S. 52.
Gabryel, Piotr: Imperium Soszyńskiego (1), in: Wprost, Nr. 40 vom 6.10.1985, S. 8–12.
Gabryel, Piotr: Imperium Soszyńskiego (2), in: Wprost, Nr. 42 vom 20.10.1985, S. 9–12.
Gabryel, Piotr/Marek Zieleniewski: Pospolite ruszenie, in: Wprost, Nr. 23 vom 5.6.1988, S. 8–11.
Gadomski, Witold: Szanse i zagrożenia, in: Ład, Nr. 26 vom 15.11.1987, S. 3, 10–11.
Gadomski, Witold: Marek Belka – lewoskrzydłowy liberał, in: Gazeta Wyborcza, Nr. 113 vom 15./16.5.2004, S. 17f.
Gajewska, Ewa: Czy rynek na tym skorzysta, czyli nowa ustawa o firmach polonijnych, in: Tygodnik Polski, Nr. 47 vom 20.11.1983, S. 1, 7.
I Gdański Kongres Liberałów. Zapis dyskusji /fragmenty/, in: Przegląd Polityczny, 1989, Nr. 12, S. 58–75.
Gedymin, Olgierd/Wojciech Trzmiel: Czy wiesz czym oddychasz na Śląsku?, in: Pełnym Głosem, Nr. 6 vom 2.3.1981, S. 4–6.
Gęsicka, Grażyna: Sposób reprywatyzacji, in: Tygodnik Solidarność, Nr. 11 vom 11.8.1989, S. 7.
Glapiński, Adam: Nie mamy czasu! In: Konfrontacje, Nr. 7 vom 12.7.1990, S. 19.
Głowacki, Maciej: Druga strona pogrzebu, in: Słowo Polskie, Nr. 4 vom 5.1.1989.
Głuchowski, Piotr/Marcin Kowalski: Katastrofa w złotym trójkącie, in: Gazeta Wyborcza, Nr. 157 vom 7.7.2009, S. 12f.
Grosfeld, Jan: Czy istnieje trzecia droga?, in: Tygodnik Powszechny, Nr. 48 vom 29.11.1981, S. 2f.
Gruszecki, Tomasz: O nową reformę gospodarczą, in: Tygodnik Mazowsze, Nr. 186 vom 5.11.1986, S. 1, 3f.
GRZ.: Z prasy oficjalnej, in: Tygodnik Mazowsze, Nr. 211 vom 13.5.1987, S. 4.
GUS-lar [Marcin Gugulski]: Ceny książek i Fundusz Kultury Niezależnej, in: Kultura Niezależna, August 1986, Nr. 21, S. 74–77.
Guzek, Marian: Własność niczyja. Czy samorządy mogą uzdrowić gospodarkę?, in: Polityka, Nr. 24 vom 13.6.1987, S. 4.
Hagemejer, Krzysztof: Kartki – bez pokrycia, in: Tygodnik Solidarność, Nr. 12 vom 19.6.1981, S. 4.
Informacja o ogólnokrajowej konferencji ekonomicznej NSZZ »Solidarność« pt. »Reforma gospodarcza a warunki realizacji porozumień społecznych«, in: Zeszyty OBS, 1981, Nr. 3, S. 45–52.
Interes własny, interes ogólny ... Z rozmowy redakcyjnej (fragmenty), in: Res Publica, 1988, Nr. 5(11), S. 7–13.

Iwanek, Maciej/Marcin Święcicki: Handlować kapitałem w socjalizmie, in: Polityka, Nr. 24 vom 13.6.1987, S. 5.

Izba ... Menedżerów. Z Wojciechem Kornowskim, kandydatem na posła Ogólnopolskiego Stowarzyszenia Menedżerów, rozmawia Krzysztof Grzegrzółka, in: Rondo, Nr. 5 vom 4.6.1989, S. 4.

j.a.: Tajemniczy II etap, in: Tygodnik Mazowsze, Nr. 207 vom 22.4.1987, S. 1, 3.

jag. [Marta Woydt]: Czym będzie Towarzystwo Gospodarcze?, in: Tygodnik Mazowsze, Nr. 273 vom 30.11.1988, S. 3.

Jak reformować gospodarkę? notował: alex, in: Tygodnik Mazowsze, Nr. 193 vom 7.1.1987, S. 1–3.

Jaki socjalizm. W pogoni za przyzwoitym życiem. [Diskussion mit Leszek Gilejko, Mieczysław Krajewski, Stanisław Kwiatkowski, Przemysław Wójcik], in: Prawo i Życie, Nr. 4 vom 26.1.1985, S. 3–5.

Jakubowicz, Szymon: Republika w spółkach, in: Życie Gospodarcze, Nr. 52–53 vom 24.–31.12.1989, S. 4.

Jakubowicz, Szymon: Dać szansę przedsiębiorczości pracowniczej, in: Gazeta Wyborcza, Nr. 42 vom 19.2.1990, S. 3.

Jan Realny [Waldemar Maszenda]: Czy referendum jest potrzebne?, in: CDN – Głos Wolnego Robotnika, Nr. 210 vom 21.10.1987, S. 1.

Jel: Kto czyta nie błądzi, in: Najwyższy Czas, Nr. 33 vom 17.11.1990, S. 4.

Jerz, Tomasz [Paweł Smoleński]: Na przykład »Gdańsk«, in: Kultura [Paris], 1989, Nr. 6 (501), S. 72–77.

Jerzewski, Krzysztof [Jerzy Surdykowski]: Jak z tego wyjść, in: Kontakt [Paris], 1983, Nr. 6(14), S. 8–13.

Jesteśmy nie tylko detektywami. Rozmowa z Gustawem Wilińskim, prezesem spółki z o.o. »Gustaw-Securitas« w Szczecinie, in: Życie Warszawy, Nr. 43 vom 20.2.1989, S. 1, 4.

Józefiak, Cezary: Reforma gospodarcza – po trzech latach, in: Krytyka, 1985, Nr. 19–20, S. 35–47.

Józefiak, Cezary: Próba oceny przebiegu reformy gospodarczej, in: »21«, 1986, Nr. 1, S. 19–29.

Józefiak, Cezary: Drugi etap – ciągle kręcimy się w kółko. Wypowiedz prof. Cezarego Józefiaka w Polskim Towarzystwie Socjologicznym, 27.4.1987, in: Tygodnik Mazowsze, Nr. 211 vom 13.5.1987, S. 1, 3.

Kamiński, Wojciech: [Relacja z obrad zespołu] V. Stabilizacja gospodarcza, reforma gospodarki, samorząd pracowniczy, in: Tygodnik Solidarność, Nr. 26 vom 25.9.1981, S. 4.

Kapczyński, Piotr: Gospodarka jako wyzwanie programowe dla opozycji, in: Przegląd Polityczny, 1987, Nr. 9, S. 22–31.

Karpiński, Tomasz: Akcjonariat. Kto to kupi?, in: Tygodnik Solidarność, Nr. 23 vom 10.11.1989, S. 23.

Katarzyna: Nadawania słowom i wydarzeniom dowolnego sensu nie tylko w »Prawdzie«, in: Promieniści, Nr. 21 vom 24.6.1983, S. 6 f.

Kauba, Krzysztof/Jacek Ambroziak: Ustawa o zwalczaniu spekulacji, in: Tygodnik Solidarność, Nr. 22 vom 28.8.1981, S. 12.

Kawalec, Stefan: Kto przygotowuje reformę? – MY, in: Tygodnik Solidarność, Nr. 6 vom 8.5.1981, S. 4.

Kawalec, Stefan/Waldemar Kuczyński: Jak sprzedać gospodarkę? Rozmowa ekonomistów, in: Tygodnik Solidarność, Nr. 14 vom 1.9.1989, S. 4 f.
Kisielewski, Stefan: Pan chce naprawić błędy systemu?!, in: Kultura [Paris], 1980, Nr. 11(398), S. 113–118.
Kisielewski, Stefan: O nieznanej istocie rzeczy, in: Kultura [Paris], 1981, Nr. 5(404), S. 77–81.
Kisielewski, Stefan: Czego oczekuję od »Solidarności«? Artykuł dyskusyjny, in: Tygodnik Solidarność, Nr. 13 vom 26.6.1981, S. 5.
Kisielewski, Stefan: O nadwiślańskim poplątaniu, in: Kultura [Paris], 1983, Nr. 5(428), S. 87–95.
Kminkiewicz, Piotr [Paweł Falicki]: Dzień spekulanta, in: Replika, 1984, Nr. 22, S. 7–10.
Kminkiewicz, Piotr [Paweł Falicki]: Biblioteka, in: Replika, 1984, Nr. 31–32, S. 6 f.
Komisja do spraw reformy gospodarczej, in: Życie Gospodarcze, Nr. 46 vom 16.11.1980, S. 9 f.
Kompleks ESOP-a. Rozmowa z Krzysztofem Lisem, pełnomocnikiem rządu do spraw przekształceń własnościowych, in: Przegląd Tygodniowy, Nr. 12 vom 25.3.1990.
Konferencja prasowa Mieczysława F. Rakowskiego, in: Trybuna Ludu, Nr. 241 vom 15./16.10.1988, S. 5 f.
Konieczny, Andrzej: Nad projektem nowej ustawy: Spółki z udziałem zagranicznym. [Interview mit Janusz Czamarski, wicedyrektor Zespołu Handlu i Współpracy Gospodarczej z Zagranicą w Komisji Planowania przy Radzie Ministrów], in: Trybuna Ludu vom 19.5.1982, S. 11 f.
Konieczny, Andrzej: Oczami polonijnych przedsiębiorstw: Nadzieje i realia, in: Trybuna Ludu, Nr. 93 vom 21.4.1982, S. 4.
Korwin-Mikke, Janusz: Minęło pięć kwartałów …, in: Adolf Romański [Mirosław Dzielski]: Jak zachować władzę w PRL? & Polemiki: Lesław Maleszka, Janusz Korwin-Mikke, Warszawa: Officyna Liberałów 1981, S. 44–53.
Korwin-Mikke, Janusz: Parszywa piętnastka. (Paradoksy opieki społecznej), in: Zdanie, 1983, Nr. 11–12, S. 80–84.
Korwin-Mikke, Janusz: Wiosna nasza!, in: Stańczyk, 1987, Nr. 6, S. 5–8.
Korwin-Mikke, Janusz: Zdobycze świata pracy, in: Zdanie, 1987, Nr. 10, S. 48–50.
Korwin-Mikke, Janusz: Kto jest liberałem? [Leserbrief], in: Res Publica, 1988, Nr. 1(7), S. 159.
Koszty Planu Sachsa, in: Gazeta Wyborcza, Nr. 82 vom 31.8.1989, S. 4.
Kowalski, Mirosław: Czarny rynek książki, in: Tygodnik Solidarność, Nr. 10 vom 5.6.1981, S. 13.
koź: Studenci usiądą za korbą. W poniedziałek rusza agencyjna linia tramwajowa, in: Gazeta Krakowska, Nr. 80 vom 5.4.1989, S. 6.
koź: Pierwsza agencyjna linia tramwajowa jeszcze nie wystartowała. Najpierw »patron« sprawdzi umiejętności studentów, in: Gazeta Krakowska, Nr. 85 vom 11.4.1989, S. 6.
Krajowa Komisja Porozumiewawcza NSZZ »Solidarność«: Uchwała o powołaniu Związkowej Komisji Kontroli Społecznej, in: Tygodnik Solidarność, Nr. 21 vom 21.8.1981, S. 1, 4.
Krajowa Komisja Wykonawcza NSZZ Solidarność: Uchwała o spółkach nomenklaturowych, in: Tygodnik Solidarność, Nr. 14 vom 1.9.1989, S. 2.
I Krajowy Zjazd Delegatów [NSZZ Solidarność], II tura. Obrady plenarne. 1.10., 6 dzień,

in: AS. Biuletyn Pism Związkowych i Zakładowych, Nr. 41 vom 29.9.–1.10.1981, S. 301–320.
I Krajowy Zjazd Delegatów [NSZZ Solidarność], II tura. Obrady plenarne. 2.10., 7 dzień, in: AS. Biuletyn Pism Związkowych i Zakładowych, Nr. 42 vom 2.–4.10.1981, S. 101–110.
I Krajowy Zjazd Delegatów [NSZZ Solidarność], II tura. Obrady plenarne. 4.10., 9 dzień, in: AS. Biuletyn Pism Związkowych i Zakładowych, Nr. 42 vom 2.–4.10.1981, S. 301–313.
Krajowy Zjazd Ekonomistów (Warszawa, 6–8 marca 1981 r.). Dyskusja, in: Ekonomista, 1981, Nr. 6, S. 1235–1269.
Krakowskie Towarzystwo Przemysłowe: 6 x reforma. Krakowskie Towarzystwo Przemysłowe na temat programu realizacyjnego drugiego etapu reformy gospodarczej, in: Ład, Nr. 29 vom 6.12.1987, S. 10 f.
Krall, Hanna: Zapis stanu ducha. Notatki ze spotkań posła Wiktora Kulerskiego z wyborcami w lutym 1990 roku w gminach: Osiek, Wąpielsk, Dąbrowa Łąka, Radomin, Zbiczno, Bobrowo i Górzno, in: Gazeta Wyborcza, Nr. 50 vom 28.2.1990, S. 4 f.
Krauss, Krzysztof: IX Zjazd i dzień dzisiejszy: Odblokowane szanse reformy, in: Trybuna Ludu vom 18.6.1982.
Krawczyk, Rafał: Ocena sytuacji politycznej po 9 miesiącach stanu wojennego, Warszawa: Wola 1982.
Krawczyk, Rafał: Co to znaczy »reforma«? (Biblioteka Ekonomiczna TUR [Towarzystwa Uniwersytetu Robotniczego]), Warszawa: Wydawnictwo W 1984.
Krawczyk, Rafał: Jaki musi być rynek. Uwagi na marginesie »Raportu«, in: Tygodnik Mazowsze, Nr. 148 vom 28.11.1985, S. 3.
Krawczyk, Rafał: Pod warunkiem, że koń przeżyje, in: Gazeta Wyborcza, Nr. 79 vom 29.8.1989, S. 4.
Krawiec, Edward: Boso i równo? [Leserbrief], in: Prawo i Życie, Nr. 3 vom 19.1.1985, S. 4.
Krynicki, Ryszard: Podobno, in: Solidarność [Gdańsk], Nr. 25(55) vom 30.7.1981, S. 15.
Krzemiński, Ireneusz: Dlaczego jest tak źle, skoro jest tak dobrze? Kilka uwag o opozycji w bieżącej sytuacji, in: Tygodnik Solidarność, Nr. 1 vom 2.6.1989, S. 11.
Krzyżanowska, Zofia: Między »pierwszym« a »drugim obiegem«, in: Trybuna Ludu, Nr. 279 vom 1.12.1988, S. 3.
Kuczyńska, Teresa: Kartki – po dwóch miesiącach, in: Tygodnik Solidarność, Nr. 12 vom 19.6.1981, S. 4 f.
Kuczyńska, Teresa: Walka ze spekulacją, in: Tygodnik Solidarność, Nr. 27 vom 2.10.1981, S. 10.
Kuczyński, Waldemar: Ataki na Sieć, in: Tygodnik Solidarność, Nr. 16 vom 17.7.1981, S. 1, 3.
Kuczyński, Waldemar: U progu wytrzymałości!, in: Tygodnik Solidarność, Nr. 17 vom 24.7.1981, S. 1, 3.
Kuczyński, Waldemar: O co chodzi, in: Tygodnik Solidarność, Nr. 19 vom 7.8.1981, S. 1.
Kuczyński, Waldemar: Pułapki czarnej nuty. Niezależna publicystyka ekonomiczna 1982–1985, in: Aneks, 1985, Nr. 39, S. 48–70.
Kuczyński, Waldemar: Kłopoty z socjalizmem, in: Kultura [Paris], 1988, Nr. 6(489), S. 20–29.
Kuroń, Jacek: Krajobraz po bitwie, in: Aneks, 1987, Nr. 48, S. 3–13.
Kuroń, Jacek: Krajobraz po bitwie, in: Tygodnik Mazowsze, Nr. 219 vom 2.9.1987, S. 1 f.

Kurowski, Stefan: »Solidarność« wobec aktualnej sytuacji gospodarczej, in: ders.: Od sierpnia do grudnia. Warszawa: Głos 1985, S. 107–117.
Kurowski, Stefan: Idea własności pracowniczej, in: Tygodnik Solidarność, Nr. 20 vom 20.10.1989, S. 14.
Kurski, Jacek: Rok Mazowieckiego, in: Konfrontacje, Nr. 9/32 vom September 1990, S. 1, 14–15.
Kurz, Andrzej: Wola rozwoju, in: Andrzej Urbańczyk (Hg.): Wokół wyzwań XXI wieku. Dyskusja w »Zdaniu«. Kraków 1988, S. 78–88.
Kwiatki z niezależnej łączki, in: Stańczyk, 1987, Nr. 7, S. 66.
Lange, Oskar: Jak sobie wyobrażam polski model gospodarczy, in: Życie Gospodarcze, Nr. 40 vom 5.10.1980, S. 5.
Lange, Oskar: W sprawie doraźnego programu. »Życie Gospodarcze« lipiec 1956, in: Życie Gospodarcze, Nr. 50 vom 14.12.1980, S. 3 f.
Lasecka, Julia [Krystyna Starczewska]: Podziemie … społeczeństwo … pieniądze, in: Kos, Nr. 16(124) vom 27.9.1987, S. 4 f.
Let's talk about business edition, in: Rzeczywistość, Nr. 24 vom 14.6.1987, S. 1.
Lewandowski, Janusz: Gdańskie aktywa /liberałowie i przedsiębiorcy/, in: Przegląd Polityczny, 1988, Nr. 10, S. 3–8.
Lewandowski, Janusz/Jan Szomburg: Własność jako próg reformy gospodarczej, in: Przegląd Polityczny, 1989, Nr. 12, S. 20–28.
Lewandowski, Janusz/Jan Szomburg: Dekalog prywatyzacji [16-seitige Beilage], in: Tygodnik Solidarność, Nr. 45 vom 9.11.1990.
Lipiec, Józef: Różowe Mieszczaństwo, in: Zdanie, 1979, Nr. 1(5), S. 7–18.
Lipowski, Adam: Plan a rynek, in: Polityka, Nr. 17 vom 25.4.1987, S. 5.
Litwin, Tomasz [Michał Boni]: Solidarność znaczy reforma, in: Wola, Nr. 15(221) vom 27.4.1987, S. 1.
Łagowski, Bronisław: Filozofia rewolucji czy filozofia państwa?, in: Zdanie, 1982, Nr. 3, S. 2–8.
Łagowski, Bronisław: Permisywny stan wojenny, in: Zdanie, 1982, Nr. 9, S. 49 f.
Łagowski, Bronisław: Nastroje i odpowiedzialność, in: Zdanie, 1983, Nr. 10, S. 62.
Łagowski, Bronisław: Nie chcę władzy, in: Zdanie, 1984, Nr. 3, S. 48.
Łagowski, Bronisław: Ogłaszam rynkową teologię wyzwolenia, in: Zdanie, 1984, Nr. 11, S. 61 f.
Łagowski, Bronisław: Nie bójcie się konkurencji, in: Zdanie, 1987, Nr. 1, S. 5–13.
Łagowski, Bronisław: Wszystko na swoim miejscu, in: Zdanie, 1987, Nr. 10, S. 16 f.
Ławniczak, Ryszard: Wolne obszary celne, in: Wprost, Nr. 7 vom 14.2.1988, S. 6–9.
Łazarewicz, Cezary: Kot gadać nie umie, in: ders.: Tu mówi Polska. Reportaże z Pomorza, Wołowiec 2017, S. 283–300.
Łoziński, Włodzimierz: Szkody pseudoturystyki zagranicznej, in: Trybuna Ludu, Nr. 29 vom 3.2.1989, S. 7.
Mac, Jerzy Sławomir: »Sprawa Gorgonowej« w branży kosmetyków, in: Prawo i Życie, Nr. 23 vom 8.6.1985.
Mac, Jerzy Sławomir: Na przykładzie »Inter-Fragrances«. Forum Prawa i Życia, in: Prawo i Życie, Nr. 13 vom 28.3.1987, S. 4 f.
Malzahn, C[laus] C[hristian]: »Berlin, freie Stadt – Ha Ha!«, in: die tageszeitung vom 6.3.1989, S. 18.

MAR: Wychowanie po wolno-europejsku. Mały konspirator czyli jak knuć, in: Trybuna Ludu, Nr. 99 vom 28.4.1983, S. 5.
Markiewicz, Wojciech: Ciąg handlowy, in: Polityka, Nr. 47 vom 19.11.1988, S. 4f.
Markiewicz, Wojciech: Antologia poezji prywatyzacyjnej, in: Polityka, Beilage »Polityka Prywatyzacja«, Nr. 4 vom 6.2.1993, S. I, IV.
Marzecki, Jan [Stefan Kurowski]: Gospodarka Polska 1980 – wyjście ze ślepiej uliczki (diagnoza i propozycja terapii), in: Justyna Błażejowska (Hg.): Głos niepodległości. Wybór publicystyki środowiska czasopisma »Głos« 1977–1989. Kraków 2016, S. 324–335.
Mazowiecki, Tadeusz: Spiesz się powoli, in: Tygodnik Solidarność, Nr. 7 vom 14.7.1989, S. 2.
Mejbaum, Wacław: Prezentacja tekstu o neoliberalizmie, in: Zdanie, 1983, Nr. 11–12, S. 80–84.
Mickiewicz, Tomasz: Dlaczego prywatyzacja?, in: Tygodnik Solidarność, Nr. 12 vom 18.8.1989, S. 6.
Miłosz, Czesław: Szlachetność, niestety, in: Kultura [Paris], 1984, Nr. 9(444), S. 7–14.
Ministrowie w komisjach, in: Życie Gospodarcze, Nr. 38 vom 17.9.1989, S. 6–8.
Mleczko, Andrzej: »Przegonili, Panie, Żydów [...]« [Karikatur], in: Tygodnik Solidarność, Nr. 20 vom 14.8.1981, S. 2.
Morka, Artur [u. a.]: Weź udział. Dziś rusza Program Powszechnej Prywatyzacji, in: Gazeta Wyborcza, Nr. 271 vom 22.11.1995.
Możdżyński, Bogdan: Komu przeszkadza »Inter-Fragrances«?, in: Kierunki, Nr. 41 vom 12.10.1986, S. 1, 6.
Mozołowski, Andrzej: Jak to właściwie jest?, in: Polityka, Nr. 48 vom 1.12.1984, S. 5.
Mozołowski, Andrzej: Naśladować – czy żelazem wypalić? Czy firma uspołeczniona może pracować jak polonijna?, in: Polityka, Nr. 43 vom 26.10.1985.
Mykowski, Jarosław: Czy zniknie milion Polaków?, in: Głos Wybrzeża, Nr. 108 vom 10.5.1989, S. 3.
Na początku jest pustka. [Interview von Teresa Torańska mit Tadeusz Mazowiecki], in: Gazeta Wyborcza, Nr. 220 vom 18.–19.9.2004, S. 18–20.
Najważniejsze na dziś. Wywiad wojewody katowickiego, generała dywizji, pilota Romana Paszkowskiego dla »Trybuny Robotniczej«, in: Trybuna Robotnicza, Nr. 6 vom 8.–10.1.1982, S. 1, 3.
Namiastka sensu. Rozmowa z Maciejem Płażyńskim, in: Przegląd Polityczny, 1988, Nr. 10, S. 33–43.
Nauka samodzielnego chodzenia. Rozmowa z profesorem Jerzym Regulskim, senatorem, pełnomocnikiem rządu ds. reformy samorządu terytorialnego, in: Życie Warszawy, Nr. 243 vom 18.10.1989.
Nawrocki, Grzegorz: Wodowanie stoczni, in: Kultura [Paris], 1988, Nr. 5(488), S. 69–86.
Nie chcę być właścicielem. [Interview mit Ignacy Z. Soszyński, Inhaber von »Inter-Fragrances«], in: Polityka, Nr. 47 vom 23.11.1985, S. 16.
Nie chcę reprywatyzacji [Zapis przebiegu dyskusji w programie »Sto pytań do...«, oprac. Piotr Grochmalski], in: Wprost, Nr. 48 vom 27.11.1988, S. 4–6.
Nie ma ustroju idealnego. Z prof. Andrzejem Zawiślakiem, kierownikiem Katedry Systemów Zarządzania Uniwersytetu Warszawskiego, rozmawia Piotr Aleksandrowicz, in: Wprost, Nr. 24 vom 12.6.1988, S. 7–10.

Nie o to chodzi. Mówi prof. Witold Trzeciakowski, in: Tygodnik Mazowsze, Nr. 267 vom 19.10.1988, S. 1.
Niezależne wydawnictwa. Komunikat [ze spotkania wydawców niezależnych. Oświadczenie dotyczące ceny książek], 21.6.1981, in: Niezależność, Nr. 68 vom 22.6.1981, S. 2.
Nogiec, Jerzy: Trudne rozmowy kapitana Janyszka. Komisarz wojskowy w fabryce, in: Trybuna Ludu, Nr. 215 vom 10.9.1982, S. 3.
Nowak, Maria: Przyjdzie nowy pan. »Wedel« przed prywatyzacją, in: Życie Warszawy, Nr. 155 vom 4.7.1991.
O kontrolę nad handlem zagraniczym, in: AS. Biuletyn Pism Związkowych i Zakładowych, Nr. 37 vom 4.–16.9.1981, S. 206.
O sytuacji w kraju i Związku. [Stenogramm der Sitzung der Krajowa Komisja Porozumiewawcza am 25.7.1981], in: Tygodnik Solidarność, Nr. 19 vom 7.8.1981.
Od redakcji, in: »21«, 1986, Nr. 1, S. 1 f.
Ogólnopolska Konferencja Związkowa »Praca ludzka«, Lublin, 13.–15.9.1981, Tezy zespołu d/s społecznych uwarunkowań pracy i kontaktów międzyludzkich, in: AS. Biuletyn Pism Związkowych i Zakładowych, Nr. 37 vom 4.–16.9.1981, S. 403 f.
Olszewska, Barbara W.: Newski i okolice, in: Polityka, Nr. 52 vom 24.12.1988, S. 4.
Osiatyński, Jerzy: Miejsce samorządu w polskiej gospodarce, in: Krytyka, 1987, Nr. 23–24, S. 12–26.
Paga, Lesław A.: Głos »thatcherysty wschodniego«, in: Polityka, Nr. 51 vom 17.12.1988, S. 4.
PAP: Polska potrzebuje otwarcia zachodnich rynków zbytu. Wywiad Wojciecha Jaruzelskiego dla »The Wall Street Journal«, in: Trybuna Ludu vom 1.8.1987, S. 7.
Pasek, Witold: Przywieźć, wywieźć, zarobić można ..., in: Gazeta Wyborcza, Nr. 77 vom 31.3./1.4.1990, S. 1, 8 f.
Passent, Daniel: Arka Noego, in: Polityka, Nr. 48 vom 29.11.1980, S. 16.
Paszyński, Aleksander: Trzy pomysły, in: Tygodnik Mazowsze, Nr. 198 vom 11.2.1987, S. 1 f.
Paszyński, Aleksander: Powstaje Towarzystwo Gospodarcze, in: Ład, Nr. 15 vom 30.8.1987, S. 4 f.
Paszyński, Aleksander: Drogi i bezdroża reformy, in: »21«, 1988, Nr. 7, S. 17–25.
Pędziwol, A[ureliusz] M[arek]: Związkowa spekulacja, in: Solidarność Dolnośląska, Nr. 39(53) vom 22.9.1981, S. 12.
Pietrasik, Zdzisław: Czy możemy wybić się na normalność?, in: Polityka, Nr. 36 vom 3.9.1988, S. 1, 11.
Plan rozmowy układamy wspólnie. Rozmowa z działaczami Międzyzakładowego Komitetu Założycielskiego NSZZ »Solidarność« w Gdańsku, in: Polityka, Nr. 44 vom 1.11.1980, S. 1, 6–7.
Plesiński, Krzysztof/Jerzy Pilczyński: Recepty na normalność. 41 posiedzenie Sejmu PRL, in: Życie Warszawy, Nr. 298 vom 23.–26.12.1988, S. 1 f.
Poleski, Maciej [Czesław Bielecki]: Wolność w obozie, in: Kultura [Paris], 1979, Nr. 4(379), S. 85–99.
Poleski, Maciej [Czesław Bielecki]: Mały jawniak, Warszawa: CDN 1988.
Polska, 18–27 lipca 1981 r. Żywność, in: Tygodnik Solidarność, Nr. 18 vom 31.7.1981, S. 2, 15.

Posiedzenie OKP 7 lutego [1990], in: Informator Parlamentarny Obywatelskiego Klubu Parlamentarnego i Komitetów Obywatelskich, Nr. 12 vom 1.3.1990, S. 1–7.
Powszechny Pat Prywatyzacyjny, in: Gazeta Wyborcza, Nr. 226 vom 27.9.1991.
Pracuj na swoim. Z profesorem Stefanem Kurowskim, kierownikiem Sekcji Ekonomii na Wydziale Nauk Społecznych KUL rozmawia Maciej Łętowski, in: Ład, Nr. 13 vom 16.8.1987, S. 3, 7.
Program powszechnej prywatyzacji. O tym każdy wiedzieć musi. Lista przedsiębiorstw proponowanych do przyspieszonej komercjalizacji, in: Rzeczpospolita, Nr. 166 vom 18.7.1991, S. 7 f.
Program realizacyjny drugiego etapu reformy gospodarczej (projekt), in: Rzeczpospolita, Nr. 247 vom 22.10.1987, S. 1–4.
Przeciwko spekulacji, in: AS. Biuletyn Pism Związkowych i Zakładowych, Nr. 21 vom 16.–21.6.1981, S. 206 f.
Przeciwko spekulacji, in: AS. Biuletyn Pism Związkowych i Zakładowych, Nr. 29 vom 10.–12.8.1981, S. 204.
Przedsiębiorczość dziś. Dyskusja w redakcji, in: Więź, 1986, Nr. 5–6 (331–332), S. 3–25.
Pt: Deklaracje nie wystarczą. Firmy polonijne w sztywnym gorsecie przepisów, in: Życie Warszawy, Nr. 52 vom 3.3.1987, S. 1 f.
Purchasing a Plant in Poland. An interview with International Paper's C. Cato Ealy, in: Journal of Business Strategy 14 (1993) 2, S. 38–45.
Pytania z przeszłości. O samorządzie pracowniczym z członkiem Prezydium KK NSZZ »Solidarność« Jackiem Merkelem rozmawia Marek Zieliński, in: Przegląd Polityczny, 1983, Nr. 2, S. 17–24.
Rakowski, Mieczysław F.: Tajny referat Rakowskiego, Warszawa: Myśl 1987.
Ratajczak, Klemens: Wytwórca ubezwłasnowolniony, in: Wprost, Nr. 24 vom 12.6.1988, S. 4–8.
Recenzent: »Polska po pięciu latach«. Kilka uwag o ekonomicznej części raportu »Gospodarka w kryzysie«, in: Kultura [Paris], 1986, Nr. 4(463), S. 75–81.
[Redakcja Repliki]: Finanse, in: Replika, 1983, Nr. 10, S. 1.
Referendum [Diskussion], in: Kos, Nr. 19(127) vom 8.11.1987, S. 3.
Robota w »bazie«. Wywiad z Mirosławem Dzielskim ekspertem Komitetu Robotniczego Hutników przy Hucie im. Lenina, in: Universitas, Nr. 6 vom 7.6.1981, S. 6–12.
Rojski, Maurycy [Tomasz Gabiś]: Kilka uwag o demokracji, in: Replika, 1986, Nr. 45, S. 17–21.
Romański, Adolf [Mirosław Dzielski]: Jak zachować władzę w PRL? & Polemiki: Lesław Maleszka, Janusz Korwin-Mikke, Warszawa: Officyna Liberałów 1981.
Rykowski, Zbysław/Wiesław Władyka: Biedni i bogaci, in: Polityka, Nr. 1 vom 2.1.1988, S. 1, 5.
Rynek, gospodarka 3-sektorowa, samorządność, demokratyzacja…, in: Wola, Nr. 1(207) vom 5.1.1987, S. 2.
Sadecki, Jerzy: Hongkong w Krakowie, in: Tygodnik Solidarność, Nr. 7 vom 14.7.1989, S. 12.
Samorządność pracownicza trwałą orientacją. Stanowisko Komisji Polityki Społeczno-Ekonomicznej KC PZPR, 19.4.1989, in: Życie Gospodarcze, Nr. 19 vom 7.5.1989, S. 9.
Samorządy reformują gospodarkę. Wywiad z Jerzym Strzeleckim – współpracownikiem OBS, in: Wiadomości Dnia, Nr. 146 vom 15.7.1981, S. 1 f.

Sarjusz-Wolski, Marek: Samorządowcy kontra liberałowie, in: Przegląd Tygodniowy, Nr. 47 vom 19.11.1989, S. 5.
Seidler, Barbara: Firmy polonijne: Same pożytki? Tylko pretensje?, in: Życie Literackie, Nr. 40 vom 2.10.1983, S. 3.
Self-made man z peerelu. albo: Ja dałbym sobie radę wszędzie, czyli fragmenty rozmowy z człowiekiem, który robił karierę, in: Replika, 1986, Nr. 49, S. 8–10.
Sieć Organizacji Zakładowych NSZZ »Solidarność« wiodących zakładów pracy: Odpowiedzi na najczęściej powtarzające się zarzuty wobec projektu ustawy o przedsiębiorstwie społecznym, 30.7.1981, in: AS. Biuletyn Pism Związkowych i Zakładowych, Nr. 27 vom 28.7.–4.8.1981, S. 304–306.
Sieć Organizacji Zakładowych NSZZ »Solidarność« wiodących zakładów pracy: Propozycja stanowiska NSZZ »Solidarność« w sprawie reformy społeczno-gospodarczej, 26.8.1981, in: AS. Biuletyn Pism Związkowych i Zakładowych, Nr. 34 vom 28.–30.8.1981, S. 301–306 sowie Nr. 35 vom 31.8.–3.9.1981, S. 309–315.
Sieć Organizacji Zakładowych NSZZ »Solidarność« wiodących zakładów pracy: Elementy programu Polskiej Partii Pracy – propozycja, 22.11.1981, in: AS. Biuletyn Pism Związkowych i Zakładowych, Nr. 54 vom 19.–22.11.1981, S. 304–306.
Sierpińska, Ewa: Dwie drogi prywatyzacji, in: Tygodnik Solidarność, Nr. 47 vom 18.11.1994, S. 12 f.
Skalski, Ernest: Zmiana systemu. Prywatyzacja 328:2, in: Gazeta Wyborcza, Nr. 162 vom 14.–15.7.1990, S. 1.
Skąd spadliśmy, dokąd pełzniemy? Zarys logiki systemu gospodarczego PRL. Praca zbiorowa [in Zusammenarbeit mit dem Społeczny Komitet Nauki], [Warszawa:] Myśl 1984.
Skir, Jan [Jerzy Osiatyński]: Reforma gospodarcza po roku – kilka refleksji, in: Krytyka, 1983, Nr. 15, S. 79–95.
Smoczyński, Andrzej [Tomasz Stankiewicz/Andrzej Topiński]: Gospodarka: realizm i umiarkowanie, in: Przegląd Polityczny, 1984, Nr. 4, S. 35–38.
Solska, Joanna: Sieć dla powracających, in: Polityka, Nr. 52 vom 24.12.1988, S. 5.
Sołtyński, Marek [Jan Krzysztof Bielecki/Jan Majewski]: Chile: Gospodarka i polityka, in: Przegląd Polityczny, 1986, Nr. 8, S. 108–113.
Specjalna strefa ekonomiczna – realna wizja czy utopia?, in: Trybuna Ludu, Nr. 28 vom 2.2.1989, S. 4.
Spekulcio: [Pieniądze a Solidarność] [Leserbrief], in: Replika, 1983, Nr. 21, S. 16, 2.
Społeczne prace nad reformą, in: AS. Biuletyn Pism Związkowych i Zakładowych, Nr. 21 vom 16.–21.6.1981, S. 206.
Spór o reformę. Stół »Kultury«, in: Kultura [Warszawa] 19, Nr. 37 vom 13.9.1981, S. 1, 8–9.
Spotkanie Rad Pracowniczych [30.1.1990], in: Informator Parlamentarny Obywatelskiego Klubu Parlamentarnego i Komitetów Obywatelskich, Nr. 11 vom 15.2.1990, S. 31–33.
Stankiewicz, Tomasz: Sami zróbmy reformę, in: Robotnik, Nr. 76 vom 12.6.1981, S. 4.
Stanowisko NSZZ »Solidarność« w sprawie sytuacji i kierunków przebudowy gospodarki polskiej, in: Tygodnik Mazowsze, Nr. 207–208 vom 22.4.1987, S. 4–6.
Strefy wolnego handlu, in: Polityka, Nr. 52 vom 24.12.1988, S. 4.
Struga, Konrad [Maria de Hernandez-Paluch]: Dzielszczyzna, in: Bez dekretu, 1985, Nr. 3, S. 70–72.

Strzelecka, Jolanta (Bearb.): Samorządna Rzeczpospolita, in: Tygodnik Solidarność, Nr. 31 vom 30.10.1981, S. 6–8.
Stworzyć partnera. Z Krzysztofem Ludwiniakiem, dyrektorem Operacji Międzynarodowych firmy ESOP-Services rozmawia Witold Gadomski, in: Tygodnik Solidarność, Nr. 20 vom 20.10.1989, S. 15.
Sulimirski, Witold: Sytuacja PRL na międzynarodowym rynku finansowym, in: Kultura [Paris], 1980, Nr. 1–2, S. 117–123.
Surdykowski, Jerzy: Otóż nie ..., in: Krytyka, 1987, Nr. 26, S. 15–22.
Swianiewicz, Stanisław: W cieniu Katynia, Warszawa: Officyna Liberałów 1981.
Szansa dla każdego? Rozmowa z prezydentem Rady Naczelnej Polskiej Partii Gospodarczej, inż. Wojciechem Kornowskim, in: Życie Warszawy, Nr. 128 vom 4.6.1990.
Szczygieł, Mariusz: Zamiast wstępu. Jak Jadźka miała wstawić zęby, in: ders. (Hg.): 20 lat nowej Polski w reportażach według Mariusza Szczygła, Wołowiec 2009, S. 9–23.
Szeliga, Zygmunt: Nie da się? Spróbujmy razem!, in: Polityka, Nr. 11 vom 12.3.1988, S. 3.
Szeliga, Zygmunt: Droga do wolności ekonomicznej. Ustawa o przedsiębiorczości – komentarz autora projektu, in: Polityka, Nr. 13 vom 26.3.1988.
Szkłarski, Leon: Szaraki i rekini [Leserbrief], in: Tygodnik Solidarność, Nr. 37 vom 11.12.1981, S. 16.
Szwajcer, Piotr: Żyć normalnie ... Szkic do portretu opozycji lat osiemdziesiątych, in: Krytyka, 1988, Nr. 30, S. 196–204.
thaczerysta [Tomasz Gabiś]: [Re]prywatyzacja, in: Stańczyk, 1987, Nr. 5, S. 42f.
Towarzystwo Gospodarcze, Zarząd Tymczasowy: Do Członków Założycieli i Sympatyków Towarzystwa, 3.5.1988, in: Bez Debitu, 1988, Nr. 6, S. 8–10.
Uchwała Krajowego Zjazdu Ekonomistów w sprawie reformy gospodarczej i dróg wyjścia z kryzysu społeczno-gospodarczego, in: Ekonomista, 1981, Nr. 6, S. 1273–1276.
Uchwała Ogólnopolskiego Sejmiku Samorządu Pracowniczego, 6.10.1989, in: Życie Gospodarcze, Nr. 45 vom 5.11.1989, S. 6.
Ustawa z dnia 13 lipca 1990 r. o prywatyzacji przedsiębiorstw państwowych, in: Dziennik Ustaw, 1990, Nr. 51, Pos. 298.
Walicki, Andrzej: Myśli o sytuacji politycznej i moralno-psychologicznej w Polsce, in: Aneks, 1984, Nr. 35, S. 82–104.
Walicki, Andrzej: W stronę przeciętności, in: Polityka, Nr. 27 vom 4.7.1981, S. 1, 8.
Warszawski, Dawid [Konstanty Gebert]: Tyle hałasu o 10 zł, in: Kos, Nr. 5(113) vom 9.3.1987, S. 4.
Wiatr, Jerzy J.: Dylematy sprawiedliwości społecznej, in: Zdanie, 1984, Nr. 7–8, S. 4–9.
Wiatr, Jerzy J.: Państwowe, spółdzielcze, prywatne, in: Polityka, Nr. 49 vom 5.12.1987, S. 1, 4.
Wierzbicki, Piotr: Myśli staroświeckiego Polaka, London: Puls 1985.
Wierzbicki, Piotr: Czterech panów, in: Stańczyk, 1986, Nr. 4, S. 8f.
Wilczek: To moja ustawa wykończyła ten pieprzony socjalizm. Z Mieczysławem Wilczkiem rozmawiał Piotr Gursztyn, in: Dziennik, Nr. 4 vom 6.1.2009, S. 18f.
Wilczyński, Wacław: Polityka trzech »U«, in: Wprost, Nr. 27 vom 3.7.1988, S. 6–8.
Winiecki, Jan: Koncepcja uwłaszczenia społeczeństwa: Wykupienie praw własności od warstwy rządzącej, in: Krytyka, 1988, Nr. 28–29, S. 130–145.
Wiśniewska, Krystyna: I co dalej, głodny człowieku?, in: Solidarność [Gdańsk], Nr. 25(55) vom 30.7.1981, S. 2.
Wiśniewski, Romuald: Polonijny Biznes, in: Prawo i Życie, Nr. 25 vom 18.6.1983.

Wójcicki, Piotr: O rytm całkiem naturalny. Powstało Towarzystwo Gospodarcze, in: Ład, Nr. 20 vom 4.10.1987, S. 9.
Wojciechowski, Piotr: Polski bazar w Berlinie, in: Przegląd Katolicki, Nr. 20 vom 14.5.1989, S. 6.
Wolne słowo. Dyskusja, in: Wezwanie, 1984, Nr. 7, S. 98–104.
Wolny prywatny rynek. Z prof. Miltonem Friedmanem rozmawia Beatrix A. Czerkawski specjalnie dla »N. Cz.«, in: Najwyższy Czas, Nr. 28 vom 6.10.1990, S. 1, 3.
Wolyńczyk, Anna: Prywatna rolka, in: Życie Warszawy, Nr. 133 vom 8.6.1989, S. 6.
Wóycicka, Irena: Szybko, ale stopniowo, in: Tygodnik Mazowsze, Nr. 267 vom 19.10.1988, S. 1, 4.
Wóycicka, Irena: O czym chcemy rozmawiać przy stoliku gospodarczym?, in: Tygodnik Mazowsze, Nr. 268 vom 26.10.1988, S. 1f.
Ws. projektu ustawy o walce ze spekulacją, in: AS. Biuletyn Pism Związkowych i Zakładowych, Nr. 35 vom 31.8.–3.9.1981, S. 204.
Wydawco, ubezpiecz swoje mienie!, in: Tygodnik Mazowsze, Nr. 196 vom 28.1.1987, S. 1, 4.
Wygdyński, Józef [Józef Białek]: Społeczeństwo w krótkich spodenkach, in: Stańczyk, 1986, Nr. 2, S. 26–28.
Wystąpienie prof. Lipińskiego, in: AS. Biuletyn Pism Związkowych i Zakładowych, Nr. 40 vom 26.–28.9.1981, S. 302f.
Wystąpienie przedstawicieli Społecznego Komitetu Reformy Gospodarczej, in: AS. Biuletyn Pism Związkowych i Zakładowych, Nr. 22 vom 22.–28.6.1981, S. 305.
Wyszogrodzki, Wojciech: A miało być tak słodko, in: Przegląd vom 29.6.2003.
X lat Niezależnego Ruchu Wydawniczego. Rozmowa z członkiem ścisłego kierownictwa »Nowej«, in: CDN – Głos Wolnego Robotnika, Nr. 208 vom 7.10.1987, S. 1.
Z Waldemarem Kuczyńskim ministrem ds. przekształceń własnościowych rozmawia Jerzy Papuga, in: Konfrontacje, Nr. 11 vom November 1990, S. 6f.
Zach, Ryszard: Polacy wobec »dużej prywatyzacji«. 72,2 procent za, in: Życie Warszawy, Nr. 145 vom 25.6.1990, S. 4.
Zagrodzka, Danuta: Czy Sachs powtórzy sukces Grabskiego?, in: Gazeta Wyborcza, Nr. 76 vom 23.8.1989, S. 1.
Zagrodzka, Danuta: Prywatna przedsiębiorczość, in: Tygodnik Powszechny, Nr. 21 vom 24.5.1987, S. 1f.
Założenia programu gospodarczego na lata 1989–1992, in: Rzeczpospolita, Nr. 163 vom 13.7.1989, S. 1f.
Z[ałuska], W[ojciech]: Gra o własność, in: Gazeta Wyborcza, Nr. 95 vom 24.4.1990, S. 3.
Z[ałuska], W[ojciech]: Z dwóch projektów jeden, in: Gazeta Wyborcza, Nr. 104 vom 7.5.1990, S. 3.
Z[ałuska], W[ojciech]: Kup pan hutę, in: Gazeta Wyborcza, Nr. 260 vom 8.11.1990, S. 3.
Załuska, Wojciech: Rada za, a nawet przeciw, in: Gazeta Wyborcza, Nr. 165 vom 17.7.1991, S. 15.
Załuska, Wojciech/PA: Jak się sprywatyzować, in: Gazeta Wyborcza, Nr. 29 vom 2./4.2.1990, S. 4.
Zarząd Regionu Gdańsk NSZZ Solidarność: Uchwała 4/81, in: BIPS. Serwis Informacyjny KKP NSZZ Solidarność, Nr. 140 vom 6.8.1981, S. 7.
Zarządzenie Ministra Komunikacji z dnia 15 marca 1976 r. w sprawie oznaczania pojazdów samochodowych i przyczep, in: Monitor Polski, 1976, Nr. 14, S. 168–172.
Zaufanie partnerów naszym kapitałem. Rozmowa z Ryszardem Świerczewskim, preze-

sem spółki z o.o. »Promocja 2000«, in: Życie Warszawy, Nr. 296 vom 21.12.1988, S. 1, 6.
Zawadzki, Andrzej: Kukułcze jajo imperializmu, in: Wprost, Nr. 10 vom 6.3.1988, S. 15.
Zbroja, Czesław płk mgr: Prawo pracy w jednostkach zmilitaryzowanych, in: Żołnierz Wolności vom 11.6.1982, S. 5.
Zegarski, Z. (Bearb.): Zespoły Programowe, Zespół VI: Rynek, ceny, koszty utrzymania, in: AS. Biuletyn Pism Związkowych i Zakładowych, Nr. 38 vom 14.–20.9.1981, S. 15.
Ziach, Mirosław: »Kto pozwala firmom polonijnym ...«. Ceny i oceny, in: Głos Wybrzeża, Nr. 262 vom 7.11.1983, S. 4.
Zielińska, Halina: Podróż na prywatkę. Państwowy tort nie należy się byłym partyjnym i kapitalistom niemieckim, in: Przegląd Tygodniowy, Nr. 22 vom 3.6.1990.
Zieliński, Michał: Co nam zostało z tych lat ...? O ekonomicznej ideologii »Solidarności«, in: Res Publica Nowa 7 (1993) 7/8, S. 23–28.
Zitzewitz, Lisaweta von: Mein Platz ist in Polen, in: Die Zeit, Nr. 49 vom 29.11.1985, S. 78.
Zmienić system. Z Aleksandrem Paszyńskim rozmawia Redakcja »Bez Debitu«, in: Bez Debitu, 1988, Nr. 6, S. 1–8.

## Audiovisuelle Quellen

Każdy wie kto za kim stoi. Dokumentarfilm. Maria Zmarz-Koczanowicz (Regie), Polen 1983, in: Tadeusz Sobolewski (Hg.): Polska Szkoła Dokumentu. Maria Zmarz-Koczanowicz [DVD-Box], Warszawa 2009.
Polska Kronika Filmowa, Nr. 50/1990. Kino-Wochenschau. 12.12.1990, online verfügbar unter https://ninateka.pl/vod/kronika-filmowa/polska-kronika-filmowa-nr-50-1990/ (Zugriff am 15.3.2022).

## Edierte Quellen, Erinnerungen

Baka, Władysław (Hg.): Polska reforma gospodarcza, Warszawa: Państwowe Wydawnictwo Ekonomiczne [2]1983.
Baka, Władysław: U źródeł wielkiej transformacji, Warszawa 1999.
Baka, Władysław: Zmagania o reformę. Z dziennika politycznego 1980–1990, Warszawa 2007.
Balcerowicz, Leszek: 800 dni. Szok kontrolowany, unter Mitarbeit von Jerzy Baczyński und Jerzy Koźmiński, Warszawa 1992.
Balcerowicz, Leszek: Trzeba się bić, unter Mitarbeit von Marta Stremecka, Warszawa 2014.
Barczyk, Kazimierz/Stanisław Grodziski/Stefan Grzybowski (Hg.): Obywatelskie inicjatywy ustawodawcze Solidarności 1980–1990. Materiały i projekty ustaw Centrum Obywatelskich Inicjatyw Ustawodawczych »S« i Społecznej Rady Legislacyjnej, Warszawa 2001.
Beksiak, Janusz u. a.: Outline of a Programme for Stabilisation and Systemic Changes, in: The Polish Transformation. Programme and Progress, London: Centre for Research into Communist Economies 1990, S. 19–59.
Bertram, Łukasz (Hg.): Obieg NOW-ej, Warszawa 2013.

[Bielecki, Czesław/Jan Krzysztof Kelus/Urszula Sikorska]: The Little Conspirator, in: Conflict Quarterly. The Journal of Conflict Studies 6 (1986) 4, S. 27–64.
Bień, Witold: Jak doszło do zadłużenia Polski za granicą w latach 1970–1985. Wspomnienia uczestnika wydarzeń, Warszawa 2017.
Błażejowska, Justyna (Hg.): Głos niepodległości. Wybór publicystyki środowiska czasopisma »Głos« 1977–1989, Kraków 2016.
Borodziej, Włodzimierz/Andrzej Garlicki (Hg.): Okrągły Stół. Dokumenty i materiały, Bd. 1: wrzesień 1986 – luty 1989, Warszawa/Szczecin 2004.
Borodziej, Włodzimierz/Andrzej Garlicki (Hg.): Okrągły Stół. Dokumenty i materiały, Bd. 4: kwiecień 1989 – czerwiec 1989, Warszawa/Szczecin 2004.
Chmiel, Beata/Elżbieta Kaczyńska (Hg.): Postulaty 1970–71 i 1980. Materiały źródłowe do dziejów wystąpień pracowniczych w latach 1970–1971 i 1980 (Gdańsk i Szczecin), Warszawa 1999.
Danyel, Jürgen/Jan Claas Behrends (Hg.): Grenzgänger und Brückenbauer. Zeitgeschichte durch den Eisernen Vorhang, Göttingen 2019.
Delhaes, Karl von (Hg.): Die Gewerkschaft »Solidarität« zur Neuordnung des polnischen Wirtschaftssystems, in: Dokumentation Ostmitteleuropa 8 (1982) 1–2, S. 1–126.
Dudek, Antoni (Hg.): Zmierzch dyktatury. Polska lat 1986–1989 w świetle dokumentów, 2 Bde., Warszawa 2009.
Dudek, Antoni/Andrzej Friszke (Hg.): Polska 1986–1989. Koniec systemu, Bd. 3: Dokumenty, Warszawa 2002.
Dworaczek, Kamil/Grzegorz Waligóra (Hg.): Solidarność Walcząca w dokumentach, Bd. 2, Teil 1: Materiały własne, Warszawa 2016.
Gołębiowski, Bronisław/Halina Jakubowska: Robotnicy o sobie (Robotnicy polscy. Raporty z badań. 6), Warszawa: Akademia Nauk Społecznych PZPR, Instytut Badań Klasy Robotniczej 1989.
Gomułka, Stanisław (Hg.): Transformacja polska. Dokumenty i analizy 1991–1993, Warszawa 2013.
Gomułka, Stanisław/Tadeusz Kowalik (Hg.): Transformacja polska. Dokumenty i analizy 1990, Warszawa 2011.
Grochoła, Wiesława: Words like Dynamite, in: Gwido Zlatkes/Paweł Sowiński/Ann Frenkel (Hg.): Duplicator Underground. The Independent Publishing Industry in Communist Poland 1976–89, Bloomington 2016, S. 391–442 (poln. Fassung: NOWa a PRL – Słowo jak dynamit, in: Karta, 2006, Nr. 49, S. 82–125).
Grupińska, Anka/Joanna Wawrzyniak (Hg.): Buntownicy. Polskie lata 70. i 80., Warszawa 2011.
Jaruzelski, Wojciech: Przemówienia 1983, Warszawa: Książka i Wiedza 1984.
Jaruzelski, Wojciech: Przemówienia 1984, Warszawa: Książka i Wiedza 1985.
Kaleta, Marian: Emigrancka spółka »Szmugiel«. Wspomnienia dostawcy sprzętu poligraficznego przemycanego do Polski dla opozycji antykomunistycznej w latach 1978–1989, Warszawa 2015.
Kawalec, Stefan: Privatisation of the Polish Economy, in: Communist Economies 1 (1989) 3, S. 241–256.
Knyt, Agnieszka/Alicja Wancerz-Gluza (Hg.): Prywaciarze 1945–89, Warszawa $^{2}$2004.
Kopka, Bogusław/Grzegorz Majchrzak (Hg.): Stan wojenny w dokumentach władz PRL (1980–1983), Warszawa 2001.

Kowalik, Tadeusz (Hg.): Economic Theory and Market Socialism. Selected Essays of Oskar Lange, Aldershot 1994.
Kowalik, Tadeusz (Hg.): Stanisław Gomułka i transformacja polska. Dokumenty i analizy 1968–1989, Warszawa 2010.
Kowalik, Tadeusz: Wspomnienia ze Stoczni Gdańskiej, in: Wolność i Solidarność, 2010, Nr. 1, S. 96–115.
I Krajowy Zjazd Delegatów NSZZ »Solidarność«: Statut. Uchwała programowa z aneksem. Dokumenty Zjazdu, Gdańsk: Biuro Informacji Prasowej Komisji Krajowej NSZZ »Solidarność« [1981].
Krawczyk, Rafał (Hg.): Reforma gospodarcza. Propozycje – tendencje – kierunki dyskusji, Warszawa: Państwowe Wydawnictwo Ekonomiczne 1981.
Król, Marcin: Byliśmy głupi, Warszawa 2015.
Krynicki, Ryszard: Wiersze wybrane, Kraków 2014.
Kuczyński, Waldemar: Zwierzenia zausznika, Warszawa 1992.
Kuczyński, Waldemar: Solidarność u władzy. Dziennik 1989–1993, Gdańsk 2010.
Kula, Marcin: Początek 1989 roku. Zapiski z drugiego rzędu, nieco naiwne, trochę przesiane ... ale skomentowane, in: Komunizm. System ludzie dokumentacja 8 (2019), S. 271–284.
Kuroń, Jacek: Polityka i odpowiedzialność, London: Aneks 1984.
Kuroń, Jacek: Autobiografia, Warszawa 2011.
Kurowski, Stefan: Od sierpnia do grudnia, Warszawa: Głos 1985.
Lewandowski, Janusz: Sprinter długodystansowy. Rozmawiał Adam Leszczyński, Sopot 2019.
Lewandowski, Janusz/Jan Szomburg: Property Reform as Basis for Social and Economic Reform, in: Communist Economies 1 (1989) 3, S. 257–268.
Łagowski, Bronisław: Co jest lepsze od prawdy?, Kraków: Wydawnictwo Literackie 1986.
Modzelewski, Karol: Zajeździmy kobyłę historii. Wyznania poobijanego jeźdźca, Warszawa 2013.
Nowak, Edward E.: Moja Solidarność. Lata 1980–1981 w Nowej Hucie, Kraków 2015.
Nowak, Leszek: Polska droga od socjalizmu. Pisma polityczne 1980–1989, Poznań 2011.
Olaszek, Jan (Hg.): Dokumenty władz NSZZ »Solidarność« 1981–1989, Warszawa 2010.
Olaszek, Jan (Hg.): Krajowa Komisja Porozumiewawcza NSZZ »Solidarność«. Posiedzenie 10–12 sierpnia 1981 r., Warszawa 2010–2011.
Olaszek, Jan (Hg.): Archiwum Wiktora Kulerskiego. Dokumenty podziemnej »Solidarności« 1982–1986, Warszawa 2018.
Orski, Marcin/Adam Roliński/Ewa Zając (Hg.): »Solidarność« Małopolska 1980–1981. Wybór dokumentów, Kraków 2006.
Owsiński, Marek/Tomasz Kozłowski (Hg.): Dokumenty Krajowej Komisji Porozumiewawczej i Komisji Krajowej NSZZ »Solidarność« (1980–1981), Warszawa 2012.
Paczkowski, Andrzej (Hg.): Nastroje przed bitwą, in: Zeszyty Historyczne, 1992, Nr. 100, S. 60–82.
Paradowska, Janina/Jerzy Baczyński (Hg.): Teczki liberałów, Poznań 1993.
Perzkowski, Stanisław [Andrzej Paczkowski] (Hg.): Tajne dokumenty Biura Politycznego i Sekretariatu KC. Ostatni rok władzy 1988–1989, Londyn 1994.
II Plenum KC PZPR. 11 sierpnia 1981 r. Podstawowe dokumenty i materiały, Warszawa: Książka i Wiedza 1981.

V Plenum KC PZPR. 8 października 1987 r. Podstawowe dokumenty i materiały, Warszawa: Książka i Wiedza 1987.
X Plenum KC PZPR. 20–21 grudnia 1988 r. – 16–18 stycznia 1989 r. Podstawowe dokumenty i materiały, Warszawa: Książka i Wiedza 1989.
Polska 5 lat po Sierpniu. Raport, Londyn: Aneks 1986.
Propozycje przekształceń polskiej gospodarki. (Zeszyty Naukowe. Polskie Towarzystwo Ekonomiczne, Oddział Warszawski), Warszawa 1989.
PZPR a Solidarność 1980–1981. Tajne dokumenty Biura Politycznego, unter Mitarbeit von Tomasz Kozłowski, Warszawa [2]2013.
Rakowski, Mieczysław F.: Jak to się stało, Warszawa 1991.
Rakowski, Mieczysław F.: Dzienniki polityczne 1984–1986, Warszawa 2005.
Rakowski, Mieczysław F.: Dzienniki polityczne 1987–1990, Warszawa 2005.
Regulski, Jerzy (Hg.): Reforma samorządowa. Materiały źródłowe 1980–1990, Warszawa 2000.
Sachs, Jeffrey: Poland's Jump into the Market Economy, Cambridge, MA 1993.
Sachs, Jeffrey: Das Ende der Armut. Ein ökonomisches Programm für eine gerechtere Welt, München 2005.
Savranskaya, Svetlana/Thomas Blanton/Vladislav Zubok (Hg.): Masterpieces of History. The Peaceful End of the Cold War in Europe, 1989, Budapest/New York 2010.
Strasz, Małgorzata (Hg.): Komitet Obywatelski przy Przewodniczącym NSZZ »Solidarność« Lechu Wałęsie. Stenogramy posiedzeń. 7 listopada 1987, 18 grudnia 1988, 23 kwietnia 1989, Warszawa 2006.
Torańska, Teresa: My, Warszawa 1994.
Wielecki, Krzysztof: Młodzież: Siła odnowy czy odmowy? O sytuacji młodego pokolenia, Ośrodek Badań Społecznych Zrzeszenia Studentów Polskich, September 1988, online verfügbar unter http://public.kantarpolska.com/archiv_files/M.0878.pdf (Zugriff am 13.10.2021).
The World Bank: Poland: Reform, Adjustment and Growth. Report No. 6736-POL. Vol. I: Main Report, Washington: The World Bank 1987, http://documents.worldbank.org/curated/en/369791468092378189/Main-report (Zugriff am 13.10.2021).
Williamson, John: A Short History of the Washington Consensus, Vortragstext vom 24.9.2004, https://www.piie.com/commentary/speeches-papers/short-history-washington-consensus (Zugriff am 18.12.2022).
Wydział Społeczno-Prawny KC PZPR; Najwyższa Izba Kontroli: Inspekcja Robotniczo-Chłopska. Podstawowe dokumenty i materiały, Warszawa 1985.

## Literatur

Adamski, Władysław (Hg.): Fenomen »Solidarności« i zmiana ustroju. Polacy 1980–2011, Warszawa 2014.
Adamski, Władysław: Strukturalno-pokoleniowe aspekty konfliktu społecznego [1981], in: ders. (Hg.): Fenomen »Solidarności« i zmiana ustroju. Polacy 1980–2011, Warszawa 2014, S. 25–31.
Adamski, Władysław/Katarzyna Staszyńska: Tożsamość wartości a konflikt interesów w relacjach pokoleniowych [1985], in: Władysław Adamski (Hg.): Fenomen »Solidarności« i zmiana ustroju. Polacy 1980–2011, Warszawa 2014, S. 79–91.

Adamski, Władysław: Wprowadzenie. »Solidarność« jako kłopotliwy problem badawczy, in: ders. (Hg.): Fenomen »Solidarności« i zmiana ustroju. Polacy 1980–2011, Warszawa 2014, S. 7–21.
Ahrens, Ralf: Macht und Märkte. Vermarktlichung als historische Forschungsperspektive, in: Rüdiger Graf (Hg.): Ökonomisierung. Debatten und Praktiken in der Zeitgeschichte, Göttingen 2019, S. 73–93.
Alexijewitsch, Swetlana: Secondhand-Zeit. Leben auf den Trümmern des Sozialismus, Bonn 2013.
Aligică, Paul Dragoș/Anthony John Evans: The Neoliberal Revolution in Eastern Europe. Economic Ideas in the Transition from Communism, Cheltenham u. a. 2009.
Arndt, Agnes: Intellektuelle in der Opposition. Diskurse zur Zivilgesellschaft in der Volksrepublik Polen, Frankfurt am Main 2007.
Åslund, Anders: Building Capitalism. The Transformation of the Former Soviet Bloc, Cambridge 2002.
Atkinson, Anthony B./John Micklewright: Economic Transformation in Eastern Europe and the Distribution of Income, Cambridge 1992.
Bachmann, Klaus/Jens Gieseke (Hg.): The Silent Majority in Communist and Post-Communist States. Opinion Polling in Eastern and South-Eastern Europe, Frankfurt am Main 2016.
Balcerowicz, Leszek: Remarks on the Concept of Ownership, in: Oeconomica Polona 14 (1987) 1, S. 75–95.
Balcerowicz, Leszek: Socialism, Capitalism, Transformation, Budapest/New York 1995.
Bałtowski, Maciej: Gospodarka socjalistyczna w Polsce. Geneza – rozwój – upadek, Warszawa 2009.
Bałtowski, Maciej/Piotr Kozarzewski: Zmiana własnościowa polskiej gospodarki 1989–2013, Warszawa 2014.
Bałtowski, Maciej/Maciej Miszewski: Transformacja gospodarcza w Polsce, Warszawa 2006.
Ban, Cornel: Sovereign Debt, Austerity, and Regime Change. The Case of Nicolae Ceausescu's Romania, in: East European Politics and Societies and Cultures 26 (2012) 4, S. 743–776.
Bartel, Fritz: Fugitive Leverage. Commercial Banks, Sovereign Debt, and Cold War Crisis in Poland, 1980–1982, in: Enterprise & Society 18 (2017) 1, S. 72–107.
Bartel, Fritz: The Triumph of Broken Promises. The End of the Cold War and the Rise of Neoliberalism, Cambridge, MA 2022.
Bečka, Arnošt/Jacek Molesta: Sprawozdanie z likwidacji majątku byłej Polskiej Zjednoczonej Partii Robotniczej, Sopot/Warszawa 2001.
Bednarski, Marek: Drugi obieg gospodarczy. Przesłanki, mechanizmy i skutki w Polsce lat osiemdziesiątych (Rozprawy Uniwersytetu Warszawskiego, 397), Warszawa 1992.
Beckert, Jens: The Great Transformation of Embeddedness. Karl Polanyi and the New Economic Sociology, in: Chris Hann/Keith Hart (Hg.): Market and Society. The Great Transformation Today, Cambridge 2009, S. 38–55.
Beksiak, Janusz/Jan Winiecki: A Comparative Analysis of Our Programme and the Polish Government Programme, in: The Polish Transformation. Programme and Progress, London: Centre for Research into Communist Economies 1990, S. 9–18.
Belka, Marek: Doktryna ekonomiczno-społeczna Miltona Friedmana (Ekonomia XX wieku), Warszawa: Państwowe Wydawnictwo Naukowe 1986.

Berend, Ivan T.: Central and Eastern Europe 1944–1993. Detour from the Periphery to the Periphery, Cambridge 1996.
Berend, Iván Tibor: From the Soviet Bloc to the European Union. The Economic and Social Transformation of Central and Eastern Europe since 1973, Cambridge 2009.
Bernhard, Michael/Jan Kubik: Roundtable Discord. The Contested Legacy of 1989 in Poland, in: dies. (Hg.): Twenty Years After Communism. The Politics of Memory and Commemoration, New York 2014, S. 60–84.
Bernhardt-Kowalska, Dorota/Piotr Chojnacki/Ryszard Szyc (Hg.): 100 kontroli z archiwum NIK, Warszawa 2018.
Beskid, Lidia/Róża Milic-Czerniak/Zbigniew Sufin: Polacy a nowa rzeczywistość ekonomiczna. Procesy przystosowania się w mikroskali, Warszawa 1995.
Beyer, Heiko/Annette Schnabel: Theorien sozialer Bewegungen. Eine Einführung, Frankfurt am Main 2017.
Biezenski, Robert: Workers' Self-Management and the Technical Intelligentsia in People's Poland, in: Politics & Society 22 (1994) 1, S. 59–88.
Bockman, Johanna: Markets in the Name of Socialism. The Left-wing Origins of Neoliberalism, Stanford 2011.
Boćkowska, Aleksandra: Można wybierać. 4 czerwca 1989, Wołowiec 2019.
Bohle, Dorothee: Europas neue Peripherie. Polens Transformation und transnationale Integration, Münster 2002.
Bohle, Dorothee/Bela Greskovits: Capitalist Diversity on Europe's Periphery, Ithaca, NY 2012.
Bohle, Dorothee/Gisela Neunhöffer: Why is there no Third Way? The Role of Neoliberal Ideology, Networks and Think Tanks in Combating Market Socialism and Shaping Transformation in Poland, in: Dieter Plehwe/Bernhard Walpen/Gisela Neunhöffer (Hg.): Neoliberal Hegemony. A Global Critique, London 2006, S. 89–104.
Böick, Marcus: Die Treuhand. Idee – Praxis – Erfahrung 1990–1994, Göttingen 2018.
Böick, Marcus: Berater in »blühenden Landschaften«. Wirtschaftsprüfer und Unternehmensberater bei der Treuhandanstalt, in: Dierk Hoffmann (Hg.): Transformation einer Volkswirtschaft. Neue Forschungen zur Geschichte der Treuhandanstalt, Berlin 2020, S. 41–55.
Bösch, Frank: Zeitenwende 1979. Als die Welt von heute begann, München 2019.
Brandes, Sören: »Free to Choose«. Die Popularisierung des Neoliberalismus in Milton Friedmans Fernsehserie (1980/90), in: Zeithistorische Forschungen/Studies in Contemporary History 12 (2015) 3, S. 526–533.
Brandes, Sören: The Market's People. Milton Friedman and the Making of Neoliberal Populism, in: William Callison/Zachary Manfredi (Hg.): Mutant Neoliberalism. Market Rule and Political Rupture, New York 2020, S. 61–89.
Brüggemeier, Franz-Josef: Grubengold. Das Zeitalter der Kohle von 1750 bis heute, München 2018.
Brunnbauer, Ulf u. a.: In den Stürmen der Transformation. Zwei Werften zwischen Sozialismus und EU, Berlin 2022.
Bruno, Michael: Stabilization and Reform in Eastern Europe. A Preliminary Evaluation (IMF Working Paper, 30), Washington 1992.
Bukowski, Paweł/Filip Novokmet: Between Communism and Capitalism. Long-Term Inequality in Poland, 1892–2015 (WID.world Working Paper, 2019/08), [Paris:] World

Inequality Lab 2019, https://wid.world/document/between-communism-and-capitalism-long-term-inequality-in-poland-1892-2015/ (Zugriff am 13.10.2021).
Chodorowski, Marcin: »Sieć« – rok 1981. Powstanie, struktura, działanie, Warszawa 1992.
Chumiński, Jędrzej (Hg.): Modernizacja czy pozorna modernizacja. Społeczno-ekonomiczny bilans PRL 1944–1989, Wrocław 2010.
Chwedoruk, Rafał: Program Samorządnej Rzeczypospolitej, in: Andrzej Friszke/Krzysztof Persak/Paweł Sowiński (Hg.): Solidarność od wewnątrz. 1980–1981, Warszawa 2013, S. 319–342.
Dąbrowski, Marek: Reforma, rynek, samorząd, Warszawa 1990.
Dejung, Christof: Einbettung, in: ders./Monika Dommann/Daniel Speich Chassé (Hg.): Auf der Suche nach der Ökonomie. Historische Annäherungen, Tübingen 2014, S. 47–71.
Dipper, Christof: Moderne. Version 2.0. Docupedia-Zeitgeschichte, 17.1.2018, http://docupedia.de/zg/Dipper_moderne_v2_de_2018 (Zugriff am 13.10.2021).
Dobry, Michel: Paths, Choices, Outcomes, and Uncertainty. Elements for a Critique of Transitological Reason, in: ders. (Hg.): Democratic and Capitalist Transitions in Eastern Europe. Lessons for the Social Sciences, Dordrecht 2000, S. 49–70.
Doering-Manteuffel, Anselm: Die deutsche Geschichte in den Zeitbögen des 20. Jahrhunderts, in: Vierteljahrshefte für Zeitgeschichte 62 (2014) 3, S. 321–348.
Domber, Gregory F.: Empowering Revolution. America, Poland, and the End of the Cold War, Chapel Hill 2014.
Dorn, Ludwik: Kierunki działania NSZZ »Solidarność« w ciągu najbliższego roku, in: Niepodległość pracy, Warszawa: Ośrodek Badań Społecznych NSZZ Solidarność Region Mazowsze 1981, S. 121–126.
Dorn, Ludwik: Świadomościowe wymiary własności prywatnej, in: Zeszyty Naukowe KUL 30 (1987), H. 2(118), S. 113–131.
Drenda, Olga: Duchologia polska. Rzeczy i ludzie w latach transformacji, Kraków 2016.
Dudek, Antoni (Hg.): Stan wojenny w Polsce 1981–1983, Warszawa 2003.
Dudek, Antoni: Krajowa myśl antykomunistyczna w dobie Polski zniewolonej (1939–1989), in: Jacek Kloczkowski (Hg.): Antykomunizm po komunizmie, Kraków 2000, S. 123–135.
Dudek, Antoni: Reglamentowana rewolucja. Rozkład dyktatury komunistycznej w Polsce 1988–1990, Kraków 2004.
Dudek, Antoni: Od Mazowieckiego do Suchockiej. Pierwsze rządy wolnej Polski, Kraków 2019.
Dunn, Elizabeth C.: Privatizing Poland. Baby Food, Big Business, and the Remaking of Labor, Ithaca, NY 2004.
Dworek, Jan: Prywatyzacja przedsiębiorstw państwowych w Bydgoszczy po 1989 r., in: Kronika Bydgoska 18 (1996), S. 9.
Dzielski, Mirosław: Duch nadchodzącego czasu. Część 1, [Wrocław:] Wektory [1985].
Dzielski, Mirosław: Odrodzenie ducha – budowa wolności. Pisma zebrane, Kraków 1995.
Eichwede, Wolfgang: Archipel Samizdat, in: Samizdat. Alternative Kultur in Zentral- und Osteuropa: Die 60er bis 80er Jahre, Bremen 2000, S. 8–19.
Eisler, Jerzy: Siedmiu wspaniałych. Poczet pierwszych sekretarzy KC PZPR, Warszawa 2014.
Encyklopedia Solidarności. Opozycja w PRL 1976–1989, 4 Bde., Warszawa 2010–2020.

Engler, Wolfgang: Die Ostdeutschen. Kunde von einem verlorenen Land, Berlin 1999.
Fałkowski, Mateusz: Biznes patriotyczny. Historia wydawnictwa CDN, Warszawa/ Gdańsk 2011.
Fałkowski, Mateusz: A Social Movement and an Underground Market. Independent Publishing and Its Logics of Action in Communist Poland, 1976–89, in: Gwido Zlatkes/Paweł Sowiński/Ann Frenkel (Hg.): Duplicator Underground. The Independent Publishing Industry in Communist Poland 1976–89, Bloomington 2016, S. 267–296.
Feindt, Gregor: Opposition und Samizdat in Ostmitteleuropa. Strukturen und Mechanismen unabhängiger Periodika in vergleichender Perspektive, in: Zeitschrift für Ostmitteleuropa-Forschung 65 (2016) 1, S. 17–42.
Friedman, Milton/Rose Friedman: Free to Choose. A Personal Statement, New York 1980.
Friedman, Milton/Rose Friedman: Chancen, die ich meine. Ein persönliches Bekenntnis, Berlin/Frankfurt am Main 1980.
Friszke, Andrzej (Hg.): Solidarność podziemna 1981–1989, Warszawa 2006.
Friszke, Andrzej: Komitet Obywatelski. Geneza i historia, in: Małgorzata Strasz (Hg.): Komitet Obywatelski przy Przewodniczącym NSZZ »Solidarność« Lechu Wałęsie. Stenogramy posiedzeń. 7 listopada 1987, 18 grudnia 1988, 23 kwietnia 1989, Warszawa 2006, S. 5–69.
Friszke, Andrzej: Regionalny Komitet Wykonawczy Mazowsze. Powstanie, struktura i działalność (1981–1986), in: ders. (Hg.): Solidarność podziemna 1981–1989, Warszawa 2006, S. 405–487.
Friszke, Andrzej: Czas KOR-u. Jacek Kuroń a geneza Solidarności, Kraków 2011.
Friszke, Andrzej: Region Mazowsze NSZZ »Solidarność« 1980–1981, in: ders./Krzysztof Persak/Paweł Sowiński (Hg.): Solidarność od wewnątrz. 1980–1981, Warszawa 2013, S. 90–138.
Friszke, Andrzej: Rewolucja Solidarności 1980–1981, Kraków 2014.
Friszke, Andrzej/Krzysztof Persak/Paweł Sowiński (Hg.): Solidarność od wewnątrz. 1980–1981, Warszawa 2013.
Fuszara, Małgorzata/Irena Jakubowska/Jacek Kurczewski: Sprawiedliwość czasów reglamentacji, in: Jacek Kurczewski (Hg.): Umowa o kartki, Warszawa 2004 [1985], S. 13–38.
Gabrisch, Hubert: Die »zweite Etappe der Wirtschaftsreform« in Polen. Ausgangslage, Programm, Diskussion und Maßnahmen 1987 (Berichte des Bundesinstituts für ostwissenschaftliche und internationale Studien, 9-1988), Köln 1988.
Gadomska, Magdalena: Polaków świadomość struktury klasowej: nierówność nieusprawiedliwiona, in: Jadwiga Koralewicz (Hg.): Społeczeństwo polskie przed kryzysem w świetle badań socjologicznych z lat 1977–1979, Warszawa 1987: Państwowe Wydawnictwo Naukowe, S. 13–45.
Gajewski, Krzysztof: Knucie jako biznes. Komunizm w języku opozycji lat 80. na przykładzie »Małego konspiratora«, in: Katarzyna Chmielewska/Agnieszka Mrozik/ Grzegorz Wołowiec (Hg.): Komunizm. Idee i praktyki w Polsce 1944–1989, Warszawa 2018, S. 469–490.
Gardawski, Juliusz: Robotnicy 1991. Świadomość ekonomiczna w czasach przełomu, Warszawa 1992.

Gardawski, Juliusz/Tomasz Żukowski: Polityka i gospodarka w oczach pracowników, Warszawa 1992.
Gardawski, Juliusz: Prywatna przedsiębiorczość III Rzeczpospolitej, in: Witold Morawski (Hg.): Modernizacja Polski. Struktury, agencje, instytucje, Warszawa 2010, S. 127–152.
Garlicki, Andrzej: Memoriały zespołu trzech, in: Marek Jabłonowski/Stanisław Stępka/Stanisław Sulowski (Hg.): Polski rok 1989. Sukcesy, zaniechania, porażki. Bd. 1, Warszawa 2009, S. 37–52.
Garton Ash, Timothy: Ein Jahrhundert wird abgewählt. Aus den Zentren Mitteleuropas 1980–1990, München 1990.
Gasztold, Przemysław: Towarzysze z betonu. Dogmatyzm w PZPR 1980–1990, Warszawa 2019.
Gdula, Maciej: Odważyć się być średnim. Genealogia i przyszłość polskiej klasy średniej, in: Krytyka Polityczna, 2015, Nr. 42, S. 42–56.
Gieseke, Jens: Soziale Ungleichheit im Staatssozialismus. Eine Skizze, in: Zeithistorische Forschungen/Studies in Contemporary History 10 (2013) 2, S. 171–198.
Graban, Marcin: »Inicjatywa prywatna«. Warunki funkcjonowania i zatrudnienia w sektorze prywatnym w latach 1975–1980, in: Marcin Bukała/Dariusz Iwaneczko (Hg.): PRL na pochylni (1975–1980), Rzeszów 2017, S. 479–499.
Graf, Rüdiger/Kim Christian Priemel: Zeitgeschichte in der Welt der Sozialwissenschaften. Legitimität und Originalität einer Disziplin, in: Vierteljahrshefte für Zeitgeschichte 59 (2011) 4, S. 479–508.
Grala, Dariusz: Reformy gospodarcze w PRL (1982–1989). Próba uratowania socjalizmu, Warszawa 2005.
Grala, Dariusz: Problem odtwarzania sektora prywatnego w koncepcjach reform gospodarczych w Polsce w 1989 r., in: Roczniki Dziejów Społecznych i Gospodarczych 69 (2009), S. 147–167.
Grala, Dariusz: Rozwój turystyki handlowej obywateli państw powstałych po rozpadzie ZSRR w Polsce w latach 90. XX w. Geneza, skala zjawiska i wpływ na przemiany rynkowe, in: Elżbieta Kościk (Hg.): Gospodarczy wymiar turystyki, Wrocław 2011, S. 101–121.
Grala, Dariusz: Przedsiębiorstwa z kapitałem zagranicznym pochodzenia polonijnego jako enklawa kapitalizmu w PRL i »inkubator przedsiębiorczości« liderów biznesu w III RP, in: UR Journal of Humanities and Social Sciences, 2019, Nr. 3(12), S. 75–100.
Granovetter, Mark: Economic Action and Social Structure: The Problem of Embeddedness, in: American Journal of Sociology 91 (1985) 3, S. 481–510.
Gray, John N.: Freiheit im Denken Hayeks, Tübingen 1995.
Guilhot, Nicolas: »The Transition to the Human World of Democracy«. Notes for a History of the Concept of Transition, from Early Marxism to 1989, in: European Journal of Social Theory 5 (2002) 2, S. 219–243.
Guzek, Marian/Marek Ziółkowski: Krajowy i zagraniczny sektor prywatny w Polsce. Skrócony raport z badań ekonomiczno-socjologicznych, Warszawa: Wydział Nauk Ekonomicznych UW 1988.
Hall, Peter A./David Soskice (Hg.): Varieties of Capitalism. The Institutional Foundation of Comparative Advantage, Oxford 2001.
Hann, Chris: Abschied vom sozialistischen »Anderen«, in: ders. (Hg.): Postsozialismus.

Transformationsprozesse in Europa und Asien aus ethnologischer Perspektive, Frankfurt am Main 2002, S. 11–26.
Hann, Chris: Repatriating Karl Polanyi. Market Society in the Visegrád States, Budapest/New York 2019.
Hardy, Jane/Al Rainnie: Restructuring Krakow. Desperately Seeking Capitalism, London 1996.
Hardy, Jane: Poland's New Capitalism, London 2009.
Hayek, Friedrich August: Missbrauch und Fall der Vernunft. Ein Fragment, Frankfurt am Main 1959.
Herbert, Ulrich: Europe in High Modernity. Reflections on a Theory of the 20th Century, in: Journal of Modern European History 5 (2007) 1, S. 5–21.
Holzer, Jerzy: Solidarität. Die Geschichte einer freien Gewerkschaft in Polen, München 1985.
Irek, Małgorzata: Der Schmugglerzug. Warschau – Berlin – Warschau. Materialien einer Feldforschung, Berlin 1998.
Irek, Małgorzata: Travelling with the Argonauts. Informal Networks seen without a Vertical Lens, New York/Oxford 2018.
Jakubowicz, Szymon: Bitwa o samorząd 1980–1981, Londyn: Aneks 1988.
Janczak, Hieronim [Stefan Kurowski]: Reforma gospodarcza w PRL. Trzecie podejście, Warszawa: CDN 1986.
Janiszewski, Przemysław: Historiograficzne interpretacje przemian ustrojowych w Polsce, in: Krzysztof Brzechczyn (Hg.): Interpretacje upadku komunizmu w Polsce i w Europie środkowo-wschodniej, Poznań 2011, S. 187–207.
Jarosz, Dariusz: Problemy z peerelowską modernizacją, in: Kwartalnik Historyczny 120 (2013) 2, S. 365–384.
Jarosz, Maria (Hg.): Pułapki prywatyzacji, Warszawa 2003.
Jarska, Natalia/Jan Olaszek (Hg.): Społeczeństwo polskie w latach 1980–1989, Warszawa 2015.
Jawłowski, Andrzej: Prywatyzacja pracownicza. Przemiany firm i ich załóg, Warszawa 2001.
Jaworski, Rudolf: Handel und Gewerbe im Nationalitätenkampf. Studien zur Wirtschaftsgesinnung der Polen in der Provinz Posen (1871–1914), Göttingen 1986.
Jóźwik, Artur: Krakowska Kuźnica. Historia, Ludzie, Idee, Kraków 2005.
Jurkiewicz, Jan: »Dawać węgiel i zarabiać«. Załogi górnicze województwa katowickiego w 1982 roku wobec rzeczywistości stanu wojennego, in: Górnik Polski, 2012, Nr. 6, S. 205–247.
Kaliński, Janusz: Gospodarka w PRL, Warszawa 2012.
Kaliński, Janusz: Kiedy zaczęło się odradzanie gospodarki rynkowej w Polsce?, in: Optimum. Studia Ekonomiczne, 2015, Nr. 1(73), S. 3–13.
Kaliński, Janusz: Nierolniczy sektor prywatny gospodarki w polityce ekonomicznej władz komunistycznych po 1980 roku, in: Komunizm. System ludzie dokumentacja 8 (2019), S. 33–50.
Kaliski, Bartosz: »Antysocjalistyczne zbiorowisko«? I Krajowy Zjazd Delegatów NSZZ Solidarność, Warszawa 2003.
Kamiński, Łukasz/Grzegorz Waligóra: Solidarność Walcząca, in: dies. (Hg.): NSZZ Solidarność 1980–1989, Bd. 2: Ruch społeczny, Warszawa 2010, S. 453–503.
Kamosiński, Sławomir: Losy wielkich przedsiębiorstw doby PRL w regionie kujawsko-

pomorskim w okresie transformacji systemowej i po jej zakończeniu, in: Elżbieta Kościk/Robert Klementowski (Hg.): Z dziejów przemysłu po 1945 roku, Wrocław 2012, S. 263–285.

Karpiński, Andrzej u. a.: Jak powstawały i jak upadały zakłady przemysłowe w Polsce. Losy po 1989 roku zakładów zbudowanych w PRL-u, Warszawa 2013.

Karpiński, Andrzej u. a.: Od uprzemysłowienia w PRL do deindustrializacji kraju. Losy zakładów przemysłowych po 1945 roku, Warszawa 2015.

Kaźmierska, Kaja/Katarzyna Waniek (Hg.): Telling the Great Change. The Process of the Systemic Transformation in Poland in biographical perspective, Łódź 2020.

Kelso, Louis O./Mortimer J. Adler: The Capitalist Manifesto, New York 1958.

Kenney, Padraic: A Carnival of Revolution. Central Europe 1989, Princeton 2002.

King, Lawrence P./Aleksandra Sznajder: The State-Led Transition to Liberal Capitalism. Neoliberal, Organizational, World-Systems, and Social Structural Explanations of Poland's Economic Success, in: American Journal of Sociology 112 (2006) 3, S. 751–801.

Kloc, Kazimierz: Rady robotnicze kontra socjalizm rynkowy, in: Polska 1944/45–1989. Studia i Materiały 3 (1997), S. 119–136.

Knoch, Konrad: Pisma liberalne drugiego obiegu w Polsce w latach 1979–1990, Warszawa 2015.

Kochanowicz, Jacek: Economic Reforms under State Socialism in Poland, in: Christoph Boyer (Hg.): Zur Physiognomie sozialistischer Wirtschaftsreformen. Die Sowjetunion, Polen, die Tschechoslowakei, Ungarn, die DDR und Jugoslawien im Vergleich, Frankfurt am Main 2007, S. 47–75.

Kochanowicz, Jacek: Private Suffering, Public Benefit. Market Rhetoric in Poland, 1989–1993, in: East European Politics and Societies and Cultures 28 (2014) 1, S. 103–118.

Kochanowski, Jerzy: Jenseits der Planwirtschaft. Der Schwarzmarkt in Polen 1944–1989, Göttingen 2013.

Kochanowski, Jerzy: Rewolucja międzypaździernikowa. Polska 1956–1957, Kraków 2017.

Kolarska-Bobińska, Lena: Egalitarny i rynkowy ład gospodarczy. Zmiany preferencji społecznych [1989], in: Władysław Adamski (Hg.): Fenomen »Solidarności« i zmiana ustroju. Polacy 1980–2011, Warszawa 2014, S. 189–207.

Kolář, Pavel: Der Poststalinismus. Ideologie und Utopie einer Epoche, Köln 2016.

Kopeček, Michal (Hg.): Architekti dlouhé změny. Expertní kořeny postsocialismu v Československu, Praha 2019.

Koralewicz-Zębik, Jadwiga: Potoczna percepcja nierówności w Polsce w latach 1960–1980, in: Studia Socjologiczne, 1983, Nr. 3, S. 143–162.

Kornai, János: The Road to a Free Economy. Shifting from a Socialist System: The Example of Hungary, New York 1990.

Koryś, Piotr: »... to jest Polska i chcemy mieć rozwiązania polskie«. NSZZ Solidarność jako ruch modernizacyjny, in: Jacek Kloczkowski (Hg.): Polska Solidarności. Kontrowersje, oblicza, interpretacje, Kraków 2011, S. 155–178.

Koryś, Piotr: Poland from Partitions to EU Accession. A Modern Economic History, 1772–2004, Cham 2018.

Koryś, Piotr/Maciej Tymiński: Od socjalizmu do socjalizmu. Koncepcje reform gospodarczych w PRL po wybuchach społecznych w 1956 i 1980 r., in: Dzieje Najnowsze 48 (2016) 4, S. 125–140.

Koryś, Piotr/Maciej Tymiński: Zmarnowana dekada? Ekspansja inwestycyjna lat siedemdziesiątych XX wieku na tle polityki gospodarczej w okresie PRL, in: Dzieje Najnowsze 53 (2021) 3, S. 159–183.
Kovács, János Mátyás (Hg.): Populating No Man's Land. Economic Concepts of Ownership under Communism, Lanham 2018.
Kowal, Paweł: Koniec systemu władzy. Polityka ekipy gen. Wojciecha Jaruzelskiego w latach 1986–1989, Warszawa 2012.
Kowalik, Tadeusz: www.polskatransformacja.pl, Warszawa 2009.
Kozek, Wiesława: Załogi przemysłowe wobec reformy gospodarczej, in: Witold Morawski (Hg.): Gospodarka i społeczeństwo. Wartości i interesy załóg przemysłowych, Warszawa 1986: Instytut Socjologii UW, S. 99–128.
Kozłowski, Tomasz: Anatomia rewolucji. Narodziny ruchu społecznego »Solidarność« w 1980 roku, Warszawa 2017.
Kozłowski, Tomasz: Spółki nomenklaturowe – patologia transformacji gospodarczej, in: Karol Nawrocki/Daniel Wicenty (Hg.): Brudne wspólnoty. Przestępczość zorganizowana w PRL w latach siedemdziesiątych i osiemdziesiątych XX wieku, Gdańsk/Warszawa 2018, S. 98–111.
Kozłowski, Tomasz: Appropriation Mechanisms. The Functioning of »Nomenclatura Companies« in the Period of Economic Transformation, in: Pamięć i Sprawiedliwość, 2020, Nr. 2(36), S. 509–529.
Krawczyk, Rafał: Wielka przemiana. Upadek i odrodzenie polskiej gospodarki, Warszawa 1990.
Krzemiński, Ireneusz (Hg.): Wielka transformacja. Zmiany ustroju w Polsce po 1989, Warszawa 2011.
Kubina, Michael/Manfred Wilke (Hg.): »Hart und kompromißlos durchgreifen«. Die SED contra Polen 1980/81. Geheimakten der SED-Führung über die Unterdrückung der polnischen Demokratiebewegung, Berlin 1995.
Kučera, Rudolf: Making Standards Work. Semantics of Economic Reform in Czechoslovakia, 1985–1992, in: Zeithistorische Forschungen/Studies in Contemporary History 12 (2015) 3, S. 427–448.
Kuczyński, Paweł: Badanie »Solidarności«. Kontekst społeczny i kontekst poznawczy, in: ders./Marcin Frybes (Hg.): W poszukiwaniu ruchu społecznego. Wokół socjologii Alaina Touraine'a, Warszawa 1994, S. 111–121.
Kuczyński, Waldemar: Po wielkim skoku, Warszawa: Państwowe Wydawnictwo Ekonomiczne 1981.
Kuisz, Jarosław: Charakter prawny porozumień sierpniowych 1980–1981, Warszawa 2009.
Kurczewski, Jacek (Hg.): Umowa o kartki, Warszawa 2004 [1985].
Kurczewski, Jacek: The Old System and the Revolution, in: Crises and Conflicts. The Case of Poland 1980–81, Warszawa 1982, S. 21–32.
Kurczewski, Jacek: Umowa o kartki, in: ders. (Hg.): Umowa o kartki, Warszawa 2004 [1985], S. 213–235.
Kurczewski, Jacek: Ścieżki emancypacji. Osobista teoria transformacji ustrojowej w Polsce, Warszawa 2009.
Kurczewski, Jacek/Mariusz Cichomski/Krzysztof Wiliński: Wielkie bazary warszawskie. Środowisko społeczne, kultura i problem społeczny, Warszawa 2010.
Kuta, Cecylia: Niezależny ruch wydawniczy 1980–1989, in: Łukasz Kamiński/Grzegorz

Waligóra (Hg.): NSZZ Solidarność 1980–1989, Bd. 2: Ruch społeczny, Warszawa 2010, S. 249–314.
Landau, Zbigniew: Główne tendencje rozwoju gospodarczego Polski Ludowej, in: Aleksander Müller (Hg.): U źródeł polskiego kryzysu. Społeczno-ekonomiczne uwarunkowania rozwoju gospodarczego Polski w latach osiemdziesiątych. Warszawa 1985: Państwowe Wydawnictwo Naukowe, S. 17–97.
Lesiakowski, Krzysztof: Puste półki sklepów wielkiego miasta. Problemy zaopatrzeniowe mieszkańców Łodzi, in: Natalia Jarska/Jan Olaszek (Hg.): Społeczeństwo polskie w latach 1980–1989, Warszawa 2015, S. 139–155.
Lesiakowski, Krzysztof: Kierunki działalności kontrolnej NIK wobec przedsiębiorstw polonijno-zagranicznych w latach osiemdziesiątych XX wieku, in: Komunizm. System ludzie dokumentacja, 2019, Nr. 8, S. 51–72.
Leszczyński, Adam: Leap into Modernity. Political Economy of Growth on the Periphery, 1943–1980, Frankfurt am Main 2017.
Lewandowski, Janusz: Samorząd w dobie »Solidarności«. Współpraca samorządów pracowniczych Pomorza Gdańskiego na tle sytuacji w kraju w latach 1980/81, unter Mitarbeit von Jan Szomburg, London: Odnowa 1985.
Leyk, Aleksandra: Between Rejected Socialism and Desired Capitalism. Social Sciences' Discourse on the Transformation in Poland, in: European Review of History/Revue européenne d'histoire 23 (2016) 4, S. 643–663.
Leyk, Aleksandra/Joanna Wawrzyniak: Cięcia. Mówiona historia transformacji, Warszawa 2020.
Ligarski, Sebastian: O fałszerstwach wyborczych w Polskiej Rzeczypospolitej Ludowej – głos w dyskusji, in: ders./Michał Siedziako (Hg.): Wybory i referenda w PRL, Szczecin 2014, S. 45–65.
Logemann, Daniel: Das polnische Fenster. Deutsch-polnische Kontakte im staatssozialistischen Alltag Leipzigs 1972–1989, München 2012.
Ludwiniak, Krzysztof S. (Hg.): Pracownik właścicielem, Lublin: Spotkania 1989.
Luszniewicz, Jacek: Postulaty gospodarcze Sieci Organizacji Zakładowych NSZZ »Solidarność« wiodących zakładów pracy z 1981 r. Reforma czy transformacja systemu?, in: Elżbieta Kościk/Tomasz Głowiński (Hg.): Gospodarka i społeczeństwo w czasach PRL-u (1944–1989), Wrocław 2007, S. 298–325.
Luszniewicz, Jacek: Ewolucja koncepcji ekonomicznych liberałów gdańskich na łamach »Przeglądu Politycznego« w latach 1983–1989 (na tle ogólnopolskim), in: Pamięć i Sprawiedliwość, 2008, Nr. 2, S. 179–209.
Luszniewicz, Jacek: Solidarność – samorząd pracowniczy – transformacja systemu. O programie gospodarczym Sieci Organizacji Zakładowych NSZZ »Solidarność« wiodących zakładów pracy (rok 1981), Warszawa 2008.
Luszniewicz, Jacek: Wizje reformy gospodarczej w koncepcjach pierwszej »Solidarności« (1980–1981), in: Elżbieta Kościk/Tomasz Głowiński (Hg.): Między zacofaniem a modernizacją. Społeczno-gospodarcze problemy ziem polskich na przestrzeni wieków, Wrocław 2009, S. 261–278.
Luszniewicz, Jacek: Koncepcje ekonomiczne »Solidarności« 1980–1981. Reforma czy transformacja socjalistycznego systemu gospodarczego?, in: Andrzej Friszke/Krzysztof Persak/Paweł Sowiński (Hg.): Solidarność od wewnątrz. 1980–1981, Warszawa 2013, S. 290–318.
Luterek, Tomasz: Reprywatyzacja. Źródła problemu, Warszawa 2016.

Łabędź, Krzysztof: Spory wokół zagadnień programowych w publikacjach opozycji politycznej w Polsce w latach 1981–1989, Kraków 1997.
Łoś, Maria/Andrzej Zybertowicz: Privatizing the Police-State. The Case of Poland, Basingstoke 2000.
Łuczewski, Michał: Solidarność: socjalizm z boską twarzą, in: Jacek Kloczkowski (Hg.): Polska Solidarności. Kontrowersje, oblicza, interpretacje, Kraków 2011, S. 217–244.
Machałek, Małgorzata: Rok 1989 a Państwowe Gospodarstwa Rolne, in: Konrad Białecki/Stanisław Jankowiak/Rafał Reczek (Hg.): Krok ku wolności. Wybory czerwcowe 1989 i ich konsekwencje, Poznań 2015, S. 130–142.
Majchrzak, Grzegorz: Towarzysz Urban proponuje, in: Biuletyn Instytutu Pamięci Narodowej, 2006, Nr. 11–12, S. 101–109.
Majmurek, Jakub: Ideologie polskiej transformacji, in: ders./Piotr Szumlewicz (Hg.): Stracone szanse? Bilans transformacji 1989–2009, Warszawa 2009, S. 119–146.
Makowski, Grzegorz: Świątynia konsumpcji. Geneza i społeczne znaczenie centrum handlowego, Warszawa 2004.
Mark, James u. a.: 1989. A Global History of Eastern Europe, Cambridge 2019.
Materka, Edyta: Dystopia's Provocateurs. Peasants, State, and Informality in the Polish-German Borderlands, Bloomington/Indianapolis 2017.
Mazurek, Małgorzata: Społeczeństwo kolejki. O doświadczeniach niedoboru 1945–1989, Warszawa 2010.
Mażewski, Lech/Longin Mażewski: »Solidarność« a spór o model polskiego kapitalizmu, in: Lech Mażewski/Wojciech Turek (Hg.): »Solidarność« a wychodzenie Polski z komunizmu, Gdańsk 1995, S. 143–159.
Meaney, Constance Squires: Foreign Experts, Capitalists, and Competing Agendas. Privatization in Poland, the Czech Republic, and Hungary, in: Comparative Political Studies 28 (1995) 2, S. 275–305.
Merkel, Wolfgang: Systemtransformation. Eine Einführung in die Theorie und Empirie der Transformationsforschung, Wiesbaden [2]2010.
Mickiewicz, Tomasz: Sympozjum na temat prywatnego sektora pozarolniczego, in: Zeszyty Naukowe KUL 30 (1987), H. 2(118), S. 133–139.
Mielczarek, Adam: Śpiący rycerze. Szeregowi działacze warszawskiego podziemia wydawniczego lat osiemdziesiątych, Warszawa 2006.
Mielczarek, Adam: Przemiany roku 1989 w oczach szeregowych działaczy podziemia, in: Krzysztof Brzechczyn (Hg.): Interpretacje upadku komunizmu w Polsce i w Europie środkowo-wschodniej, Poznań 2011, S. 251–262.
Miernik, Grzegorz: Potoczne postrzeganie problemów gospodarczych w latach 1971–1980 w świetle listów, in: Elżbieta Kościk/Tomasz Głowiński (Hg.): Gospodarka i społeczeństwo w czasach PRL-u (1944–1989), Wrocław 2007, S. 384–408.
Miernik, Grzegorz: Lamenty nad przemysłem w ostatnich latach PRL, in: Elżbieta Kościk/Robert Klementowski (Hg.): Z dziejów przemysłu po 1945 roku, Wrocław 2012, S. 245–262.
Miernik, Grzegorz: Wybrane problemy codzienności sygnalizowane w listach do władz w schyłkowym okresie PRL, in: Małgorzata Choma-Jusińska/Marcin Kruszyński/Tomasz Osiński (Hg.): Życie codzienne w PRL, Lublin/Warszawa 2019, S. 131–151.
Mikołajewska, Karolina: Negotiated Meanings of Capitalism. Biographical Narratives of Trade Union Members and Managers of a Privatised Polish Chocolate Factory E. Wedel, in: Knud Andresen u. a. (Hg.): Der Betrieb als sozialer und politischer Ort.

Studien zu Praktiken und Diskursen in den Arbeitswelten des 20. Jahrhunderts, Bonn 2015, S. 185–210.
Morawski, Witold (Hg.): Gospodarka i społeczeństwo. Wartości i interesy załóg przemysłowych, Warszawa: Instytut Socjologii UW 1986.
Morawski, Witold (Hg.): Zmierzch socjalizmu państwowego. Szkice z socjologii ekonomicznej, Warszawa 1994.
Morawski, Witold: Modele reformy a zmiana systemowa w Polsce, in: ders. (Hg.): Zmierzch socjalizmu państwowego. Szkice z socjologii ekonomicznej, Warszawa 1994, S. 286–300.
Morawski, Witold: Polscy kierownicy. Między nomenklaturą a menedżeryzmem, in: ders. (Hg.): Zmierzch socjalizmu państwowego. Szkice z socjologii ekonomicznej, Warszawa 1994, S. 196–213.
Morawski, Witold/Wiesława Kozek: Społeczeństwo polskie wobec problemów reformy i gospodarki, in: Witold Morawski (Hg.): Gospodarka i społeczeństwo. Wartości i interesy załóg przemysłowych, Warszawa: Instytut Socjologii UW 1986, S. 71–97.
Muszyńska, Jolanta/Aneta Osiak/Dorota Wojtera: Obraz codzienności w prasie stanu wojennego. Gdańsk, Kraków, Warszawa, Warszawa 2006.
Nasi w Sejmie i w Senacie. Posłowie i senatorowie wybrani z listy Solidarności, Warszawa 1990.
Nawrocki, Grzegorz: Struktury nadziei, Warszawa: Pokolenie 1988.
Neja, Jarosław: Górny Śląsk, Podbeskidzie, ziemia częstochowska, in: Antoni Dudek (Hg.): Stan wojenny w Polsce 1981–1983, Warszawa 2003, S. 87–158.
Nitschke, Bernadetta: Firmy polonijno-zagraniczne jako przejaw rozwoju sektora prywatnego u schyłku PRL, in: Annales Universitatis Paedagogicae Cracoviensis. Studia Politologica 5 (2011) 87, S. 91–103.
Nowak, Alojzy Zbigniew: Polityka pieniężna a druga gospodarka w Polsce w latach osiemdziesiątych, Warszawa/Toruń 1993.
Nowak, Stefan (Hg.): Społeczeństwo polskie czasu kryzysu. Praca zbiorowa, Warszawa 2004 [1984].
Olaszek, Jan: Program podziemnej Solidarności, in: Wolność i Solidarność 5 (2013), S. 76–87.
Olaszek, Jan: Rewolucja powielaczy. Niezależny ruch wydawniczy w Polsce 1976–1989, Warszawa 2015.
Olaszek, Jan: Drugi obieg wydawniczy w PRL i samizdat w innych państwach bloku sowieckiego: podobieństwa, różnice, wzajemne wpływy, in: Przemysław Gasztold-Seń/Natalia Jarska/Jan Olaszek (Hg.): Drugi obieg w PRL na tle samizdatu w państwach bloku sowieckiego po 1956 roku, Warszawa 2016, S. 15–57.
Olaszek, Jan: Podziemne dziennikarstwo. Funkcjonowanie głównych pism informacyjnych podziemnej »Solidarności« w Warszawie w latach 1981–1989, Warszawa 2018.
Olaszek, Jan: Podziemna sieć społeczna. Casus z dziejów konspiracji solidarnościowej, Warszawa 2020.
Olaszek, Jan: Trust in the Underground. The Case from the History of »Solidarity«, in: East European Politics and Societies and Cultures 35 (2021) 3, S. 703–727.
Olschowsky, Burkhard: Einvernehmen und Konflikt. Das Verhältnis zwischen der DDR und der Volksrepublik Polen 1980–1989, Osnabrück 2005.
Olsen, Niklas: The Sovereign Consumer. A New Intellectual History of Neoliberalism, Cham 2019.

Osęka, Piotr: Elita »Solidarności«. Prozopografia Komisji Krajowej, in: Andrzej Friszke/Krzysztof Persak/Paweł Sowiński (Hg.): Solidarność od wewnątrz. 1980–1981, Warszawa 2013, S. 186–201.
Ost, David: The Defeat of Solidarity. Anger and Politics in Postcommunist Europe, Ithaca, NY 2006.
Ost, David: The Sham, and the Damage, of »Living in Truth«, in: East European Politics and Societies and Cultures 32 (2018) 2, S. 301–309.
Paczyńska, Agnieszka: State, Labor, and the Transition to Market Economy. Egypt, Poland, Mexico, and the Czech Republic, University Park, PA 2009.
Paga, Lesław A.: Prywatyzacja – koncepcje czwartego podejścia do reformy gospodarczej, in: Zeszyty Naukowe KUL 30 (1987), H. 2(118), S. 41–49.
Pasztor, Maria/Dariusz Jarosz: Increase Supply, Reduce Demand. A Contextual History of Meat in Communist Poland, Berlin 2020.
Peters, Florian: Revolution der Erinnerung. Der Zweite Weltkrieg in der Geschichtskultur des spätsozialistischen Polen, Berlin 2016.
Peters, Florian: From *Rzeczywistość* to *Rondo*. How a communist hard-liners' weekly discovered capitalism in the late 1980s, in: Media Biznes Kultura, 2018, Nr. 2(5), S. 99–113.
Peters, Florian: Vom »Polenmarkt« zum Millionär? Der Markt als Erfahrungsraum und Ordnungsmodell der Transformationszeit in Polen, in: Dierk Hoffmann/Ulf Brunnbauer (Hg.): Transformation als soziale Praxis. Mitteleuropa seit den 1970er Jahren, Berlin 2020, S. 108–124.
Peters, Florian: »Nach 1989 wurde nur die Dekoration geändert«. Polens postsozialistische Transformation und der Kampf um ihre Deutung, in: Jörg Ganzenmüller (Hg.): Die revolutionären Umbrüche in Europa 1989/91. Deutungen und Repräsentationen, Köln 2021, S. 237–264.
Piątkowski, Marcin: Europe's Growth Champion. Insights from the Economic Rise of Poland, Oxford 2018.
Plate, Silke: Widerstand mit Briefmarken. Die polnische Oppositionsbewegung und ihre Unabhängige Post in den 1980er Jahren, Paderborn 2021.
Plichta, Adam: Wolność i polityka. Myśl społeczno-polityczna Mirosława Dzielskiego, Kraków 2019.
Polanyi, Karl: The Great Transformation. Politische und ökonomische Ursprünge von Gesellschaften und Wirtschaftssystemen [1944], Frankfurt am Main 1978.
Poleszczuk, Jan: Praca w systemie gospodarki planowej, in: Mirosława Marody (Hg.): Co nam zostało z tych lat ... Społeczeństwo polskie u progu zmiany systemowej, Londyn 1991, S. 109–131.
Pollack, Detlef: Das unzufriedene Volk. Protest und Ressentiment in Ostdeutschland von der friedlichen Revolution bis heute, Bielefeld 2020.
Porter-Szűcs, Brian: From *Homo Sovieticus* to *Homo Economicus*. The Transformation of the Human Subject in Polish Socialist Economic Thought, in: East European Politics and Societies and Cultures 34 (2020) 3, S. 546–570.
Portes, Richard: The Polish Crisis. Western Economic Policy Options, London: Chatham House. The Royal Institute of International Affairs 1981.
Porwit, Krzysztof: Looking back at Economic Science in Poland, 1945–96. The Challenge of System Changes, in: Hans-Jürgen Wagener (Hg.): Economic Thought in Communist and Post-communist Europe, London/New York 1998, S. 80–157.

Poznański, Kazimierz Z.: Poland's Protracted Transition. Institutional Change and Economic Growth 1970–1994, Cambridge 1996.

Próchniak, Leszek: Ziemie łódzka i sieradzka, in: Antoni Dudek (Hg.): Stan wojenny w Polsce 1981–1983, Warszawa 2003, S. 689–760.

Przeperski, Michał: Jak sterować reformami? Rząd Mieczysława F. Rakowskiego kontra Komitet Centralny, in: Adam Dziuba/Bogusław Tracz (Hg.): Więcej niż partia. PZPR a polityka, gospodarka i społeczeństwo 1948–1990, Katowice 2017, S. 151–164.

Przeperski, Michał: Początki uwłaszczenia nomenklatury – uwarunkowania prawne i społeczne, in: Karol Nawrocki/Daniel Wicenty (Hg.): Brudne wspólnoty. Przestępczość zorganizowana w PRL w latach siedemdziesiątych i osiemdziesiątych XX wieku, Gdańsk/Warszawa 2018, S. 112–124.

Przeperski, Michał: Sytuacja nierewolucyjna. Polacy u progu obrad Okrągłego Stołu, in: Więź, 2019, Nr. 1(675), S. 92–107.

Przeperski, Michał: Mieczysław F. Rakowski. Biografia polityczna, Warszawa 2021.

Przeperski, Michał/Daniel Wicenty: Nie tylko historia polityczna. Postulaty badawcze dotyczące badania transformacji ustrojowej, in: Komunizm. System ludzie dokumentacja 8 (2019), S. 5–12.

Pula, Besnik: Globalization under and after Socialism. The Evolution of Transnational Capital in Central and Eastern Europe, Stanford 2018.

Puttkamer, Joachim von: Der schwere Abschied vom Volkseigentum. Wirtschaftliche Reformdebatten in Polen und Ostmitteleuropa in den 1980er Jahren, in: Norbert Frei/Dietmar Süß (Hg.): Privatisierung. Idee und Praxis seit den 1970er Jahren, Göttingen 2012, S. 158–183.

Pysz, Piotr: Konzeption, Bilanz und Perspektiven der polnischen Wirtschaftsreform 1982–1985 (Berichte des Bundesinstituts für ostwissenschaftliche und internationale Studien, 34-1985), Köln 1985.

Pysz, Piotr/Roland Scharff: Polnische Volkswirtschaft in den 80er Jahren – Reformen und wirtschaftliche Ergebnisse, in: Rolf Schlüter (Hg.): Wirtschaftsreformen im Ostblock in den 80er Jahren. Länderstudien: Sowjetunion, DDR, Polen, Rumänien, Tschechoslowakei, Bulgarien, Ungarn, Paderborn 1988, S. 79–106.

Rae, Gavin: Poland's Return to Capitalism. From the Socialist Bloc to the European Union, London/New York 2008.

Rakowski, Tomasz: Hunters, Gatherers, and the Practicioners of Powerlessness. An Ethnography of the Degraded in Postsocialist Poland, New York 2016.

Raphael, Lutz: Ordnungsmuster der »Hochmoderne«? Die Theorie der Moderne und die Geschichte der europäischen Gesellschaften im 20. Jahrhundert, in: Ute Schneider/Lutz Raphael (Hg.): Dimensionen der Moderne. Festschrift für Christof Dipper, Frankfurt am Main 2008, S. 73–91.

Raphael, Lutz: Jenseits von Kohle und Stahl. Eine Gesellschaftsgeschichte Westeuropas nach dem Boom, Berlin 2019.

Rodgers, Daniel T.: Age of Fracture, Cambridge, MA 2011.

Rotarski, Wojciech: NSZZ Indywidualnego Rzemiosła »Solidarność«, in: Łukasz Kamiński/Grzegorz Waligóra (Hg.): NSZZ Solidarność 1980–1989, Bd. 2: Ruch społeczny, Warszawa 2010, S. 137–146.

Ruzikowski, Tadeusz: Stan wojenny w Warszawie i województwie stołecznym 1981–1983, Warszawa 2013.

Rydygier, Wiesław: Pułapka zadłużenia, in: Aleksander Müller (Hg.): U źródeł polskiego

kryzysu. Społeczno-ekonomiczne uwarunkowania rozwoju gospodarczego Polski w latach osiemdziesiątych, Warszawa: Państwowe Wydawnictwo Naukowe 1985, S. 222–305.
Samojłowicz, Adam: Mirosława Dzielskiego chrześcijański liberalizm, in: Archiwum Historii Myśli Politycznej, 1998, Nr. 7, S. 37–60.
Schäffler, Eva: Die Privatisierung der anderen. Privatisierungskonzepte und -wege in deutsch-tschechischer Perspektive, in: Dierk Hoffmann (Hg.): Die umkämpfte Einheit. Die Treuhandanstalt und die deutsche Gesellschaft, Berlin 2022, S. 289–332.
Schlögel, Karl: Das Wunder von Nishnij oder die Rückkehr der Städte. Berichte und Essays, Frankfurt am Main 1991.
Schlögel, Karl: Bilder einer Ausstellung. Prospekt für ein Museum der Transformationsperiode, in: ders.: Grenzland Europa. Unterwegs auf einem neuen Kontinent, München 2013, S. 165–173.
Segert, Dieter: Transformationen in Osteuropa im 20. Jahrhundert, Bonn 2014.
Shields, Stuart: The International Political Economy of Transition. Neoliberal Hegemony and Eastern Central Europe's Transformation, London 2012.
Sidorski, Roman: »Kolejka« (gra planszowa) – recenzja i ocena gry, in: Histmag.org, 27.8.2011, https://histmag.org/Kolejka-gra-planszowa-recenzja-gry-5797 (Zugriff am 13.10.2021).
Sikora, Mirosław: Służba Bezpieczeństwa wobec przekształceń ekonomicznych w Polsce 1980–1989. Przyczynek do badań nad ingerencją polskich służb specjalnych w gospodarkę, in: Pamięć i Sprawiedliwość, 2012, Nr. 2, S. 359–410.
Sikora, Mirosław: Koncesjonowany kapitalizm. Służba Bezpieczeństwa MSW a »spółki polonijne« w PRL (1976–1989), in: Dzieje Najnowsze 45 (2013) 3, S. 125–146.
Skórzyński, Jan: Rewolucja Okrągłego Stołu, Kraków 2009.
Skórzyński, Jan/Paweł Sowiński/Małgorzata Strasz (Hg.): Opozycja w PRL. Słownik biograficzny 1956–89, 3 Bde., Warszawa 2000–2006.
Słabek, Henryk: Obraz robotników polskich w latach 1945–1989, Warszawa/Kutno 2004.
Słodkowska, Inka: Komitety Obywatelskie 1989–1992. Rdzeń polskiej transformacji, Warszawa 2014.
Sobiech, Robert: Reglamentacja w świetle badań opinii publicznej, in: Jacek Kurczewski (Hg.): Umowa o kartki, Warszawa 2004 [1985], S. 87–105.
Sowa, Jan: Inna Rzeczpospolita jest możliwa. Widma przeszłości, wizje przyszłości, Warszawa 2015.
Sowa, Kazimierz: Gospodarka cienia i korzenie kryzysu. Zapis z lat osiemdziesiątych, Rzeszów 1991.
Sowiński, Paweł: Siła wolnego słowa – Nowa, Krąg, CDN (1982–1989), in: Andrzej Friszke (Hg.): Solidarność podziemna 1981–1989, Warszawa 2006, S. 637–665.
Sowiński, Paweł: Zakazana książka. Uczestnicy drugiego obiegu 1977–1989, Warszawa 2011.
Sowiński, Paweł: Między policją a opozycją. Historia braci Górskich, in: Wolność i Solidarność, 2013, Nr. 6, S. 192–212.
Spandowski, Paweł: Towarzystwa przemysłowe. Die polnischen Gewerbevereine im Rahmen der Entwicklung eines polnischen gewerblichen Mittelstandes, Posen 1909.
Staniszkis, Jadwiga: Bunt nietransformacyjny czyli o kilku paradoksach artykulacji politycznej w Polsce, in: Witold Morawski (Hg.): Gospodarka i społeczeństwo. Wartości i interesy załóg przemysłowych, Warszawa 1986, S. 173–204.

Staniszkis, Jadwiga: The Dynamics of the Breakthrough in Eastern Europe. The Polish Experience, Berkeley 1991.
Stefańczyk, Bartosz: Negocjacje oddłużeniowe Polski z Klubem Paryskim, in: Katarzyna Żukrowska (Hg.): Nauki ekonomiczno-społeczne i rozwój, Warszawa 2008, S. 293–303.
Steiner, André: Einkommen in den Ostblockländern. Annäherungen an einen Vergleich, in: Peter Hübner/Christoph Kleßmann/Klaus Tenfelde (Hg.): Arbeiter im Staatssozialismus. Ideologischer Anspruch und soziale Wirklichkeit, Köln 2005, S. 227–247.
Stola, Dariusz: Kraj bez wyjścia? Migracje z Polski 1949–1989, Warszawa 2010.
Stola, Dariusz: Partia i jej finanse, in: ders./Krzysztof Persak (Hg.): PZPR jako machina władzy, Warszawa 2012, S. 26–54.
Strzałkowski, Piotr: Polityczne i społeczne uwarunkowania przedsiębiorczości ekonomicznej, in: Witold Morawski (Hg.): Zmierzch socjalizmu państwowego. Szkice z socjologii ekonomicznej, Warszawa 1994, S. 342–351.
Stykow, Petra: Postsozialismus. Version 1.0, 22.4.2013, http://docupedia.de/zg/Postsozialismus (Zugriff am 13.10.2021).
Sutowski, Michał: Kto rządzi polskim węglem, in: ders. (Hg.): Polski węgiel, Warszawa 2015, S. 173–227.
Szacki, Jerzy: Der Liberalismus nach dem Ende des Kommunismus [1994], Frankfurt am Main 2003.
Szulecki, Kacper: Dissidents in Communist Central Europe. Human Rights and the Emergence of New Transnational Actors, Cham 2019.
Szumski, Jakub: Rozliczenia z ekipą Gierka 1980–1984, Warszawa 2018.
Ther, Philipp: Die neue Ordnung auf dem alten Kontinent. Eine Geschichte des neoliberalen Europa, Berlin 2014.
Tittenbrun, Jacek: Upadek socjalizmu realnego w Polsce, Poznań 1992.
Tittenbrun, Jacek: Z deszczu pod rynnę. Meandry polskiej prywatyzacji, 4 Bde., Poznań 2007.
Tomka, Béla: Austerities and Aspirations. A Comparative History of Growth, Consumption, and Quality of Life in East Central Europe since 1945, Budapest/New York 2020.
Touraine, Alain u. a.: Solidarity. The Analysis of a Social Movement: Poland 1980–1981, Cambridge 1983.
Tracz, Bogusław: Mięso spod lady, warzywa z działki, kawa z zagranicznej paczki. Strategie przetrwania mieszkańców aglomeracji górnośląskich w warunkach kryzysu, in: Natalia Jarska/Jan Olaszek (Hg.): Społeczeństwo polskie w latach 1980–1989, Warszawa 2015, S. 37–53.
Tracz, Bogusław: Polska Katanga czy socjalistyczne eldorado? Z problemów życia codziennego na Górnym Śląsku w latach siedemdziesiątych XX w, in: Marcin Bukała/Dariusz Iwaneczko (Hg.): PRL na pochylni (1975–1980), Rzeszów 2017, S. 416–443.
Trembicka, Krystyna: Okrągły stół w Polsce. Studium o porozumieniu politycznym, Lublin 2003.
Tymiński, Maciej: Centralnie planowana »ucieczka z peryferii«. Wzrost gospodarczy Polski na tle Hiszpanii w latach 1950–1975, in: Roczniki Dziejów Społecznych i Gospodarczych 72 (2012), S. 155–189.
Tymiński, Maciej: From Soviet-Type Ownership through Self-Management to Privatization. Debating Ownership in Communist Poland, in: János Mátyás Kovács (Hg.):

Populating No Man's Land. Economic Concepts of Ownership under Communism, Lanham 2018, S. 173–206.
Wagener, Hans-Jürgen (Hg.): Economic Thought in Communist and Post-Communist Europe, London/New York 1998.
Wagener, Hans-Jürgen: Transformation als historisches Phänomen, in: Jahrbuch für Wirtschaftsgeschichte 38 (1997), Nr. 2, S. 179–191.
Walicki, Andrzej: Liberalism in Poland, in: Critical Review 2 (1988) 1, S. 8–38.
Walicki, Andrzej: Polskie zmagania z wolnością widziane z boku, Kraków 2000.
Walicki, Andrzej: Od projektu komunistycznego do neoliberalnej utopii, Kraków 2013.
Walicki, Andrzej: Trzy artykuły o Bronisławie Łagowskim, in: ders.: Od projektu komunistycznego do neoliberalnej utopii, Kraków 2013, S. 227–247.
Wawrzyniak, Joanna: Transforming Industry. On the Corporate Origins of Post-Socialist Nostalgia in Poland, in: Joachim von Puttkamer/Włodzimierz Borodziej/Stanislav Holubec (Hg.): From Revolution to Uncertainty. The Year 1990 in Central and Eastern Europe, London/New York 2019, S. 182–201.
Wciślik, Piotr: Dissident Legacies of Samizdat Social Media Activism. Unlicensed Print Culture in Poland 1976–1990, London/New York 2021.
Weber, Isabella: How China Escaped Shock Therapy. The Market Reform Debate, London/New York 2021.
Weber, Ursula: Der Polenmarkt in Berlin. Zur Rekonstruktion eines kulturellen Kontakts im Prozeß der politischen Transformation Mittel- und Osteuropas, Neuried 2002.
Wedel, Janine: The Private Poland, New York 1986.
Wedel, Janine R. (Hg.): The Unplanned Society. Poland During and After Communism, New York 1992.
Wedel, Janine R.: Collision and Collusion. The Strange Case of Western Aid to Eastern Europe 1989–1998, Basingstoke 1998.
Wenzel, Michał: Estimating Trade Union Membership between 1980 and 2012 Using Polling Data, in: Klaus Bachmann/Jens Gieseke (Hg.): The Silent Majority in Communist and Post-Communist States. Opinion Polling in Eastern and South-Eastern Europe, Frankfurt am Main 2016, S. 179–195.
Wiatr, Jerzy J.: Kapitalizm zmierzch formacji, Warszawa: Iskry 1976.
Wiatr, Jerzy J.: Współczesne treści marksistowskiej teorii państwa, in: Studia Socjologiczne 25 (1985) 3/4, S. 47–65.
Wiatr, Jerzy J.: Polska szansa, Kraków: Wydawnictwo Literackie 1989.
Wicenty, Daniel: Brudne wspólnoty wśród milicjantów i esbeków w świetle dokumentów Zarządu Ochrony Funkcjonariuszy MSW, in: Karol Nawrocki/Daniel Wicenty (Hg.): Brudne wspólnoty. Przestępczość zorganizowana w PRL w latach siedemdziesiątych i osiemdziesiątych XX wieku, Gdańsk/Warszawa 2018, S. 148–170.
Wicenty, Daniel: Zgniłe jabłka, zepsute skrzynki i złe powietrze. Dysfunkcje w Służbie Bezpieczeństwa w latach siedemdziesiątych i osiemdziesiątych XX wieku, Gdańsk/Warszawa 2018.
Wilk, Hubert: »Ciągle ścigam cenę samochodu«. Oficjalna dystrybucja samochodów w Polsce 1980–1989, in: Polska 1944/45–1989. Studia i Materiały 13 (2015), S. 145–166.
Wilk, Hubert: »Nie ma, nie wiem, nie będzie«. Zmagania ze spekulacją i czarnym rynkiem w województwie kieleckim w latach 1981–1983 w świetle akt Wojewódzkiej Komisji do Walki ze Spekulacją w Kielcach, in: Świętokrzyskie Studia Archiwalno-Historyczne 4 (2015), S. 155–184.

Wilk, Hubert: Giełdy samochodowe w latach schyłkowego PRL, in: Komunizm. System ludzie dokumentacja, 2019, Nr. 8, S. 117–131.
Wirsching, Andreas: Der Preis der Freiheit. Geschichte Europas in unserer Zeit, München 2012.
Wnuk-Lipiński, Edmund: Nierówności i przywileje jako podłoże konfliktu [1989], in: Władysław Adamski (Hg.): Fenomen »Solidarności« i zmiana ustroju. Polacy 1980–2011, Warszawa 2014, S. 141–170.
Wołowiec, Grzegorz: Barwy walki i polska droga do socjalizmu, in: Katarzyna Chmielewska/Grzegorz Wołowiec/Tomasz Żukowski (Hg.): Rok 1966. PRL na zakręcie, Warszawa 2014, S. 39–68.
Zabielski, Władysław: Egalitaryzm socjalistyczny (Acta Universitatis Wratislaviensis. Prawo, CLXXI), Warszawa/Wrocław: Państwowe Wydawnictwo Naukowe 1988.
Zakrzewski, Maciej: Czerwona »Opozycja Jej Królewskiej Mości«. Pismo »Zdanie« wobec partii i Solidarności w obliczu kryzysu Polskiej Ludowej w latach 1978–1981, in: Adam Dziuba/Bogusław Tracz (Hg.): Więcej niż partia. PZPR a polityka, gospodarka i społeczeństwo 1948–1990, Katowice 2017, S. 415–434.
Załęski, Paweł Stefan: Neoliberalizm i społeczeństwo obywatelskie, Toruń 2012.
Zaremba, Marcin: Zimno, ciepło, gorąco. Nastroje Polaków od »zimy stulecia« do lata 1980, in: Andrzej Friszke/Krzysztof Persak/Paweł Sowiński (Hg.): Solidarność od wewnątrz. 1980–1981, Warszawa 2013, S. 11–38.
Zaremba, Marcin: Klimat emocjonalny w Polsce lat osiemdziesiątych. Studium na podstawie raportów Biura »W«, in: Natalia Jarska/Jan Olaszek (Hg.): Społeczeństwo polskie w latach 1980–1989, Warszawa 2015, S. 13–34.
Zawistowski, Andrzej: Kombinat. Dzieje Zambrowskich Zakładów Przemysłu Bawełnianego – wielkiej inwestycji planu sześcioletniego, Warszawa/Białystok 2009.
Zawistowski, Andrzej: Kapitalizm albo śmierć? Ekonomiczne kulisy upadku władzy Polskiej Zjednoczonej Partii Robotniczej w 1989 roku, in: Konrad Białecki/Stanisław Jankowiak/Rafał Reczek (Hg.): Krok ku wolności. Wybory czerwcowe 1989 i ich konsekwencje, Poznań 2015, S. 20–46.
Zawistowski, Andrzej: Bilety do sklepu. Handel reglamentowany w PRL, Warszawa 2017.
Zawistowski, Andrzej: »Powstańcie, których dręczy głód!«. Wokół protestów przeciwko ograniczeniom norm reglamentacyjnych latem 1981 r., in: Jan Olaszek u. a. (Hg.): Yesterday. Studia z historii najnowszej. Księga dedykowana prof. Jerzemu Eislerowi w 65. rocznicę urodzin, Warszawa 2017, S. 262–282.
Zbierski-Salameh, Suava: Bitter Harvest. Antecedents and Consequences of Property Reforms in Post-Socialist Poland, Lanham 2013.
Ziółkowski, Marek: Robotnicy '84–'85. Świadomość pracowników czterech wielkich zakładów przemysłowych, unter Mitarbeit von Piotr Buczkowski u. a., Wrocław 1990.
Ziółkowski, Marek/Jadwiga Koralewicz: Mentalność Polaków. Sposoby myślenia o polityce, gospodarce i życiu społecznym w końcu lat osiemdziesiątych, Poznań 1990.
Zlatkes, Gwido/Paweł Sowiński/Ann Frenkel (Hg.): Duplicator Underground. The Independent Publishing Industry in Communist Poland 1976–89, Bloomington 2016.
Zysiak, Agata u. a.: Wielki przemysł, wielka cisza. Łódzkie zakłady przemysłowe 1945–2000, Łódź 2020.
Zyzak, Paweł: Efekt domina. Czy Ameryka obaliła komunizm w Polsce?, 2 Bde., Warszawa 2016.

# Personenregister

*Kursiv gesetzte Seitenzahlen verweisen auf Nennungen in Fußnoten.*

# Dank

Am Anfang dieses Forschungsprojekts standen lange ost-westdeutsche Diskussionen in unserer damaligen WG-Küche in Berlin-Friedrichshain. Dass daraus dieses Buch werden konnte, ist dem Wohlwollen und der Unterstützung vieler Menschen und Institutionen zu verdanken. Zumindest einigen von ihnen möchte ich an dieser Stelle namentlich Dank sagen.

Meine Forschungen zum Wandel ökonomischer Leitbilder während der spät- und postsozialistischen Transformation in Polen wären in dieser Form nicht denkbar gewesen ohne die Förderung der Deutschen Forschungsgemeinschaft, die diese von 2016 bis 2020 im Rahmen des Projekts »Von Solidarność zur Schocktherapie. Ökonomisches Denken und Systemtransformation in Polen 1975–1995« mit einer eigenen Stelle finanziert hat. Die anonymen Gutachter der DFG haben mir überaus hilfreiche Hinweise zur Konturierung meiner Studie mit auf den Weg gegeben.

Ebenso grundlegend war die großzügige materielle, inhaltliche und institutionelle Unterstützung durch das Institut für Zeitgeschichte München–Berlin, in dessen Forschungsabteilung in Berlin-Lichterfelde ich ein motivierendes und vertrauensvolles Umfeld für meine Arbeit fand. Insbesondere der Austausch mit den Mitarbeiterinnen und Mitarbeitern des Forschungsprojekts zur Geschichte der Treuhandanstalt hat meine Arbeit auf vielfältige Weise bereichert. Dafür sei namentlich Prof. Dr. Andreas Wirsching, Prof. Dr. Hermann Wentker und Prof. Dr. Dierk Hoffmann, aber auch allen anderen Kolleginnen und Kollegen herzlich gedankt. Mein besonderer Dank gilt zudem Konrad Woźniak, der das Projekt mit großem Engagement als wissenschaftliche Hilfskraft unterstützt hat.

Es war ein Privileg, dass ich meine Zwischenergebnisse auch an vielen anderen Orten mit deutschen, polnischen und internationalen Fachkolleginnen und Fachkollegen diskutieren durfte. Von ihren kritischen Rückfragen, kenntnisreichen Ratschlägen und weiterführenden Anregungen habe ich wohl mehr profitiert, als mir selbst bewusst ist. Das Muzeum Historii Polski hat meine ersten Erkundungen in polnischen Archiven finanziell mit einem Stipendium unterstützt. Bei späteren Archivaufenthalten in Warschau durfte ich die Gastfreundschaft von Sabine und Stephan Stach genießen.

Für das Jahr der Corona-Pandemie hatte ich mir eigentlich vorgenommen, den Studierenden der Europa-Universität Viadrina in Frankfurt (Oder) einige Einsichten in die Zeitgeschichte Ostmitteleuropas zu vermitteln. Das hat dank Zoom und BigBlueButton leidlich gut geklappt; trotz der widrigen Umstände wurde ich zudem mit großer Herzlichkeit in den Kreis der Mitarbeiterinnen und Mitarbeiter am dortigen Zentrum für Interdisziplinäre Polenstudien aufgenommen. Dafür gebührt dessen Direktorin Prof. Dr. Dagmara Jajeśniak-Quast mein ebenso herzlicher Dank.

Als das Buch schon beinahe fertig war, hatte ich das Glück, am Imre-Kertész-Kolleg Jena und im Sonderforschungsbereich 294 »Strukturwandel des Eigentums« an der Friedrich-Schiller-Universität Jena auf interessierte Kolleginnen und Kollegen zu stoßen, die mir mit ihren interdisziplinären Hintergründen noch einmal zu ganz neuen Perspektiven auf die postsozialistischen Transformationen im östlichen Europa verholfen haben. Ich bin sehr froh, dort mit weiterführenden Forschungen zur Transformation der postsozialistischen Eigentumsordnung an meine bisherige Arbeit anknüpfen zu können, und danke Prof. Dr. Joachim von Puttkamer herzlich für die wohlwollende und verständnisvolle Zusammenarbeit.

Mein Dank gilt schließlich dem Christoph Links Verlag, insbesondere Jana Fröbel und Dr. Daniel Bussenius, für die umsichtige und auch dieses Mal in jeder Hinsicht angenehme Betreuung im Vorfeld der Drucklegung.

Niemand hat an den Höhen und Tiefen dieses Buchprojekts mehr Anteil nehmen müssen als Sophie. Nicht zuletzt hat mich ihr klarer Blick vor so manchem inhaltlichen und sprachlichen Lapsus bewahrt. Vielen lieben Dank! Ich hoffe, wir haben demnächst mehr Zeit für gemeinsame Projekte.

Berlin, im Januar 2023

# Der Autor

© privat

Florian Peters, Jahrgang 1981, Dr. phil., ist Historiker und forscht zur Zeitgeschichte Polens und Ostmitteleuropas. Nach Stationen am Zentrum für Zeithistorische Forschung Potsdam, am Institut für Zeitgeschichte München–Berlin und an der Europa-Universität Viadrina Frankfurt (Oder) arbeitet er seit April 2021 im Sonderforschungsbereich 294 »Strukturwandel des Eigentums« an der Friedrich-Schiller-Universität Jena.

Veröffentlichungen u. a.: »Revolution der Erinnerung. Der Zweite Weltkrieg in der Geschichtskultur des spätsozialistischen Polen«, Berlin: Ch. Links Verlag, 2016; »Die SED als Mitgliederpartei. Dokumentation und Analyse« (mit Michel Christian und Jens Gieseke), Berlin: Ch. Links Verlag, 2019; »Alltagsperspektiven im besetzten Warschau. Fotografien eines deutschen Postbeamten (1939–1944)« (mit Rudolf Jaworski), Marburg: Herder-Institut, 2013.